DER KATEGORIENKOMMENTAR VON ABŪ L-FARAĞ ʿABDALLĀH IBN AṬ-ṬAYYIB

ARISTOTELES SEMITICO-LATINUS

founded by H.J. Drossaart Lulofs

is prepared under the supervision of the ROYAL NETHERLANDS ACADEMY OF ARTS AND SCIENCES as part of the CORPUS PHILOSOPHORUM MEDII AEVI project of the UNION ACADÉMIQUE INTERNATIONALE.

The Aristoteles Semitico-Latinus project envisages the publication of the Syriac, Arabic and Hebrew translations of Aristotle's works, of the Latin translations of those translations, and of the mediaeval paraphrases and commentaries made in the context of this translation tradition.

VOLUME 19

TUTA SUB AEGIDE PALLAS · 1683 ·

DER KATEGORIENKOMMENTAR VON ABŪ L-FARAĞ ʿABDALLĀH IBN AṬ-ṬAYYIB

Text und Untersuchungen

VON

CLEOPHEA FERRARI

BRILL
LEIDEN · BOSTON
2006

This book is printed on acid-free paper

Library of Congress Cataloging-in-Publication Data

A C.I.P. record for this book is available from the Library of Congress.

ISSN 0927-4103
ISBN-13: 978 90 04 14903 8
ISBN-10: 90 04 14903 1

PRINTED IN THE NETHERLANDS

Dem Andenken meiner Mutter

INHALT

VORWORT xi

1. DIE *KATEGORIEN* DES ARISTOTELES 1

1.1. Die *Kategorien* im philosophischen Lehrbetrieb 1
1.2. Die griechischen Kategorienkommentare 3
1.2.1. Die Autoren 3
1.2.2. Die Handschriften 6
1.3. Die *Kategorien* in der syrischen und in der arabischen Tradition 7
1.3.1. Die syrische Tradition der *Kategorien* 7
1.3.2. Die arabische Tradition der *Kategorien* 9
1.3.3. Die griechischen Kategorienkommentare in der arabischen Überlieferung 12
1.3.4. Exkurs: Zur Identität von Alinus 15

2. IBN AṬ-ṬAYYIB – LEBEN UND WERK 17

2.1. Forschungsüberblick 17
2.2. Abū l-Farağ ibn aṭ-Ṭayyib in seiner Zeit 19
2.3. Ibn aṭ-Ṭayyib in der biobibliographischen und philosophischen Literatur 22
2.3.1. Die Biobibliographen 22
2.3.2. Abū l-Farağ ibn aṭ-Ṭayyib und Ibn Sīnā 23
2.3.3. Abū l-Farağ ibn aṭ-Ṭayyib und Ibn Rušd 25
2.4. Die Werke Ibn aṭ-Ṭayyibs 27
2.4.1. Zur Epitome des Kategorienkommentars 31
2.4.2. Zum Isagogekommentar 32
2.4.3. Zum Rhetorikkommentar 33
2.4.4. Werkverzeichnis von Abū l-Farağ ᶜAbdallāh Ibn aṭ-Ṭayyib 34

3. ZUM KATEGORIENKOMMENTAR VON ABŪ L-FARAĞ ᶜABDALLĀH IBN AṬ-ṬAYYIB 43

3.1. Allgemeines 43

3.2. Der Kommentar 45
3.3. Das Kapitel über die Homonyme (Lektion 5–6) 57
3.3.1. Das Problem der Homonymie 58
3.3.2. Die Kommentierung der Homonyme (Cat. 1a1–1a6) 60
3.3.3. Die Textgestalt des arabischen Kapitels über die Homonyme 61
3.4. Das Sein des Akzidens im Zugrundeliegenden (Lektion 7) 63
3.4.1. Die Aporie des Akzidens, das sich von der Substanz löst 67
3.5. Die Einteilung in erste und zweite Substanz (Lektion 10–12) 74
3.5.1. Die arabische Überlieferung der Werke von Alexander von Aphrodisias 75
3.5.2. Die Ansichten von Alexander und von Porphyrios im Kommentar von Ibn aṭ-Ṭayyib 76
3.5.2.1. Die Ansicht von Porphyrios 77
3.5.2.2. Die Ansicht von Alexander 78
3.5.3. Die griechischen Kommentatoren und Alexander 80
3.5.4. Die Ansicht von Ibn aṭ-Ṭayyib 82
3.5.5. Zum Begriff der „Substanzialität" 84
3.6. Die Kategorie der Relation (Lektion 17–19) 85
3.6.1. Die fünf κεφάλαια der Relation 85
3.6.2. Al-Fārābī, Ibn Sīnā und Ibn Rušd zur Kategorie der Relation 89

4. SCHLUSSFOLGERUNG 92

5. KOMMENTIERENDE ZUSAMMENFASSUNG DES KATEGORIENKOMMENTARS 95

5.1. Prolegomena 95
5.2. Zweite Lektion. Die übrigen acht Punkte 99
5.3. Dritte Lektion. Σκοπός 103
5.4. Vierte Lektion. Der Nutzen, χρήσιμον 107
5.5. Fünfte Lektion 109

5.6. Sechste Lektion. Die Synonyme ... 118
5.7. Siebte Lektion ... 122
5.8. Achte Lektion. Das Prädizieren ... 130
5.9. Neunte Lektion. Zweites Kapitel (faṣl) des Buches der Kategorien ... 133
5.10. Zehnte Lektion. Über die Substanz ... 138
5.11. Elfte Lektion. Erste und zweite Substanz ... 144
5.12. Zwölfte Lektion. Die Eigenschaften (ḫawaṣṣ) der Substanz ... 147
5.13. Dreizehnte Lektion. Die übrigen vier Eigenschaften der Substanz ... 153
5.14. Vierzehnte Lektion. Das Quantitative ... 161
5.15. Fünfzehnte Lektion. Das diskrete Quantitative ... 167
5.16. Sechzehnte Lektion. Zweiter Teil des Quantitativen ... 172
5.17. Siebzehnte Lektion. Relation ... 181
5.18. Achtzehnte Lektion. Relation, Fortsetzung. Die Eigenschaften der Relation ... 187
5.19. Neunzehnte Lektion. Fortsetzung der Relation ... 191
5.20. Zwanzigste Lektion. Das Qualitative ... 195
5.21. Einundzwanzigste Lektion. Die zwei anderen Arten der Qualität ... 201
5.22. Zweiundzwanzigste Lektion. Das Qualitative läßt Konträres zu ... 206
5.23. Dreiundzwanzigste Lektion. Die übrigen Kategorienbegriffe. Tun, Erleiden, Lage, Wo, Wann, Haben ... 211
5.24. Vierundzwanzigste Lektion. Die Postpraedicamenta ... 214
5.25. Fünfundzwanzigste Lektion. Früher und Später, Zugleich, Bewegung, Haben ... 225

6. DIE HANDSCHRIFT ... 232

BIBLIOGRAPHIE ... 235
1. Quellen ... 235
2. Sekundärliteratur ... 238

NAMENINDEX ZUM
ARABISCHEN KATEGORIENKOMMENTAR 247
INDEX DER ZITIERTEN AUTOREN 248
INDEX DER ZITIERTEN TEXTE 250

VORWORT

Die vorliegende Arbeit ist die leicht überarbeitete Fassung meiner Dissertation, die im Rahmen des Bochumer Graduiertenkollegs „Der Kommentar in Antike und Mittelalter" entstand und 2001 von der Fakultät für Philologie der Ruhr-Universität Bochum angenommen worden ist.

Die Anregung zum Thema verdanke ich meinem Lehrer Prof. Dr. Gerhard Endreß (Bochum), der mir über die Jahre der Entstehung dieser Arbeit hinweg als treuer Mentor zur Seite stand. Ohne ihn gäbe es dieses Buch nicht.

Prof. Dr. Hans Hinrich Biesterfeldt (Bochum) danke ich für die vielen interessanten Gespräche und die hilfreichen Anmerkungen in seinem Zweitgutachten.

Während meiner Bochumer Zeit habe ich die freundliche Unterstützung von Prof. Dr. Wilhelm Geerlings, dem Sprecher des Graduiertenkollegs, genossen.

Für die Aufnahme in die Reihe „Aristoteles Semitico-Latinus"danke ich den Herausgebern, insbesondere Prof. Dr. Remke Kruk (Leiden) und Prof Dr. Hans Daiber (Frankfurt). Für die wertvollen Hinweise von Prof. Dr. Hans Daiber und Prof. Dr. Jaap Mansfeld (Utrecht) bin ich ebenfalls dankbar.

Dr. Concetta Luna (Pisa) hat freundlicherweise Teile der Arbeit durchgesehen und mich vor manchem Fehler bewahrt, wofür ich ihr herzlich danke. Dr. Cristina D'Ancona (Pisa), Prof. Dr. Dimitri Gutas (Yale) und Dr. Maroun Aouad (Paris) sind mir in vielen Gesprächen mit Rat und Tat zur Seite gestanden.

Für die technische Unterstützung danke ich Nikolaus Weichselbaumer.

Die Bochumer Gruppe um das GALex als graeco-arabistische Keimzelle bot ein anregendes und unterstützendes Klima des Gespräches und der Forschung. In Vertretung der anderen Mitglieder nenne ich hier Dr. Heidrun Eichner und Dr. Elvira Wakelnig.

Meinem Mann und Gefährten Michele C. Ferrari danke ich für seine beharrliche Unterstützung bei der Entstehung dieses Buches.

ERSTES KAPITEL

DIE *KATEGORIEN* DES ARISTOTELES

1.1. Die *Kategorien* im philosophischen Lehrbetrieb

Die Schrift von Aristoteles über die Kategorien hatte von der Spätantike bis ins Mittelalter hinein eine große Bedeutung im philosophischen Lehrbetrieb. Die *Kategorien* bildeten den Anfang eines langen und genau definierten Curriculums, an dessen Ende und Ziel die Philosophie Platons stand[1].

Allerdings bot die Schrift einige Schwierigkeiten, die, zumal da sie als Studienobjekt für Anfänger gedacht war, der Erklärung bedurften. Porphyrios, von dem überliefert ist, daß er die *Kategorien* als Einführung in die aristotelische Philosophie verstand, verfaßte eine „Einführung" zu dieser schwierigen ersten Schrift, nämlich die *Isagoge*[2]. Dieses Werk, das in der folgenden Zeit als Einleitung zur Kategorienschrift sehr geschätzt wurde, bildete zusammen mit dieser ein festes Ensemble, indem es ihr vorangestellt wurde. Die Einheit von Einführung und Text erwies sich als besonders erfolgreich. Die beiden Schriften gehören zu den am meisten gelesenen und am meisten kommentierten Texten der Logik, sowohl in der griechischen und lateinischen, als auch in der arabischen Welt.

Daran, daß die *Kategorien* einen festen Platz im Lehrplan erhielten, hatten auch die griechischen Kommentatoren, besonders Simplikios, entscheidenden Anteil, indem sie die Kategorienlehre gegen die Kritik, die zum Beispiel von seiten Plotins

1 Zum Curriculum siehe Hadot, Simplicius (1990), S. 98–103. Nur im Kommentar von Simplikios wird jedoch formuliert, daß das Ziel das Verstehen der platonischen Philosophie sei (Simpl., In Cat. 7, 29–32). Vgl. Hadot, Role of the Commentaries (1991), S. 181.

2 Daß Porphyrios die *Kategorien* als Beginn der aristotelischen Philosophie versteht, überliefert Simpl. In Cat. 5, 5 ff. Dasselbe wird auch bei Dexippos formuliert, vgl. In Cat. 42, 5–8.

erhoben wurde, verteidigten[3]. In ihren Kommentaren vertraten sie die Auffassung, daß durch die Kategorien die Klassifikation aller Dinge ermöglicht wird, obschon die Kategorienbegriffe weder rein logisch noch rein ontologisch zu verstehen seien.

Für die lateinische Überlieferung entscheidend war der Kommentar zu den *Kategorien* von Boethius. Für diesen Kommentar wurden Passagen des griechischen Textes auf lateinisch übersetzt, womit eine lateinische philosophische Terminologie der Kategorienlehre geschaffen wurde. Zur *Isagoge* verfasste Boethius außerdem zwei Kommentare, den einen in Dialogform anhand der lateinischen Übersetzung von Marius Victorinus, den anderen, systematischen, aufgrund einer eigenen Übersetzung. Neben Boethius war auch Augustinus wichtig für die lateinische Rezeption, indem er die Kategorienlehre unter einem neuen Aspekt, nämlich mit theologischem Interesse las. Für ihn ging es dabei um die Frage, ob die Kategorien auch Erkenntnis Gottes beinhalten können und nicht nur zur Erklärung des Wesens Gottes dienen. Nach Augustinus werden die Kategorien vielfach als ein adäquates Hilfsmittel auf dem Weg zur Erkenntnis Gottes aufgefaßt[4]. Gleichwohl wurde Augustinus eine sich an das aristotelische Vorbild anlehnende Schrift über die *Kategorien* zugeschrieben, die *Categoriae decem ex Aristotele decerptae,* deren Unechtheit jedoch feststeht.

Mit Boethius und Augustinus sind die beiden Hauptströmungen der Deutung der *Kategorien* bestimmt, wie sie für die nachfolgenden Jahrhunderte gültig bleiben. Zum einen ist dies der logische und ontologische Aspekt, zum anderen der spekulativ-theologische.

Unter dem Einfluß der arabischen Philosophen wie Avicenna, Averroes und Al-Fārābī, blieben die Diskussionen, die sich an den *Kategorien* und der *Isagoge* entzündeten, auch im arabischsprachigen Raum lebendig. Indem die beiden Schriften die Grundlage der Logik bildeten, blieben sie auch Zentrum des Interesses derer, die sich mit diesem Gebiet beschäftigten.

---

3 Zur plotinischen Kritik siehe Aubenque, Plotin et Dexippe (1985). Wie Dexippos die *Kategorien* verteidigt, stellt Hadot, Harmonie des philosophies (1974) dar.

4 Vgl. Aug. trin. 5, 1, 2; conf. IV, 16, 28.

1.2. Die griechischen Kategorienkommentare

1.2.1. *Die Autoren*

Zur Kategorienschrift des Aristoteles sind sieben griechische neuplatonische Kommentare erhalten, nämlich von Porphyrios, Dexippos, Ammonios, Philoponos, Olympiodor, Elias (David) und Simplikios[5]. Nur der Kommentar von Simplikios ist jedoch als ein zu veröffentlichender Kommentar verfaßt worden. Diejenigen von Ammonios, Olympiodor und Elias (David) sind Vorlesungsnachschriften (ἀπὸ φωνῆς)[6]. Die in den Kommentaren von Olympiodor und Elias (David) vorgenommene Einteilung in πράξεις, also in Unterrichtseinheiten, erklärt sich daraus. Von den Kommentaren von Ammonios, Olympiodor und Elias (David) sind also nur Nachschriften anonymer Hörer erhalten. Als solcher Hörer-Autor ist nur Philoponos namentlich bekannt, der seinen Kommentar allerdings unter dem Namen des Ammonios geschrieben hat[7].

Porphyrios (234–301/5), ein Schüler Plotins, verfasste zwei Kommentare zu den *Kategorien*, von denen aber nur einer erhalten ist. Verloren ist der größere *An Gedalios*, der sieben Bücher umfaßt haben soll. Der erhaltene Kommentar ist im Frage-Antwort-Schema gehalten[8].

Dexippos (4. Jh.), ein Schüler von Jamblichos, nahm mit seinem im Frage-Antwort-Schema verfassten Kommentar Stellung gegen die von Plotin formulierte Kritik an den *Kategorien*. Er be-

---

5 Unter den frühen Aristoteles-Kommentatoren scheinen die *Kategorien* noch keine große Rolle gespielt zu haben, wie Gottschalk, Earliest Aristotelian commentators (1990), bes. S. 69 ff. zeigt. Siehe auch Moraux, Aristotelismus (1984). Einen Überblick über die antike Kommentarliteratur und ihre moderne Erforschung bietet Barnes, Alexander of Aphrodisias (1991).

6 Über diese Art von „Vorlesungsnachschriften" siehe Richard, Apo phônês (1950).

7 Zur Entstehung der Kommentare siehe Hadot, Introductions (1990), S. 22.

8 Den Kategorienkommentar von Porphyrios behandelt umfaßend Evangeliou, Aristotle's Categories (1988), S. 17–88. Über den großen Einfluß des Kommentars von Porphyrios auf die späteren Kommentatoren siehe Ebbesen, Porphyry's Legacy (1990).

nutzte dabei die Kommentare von Porphyrios (*An Gedalios*) und Jamblichos. Der Aufbau seines Kommentars unterscheidet sich insofern von den späteren Kategorienkommentaren, als ihm nicht eine Einführung vorangestellt wird, wie dies die späteren Kommentatoren in Form eines eisagogischen Schemas zu tun pflegten[9].

Unter *Ammonios Hermeiou* (435/45–517/26), einem Schüler von Proklos, begann die alexandrinische Aristoteles-Kommentierung. Das einzige Werk aus seiner Hand, das erhalten ist, ist sein Kommentar zur *Hermeneutik*. Die anderen Kommentare, die unter seinem Namen überliefert sind, also auch derjenige zu den *Kategorien*, sind Vorlesungsnachschriften. Zu seinen Schülern gehören Philoponos, Olympiodor und Simplikios.

Philoponos (ca. 490–570), ein Schüler des Ammonios, verfasste außer zu den *Kategorien* Kommentare zur *Ersten Analytik* und *Zweiten Analytik*, zur *Meteorologie*, zu den ersten beiden Büchern von *De anima*, zur *Physik* und zu *De generatione et corruptione*. Der Philoponos zugeschriebene Kommentar zur *Metaphysik* ist unecht[10]. Daneben ist er jedoch auch der Autor theologischer und grammatikalischer Werke. Johannes Philoponos hatte in Alexandria nie den Philosophie-Lehrstuhl inne, sondern trug den Titel eines γραμματικός, er hatte also eine Art Lehrstuhl für Philologie.

Von *Olympiodor* (495/505– nach 565), einem Schüler von Ammonios, sind drei Platon-Kommentare (zu *Alkibiades, Gorgias, Phaidon*) und zwei Aristoteles-Kommentare (zu den *Kategorien*, und zur *Meteorologie*) erhalten[11]. Zu den Schülern von Olympiodor gehört Elias. Der Kategorienkommentar von Olympiodor ist sehr systematisch angelegt, mit einer Einteilung in θεωρία und πρᾶξις, in denen der behandelte Stoff aus einer allgemeinen Warte betrachtet wird, und in die λέξις, die den Teil bildet, in welchem der aristotelische Text Wort für Wort erläutert wird. Ein so systematischer Aufbau ist sonst, was die *Kategorien* betrifft, nur noch im Kommentar des Elias (David) zu finden[12].

---

9 Zum eisagogischen Schema siehe S. 45.

10 Siehe Luna, Art. La Métaphysique – Les commentaires grecs, S. 257–258.

11 Olympiodor als Kommentator von Platon wird von Westerink, Greek Commentaries (1976) behandelt.

12 Das Schema von θεωρία / λέξις ist schon bei Proklos zu finden,

Elias, über dessen Lebensdaten nichts Näheres bekannt ist, war wohl ein christlicher Schüler von Olympiodor, von dem er in seinem Kommentar zu den *Kategorien* viel übernimmt. Er trug den Titel des φιλόσοφος und des ἔπαρχος, was beides auf seine angesehene Tätigkeit als Gelehrter hindeutet. Überliefert sind von ihm Kommentare zur *Isagoge* und zu den *Kategorien*, Scholien zu *De interpretatione* und der Anfang zu einem Kommentar zur *Ersten Analytik*.

Ein besonderes Problem stellt der von Adolf Busse dem Elias zugeschriebene Kategorienkommentar dar. Die Diskussion über die Zuschreibung an Elias oder an David ist noch nicht abgeschlossen, doch hat Richard Goulet mit guten Argumenten dargestellt, daß die Zuschreibung an Elias auch durch die armenische Tradition nicht verworfen werden kann[13]. Da die Frage jedoch wegen der noch ausstehenden Aufarbeitung der armenischen Überlieferung nicht endgültig gelöst werden kann, setze ich den Namen Davids in Klammern hinter denjenigen von Elias.

Simplikios (6. Jh.), ebenfalls ein Schüler des Ammonios, war Mitglied der Akademie, als diese im Jahre 529 geschlossen wurde[14]. Kommentare zu platonischen Dialogen sind von Simplikios keine bekannt. Die Kommentare zu *De caelo* und zur *Physik* sind ediert, über einen Metaphysik-Kommentar von seiner Hand weiß man jedoch nichts[15]. Ein Kommentar zu *De anima* wurde Simplikios zwar zugeschrieben, stammt aber wohl nicht von ihm.[16]. Simplikios verfasste den vollständigsten und detailreichsten Kommentar zu den *Kategorien*, der zweifellos nicht für Anfänger geschrieben wurde wie die Mehrzahl der anderen, hier besprochenen Kategorienkommentare. Besonders wertvoll ist sein Text wegen der zahlreichen Zitate anderer Autoren, die nur durch ihn überliefert sind.

---

siehe z. B. Proclus, Premier Alcibiade (1985), S. XLIII–XLV.

13 Siehe Goulet, Art. „Élias" (2000), S. 57–66. Die Gegenposition vertritt Mahé, David (1990), bes. S. 196 ff.

14 Zu Simplikios siehe Hadot, Life and work (1990).

15 Editionen: De caelo CAG VII, Physik CAG IX, X. Zum Metaphysik-Kommentar siehe Rashed, Traces (2000), S. 275–284.

16 Dies legt Steel, Priscian (1997), S. 105 ff. überzeugend dar. Die Gegenposition wird von Thiel, Simplicius (1999), S. VII vertreten.

1.2.2. *Die Handschriften*

Die handschriftliche Überlieferung der griechischen Kategorienkommentare ist schwierig nachzuzeichnen[17]. Sie ist jedoch für uns insoweit von Interesse, als daran der Überlieferungsstand der griechischen Kommentare zur Lebenszeit Ibn aṭ Ṭayyibs zumindest fragmentarisch abgelesen werden kann, sofern Handschriften aus dieser Zeit erhalten sind.

Die Schwierigkeiten bei der Nachzeichnung der Überlieferungsgeschichte hängen teilweise mit der großen Verbreitung der Kommentare zusammen, von denen es zahlreiche Exzerpte und Scholien gab, die auch vermischt überliefert werden konnten. Grundsätzlich ist festzustellen, daß die meisten erhaltenen Handschriften erst aus jüngerer Zeit, nämlich aus dem 14. oder 15. Jh. stammen. Darunter gibt es zum einen einige Sammelhandschriften, die mehrere Kommentare zu den *Kategorien* oder zu anderen Texten aus dem *Organon* enthalten, zum anderen sind Manuskripte erhalten, die Scholien aus verschiedenen Kommentaren überliefern.

Ein wichtiges Beispiel für die letztere Art von Handschriften ist interessanterweise eines der frühen Zeugnisse, der Codex Rom, Biblioteca Apostolica Vaticana Urbinas gr. 35 (9./10. Jh.). Er enthält die *Isagoge*, die *Kategorien, De interpretatione*, die beiden *Analytiken*, die *Topik* und die *Sophistici Elenchi*. Zur *Isagoge* sind Scholien verschiedener Hände aus den Kommentaren von Simplikios und Elias überliefert. Die ältesten der Scholien in diesem Codex werden ins 10. oder 11. Jahrhundert datiert, die jüngsten ins 15. Jahrhundert.

Ebenfalls aus dem 10./11. Jh. sind Exzerpte aus den Kommentaren von Ammonios und Elias im Codex Venedig, Biblioteca Nazionale Marciana gr. Z 201 überliefert. Der Kommentar von Simplikios zu den *Kategorien* ist ebenfalls in einer Handschrift aus dem 11. Jahrhundert überliefert, im Marcianus gr. Z 224. Die Befunde zeigen, daß es im 11. Jahrhundert griechisches handschriftliches Material zu den griechischen Kategorienkommentaren gibt.

---

17 Siehe dazu Bodéüs, Catégories (2002), S. CXI–CXL; ders., Texte grec (1997); Harlfinger/Wiesner, Griechische Handschriften (1964).

Die fragmentarische Überlieferung erlaubt keine Aussage über die Verbreitung der Kommentare, zeigt aber, daß schon in einer frühen Epoche Scholien zum *Organon* im Verkehr waren.

1.3. Die *Kategorien* in der syrischen und in der arabischen Tradition

1.3.1. *Die syrische Tradition der Kategorien*

Die Erforschung der syrischen Überlieferung der *Kategorien* und ihrer Kommentare hat seit Giuseppe Furlanis Werken der dreißiger Jahren erst wieder in den neunziger Jahren des 20. Jh. durch Henri Hugonnard-Roche und Sebastian Brock Fortschritte erfahren. Trotzdem ist sowohl von den Übersetzungen des aristotelischen Textes als auch von den Kommentaren dazu wichtiges Material, welches das Bild der *Kategorien* im Syrischen erst vervollständigen würde, nach wie vor unediert.

Die Grundzüge der Überlieferung lassen sich jedoch festhalten. Das Syrische bildete vom 5. Jh. an die Brücke zwischen dem Griechischen und dem Arabischen, was die Überlieferung der griechischen Wissenschaften, besonders der Medizin und der Philosophie, betrifft[18]. Vom 6. bis ins 8. Jahrhundert wurden in syrischen Klosterschulen griechische philosophische Texte übersetzt, unter ihnen vor allem die logischen Schriften von Aristoteles, da sie unter den Gelehrten der Zeit, wie schon erwähnt, eine besondere Wertschätzung als Einführung in die Philosophie genoßen.

Im Zuge dieser Übersetzungstätigkeit wurde das ganze *Organon* ins Syrische übersetzt[19]. Von den *Kategorien* sind drei Versionen überliefert. Zwei stammen von Jakob von Edessa[20] (gest. 708) und von Georg, dem Bischof der Araber[21] (gest.

18 Die Entwicklung der Überlieferungsgeschichte vom Griechischen ins Syrische behandelt Brock, From Antagonism to Assimilation (1984); Hugonnard-Roche, Traductions du grec (1990).

19 Zu den syrischen Kategorienkommentaren siehe Hugonnard-Roche, Intermédiaire syriaque (1991); Brock, Syriac Commentary (1993); Hein, Definition und Einteilung (1985), S. 242ff.

20 Edition: Georr, Catégories (1948), S. 253–305.

21 Edition: Furlani, Categorie (1933).

724). Die dritte wurde gewöhnlich Sergius von Reš^c^aina (gest. 536)[22] zugeschrieben. Wie Hugonnard-Roche jedoch aufzeigte, muß die Übersetzung später entstanden sein[23]. Durch Bischof Georg wurden neben den *Kategorien* auch die *Hermeneutik* und die beiden ersten Bücher der *Ersten Analytik* übersetzt. In der Einleitung zu den *Kategorien* werden auch die Punkte der *Prolegomena*, also das bei den griechischen Kommentatoren übliche Einführungsschema zu dieser Schrift behandelt[24]. Neben den Übersetzungen der *Kategorien* wurden auch Logikkompendien, wie diejenigen von Paulus Persa (Mitte des 6. Jh.)[25] und Athanasius von Balad (7. Jh.)[26] verfaßt .

Daß das Schema der neuplatonischen Exegese auch in den syrischen Einführungen zu den Kommentaren der Kategorienschrift befolgt wurde, zeigt ein erhaltener Kommentar von Sergius. Von diesem Autor sind zwei Kategorienkommentare erhalten: in dem einen davon, der an einen gewissen Theodor gerichtet ist, werden einige Punkte aus dem Einführungsschema der griechischen Kommentatoren behandelt, nämlich die Einteilung der Philosophie, die Klassifizierung der aristotelischen Werke, die Frage, ob die Logik Instrument oder Teil der Philosophie sei und was der Zweck der Kategorienschrift sei[27]. Sergius scheint sich demnach an der Tradition der neuplatonischen Exegese zu orientieren.

Daß Sergius, der zahlreiche Werke Galens ins Syrische übersetzt hatte, wie Ḥunain ibn Isḥāq berichtet[28], die Werke von Origenes gekannt und möglicherweise die *Centurien* des Evagrius Ponticus übersetzt hatte[29], zeigt, wie verbreitet das neuplatonische Einführungsschema war, da dies sowohl in Schriften

22 Ms. London, British Library Add. 14658. Über diesen Text siehe Furlani, Trattato di Sergio di Resh'ayna (1922).

23 Siehe Hugonnard-Roche, Versions syriaques, zitiert nach ders., Logique d'Aristote (2004), S. 31.

24 Zu den *Prolegomena* siehe unten S. 45 ff.

25 Siehe Gutas, Paul (1983), S. 238–250.

26 Edition: Furlani, Introduzione (1916).

27 Der Text ist nicht ediert, wurde aber zusammenfassend behandelt von Furlani, Trattato di Sergio di Resh'ayna (1922), und Hugonnard-Roche, Origines de l'exégèse (1989). Das erste Buch wurde übersetzt und kommentiert von Hugonnard-Roche, Logique d'Aristote (2004), S. 187–231.

28 Siehe Bergsträsser, Ḥunain ibn Isḥāq (1932).

29 Über diese Zuschreibung siehe Guillaumont, Képhalaia (1962), S. 223–224; vgl. Hugonnard-Roche, Catégories d'Aristote (1997), S. 345.

von Origenes als auch bei Evagrius Ponticus wiedergegeben ist[30].

Ein weiteres syrisches Fragment, das die Einleitung zu den *Kategorien*, allerdings unvollständig, enthält, stammt offenbar aus der Schule des Olympiodor[31]. Das kann daraus geschlossen werden, daß eine Erklärung darüber abgegeben wird, warum es gerade zehn Punkte seien und nicht mehr oder weniger. Eine solche Begründung kommt jedoch nur in den Kommentaren von Olympiodor und Elias (David) vor. Allerdings unterscheidet sich dieses Fragment von den griechischen Kommentaren dadurch, daß von den zehn Punkten als Zusammenfassung für die Philosophie des Aristoteles gesprochen wird. Dies wird aber in keinem der erhaltenen griechischen Kommentare so dargestellt. Es kann sich also nicht um eine Übersetzung des Kommentars von Olympiodor oder Elias (David) handeln.

1.3.2. *Die arabische Tradition der Kategorien*

Den Beginn der arabischen Auseinandersetzung mit dem *Organon* bildet die Zusammenfassung der Logik von Ibn al-Muqaffaᶜ[32] (gest. ca. 750), welche die *Isagoge*, die *Kategorien*, die *Hermeneutik* und die *Erste Analytik* in sehr knapper und terminologisch nach späteren Maßstäben ungewöhnlicher Form behandelt[33].

Die Übersetzungen der aristotelischen Werke durch Ḥunain ibn Isḥāq (gest. 877) und seinen Kreis, insbesondere seinen Sohn Isḥāq ibn Ḥunain, bildeten ein Fundament, auf dem die aristotelischen Studien in Bagdad weitergeführt werden konnten[34]. Die meisten Teile des *Organons*, die auf Arabisch übersetzt wurden, wurden aus dem Syrischen übertragen.

Es gab jedoch nicht nur Übersetzungen des aristotelischen Textes. Ḥunain ibn Isḥāq soll nicht nur die *Kategorien* übersetzt

30 Zur Verbreitung des Einführungsschemas siehe unten S. 46–47.
31 Edition: Furlani, Contributi (1916–18).
32 Edition: Ibn al-Muqaffaᶜ, Al-manṭiq (1978). Zu Ibn al-Muqaffaᶜ und dem Einfluß seines Werkes siehe Troupeau, Logique d'Ibn al-Muqaffaᶜ (1981).
33 Dazu siehe beispielsweise Kraus, Ibn al-Muqaffaᶜ (1933), bes. S. 5–14.
34 Als Überblick zum folgenden siehe Endress, Wissenschaftliche Literatur (1986), bes. S. 423 ff.

haben, sondern auch einen Kommentar von Themistios[35]. Der Text der *Kategorien* wurde von Ḥunain ibn Isḥāq vom Griechischen ins Syrische übersetzt. Sein Sohn Isḥāq ibn Ḥunain stellte anhand der syrischen Fassung die arabische Übersetzung her. Schon im 9. Jh. wurden die *Kategorien* jedoch auch auf arabisch kommentiert. Wie Ibn Abī Uṣaibiᶜa berichtet, hat Al-Kindī (gest. 873) ein Werk über die *Kategorien* verfaßt, das aber verschollen ist[36].

Als Übersetzer, aber auch als Kommentator, trat später vor allem Abū Bišr Mattā ibn Yūnus (gest. 328/940) hervor, der zahlreiche Aristoteleskommentare zur Logik, *Physik* und *Metaphysik* übersetzte, von Alexander von Aphrodisias, Olympiodor und Themistios, die jedoch größtenteils verloren sind. Sein eigenes Werk über die *Kategorien* ist von Ḥasan ibn Suwār (gest. 1020), einem Schüler Yaḥyā ibn ᶜAdīs, verwendet worden bei der Kommentierung der *Kategorien* in der erhaltenen Fassung des arabischen *Organons*[37]. Durch Ibn Suwār und durch andere bedeutende Schüler wurde das Werk von Abū Bišr Mattā ibn Yūnus noch über mehrere Generationen hinweg fortgesetzt. Unter den Gelehrten, die sich dieser Tradition verpflichtet fühlten, sind vor allem Yaḥyā ibn ᶜAdī (gest. 363/974) und Īsā ibn Isḥāq ibn Zurᶜa (gest. 398/1008) hervorzuheben. Letzterer, wie auch Ibn Suwār, wurde dann auch zum Lehrer Ibn aṭ-Ṭayyibs[38].

Aus dem Umkreis um Yaḥyā ibn ᶜAdī stammt auch die Fassung des *Organons*, die in einer Pariser Handschrift erhalten ist[39]. Auch der Text der *Kategorien*, wie er in dieser Handschrift erhalten ist, stammt aus dieser Umgebung, da er auf eine Fassung zurückgeht, die Yaḥyā ibn ᶜAdī mit dem Übersetzungsautographen von Isḥāq ibn Ḥunain (gest. 910) kollationiert hatte. Diesen Text kollationierte Ibn Suwār ein weiteres Mal

35 Das vermerkt Ibn Abī Uṣaibiᶜa, ᶜUyūn al anbāʾ (1882–1884), S. 200.

36 Siehe Ibn Abī Uṣaibiᶜa, ᶜUyūn al anbāʾ (1882–1884), S. 209.

37 Zur Handschrift siehe unten, S. 11.

38 Siehe auch unten S. 19.

39 Ms. Paris, Bibliothèque Nationale de France ar. 2346 enthält: *Isagoge, Kategorien, Hermeneutik, Erste und Zweite Analytik, Topik, Sophistici Elenchi, Rhetorik.* An den verschiedenen Händen sieht man, daß mehrere Kopisten an der Herstellung der Handschrift beteiligt waren. Vereinigt zu einem Corpus wurden die Übersetzungen von Ibn Suwār. Siehe Hugonnard-Roche, Édition arabe (1992); ders., Intermédiaire (1991); Walzer, New Light (1962), S. 70–76.

mit der Fassung Ibn Zur^cas. Der Pariser Codex bildet ein wichtiges Dokument für die syrisch-arabische Überlieferung des *Organons*, da er nicht nur den Zustand wiederspiegelt, in dem die logischen Schriften im 10. Jahrhundert in Bagdad überliefert waren, sondern auch die bibliographischen Angaben aus dem *Fihrist* von Ibn an-Nadīm ergänzt[40]. Des weiteren gibt er in den Marginalnotizen auch über die syrische Überlieferung partiell Auskunft[41]. Insgesamt ist diese Handschrift ein Porträt der logischen Studien in der damaligen Zeit und zeigt, daß die *Kategorien* ab der zweiten Hälfte des 9. Jahrhunderts für die arabischsprachigen Gelehrten zu einem wichtigen Objekt des Studiums geworden waren[42].

Ein früheres Zeugnis der Beschäftigung mit den *Kategorien* ist unter den Werken von Al-Fārābī (gest. 950) zu finden[43]. Von ihm ist eine Paraphrase der *Kategorien* erhalten, die jedoch ohne Prolegomena direkt mit dem Text beginnt. Der Text der *Kategorien* beruht wohl auf der Übersetzung von Ḥunain ibn Isḥāq[44]. Al-Fārābī läßt den Teil über die Homonymien weg und beginnt direkt mit der Behandlung der substanziellen und akzidentellen Universalien. Da es sich um eine Paraphrase handelt, werden keine Ansichten diskutiert, und es werden keine anderen Meinungen zitiert.

Die Rezeption der *Kategorien* bei den arabischsprachigen Gelehrten blieb auch in der folgenden Zeit lebendig. Dazu trugen Ibn Sīnā (gest. 1037), Ibn Bāǧǧa (gest. 1138) und Ibn Rušd (gest.

---

40 Eine Darstellung der arabischen Tradition des *Organons* findet man bei Zimmermann, Al-Farabi's Commentary (1981), S. LXXVI–CV. Informationen über arabische Übersetzungen des *Organons* sind auch zusammengestellt bei Peters, Aristoteles Arabus (1968), S. 7–30. Für die Editionen siehe D'Ancona, Storia della filosofia (2005), S. 238–239.

41 Allerdings sind syrische Kommentare zum *Organon* darin nicht erwähnt.

42 Auch Ṯābit ibn Qurra (Ibn al-Qifṭī, Taʾrīḫ al-ḥukamāʾ [1903], S. 120), Aḥmad ibn aṭ-Ṭayyib as-Saraḫsī (Rosenthal, as-Saraḫsī [1943]) und Ibn al-Haiṯam (Ibn Abī Uṣaibiʿa, ʿUyūn al anbāʾ [1882–1884]) werden Kompendien der Kategorienlehre zugeschrieben.

43 Die lateinische Überlieferung von arabischen Werken zur Logik, insbesondere von Al-Fārābī, wird bei Grignaschi, Traductions latines (1973) behandelt.

44 Diese Ansicht vertritt auch Dunlop, Paraphrase of the Categories (1959), S. 168.

1198) durch ihre Kommentare und Paraphrasen bei. Eine eingehende Behandlung dieser Rezeptionsstufe würde jedoch den Rahmen der vorliegenden Arbeit sprengen, zumal ihr Hauptaugenmerk auf der Vorgeschichte des Kommentars von Ibn aṭ-Ṭayyib liegt.

1.3.3. *Die griechischen Kategorienkommentare in der arabischen Überlieferung*

Erhalten ist keine der arabischen Übersetzungen der griechischen Kommentare zu den *Kategorien.* Zeugnisse für ihr Vorhandensein finden sich nur indirekt in biobibliographischen Werken, wie zum Beispiel im *Fihrist* des Ibn an-Nadīm (gest. 990). Dort werden Ammonios, Philoponos, Porphyrios und Simplikios als Kommentatoren der *Kategorien* genannt. Olympiodor wird zwar erwähnt, es wird jedoch festgestellt, daß von ihm kein Kommentar erhalten sei. Elias (David) wird hingegen gar nicht genannt[45]. Ibn an-Nadīm erwähnt neben diesen folgende Kommentatoren: Stephan von Alexandrien, Alinus[46], Themistios, Theophrast, Jamblichos und einen gewissen Theon. Auch von Alexander von Aphrodisias wird berichtet, daß er einen Kommentar verfaßt habe[47].

Daß Simplikios, der für die Überlieferung der neuplatonischen Kommentare außerordentlich wichtig war, in der arabischen Überlieferung als Kommentator der *Kategorien* bekannt war, zeigen zum einen die Berichte bei Ibn an-Nadīm, und zum anderen die Tatsache, daß er in den Glossen zum Pariser *Organon* genannt wird[48]. Die meisten der erwähnten griechischen Kommentatoren werden auch in den Anmerkungen zu den *Kategorien,* die von Al-ᶜĀmirī (gest. 381/992) stammen, und in einer Kompilation von Ibn aḏ-Ḏahabī (gest. 456/1056) erhalten sind, genannt[49].

45 Die arabische Überlieferung der Werke von Porphyrios behandelt Walzer, Porphyry (1966).

46 Zu „Alinus“ siehe S. 15.

47 Siehe Ibn an-Nadīm, al-Fihrist (1971), S. 309.

48 Zu Simplikios in der arabischen Überlieferung siehe Gätje, Simplikios (1982).

49 Vgl. Endress, Wissenschaftliche Literatur (1986), S. 462. Überliefert

Ein Zeugnis für die Verbreitung der griechischen Kommentare zu den *Kategorien*, besonders für die Verbreitung der einführenden Prolegomena zu diesem Kommentar, ist in Al-Fārābīs Werken über die Kategorienschrift erhalten. Unter seinem Namen ist ein Traktat darüber erhalten, „was vor der Philosophie gelehrt werden muß" (*Risāla fī mā yanbaġī an yuqaddama qabla ta*ᶜ*allum al-falsafa*)[50]. Dabei handelt es sich um einen Traktat über das eisagogische Schema der alexandrinischen Kommentatoren, das als Einleitung zu den *Kategorien* dient. Zwar sind darin nur neun statt zehn Punkte, wie es in den griechischen Kommentaren üblich ist, aufgeführt; aber es sind auch einige Unterschiede zur Darstellung der zehn Punkte bei Ibn aṭ-Ṭayyib festzustellen. So scheint das Schema Al-Fārābīs eher demjenigen des Philoponos und des Simplikios zu entsprechen, bei Ibn aṭ-Ṭayyib dagegen sind mehr Ähnlichkeiten mit der Reihenfolge, wie sie bei Olympiodor und Elias (David) steht, vorhanden.

Es sind jedoch auch andere, teilweise weniger wichtige Gemeinsamkeiten mit der Einleitung von Ibn aṭ-Ṭayyib vorhanden. So nennt Fārābī zum einen auch fälschlicherweise Andronikos einen Schüler von Boethos[51]. Zum anderen zitiert er das Platonzitat „Wer kein Mathematiker ist, trete nicht ein bei uns", allerdings nur in ähnlichem Wortlaut[52]. Außerdem nennt er wie

---

in der Handschrift Istanbul, Aya Sofya 2483. Ediert wurden Teile des Kommentars von Türker, El-ᶜAmiri (1965).

50 Edition: Schmölders, Documenta (1836); Dieterici, Philosophische Abhandlungen (1890) (Ar. Text); ders., Philosophische Abhandlungen (1892) (Dt. Übersetzung). Endress, Wissenschaftliche Literatur (1992), S. 48, Anm. 146 und Zimmermann, Al-Farabi's Commentary (1981), S. 258 halten die Schrift für unecht. Zimmermann kommt zu diesem Schluß nach einem Vergleich der Prolegomena zum *K. al-alfāẓ* und zum Kommentar zu *De interpretatione* von Al-Fārābī, da die Prolegomena dieser beiden Werke miteinander übereinstimmen, nicht aber mit dem Inhalt der *Risāla*. Dieses Argument ist jedoch hinfällig, weil im Vorspann zu diesen beiden Werken nur die „kleinen", aus 6 oder 7 Punkten bestehenden Prolegomena behandelt werden, in der *Risāla* werden jedoch die „großen", aus 9 oder 10 Punkten bestehenden Prolegomena beschrieben. Die Schrift ist bei Ibn al-Qifṭī (gest. 1248) (ed. Lippert S. 279) und bei Ibn Abī Uṣaibiᶜa (gest.1270) (ed. Müller II S. 128) belegt. Zum Text der Risāla siehe auch Gutas, Starting point (1985).

51 Boethos von Sidon (1. Jh. v. Chr.) war ein Schüler von Andronikos. Boethos setzte die Editionsarbeit seines Lehrers an den aristotelischen Schriften fort. Bei Ibn aṭ-Ṭayyib, Tafsīr k. al-Maqūlāt, fol. 6a (siehe unten S. ١٠).

52 Bei Ibn aṭ-Ṭayyib, Tafsīr k. al-Maqūlāt, fol. 5b (siehe unten S. ٩).

Ibn aṭ-Ṭayyib Theophrast als Vertreter der Ansicht, daß man das Studium der Philosophie mit der Ethik beginnen müsse[53]. Ein ähnlicher Fall, ist das Zitat „steter Tropfen höhlt den Stein"[54], das der Kommentar von Ibn aṭ-Ṭayyib nur mit der Schrift von Fārābī gemeinsam hat. Obwohl Fārābī bei Ibn aṭ-Ṭayyib weder im Kommentar zur *Isagoge* noch in demjenigen zu den *Kategorien* namentlich erwähnt wird und außerdem einige Unterschiede im Wortlaut der Abhandlung festzustellen sind, könnten die Gemeinsamkeiten darauf hindeuten, daß Ibn aṭ-Ṭayyib die Schrift, die unter Fārābīs Namen überliefert ist, kannte.

Das zweite Einführungsschema, das aus sechs bis acht Punkten besteht, und gemäß den griechischen Kommentatoren vor jedem philosophischen Werk behandelt werden muß, stellt Fārābī als Einführung seinem *Kitāb al-Alfāẓ*[55] voran. Zu Beginn des *Kitāb al-Ḥurūf* bietet er eine Einführung zu den *Kategorien*[56].

Während in den Kommentaren von Ibn Sīnā keine Prolegomena mehr zu finden sind, sind Spuren davon noch in Werken von Ibn Rušd vorhanden. Zwar bilden die Prolegomena nicht mehr die Einleitung zum Kommentar des Ibn Rušd zu den *Kategorien* (*tafsīr mā baᶜd aṭ-Ṭabīᶜat*[57]). Seinem großen Physikkommentar werden sie jedoch vorangestellt, obwohl das in den griechischen Physikkommentaren nicht der Fall ist. Arabisch ist diese Einleitung nicht erhalten, jedoch auf hebräisch[58]. Außerdem findet sich das zweite, kleinere Einführungsschema in den Prolegomena zur Schrift *Aḍ-ḍarūrī fī ṣināᶜat al-naḥw*[59].

---

53 Bei Ibn aṭ-Ṭayyib, Tafsīr k. al-Maqūlāt, fol. 5b (siehe unten S. ٩).

54 Bei Ibn aṭ-Ṭayyib, Tafsīr k. al-Maqūlāt, fol. 7b (siehe unten S. ١٣).

55 Siehe Al-Fārābī, Kitāb al-Alfāẓ (1968), S. 94–95.

56 Siehe Al-Fārābī, Kitāb al-Ḥurūf (1970, 1990^2), S. 22 ff.

57 Edition: Averroès, Kitab al-Maqoulat (1932). Zusammen mit dem Kommentar von Averroes ist der Kategorientext aus dem Kommentar von Ibn aṭ-Ṭayyib ediert. Zu einzelnen Charakteristiken des Kommentars von Averroes siehe auch Butterworth, Middle Commentaries (1983), S. 10–16. Auf Parallelen des Kommentars zu den griechischen Kategorienkommentaren weist Davidson, Averroes: Middle Commentary (1969).

58 Edition: Harvey, Hebrew Translation (1985).

59 Zum Text siehe Sīdī Wuld-Manāh, in: Fikr wa-naqd, sana 3, Nr. 123 (Mai 2000), S. 14–26. Entdeckt wurde die Handschrift der bislang verloren geglaubten Schrift 1999 in einer mauretanischen Privatbibliothek. Die Autorschaft Ibn Rušds wird bezeugt durch Testimonien in der Auflistung der Werke Ibn Rušds (Ms. El Esc. Bibl. de San Lorenzo 884 Derenbourg); Al-Marrākhushi, al-Dhayl wa-l-takmila, ed. Ihsān 'Abbās, 6, Bayrūt 1973 (Biog-

1.3.4. *Exkurs: Zur Identität von Alinus*

Die Identität des auch im Kommentar zu den *Kategorien* von Ibn aṭ-Ṭayyib öfters zitierten *Alinus* bleibt weiterhin ein Rätsel. Im Kommentar zu den *Kategorien* wird er oft in Verbindung mit Alexander oder mit Olympiodor genannt, aber er wird auch als einzelner Vertreter einer eigenen Ansicht zitiert[60].

Ibn an-Nadīm[61] und Ibn al-Qifṭī[62] geben unter seiner Autorschaft ein Werk an, in dem die „vier logischen Bücher", also die *Isagoge*, die *Kategorien*, die *Hermeneutik* und die *Erste Analytik* behandelt werden. Im offensichtlich korrumpierten Titel wird als Autor „Allinus" genannt. Ibn Abī Uṣaibiʿa[63] dagegen führt ein Werk mit der Bezeichnung „Abschnitte der *Isagoge* und der *Kategorien* von Alinus, dem Alexandriner" an[64].

Zur Lösung des Rätsels wurden schon mehrere Versuche gestartet. Der ausführlichste davon ist der Aufsatz von Franz Rosenthal, in welchem er den Kategorienkommentar von Ibn aṭ-Ṭayyib neben anderen Quellen auswertete[65]. Rosenthal schlägt hypothetisch als Name, der hinter „Alinus" stehen könnte, Apollonios von Alexandrien vor. Nach Friedrich W. Zimmermann könnte es sich dabei dagegen um den Titel eines nestorianischen Handbuches zur griechischen Philosophie handeln[66]. Dagegen sprach sich Hans Daiber aus sprachlichen Gründen aus[67].

Richard Walzer bestritt, daß „Alinus" Elias ist, was auch Rosenthal für unwahrscheinlich hält[68]. Die Durchsicht und in-

raphie und Werkliste S. 21–31) u. a. Den freundlichen Hinweis und die Angaben zu diesem Text verdanke ich Prof. G. Endreß.

60 Bei Ibn aṭ-Ṭayyib, Tafsīr k. al-Maqūlāt, fol. 20b (siehe unten S. ٣٩), 63b (siehe unten S. ١٣٠), 141b (siehe unten S. ٣٠٦), 145a (siehe unten S. ٣١٤), 155b (siehe unten S. ٣٣٦), 156a (siehe unten S. ٣٣٧), 178b (siehe unten S. ٣٨٩), Als Überblick siehe Elamrani-Jalal, Art. Alīnūs (1989), S. 151–152.

61 Siehe Ibn an-Nadīm, al-Fihrist (1971), S. 265.

62 Siehe Ibn al-Qifṭī, Taʾrīḫ al-ḥukamāʾ (1903), S. 164.

63 Siehe Ibn Abī Uṣaibiʿa, ʿUyūn al anbāʾ (1882–1884), S. 323.

64 Genannt wird Alinus auch bei Al-Masīḥī, vgl. Gutas, Avicenna (1988), S. 150.

65 Siehe Rosenthal, Commentator (1972), S. 343–347.

66 Siehe Zimmermann, Commentary (1981), S. XCVII–XCVIII.

67 Siehe Daiber, Ṣiwān al-ḥikma (1984), S. 63.

68 Siehe Walzer, Greek into Arabic (1962), S. 69 ff.

haltliche Analyse der „Alinus-Stellen" im Kommentar zu den *Kategorien* von Ibn aṭ-Ṭayyib bestätigt den Befund, daß es unwahrscheinlich ist, daß „Alinus" eine Verschreibung für „Elias" ist[69].

69 Dagegen hat M. Rashed die Identifikation von Alinus mit David vorgeschlagen, siehe Aréthas (2006) (ein Manuskript dieses Aufsatzes hat mir Dr. M. Rashed freundlicherweise zur Verfügung gestellt). Zu überlegen wäre auch die Möglichkeit, ob nicht Aineias von Gaza (5. Jh. n. Chr.), durch die syrische Umschreibung zu Alinus gewandelt, der gesuchte Autor sein könnte.

ZWEITES KAPITEL

ABŪ L-FARAĞ ᶜABDALLĀH IBN AṬ-ṬAYYIB

2.1. Forschungsüberblick

Ibn aṭ-Ṭayyib gehört zwar durch sein großes Kommentarwerk zu den wichtigen Traditionsträgern der griechischen Medizin und Philosophie und der christlichen Theologie in der arabischsprachigen Welt, doch insgesamt betrachtet hat sich die wissenschaftliche Forschung bisher nur am Rande mit ihm und seinem Werk befasst. In den Nachschlagewerken wird zwar ein allgemeiner Überblick über sein Schaffen gegeben, eine Aussage über die bisher weitgehend unerforscht gebliebenen Werke war jedoch kaum möglich[1].

Die uns erhaltenen Werke Ibn aṭ-Ṭayyibs zeichnen sich durch große Vielseitigkeit aus. Er schrieb über Theologie, Medizin und Philosophie, doch ist diese reiche Produktion bis heute kaum untersucht worden. Einige editorische Aufmerksamkeit wurde im Laufe der Zeit vor allem den theologischen Schriften gewidmet[2]. Die großen Kommentare zu den Psalmen, den Evangelien und zur Genesis sind ediert worden, dazu einige Traktate[3]. Zahlreiche handschriftlich überlieferte Schriften aus dem theologischen Bereich und aus dem nestorianischen kanonischen Recht bleiben jedoch unediert[4].

---

1 Siehe EI², Art. Abū l-Farağ b. aṭ-Ṭayyib; Graf, GCAL (1944–1953), Bd. 2, S. 160.

2 Für die theologischen Werke wird an dieser Stelle nur ein allgemeiner Überblick geboten. Für weitere Angaben verweise ich auf Graf, GCAL (1944–1953), Bd. 2, 162–176.

3 Evangelienkommentar: Ibn aṭ-Ṭayyib, Tafsīr al-mašriqī (1908–1910); Psalmenkommentar: Ibn aṭ-Ṭayyib, Ar-rauḍ an-nadīr (1902); Genesiskommentar: Commentaire sur la Genèse (1967); Traktate siehe z. B. Troupeau, Unité (1971); ders. Hypostases (1974); ders., Union (1977–78); Samir, Traité sur l'union (1972); ders., Nécessité (1974); Bottini, Giubileo (1998).

4 Eine Ausnahme bei den Rechtswerken bildet Hoenerbach/Spies, Firdaus (1956).

Das erhaltene medizinische Werk, das Kommentare zu Hippokrates und Galen, aber auch eigene Schriften umfaßt, ist weitgehend unediert und unerforscht[5].

Die Kommentare Ibn aṭ-Ṭayyibs zu aristotelischen Werken sind nur zu einem sehr kleinen Teil erhalten. Darunter sind seine Scholien zu den Büchern VI und VII der *Physik*, denen jedoch nie eine Untersuchung zuteil geworden ist[6].

Von den Kommentaren zur Logik von Aristoteles ist nur derjenige zu den *Kategorien* erhalten[7]. Die Prolegomena zu diesem Kommentar wurden von Christel Hein analysiert und mit den Prolegomena der griechischen Kategorienkommentare verglichen[8]. Eine Epitome dieses Kommentars ist handschriftlich erhalten, bis jetzt aber unerforscht geblieben[9].

Die Zuschreibung des nur in einer Handschrift vorhandenen Isagogekommentars an Ibn aṭ-Ṭayyib erfolgte durch Samuel Stern, der auch auf die Kurzfassungen des Kommentars zur *Isagoge* und zu den *Kategorien* und der *Zweiten Analytik* aufmerksam machte[10]. Der Isagogekommentar liegt ediert, kommentiert und übersetzt vor in einer Ausgabe von Kwame Gyekye, der in seinem Kommentar auch die griechischen Isagogekommentare zum Vergleich heranzieht[11]. Einbezogen in eine Studie über die Nachwirkungen der arabischen Philosophie in hebräischen Werken des 13. Jh. in der Provence wurde der Isagogekommentar Ibn aṭ-Ṭayyibs auch von Mauro Zonta[12].

Die Auseinandersetzung mit Ibn aṭ-Ṭayyibs Werken erfolgte erst in jüngerer Zeit, eine umfassende Arbeit ist ihnen jedoch

---

5 Vgl. Ullmann, Medizin (1970), S. 150 f.; siehe unten S. 27 ff.

6 Siehe Arisṭūṭālīs, al-Ṭabīʿa (1384–5/1965–6).

7 ʿAlī Ḥusain al-Ǧābirī hat ihn 2002 ediert (Ibn aṭ-Ṭayyib, al-šarḥ al-kabīr, [2002]). Dazu siehe unten S. 233. Einbezogen in eine Studie über Ibn Rušd wird der Kategorienkommentar in Al-Ǧābirī, Manṭiq (1999).

8 Siehe Hein, Definition und Einteilung (1985), S. 250 ff. Die Übersetzung der Anfangspassage der Prolegomena von Ibn aṭ-Ṭayyib ist abgedruckt bei Rosenthal, Fortleben (1965), S. 101 f.

9 Siehe unten S. 31–32.

10 Vgl. Stern, Ibn al-Tayyibs Commentary (1957), S. 420. Der Isagogekommentar war davor Al-Fārābī zugeschrieben worden. Zum Kommentar siehe weiter unten, S. 32.

11 Edition: Gyekye, Ibn al-Tayyib's Commentary (1975). Zweifel an der Zuverlässigkeit der Edition werden erhoben durch Hein, Rezension (1980). Kommentar und Übersetzung: Gyekye, Arabic Logic (1979).

12 Siehe Zonta, Fonti (1997), S. 434–438.

bisher nicht gewidmet worden. In einen größeren Zusammenhang als Glied in der Schultradition um das Jahr 1000 in Bagdad wurde unser Autor von Gerhard Endreß gestellt[13]. In seinen Studien zu Ibn Sīnā und zur griechischen Wissenschaft im arabischen Raum hat neuerdings Dimitri Gutas auch Stellung bezogen zum Kategorienkommentar Ibn aṭ-Ṭayyibs, ohne diesen jedoch detailliert zu untersuchen[14].

2.2. Abū l-Farağ ibn aṭ-Ṭayyib in seiner Zeit

Obwohl Abū l-Farağ ibn aṭ-Ṭayyib in den Quellen als ein überaus gelehrter und produktiver Arzt und Philosoph dargestellt wird, steht sein Bekanntheitsgrad in keinem Verhältnis zum großen Umfang seiner zahlreichen Schriften[15]. Sein Wirken erstreckte sich auf drei Gebiete, nämlich auf kirchliche Ämter, Medizin und Philosophie, aber trotz dieser vielseitigen und fruchtbaren Tätigkeiten geriet sein Name nahezu in Vergessenheit. Ibn aṭ-Ṭayyib wirkte in der ersten Hälfte des 11. Jahrhunderts in Bagdad als Arzt an dem von ᶜAḍudaddaula gegründeten Krankenhaus, bekleidete aber auch hohe Ämter der nestorianischen Kirche, darunter den Posten des Sekretärs des Katholikos in Bagdad. Er starb im Jahr 1043 und wurde in der Kirche von Dartā beigesetzt[16].

Über die Lehrer von Ibn aṭ-Ṭayyib ist nicht viel bekannt. Zu ihnen gehörten Ibn as-Samḥ (gest. 1027), der die *Physik* und die *Rhetorik* kommentierte, aber auch Buchhändler in Bagdad war[17]. Von einem anderen Lehrer, Ibn Suwār (gest. 1020), sind

---

13 Siehe Endress, Wissenschaftliche Literatur (1986), S. 451 f., 461 f.

14 Siehe Gutas, Avicenna (1988), S. 227, Anm. 12; ders., Greek Thought (1998), S. 155, Anm. 7.

15 Angaben über Leben und Werk unseres Autors machen: Ibn Abī Uṣaibiᶜa, ᶜUyūn al anbāʾ (1882–1884), S. 239f.; Ibn al-Qifṭī, Taʾrīḫ al-ḥukamāʾ (1903), S. 223 f.; al-Baihaqī, Tatimmat (1946), S. 28,1.

16 Für die Angaben über das kirchlich-theologische Wirken Ibn aṭ-Ṭayyibs siehe Graf, GCAL (1944–1953), Bd. 2, S. 160 ff. Ein anekdotischer Bericht über Ibn aṭ-Ṭayyibs Priestertätigkeit wird bei Ibn Abī Uṣaibiᶜa, ᶜUyūn al anbāʾ (1882–1884), S. 239 ff. wiedergegeben.

17 Siehe Endress, Yahyā Ibn ᶜAdī (1977), S. 9. Zum Rhetorikkommentar siehe Stern, Ibn al-Samḥ (1956–1957), S. 41–44.

die Prolegomena zu einem Kategorienkommentar erhalten[18]. Ibn aṭ-Ṭayyib gehört damit in die Schultradition, die mit Mattā ibn Yūnus (gest. 940) und Yaḥyā ibn ʿAdī (gest. 974) begründet worden war[19].

Ibn aṭ-Ṭayyib ist der Autor des wohl größten exegetischen Sammelwerks der christlichen arabischen Literatur, nämlich eines Kommentars zur gesamten Bibel, mit dem Titel *Firdaus an-naṣrānīya (Paradies der Christenheit),* der eine Art Zusammenfassung aller, auch älterer, Kommentare dazu bilden sollte. Daneben verfaßte er Kommentare zu den Psalmen und zu den Evangelien und Abhandlungen zu dogmatischen und ethischen Themen.

Die Tätigkeit des Kommentators begründet Ibn aṭ-Ṭayyib selber: Niemand mehr in seiner Umgebung lese Bücher. Deshalb sei es notwendig, die Kommentare zu einem einzigen Werk zusammenzufassen, damit man mit dem Wenigen, was überhaupt noch gelesen wird, so viel wie möglich abdeckt[20]. Diese Motivation stand auch hinter seiner Kommentiertätigkeit auf philosophischem Gebiet, wo es ebenfalls darum ging, älteres Wissen gegenwärtig zu machen, indem man es sammelte und dadurch neu zugänglich machte[21].

Daß dies für unseren Autor auch für seine medizinische Tätigkeit galt, läßt sich aus der Reihe von Titeln aus diesem Gebiet schließen. Die Übersetzung und Kommentierung von Werken von Hippokrates und Galen nahm darin großen Raum ein. Ibn aṭ-Ṭayyib hat die sogenannten *Summaria Alexandrinorum,* eine von alexandrinischen Ärzten zusammengestellte Gesamtschau der Grundwerke von Galen in sechzehn Bänden kommentiert[22]. Sie ist handschriftlich erhalten[23]. Als einer der frühesten Kommentatoren und Bearbeiter dieser Texte nimmt Ibn aṭ-Ṭayyib in der Rezeption Galens sowohl in der islamischen als auch in

---

18 Überliefert in Ms. Paris, Bibliothèque Nationale de France ar. 2346. Edition: Georr, Catégories (1948), S. 361 ff.

19 Zu dieser Schultradition siehe oben S. 10.

20 Dazu siehe Ibn aṭ-Ṭayyib, Commentaire sur la Genèse (1967), wo im Prolog die entsprechenden Aussagen zu finden sind. Ar. Text Bd. 24, S. 1–2, Übersetzung Bd. 25, S. 1–2.

21 Vgl. die Vorrede zum Kommentar zu den Kategorien von Ibn aṭ-Ṭayyib, Tafsīr k. al-Maqūlāt fol. 1b (siehe unten S. ١).

22 Vgl. Ibn Abī Uṣaibiʿa, ʿUyūn al anbāʾ (1882–1884), S. 240.

23 Siehe Ullmann, Medizin (1970), S. 157.

der christlichen mittelalterlichen Medizin einen wichtigen Platz ein.

Auch über seine Lehrtätigkeit am Krankenhaus gibt es ein Zeugnis. Ibn Abī Uṣaibiʿa berichtet davon, daß er ein Exemplar des Kommentars von Ibn aṭ-Ṭayyib zu Galens *Therapeutik für Glaukon*, das mit Notizen seiner Hörer versehen war, mit eigenen Augen gesehen habe[24]. Die bekanntesten Schüler Ibn aṭ-Ṭayyibs sind unter den Ärzten zu finden, so Ibn Buṭlān und Ǧūrǧīs al-Yabrūdī, der aus Damaskus nach Bagdad kam, um bei Ibn aṭ-Ṭayyib zu studieren[25].

Ibn aṭ-Ṭayyibs Kommentierung von Werken des Aristoteles war ebenfalls ausgedehnt[26]. Ibn Abī Uṣaibiʿa führt Kommentare zu allen acht Büchern des *Organon* an[27]. Aber auch die naturwissenschaftlichen Schriften wurden von unserem Autor bearbeitet. So sind uns zum Beispiel zur *Physik* in einer Leidener Handschrift Erklärungen Ibn aṭ-Ṭayyibs überliefert und auch das Vorhandensein eines Kommentars zu *De animalibus* ist bezeugt.

Über eine langjährige und intensive Beschäftigung Ibn aṭ-Ṭayyibs mit der *Metaphysik* berichtet uns sein Schüler Ibn Buṭlān (gest. um 1070)[28]. Ibn aṭ-Ṭayyib soll nach einem zwanzig Jahre währenden Studium dieses Werkes melancholisch geworden sein.

Ibn aṭ-Ṭayyib kommentierte aber nicht nur, er übersetzte auch. So ist die pseudoaristotelische Schrift *De virtutibus*[29] von ihm aus dem Syrischen ins Arabische übertragen worden. Damit lässt sich in bezug auf die Sprachkenntnisse bestimmt sagen, daß Ibn aṭ-Ṭayyib das Syrische beherrschte. Was seine Kenntnis des

---

24 Siehe Ibn Abī Uṣaibiʿa, ʿUyūn al anbāʾ (1882–1884), S. 239.

25 Zu Ibn Buṭlān s. weiter unten. Zu Ǧūrǧīs al-Yabrūdī siehe Ibn Abī Uṣaibiʿa, ʿUyūn al anbāʾ (1882–1884) II, S. 140 ff.

26 Daß Ärzte auch auf philosophischem Gebiet produktiv waren, war nichts Neues. Muḥammad Ibn Zakarīyā ar-Rāzī (gest. 923), der als Arzt Berühmtheit erlangte, wird ein Buch über die Begriffe der Kategorienlehre zugeschrieben, siehe Ibn an-Nadīm, al-Fihrist (1971), S. 357.

27 Siehe Ibn Abī Uṣaibiʿa, ʿUyūn al anbāʾ (1882–1884), S. 240.

28 Vgl. Ibn Abī Uṣaibiʿa, ʿUyūn al anbāʾ (1882–1884), I, 241–243; Ibn al-Qifṭī, Taʾrīḫ al-ḥukamāʾ (1903), S. 294–315. Ibn Buṭlān war sein fähigster und nachgerade berühmtester Schüler, der als Vertreter der Bagdader Schule als Kontrahent dem Kairiner ʿAlī ibn Riḍwān entgegentrat, siehe Meyerhof/Schacht, Controversy (1937). Vgl. auch Ullmann, Medizin (1970), S. 157 f.

29 Edition: Kellermann, Pseudo-aristotelischer Traktat (1965).

Griechischen betrifft, sind die Hinweise darauf weniger deutlich. Immerhin ist anzunehmen, daß eine gewisse Kompetenz auch in dieser Sprache vorhanden war. Da die Zeugnisse dafür jedoch sehr spärlich sind, läßt sich der Umfang dieser Kenntnis schwer bestimmen[30]. Auf die hohe Wertschätzung des antiken Bildungsgutes, die Ibn aṭ-Ṭayyib hegte, deuten jedenfalls auch die Zitate in seinen Werken, wie zum Beispiel im Kommentar zur *Isagoge*, wo er nicht nur aus der griechischen Philosophie (Platon, von dem er einzelne Dialoge nennt, Antisthenes, Pythagoras), sondern auch aus der poetischen Literatur zitiert und Euripides- und Homer-Zitate verwendet.

2.3. Ibn aṭ-Ṭayyib in der biobibliographischen und philosophischen Literatur

Es gibt zwei Gruppen von Aussagen über das Wirken von Ibn aṭ-Ṭayyib. Die eine besteht aus Berichten bei den Biobibliographen, die ihrerseits auf Informationen von der Seite seines Schülers, Ibn Buṭlān, zurückgehen. Die andere Gruppe besteht aus Aussagen und Zeugnissen von Ibn Sīnā über unseren Autor.

2.3.1. *Die Biobibliographen*

Bei Ibn al-Qifṭī wird Ibn aṭ-Ṭayyib als ein überaus gelehrter Mann beschrieben, der viel geforscht habe und zahlreiche Werke aus der Philosophie und aus der Medizin kommentiert und erläutert habe. Allerdings habe man ihm aber auch Weitschweifigkeit vorgeworfen[31]. Durch seine Tätigkeit habe Ibn aṭ-Ṭayyib jedoch auch vieles, was in Vergessenheit geraten war, wiederbelebt und dabei Unklares erläutert. Insgesamt wird unser Autor als ein bedeutender Kommentator beschrieben.

Ibn Abī Uṣaibiʿa beschreibt Ibn aṭ-Ṭayyib ebenfalls als fleißigen und sehr produktiven Kommentator philosophischer Werke, der sich in seiner Materie gut auskannte. Es wird allerdings

30 Vgl. beispielsweise die Erklärung des Wortes „Kategorie" bei Ibn aṭ-Ṭayyib, Tafsīr k. al-Maqūlāt, fol. 10a (siehe unten S. ١٨).

31 So berichtet Ibn al-Qifṭī, Taʾrīḫ al-ḥukamāʾ (1903), S. 223.

berichtet, Ibn Sīnā habe Ibn aṭ-Ṭayyib für seine medizinischen Werke gelobt, ihn jedoch getadelt für die philosophischen[32]. Daß diese Aussage durchaus ihre Richtigkeit hat, wird in den Briefen aus den *Mubāḥaṯāt* bestätigt[33].

2.3.2. *Abū l-Farağ ibn aṭ-Ṭayyib und Ibn Sīnā*

Ibn Sīnā hat sich mehrmals über Ibn aṭ-Ṭayyib geäußert. Wie schon erwähnt, wird bei Ibn Abī Uṣaibiᶜa berichtet, daß die Werke Ibn aṭ-Ṭayyibs bei Ibn Sīnā sowohl Lob als auch Tadel gefunden haben[34]. Kritisiert wurde vor allem das philosophische Werk unseres Autors. Zwei Briefe, der eine von Ibn Sīnā selber, der andere aus seiner Umgebung, die in den *Mubāḥaṯāt (Diskussionen)* überliefert sind, belegen das negative Urteil Ibn Sīnās. Die *Mubāḥaṯāt* sind eine Sammlung philosophischer Fragen und ihrer Antworten, die von Ibn Sīnā schriftlich festgehalten wurden, zumeist in Form von Briefen. Die Überlieferung dieser Sammlung ist sehr kompliziert, da ihre handschriftliche Verbreitung groß ist[35].

Im *Brief an Kiyā*, der hauptsächlich über methodische Fragen der Arbeit an philosophischen Texten handelt, wird allgemein über die Einfältigkeit und Beschränktheit der christlichen Bagdader Philosophen hergezogen. Ibn Sīnā sagt darin auch, daß er in seinem verlorenen Werk *Kitāb al-inṣāf* das „Wesentliche über die Unzulänglichkeit, Beschränktheit und Ignoranz der Bagdader" („talḫīṣ ḍuᶜf al-baġdādiyya wa-taqṣīrihim wa-ğahlihim") dargestellt habe.

Namentlich erwähnt wird Ibn aṭ-Ṭayyib jedoch in einem anderen Brief, in dem sich ein anonymer Schüler Ibn Sīnās an einen ebenfalls anonymen Adressaten wendet[36]. Hier ist der

---

32 Siehe Ibn Abī Ibn Abī Uṣaibiᶜa, ᶜUyūn al anbāʾ (1882–1884), S. 239, 25.

33 Siehe unten S. 24.

34 Siehe Ibn Abī Uṣaibiᶜa, ᶜUyūn al anbāʾ (1882–1884), S. 239.

35 Siehe Reisman, Making (2002), S. 123–124; Gutas, Avicenna (1988), S. 143 f. Editionen: Bīdārfār, Al-Mubāḥatāt (1992); Badawī, Arisṭū ᶜinda l-ᶜArab (1947, Kuwait 1978²), S. 119–249.

36 Zu diesem Brief siehe Reisman, Making (2002), S. 124. Er ist in der Oxforder Rezension der Mubāḥaṯāt (Ms. Oxford, Bodleian Library Hunt. 534, datiert ins Jahr 634/1237) überliefert und in Bīdārfār, Al-Mubāḥaṯāt (1992), S. 82, ebenso in Mahdawī, Fihrist-i nusaḫā-i (1954), S. 206–210 abgedruckt.

Hintergrund ein ganz anderer. Die Vorgeschichte dieses Briefes lautet wie folgt: Ibn Sīnā konnte sich, nachdem er bei der Plünderung Isfahans seine Bücher, einschließlich des Manuskriptes seines *Buches des gerechten Urteils (Kitāb al-inṣāf),* verloren hatte, nicht dazu überwinden, das Buch noch einmal zu schreiben. Um sich dazu eine Anregung zu verschaffen, wurde er dazu bewegt, die Bücher von Ibn aṭ-Ṭayyib zu kaufen[37]. Die Episode des Bücherkaufs wird breit dargestellt. Da es laut dem Bericht im Brief Ibn aṭ-Ṭayyib nämlich offensichtlich missfiel, daß gerade Ibn Sīnā seine Bücher erwerben wollte, verlangte er einen exorbitanten Preis. Um sich vor dem Vorwurf des Geizes zu schützen, ließ Ibn Sīnā den gewünschten Preis bezahlen, ließ im folgenden jedoch kein gutes Haar an den erworbenen Werken. Der Schüler schreibt, er habe tatsächlich unter den Büchern konfuser Autoren nie etwas noch Beschränkteres und Abwegigeres gesehen als diejenigen Ibn aṭ-Ṭayyibs. Die Aburteilung der Werke unseres Autors gipfelt in dem Ausspruch Ibn Sīnās, „man sollte diese Bücher zurückgeben und den Verkäufer das Geld behalten lassen!"[38].

Der Hintergrund dieser Episode ist wohl in dem Rivalitätsverhältnis von Ibn Sīnā und Ibn aṭ-Ṭayyib zu sehen und vor der Gefahr des Gesichtsverlustes, den ersterer erleiden könnte. Aus der Höhe des bezahlten Preises wäre ja zu schließen, daß er auf die Bücher angewiesen sein mußte[39]. Im Brief wird denn auch ausdrücklich erwähnt, daß der Empfänger das Schreiben unter die Leute bringen solle, wohl um entsprechenden Gerüchten vorzubeugen. Es scheint auch nahezu ein Rechtfertigungsschreiben dafür zu sein, daß Ibn Sīnā die Bücher erworben hat. Deswegen passt es auch ins Bild, daß bei der Beurteilung der Werke unseres Autors einige Boshaftigkeit mitspielt, so wenn von Ibn Sīnā die Aussage berichtet wird, daß die Bücher Ibn

Vgl. Pines, Philosophie orientale (1952), S. 16 und bes. Gutas, Avicenna (1988), S. 64–72, wo er übersetzt ist unter dem Titel *Brief eines Schülers aus Rayy*.

37 Nach dem Überfall des Ġaznawiden Masʿūd auf Isfahan im Jahre 1034.

38 Diesen Ausspruch Ibn Sīnās überliefert auch al-Baihaqī, Tatimmat (1946), 28, 1.

39 Inwiefern Ibn Sīnā auf Kommentare von Ibn aṭ-Ṭayyib zurückgriff, ist bisher noch nicht eingehend geprüft worden.

aṭ-Ṭayyibs vielleicht gerade dann entstanden sind, als dieser wahnsinnig war[40].

Der Brief liefert jedoch auch wertvolle Informationen darüber, was von den Büchern Ibn aṭ-Ṭayyibs in Umlauf war. Folgende Titel werden aufgezählt: die Kommentare zur *Isagoge*, zu den *Kategorien*, zur *Hermeneutik*, zu den *Sophistici elenchi*, zu *De caelo*, zu *De sensu et sensato* und zur *Metaphysik*.

Damit ist unter anderem ein Beleg für die Existenz eines Metaphysikkommentars erbracht. Ein Kommentar über dieses Werk ist sonst nämlich nur indirekt bekannt durch den Bericht des Schülers Ibn aṭ-Ṭayyibs, Ibn Buṭlāns[41].

2.3.3. *Abū l-Farağ ibn aṭ-Ṭayyib und Ibn Rušd*

In zwei Kommentaren erwähnt Ibn Rušd Ibn aṭ-Ṭayyib namentlich, nämlich im Kommentar zu *De anima* und im Kommentar zu *De caelo*.

Im großen Kommentar zu *De anima*, der nur auf lateinisch überliefert ist, kritisiert Ibn Rušd Ibn aṭ-Ṭayyib wegen einer Stelle im Kommentar zu *De sensu et sensato*[42]. Obwohl der Kommentar in keinem bibliographischen Werk auftaucht und nicht erhalten ist, muß er Ibn Rušd vorgelegen haben.

Im Fall des Kommentars zu *De caelo* läßt sich etwas mehr sagen: Seine Existenz wird einerseits durch den Brief eines Schülers von Ibn Sīnā bezeugt[43]. Andererseits ist uns auch ein Textbeleg davon erhalten, und zwar im Kommentar zu *De caelo* von Ibn Rušd. Dieser greift darin an drei Stellen auf Ibn aṭ-Ṭayyib als Autorität zurück, und zwar als Übersetzer des aristotelischen Textes. Daß Ibn aṭ-Ṭayyib *De caelo* übersetzte oder kommentierte, berichtet Ibn Abī Uṣaibiʿa nicht. Möglicherweise liegt uns je-

---

40 Ibn aṭ-Ṭayyib soll, wie es bei Ibn al-Qifṭī berichtet wird, wegen der Kommentierung der *Metaphysik* an einem Übermaß an schwarzer Galle gelitten haben, was nach antiker Auffassung zum Wahnsinn führt. Siehe Ibn al-Qifṭī, Taʾrīḫ al-ḥukamāʾ (1903), S. 223.

41 Siehe den Bericht bei Ibn al-Qifṭī, Taʾrīḫ al-ḥukamāʾ (1903), S. 223.

42 Vgl. Averroes, Commentarium magnum in Aristotelis De anima (1953), S. 416. Die Existenz eines Kommentars zu *De sensu et sensato* wird auch belegt durch die Erwähnung im Brief eines Schülers von Ibn Sīnā, auf dieser Seite.

43 Siehe hier oben.

doch ein Zeugnis davon in einem Fragment einer Übersetzung mit Kommentar in einer Pariser Handschrift vor[44]. Dafür, daß das Fragment aus dem *De caelo*-Kommentar von Ibn aṭ-Ṭayyib stammt, spricht vor allem der Aufbau, der demjenigen, den wir aus dem Kategorienkommentar kennen, sehr ähnlich ist. Dazu gehört die Lemmatisierung in kurze Sätze, teilweise auch nur Satzteile, und vor allem die zusammenfassenden Einschübe des Kommentators, die auch als solche gekennzeichnet sind, nach einzelnen Sinnabschnitten, die sich über zwei bis vier Seiten erstrecken. Der ganze Kommentar ist in Lehreinheiten, *ta^c^līm*, gegliedert, wie der Kategorienkommentar. Unglücklicherweise fehlen die Passagen, zu denen Ibn Rušd in seinem großen *De caelo*-Kommentar Ibn aṭ-Ṭayyib zitiert.

An drei Stellen wird nämlich in der erhaltenen lateinischen Übersetzung des großen Kommentars von Ibn Rušd zu *De caelo* Ibn aṭ-Ṭayyib namentlich erwähnt als „Abelfarag"[45]. An diesen Stellen greift der Kommentator auf die Übersetzung Ibn aṭ-Ṭayyibs zurück und stützt sich auf dessen Autorität. Besonders interessant ist die Erwähnung in III c. 56, da dort eine Aussage über die Übersetzung Ibn aṭ-Ṭayyibs gemacht wird. Dieser habe nämlich nicht wörtlich, sondern sinngemäß übersetzt (*sed videtur quod iste vir non transtulit nisi secundum intentionem, non secundum verba*). Die Stelle bezieht sich auf *De caelo* 305a34–b5. Dort heißt es:

> ἐνυπάρχον γὰρ ἕκαστον ἐκρίνεσθαί φασιν (scil. οἱ μὲν περὶ Ἐμπεδοκλῆς καὶ Δημόκριτος), ὥσπερ ἐξ ἀγγείου τῆς γενέσεως οὔσης οὔσης ἀλλ᾽ οὐκ ἔκ τινος ὕλης, οὐδὲ γίγνεσθαι μεταβάλλοντος.

In der im Kommentar von Ibn Rušd wiedergegebenen Übersetzung lautet der Text:

44 Paris, Bibliothèque Nationale de France ar. 2281, foll. 63–124; siehe MacGuckin de Slane, Catalogue des manuscrits arabes, Paris 1883–95, S. 399. Die Angaben und Materialien zu diesem Fragment verdanke ich Prof. Dr. G. Endreß. Weitere Fragmente zu *De caelo* sind in der Genizah erhalten, siehe Langermann (1996), S. 247–260.

45 Averroes, Commentarium magnum in Aristotelis De caelo, III c. 52. 56. 58. Im lateinischen Mittelalter wird der Name Ibn aṭ-Ṭayyibs mit „Abelfarag Babylonius" wiedergegeben.

> *Sed ipsi confirmant* (scil. *consequentes Empedoclis et Democriti) per hoc generationem sophisticam: dixerunt enim quod elementa sunt clausa exinvicem et egredientia exinvicem, sicut facere filios, et quod generatio non est nisi exitus rerum, sicut ignis a lapide apud impulsionem neque quia res generantur exinvicem secundum transmutationem et alterationem.*

Die Übersetzung dieser Stelle von Ibn aṭ-Ṭayyib (Abelfarag) wird folgendermaßen referiert:

> *dicunt enim quod elementa sunt clausa adinvicem, et non generantur exinvicem nisi secundum apparentiam eorum abinvicem, ita quod generatio non est nisi exitus rerum, sicut exitus eius quod exit a vase, non quod generentur exinvicem secundum alterationem; et hoc est intellectum per se, sed videtur quod iste vir non transtulit nisi secundum intentionem, non secundum verba.*

Aus dem Vergleich dieser beiden Übersetzungen geht jedoch hervor, daß die referierte Übersetzung Ibn aṭ-Ṭayyibs näher am griechischen Original ist als die im Kommentar von Ibn Rušd wiedergegebene Übersetzung, obwohl der Kommentator gerade das Gegenteil festzustellen glaubt.

2.4. Die Werke ibn aṭ-Ṭayyibs

Die ausführlichste Quelle zu den Werken von Ibn aṭ-Ṭayyib ist das biobibliographische Lexikon von Ibn Abī Uṣaibiʿa (gest. 668/1270). Er listet Kommentare zu Werken von Aristoteles, Hippokrates und Galen, aber auch Schriften von der Autorschaft Ibn aṭ-Ṭayyibs auf[46]. Der Kommentar zu den *Kategorien* ist bei ihm belegt. (Ein weiteres Zeugnis für diesen Kommentar ist die schon erwähnte Stelle in einem Brief eines Schülers von Ibn Sīnā).

Von den Werken Ibn aṭ-Ṭayyibs wurden insgesamt mehr medizinische als philosophische Texte überliefert. Zur Philosophie sind nur die Kommentare zur *Isagoge* und zu den *Kategorien* vollständig erhalten, wobei auch Kurzfassungen der Kommentare zur *Isagoge*, zu den *Kategorien* und zur *Zweiten Analytik* vollständig überliefert sind. Zur *Physik* sind außerdem Kommentare von Ibn aṭ-Ṭayyib zu den Büchern 6–8 erhalten.

46 Ibn Abī Uṣaibiʿa, ʿUyūn al anbāʾ, S. 240–241.

Nicht erhalten und nicht in bibliographischen Werken erwähnt werden die Kommentare zu *De caelo* und zu *De sensu et sensato*. Zum einen hat man von diesen beiden Schriften jedoch Nachricht durch den Brief aus dem Umkreis Ibn Sīnās, zum anderen sind gerade diese beiden Kommentare durch Zitate bei Ibn Rušd bezeugt[47].

Für die edierten und handschriftlich überlieferten Werke theologischen Inhalts verweise ich auf Graf, Geschichte der christlichen arabischen Literatur (1944–1953), Band 2, S. 160–176.

Fast alle medizinischen und naturwissenschaftlichen Titel, die bei Ibn Abī Uṣaibiᶜa aufgelistet sind, sind erhalten[48]. So sind in zwei Handschriften (Ms. El Escorial, Real Biblioteca de San Lorenzo 888, foll. 2–172 und Ms. Istanbul, Nuruosmanye 3095 [olim 3610], foll. 1–148) vierzehn Traktate von Ibn aṭ-Ṭayyib überliefert unter dem Titel *Anekdoten und Früchte aus Medizin und Philosophie (K. al-nukat wa-l-ṯimār al-ṭibbiya wa-l-falsafiyya)*: *Über das Buch über die Siebenmonatskinder von Hippokrates (ṯamara kalām Ibuqrāṭ fī l-maulūdi li-ṯamāniyat ašhur); Über die Pflanzen (kitāb al-nabāt); Über die Gerüche (ṯamara maqāla fī l-rawāʾiḥ); Über das Haar (kalām fī l-šaᶜr); Über den Unterschied zwischen Geist und Seele (al-firq bayna l-rūḥ wa-l-nafs); Über den Durst (al-kalām fī l-ᶜaṭaš); Über die Einläufe nach Galen (kalām Ǧālīnūs fī l-ḥuqan); Über die Goldenen Verse, von Proklos kommentiert (istiṯmār ...li-maqāla Fīṯāġūrus al-maᶜrūfa bi-l-ḏahabiyya tafsīr Buruqlus)*[49]; *Über Urin und Puls (ṯimār kalām fī l-baul wa-l-nabḍ);* Fragment über die *Nomoi* von Platon *(min kalām Aflāṭūn fī l-nawāmīs);* Auszug aus der aristotelischen *Oikonomik (ṯimār maqāla Arisṭūṭālīs fī tadbīr al-manzil); Über den Koitus (kalām li-ᶜĪsā ibn Māssawaih fī l-ǧimāᶜ wa-mā yataᶜallaqu bihī); Über die Buchstaben (maqāla fī l-ḥurūf wa-mā yatarakkabu minhā);* Kommentar zur *Tabula Cebetis (tafsīr luġuz qābus ᶜalā ṭarīq al-istīmār)*[50].

Die Kommentare von Ibn aṭ-Ṭayyib zu den *Summaria Alexandrinorum (Ǧawāmiᶜ al-Iskandarānīyīn)* sind erhalten. Zu die-

---

47 Siehe oben S. 26.

48 Angaben dazu siehe Sezgin, GA S Bd. 3, S.30 ff.

49 Edition: Linley, Ibn at-Tayyib (1984). Der Kommentar zeigt keinerlei Abhängigkeit von einer der überlieferten Übersetzungen der Χρυσᾶ ἔπη. Nach Linley griff Ibn aṭ-Ṭayyib anscheinend nicht auf einen Proklos-Kommentar zu den Goldenen Versen zurück.

50 Dazu siehe Rosenthal, Symbolism (1977).

sem Kompendium gehören[51]: *Über die Sekten, Περὶ αἱρέσεων, Firaq aṭ-ṭibb*[52]; *Über die Ärztekunst, Τέχνη ἰατρική, aṣ-Ṣināʿa aṣ-ṣaġīra*[53]; *Über den Puls für Anfänger, Περὶ τῶν σφυγμῶν τοῖς εἰσαγομένοις, al-Nabḍ aṣ-ṣaġīr*[54]; *Über die Therapeutik für Glaukon, Πρὸς Γλαύκωνα θεραπευτικά, K. ilā Iġlauqūn fī t-taʾattī li-šifāʾ al-amrāḍ*[55]; *Über die Elemente, Περὶ τῶν καθ Ἱπποκράτην στοιχείων, K. fī l-Usṭuqusāt ʿalā raʾy Buqrāṭ; Über die Mischungen, Περὶ κράσεων, K. al-Mizāǧ; Über die natürlichen Kräfte, Περὶ δυνάμεων φυσικῶν, Maqāla fī l-quwā al-ṭabīʿīya*[56]; *Anatomie, De anatomia libri quinque, tašrīḥ al-saġīr; Über die Ursachen, Π. διαφορᾶς νοσημάτων, K. al-ʿIlal wa-l-aʿrāḍ; Über die Krankheiten der inneren Organe, Περὶ τῶν πεπονθότων τόπων, Taʿarruf ʿilal al-aʿḍāʾ al-bāṭina; Das große Buch über den Puls, Περὶ τῶν σφυγμῶν πραγματεία, K. fī Aṣnāf al-Nabḍ; Über die Krisis, Περὶ κρίσεων, K. al-buḥrān; Über die Tage der Krisis, Περὶ κρισίμων ἡμερῶν, K. Aiyām al-buḥrān; Über die Fieber, Περὶ διαφορᾶς, K. fī Aṣnāf al-ḥummayāt; Uber die therapeutische Methode, Μέθοδος θεραπευτική, K. Ḥīlat al-burʾ; Hygienisches, Ὑγιεινῶν λόγοι, K. Tadbīr al-aṣiḥḥāʾ.*

Darüber hinaus sind weitere Kommentare zu Werken Galens handschriftlich überliefert: zu *Über die Knochen für Anfänger, Π. ὀστῶν τοῖς εἰσαγομένοις, K. fī l-ʿIẓām; Über die Anatomie der Muskeln, Π. μυῶν ἀνατομῆς, K. al-ʿAḍal; Über die Nerven, Π. νεύρων ἀνατομῆς, K. fī l-ʿAṣab; Über die Blut- und Schlagadern, Π. φλεβῶν καὶ ἀρτηριῶν ἀνατομῆς, K. fī l-ʿUrūq; Über den Nutzen der Glieder, Π. χρείας τῶς ἐν ἀνθρώπου σώματι μορίων, K. Manāfiʿ al-aʿḍāʾ; Zum Theriak, Ṯimār min kalām Ǧālīnūs, erhalten in K. al-nukat wa-l-ṯimār al-ṭibbiyya wa-l-falsafiyya, Anekdoten und Früchte aus Ärztekunst und Philosophie; Über die Einläufe, K. al-Ḥuqan,* und ein Auszug aus einem nicht identifizierten Kommentar zu Galen.

Andere Kommentare und Traktate, die Ibn Abī Uṣaibiʿa angibt: Kommentar zu den *Masāʾil fī ṭibb* von Ḥunain ibn Isḥāq

51 Zu den *Ǧawāmiʿ* siehe Sezgin, GAS, Bd. 3, S. 140–150.

52 Siehe Dietrich, Medicinalia Arabica (1966) Nr. 5. Zu den folgenden Angaben vgl. Ullmann, Medizin (1970), S. 156–7.

53 Siehe Dietrich, Medicinalia Arabica (1966) Nr. 6, London, British Library, India Office Ar. Or. 52 (fehlt bei Ullmann und bei Dietrich).

54 Siehe Dietrich, Medicinalia Arabica (1966) Nr. 7.

55 Siehe Dietrich, Medicinalia Arabica (1966) Nr. 8.

56 Edition: Ülken, Ibn Sina (1953) (mir leider nicht zugänglich).

(Medizinische Probleme)[57], *K. al-nukat wa-l-ṯimār al-ṭibbiyya wa-l-falsafiyya (Anekdoten und Früchte aus Ärztekunst und Philosophie).*

Weiter werden einige Traktate medizinisch-naturwissenschaftlichen Charakters von Ibn aṭ-Ṭayyib unter folgenden Titeln bei Ibn Abī Uṣaibiᶜa genannt: *Traktat über das Entleeren als Heilmittel (Maqāla fī l-ᶜilla li-mā ǧuᶜila li-kulli ḫalṭin dawāʾun yastafriġuhu wa-limā yuǧᶜalu li-l-dam dawāʾun yastafriġuhu miṯla sāʾiri l-aḫlāṭ); Bemerkungen zum Auge (Taᶜālīq fī l-ᶜain); Traktat über das Getränk (Maqāla fī l-šarāb),* die jedoch nicht erhalten sind.

Ebensowenig sind einige Abhandlungen gemischten Inhaltes, die bei Ibn Abī Uṣaibiᶜa genannt werden, überliefert: *Traktat über die Weissagung des Entschwundenen (Maqāla fī ᶜarrāf aḫīr bi-māḍāᶜ wa-ḏikru l-dalīl ᶜalā ṣiḥḥatihī bi-l-šarᶜ wa-l-ṭibb wa-l-falsafa); Traktat über die unteilbaren Teile (Maqāla ʾamlaʾahā fī Ǧawābin mā suᶜila anhū min ibṭāl al-iᶜtiqād fī l-aǧzāʾi llatī lā tanqasimu); Traktat über die Liebe (Maqāla muḫtaṣara fī l-maḥabba).*

Erhalten ist dagegen eine Abhandlung über die Träume, *Traktat über die Träume und ihre Unterscheidung in wahre und falsche nach der Lehre der Philosophie (Maqāla fī l-aḥlām wa-tafṣīl al-ṣaḥīḥ minhā mina l-saqīm ᶜalā maḏhabi l-falsafa).*

Die größte Zahl der in den biobibliogaphischen Quellen erwähnten medizinischen Werke Ibn aṭ-Ṭayyibs ist also erhalten. Bei den Kommentaren zur Philosophie ist die Lage der Überlieferung bedeutend schlechter.

Zur aristotelischen Logik sind außer dem Kommentar zu den *Kategorien (Κατηγορίαι, Tafsīr Kitāb Qāṭīġūriās)* nur eine Epitome zu den *Kategorien* und zur *Zweiten Analytik* erhalten, neben dem Kommentar und der Epitome zur *Isagoge (Εἰσαγωγή, Isāġūǧī)*[58]. Alle diese Werke sind nicht bei Ibn Abī Uṣaibiᶜa verzeichnet.

Des weiteren sind die Übersetzungen der beiden pseudo-aristotelischen Werke *De virtutibus et vitiis (Π. ἀρετῆς, Fī al-faḍīla)* und *Divisiones* überliefert und ediert[59].

Folgende Schriften zu Werken von Aristoteles werden bei Ibn Abī Uṣaibiᶜa aufgeführt, sind aber nicht überliefert: Kommentar zu *De interpretatione (Π. ἑρμηνείας, Tafsīr Kitāb Bārīmīnīās),* Komm. zur *Ersten und zweiten Analytik (Ἀναλυτικῶν προτέρων,*

57 Siehe Dietrich, Medicinalia Arabica (1966) Nr. 110.
58 Edition: Gyekye, Ibn al-Tayyib's Commentary (1975).
59 Edition: Kellermann, Pseudo-aristotelischer Traktat (1965).

Ἀναλυτικῶν ὑστέρων, Tafsīr Kitāb Ānālūṭīqā, Ānālūṭīqā l-ṯānīya); Komm. zur *Topik (Tafsīr Kitāb Ṭūbīqā);* Komm. zu *Sophistici elenchi (Σοφιστικῶν ἐλέγχων, Tafsīr Kitāb Sūfusṭīqā);* Komm. zur *Rhetorik (Τέχνης ῥητορικῆς, Tafsīr Kitāb al-Ḫiṭāba);* Komm. zur *Poetik (Π. ποιητικῆς, Tafsīr Kitāb al-Šiʿr); Komm. zu De animalibus (Π. ζῴων ἱστοριῶν, Tafsīr Kitāb al-Ḥayawān).*

Nicht erhalten, aber in den *Mubāḥaṯāt* oder bei Ibn Rušd bezeugt sind: Komm. zu *De sensu et sensato (Π. αἰσθήσεως καὶ αἰσθητῶν);* Komm. zu *De caelo (Π. οὐρανοῦ, K. al-samāʾ wa-al-ʿālam);* Komm. zur *Metaphysik (Τῶν μετὰ τὰ φυσικά, Tafsīr mā baʿd aṭ-Ṭabīʿat).*

Von den nichttheologischen Schriften Ibn aṭ-Ṭayyibs liegen nur die Kommentare zur *Isagoge*, zu den *Kategorien* und zu den *Goldenen Versen*, ebenso wie die Traktate *De virtutibus* und *Über die natürlichen Kräfte* ediert vor.

2.4.1. *Zur Epitome des Kategorienkommentars*

In der Londoner Handschrift India Office 3832 ist eine Epitome des Kategorienkommentars von Ibn aṭ-Ṭayyib auf 25 Blättern erhalten[60]. Der Kommentar beinhaltet bis auf den Anfang keine Lemmata des aristotelischen Textes, und beginnt mit der Darstellung des Zieles (σκοπός) der aristotelischen Kategorienschrift. Im weiteren folgt das 6–Punkte-Schema der „kleinen Prolegomena".

Sowohl auf sprachlicher als auch auf inhaltlicher Ebene scheint es klar zu sein, daß es sich um eine Epitome des großen Kommentars handelt, da in den beiden Texten die gleichen Probleme auf dieselbe Weise behandelt werden. Der auffälligste Unterschied besteht in einem namentlichen Zitat Yaḥyā ibn ʿAdīs, das im großen Kommentar nicht vorkommt[61]. Gemeinsam dagegen ist den beiden Texten das Galen-Zitat über die Anzahl der höheren Gattungen[62].

60 London, British Library, India Office 3832, foll. 261a-286r. Die Handschrift wurde von mir eingesehen. Eine Kopie des Textes stellte mir freundlicherweise Prof. Dr. Maroun Aouad zur Verfügung.

61 London, British Library, India Office 3832, fol. 269a.

62 London, British Library, India Office 3832, fol. 271a. Vgl. Tafsīr k. al-Maqūlāt, fol. 51a (siehe unten S. ١٠٣).

2.4.2. *Zum Isagogekommentar*

Der Kommentar von Ibn aṭ-Ṭayyib zur *Isagoge* ist nach demselben Schema aufgebaut wie derjenige zu den *Kategorien*. Nach einer gründlichen Einführung wird der folgende Text in 18 Lehreinheiten, taʿālīm, aufgeteilt. Den Anfang der einzelnen Kapitel bilden längere, allgemeinere Einführungen, die den folgenden Abschnitt umreißen und auf dessen spezifische Probleme und Fragestellungen hinweisen. Im Laufe dieses einleitenden Abschnittes werden auch Aporien gestellt und aufgelöst. Im Unterschied zum Kommentar zu den *Kategorien* werden die Aporien jedoch nicht systematisch als ein abgegrenzter Teil des Kommentars behandelt.

Der Text der *Isagoge* ist lemmatisiert, meist in einzelne Sätze oder kleinere Sinnabschnitte, die kommentiert werden. Gekennzeichnet sind die Abschnitte durch die Bemerkung „es sagt Porphyrios" (qāla furfūrīyūs) oder entsprechend „der Kommentator sagt" (qāla l-mufassiru), ebenso wie es im Kategorienkommentar gehandhabt wird. Der Kommentar zur *Isagoge* lehnt sich ebenfalls eng an die griechischen Kommentare an, die von Ammonios, Elias, Pseudo-Elias und David erhalten sind.

Eine kurze Analyse zeigt, daß es im Kommentar zu den *Kategorien*, der nach demjenigen zur *Isagoge* entstanden ist, kaum Wiederholungen aus dem Isagogekommentar gibt[63]. Ein Zitat haben die beiden Kommentare gemeinsam, nämlich dasjenige aus der *Zweiten Analytik*, darüber, daß es nicht Sache der jeweiligen Wissenschaft sei, ihre Prinzipien zu erläutern[64].

Im übrigen ist auch im Isagogekommentar festzustellen, daß neben einigen griechischen Werken (Platon-Dialoge, ein Euripides- und ein Homerzitat) kaum andere Autoritäten zitiert werden. Eine Ausnahme bilden die Nennungen von Yaḥyā ibn

---

63 Daß der Kategorienkommentar nach demjenigen zur *Isagoge* entstanden ist, beweist die Bemerkung im Tafsīr k. al-Maqūlāt, fol. 8a (siehe unten S. ١٤).

64 Analytika Posteriora 76a16, vgl. Ibn aṭ-Ṭayyib, Isagogekommentar 7. Lektion; Tafsīr k. al-Maqūlāt, fol. 14a (siehe unten S. ٢٤).

ᶜAdī und Mattā ibn Yūnus. Letzterer wird auch im Kategorienkommentar erwähnt[65].

2.4.3. *Zum Rhetorikkommentar*

Die Angabe von Ibn Abī Uṣaibiᶜa, daß Ibn aṭ-Ṭayyib einen Kommentar zur *Rhetorik* verfasst habe, ist schwer zu verifizieren[66]. Aussagen über die *Rhetorik*, die man aus Zitaten in seinem Kategorienkommentar extrapolieren kann, bieten bei näherem Hinsehen nämlich nicht mehr Information, als was in den griechischen Kategorienkommentaren darüber geäußert worden war. Obwohl auch originale Ansichten von Ibn aṭ-Ṭayyib über die *Rhetorik* in den Kommentaren zur *Isagoge* und zu den *Kategorien* überliefert sind, kann man daraus nicht schließen, daß es einen Kommentar zur *Rhetorik* gegeben hat. Ebensowenig ist daraus zu schließen, daß Ibn aṭ-Ṭayyib den Text direkt verwendet hat[67]. Das heißt, daß keine gesicherte Aussage darüber gemacht werden kann, ob Ibn aṭ-Ṭayyib tatsächlich einen Kommentar zur *Rhetorik* geschrieben hat.

---

65 Siehe Ibn aṭ-Ṭayyib, Tafsīr k. al-Maqūlāt, fol. 112b (siehe unten S. ٢٤٠).

66 Zum Rhetorikkommentar siehe Aouad/Rashed, L'exégèse de la Rhétorique (1997). Man kann annehmen, daß Ibn Sīnā in seinem Rhetorikkommentar Ibn aṭ-Ṭayyib kritisiert, auch wenn er ihn nicht namentlich nennt.

67 Eine Auswertung der sich auf die *Rhetorik* beziehenden Stellen im Kategorienkommentar von Ibn aṭ-Ṭayyib findet man bei Aouad / Rashed, Exégèse (1997), S. 52 ff.

2.4.4. *Werkverzeichnis von Abū l-Farağ ibn aṭ-Ṭayyib*

Das folgende Verzeichnis enthält die philosophischen und medizinischen Werke von Ibn aṭ-Ṭayyib. Die Kommentare sind nach den Autoren der Grundtexte geordnet. Für die theologischen Werke siehe Graf, Geschichte der christlichen arabischen Literatur (1944–1953), Bd. 2, S. 160–177.

WERKE	QUELLEN	HANDSCHRIFTEN; EDITIONEN
Aristoteles		
Komm. zu *Kategorien Κατηγορίαι, Tafsīr Kitāb Qāṭīġūriās*	Ibn Abī Uṣaibiᶜa, ᶜUyūn al-anbāᵓ (1882–1884), S. 240, 28 ff.; Mubāḥaṯāt: (*Brief eines Schülers*), S. 83 (ed. Bidārfār)	Kairo, Dār al-kutub ḥikma 1 M. Edition in diesem Band
Komm. zu *De interpretatione Π. ἑρμηνείας, Tafsīr Kitāb Bārīmīniās*	Ibn Abī Uṣaibiᶜa, ᶜUyūn al-anbāᵓ (1882–1884), S. 240, 28 ff.; Mubāḥaṯāt: (*Brief eines Schülers*), S. 83 (ed. Bidārfār)	
Komm. zur *Ersten und zweiten Analytik Ἀναλυτικῶν προτέρων, Ἀναλυτικῶν ὑστέρων, Tafsīr Kitāb Ānālūṭīqā, Ānālūṭīqā l-ṯānīya*	Ibn Abī Uṣaibiᶜa, ᶜUyūn al-anbāᵓ (1882–1884), S. 240, 28 ff.	
Komm. zur *Topik, Τοπικῶν, Tafsīr Kitāb Ṭūbīqā*	Ibn Abī Uṣaibiᶜa, ᶜUyūn al-anbāᵓ (1882–1884), S. 240, 28 ff.	
Komm. zu *Soph. Elench. Σοφιστικῶν ἐλέγχων, Tafsīr Kitāb Sūfusṭīqā*	Ibn Abī Uṣaibiᶜa, ᶜUyūn al-anbāᵓ (1882–1884), S. 240, 28 ff.; Mubāḥaṯāt: (*Brief eines Schülers*), S. 83 (ed. Bidārfār)	
Komm. zur *Rhetorik, Τέχνης ῥητορικῆς, Tafsīr Kitāb al-Ḫiṭāba*	Ibn Abī Uṣaibiᶜa, ᶜUyūn al-anbāᵓ (1882–1884), S. 240, 28 ff.	

Komm. zur *Poetik, Π. ποιητικῆς, Tafsīr Kitāb al-Šiʿr*	Ibn Abī Uṣaibiʿa, ʿUyūn al-anbāʾ (1882–1884), S. 240, 28 ff.	
Komm. zu *De animalibus, Π. ζώων ἱστοριῶν, Tafsīr Kitāb al-Ḥayawān*	Ibn Abī Uṣaibiʿa, ʿUyūn al-anbāʾ (1882–1884), S. 240, 28 ff.	Istanbul, Nuruosmanye 3095 [3610], fol. 141a-148b[68]
Komm. zu *De caelo, Π. οὐρανοῦ, K. al-Samāʾ wa-al-ʿĀlam*	Averroes, Commentarium magnum in Aristotelis De caelo; Mubāḥaṯāt: (*Brief eines Schülers*), S. 83 (ed. Bidārfār)	Fragmente in der lateinischen Übersetzung des Averroes-Kommentars erhalten; evtl. Fragment in Paris, Bibliothèque nationale de France ar. 2281
Komm. zu *De sensu et sensato, Π. αἰσθήσεως καὶ αἰσθητῶν, K. al-Ḥiss wa-l-Maḥsūs*	Averroes, Commentarium magnum in Aristotelis De anima (1953), S. 416; Mubāḥaṯāt (*Brief eines Schülers*), S. 83 (ed. Bidārfār)	
Komm. zur *Metaphysik, Τῶν μετὰ τὰ φυσικά, Tafsīr Mā baʿd aṭ-Ṭabīʿat*	Mubāḥaṯāt, S. 83 (ed. Bidārfār); Ibn al-Qifṭī, Taʾrīḫ al-ḥukamāʾ (1903), S. 223	
Epitome des Komm. zu *Kategorien*		London, British Library, India Office or. 3832, fol. 252a-286a
Epitome des Komm. zur *Zweiten Analytik*		London, British Library, India Office or. 3832, fol. 286a-309
Fragmente eines Komm. zur *Physik, Φυσικῆς ἀκροάσεως, al-Ṭabīʿa*		Leiden, Bibliotheek der Rijksuniversiteit or. 583. Edition: Arisṭūṭālīs, al-Ṭabīʿa (1384–5/1965–6)
Zu Über die Pflanzen, Π. φυτῶν, K. an-Nabāt[69]		El Escorial, Real Biblioteca de San Lorenzo 888, fol. 14–76

68 Siehe Daiber, Ibn at-Tayyib, S. 631, Anm. 8.
69 Siehe Daiber, Ibn at-Tayyib, S. 629–42.

Auszug aus Ps. Aristoteles *Oekonomik*, *Ṯimār Maqālat Arisṭūṭālīs fī tadbīr al-manzil*[70]		El Escorial, Real Biblioteca de San Lorenzo 888, fol. 145r-149r; Istanbul, Nuruosmanye 3095 [3610], fol. 138a-140v
Hippokrates		
Komm. zu *Epidemien, Ἐπιδημία, K. Abīdīmiyā*	Ibn Abī Uṣaibiʿa, ʿUyūn al-anbāʾ (1882–1884), S. 240	Aleppo, ʿAbdīnī (s. Sbath, Fihris I, 24, № 154)
Komm. zu den *Aphorismen, Ἀφορισμοί, Talḫīṣ šarḥ Ǧālīnūs li-kitāb al-Fuṣūl*	Ibn Abī Uṣaibiʿa, ʿUyūn al-anbāʾ (1882–1884), S. 240	Aleppo, Ḥakīm (s. Sbath, Fihris I, 24, №153)
Komm. zu *Über die Natur des Menschen, Π. φύσιος ἀνθρώπου, K. Ṭabīʿat al-insān*	Ibn Abī Uṣaibiʿa, ʿUyūn al-anbāʾ (1882–1884), S. 241	Aleppo, al-Armanī (s. Sbath, Fihris I, 24, № 155)
Komm. zu *Über die Mischungen, Π. χυμῶν, K. al-Aḫlāṭ*	Ibn Abī Uṣaibiʿa, ʿUyūn al-anbāʾ (1882–1884), S. 241	Beirut, Bibl. St. Joseph 281
Über das Buch über die Siebenmonatskinder, Π. ὀκταμήνου, Ṯamara kalām Ibuqrāṭ fī l-maulūdi li-ṯamāniyat ašhur		El Escorial, Real Biblioteca de San Lorenzo 888, fol. 2–14[71]
Galen		
Komm. zu *Über die Sekten, Π. αἱρέσεων τοῖς εἰσαγομένοις, K. Firaq aṭ-ṭibb*	Ibn Abī Uṣaibiʿa, ʿUyūn al-anbāʾ (1882–1884), S. 241	Manisa Kitapsaray 1772, fol.1–37
Komm. zu *Über die Ärztekunst, Τέχνη ἰατρική, K. aṣ-Ṣināʿa aṣ-ṣaġīra*	Ibn Abī Uṣaibiʿa, ʿUyūn al-anbāʾ (1882–1884), S. 241	Manisa Kitapsaray 1772, fol.37b-136b; London, British Library, India Office Ar. Or. 52
Komm. zu *Über den Puls für Anfänger, Περὶ τῶν σφυγμῶν τοῖς εἰσαγομένοις, K. an-Nabḍ aṣ-ṣaġīr*	Ibn Abī Uṣaibiʿa, ʿUyūn al-anbāʾ (1882–1884), S. 241	Manisa Kitapsaray 1772, fol.137b-189b; Princeton-Garrett 553 [olim 1095], fol. 45 ff.

70 Siehe Endreß, EI² s.v.
71 Vgl. Renaud, Manuscrits arabes (1941), S. 100–104.

Ṯimār zu demselben Titel		Teheran, Mağlis 3974
Komm. zu *Über die Therapeutik für Glaukon, Πρὸς Γλαύκωνα θεραπευτικά, K. ilā Iġlauqūn fī t-taʾattī li-šifāʾ al-amrāḍ*	Ibn Abī Uṣaibiʿa, ʿUyūn al-anbāʾ (1882–1884), S. 241	Manisa Kitapsaray 1772, fol. 190a-332a
Komm. zu *Über die Elemente, Π. τῶν καθ' Ἱπποκράτην στοιχείων, K. fī l-Usṭuqussāt ʿalā raʾy Buqrāṭ*	Ibn Abī Uṣaibiʿa, ʿUyūn al-anbāʾ (1882–1884), S. 241	Paris, Bibliothèque nationale de France ar. 2848, 1, fol. 1–35
Komm. zu *Über die Mischungen, Π. κράσεων, K. al-Mizāğ*	Ibn Abī Uṣaibiʿa, ʿUyūn al-anbāʾ (1882–1884), S. 241	Paris, Bibliothèque nationale de France ar. 2848, 2, fol. 35–139; Aleppo, Balīṭ E. (s. Sbath, Fihris I, 24, № 157)
Komm. zu *Über die natürlichen Kräfte, Π. δυνάμεων φυσικῶν, Maqāla fī l-quwā al-ṭabīʿīya*	Ibn Abī Uṣaibiʿa, ʿUyūn al-anbāʾ (1882–1884), S. 241	Edition: Ülken, (1953); Istanbul, Aya Sofya 2457, fol. 42a-48b; Istanbul, Bağdatli Vehbi, 1488; Istanbul, Topkapi Saray, Ahmet III, 2041; Istanbul, Üniversite, arabça yazm., Y. 4711; Istanbul, Sehit Ali Pasa, 2092, Teheran, Dānišgāh, Miškāt, 1074[72]; Teheran, Mağlis[73]
Komm. zur *Anatomie, tašrīḥ al-saġīr*	Ibn Abī Uṣaibiʿa, ʿUyūn al-anbāʾ (1882–1884), S. 241	Bankipore IV 53
Komm. zu *Über die Ursachen, Π. διαφορᾶς νοσημάτων, K. al-ʿIlal wa-l-aʿrāḍ (Ṯimār)*	Ibn Abī Uṣaibiʿa, ʿUyūn al-anbāʾ (1882–1884), S. 241	Teheran, Mağlis 3974

72 Siehe Dānišpazūh, Fihrist, 3 [Miškat, 3]: 73, 304, 320.
73 Siehe Dānišpazūh, Fihrist-mīkrūfīlmhā, 729, № 2794.

Komm. zu *Über die Krankheiten der inneren Organe, Π. τῶν πεπονθότων τόπων, Taʿarruf ʿilal al-aʿḍāʾ al-bāṭina*	Ibn Abī Uṣaibiʿa, ʿUyūn al-anbāʾ (1882–1884), S. 241	Teheran, Maǧlis 3974
Komm. zu *Das große Buch über den Puls, Περὶ τῶν σφυγμῶν πραγματεία, K. fī Aṣnāf al-Nabḍ*	Ibn Abī Uṣaibiʿa, ʿUyūn al-anbāʾ (1882–1884), S. 241	Teheran, Maǧlis 3974
Komm. zu *Über die Krisis, Π. κρίσεων, K. al-buḥrān (Ṯimār)*	Ibn Abī Uṣaibiʿa, ʿUyūn al-anbāʾ (1882–1884), S. 241	Teheran, Maǧlis 3974
Komm. zu *Über die Tage der Krisis, Π. κρισίμων ἡμερῶν, K. Aiyām al-buḥrān (Ṯimār)*		Teheran, Maǧlis 3974
Komm. zu *Über die Fieber, Περὶ διαφορᾶς,* K. fī Aṣnāf al-ḥummayāt Ṯimār zu diesem Titel	Ibn Abī Uṣaibiʿa, ʿUyūn al-anbāʾ (1882–1884), S. 241	Aleppo, Ǧadd (s. Sbath, Fihris I, 24, № 158)
Komm. zu *Über die therapeutische Methode, Μέθοδος θεραπευτική, K. Ḥīlat al-burʾ*	Ibn Abī Uṣaibiʿa, ʿUyūn al-anbāʾ (1882–1884), S. 241	Teheran, Maǧlis 3974 Leiden, Bibliotheek der Rijksuniversiteit or. 1298 (=Cod. 278, 1 Warn.); Aleppo, Balīṭ E. (s. Sbath, Fihris I, 24, № 157)
Komm. zu *Hygienisches Ὑγιεινῶν λόγοι, K. Tadbīr al-aṣiḥḥāʾ (K. al-Ḥīla li-ḥifẓ aṣ-ṣiḥḥaʾ)*	Ibn Abī Uṣaibiʿa, ʿUyūn al-anbāʾ (1882–1884), S. 241	Leiden, Bibliotheek der Rijksuniversiteit or. 1299 (=Cod. 278, 2 Warn.)
Komm. zu *Über die Knochen für Anfänger, Π. ὀστῶν τοῖς εἰσαγομένοις, K. fī l-ʿIẓām*		Yazd, Bibl.von ʿAlī ʿUlūmī; Mešhed, Ǧāmiʿ Gauharšād 809; Teheran, Dānišgāh, 5468[74]

74 Siehe Dānišpazūh, Fihrist-mīkrūfīlmhā, 309, № 2277.

Komm. zu *Über die Anatomie der Muskeln, Π. μυῶν ἀνατομῆς, K. al-ʿAḍal*		Yazd, Bibl. von ʿAlī ʿUlūmī
Komm. zu *Über die Nerven, Π. νεύρων ἀνατομῆς, K. fī l-ʿAṣab*		Yazd, Bibl. von ʿAlī ʿUlūmī; Teheran, Maǧlis 3949; Mešhed, Ǧāmiʿ Gauharšād 809/3
Komm. zu *Über die Blut- und Schlagadern, Π. φλεβῶν καὶ ἀρτηριῶν ἀνατομῆς, K. fī l-ʿUrūq wa-l-aurād*		Yazd, Bibl. von ʿAlī ʿUlūmī; Teheran, Maǧlis 3949/5; Mešhed, Ǧāmiʿ Gauharšād 809
Komm. zu *Über den Nutzen der Glieder, Π. χρείας τῶν ἐν ἀνθρώπου σώματι μορίων, K. fī Manāfiʿ al-aʿḍāʾ*		Teheran, Dānišgāh, 5468; Teheran, Malik 4554 (die Identifizierung ist nicht gesichert)
Zum *Theriak, Ṯimār min kalām Ǧālīnūs*, erhalten in *K. al-nukat wa-l-ṯimār al-ṭibbiyya wa-l-falsafiyya (Anekdoten und Früchte aus Ärztekunst und Philosophie)*		Istanbul, Nuruosmaniye 3095 [3610], fol. 86b-92b
Über die Einläufe, K. al-Ḥuqan		El Escorial, Real Biblioteca de San Lorenzo 888, fol. 88–91; ebenfalls in Istanbul, Nuruosmaniye 3095 [3610], fol. 126–128
Auszug aus einem nicht identifizierten Komm. zu Galen		London, British Library Add. 7453, fol. 75a-b
Andere Schriften		
Komm. zur *Eisagoge, Εἰσαγωγή, Īsāġūǧī*	Ibn Abī Uṣaibiʿa, ʿUyūn al-anbāʾ (1882–1884), S. 240, 28 ff.; Mubāḥaṯāt (›Brief eines Schülers‹), S. 83 (ed. Bidārfār)	Oxford, Bodleian Library Marsh 28; Edition: Gyekye, Ibn al-Tayyib's Commentary (1975)

75 Vgl. Dietrich, Medicinalia Arabica (1966) Nr. 110.

Epitome des Komm. zur *Eisagoge*		London, British Library, India Office or. 3832; British Museum 1561
Komm. zu den *Masāʾil fī ṭ-ṭibb* von Ḥunain ibn Isḥāq		Manisa, Kitapsaray 1781, fol. 53–116[75]
Anekdoten und Früchte aus Ärztekunst und Philosophie, K. al-nukat wa-l-ṯimār al-ṭibbiyya wa-l-falsafiyya	Ibn Abī Uṣaibiʿa, ʿUyūn al-anbāʾ (1882–1884), S. 241	El Escorial, Real Biblioteca de San Lorenzo 888; Nuruosmaniye 3095 [3610]
Traktat über das Entleeren als Heilmittel, Maqāla fī l-ʿilla li-mā ǧuʿila li-kulli ḫalṭin dawāʾun yastafriġuhū wa-limā yuǧʿalu li-l-dam dawāʾun yastafriġuhū miṯla sāʾiri l-aḫlāṭ	Ibn Abī Uṣaibiʿa, ʿUyūn al-anbāʾ (1882–1884), S. 241	
Betrachtungen über das Auge, Taʿālīq fī l-ʿain	Ibn Abī Uṣaibiʿa, ʿUyūn al-anbāʾ (1882–1884), S. 241	
Traktat über die Träume und ihre Unterscheidung in wahre und falsche nach der Lehre der Philosophie, Maqāla fī l-aḥlām wa-tafṣīl al-ṣaḥīḥ minhā min al-saqīm ʿalā maḏhab al-falāsifa	Ibn Abī Uṣaibiʿa, ʿUyūn al-anbāʾ (1882–1884), S. 241	Kairo, Al-Azhar, Maǧmūʿa 1182
Traktat über die Weissagung des Entschwundenen	Ibn Abī Uṣaibiʿa, ʿUyūn al-anbāʾ (1882–1884), S. 241	
Traktat über das Getränk, Maqāla fī l-šarāb	Ibn Abī Uṣaibiʿa, ʿUyūn al-anbāʾ (1882–1884), S. 241	
Traktat über die unteilbaren Teile, Maqāla ʾamlaʾahā fī ǧawābin mā suʾila anhū min ibṭāl al-iʿtiqād fī l-aǧzāʾi llatī lā tanqasimu	Ibn Abī Uṣaibiʿa, ʿUyūn al-anbāʾ (1882–1884), S. 241	Istanbul, Nuruosmanye 3095 [3610], fol. 134b-137b
Traktat über die Liebe, Maqāla muḫtaṣara fī l-maḥabba	Ibn Abī Uṣaibiʿa, ʿUyūn al-anbāʾ (1882–1884), S. 241	

Kommentar zum *Evangelium, šarḥ al-Inǧīl*	Ibn Abī Uṣaibiʿa, ʿUyūn al-anbāʾ (1882–1884), S. 241	Edition: Ibn aṭ-Ṭayyib, Tafsīr al-mašriqī (1908–1910)
Über die Gerüche, ṯamara maqāla fī l-rawāʾiḥ		El Escorial, Real Biblioteca de San Lorenzo 888, fol. 76b ff.; Nuruosmaniye 3095 [3610], fol. 127a-128a[76]
Über das Haar, Kalām fī l-šaʿr		El Escorial, Real Biblioteca de San Lorenzo 888, fol. 82b ff.
Über den Unterschied zwischen Geist und Seele, al-firq bain al-rūḥ wa-l-nafs		El Escorial, Real Biblioteca de San Lorenzo 888, fol. 85b ff.[77]
Über den Durst, al-kalām fī l-ʿaṭaš		El Escorial, Real Biblioteca de San Lorenzo 888, fol. 86b ff.; Nuruosmaniye 3095 [3610], fol. 134r–137a
Über die Goldenen Verse, von Proklos kommentiert, istiṯmār ...li-maqāla Fīṯāġūrus al-maʿrūfa bi-l-ḏahabiyya tafsīr Buruqlus		El Escorial, Real Biblioteca de San Lorenzo 888, fol. 91a ff.; Edition: Linley, Ibn at-Tayyib (1984)
Über Urin und Puls, ṯimār kalām fī l-baul wa-l-nabḍ		El Escorial, Real Biblioteca de San Lorenzo 888, fol. 114b ff.
Fragment über die *Nomoi von Platon, min kalām Aflāṭūn fī l-nawāmīs*		El Escorial, Real Biblioteca de San Lorenzo 888, fol. 130a ff.
Über den Koitus, kalām li-Īsā ibn Māssawaih fī l-ǧimāʾ wa-mā yataʿallaqu bihī		El Escorial, Real Biblioteca de San Lorenzo 888; Nuruosmanye 3610, fol. 92b–94a

76 Siehe Daiber, Ibn at-Tayyib (1996), S. 630, Anm. 8.
77 Siehe Daiber, Ibn at-Tayyib (1996), S. 630, Anm. 8.

Über die Buchstaben, maqāla fī l-ḥurūf wa-mā yatarakkabu minhā		El Escorial, Real Biblioteca de San Lorenzo 888, fol. 157a ff.
Kommentar zur *Tabula Cebetis*, tafsīr luġuz qābus *ᶜalā ṭarīq al-istīmār*		El Escorial, Real Biblioteca de San Lorenzo 888, fol. 167b ff.[78]
Ps.-Aristoteles: *De virtutibus, Π. ἀρετῆς, Fī al-faḍīla*		Edition: Kellermann, Pseudo-aristotelischer Traktat (1965)
Taᶜlīq ᶜan al-šaiḫ Abī l-Faraǧ b. al-Ṭayyib		Bagdad, Matḥaf al-ᶜIrāqī 952, fol. 106–108[79]; Hyderabad (Deccan), Andhra Pradesh Government Oriental Manuscripts Library and Research Institute Falsafa 63 (Arab. 371), fol. 92a[80]; Princeton Univ., Garrett Coll. Yahuda 605; Rampur, Raza Library 1915, fol. 55a-56a[81]
Über den Verstand, Taᶜlīq fī l-ᶜaql		Teheran, Dānišgāh, Miškāt, 253[82]

78 Vgl. Rosenthal, The symbolism of the Tabula Cebetis (1977).
79 Siehe Daiber, Manuscript findings (1986), S. 31, № 47.
80 Siehe Daiber, Manuscript findings (1986), S. 31, № 47.
81 Siehe Daiber, Manuscript findings (1986), S. 31, № 47.
82 Siehe Dānišpazūh, Fihrist, 3 (Miškāt 3.1) 304.

DRITTES KAPITEL

ZUM KATEGORIENKOMMENTAR VON ABŪ L-FARAĞ ᶜABDALLĀH IBN AṬ-ṬAYYIB

Der Kommentar zu den *Kategorien* von Ibn aṭ-Ṭayyib steht, wie es in den vorangehenden Kapiteln gezeigt wurde, in der Tradition der griechischen neuplatonischen Kategorienkommentare. Inwieweit der arabische Autor der griechischen Tradition folgt oder eigene Wege beschreitet, soll anhand eines Vergleichs der Texte untersucht werden. Dies ist Gegenstand des folgenden Kapitels, in dem Lektion für Lektion des arabischen Kommentars mit den überlieferten griechischen Kommentaren verglichen wird. Das Hauptaugenmerk richtet sich dabei auf Gemeinsamkeiten und Unterschiede zwischen dem arabischen und den griechischen Kommentaren. Notiert werden nur ausdrückliche Gemeinsamkeiten oder Unterschiede. Das angestrebte Ziel dieses Vergleichs ist eine Aussage darüber, welche von den griechischen Kategorienkommentaren Ibn aṭ-Ṭayyib kannte, welche er möglicherweise als Vorlage benutzte, und inwieweit er unabhängig von Vorbildern kommentiert. Vergleiche mit anderen arabischen Autoren werden nur am Rande, vor allem mit Al-Fārābī, gemacht. Eine Studie über die *Kategorien* bei Ibn Sīnā und Ibn Rušd würde den Rahmen dieser Arbeit sprengen.

3.1. Allgemeines

Der Kommentar zu den *Kategorien* von Ibn aṭ-Ṭayyib ist ein fortlaufender Kommentar[1]. Er ist aufgeteilt in 25 Kapitel, die Lehreinheiten (taᶜālīm) darstellen. Sie werden im folgenden „Lektionen“ genannt. Jede von ihnen umfasst zwischen acht und sechzehn Handschriftenseiten. Mit der Unterteilung des

1 Zur Gattung des fortlaufenden Kommentars siehe Hadot, Commentaire philosophique (1997), bes. S. 169–170.

Kommentars in Lehreinheiten folgt der arabische Kommentator einem Schema, das der Lehrtätigkeit entstammt. Es kommt der Gliederung, wie sie im Kategorienkommentar von Olympiodor verwirklicht ist, am nächsten. Elias (David) folgt seinem Lehrer Olympiodor zwar eng in der Gestaltung des Kommentars, sein Textaufbau ist jedoch weniger systematisch. Beide Autoren, und in ihrer Nachfolge Ibn aṭ-Ṭayyib, unterscheiden zwischen Teilen, die allgemeine Einführungen bieten, und solchen, die Wort für Wort kommentieren, sie unterscheiden also zwischen θεωρία und λέξις[2]. Systematisch voneinander getrennt und gezählt werden die Teile allerdings nur bei Olympiodor.

Olympiodors Schema ist so gegliedert, daß jede Lehreinheit mit einer allgemeinen Einführung in die Probleme des im folgenden besprochenen Textabschnittes beginnt. Dieser Teil heißt θεωρία, und als Einführungsteil jedes Kapitels wird diese Einteilung auch von Ibn aṭ-Ṭayyib übernommen. Als Schlussteil der Einführung werden im arabischen Kommentar die Aporien (šukūk) der Reihe nach behandelt. Im griechischen Kommentar dagegen werden die Aporien fortlaufend in den Text integriert. An den allgemeinen, einführenden Teil schließt sich im arabischen Kommentar der Lemmakommentar an, wobei die Lemmata aus dem aristotelischen Text sehr kurz sein können, nur Satzteile umfassen, aber auch kleinere Abschnitte beinhalten können[3]. Die Lehreinheiten enden mit dem Lemmakommentar, bei dem zwischen einzelnen Sinnabschnitten gelegentlich kurze Zusammenfassungen des Kommentators eingeschaltet werden. Das aristotelische Lemma wird vom Kommentar getrennt durch „qāla Arisṭūṭālīs" („Aristoteles sagt") über dem Zitat und „qāla l-mufassiru" („der Kommentator sagt") über dem Kommentar.

Aufgrund eines Vergleichs des Aufbaus der erhaltenen griechischen Kommentare mit dem arabischen Kommentar ist anzunehmen, daß derjenige von Olympiodor für Ibn aṭ-Ṭayyib das Vorbild für die Textgestaltung ist. Allerdings sind grundlegende Unterschiede festzustellen. So hat Olympiodor, im Gegen-

2 Zur Unterscheidung von θεωρία und λέξις siehe Festugière, Modes (1963), bes. S. 77–80 und Sorabji, Ancient commentators (1990), S. 8 f.

3 Zum Einfluß von Alexander von Aphrodisias auf diese Form des Kommentars siehe D'Ancona, Syrianus (2000), S. 319 f.

satz zu Ibn aṭ-Ṭayyib, keine konsequente Einteilung in θεωρία und λέξις. Ibn aṭ-Ṭayyib teilt dagegen die Sinnabschnitte anders voneinander ab. Während im Kommentar von Olympiodor 34 Lehreinheiten zu zählen sind, gibt es im arabischen Kommentar deren nur 25. Die größere Anzahl von Kapiteln bei Olympiodor kommt teilweise daher, daß er im Gegensatz zu Ibn aṭ-Ṭayyib auch Aporien als Kapitelüberschriften setzt[4].

Der schematische Aufbau, der sich aus der Praxis der Lehrtätigkeit ergab, behielt jedoch keine Gültigkeit für die späteren Kommentatoren. So gliedert zum Beispiel Simplikios seinen Kommentar nicht in Einheiten auf, sondern kommentiert fortlaufend einzelne Kapitel, ohne zwischen allgemeinem und detailliertem Kommentar oder gar Aporien zu unterscheiden.

Auch bei den späteren arabischen Kommentatoren war das Schema Ibn aṭ-Ṭayyibs nicht mehr aktuell. Der *Mittlere Kommentar* von Ibn Rušd zu den *Kategorien* zeigt deshalb einen ganz anderen Aufbau[5]. Die Kategorienschrift ist darin in drei Teile (aǧzāʾ) geteilt, die ihrerseits eine verschiedene Anzahl von Unterkapiteln (fuṣūl) umfassen, jedoch verschieden von der Einteilung des Textes bei Ibn aṭ-Ṭayyib.

3.2. Der Kommentar

Lektionen 1–4

Während die Vorbildfunktion der griechischen Kategorienkommentare schon im Aufbau des arabischen Kommentars deutlich zum Vorschein kommt, tritt sie auch inhaltlich in den Anfangskapiteln, den Prolegomena zum Kommentar, besonders deutlich in Erscheinung.

Dem Kategorienkommentar werden Prolegomena vorangestellt[6]. Die Kommentatoren nach Ammonios, also Philoponos,

4 Vgl. beispielsweise Olympiodor, In Cat., Abschnitt κϛ΄, S. 110.

5 Dazu siehe Gätje, Simplikios (1982), bes. S. 23.

6 Zu den *Prolegomena* bei den griech. Kommentatoren siehe Hadot, Introductions (1990), S. 23–29; Westerink, Prolégomènes (1990), S. XLIII–LVI; Gutas, Starting point (1985), S. 116–120; Quain, Accessus (1945), bes. S. 243–256. Ähnliches ist auch bei Alexander von Aphrodisias zu finden, allerdings noch nicht in der strengen Gliederung der späteren Autoren, siehe Moraux, Aristotelismus Bd. 3 (2001), S. 431. Ein Beispiel aus der Medizin für das eisago-

Simplikios, Olympiodoros und Elias (David), setzten dem Kommentar zu den *Kategorien* eine Einleitung voran, die folgende zehn Fragestellungen enthält: Wieviele Philosophenschulen es gibt, und woraus sich ihre Namen ableiten; wie die Bücher von Aristoteles eingeteilt werden; wo man mit dem Philosophiestudium beginnt; welchen Weg man im Studium verfolgt; das Ziel, zu dem einen die Philosophie führt; welche Eigenschaften der Lehrer haben sollte; welche Eigenschaften der Schüler haben sollte; die Ausdrucksform von Aristoteles' Schrift; warum Aristoteles manchmal dunkle Formulierungen gebraucht; die Grundfragen, die man vor der Lektüre jeder aristotelischen Schrift prüfen sollte[7].

Die Reihenfolge innerhalb dieser 10 eisagogischen Fragen kann variieren. Ihnen werden weitere 6 Punkte über das Ziel des Buches, über seinen Nutzen, den Titel, die Einordnung, die Echtheit, die Disziplin, zu welcher das Buch gehört und über die Einteilung im Werk von Aristoteles angeschlossen. Diese Fragen sind nicht speziell vor den *Kategorien* zu behandeln, sondern sollten jeder Lektüre philosophischer Texte vorangehen. Nach Elias (David) geht das Schema der zehn Fragen auf Proklos zurück[8]. Indem Ibn aṭ-Ṭayyib auch dem arabischen Kategorienkommentar die Prolegomena voranstellt, folgt er der griechischen Tradition.

Spuren eines eisagogischen Schemas gibt es jedoch schon vor den neuplatonischen Kommentatoren, zum Beispiel in den Kommentaren Galens zu Hippokrates und auch in seinen Autobibliographien, wo er die Reihenfolge im Studium seiner Bücher festlegt[9]. Die Diskussion einzelner Punkte des Schemas ist allerdings noch älter, wie die Beispiele bei Philodem (1. Jh. v. Chr.) zeigen[10].

Auch in theologischen Kommentaren ist das Schema der *Prolegomena* vollständig oder modifiziert zu finden. So werden

---

gische Schema behandelt Wolska-Conus, Commentaires (1992), S. 5–86.

7 Eine Beschreibung der einzelnen Teile der Prolegomena findet man bei Hadot, Aristote (1992), S. 410 ff.

8 Vgl. Elias (David) In Cat. S. 107, 24–26.

9 Zu diesen Vorgängern siehe Mansfeld, Prolegomena (1994), S. 173 ff.

10 Zu Philodem siehe weiter unten, Anm. 16. Weitere Materialien zur Geschichte des *accessus ad auctores* siehe Mansfeld, Prolegomena mathematica (1998).

zum Beispiel dem Kommentar des Babai zu Evagrius Ponticus fünf Kapitel vorangestellt, in denen der Gebrauch einer dunklen Ausdrucksweise, der Nutzen des Buches, die Erklärung der Zahl der Buchkapitel, die Frage, zu welcher Art von Schrift das Buch gehört und wie das Werk eingeteilt ist, erklärt werden[11]. Das ist ein Beispiel der späteren Zeit (7. Jh. n. Chr.), an prominenter Stelle steht jedoch ein um einiges älteres, in Form des Kommentars zum Hohen Lied von Origenes (3. Jh. n. Chr.), der uns in einer Paraphrase von Rufinus überliefert ist[12].

Bei den frühen Aristoteles-Kommentaren sind nur zwei oder drei der Punkte zu finden. So werden beispielsweise im erhaltenen Kategorienkommentar von Porphyrios nur die Frage nach dem Titel und nach dem σκοπός des Buches behandelt.

Die Prolegomena werden von Ibn aṭ-Ṭayyib mit einigen kleineren Abweichungen übernommen, mit dem Hinweis darauf, daß diese Einführung bei den Kommentatoren üblich sei. Einzigartig im arabischen Kommentar ist die Diskussion darüber, was in der Reihenfolge zuerst kommen soll: Die Frage nach dem Weg, den man wählen soll, oder die Frage nach dem Ziel, nach dem man streben soll[13].

Die Behandlung der Einteilung der aristotelischen Schriften nimmt sowohl bei den griechischen wie beim arabischen Kommentator verhältnismäßig breiten Raum ein. Eine Eigenheit dieser Aufteilung ist die Systematisierung, die bei Olympiodor am weitesten getrieben wird. In der arabischen Überlieferung gibt es drei Fälle, in denen die Einteilung der aristotelischen Schriften besprochen wird: In der *Risāla fī kammīyat kutub Arisṭūṭālīs* des al-Kindī[14], bei Fārābī in der Schrift *Risāla fī mā yanbaġī an yuqaddama qabla taᶜallum al-falsafa*[15], und im Kategorienkommentar von Ibn aṭ-Ṭayyib.

11 Vgl. Brock, From Antagonism to Assimilation (1984). Text siehe Frankenberg, Evagrius Ponticus (1912), S. 17–33.

12 Untersucht hat dieses Einführungsschema bei Origenes Hadot, Introductions (1990), S. 36 ff.; Neuschäfer, Origenes (1987), S. 77 ff.

13 Zu den Prolegomena bei den griechischen Kommentatoren und bei Ibn aṭ-Ṭayyib siehe Hein, Definition und Einteilung (1985), S. 254 ff., die zum Vergleich mit Ibn aṭ-Ṭayyib auch Werke von Fārābī heranzieht.

14 Edition: Guidi / Walzer, Scritto introduttivo (1940). Vgl. aber auch die Einteilung der Wissenschaften bei Qosṭā b. Lūqā in: Daiber, Qusta b. Luqa (1990), S. 102 ff.

15 Vgl. oben S. 13 ff.

Die Fragestellung, warum sich Aristoteles mancherorts einer dunklen, unklaren Ausdrucksweise bediene, ist nicht erst durch die neuplatonischen Kommentatoren der *Kategorien* belegt. In den Schriften des schon genannten Philodem wird der Gebrauch einer undeutlichen Ausdrucksweise diskutiert. Ist dies auch nicht ein Beleg für das spätere Einführungsschema der Aristoteles-Kommentatoren, so zeigt es doch, daß dieses Schema auf ältere Diskussionen zurückgeht[16]. Ein mit der neuplatonischen Kommentartradition eng verbundener Ableger im syrischsprachigen Raum ist der Traktat des Sergius von Rešᶜaina, in welchem ebenfalls die Frage nach dem Grund der dunklen Ausdrucksweise gestellt wird[17].

Um der Beantwortung der Frage nach der Vorlage Ibn aṭ-Ṭayyibs näherzukommen, bietet es sich an, den Text auf Gemeinsamkeiten mit den griechischen Kategorienkommentaren zu prüfen. Ein augenfälliges Merkmal stellen dabei doxographische oder literarische Zitate dar. In den ersten vier Kapiteln des Kommentars, die die *Prolegomena* zum Inhalt haben, sind Zitate besonders zahlreich zu finden, da zu den einzelnen Punkten der *Prolegomena* vielfach doxographische Anmerkungen gemacht werden. Zitiert wird öfters Platon, aber es werden auch Alexander von Aphrodisias und Alexander der Große und andere erwähnt. Die meisten gemeinsamen Zitate sind bei Elias (David) zu finden. Es gibt jedoch auch Fälle, in denen der arabische Kommentator nur zu Simplikios Parallelen aufweist, so zum Beispiel die Erwähnung von Adrastos[18]. Das ist eines der Beispiele für eine Gemeinsamkeit mit Simplikios, der jedoch im ganzen Text nie namentlich zitiert wird. Philoponos und Olympiodor weisen innerhalb der *Prolegomena* ebenfalls manche Stellen auf, an die sich Ibn aṭ-Ṭayyibs Ausführungen eng anschließen. Olympiodor wird sogar direkt mit Namen zitiert und mit Philoponos teilt sich der arabische Text die falsche Angabe über

---

16 Zu Philodem sowie Geschichte und Umfeld der Fragestellung siehe Erler, Πρὸς τοὺς ἑταίρους (1991), bes. S. 84–86 und Mansfeld, Question (1994), S. 156, allgemein zu den Vorläufern S. 16 ff. Weiteres Material dazu in Mansfeld, Prolegomena mathematica (1998).

17 Edition: Furlani, Trattato di Sergio di Resh'ayna (1922).

18 Siehe Ibn aṭ-Ṭayyib, Tafsīr k. al-Maqūlāt, fol. 15a (siehe unten S. ٢٧). Vgl. Simpl. In Cat. 16, 1. Adrastos wird auch bei Elias (David) erwähnt, aber in anderem Zusammenhang.

das Lehrverhältnis von Boethos von Sidon und Andronikos von Rhodos[19].

Die Einordnung der *Kategorien* innerhalb des aristotelischen Corpus wird im arabischen Kommentar nicht diskutiert, obwohl es anläßlich der Debatte über den Titel des Werkes Gelegenheit dazu gäbe, da einer der möglichen Titel „πϱὸ τῶν τόπων" lautet[20].

Die Auflistung von acht κεφάλαια, die vor jeder Schrift studiert werden müssen, erscheint nur im Kommentar von Ibn aṭ-Ṭayyib. Die griechischen Kommentatoren zählen an der entsprechenden Stelle 6 Punkte auf. Die zwei, die bei Ibn aṭ-Ṭayyib zusätzlich angeführt werden, stehen in den *Prolegomena* der griechischen Kommentaren zur *Isagoge*. Die Umstellung, die Ibn aṭ-Ṭayyib vornimmt, ist jedoch unüblich. Weder bei Fārābī noch bei Paulus Persa ist diese Gruppierung zu finden[21].

Die Diskussion über den σκοπός der Kategorienschrift nimmt, ebenso wie in den griechischen, auch im arabischen Kommentar breiten Raum ein. Ibn aṭ-Ṭayyib referiert die Ansichten von Alexander von Aphrodisias, Porphyrios, Ammonios und Jamblichos. Daß die Frage nach dem eigentlichen Thema der *Kategorien* schwierig zu beantworten war, läßt sich an den ensprechenden Stellen in den griechischen Kommentaren ablesen[22].

Lektion 5–6

Der Kommentar des Ibn aṭ-Ṭayyib, wie auch diejenigen seiner griechischen Vorbilder, ist ein fortlaufender Kommentar. Einleuchtend erklärt wird die Entstehung dieser Form des Kom-

---

19 Die namentliche Erwähnung Olympiodors siehe Ibn aṭ-Ṭayyib, Tafsīr k. al-Maqūlāt, fol. 6b (siehe unten S. ١١). Die mit Philoponos gemeinsame Anmerkung siehe fol. 6a (siehe unten S. ١٠) (Andronikos war der Lehrer von Boethos). Dieselbe (falsche) Zuschreibung gibt auch Fārābī in seiner Risāla fī mā yanbaġī an yuqaddama, S. 53, an.

20 Zur Einordnung der *Kategorien* siehe Moraux, Aristotelismus Bd.1 (1973), S. 98 f.; bei Bodeüs, Catégories (2002), S. XXIV-XLI ist die (antike) Diskussion über den Titel des Traktats ausführlich dargestellt.

21 Zu den Prolegomena bei Fārābī und bei Paulus Persa siehe auch oben S. 12 f.

22 Siehe dazu als Überblick Chiaradonna, Interpretazione della sostanza (1996), S. 67 ff., bes. 76 f.; ebenso Hoffmann, Catégories (1987), bes. S. 66–71.

mentars aus dem mündlichen Unterricht. Unterstützt wird diese Vermutung dadurch, daß es sich bei den griechischen Texten zumeist um „Vorlesungsnotizen" handelt, die damit also dem Lauf des Unterrichts folgen. Spuren des mündlichen Unterrichts sind im schriftlichen Kommentar noch zu erkennen an der Einteilung in πράξεις, die die Unterrichtseinheiten bezeichnen, und in λέξις und θεωρία, die die Lektüre- und Erklärungseinheiten darstellen. Der älteste erhaltene fortlaufende Aristoteleskommentar stammt von Aspasius (ca. 1. Hälfte des 2. Jh. n. Chr.). von dessen Kommentar zur *Nikomachischen Ethik* Teile erhalten sind[23].

Lektion 7

Im folgenden Kapitel sind einige Besonderheiten festzustellen, die der arabische Kommentar entweder nur mit Olympiodor, oder nur mit Elias (David) teilt. So zum Beispiel die Unterteilung der seienden Dinge (ὄντα), die in diesem Schema nur noch im Kommentar von Elias (David) zu finden ist[24]. Die 5. und 8. Aporie dagegen über Substanz und Akzidens hat Ibn aṭ-Ṭayyib nur mit Olympiodor gemeinsam[25].

Die elf Arten von „In-Etwas-Sein" werden unterschiedlich wiedergegeben. Bei Aristoteles sind nur 8 Arten aufgeführt, wobei die letzte, nämlich das Sein in einem Gefäß mit dem Sein an einem Ort zusammengefaßt wird[26]. Die griechischen Kommentatoren teilen diese Arten jedoch alle wieder in zwei verschiedene Aspekte auf. Porphyrios übernimmt als einziger die aristotelische Aufzählung aus der Physik, stellt aber die Reihenfolge um[27].

Besonders ausführlich wird die Aporie darüber, ob das Akzidens auch ohne die Substanz sein kann, behandelt[28]. Das Beispiel des Apfeldufts, der auch in einiger Entfernung vom Apfel,

---

23 Zu Aspasios siehe Moraux, Aristotelismus Bd. 2 (1984), S. 226 ff.; Alberti, Sharples, Aspasius (1999). Edition des Kommentars zur Nikomachischen Ethik: Heilbut, CAG 19, 1889

24 Vgl. Elias (David) In Cat. 145, 4 ff.

25 Vgl. Olymp. In Cat. 43, 30; 44, 35 ff.

26 Vgl. Arist. Phys. IV 2, 210a14 ff.

27 Vgl. Porph. In Cat. 78, 2.

28 Vgl. 11. Aporie, Ibn aṭ-Ṭayyib, Tafsīr k. al-Maqūlāt, fol. 33a (siehe unten S. ٦٦). Zu dieser Aporie siehe Ferrari, Duft (2004), bes. S. 97–105.

also von seinem Zugrundeliegenden, noch besteht, wird zur Erläuterung des Problems seit Ammonios verwendet. Alle griechischen Kommentatoren führen das Zeit-Argument an, nämlich daß Aristoteles nicht sage, daß das Akzidens nicht fern von dem sein könne, worin es war, sondern nur von dem, worin es ist. Dieses Argument verwendet Ibn aṭ-Ṭayyib hingegen nicht.

Lektion 8–9

Ibn aṭ-Ṭayyib zitiert in der achten Lektion (taᶜlīm) zwar die „Kommentatoren", jedoch ohne einzelne Namen zu nennen. Und obwohl er auf sie Bezug nimmt, geht er doch in der Erläuterung dieses Kapitels eigene Wege. Denn die verschiedenen Paarungen der Prädikation finden sich in der vorliegenden Form nur im arabischen Kommentar.

Viel mehr Gemeinsamkeiten mit den griechischen Kommentaren sind im nächsten Kapitel, in der 9. Lektion, festzustellen. Daß die verschiedenen Meinungen über die mögliche Anzahl der Kategorien aufgezählt werden, ist, in mehr oder weniger ausführlicher Form, seit Ammonios so gehandhabt worden. Am meisten Raum widmet dieser Frage Elias (David), der damit sogar den sonst sehr ausführlichen Ibn aṭ-Ṭayyib übertrifft[29]. Nur mit Elias (David) gemeinsam ist das Galen-Zitat über die Fünfzahl der Kategorien[30]. Allerdings scheint diese Angabe schon bei Elias (David) auf eine Verwechslung zurückzugehen, da im erhaltenen Werk Galens keine derartige Reduzierung der Kategorien auszumachen ist[31]. Daß der arabische Kommentar Nikostrat als Autor der Ansicht nennt, daß es neun Kategorien sein müßten, ist deswegen bemerkenswert, weil er bei Simplikios an der entsprechenden Stelle nicht genannt wird[32].

Am Anfang des 9. Kapitels rekapituliert Ibn aṭ-Ṭayyib den Aufbau der ersten drei Abschnitte des Buches über die *Kategorien*. Dabei ist festzustellen, daß der arabische Kommentator dieselbe Einteilung des Textes in Kapitel hat wie der griechische. Er unterscheidet im ersten Kapitel der *Kategorien* nämlich drei Teile. Den Teil über Homo- und Synonyme (1, 1a1–1a15),

---

29 Vgl. Elias (David) In Cat. 159, 34–161, 15.

30 Vgl. Ibn aṭ-Ṭayyib, Tafsīr k. al-Maqūlāt, fol. 51a (siehe unten S. ١٠٣).

31 Vgl. Moraux, Aristotelismus Bd. 2 (1984), S. 692.

32 Dies ist kein Einzelfall, siehe Lektion 6.

daran anschließend die Einteilung der seienden Dinge und der Wörter (2, 1a16–1b9) und schließlich die Eigenschaften der höheren Gattungen (3, 1b10–1b24). Das zweite Kapitel im arabischen Kommentar behandelt dann die zehn Kategorienbegriffe (4, 1b25–2a10). Im Kommentar von Olympiodor, der als einziger der griechischen Kommentatoren den Text der *Kategorien* in Lehreinheiten (πράξεις) aufteilt, ist dagegen diese Einteilung in Unterkapitel nicht auszumachen.

Lektion 10

Das Kapitel über die Substanz wird bei Ibn aṭ-Ṭayyib sehr ausführlich behandelt[33]. Er verwendet dafür vier Lektionen, immerhin fast ein Sechstel des ganzen Kommentars. Dabei geht er bei der Behandlung des Stoffes einen eigenen Weg, angefangen bei der Aufteilung des Kommentars in Unterkapitel. Solche gibt es zwar auch bei Olympiodor und bei Elias (David), sie sind jedoch verschieden von denjenigen Ibn aṭ-Ṭayyibs[34].

Ferner ist festzustellen, daß einige Fragestellungen, die in den griechischen Kommentaren behandelt werden und in denen Aristoteles kritisiert wird, bei Ibn aṭ-Ṭayyib nicht erwähnt werden. Der sechste und letzte Punkt im ersten Kapitel über die Substanz enthält die Substanz-Diskussion bei Porphyrios. Der arabische Kommentator nimmt Stellung dazu, jedoch nur als Verteidiger von Aristoteles. In der Auswahl der Aporien entsprechen sich die griechischen Kommentare und der arabische Kommentar kaum.

Im ersten Kapitel über die Substanz, das die 10. Lektion (taᶜlīm) des arabischen Kommentars eröffnet, wird die Einteilung in erste und zweite Substanz untersucht.

Lektion 11–12

Bei der Behandlung der ersten und zweiten Eigenschaft der Substanz durch Ibn aṭ-Ṭayyib fällt auf, daß er die Argumentationsweise der griechischen Kommentatoren, das heißt diejenige von Elias (David) und teilweise von Philoponos, ganz übernimmt, bis in die Terminologie hinein, indem er die entsprechenden Begriffe übersetzt, so beispielsweise im Falle der Betrachtungswei-

33 Zum Kommentar über die Substanz siehe unten S. 74 ff.
34 Vgl. Kap. „Kommentierende Zusammenfassung", Lektion 10, S. 138.

sen κατὰ βάθος (ᶜumqan) und κατὰ πλάτος (ᶜarḍan). Auch in diesem Kapitel ist weitaus am meisten Gemeinsamkeit mit Elias (David) festzustellen. Eine Ausnahme davon bildet der Anfang der Lektion 12, wo die Gemeinsamkeit nicht mit Elias (David), sondern mit Simplikios und Philoponos besteht.

Lektion 13
In diesem Abschnitt scheint der arabische Kommentar einen eigenen Weg zu verfolgen. Die Meinungsverschiedenheit zwischen Platon und Aristoteles wird zwar, wie in den griechischen Kommentaren, referiert, jedoch wird hier, wie schon an anderer Stelle, der arabische Text in der Systematisierung des Stoffes von Elias (David) übertroffen. Auch bei der Lösung der dritten Aporie über das Konträre bei der Substanz gibt es große Unterschiede zwischen den griechischen Kommentaren und dem Text von Ibn aṭ-Ṭayyib, der auch nicht das Alexander-Zitat bringt, obschon er normalerweise mit Elias (David) im Hinblick auf doxographische Zitate ziemlich genau übereinstimmt. Dafür greift der arabische Kommentar an anderer Stelle als einziger auf Alexander zurück, nämlich da, wo es um die Möglichkeit der Veränderlichkeit der Substanz geht. Dies, obwohl gerade an dieser Stelle im Arabischen die griechische Argumentation wieder bis in die Terminologie übernommen wird (κατὰ τὴν ἀντιπαράστασιν und κατὰ τὴν ἔνστασιν/ṭarīq al-musāmaḥa und ṭarīq al-muᶜānada). Diese *termini technici* werden von Olympiodor, Philoponos, Elias (David) und Simplikios angewendet[35].

Lektion 14
Schon am Anfang des Kapitels über das Quantitative sind vor allem Unterschiede zu den griechischen Kommentaren festzustellen. Obwohl Elias (David) einen ähnlichen Aufbau des Stoffes wie der arabische Kommentar hat, sind seine Fragestellungen doch ganz andere als diejenigen von Ibn aṭ-Ṭayyib, zumal Elias (David) im Gegensatz zum arabischen Autor auch die Frage nach der Richtigkeit der Definition stellt. Wie auch an

35 Vgl. Olymp. In Cat. 78, 26; Philop. In Cat. 81, 9; Elias (David) In Cat. 183, 24; Simpl. In Cat. 118, 11. Olympiodor erläutert die beiden Begriffe als einziger.

anderen Stellen, sind bei Ibn aṭ-Ṭayyib nur Fragen zu finden, die das aristotelische System aus sich selbst zu erläutern versuchen, während der griechische Kommentator die Sachverhalte auch von außen zu betrachten sucht und dabei auch auf andere Ansichten zurückgreift, wie zum Beispiel beim Problem des Gewichtes (ῥοπή), wo er Platon, Archytas und Ptolemaios zitiert. Die Aporie, die auch bei Simplikios referiert wird, stammt mit einiger Wahrscheinlichkeit aus dem Kreis um Nikostrat[36].

Lektion 15–16

Während in der 15. Lektion der arabische Kommentar in großer Ausführlichkeit einen eigenen Weg geht und auch kaum Bezug nimmt auf die griechischen, ist das im folgenden 16. Kapitel anders. Hier wird zweimal Olympiodor namentlich zitiert. Das erste Mal allerdings nicht ganz korrekt, indem Olympiodor eine Ansicht zugeschrieben wird, die dieser jedoch seinerseits nur referiert[37]. Beim zweiten Mal dagegen findet sich das Zitat tatsächlich im Kommentar von Olympiodor[38]. Es sind in den beiden Kapiteln über das Quantitative die meisten Gemeinsamkeiten mit Olympiodor und einige mit Elias (David) und mit Philoponos vorhanden.

In Lektion 16 wird Mattā ibn Yūnus erwähnt, im Zusammenhang damit, inwiefern die Teile von etwas einen Ort haben[39]. Mattā ibn Yūnus und im folgenden Kapitel Ḥunain ibn Isḥāq werden als einzige von den arabischsprachigen Gelehrten neben den griechischen Vorgängern genannt.

Lektion 17–19

Der arabische Kommentator kritisiert im Lemma-Kommentar zum Kapitel über die Relation die Übersetzung des ersten Satzes[40]. Isḥāq ibn Ḥunain habe an dieser Stelle nachlässig aus dem Syrischen übertragen. Ibn aṭ-Ṭayyib gibt die arabische Übersetzung des syrischen Textes wieder, um seine Kritik darzulegen[41].

36 Vgl. Moraux, Aristotelismus Bd. 2 (1984), S. 546, n. 82.
37 Vgl. Ibn aṭ-Ṭayyib, Tafsīr k. al-Maqūlāt, fol. 108b (siehe unten S. ٢٣٢).
38 Vgl. Ibn aṭ-Ṭayyib, Tafsīr k. al-Maqūlāt, fol. 109a (siehe unten S. ٢٣٢).
39 Vgl. Ibn aṭ-Ṭayyib, Tafsīr k. al-Maqūlāt, fol. 112b (siehe unten S. ٢٤٠).
40 Vgl. Ibn aṭ-Ṭayyib, Tafsīr k. al-Maqūlāt, fol. 121b (siehe unten S. ٢٦٠). Die Kritik bezieht sich auf die Übersetzung von Cat. 6a36.
41 Vgl. Ibn aṭ-Ṭayyib, Tafsīr k. al-Maqūlāt, fol. 122a (siehe unten S. ٢٦١).

Er moniert die konditionale Implikation, die durch die Einführung von „matā" den Sinn des Satzes unziemlich verändert. Das ist gleichzeitig die einzige Stelle, an der Ibn aṭ-Ṭayyib Stellung zur Übersetzung des Kategorientextes nimmt.

Im Kapitel über die Relation sind die griechischen und der arabische Kommentar einander inhaltlich nahe. Das lässt sich besonders gut an der Eingangsdiskussion über die Einordnung der Relation nach der Substanz zeigen, die auch bei Simplikios großen Raum einnimmt[42]. Allerdings stellen sich in den griechischen Kommentaren auch Fragen, die der arabische Text nicht behandelt. Es kommt sogar vor, daß bei Elias (David) oder Olympiodor Autoritäten zitiert werden, die bei Ibn aṭ-Ṭayyib gar nicht erwähnt werden, obwohl im allgemeinen gerade bei Zitaten eine große Übereinstimmung festzustellen ist[43]. Auch in diesem Kapitel tritt bei der Aufzählung der verschiedenen Formen der Relativa das Anliegen des arabischen Kommentators, den Stoff zu systematisieren, deutlich zu Tage. Dazu gehört es auch, Beweise dafür anzuführen, daß Aristoteles, und in seiner Nachfolge Ibn aṭ-Ṭayyib, recht haben[44]. Aus einer Steigerung dieser Haltung resultiert, daß Ibn aṭ-Ṭayyib im Grunde sogar Aristoteles verbessert, indem er ihn systematisiert. Als ein Beispiel dafür kann man die von Ibn aṭ-Ṭayyib hinzugefügte fünfte Eigenschaft der Relation betrachten. In diesem Zusammenhang ist vielleicht auch die Tatsache zu erklären, daß in den Kapiteln über die Relation weniger Aporien behandelt werden als an entsprechender Stelle in den griechischen Kommentaren.

Daß sich der arabische Kommentator vor allem an Philoponos und die Schule von Olympiodor-Elias hält, wird auch im Kapitel über die Relation deutlich. Festzustellen ist allerdings, daß bei der Diskussion der Definition der Relation die Ansicht von Philoponos über die platonische Definition von Ibn aṭ-Ṭayyib nicht referiert wird.

42 Siehe dazu Caujolle-Zaslawsky, Relatifs (1980).

43 So haben beispielsweise Elias (David), Olympiodor und Ammonios das Protagoras-Zitat, der Mensch sei das Maß aller Dinge, gemeinsam mit dem arabischen Kommentar (vgl. fol. 118b, siehe unten S. ٢٥٤).

44 Vgl. Ibn aṭ-Ṭayyib, Tafsīr k. al-Maqūlāt, fol. 118b, wo anhand von sechs Beweisen gezeigt wird, daß es stimmt, daß die Relation nicht etwas Natürliches ist (siehe unten S. ٢٥٤–٢٥٥).

Lektion 20–22
Zwei Dinge kennzeichnen in diesen Kapiteln den Vergleich zwischen dem arabischen und den griechischen Kommentaren. Zum einen sind das die Parallelen zwischen Olympiodor, Elias (David) und Ibn aṭ-Ṭayyib. Philoponos gehört zwar ebenfalls in diese Schultradition, von seinem Kommentar wird jedoch vieles nicht weiter aufgenommen. Ebenfalls seltener sind auch Gemeinsamkeiten mit Ammonios festzustellen.

Zum anderen ist es das immer wieder deutlich zum Vorschein kommende Ziel des arabischen Kommentators, den Text als Ganzes, also nicht nur in seinem Inhalt, sondern auch in seiner Anlage, zu erläutern und zu systematisieren. Dieses Moment der Systematisierung ist im arabischen Kommentar deutlich stärker als im Kommentar von Olympiodor, der von den griechischen Kommentaren derjenige ist, dessen systematische Gliederung am meisten auffällt. Olympiodor wird in diesem Kapitel einige Male als Autorität hinzugezogen, oft zusammen mit „Alinus"[45]. Ibn aṭ-Ṭayyib greift jedoch gelegentlich auch auf Aristoteles selbst zurück, wie zum Beispiel bei der Erläuterung der verschiedenen Arten der Qualität[46].

Bei den doxographischen Bemerkungen zum Problem, ob es auch bei der Figur Konträres geben kann, wird Demokrit erwähnt mit einem Beispiel vom Vieleck[47]. Dasselbe Demokrit-Zitat erscheint auch in dem Abū l-Ḥasan al-ʿĀmirī zugeschriebenen Kategorienkommentar[48]. In den griechischen Kommentaren dagegen wird Demokrit nicht erwähnt.

Lektion 23
Will man anhand der Zitate, die der arabische mit den griechischen Kommentaren gemeinsam hat, die Abhängigkeit zwischen dem Text Ibn aṭ-Ṭayyibs und denjenigen der griechischen Autoren nachzeichnen, dann steht man in Kapitel 23 einmal mehr vor der Erscheinung, daß die Abhängigkeit nicht durchgängig klar zu sein scheint. Denn hier ist anhand der Er-

45 Zu Alinus siehe oben S. 15.
46 Vgl. Ibn aṭ-Ṭayyib, Tafsīr k. al-Maqūlāt, fol. 145b, 146b (siehe unten S. ٣١٥–٣١٧).
47 Vgl. Ms. Istanbul, Aya Sofya 2483, fol. 139b, Z. 7. Zu diesem Kommentar siehe oben S. 13.
48 Vgl. Ibn aṭ-Ṭayyib, Tafsīr k. al-Maqūlāt, fol. 155a (siehe unten S. ٣٣٤).

wähnung von Aristoteles' *De generatione et corruptione* zu sehen, daß Ibn aṭ-Ṭayyib auch Gemeinsamkeiten mit Porphyrios und Simplikios hat, die von der Olympiodor-Schule nicht geteilt werden[49]. Illustrieren kann die inhaltliche Nähe zu Simplikios auch die Darstellung des ποτέ und des ποῦ als eine Verbindung zwischen dem Ding und dem Ort, in dem es ist[50].

Schon im nächsten Kapitel zitiert Ibn aṭ-Ṭayyib Olympiodors Schule jedoch namentlich und zeigt auch im Aufbau und Inhalt Gemeinsamkeit mit ihm und mit Elias (David)[51]. Allerdings sind im selben Abschnitt und auch generell in den Schlusskapiteln vermehrt Gemeinsamkeiten mit Simplikios zu finden[52].

Lektion 24–25
Ab dem 23. Kapitel führt der arabische Kommentar keine Aporien mehr auf. Das kann nicht an den griechischen Vorbildern liegen, in denen noch zahlreiche Aporien behandelt werden. Das Interesse des arabischen Kommentators scheint an den Schlusskapiteln grundsätzlich nicht gleich groß zu sein wie an den wichtigen Begriffen von „Substanz", „Relation", „Qualität" und „Quantität".

3.3. Das Kapitel über die Homonyme (Lektion 5–6)

Die Behandlung der Homonyme erfolgt in allen, sowohl in den griechischen als auch im arabischen Kategorienkommentar, in ausführlicher Weise. Man kann dies mit der Vielschichtigleit dieses Begriffs bei Aristoteles erklären. Während Platon Doppeldeutigkeit bloß als ein Instrument der Sophisten versteht und darauf dringt, daß man sie zumindest vermeidet, wenn nicht ganz aus dem Weg räumt, haben Homonyme bei Aristoteles andere und verschiedene Bedeutungen[53]. Einerseits werden sie als einfache Identität von Namen interpretiert, so in der *Metaphysik*, andererseits hat ihre Kompatibilität etwas zu tun

49 Vgl. Ibn aṭ-Ṭayyib, Tafsīr k. al-Maqūlāt, fol. 162b (siehe unten S. ٣٥٠).
50 Siehe dazu Hoffmann, Où et quand (1980).
51 Vgl. Ibn aṭ-Ṭayyib, Tafsīr k. al-Maqūlāt, fol. 166b (siehe unten S. ٣٦٠).
52 Vgl. Ibn aṭ-Ṭayyib, Tafsīr k. al-Maqūlāt, fol. 179a f. (siehe unten S. ٣٩٠).
53 Homonyme bei Platon vgl. Phaedr. 265 e-f.

mit einer gewissen Ähnlichkeit in der Substanz, wie es in der *Nikomachischen Ethik* ausgeführt wird[54].

3.3.1. *Das Problem der Homonymie*

Die Homonymie kann sich auf verschiedene Dinge beziehen. Der einfachste Fall ist derjenige der Namensgleichheit, wie er in den homerischen zwei Ajaxen begegnet[55]. Sie kann sich aber auch auf Gegenstände beziehen. Das Problem der Homonymie liegt in der Tatsache begründet, daß sie sich auf zwei Ebenen abspielt, nämlich einerseits auf der Ebene des Namens und andererseits auf der ontologischen Ebene, indem zwei Dinge den Namen gemeinsam haben können, jedoch auch eine gewisse Gemeinsamkeit in ihrem Sein vorhanden sein kann[56].

Zwei Gruppen werden unterschieden: Die eine Gruppe besteht aus Wörtern, die zufällig (ἀπὸ τύχης) gleich lauten, aber eine voneinander völlig unabhängige Bedeutung haben, z. B. der „Hahn", der sowohl den Wasserhahn als auch den Hahn im Hühnerstall meinen kann. Die zweite Gruppe besteht aus Wörtern, die nebst dem gemeinsamen Namen auch noch gewisse Zusammenhänge in der Bedeutung haben, zum Beispiel „Kopf", der den Kopf eines Menschen oder Tieres meinen kann, jedoch auch den Briefkopf.

Eine Untergruppe von Wörtern mit zusammenhängenden Bedeutungen ist für Aristoteles besonders wichtig. Es handelt sich dabei um solche, bei denen weder eine metaphorische noch eine analogische Bedeutung vorliegt, da es eine gemeinsame Beziehung nur im Hinblick auf etwas gibt, nicht jedoch zwischen den Bedeutungen selbst. Ein Beispiel dafür ist das Wort „gesund". Ein „gesundes" Essen ist eines, das die Gesundheit fördert, ein „gesunder" Mensch ist einer, der im Besitze der Gesundheit ist. Das Wort „gesund" ändert seine Bedeutung, je

54 Vgl. Metaphysik Γ, 2, 1003a33–b16; Nikomachische Ethik I, 6, 1096b26–28. Kritik an der aristotelischen Theorie der Homonyme übt Shields, Order in multiplicity (1999).

55 Αἴας Τελαμώνιος und Αἴας Οἰλιάδης, vgl. Hom. Il. 2, 557.

56 Für das Folgende siehe Specht, Primäre Bedeutung (1959–60); Heitsch, Entdeckung (1972); Narcy, Homonymie (1981); Vigo, Homonymie (2000), bes. S. 96–103.

nachdem, wie es ausgesagt wird. Gemeinsam ist diesen Bedeutungen jedoch der Bezugspunkt, nämlich die Gesundheit. Sie werden also πρὸς ἕν ausgesagt, in diesem Falle also in Beziehung auf die Gesundheit.

Das Problem der mannigfachen Bedeutung stellt sich beim Wort „Sein". Aristoteles unterscheidet zwar vier Bedeutungen von Sein, nämlich: Zufälliges Sein, Wahrsein, Möglichsein und das Sein im Sinne der Kategorien[57]. Die Bedeutung des Ausdrucks „Sein" ändert sich jedoch abhängig davon, von welcher Kategorie er ausgesagt wird, zum Beispiel über eine Qualität oder eine Substanz[58]. Es erhebt sich deshalb die Frage, ob es auf Zufall beruht, daß das „Sein" die Bezeichnung für alle Kategorien ist, ob es also zufällig homonym ist. Nach Aristoteles ist das nicht der Fall, sondern das Sein gehört zu jenen Wörtern, die im Hinblick auf etwas (πρὸς ἕν) ausgesagt werden[59].

Platons Nachfolger als Leiter der Akademie, Speusippos, hat die Diskussion über die Homonymie als erster begonnen[60]. Direkt ist die Lehre von Speusippos nicht überliefert. Ein Referat von Speusipppos' Aussagen über die Homonyme ist jedoch im ersten Kapitel von Simplikios' Kategorienkommentar durch Boethos von Sidon überliefert[61]. Aufgrund des Fragments 32a wurde von E. Hambruch die These aufgestellt, daß im Gegensatz zu Aristoteles, der sich auf Dinge beziehe, Speusippos sich auf Namen beziehe[62]. Allerdings ist in der *Topik* festzustellen, daß auch Aristoteles Homonymie und Synonymie auf Wörter bezieht[63]. Nach Hambruch geschah dies unter dem Einfluß von Speusippos[64].

---

57 Vgl. Metaphysik Δ, 7, 1017a7 ff.

58 Vgl. Metaphysik I, 2, 1054a13.

59 Zur Theorie der Analogie des Seins im Mittelalter siehe De Libera, Sources gréco-arabes (1989); ders., Analyse (2000).

60 Über die Homonymie bei Platon siehe Anton, Aristotelian Doctrine (1968). Zur Diskussion über den Einfluß von Speusippos siehe Luna, Commentaire (1990), S. 159–164.

61 Vgl. Simpl. In Cat. 29, 5; 36, 25–31; 38, 19–39. Dies entspricht den Fragmenten 32a, 32b, 32c bei Lang, De Speusippi (1911, repr. 1965).

62 Siehe Hambruch, Logische Regeln (1904).

63 Vgl. Topik 1, 15.

64 Dieser These widersprach Barnes, Homonymy (1971), bes. S. 79–80, der wiederum durch Tarán, Speusippus (1978), bes. S. 74 widerlegt wurde. Im wesentlichen geht es bei der Diskussion darum, daß die Meinungen darüber auseinandergehen, ob die Homonymie bei Speusipp sich nur auf die Wörter

3.3.2. *Die Kommentierung der Homonyme (Cat. 1a1–1a6)*

Bei der Kommentierung der Passage über die Homonyme bot der Satzteil „λόγος τῆς οὐσίας" besondere Schwierigkeiten[65]. Schon in der Antike waren zwei Versionen des ersten Satzes in Umlauf. Die eine Version lautet Ὁμώνυμα λέγεται ὧν ὄνομα μόνον κοινόν, ὁ δὲ κατὰ τοὔνομα λόγος τῆς οὐσίας ἕτερος, die andere unterschlägt die Bestimmung τῆς οὐσίας[66]. Nur Andronikos und Boethos sollen für die Auslassung des Satzteiles gewesen sein. Das Problem der Formulierung des λόγος τῆς οὐσίας besteht darin, daß damit die Homonymie auf die Kategorie der Substanz beschränkt scheint[67]. Gemeint ist bei Aristoteles aber das Wesen der Sache, die Gegenstand der Definition ist.

Außer Simplikios, der innerhalb seines Kommentars eine ziemlich freie Abhandlung über die Homonyme verfaßte, halten sich bis auf Porphyrios und Dexippos alle anderen Kommentatoren mehr oder weniger streng an die Aufteilung in θεωρία und λέξις. Diese Erscheinung zieht sich durch alle Kommentare hindurch, sie betrifft nicht nur das Kapitel über die Homonyme. Die Kommentatoren geben eine etwas allgemeinere Einführung in das zu behandelnde Problem, und erklären danach den Text Lemma für Lemma, wobei dieses meistens ein Teil eines Satzes ist, also nicht ein einzelnes Wort. Aporien werden nur bei Philoponos und Olympiodor vom Rest des Kommentars getrennt und ans Ende der θεωρία angeschlossen, bei den anderen werden sie fortlaufend in der θεωρία integriert.

---

beziehen und ob es sein Einfluß sei, wenn sich auch bei Aristoteles die Homonymie in gewisser Hinsicht auch auf Wörter bezieht und nicht nur auf Dinge. Zu dieser Diskussion siehe Luna, Commentaire (1990) S. 161–164.

65 Zum Kommentar über die Homonyme, besonders zu demjenigen von Simplikios siehe Luna, Commentaire (1990), S. 39–100 (mit Angaben weiterer Literatur) und Bodeüs, Catégories (2002), S. 73–74.

66 Nach Philoponos soll es zwei Versionen der Kategorienschrift gegeben haben, daher sollen auch die beiden Versionen des ersten Satzes entstanden sein. Vgl. Philop. In Cat. 12, 35–13, 5.

67 Porphyrios löst das Problem, indem er sagt, daß nach Aristoteles eine Kombination von οὐσία und ὕπαρξις die οὐσία, also nicht nur Substanz, sondern auch ihre Attribute, ergäben. Siehe Hadot, Théologie (1986), S. 20–21.

Ibn aṭ-Ṭayyib verfährt nach einem rigideren System und vollzieht eine Trennung von Erklärung und Lösung von Aporien. Unterschiedlich wird auch gehandhabt, welche Fragen man als Aporie deklariert (sie werden eingeleitet mit ἀποροῦσι δὲ καί τινες/ζητοῦσι δὲ) und welche man einfach fortlaufend als Problem behandelt. Das bedeutet, daß in einigen griechischen Kommentaren in der θεωρία Fragen behandelt werden, die bei Ibn aṭ-Ṭayyib erst im Aporien-Teil gestellt werden.

In Anbetracht der systematischen Behandlung des Stoffes durch Ibn aṭ-Ṭayyib wäre zu erwarten, daß es keine griechische Fragestellung gibt, die im arabischen Kommentar nicht behandelt wird. Es ist jedoch in einigen Kapiteln des Kommentars zu beobachten, daß bei Ibn aṭ-Ṭayyib Fragestellungen nicht behandelt werden, die in den griechischen Texten enthalten sind, beispielsweise warum Aristoteles nur die Homonyme, nicht aber die Homonymie behandelt. Meistens referiert Ibn aṭ-Ṭayyib die verschiedenen Lehrmeinungen, mit denen die Aporien aufgelöst werden können, jedoch oft, ohne die Autoren dieser Ansichten beim Namen zu nennen. Ein Beispiel für diesen Fall hat man in der Frage vor sich, warum bei Aristoteles neben den Homonymen und den Synonymen nicht auch die Heteronyme und Polyonyme behandelt werden. Namen werden im arabischen Text keine genannt, die Fragestellung stammt aber aus dem Umkreis von Ammonius.

Die illustrierenden Beispiele entsprechen sich fast durchweg, sowohl innerhalb der griechischen, als auch im arabischen Kommentar, abgesehen von einigen Lokalfärbungen wie etwa bei der Unterscheidung von zwei Männern namens Sokrates: Im griechischen Beispiel wird der in Athen geborene Sokrates von dem in der Persis geborenen unterschieden, im arabischen der im Norden geborene von demjenigen aus Basra oder Kufa.

3.3.3. *Die Textgestalt des arabischen Kapitels über die Homonyme*

Die Einführung zur Homonymie ist im arabischen Kommentar anders konzipiert als in allen griechischen Kommentaren. Ibn aṭ-Ṭayyib zählt die Division, Definition und den Beweis auf als Mittel zur Erläuterung der Dinge und stellt damit das

Programm auf für den Kommentar zu den Homonymen, denn wie er schreibt, will er alle Möglichkeiten ausschöpfen, um die Unklarheiten des Problems zu entfernen.

Im allgemeinen ist festzustellen, daß bei der Behandlung der Homonyme und Synonyme im arabischen Kommentar mehr Eigenständigkeit zu finden ist als in den vorangehenden Kapiteln. Die Textgestaltung nimmt eine leicht andere Form an, indem sich in diesen Kapiteln zum ersten Mal Aporien stellen. Damit ist der Spielraum größer geworden, da bei den Kommentatoren an verschiedenen Orten verschiedene Aporien auftauchen können.

Simplikios zitiert in seinem Kommentar Nikostrat, nicht aber der arabische Autor, der ihn erst in einem anderen Zusammenhang nennt, wo er jedoch nicht bei Simplikios zitiert wird[68]. Das ist deswegen bemerkenswert, weil Aussagen von Nikostrat nur durch den Kommentar von Simplikios überliefert sind. Die Nennung von Nikostrat könnte ein Hinweis darauf sein, daß der arabische Autor den Kommentar von Simplikios gekannt hat. Daß Simplikios bei Ibn aṭ-Ṭayyib ungenannt bleibt, ist nicht leicht verständlich. Vielleicht ist dafür die Selbstverständlichkeit ins Feld zu führen, mit der beim Studium der *Kategorien* auf Simplikios zurückgegriffen wurde. Oder es muß auf eine von Simplikios und Ibn aṭ-Ṭayyib gemeinsam benutzte Quelle geschlossen werden[69].

Ein zusätzliches Zeugnis für die Verbreitung der Aussage von Porphyrios darüber, daß es nicht notwendig sei, auch die Hetero- und Polyonyme zu behandeln, ist in dem Kommentar aus dem 11. Jahrhundert überliefert, der Abū l-Ḥasan al-ʿĀmirī (gest. 382/992) zugeschrieben wird[70].

68 Nikostrat-Zitat siehe Simpl. In Cat. 26, 21 ff. Zu den Aporien Nikostrats zu den Homonymen siehe zusammenfassend Moraux, Aristotelismus (1984), S. 532 ff.

69 Es ist jedoch eher unwahrscheinlich anzunehmen, daß Simplikios und Ibn aṭ Ṭayyib den Kommentar von Porphyrios *An Gedalios* als gemeinsame Quelle benutzten.

70 Vgl. Porph. In Cat. 60, 1; Ibn aṭ-Ṭayyib, Tafsīr k. al-Maqūlāt, fol. 25b (siehe unten S. ٥٠); Ms. Istanbul, Aya Sofya 2483, fol. 86b.

3.4. Das Sein des Akzidens im Zugrundeliegenden (Lektion 7)[71]

Im 7. Kapitel seines Kommentars behandelt Ibn aṭ-Ṭayyib die Eigenschaften von Substanz und Akzidens (Cat. 1a16–1b9) und richtet das Augenmerk dabei besonders auf das „In-Etwas-Sein" und seine Arten[72]. Im Zentrum seiner Ausführungen steht der Satz ἀδύνατον χωρίς εἶναι τοῦ ἐν ᾧ ἐστιν[73]. Von allen Arten des „In-Etwas-Sein" behandelt Ibn aṭ-Ṭayyib das Sein des Akzidens im Zugrundeliegenden besonders ausführlich[74].

Wie die griechischen Kommentatoren wendet sich auch unser arabischer Autor zuerst der aristotelischen Definition des Akzidens zu, die er, im Gegensatz zu den griechischen Kommentatoren nicht in Frage stellt, sondern nur feststellt, daß sie eine hinreichende Definition sei[75]. Er spricht dabei unmißverständlich von ḥadd („Definition"). Der erste Ausdruck der Definition (mawǧūd fī šayʾ) deute auf die zu definierende Gattung, ähnlich also wie die griechischen Kommentatoren das ἔν τινι als Gattung und μὴ ὡς μέρος als spezifizierende Eigenschaft verstanden haben. Dies wird jedoch im arabischen Text nicht weiter ausgeführt, sondern Ibn aṭ-Ṭayyib geht als erstes dazu über, die Arten des „In-Etwas-Sein" aufzuzählen und zu erläutern. Dabei hält er sich an eine andere Reihenfolge als die griechischen Kommentatoren, die untereinander jedoch auch variieren[76]. Die letzte und wichtigste Stellung in der Aufzählung des arabischen Kommentars nimmt das Sein des Akzidens

---

71 Die folgenden Ausführungen wurden in veränderter Form veröffentlicht in Ferrari, Duft (2004).

72 Siehe Ibn aṭ-Ṭayyib, Tafsīr k. al-Maqūlāt, fol. 27b f. (siehe unten S. ٥٥).

73 Arist. Cat. 1a24.

74 Siehe Ibn aṭ-Ṭayyib, Tafsīr k. al-Maqūlāt, fol. 28b (siehe unten S. ٥٧).

75 Während Ammonios und in seiner Nachfolge Olympiodor und Elias (David) der Meinung sind, daß es sich nicht um eine Definition (ὅρος), sondern nur um eine Beschreibung (ὑπογραφή) handle. Den folgenden Ausführungen zu den Vergleichen zwischen den einzelnen Kommentaren liegt die grundlegende und detailreiche Untersuchung zum Kategorienkommentar von Simplikios von Concetta Luna zugrunde, siehe Luna, Simplicius (2001), S. 182.

76 Vgl. Simpl. In Cat. 46, 6 ff.; Ammon. In Cat. 29, 5; Philop. In Cat. 32, 7; Olymp. In Cat. 47, 3; Elias (David) 149, 16.

im Zugrundeliegenden (wuǧūd al-ʿaraḍ fī l-maʿrūḍ) ein, das schon bei Eudemos von Rhodos in die Aufzählung eingefügt wurde[77].

Eine längere Passage ist dabei dem Problem gewidmet, inwiefern die Form in der Materie wie das Akzidens im Zugrundeliegenden sei. Diese Frage hat eine antike Tradition. Alexander von Aphrodisias hat nach dem Bericht von Simplikios die Identifikation von „Form in der Materie" mit „Akzidens im Zugrundeliegenden" kritisiert[78]. Dazu werden zwei Argumente angeführt. Zum einen sei, was in einem Zugrundeliegenden sei, Akzidens, die Form, die in der Materie sei, sei jedoch Substanz. Zum anderen sei, was in einem Zugrundeliegenden sei, nicht Teil der Zusammensetzung von Materie und Form, während die Form, die in der Materie ist, Teil der Zusammensetzung ist. Dies sind die Argumente Alexanders.

Ibn aṭ-Ṭayyib geht ebenfalls auf dieses Problem ein[79]: Er stellt fest, daß das Sein des Akzidens im Zugrundeliegenden dem Sein der Form in der Materie ähnlich ist. Daß das „In-Sein" der Form in der Materie ähnlich dem „In-Sein" des Akzidens in der Materie ist, gab auch Simplikios zu, der aber auch vier Gegenargumente lieferte: Was in einem Zugrundeliegenden ist, ist Substanz, zusammengesetzt aus Form und Materie. Die Materie aber, in der die Form ist, ist formlos und stellt einen Teil der Substanz dar, die aus Form und Materie besteht. Außerdem sei das Akzidens abhängig vom Zugrundeliegenden, die Form dagegen ermögliche erst der Materie das Sein, und ist damit konstituierend. Schließlich gehört das Akzidens, als etwas in einem Zugrundeliegenden zu den neun akzidentellen Kategorien, während die Form zur Kategorie des Seienden gehört[80]. Zwischen den Argumenten von Simplikios und denjenigen von Alexander[81] bestehen die Parallelen darin, daß beide behaupten, daß etwas Teil der Zusammensetzung ist oder nicht ist.

Ibn aṭ-Ṭayyib argumentiert auf vergleichbare Weise[82]. Auch er sagt, daß das Akzidens im Zugrundeliegenden ähnlich der

77 Vgl. Luna, Simplicius (2001), S. 195.
78 Simpl. In Phys. IV, 3, p. 552, 18–24 (Diels).
79 Siehe Ibn aṭ-Ṭayyib, Tafsīr k. al-Maqūlāt, fol. 29a (siehe unten S. ٥٨).
80 Siehe Simpl. In Cat. 46.
81 Vgl. Luna, Simplicius (2001), S. 206.
82 Siehe Ibn aṭ-Ṭayyib, Tafsīr k. al-Maqūlāt, fol. 29a (siehe unten S. ٥٨).

Form in der Materie sei. Der Unterschied bestehe darin, daß das Zugrundeliegende des Akzidens aus faßbarer Materie (hayūla qarība) bestehe (Bsp.: „diese Person"), das Zugrundeliegende der Form dagegen sei erste Materie (hayūla ūlā). Das Zugrundeliegende der substanziellen Formen ist also erste und faßbare Materie. Das Zugrundeliegende der hinzukommenden Akzidentien ist jedoch nur faßbare Materie, welche durch die Zusammensetzung von Form und Materie entsteht. Die Akzidentien lassen sich also auf der Gesamtheit des Zusammengesetzten nieder, nicht in seiner Materie.

Die Frage nach der Ähnlichkeit von „Form in der Materie" und „Akzidens im Zugrundeliegenden" (14. Aporie) löst Ibn aṭ-Ṭayyib, indem er die Form unter zwei Apekten betrachtet: zum einen im Verhältnis zur Materie: in diesem ist die Form Akzidens. Zum anderen im Verhältnis zum Zusammengesetzten aus Materie und Form: in diesem Verhätnis ist die Form Substanz. Wie Alexander stellt also der arabische Kommentator fest, daß die Akzidentien nicht Teil der Zusammensetzung von Form und Materie sein können.

Anschließend an den einführenden Teil folgen im arabischen Kommentar 18 Aporien. Die griechischen Kommentatoren dagegen zählen nur fünf Aporien auf. Im arabischen Kommentar finden sich diese Aporien teilweise wieder. Anders als die griechischen Kommentatoren behandelt Ibn aṭ-Ṭayyib die Fragen schon in seiner Einleitung zum Kapitel. Daß der arabische Autor seinen Kommentar anders aufbaut als die griechischen Vorgänger, zeigt schon die erste griechische Aporie: Die Frage, die bei Philoponos, Elias (David) und Simplikios als Aporie auftaucht, wird im arabischen Kommentar im laufenden Text behandelt. Es handelt sich dabei um folgendes Problem: Das Ganze ist in etwas, es ist in seinen Teilen, aber nicht als ein Teil davon und untrennbar davon. Das Ganze ist also ein Akzidens seiner Teile. Da diese Schlußfolgerung falsch ist, ist folglich die aristotelische Definition des Akzidens falsch. Im arabischen Kommentar wird diese Aporie quasi umgangen, indem erläutert wird, was eigentlich „ganz" sei. Ibn aṭ-Ṭayyib erklärt, daß das „Ganze" nicht eine Form sei, die äußerlich zu den Dingen tritt, sondern diese Form entstehe bei der Vereinigung der Teile. Die Bedeutung der Ganzheit ist also die Form der Vereinigung aller Teile. Diese Erläuterung des Begriffes des „Ganzen" findet sich nur im arabischen Kommentar.

Dagegen stellt sich Ibn aṭ-Ṭayyib die Frage, wie sie von Simplikios aufgestellt wird, nach den konstituierenden Eigenschaften der Substanz nicht. Diese Aporie wird bei keinem der übrigen griechischen Kommentatoren erwähnt: dabei geht es um das Problem, daß gewisse Akzidentien konstituierend für das Wesen des Zugrundeliegenden sind, wie zum Beispiel die Weißheit für den Schnee. Man kann an dieser Stelle sehen, daß der arabische Autor sich nicht nur an dem Kommentar von Simplikios orientiert hat, auch wenn er ihn in irgendeiner Form mit Sicherheit gekannt hat.

Auch die Aporie der individuellen Substanzen hat der arabische Kommentar gemeinsam mit denjenigen von Porphyrios, Ammonios, Philoponos, Philoponos, Simplikios, Olympiodor und Elias (David). Darin geht es um das Problem, daß jede Substanz in bezug auf Ort und Zeit akzidentell ist. Ibn aṭ-Ṭayyib sagt dazu, daß in der Definition des Akzidens nur gesagt werde, daß das Akzidens nicht außerhalb des Zugrundeliegenden existieren könne. Denn „dieses Weiße" vergehe, wenn das Zugrundeliegende nicht mehr dasei. Die Person Zaid dagegen kann von einem Ort zum anderen gehen, und damit das Zugrundeliegende wechseln, ohne daß ihm etwas passiert. Die Personen, also die Individuen der Substanz sind also keine Akzidentien, und fallen daher nicht unter diesen Begriff.

Wie der arabische Autor, beschränken sich in der Fragestellung auch Porphyrios, Ammonios, Olympiodor und Elias (David) auf den Ort und lassen die Zeit beiseite[83]. Die Lösung, die Ibn aṭ-Ṭayyib bringt, lässt sich auch bei Porphyrios, Ammonios, Philoponos finden, aber nicht bei Olympiodor und bei Elias (David), während Simplikios und Dexippos eine kompliziertere Version derselben Lösung bieten[84]. Bei den griechischen Kommentatoren finden sich noch andere Lösungen zu dieser Aporie, die aber Ibn aṭ-Ṭayyib nicht erwähnt.

---

83 Vgl. Porph. In Cat. 79; Ammon. In Cat. 27; Olymp. 47; Elias (David) In Cat. 151.

84 Vgl. Luna, Simplicius (2001), S. 277 f.

3.4.1. *Die Aporie des Akzidens, das sich von der Substanz löst*

Eine Aporie, die in allen griechischen Kategorienkommentaren erscheint, ist diejenige des Duftes, also des Akzidens, der sich vom Subjekt, also der Substanz entfernt[85]. Das Problem, das schon bei Plotin erscheint, wird bei allen Kommentatoren auch am Beispiel des Apfelduftes erläutert[86]. Im folgenden Teil sollen die Argumentationen von Ibn aṭ-Ṭayyib und den griechischen Kommentatoren verkürzt dargestellt und miteinander verglichen werden.

Beginnen wir mit dem Text Ibn aṭ-Ṭayyibs: Im arabischen Kommentar steht die Duft-Aporie inmitten des Aporienteils an elfter Stelle, sie hat also keine Vorrangstellung in der Reihenfolge der Probleme, obschon sie wegen der Ausführlichkeit, mit der sie behandelt wird, am meisten Raum beansprucht. Eingeleitet wird sie mit einer allgemeinen Bestimmung von Begriffbestimmung (rasm) und Definition (ḥadd). Diese müßten nämlich für alle Begriffbestimmungen und Definitionen gültig sein. Das sei jedoch im Falle der akzidentellen Qualitäten, die mit dem Geruchsinn wahrgenommen werden nicht so, da diese Qualitäten sich zuerst von ihrem Zugrundeliegenden lösen müßten. Folglich sei die Definition des Akzidens, nämlich in etwas zu sein, ohne ein Teil davon zu sein, aber ohne existieren zu können ohne das Zugrundeliegende, nicht allgemein gültig. Denn was man wahrnehme, nehme man nur wahr, wenn etwas unsere Sinne berühre, das sein Subjekt verlassen habe. Als Konsequenz davon müsse es doch Akzidentien geben, die ohne das Zugrundeliegende existieren können. Das aber sei unmöglich[87].

Für diese Aporie bietet der arabische Kommentator drei Lösungen an, von denen er jedoch zwei für falsch erklärt. Seine erste Lösung entspricht der sogenannten „Emanationslösung", die

85 Bei Luna, Simplicius (2001) ist diese Aporie behandelt auf S. 256 ff. Siehe den ausführlichen Aufsatz zur Problematik: Ellis, Trouble (1990), 290–302.

86 Vgl. Porph. In Cat. 79; Dex. In Cat. 25; Simpl. In Cat. 49; Ammon. In Cat. 28; Philop. In Cat. 35; Olymp. In Cat. 48; Elias (David) In Cat. 152.

87 Siehe Ibn aṭ-Ṭayyib, Tafsīr k. al-Maqūlāt, fol. 33a (siehe unten S. ٦٦).

auch bei den griechischen Kommentatoren vorgestellt wird[88]. Diese Lösung besagt, daß das Objekt, von dem der Duft ausgeht, diesen als eine Art Dampf ausströmt. Die zweite Lösung bei Ibn aṭ-Ṭayyib entspricht der sogenannten „diosmotischen Lösung", die auf der Annahme beruht, daß die Luft und das Wasser, die den Duft zur Wahrnehmung bringen, eine Art Medium dafür darstellen. Die dritte Lösung des Arabischen wollen wir die „Prägungs-Lösung" nennen. Sie geht davon aus, daß der Duft sich in die Luft einprägt, und diese sich dann in die Wahrnehmung.

1. Die erste Lösung bei Ibn aṭ-Ṭayyib besagt, daß der Duft kein Akzidens sei, sondern daß es sich um Dampf sei, der sich vom Apfel löse und durch die Luft zu unseren Sinnesorganen transportiert würde. Der Apfelduft sei also nicht Akzidens, sondern Substanz. (laysa huwa ʿaraḍan ... wa-lakinnahū buḫārāt tataḥallalu mina l-tuffāḥati, yaḥmiluhā l-hawāʾu)[89].

Diese Lösung lässt sich nach Ibn aṭ-Ṭayyib auf drei Arten widerlegen: Erstens sei die Bewegung von Körpern in der Luft unruhig und unstet, wie auch Theophrast festgestellt habe[90]. Der Grund dafür liege in dem Widerstand zwischen dem bewegten Körper und der Luft. Da sich der Dampf des Apfels nicht strikt gerade bewege, können wir ihn auch nicht riechen. Es kann sich folglich beim Apfelduft nicht um Dampf handeln, da wir diesen ja riechen können.

Die zweite Widerlegung dieser Lösung besagt, daß man den Moschusduft, der in einem unteren Stockwerk eines Hauses liegt, weiter oben im Haus nicht riechen könnte, wenn der Duft Dampf wäre, da Dampf nicht leicht ist und deswegen nicht im Haus in die Höhe steigt.

Das dritte Gegenargument beruht darauf, daß die Bewegung von Körpern in der Luft eine Grenze hat, und daß kleine Körper die Luft nicht auf weite Strecken durchschneiden können. Wenn es nun wahr wäre, daß der Duft Dampf ist, wie könnte es

---

88 Die Benennung der verschiedenen Lösungen entleihe ich der Untersuchung von Luna, Simplicius (2001), S. 256 f., siehe auch weiter unten, S. 70 ff.

89 Siehe Ibn aṭ-Ṭayyib, Tafsīr k. al-Maqūlāt, fol. 33a (siehe unten S. ٦٦).

90 Zu den Ansichten von Theophrast über den Duft siehe Sharples, Theophrastus (1985), S. 183–204.

dann möglich sein, daß der Aasgeier einen Kadaver über große Entfernungen hinweg wahrnehmen kann?

Ibn aṭ-Ṭayyib schreibt die erste Lösung Plotin zu[91]. Auf welchem Hintergrund er dies tut, wird weiter unten im Vergleich mit den griechischen Kommentaren untersucht.

2. Direkt anschließend an die Widerlegungen der ersten Lösung geht der arabische Autor zur zweiten Lösung über[92]. Diese geht davon aus, daß die Geruchswahrnehmung durch die Auflösung körperhaften Dampfes und die Prägung der Luft durch die Form des Wahrgenommenen zustandekommt (yanṭabiᶜu l-hawāʾ bi-ṣūrat al-maḥsūs). Der Beweis derer, die diese Theorie vertreten, sei, daß man nichts rieche, wenn man sich die Nase zuhalte, wohl aber atmen könne, da die Luft überaus fein, der körperhafte Dampf (=Geruch) dagegen dick sei und daher nicht durch die verengten Atemwege dringen könne.

Ibn aṭ-Ṭayyib widerlegt diese These sehr knapp, indem er darauf hinweist, daß man die Gegenargumente für die erste Lösung auch auf die zweite anwenden könne. Außerdem stimme es nicht, daß man atmen könne, wenn man sich die Nase zuhält[93]. Diese letztere Bemerkung geht allerdings auf eine Ungenauigkeit zurück. Denn in den griechischen Kommentaren heißt es nicht, daß man sich die Nase zuhalte, sondern sie mit einem Tuch bedecke.

3. Die dritte Lösung der Aporie, von der Ibn aṭ-Ṭayyib ausdrücklich sagt, daß sie aus der Schule des Aristoteles stamme, ist gemäß dem arabischen Autor die richtige Lösung. Die Wahrnehmung geschehe dadurch, daß sich die Formen in die Luft einprägen, die auf diese Weise geprägte Luft aber in unsere Sinne. Die Einprägung der Luft sei jedoch nicht als eine körperliche (ǧusmanī) Prägung wie diejenige der Form in der Materie, sondern als eine geistige (rūḥānī) zu verstehen. Denn es wäre unmöglich, daß etwas gleichzeitig zwei gegensätzliche Eigenschaften haben kann. Die Luft und die Sinneswahrnehmung können jedoch gleichzeitig zwei gegensätzliche Eigenschaften

---

91 Siehe Ibn aṭ-Ṭayyib, Tafsīr k. al-Maqūlāt, fol. 33b (siehe unten S. ٦٧).

92 Siehe Ibn aṭ-Ṭayyib, Tafsīr k. al-Maqūlāt, fol. 33b (siehe unten S. ٦٧).

93 Siehe Ibn aṭ-Ṭayyib, Tafsīr k. al-Maqūlāt, fol. 34a (siehe unten S. ٦٨). Allerdings stellt Theophrast fest, daß kleine Teilchen in der Luft weiter kommen als große, siehe De causis plantarum 6, 17, 1.

tragen, wenn sie den Anblick eines schwarzen und eines weißen Menschen übermitteln, deswegen kann diese Einprägung nicht von körperlicher Art sein. Es ist auch so, daß in der Luft ein der Prägung adäquates Zugrundeliegendes ist, so wie auch in den Sinnesorganen ein passendes Zugrundeliegendes für das Wahrgenommene ist. Zum Beispiel ist das Auge feucht und kalt, also passend für die Aufnahme von Farben, die durch die Durchsichtigkeit (išfāf) und Lichtaufnahme (istinār) geschieht. Ebenso ist auch in den Ohren und in der Nase ein passendes Zugrundeliegendes, das empfänglich ist für die entsprechenden Sinneseindrücke. Duft wird also nach Ibn aṭ-Ṭayyib durch die Einprägung in die Luft zu den Sinnesorganen transportiert.

Ibn aṭ-Ṭayyib bietet also für die Duft-Aporie drei Lösungen an, von denen aber seiner Meinung nach nur die letzte die richtige Lösung ist. Im folgenden sollen die Argumente und ihre Bewertungen der griechischen Kommentatoren betrachtet werden. Deren Lösungsvorgehen besteht darin, daß sie ebenfalls mehrere Lösungen der Aporie aufzeichnen und anhand verschiedener Beispiele erläutern[94]. In ihrem Simplikius-Kommentar hat Concetta Luna unserer Aporie ein ganzes Kapitel gewidmet, in dem sie die Argumentationen der griechischen Kommentatoren aufzeichnet und miteinander vergleicht, dies zum Zweck, eine Aussage über die inneren Abhängigkeiten der griechischen Autoren und ihrer Schulen machen zu können.

Unter den Lösungen gibt es drei, die immer wieder vorkommen. Concetta Luna hat sie folgendermaßen benannt. An erster Stelle steht die Emanationslösung, die auf Empedokles zurückgeht und von allen Kommentatoren angeführt wird[95]. Sie geht davon aus, daß der Duft des Apfels aus winzigen Partikeln des Apfels besteht, welche die Ausdünstung, die ἀπόρροιαι bilden, die zur Wahrnehmung gelangen. Dafür spricht, daß ein duftender Apfel mit der Zeit schrumpft. Dagegen spricht, daß ein Apfel, der noch am Baum hängt, zwar duftet, aber nicht schrumpft. Das Problem des Akzidens wäre mit dieser Lösung insofern aus

94 Nur Dexippos und Porphyrios verzichten auf das Auflisten mehrerer Lösungen.

95 Daß diese Lösung auf Empedokles zurückgeht, ist dem Zitat bei Theophrast zu entnehmen (De sensibus 21–22). Siehe Sharples, Theophrastus (1985), S. 193–197. Vgl. Luna, Simplicius (2001), S. 272. Im arabischen Kommentar wird Empedokles nicht erwähnt.

dem Weg geräumt, als der Duft in diesem Fall nicht mehr ein Akzidens, sondern Substanz ist.

Diese Lösung ist jedoch stark umstritten, so spricht sich beispielsweise Theophrast in *De sensibus* gegen die Emanationslösung aus[96]. Auch unter den Kategorien-Kommentatoren können sich nicht alle für diese Lösung erwärmen. Bei Ammonios taucht sie zum ersten Mal auf[97], der aber gleichzeitig ein Gegenargument dazu anführt.

Diese Lösung entspricht der ersten Lösung von Ibn aṭ-Ṭayyib. Schauen wir uns die arabische und die griechischen Argumentationen noch einmal genauer an: Ibn aṭ-Ṭayyib lehnt diese Lösung ab und führt hat drei Gegenargumente dagegen ins Feld, nämlich die unstete Bewegung von Körpern in der Luft, die Schwere der dampfartigen Ausdünstung von Moschus (misk) und die zu großen Luftmassen zwischen dem Geier und dem Kadaver.

Die Unterschiede zwischen den Beispielen des arabischen und der griechischen Kommentare sind leicht festzustellen: Das Argument Ibn aṭ-Ṭayyibs von der Bewegung der Körper in der Luft ist in den griechischen Texten nicht zu finden. Dafür erwähnt Ibn aṭ-Ṭayyib das Schrumpfen des Apfels nicht. Dagegen argumentieren Ammonios, Philoponos und Simplikios wie der arabische Kommentator mit dem Gewicht des Dampfes von Weihrauch (θυμίαμα) und auch das Beispiel des Aasgeiers findet sich, allerdings nicht da, wo man es vermuten würde. An zwei Stellen erscheint dieses Beispiel, nämlich bei Elias (David) und bei Philoponos. Bei Elias (David) wird es als Gegenargument für eine andere Lösung der Aporie verwendet. Philoponos jedoch verwendet dasselbe Argument wie Ibn aṭ-Ṭayyib an der entsprechenden Stelle im Kommentar, aber nicht im Kategorienkommentar, sondern in demjenigen zu *De anima* (392, 17), wo er die Emanationslösung mit der diosmotischen Lösung zu harmonisieren versucht[98].

Im arabischen Kommentar wird diese Lösung Plotin zugeschrieben. Mit dieser Zuschreibung steht Ibn aṭ-Ṭayyib alleine da. Von den griechischen Kommentatoren sind Olympiodor

---

96 Siehe Theophrast, De sensibus 21–22.
97 Ammon. In Cat. 28, 15.
98 Philoponos, In De anima 392, 17.

und Elias (David) die einzigen, die namentliche Zuschreibungen machen, die anderen Autoren begnügen sich mit anonymen Lösungen[99], während Elias (David) sie Platon zuschreibt, Olympiodor hingegen den „Aristotelikern“[100]. Daß Ibn aṭ-Ṭayyib darauf kommt, die Lösung Plotin zuzuschreiben, kann verschiedene Gründe haben: zum einen eine Übernahme der Zuschreibung von Elias (David), wobei er dann allerdings durch eine Verwechslung Platon zu Plotin macht. Zum anderen eine Vermengung der verschiedenen Lösungen in den griechischen Kommentaren, insbesondere bei Olympiodor, der Plotin die diosmotische Lösung zuschreibt, die grundsätzlich der Emanationslösung ähnlich ist.

Die sogenannte diosmotische Lösung, die zweite, geht davon aus, daß der Duft nicht auf einer Ausdünstung beruht, sondern daß die Luft und das Wasser ein Medium bilden, das die Düfte, Töne und Farben zur Wahrnehmung transportiert. In diesem Falle löst sich also, im Gegensatz zur Emanationslösung, tatsächlich der Duft von seinem Subjektum. Zur Lösung der Aporie trägt diese Modell allerdings wenig bei. Olympiodor zieht diese Lösung der Emanationslösung vor. Sie wird auch bei Elias (David), und im *De anima*-Kommentar von Philoponos dargestellt. Die zweite Lösung von Ibn aṭ-Ṭayyib entspricht ihr ungefähr, allerdings gibt er das Übermitteln der ἐνέργεια des Duftes nur ungenau wieder.

Die Mehrzahl der griechischen Kommentare haben eine gemeinsame dritte Lösung, die sie aber nicht mit dem arabischen Autor teilen, und die bei Concetta Luna die Verbaltempus-Lösung heißt: nämlich die These, daß Aristoteles nicht meine, daß ein Akzidens nicht entfernt sein könne, von dem, in welchem es *war*, sondern nur von dem, in welchem es *ist*[101]. Fast alle griechischen Kommentatoren bevorzugen diese Lösung, obwohl damit das Problem der individuellen Akzidentien wieder neu entsteht, da der sich an einem bestimmten Ort befindliche Sokrates damit zum Akzidens würde[102]. Simplikios ist davon aus-

---

99 Vgl. auch Luna, Simplicius (2001), S. 272.

100 Zur Zuschreibung an Platon siehe Luna, Simplicius (2001), S. 272.

101 Porph., In Cat. 79; Ammon. In Cat. 28; Philop. In Cat. 35; Simpl. In Cat. 49.

102 Vgl. Ibn aṭ-Ṭayyib, Tafsīr k. al-Maqūlāt, fol. 33a (siehe unten S. ٦٦)

zunehmen, weil er einen Einwand dagegen erhebt, und auch eine eigene Lösung des Problems bietet, nämlich daß der Duft ein konstituierendes Element des Zugrundeliegenden bilde[103]. Nur Olympiodor und mit ihm Ibn aṭ-Ṭayyib, erwähnen dieses Argument nicht. Neben diesen erwähnten Lösungen überliefert Elias (David) noch diejenige, daß sich die Luft ändert, daß aber nichts das duftende Objekt verläßt[104].

Ganz allein steht der arabische Kommentator mit seiner für richtig erklärten Lösung der Apfelduft-Aporie, die sich ganz an die aristotelischen Lehre der Sinneswahrnehmung, wie sie im 2. Buch von *De anima* dargelegt ist, anlehnt[105]. Auch in der Zuschreibung der einzelnen Lösungsvorschläge, die innerhalb der griechischen Kommentare ebenfalls unterschiedlich ist und wohl auch auf Verwechslungen zurückgeht, unterscheidet sich der arabische Text stark. Nur Ibn aṭ-Ṭayyib zitiert Theophrast über die Bewegung von Körpern in der Luft, so wie er überhaupt der einzige ist, der das Problem von dieser Seite her angeht. Im übrigen scheint Theophrast diese aristotelische Erklärung ebenfalls favorisiert zu haben.

Die Duft-Aporie spielte ansonsten in der arabischen Kommentar-Tradition keine herausragende Rolle. Bis auf Ibn Sīnā, der auf die Aporie und ihre Erläuterung anhand des Apfelduftes eingeht, findet sich dieser Gedankengang weder bei Fārābī noch bei Ibn Rušd ausgearbeitet. Auch Ibn Sīnā ist bei der Behandlung dieser Aporie weit weniger ausführlich als die griechischen Kommentare oder gar Ibn aṭ-Ṭayyib[106].

In der Behandlung der Apfelduft-Aporie ist festzustellen, daß alle Kommentatoren versuchen, das Problem der Trennung von Substanz und Akzidens zu umgehen, indem sie eine Lösung suchen, in der sich das Akzidens gar nicht erst vom Subjekt löst. Einzig die Lösung, in der die Verbal-Tempora eine Rolle spielen, trägt dem eigentlichen Problem Rechnung. Das Hauptgewicht der Diskussion liegt auf den Theorien der Geruchswahrnehmung, und zwar nicht nur in den griechischen, sondern auch im

103 Simpl. In Cat. 49.
104 Elias (David) In Cat. 152.
105 Arist. De anima, 2, 419a.
106 Vgl. Ibn Sīnā, aš-Šifā', Al-Manṭiq. Al-Maqūlāt, S. 37.

arabischen Kommentar. Insofern erfüllt hier Ibn aṭ-Ṭayyib sein Vorhaben, alle Probleme der *Kategorien* zu lösen, auch nicht.

3.5. Die Einteilung in erste und zweite Substanz (Lektion 10–12)

Im fünften Kapitel der Kategorienschrift wird der Begriff der Substanz behandelt[107]. Aristoteles unterscheidet dort die ersten von den zweiten Substanzen, wobei letztere als die Species und Genera der ersten Substanzen verstanden werden[108]. Die Stelle in den *Kategorien* ist unter anderem deswegen bemerkenswert, weil die Unterscheidung von „erster" und „zweiter" Substanz in dieser Weise nirgends sonst im aristotelischen Corpus gemacht wird. Mit der Feststellung, daß die erste, nämlich partikulare Substanz prioritär sei vor der zweiten, universellen Substanz, löste Aristoteles eine heftige und langandauernde Diskussion aus. Eine wichtige Rolle in der Diskussion über die Substanzlehre fallen den Schriften von Porphyrios und von Alexander von Aphrodisias zu[109]. In den folgenden Ausführungen soll deshalb vor allem nach den Diskussionsgrundlagen gefragt werden, die diese beiden Autoren geschaffen haben und auf denen Ibn aṭ-Ṭayyib in seinem Kommentar fußt.

Die Grundfrage, die sich den antiken Kommentatoren bei der Betrachtung der entsprechenden Stelle in den *Kategorien* stellte (2a11 ff.), lautet, ob das Partikulare prioritär vor dem Universellen sein kann, denn in der Kategorienschrift sind die erste Substanz die Einzelwesen, die zweite Substanz die Arten und Gattungen dieser Einzelwesen. Die Aussage ist zum einen deswegen virulent, weil sie der platonischen Ideenlehre widerspricht und damit die Harmonisierungsversuche der neuplatonischen Kommentatoren zwischen Platon und Aristoteles sabotiert, zum anderen bietet sie ein ontologisches Problem, da

107 Zur Substanzenlehre und ihren Problemen siehe Wedin, Aristotle's Theory (2000) und De Haas, Simplicius (2001), S. 7–13.

108 Vgl. Arist. Cat. 2a14 f.

109 Zum Problem des Universalen allgemein siehe Lloyd, Form (1981); Gill, Aristotle on Substance (1989); Booth, Aristotelian Aporetic (1983), S. 20–23 und 27–35; De Libera, Querelle des Universaux (1996), S. 47–102; Chiaradonna, Sostanza (2002), S. 55–146.

dadurch die Möglichkeit einer Abhängigkeit des Allgemeinen vom Einzelnen eingeräumt wird[110].

In seinem Kommentar geht Ibn aṭ-Ṭayyib sowohl im laufenden Kommentar als auch im Aporienteil auf das Problem der ersten und zweiten Substanz ein[111]. Er zitiert dabei nur zwei griechische Autoritäten, und zwar Porphyrios und Alexander von Aphrodisias[112]. Letzterer spielte neben Porphyrios in der Diskussion der Substanzlehre eine besonders wichtige Rolle.

3.5.1. *Die arabische Überlieferung der Werke von Alexander von Aphrodisias*

Vom Kommentar zu den *Kategorien* von Alexander von Aphrodisias sind nur Fragmente auf griechisch überliefert, die arabische Übersetzung ist verloren[113]. Im *Fihrist*, dem Bücherverzeichnis von Ibn an-Nadīm, ist jedoch die Nachricht überliefert, daß Abū Sulaymān as-Siǧistānī bei Yaḥyā Ibn ʿAdī eine Übersetzung der *Kategorien* zusammen mit der Übersetzung von Alexanders Kommentar geordert haben will, die etwa 300 Blätter umfasst haben sollen[114]. Allerdings sind nicht nur Teile des Kommentars Alexanders zu Buch Lambda der *Metaphysik* oder Stücke aus den *Quaestiones*, die auch griechisch erhalten sind, auf arabisch überliefert, sondern einige Einzelschriften sind ausschließlich auf arabisch erhalten[115]. Die Ansichten Alexanders zum Pro-

110 Wie schon dargestellt, wurde die aristotelische Philosophie als Einführung in die platonische verstanden, siehe oben S. 1.

111 Vgl. Ibn aṭ-Ṭayyib, Tafsīr k. al-Maqūlāt, fol. 61b, 65a f. (siehe unten S. ١٢٦–١٣٣).

112 Vgl. Ibn aṭ-Ṭayyib, Tafsīr k. al-Maqūlāt, fol. 63b (siehe unten S. ١٣٠). Von den fünf Stellen, an denen im arabischen Kommentar Alexander genannt wird, beziehen sich zwei auf die Substanzlehre.

113 Zur Überlieferung Alexanders siehe Moraux, Aristotelismus Bd. 3 (2001); D'Ancona, Aristotele e Alessandro (2002). Ein griechischer *Physik*-Kommentar, von dem es eine arabische Übersetzung gegeben haben soll, ist beispielsweise nur fragmentarisch erhalten. Dazu siehe Giannakis, Fragments (1995–96). Über die Form der griechischen Kommentare siehe Sharples, School (1990), S. 95 f.

114 Vgl. Ibn an-Nadīm, al-Fihrist (1971), S. 309, 7. Vgl. Endress, Yaḥyā Ibn ʿAdī (1977), S. 25. Zu der Stelle im *Fihrist*, siehe Kraemer, Renaissance (1986), S. 83 f.

115 Zur arabischen Überlieferung Alexanders von Aphrodisias siehe

blem der Substanz lassen sich aus den Traktaten (*Quaestiones*) zu diesem Thema erschließen, die auf griechisch, und, zumindest teilweise, auch auf arabisch überliefert sind.[116]

3.5.2. *Die Ansichten von Alexander und von Porphyrios im Kommentar von Ibn aṭ-Ṭayyib*

Ibn aṭ-Ṭayyib untersucht die Vorrangstellung der ersten, partikularen Substanz vor der zweiten, universellen Substanz im fünften Unterkapitel der 10. Lektion[117]. Er beweist die Priorität der ersten vor der zweiten Substanz damit, daß es für die Existenz des Partikularen nicht notwendig sei, daß seine Erscheinung in der Seele verarbeitet wird, im Gegensatz zum Universellen. Denn dieses entstehe dadurch, daß die Seele aus einzelnen Erscheinungen, die sie verarbeitet, die allgemeine Form bildet. In diesem Zusammenhang führt Ibn aṭ-Ṭayyib die Ansichten von

---

Dietrich, Arabische Version (1964); Gätje, Arabische Überlieferung (1966); Van Ess, Neue Fragmente (1966); Zimmermann / Brown, Übersetzungstexte (1973); Badawī, Arisṭū ᶜinda l-ᶜArab (1947, Kuwait 1978²); Pines, New Fragment (1961). Ein Hinweis auf einen anderen Zweig der Überlieferung Alexanders könnte ein Zitat im Zusammenhang mit der Eigenschaft der Substanz sein, Konträres aufnehmen zu können. Es geht dabei um die Frage, ob auch λόγος und δόξα gegensätzliche Eigenschaften (ἀληθής, ψευδής) aufnehmen könnten (cat. 4a21–4b19). Es wird jedoch dargelegt, daß sich nicht λόγος und δόξα selbst ändern, sondern die durch sie bezeichnete Sache. Ibn aṭ-Ṭayyib zitiert an der entsprechenden Stelle die Ansicht Alexanders, daß etwas feststehend (ṯābit) sein müsse, um Konträres aufnehmen zu können. Diese Eigenschaft hätten weder λόγος noch δόξα (fol.83a). Für die Erwähnung Alexanders an dieser Stelle gibt es in den griechischen Kommentaren kein Vorbild, obwohl sie alle das Problem behandeln. Ibn aṭ-Ṭayyib hat die Erwähnung Alexanders jedoch gemeinsam mit einem altarmenischen Kategorienkommentar. Das wiederum könnte ein weiterer Hinweis auf die Überlieferung von Ibn aṭ-Ṭayyibs Vorlage sein. Denn sein Kategorientext, wie er in den Lemmata des Kommentars erhalten ist, hat mancherorts Gemeinsamkeiten mit der armenischen Fassung, die aus dem 5. Jahrhundert stammt. Zum altarmenischen Kategorienkommentar siehe Schmidt, Alexander von Aphrodisias (1966). Eine weitere Äußerung Alexanders darüber, daß nur Individuen Konträres aufnehmen können ist im Arabischen überliefert. Siehe Dietrich, Arabische Version (1964).

116 Edition: Bruns, Commentaria in Aristotelem Graeca Supplementum I 1, Quaestiones I 3, I 11, II 14, II 28. Siehe auch Sharples, Quaestiones (1992) und Fazzo, Aporia (2002).

117 Vgl. Ibn aṭ-Ṭayyib, Tafsīr k. al-Maqūlāt, fol. 63a ff. (siehe unten S. ١٢٩).

Porphyrios und von Alexander von Aphrodisias an. Es wird referiert, daß Pophyrios die Meinung vertrete, daß die partikulare Substanz nicht von Natur aus, sondern nur gemäß der Definition prioritär sei und daß dagegen Alexander der Ansicht sei, daß die partikulare Substanz von Natur aus prioritär vor der universellen sei und daß die universelle Substanz von der partikularen abgeleitet werde. Damit führt Ibn aṭ-Ṭayyib den Leser direkt in die Diskussion um die Universalien hinein.

3.5.2.1. *Die Ansicht von Porphyrios*

Im Kategorienkommentar von Porphyrios wird die Frage gestellt, warum Aristoteles meine, daß die partikulare Substanz prioritär vor der universellen Substanz sei, wenn es doch eigentlich umgekehrt der Fall ist, daß nämlich das Universale primär sei[118]. Die Antwort darauf lautet, daß nicht gemeint sei, daß eine einzelne partikulare Substanz früher als ihr Universale sein kann, sondern die Gesamtheit der Einzeldinge, über die etwas bestimmtes prädiziert wird. Das Universale könne aber nicht existieren ohne die partikularen Dinge, wohingegen die Existenz eines Individuums nicht unbedingt diejenige des Universale nach sich ziehe[119].

Außerdem sei es, da das Thema der Kategorienschrift die signifikanten Ausdrücke sind, die primär auf wahrnehmbare Dinge angewendet werden, vernünftig von Aristoteles, diejenigen Dinge erste Substanzen zu nennen, die von den Ausdrükken bezeichnet werden[120]. Deswegen seien im Hinblick auf die signifikanten Ausdrücke die wahrnehmbaren Individuen die ersten Substanzen, aber im Hinblick auf die Natur seien die intelligiblen Substanzen primär.

Ibn aṭ-Ṭayyib begründet die Meinung von Porphyrios damit, daß dieser meine, die *Kategorien* seien schließlich eine Einführungsschrift[121]. Der Lernende erfasse außerdem zunächst Dinge, die für ihn offensichtlich sind. Deswegen müsse es so sein, daß die erste Substanz, von der gesagt wird, daß sie prioritär

118 Vgl. Porph. In Cat. 90, 12 ff. Zur Position Porphyrs siehe besonders Strange, Plotinus (1987), S. 957–963.

119 Vgl. Porph. In Cat. 90, 29–91, 17.

120 Vgl. Porph. In Cat. 91, 20 ff.

121 Vgl. Ibn aṭ-Ṭayyib, Tafsīr k. al-Maqūlāt, fol. 63bf. (siehe unten S. ١٣٠).

sei, bei uns prioritär ist, nicht aber von Natur aus. Porphyrios argumentiert jedoch weniger mit der Schülerperspektive als aus der Anlage der Kategorienschrift heraus.

Aus der Interpretation von Porphyrios ist jedoch nicht der Schluß zu ziehen, daß Porphyrios die Theorie der transzendenten Ideen auch Aristoteles zuschreibt, vielmehr ergänzen sich für Porphyrios platonische und aristotelische Philosophie[122]. Ibn aṭ-Ṭayyib lehnt jedoch die Ansicht von Porphyrios als irrig ab, da Aristoteles die Substanzen gar nicht im Hinblick auf ihre Rangfolge im Sein, sondern nur im Hinblick auf den verschiedenen Grad der Substanzialität untersuchen wolle.

3.5.2.2. *Die Ansicht von Alexander*

Porphyrios setzte sich auf jeden Fall mit seiner Ansicht in Kontrast zu derjenigen Alexanders. Denn dieser vertrat die Meinung, daß die partikulare Substanz von Natur aus prioritär sei, wie Ibn aṭ-Ṭayyib referiert[123]. Äußerungen Alexanders zum Problem von erster und zweiter Substanz sind erhalten in *De anima* und in der *Quaestio* 11a[124]. Letztere ist in zwei Versionen überliefert, wobei die zweite und längere der beiden Versionen zwei Lösungen enthält für das Problem, das in *De anima* angesprochen wird, nämlich daß „das universale Lebewesen entweder nichts ist oder aber sekundär ist", während die erste Version nur eine Lösung bietet. Die zweite Lösung ist auf arabisch überliefert[125].

In diesem Text heißt es, daß das Universale den Einzeldingen akzidentell zukommt, weil ein Einzelwesen existieren kann, ohne allgemein oder universal zu sein[126]. Dabei wird sowohl im griechischen Text, als auch in der arabischen Version unter-

122 Vgl. Chiaradonna, Interpretazione (1996), S. 86–91.

123 Vgl. Ibn aṭ-Ṭayyib, Tafsīr k. al-Maqūlāt, fol. 63b (siehe unten S. ١٣٠). Ibn aṭ-Ṭayyib nennt zusammen mit Alexander „Alinus", dazu siehe oben S. 15. Zum folgenden Inhalt ist nützlich Lloyd, Form (1981).

124 Da die Bücher E-N des Kommentars zur *Metaphysik* von Alexander nicht ihm, sondern Michael von Ephesus zugeschrieben werden, wird dieser Text an dieser Stelle nicht in die Betrachtungen miteinbezogen. Von *De anima* war im Arabischen das erste Buch überliefert.

125 Edition: Ruland, Zwei arabische Fassungen (1979).

126 Vgl. Alex. Quaest. 11a, Bruns S. 22, 6–9; Badawī, Arisṭū ʿinda l-ʿArab (1947, Kuwait 1978^{2}), S. 279.

schieden zwischen dem „Allgemeinen" und dem „Universalen"[127]. Ist aber das Universale Akzidens, dann muß das Partikulare prioritär sein vor dem Universalen. Universalien können, so gesehen, nicht ohne Einzelwesen existieren, diese kann es aber ohne Universalien geben. Für diese Meinung wird in den griechischen Kategorienkommentaren das Beispiel überliefert, das von Alexander stammen soll, nämlich daß die Sonne und der Kosmos existieren, ohne daß es die universale Sonne oder den universalen Kosmos gibt. Universalien kann es nur geben, wenn sie Vieles umfassen.

Die *Quaestio* 11a bietet jedoch insofern ein Problem für das Verständnis der Universalien bei Alexander, als am Ende der zweiten Version den Universalien Priorität vor den Partikularia zugewiesen wird[128]. Lösbar ist dieser Konflikt damit, daß man sagt, daß die Natur existieren kann, ohne universal zu sein, und daß sie prioritär vor den Einzeldingen ist. Denn die „Natur des Menschen" kann auch existieren, wenn es nur ein einziges Exemplar „Mensch" gibt, also ohne universal zu sein[129].

In den griechischen und in unserem arabischen Kommentar zu den *Kategorien* wird referiert, daß nach Alexander die Universalien von den Einzeldingen abstrahiert werden. Diese Ansicht Alexanders ist überliefert in *De anima*. Dort heißt es, daß der Verstand die Formen von allen materiellen Umständen (περιστάσεις) trennt, und so das Universale denkt. Die Universalien jedoch haben ihre Existenz (ὕπαρξις) in den Einzeldingen (ἐν καθέκαστά τε καὶ ἐνύλοις). Indem die Vernunft die allen eigenen Formen von den Einzeldingen trennt, gelangt sie zu den universalen Formen[130]. Wenn die Universalien jedoch nicht gedacht werden, existieren sie nicht, weil es sie nur gibt, wenn sie durch den Verstand von der Materie getrennt (χωρίζειν)

127 Der griechische Begriff für das Universale (καθόλου) wird im arabischen Kommentar mit „kull" wiedergegeben, während das Allgemeine (κοινός) mit „ʿāmm" übersetzt wird.

128 An dieser Stelle steht allerdings κοινόν („allgemein"), siehe Ruland, Zwei arabische Fassungen (1979), S. 249, Anm. 8. Daß die Unstimmigkeit der Argumentation ein Hinweis auf die Unechtheit des Textes sei, meint Moraux, Alexandre d'Aphrodise (1942), S. 61 f.

129 Zur Frage nach der Existenz der Universalien, siehe Tweedale, Alexander of Aphrodisias (1984), bes. S. 291–298.

130 Vgl. Alex. De an. 85, 10–20; 84, 6 ff.

werden[131]. Ein Beispiel dafür sind mathematische Figuren[132]. Dieser Abstraktionsvorgang geht ohne das Vorstellungsvermögen (φαντασία) vor sich. Dies unterscheidet die Abstraktion bei Alexander von der Beschreibung desselben Vorganges bei Aristoteles[133].

3.5.3. *Die griechischen Kommentatoren und Alexander*

Alexander löste zwar eine heftige Diskussion aus, die nachfolgenden Kommentatoren übernahmen aber die Kompromißlösung von Porphyrios. So lehrte Ammonios über das Problem der ersten und zweiten Substanz, daß die Einzelsubstanz nur für uns, der Erkenntnis nach, an erster Stelle steht, die zweite Substanz stehe für uns, der Erkenntnis nach, an zweiter Stelle, obwohl sie dem Sein nach prioritär sei (πρότερον φύσει)[134]. Dadurch daß Ammonios sagt, die Universalien seien abhängig von den Einzeldingen, weil sie über sie ausgesagt werden, nicht jedoch, weil sie akzidentell in den Individuen sind, widerspricht er Alexander, jedoch ohne ihn zu nennen[135]. Diese Ansicht von Ammonios übernahmen grundsätzlich auch seine Schüler[136]. Manche der späteren Kommentatoren referieren und widerlegen die Ansichten Alexanders.

Elias (David) führt gegen Alexander jedoch auch in bezug auf die Universalien einen eigenen Einwand an, indem er darauf hinweist, daß das Universelle (καθόλου) immer einen doppelten Sinn hat: zum einen ist es konzeptuell (σχετικός) universell, zum anderen in bezug auf das einzelne (ἑνιαῖος)[137]. Elias (David) erwähnt auch den Vorgang der Abstraktion vom Einzelwesen zum Allgemeinen, was nicht alle griechischen Kommentatoren notieren. So zitiert zwar auch Olympiodor die Meinung Alexanders, aber nur insofern er sagt, daß nach Alex-

131 Vgl. Alex. De an. 85, 10–20.

132 Vgl. Alex. De an. 90, 2–9.

133 Vgl. Arist. De an. 432a8 ff.; 431a 14–17.

134 Vgl. Ammon. In Cat. 36.2–40.2.

135 Vgl. Ammon. In Cat. 40, 19–21; 41, 13–15. Vgl. Alex. Quaest. 11a, Bruns 21, 25–30; Ruland, Zwei arabische Fassungen (1979), S. 257.

136 Vgl. Philop. In Cat. 50, 1ff.; Olymp. In Cat. 57, 5 ff.; Simpl. In Cat. 76, 23–78, 3; Elias In Cat. 161, 18–24; 163, 6–15.

137 Vgl. Elias In Cat. 166, 33 ff.

ander die partikulare Substanz von Natur aus vor der zweiten komme. Olympiodor weist auch darauf hin, daß die Substanzlehre der *Metaphysik* eine andere ist als die der Kategorienschrift[138]. Er geht jedoch nicht auf den Ableitungsvorgang von den Einzelwesen zum Allgemeinen ein. Dexippos übernimmt die Erklärung von Porphyrios, daß die partikularen Dinge nur gemäß der Definition primär sind[139]. Ammonios referiert die Diskussion Alexanders nicht, wohingegen Porphyrios zwar Alexanders Name nicht nennt, in seinen Ausführungen zum Problem aber auf dessen Theorie basiert, wobei er auch meint, daß man vom einzelnen zum Allgemeinen durch Abstraktion kommt (τῇ διανοίᾳ ἀφικνοῦμεν)[140]. Jamblichos dagegen widersprach dieser Ansicht, wie es von Dexippos und Simplikios[141] überliefert wird. Am ausführlichsten behandelt Simplikios die Streitfrage[142]. Er äußert sich ablehnend der Ansicht Alexanders gegenüber: Dessen Argumente stünden auf tönernen Füßen (ἀποδείξεις σαθραί), denn es könne nicht sein, daß, wie Alexander meine, das Einzelne nicht vergehe, wenn das Allgemeine vergeht[143]. Denn das Allgemeine sei im Besitz des höchsten Seins und sei naturgemäß prioritär vor den Individuen[144]. Da Alexander sagt, daß die Individuen prioritär vor den „Gemeinbestimmungen" seien, könne diese Ansicht nicht stimmen.

Boethius löste mit Hilfe der Konstruktion Alexanders das Universalienproblem in der zweiten Ausgabe seines Isagogekommentars[145]. Er behauptet, damit das Problem gelöst zu haben, daß die Genera und Spezies unter zwei Aspekten zu sehen seien. Zum einen als wahrnehmbare in den Einzeldingen, zum anderen als getrennt von den Dingen begreifbare. Genera und Spezies haben zwar nur ein Zugrundeliegendes, insofern es gedacht wird, ist es jedoch ein Universale und insofern es in den Dingen wahrgenommen wird, ist es ein Einzelding. Boethius

138 Vgl. Olymp. In Cat. 58, 21 ff.
139 Vgl. Dex. In Cat. 45.
140 Vgl. Porph. In Cat. 90, 33.
141 Vgl. Dex. In Cat. 2, 12; Simpl. In Cat. 82, 1–83, 29.
142 Vgl. Simpl. In Cat. 82 ff.
143 Vgl. Simpl. In Cat. 82, 26.
144 Vgl. Simpl. In Cat. 82, 18.
145 Vgl. Boethius In Cat., PL 64, Sp. 172; vgl. Alex. in Metaph. CAG I, S. 544.

enthält sich allerdings einer Stellungnahme zum Streit zwischen platonischer und aristotelischer Auffassung.

Nach Boethius sind die Universalien im Ähnlichkeitsbezug (*similitudo*) der physischen Individuen verankert, und werden durch das Denken aktualisiert. Die zweiten Substanzen werden ausschließlich über die ersten Substanzen prädiziert, sind aber nicht in ihnen. Das heißt, daß Boethius, anders als Alexander, nicht der Meinung ist, daß die zweiten Substanzen an den ersten Substanzen Anteil haben. Entsprechend gibt es bei Boethius wie bei Porphyrios nur neun Arten von „In-Etwas-Sein", es gibt nämlich nicht das Enthaltensein von Genera oder Spezies in den entsprechenden Individuen[146].

3.5.4. *Die Ansicht von Ibn aṭ-Ṭayyib*

Ibn aṭ-Ṭayyib unterscheidet in seinem Kommentar zwei Aspekte der Frage nach der ersten und zweiten Substanz, indem er eine Unterscheidung macht zwischen der Substanz als Wesen und der Substanz als Substanz[147]. Wird die Substanz als seiendes Wesen (min ḥayṯu l-wuǧūd) betrachtet, dann ist die zweite Substanz prioritär vor der ersten. Im Hinblick darauf, daß sie die Gesamtheit der Einzeldinge ist (min ḥayṯu ᶜāmm al-šaḫṣ), ist jedoch die erste Substanz prioritär. Da die zweite Substanz über die erste prädiziert wird, ist sie abhängig von der ersten Substanz. Darin, daß die Gesamtheit der Einzeldinge die ersten Substanzen bilden, stimmt Ibn aṭ-Ṭayyib mit Porphyrios überein, meint aber trotzdem, daß die Auffassung von Porphyrios nicht die richtige sei, weil dieser die erste und zweite Substanz hinsichtlich ihrer Rangfolge im Sein betrachte[148].

Die erste Substanz steht nach dem arabischen Kommentator bei Aristoteles an erster Stelle, weil unsere Sinne sie als erste wahrnehmen. Die zweiten Substanzen dagegen sind die Bilder, die sich die Seele von den Einzeldingen macht. Das Sein des

---

146 Zum Einfluß von Porphyrios auf Boethius siehe Ebbesen, Boethius (1990) und Shiel, Boethius' Commentaries (1990).

147 Vgl. Ibn aṭ-Ṭayyib, Tafsīr k. al-Maqūlāt, fol. 63a, (siehe unten S. ١٢٨), 5. Punkt.

148 Vgl. Ibn aṭ-Ṭayyib, Tafsīr k. al-Maqūlāt, fol. 63b, (siehe unten S. ١٣٠), 6. Punkt.

„universellen Menschen" oder des „universellen Lebewesens" (al-ḥayawān al-kullī, al-insān al-kullī) im Verstand ist wie das Sein der Formen im Spiegel (kawn al-ṣuwar fī l-marāyā). Die zweite Substanz ist nach Ibn aṭ-Ṭayyib nur ein Abbild (ḫayāl) der ersten und benötigt sie daher, um zu existieren, was die Priorität der ersten Substanz erklärt. Ibn aṭ-Ṭayyib betont aber, daß im Grunde die Frage nach der Priorität der ersten oder zweiten Substanz gar nicht gestellt werden muß, da Aristoteles die Substanzen nicht im Hinblick auf ihr Sein, sondern nur im Hinblick auf ihre Substanzialität (ǧawhariyya) betrachten will.

Ibn aṭ-Ṭayyib erwähnt, wie auch die griechischen Kommentatoren an der entsprechenden Stelle, das Beispiel, das Alexander für seine Theorie vorbringt: daß nämlich von der Sonne, die eine einzelne Sache ist, nicht die universelle Sonne abgeleitet werden kann. Ibn aṭ-Ṭayyib widerspricht Alexander jedoch, indem er als Erwiderung auf diese These feststellt, daß die universelle Substanz immer existieren muß, wenn die partikulare existiert.

Im weiteren hält Ibn aṭ-Ṭayyib fest, daß es, wenn die partikulare Substanz existiert, auch die universelle Substanz geben muß, da sie das Anfangsprinzip für das Partikulare (mabdaʾ li-l-šaḫṣ) sei[149]. Ibn aṭ-Ṭayyib unterscheidet in seinem Kommentar zwischen dem „Universalen" und dem „Allgemeinen". Wird das Universale als Universales aufgefasst, dann erzwingt nach Ibn aṭ-Ṭayyib das Partikulare das Universale, da das Universale Grundlage des Partikularen ist. Wird jedoch das Universale aufgefasst als Allgemeines, dann muß es nicht das Allgemeine geben, wennn es das Einzelne gibt, aber wenn es das Allgemeine gibt, muß es das Einzelne geben, weil das Allgemeine nur allgemein ist, wenn es Vieles umfasst. Gemeint ist das als Antwort auf Alexanders Beispiel mit der Sonne, das zeigen will, daß aus dem Partikularen nicht unbedingt auf das Universale geschlossen werden kann. Ibn aṭ-Ṭayyib löst also das Substanzenproblem mit einem Kompromiß, indem er zwischen „universell" und „allgemein" unterscheidet. Die universellen Substanzen haben vor den Einzeldingen Priorität, die Substanzen, die zum Beispiel Formen sind, sind jedoch von den Einzeldingen abhängig und damit sekundär.

---

149 Vgl. Ibn aṭ-Ṭayyib, Tafsīr k. al-Maqūlāt, fol. 63b (siehe unten S. ١٣٠).

Bei Fārābī werden erste und zweite Substanz ähnlich behandelt. Einerseits wird gesagt, daß Individuen deswegen prioritär seien, weil sie zu ihrer Existenz nur sich selber benötigen, daß zweite Substanzen jedoch ihre Einzelwesen benötigen, um zu existieren. Andererseits seien die zweiten Substanzen nicht vergänglich wie die ersten, und von daher seien sie eher Substanz[150]. Anders äußerte sich Fārābī allerdings in seiner Paraphrase der *Kategorien,* wo er feststellt, daß die universellen Substanzen in ihrer Existenz von den Individuen abhängig seien[151].

3.5.5. *Zum Begriff der „Substanzialität"*

In seinem Kommentar zur ersten und zweiten Substanz betont Ibn aṭ-Ṭayyib, daß diese nicht unter dem Aspekt der Rangfolge im Sein, sondern nur im Hinblick auf ihre „Substanzialität" (ǧawhariyya) betrachtet werden sollen[152]. Dabei fällt die Wortwahl des arabischen Kommentators auf. Das Wort ǧawhariyya erscheint in der arabischen Übersetzung der *Kategorien* nicht, auch nicht in der Übersetzung von 2b7, wo es heißt, „von den zweiten Substanzen ist die Art mehr Substanz als die Gattung" (τῶν δὲ δευτέρων οὐσίων μᾶλλον οὐσία τὸ εἶδος τοῦ γένους). Das Problem liegt an dieser Stelle darin, das „Mehr an Substanz" wiederzugeben, das im Griechischen mit einem komparativischen Adverb μᾶλλον ausgedrückt ist. In der arabischen Übersetzung dieser Stelle ist das jedoch adjektivisch wiedergegeben (wa-n-naw^c min al-ǧawāhir al-ṯāniya awwalīyun bi-an yūṣaf ǧawharan), jedoch nicht mit dem Substantiv „Substanzialität" (ǧawhariyya). Nur in der arabischen Übersetzung der *Metaphysik* wird dieselbe Phrase (μᾶλλον οὐσία) mit „mehr an Substanzialität" (akṯaru ǧawhariyya) wiedergegeben[153].

---

150 Vgl. Dieterici, Philosophische Abhandlungen (1890), S. 89, 1–8.

151 Vgl. Dunlop, Paraphrase (1957), S. 169–171; Al-ᶜAǧam, Al-manṭiq ᶜinda l-Fārābī (1985), S. 89–92.

152 Vgl. Ibn aṭ-Ṭayyib, Tafsīr k. al-Maqūlāt, fol. 63a (siehe unten S. ١٢٨).

153 Vgl. Arist. Metaph. 1002a15. Ein Beleg für „ǧawhariyya" bei einem Vorgänger unseres Autors ist zu finden bei Yaḥyā ibn ᶜAdī, im Brief an Al-Qāsim, S. 25. Zur Entstehung der arabischen philosophischen Terminologie siehe Endress, Du grec (1997), S. 142–149, sowie ders., Wissenschaftliche Literatur (1992), S. 12–19.

3.6. Die Kategorie der Relation (Lektion 17–19)[154]

Das Kapitel der Kategorienschrift über die Relation hat eine Sonderstellung im Text, da Aristoteles es wenig klar strukturiert zu haben scheint. Er sucht selbst nach der richtigen Beschreibung der Relation oder besser: der Relativa. Deshalb wird die anfangs gegebene Definition der Relation mitten im Kapitel verworfen und nach einer neuen, passenderen gesucht[155]. Diese Komplikation hat jedoch sowohl bei den griechischen Kommentatoren als auch bei Ibn aṭ-Ṭayyib den Willen zur Strukturierung verstärkt. So setzten sie mit Ausnahme von Simplikios[156] der Behandlung der Relation eine Art Einführung voran und legten die Fragestellungen fest, unter welchen dieses schwierige Kapitel zu studieren wäre. Unter den griechischen Kommentatoren sind es Ammonios, Philoponos, Olympiodor und Elias (David), welche die Liste abarbeiten, und Elias (David) rechtfertigt den Fragenkatalog sogar[157].

3.6.1. *Die fünf κεφάλαια der Relation*

Die fünf κεφάλαια, unter welche die genannten Autoren ihre Abhandlung der Relation stellen, betreffen die τάξις, εἴδη, ὑπόστασις, διδασκαλία, ἐπιγραφή, also die Stellung der Relation in der Reihenfolge der Kategorien, die Arten der Relation, ihre Natur, ihre Darstellung und ihre Bezeichnung. Die Reihenfolge, in der diese Punkte in den verschiedenen Kommentaren abgehandelt werden, variiert. Diejenige von Ibn aṭ-Ṭayyib stimmt mit der Reihenfolge bei Elias zusammen, allerdings

---

154 Die folgenden Ausführungen erscheinen leicht verändert in: Ferrari, Kategorie der Relation.

155 Siehe Aristoteles, Cat. 8 a 28 ff. Aus der Literatur zur Relation bei Aristoteles nenne ich nur: Sedley, Relatività (1997), S. 11–25; Caujolle-Zaslawsky, Relatifs (1980), S. 167–195.

156 Siehe Simpl. In Cat. 155, 30 f. Zur Behandlung der Relation bei Sim plikios siehe Luna, Relation (1987), S. 113–147.

157 Siehe Elias, In Cat. 200, 35 f.; Ammon. In Cat. 66, 5 f.; Philop. In Cat. 102, 10 f.; Olymp. In Cat. 96, 35.

schiebt der arabische Kommentator noch drei eigene Punkte ein und kommt damit auf acht. Seine Zusätze bestehen aus einer Einteilung (qisma) der Relativa im Hinblick darauf, wie sie ausgedrückt werden, aus einer Begriffsbestimmung (maqūla) und einer Untersuchung darüber, warum die Relation nur von ihren Bezugspunkten her beschrieben wird[158].

Die τάξις, also die Reihenfolge der Kategorienbegriffe, wird bei allen Kommentatoren als erstes behandelt. Sie bietet im Falle der Relation auch ein besonderes Problem: Aristoteles folgt nämlich in seiner Aufzählung der Begriffe in 1b25 einer anderen Reihenfolge als in der Behandlung der einzelnen Kategorien. Dies bietet Anlaß für die Frage nach dem Grund der Inkonsequenz. Zumeist werden Aristoteles von den Kommentatoren pädagogische Absichten zugesprochen, und es werden verschiedene Argumente herangezogen, um darzustellen, daß die Reihenfolge zwingend sei für die Klarheit der Erläuterungen von Quantität, Relation und Qualität[159]. Auch Ibn aṭ-Ṭayyib schließt sich der Meinung an, dass der Wechsel der Reihenfolge aus pädadogischer Absicht geschehe[160]. Die Argumente, die bei der Behandlung einer Fragestellung vorkommen, werden bei Olympiodor, Elias und Ibn aṭ-Ṭayyib immer gezählt: „es gibt vier Beweise dafür, daß etwas sich so und so verhält"[161]. Der arabische Autor steigert dieses Verfahren insofern, als er auch noch die Aporien, die er jeweils nach der Einführung aufführt, durchzählt[162]. Dies wiederum ist eine Eigenart, die die griechischen Kommentare nicht kennen, denn sie behandeln die Aporien im laufenden Text.

Für die Stellung der Relation an zweiter Stelle in der Behandlung der Kategorien bringt Ibn aṭ-Ṭayyib fünf Argumente vor,

158 Siehe Ibn aṭ-Ṭayyib, Tafsīr k. al-Maqūlāt, fol. 117a-139a (siehe unten S. ٢٥١–٣٠٠).

159 Eines der wiederkehrenden Argumente lautet, daß die Relation schon bei der Erläuterung des Quantitativen vorkomme und deshalb gleich anschließend behandelt werden müsse. Vgl. Elias, In Cat. 201, 30 f.; Philop. In Cat. 102, 22 f.; Olymp. In Cat. 97, 13 ff.; Ammon. In Cat. 66, 10.

160 Siehe Ibn aṭ-Ṭayyib, Tafsīr k. al-Maqūlāt, fol. 117a (siehe unten S. ٢٥١).

161 Beispiele dafür finden sich etwa in Olymp. In Cat. 97, 12 f.; Elias, In Cat. 201, 29 f.

162 Siehe zum Beispiel Ibn aṭ-Ṭayyib, Tafsīr k. al-Maqūlāt, fol. 117a-139a (siehe unten S. ٢٥١ ff.), bes. 120b-121a (siehe unten S. ٢٥٧–٢٥٨).

während seine griechischen Vorbilder höchstens deren vier nennen[163]. Die Argumente des arabischen Autors stellen eine Mischung dar aus denjenigen der griechischen Kommentatoren. So übernimmt Ibn aṭ-Ṭayyib einen Teil der Argumentation von Olympiodor und Elias, er fügt aber auch noch Eigenes hinzu in diesem Falle die Aussage, dass der Unterschied zwischen Relation und Qualität deutlich gemacht werden müsse.

Nach der Behandlung der τάξις ergänzt Ibn aṭ-Ṭayyib zu seinen griechischen Vorbildern einen Abschnitt über die verschiedenen Teile der Relation (qisma)[164]. Darin erläutert er, daß es mehrere Weisen von Relativa gibt. Ibn aṭ-Ṭayyib stellt fest, daß die Relativa in zwei Gruppen einzuteilen sind, wobei die einen durch eine grammatische Verbindung (ḥarf al-waṣl) gekennzeichnet werden. Als Beispiel dafür gibt er den Satz „der Vater ist der Vater des Sohnes" an. Die andere Gruppe von Relativa wird durch die Bedeutung der sie bezeichnenden Wörter bestimmt. Die Einteilung, die für die Wörter gelte, sei nämlich auch für die Relativa maßgeblich: Deshalb basieren die Relativa zum einen auf Homonymie und zum anderen auf Heteronymie. Das Beispiel dafür ist das „Kleinere und Größere". Hier spricht Ibn aṭ-Ṭayyib von Homonymie und Heteronymie, obwohl es eigentlich um die Relation des „gleich und ungleich" geht. Diese Erklärung hat der arabische Autor gemeinsam mit Philoponos, der die Relativa ebenfalls auf Homo- und Heteronymie zurückführt[165]. Elias dagegen stellt ausdrücklich fest, daß die Relativa nicht aufgrund der Homonymie bestehen[166].

Bei der Aufzählung der εἴδη, also der Arten von Relativa hingegen, steht man wieder vor einer völligen Übereinstimmung zwischen dem arabischen Kommentar und denjenigen von Olympiodor und Elias[167].

Noch zweimal wird Ibn aṭ-Ṭayyib einen eigenen Abschnitt einfügen, um den Stoff in all seinen Bestandteilen mit System

---

163 Siehe Ibn aṭ-Ṭayyib, Tafsīr k. al-Maqūlāt, fol. 117a (siehe unten S. ٢٥١); wie etwa Olymp. In Cat. 97, 12 ff.

164 Siehe Ibn aṭ-Ṭayyib, Tafsīr k. al-Maqūlāt, fol. 117b-118a (siehe unten S. ٢٥٢).

165 Siehe Philop. In Cat. 105, 1.

166 Siehe Elias, In Cat. 202, 34.

167 Vgl. Ibn aṭ-Ṭayyib, Tafsīr k. al-Maqūlāt, fol. 118a (siehe unten S. ٢٥٣); Olymp. In Cat. 99, 21 f.; Elias, In Cat. 202, 11 f.

zu präsentieren. Beide Male steht er mit diesem Ansinnen ohne griechisches Vorbild da. Es geht ihm dabei zum einen darum, den Begriff der Relation ganz genau zu erläutern, zu sagen, wo sie vorkommt, und darauf hinzuweisen, daß Relation und Relatives nicht dasselbe sind[168].

Im sich daran anschließenden Abschnitt widmet sich der arabische Autor der Frage, was der Unterschied zwischen Relation und Relativum sei. Dieser bestehe darin, dass die Relativa die Dinge seien, welche im Hinblick aufeinander gleich oder ungleich sind. Die Relation dagegen sei der Vergleich (muqāyasa), den der Verstand mit den Dingen anstellt. Das Relative sei zum einen der Name, der die gattungsartige Verbindung zwischen den Dingen bezeichnet, zum anderen bezeichne er die Dinge, die relativ sind[169].

Die Beispiele dieser Fragestellungen zeigen, wie wir schon einige Male gesehen haben, daß es das Ziel Ibn aṭ-Ṭayyibs ist, alle Aspekte und Probleme der Kategorienschrift auf das Genaueste auszuleuchten. Oft genug, aber nicht immer handelt es sich dabei um Fragen, die schon in der griechischen Kommentartradition auftauchen und dort immer weitergegeben und diskutiert werden. Gelegentlich werden im arabischen Kommentar aber auch Fragen aufgeworfen, die nicht in den griechischen Texten behandelt wurden. Ein Beispiel dafür ist die Behandlung der *διδασκαλία*, die bei fast allen Kommentatoren (die Ausnahme bildet einmal mehr Simplikios) schematisch in drei Teile gegliedert ist, nämlich die später verworfene Definition des Relativen, die absurden Konsequenzen dieser Definition und schließlich die zweite, verbesserte Version[170]. Die *διδασκαλία* erhält in den Kommentaren ein eigenes Kapitel, weil der Abschnitt über die Relation in der Kategorienschrift eine besondere Schwierigkeit bietet: Aristoteles setzt bekanntlich zweimal an, um die Relation zu definieren. Er stellt in 7a15 die anfangs gegebene Definition in Frage und verwirft sie in 8a32, um eine neue zu wagen.

---

168 Siehe Ibn aṭ-Ṭayyib, Tafsīr k. al-Maqūlāt, fol. 119b (siehe unten S. ٢٥٥).

169 Siehe Ibn aṭ-Ṭayyib, Tafsīr k. al-Maqūlāt, fol. 119b (siehe unten S. ٢٥٦).

170 Siehe Olymp. In Cat. 97, 38 ff.; Elias, In Cat. 205, 17 ff.; Philop. In Cat. 105, 12; Ammon. In Cat. 67,11.

Ibn aṭ-Ṭayyib übernimmt jedoch nicht diese Unterteilung in drei Abschnitte, sondern stellt nur fest, daß es zwei Definitionen gebe, von denen die eine, verworfene, platonisch sei. Die zweite Definition wird von ihm auch sozusagen kommentarlos hingenommen. Ebensowenig macht sich der arabische Autor Gedanken darüber, weswegen die Relation als einzige der Kategorienschrift zweimal definiert werden muß. Dies im Unterschied zu den griechischen Kommentaren, die dieses Vorgehen zu erklären versuchen.

Weder im arabischen noch in den griechischen Kommentaren werden jedoch die sich stellenden Probleme immmer aus dem Weg geräumt. Im Kapitel über die Relation bleibt so das Unbehagen bestehen, das in der Definition derselben aus der Bezugnahme des Aristoteles auf die Grammatik unter Vernachlässigung der ontologischen Dimension entsteht. Auf die Definition der Relation der *Metaphysik* (Δ 15) geht keiner der genannten Kommentatoren ein.

Dieses Problem scheint auch in den anderen, im folgenden herangezogenen arabischen Kommentaren keine Rolle zu spielen, obschon sie sich unterschiedlich stark von den griechischen Kommentaren und auch von demjenigen von Ibn aṭ-Ṭayyib entfernen.

3.6.2. *Al-Fārābī, Ibn Sīnā und Ibn Rušd zur Kategorie der Relation*

Al-Fārābī verzichtet in seiner Paraphrase der *Kategorien* ganz auf eine Einteilung des Stoffes, kommt also ohne Unterkapitel oder κεφάλαια aus, geht deshalb zum Beispiel nicht auf die Frage der τάξις ein und äußert sich auch nicht zum Problem der beiden verschiedenen Definitionen von Relation[171]. Sein Augenmerk ist vor allem auf die Sicht der Relation vor dem Hintergrund der Grammatik gerichtet und berücksichtigt keine andere Definition. So stellt er gleich am Anfang fest, daß zur Relation der Gebrauch der entsprechenden Präpositionen gehört, nämlich „von“ (min), „zu“ (ilā), „mit“ (maᶜa) und der-

171 Siehe Al-Fārābī, K. qāṭāġūriyās, ed. ᶜAğam (1985), Bd. 1, S. 89–131; ed. Dānišpazūh (1988), Bd.1, S. 41–82; ed. and transl. Dunlop, Paraphrase (1957), S. 168–197 und ders., Paraphrase, (1959) S. 21–53.

gleichen. Wie generell für Fārābīs Paraphrase der *Kategorien*, ist auch im Kapitel über die Relation festzustelllen, daß sich der Autor inhaltlich an die Vorgaben der griechischen Kommentare hält. Entsprechend werden die einzelnen Eigenschaften der Relation behandelt. Fārābī erklärt also beispielsweise, daß die Gleichzeitigkeit eine Eigenschaft der Relation sei, aber auch, daß, sofern das eine der beiden Korrelativa bekannt ist, auch das andere bekannt sein muß. Der Unterschied zwischen der Behandlung der Relativa in der Paraphrase von Fārābī und im Kommentar von Ibn aṭ-Ṭayyib ist also weniger im Inhaltlichen als im Formalen lokalisiert.

Gleiches lässt sich nicht sagen über das Kapitel über die Relation in der *Šifāʾ* des Ibn Sīnā, das sich in einigen Punkten von den griechischen Vorgängern unterscheidet. So teilt er das Kapitel in drei Teile, welche die Definition, die Eigenschaften und schließlich die substanzielle und die akzidentelle Relation zum Inhalt haben[172]. Diese Unterteilung hat aber mit den acht κεφάλαια, die man aus den griechischen Kommentaren kennt, keine Gemeinsamkeit. Zwar geht auch Ibn Sīnā auf die Frage der Reihenfolge der Kategorien ein, und erklärt, warum die Relation an dieser Stelle stehen muß, er legt jedoch das Gewicht auf andere Fragen, wie zum Beispiel auf das Problem der zwei aristotelischen Definitionen der Relation[173], worin er sich, wie schon gezeigt wurde, von den anderen Kommentatoren unterscheidet.

Eine Rückkehr zum alten Schema der acht κεφάλαια dagegen stellt man fest in Ibn Rušds *Talḫīṣ Kitāb al-maqūlāt*[174]. Hier wird der Kommentar zur Relation in acht fuṣūl eingeteilt, die allerdings nicht den κεφάλαια der griechischen Tradition, sondern einer Darstellung der Eigenschaften der Relativa entsprechen. So lässt zum Beispiel Ibn Rušd das Problem der Reihenfolge, der τάξις, beiseite. Er behandelt dagegen die Eigenschaften, die auch in der griechischen Tradition als zu den Relativa gehörig studiert werden, also unter anderen die umkehrbare Gültigkeit, das „Mehr und Weniger", das Gegensätzliche und die Gleichzeitigkeit.

---

172 Zum Problem der substanziellen und akzidentellen Relation siehe Bodeüs, Catégories (2002), S. 118 f.

173 Siehe Ibn Sīnā, aš-Šifāʾ, al-Maqūlāt, ed. Madkour (1959), S. 157.

174 Siehe Ibn Rušd, Talḫīṣ Kitāb al-maqūlāt, ed. Kassem (1980).

Die Gleichzeitigkeit wird bei Ibn Rušd besonders ausführlich behandelt. Er stellt fest, daß nicht alle Relativa gleichzeitig sein können, weil einige substantiell, andere aber akzidentell relativ sind. Ibn Rušd zieht als einziger bei der Behandlung dieses Problems die Definition der Relativa der *Metaphysik* heran[175].

Steht Ibn Rušd auch mit der Heranziehung der *Metaphysik* alleine da, ist dies jedoch nicht der Fall mit der ausführlichen Darstellung der Gleichzeitigkeit der Relative, auf die auch Fārābī in seiner Paraphrase eingeht. Dort wird nämlich darauf hingewiesen, dass zum Beispiel das potentiell Gewußte vor dem aktuellen Wissen dasein muß und daß es damit nicht gleichzeitig (maᶜan) sein kann. Folglich kann es sich dabei nicht um Relative handeln, da diese die Eigenschaft der Gleichzeitigkeit tragen[176].

Nicht nur beim Problem der Gleichzeitigkeit, sondern auch bei der Frage nach den zwei Definitionen bietet Ibn Rušd eine eigene Lösung. Nach seiner Ansicht gilt die erste Definition für das, was auf den ersten Blick (fī bādiya l-rayᵓ) relativ ist, die zweite Definition gilt für das, was nicht auf den ersten Blick relativ ist[177].

---

175 Vgl. Aristoteles, Metaph. IV 14, 1021a, 26–33; Ibn Rušd, Tafsīr mā baᶜd aṭ-Ṭabīᶜat, ed. Bouyges (1938), Vol. II, S. 617–618.

176 Al-Fārābī, K. qāṭāġūriyās ay al-maqūlāt, ed. ᶜAǧam, S. 106.

177 Ibn Rušd, Talḫīṣ Kitāb al-maqūlāt, S. 118.

VIERTES KAPITEL

SCHLUSSFOLGERUNG

Aus dem analysierenden Vergleich zwischen dem Kategorienkommentar Ibn aṭ-Ṭayyibs und den erhaltenen griechischen Kommentaren geht hervor, daß sich keine direkte Abhängigkeit des arabischen Autors von einem der griechischen Kommentare nachweisen läßt[1]. Unterstützt wird dieser Befund dadurch, daß nicht einmal eine unmittelbare Abhängigkeit von einer der beiden „Familien" von Kategorienkommentaren festzustellen ist[2]. Allerdings scheint deutlich zu sein, daß der arabische Kategorienkommentar eine besondere Nähe zu demjenigen von Elias (David) aufweist. Auffällig ist im Hinblick auf diese Tatsache, daß es keine namentlichen Zitate dieses Autors gibt, ebensowenig wie Simplikios genannt wird, dessen Einfluß, wie nachgewiesen wurde, vorhanden ist.

Für zwei Vorlagen gibt es jedoch Belege. Zum einen betrifft das die syrische Übersetzung der *Kategorien* von Isḥāq ibn Ḥunain. Das Zeugnis dafür ist die Kritik Ibn aṭ-Ṭayyibs an der Wiedergabe des griechischen Textes von Isḥāq ibn Ḥunain[3]. Zum anderen muß unserem Autor zumindest ein Stück aus dem Kategorienkommentar von Mattā ibn Yūnus vorgelegen haben, wie aus einem Zitat aus demselben hervorgeht[4].

Die Möglichkeit besteht, daß Ibn aṭ-Ṭayyib ein Kompendium in syrischer oder arabischer Sprache vorliegen hatte. Dies scheint die wahrscheinlichere Lösung zu sein als die Annahme, daß ihm mehrere griechische, syrische oder arabische Kategori-

---

1 Dieser Befund steht in einiger Nähe zu demjenigen C. Heins über die Einleitung Ibn aṭ-Ṭayyibs zur *Isagoge*. Siehe Hein, Definition und Einteilung (1985), S. 237.

2 Zu den „Kommentarfamilien" siehe ausführlich Luna, Commentaire (1990), S. 127 ff.

3 Vgl. Ibn aṭ-Ṭayyib, Tafsīr k. al-Maqūlāt, fol. 121b ult. (siehe unten S. ٢٦٠).

4 Vgl. Ibn aṭ-Ṭayyib, Tafsīr k. al-Maqūlāt, fol. 112b (siehe unten S. ٢٤٠).

enkommentare als Vorlage dienten.

Was jedoch unabhängig von der Frage nach der Vorlage feststeht, ist, daß unser Autor bei aller Treue zur Tradition einen eigenen Ansatz hatte, den aristotelischen Text zu bewältigen. Das läßt sich an den Differenzen zu den griechischen Kommentaren erkennen. Kein griechischer Kommentator geht so weit wie Ibn aṭ-Ṭayyib in der Systematisierung des Stoffes, die die Kategorienschrift fast zu einem Lehrbuch werden läßt. Dieser Eindruck entsteht dadurch, daß sich das Gliedern und Einteilen nicht nur auf einzelne inhaltliche Fragen beschränkt, wie das in den griechischen Kommentaren der Fall ist.

Die Gliederung des arabischen Kommentars erstreckt sich von der reinen Texteinteilung in Kapitel und Unterkapitel bis in den Inhalt hinein, indem der Stoff in Unterabteilungen und systematisch aufgereihte Fragen dazu aufgeteilt wird. Dabei wird alles aus dem Text heraus entwickelt und auch aus dem Text heraus erklärt, so daß ein in sich geschlossenes System entsteht.

Dazu gehört auch, daß Ibn aṭ-Ṭayyib an keiner Stelle ausdrücklich eine Kritik an Aristoteles anbringt oder ihn auch nur in Frage stellt, obschon das in den griechischen Kommentaren durchaus gebräuchlich ist[5]. Dieser Ansatz führte wohl auch zur Kritik von seiten Ibn Sīnās, der zweifellos einen ganz anderen Zugang zum aristotelischen Text hatte. Die im Vergleich mit der Verbreitung der Werke Ibn aṭ-Ṭayyibs ungleich größere Bekanntheit der Werke von Ibn Sīnā mag das ihre dazu beigetragen haben, das eher negative Bild unseres Autors in der modernen Forschung zu zementieren[6].

Im Prolog zu seinem Kommentar stellt Ibn aṭ-Ṭayyib dar, was seine Intention ist. Er will die älteren Kommentare zu den *Kategorien* zusammenfassen, erläutern und ergänzen, wo es notwendig ist, und dabei so verfahren, wie es seine Vorgänger getan hatten. Diese Aussagen zeigen, daß der Vorwurf der reinen Imitation der alexandrinischen Kommentartradition nicht berechtigt ist. Das Ziel des Unternehmens ist ein Kommentar,

5 Vgl. zum Beispiel den Kommentar von Elias (David), der die Einteilung des Quantitativen in Frage stellt (185, 6 ff.).

6 Siehe Gutas, Avicenna (1988), S. 227, Anm. 12; ders., Greek Thought (1998), S. 155, Anm. 7.

der alle bisherigen Kommentare ersetzen soll, ein Lehrbuch, das alle Unklarheiten aus dem Weg räumt. Ibn aṭ-Ṭayyib greift dabei einerseits als Fortsetzer und Vollender der griechischen Kommentatoren und andererseits als Mitglied der arabischen philosophischen Schultradition auf die Erkenntnisse seiner Vorgänger zurück.

FÜNFTES KAPITEL

KOMMENTIERENDE ZUSAMMENFASSUNG DES KATEGORIENKOMMENTARES

Die Zusammenfassung gibt in gekürzter Form ausschließlich den Kommentar von Ibn aṭ-Ṭayyib wieder, um dem Leser eine Orientierungshilfe zu geben. Diejenigen Teile, die eingerückt sind und zwischen Alineazeichen (¶) stehen, enthalten meinen Kommentar, in Form von Vergleichen mit den griechischen Kommentaren und sonstigen Bemerkungen. Die Seitenzahlen der arabischen Edition sind in Klammern angegeben.

Die Übersetzung der Kategorien aus dem Arabischen, die jeder Lektion vorangestellt ist, und auch die verkürzte Wiedergabe des Kommentars sind möglichst wörtlich gehalten.

5.1. Prolegomena

Hippokrates sagt, daß es für das Gedeihen der Künste einen Schöpfer brauchte und auch Nachfolger, die ergänzen, was sie übernehmen und weitergeben. So gelangte die Kunst zur Vollendung.

Als Kommentator hat Ibn aṭ-Ṭayyib einige Vorgänger, will aber nun einen Kommentar erstellen, der alle vorherigen überflüssig macht, indem er übernimmt, was darin steht, und dazu einiges ergänzt.

Es ist Gewohnheit bei den Kommentatoren, vor dem Studium des Kategorienbuches 10 Punkte zu behandeln. Dies sind die folgenden:

1. Die Anzahl der Philosophenschulen, und woraus sich ihre Namen ableiten (S. ٢).
2. Die Einteilung der Bücher von Aristoteles und der σκοπός eines jeden von ihnen.
3. Von wo aus man mit der Philosophie beginnt.

4. Der Weg, den man verfolgt.
5. Das Ziel, zu dem einen die Philosophie führt.
6. Welche Eigenschaften und Anlagen der Lehrer der Bücher von Aristoteles haben soll
7. Welche Eigenschaften und Anlagen der Schüler haben soll.
8. Die Ausdrucksform von Aristoteles' Abhandlung.
9. Warum er manchmal dunkle Formulierungen braucht.
10. Die Anzahl der Grundprinzipien, die man vor jedem Buch untersuchen muß.

Warum das genau zehn Punkte sind. Entweder untersucht man die Philosophie im Hinblick auf sie selbst oder im Hinblick auf ihren Namen. Steht ihr Name im Vordergrund, so muß man auch die Philosophenschulen untersuchen. Ansonsten betrachtet man sie in Analogie zu etwas oder nicht in Analogie zu etwas. Deshalb ist die Untersuchung des Lehrers und des Schülers wichtig, weil die Philosophie etwas ist, das durch Lehren und Lernen vermittelt wird. Wenn die Philosophie um ihrer selbst willen studiert wird, so wird sie aufgeteilt. Daher ist es wichtig, die Einteilung der Bücher von Aristoteles zu untersuchen.

¶ Bis auf Porphyrios und Dexippos stellen alle griechischen Kommentatoren, also Ammonios, Philoponos, Olympiodor, Simplikios und Elias (David) dem Kommentar zu den *Kategorien* Prolegomena voraus, in denen die zehn κεφάλαια abgehandelt werden. Der Hinweis darauf, daß dieser Fragenkatalog von Proklos stamme, steht bei Elias (David) (107, 24). Die Diskussion über den Autor des Kommentars zu den *Kategorien*, der in der Edition von Adolf Busse in den CAG (XVIII) dem Elias zugeschrieben wird, ist bis heute nicht beendet. Deshalb setze ich im folgenden den Namen von David in Klammern hinter denjenigen des Elias. Vgl. oben S. 5.

Die Erklärung dafür, warum es genau zehn κεφάλαια sein müssen, wird zwar bei Ibn aṭ-Ṭayyib aus dem Inhalt abgeleitet, allerdings nicht für jeden der zehn Punkte wie bei Olympiodor (2, 24 ff.), sondern nur für deren vier. Philoponos deutet hingegen nur auf die Möglichkeit hin, die Zehnzahl abzuleiten (1, 16), Elias (David) (108, 1 ff.) erklärt, warum es zehn sind. ¶

Vor dem Studium der einzelnen Bücher von Aristoteles sind folgende sechs Punkte zu beachten:

1. Der Ausgangspunkt, bei dem man beginnt
2. Der Weg, den man verfolgt
3. Das Ziel, an dem man ankommt
4. Die Betrachtung der Gestalt der Ausdrucksweise
5. Der Grund für den Gebrauch dunkler Formulierungen
6. Was man vor jeder Lektüre beachten muß.

Es folgt nun die Behandlung der *zehn Hauptpunkte*, die vor dem Studium der Kategorien betrachtet werden müssen:

Erstens (S. ٣): Es wird definiert, was eine Schule ist und was die „Lehre", beziehungsweise was der Unterschied zwischen Meinung und Lehre ist. Anschließend werden die Namen der Philosophenschulen, und woher sie sich ableiten aufgeführt, nämlich die Pythagoreer, Kyrenäiker, Stoiker, Kyniker, Epikuräer (Hedonisten), Skeptiker und Peripatetiker. Auch ihre Hauptlehren werden erklärt.

Besonders ausführlich, nämlich mit einer Anekdote über Diogenes, werden die Kyniker dargestellt, von denen gesagt wird, daß sie so heißen, weil sie den Hunden gleichen in ihrer Art und ihrem Benehmen.

Zu den Skeptikern gibt es einen doxographischen Abschnitt, in dem Zenon und Kratylos zitiert werden (S. ٥).

Die Peripatetiker, deren Lehrer Platon und Aristoteles waren, werden dadurch charakterisiert, daß sie beim Lehren soviel herumgingen, um ihre Körper zu trainieren, da diese ebenso wie die Seele auch Übung (riyāḍa) brauchten.

¶ Simplikios (3, 30), Philoponos (1, 20), Ammonios (1, 14), Olympiodor (3, 12) und Elias (David) (108, 18) zählen die Philosophenschulen auf. Die Diogenes-Anekdote wird dagegen bei den griechischen Kommentatoren nicht erzählt, dafür nennen sie sieben Arten und Weisen, nach denen die Philosophenschulen benannt werden: nach dem Oberhaupt, nach der Heimat des Oberhauptes, nach dem Ort der Lehre, nach der Grundhaltung in der Lehre (ἐπίκρισις), nach der Lebensart, nach dem Ziel (τέλος), oder gemäß den Umständen (z. B. Peripatetiker). Vgl. Olympiodor (3, 8), Ammonios (1, 13), Elias (David) (108, 34), Philoponos (1, 19), Simplikios (3, 30). Ibn aṭ-

Ṭayyib und Elias (David) (108, 21) haben gemeinsam, daß sie erläutern, was eigentlich eine Schule (αἵρεσις / firqa) ist und Elias (David) (108, 24) erläutert auch, was der Unterschied zwischen θέσις und δόξα ist .

Daß die Peripatetiker um des Trainings willen (γυμνασίας ἕνεκα) herumgingen, meinen auch Philoponos (3, 5) und Elias (David) (112, 20). ¶

Zweitens: Die Einteilung der Bücher des Aristoteles: Es gibt allgemeine (kullī) Schriften, spezielle (ǧuzʾī) und mittlere (mutawassiṭa). Die speziellen sind diejenigen, die sich an einen bestimmten Menschen richten (ein Beispiel dafür sind die Briefe an Alexander). Die mittleren Schriften sind beispielsweise solche über die Gesetzgebung oder über die Regierung der Städte, die nicht einen einzigen Menschen ansprechen, sondern viele Leute. Die allgemeinen Schriften schließlich sind geteilt in die hypomnematischen (taḏākir) und syntagmatischen Werke (muṣannaf). Die hypomnematischen sind solche, in denen kein bestimmtes Ziel (ġaraḍ) genannt wird. Die syntagmatischen dagegen sind zum einen in die exoterischen (al-ẓāhira) Wissenschaften und weiter in die dialogischen Wissenschaften (al-ǧadaliyya) geteilt, zum anderen in die esoterischen (al-ḫafīyya), die wiederum unterschieden werden in die nichtöffentlichen (al-ḫāṣṣa) Werke und in die akroamatischen Werke (al-samāʿiyya).

Der Unterschied zwischen der exoterischen und der esoterischen Wissenschaft ist nach Alexander der, daß die esoterische die wahre und die exoterische eine lügnerische Wissenschaft sei. Das beweist er mit dem Hinweis darauf, daß Aristoteles in den exoterischen Schriften sage, daß die vernunftbegabte Seele unsterblich sei, hingegen in den esoterischen Schriften sage er, daß sie sterblich sei. Ibn aṭ-Ṭayyib sagt aber, daß das nicht stimme, denn Aristoteles glaube, daß die Seele Substanz sei, die nicht vergehen könne. Außerdem ist nach Ibn aṭ-Ṭayyib der Unterschied zwischen exoterischem und esoterischem Wissen nicht einer zwischen wahr und falsch, sondern von offenbar und verborgen.

Die akroamatischen Schriften sind geteilt in die praktische und die theoretische Philosophie, wovon die theoretische wiederum aufgeteilt ist in drei Teile, nämlich in die Physik (alṭabīʿiyya), die Mathematik (al-taʿlīmiyya) und die Metaphysik (al-ilāhiyya).

Im folgenden werden die einzelnen Bücher dieser Teile der theoretischen Philosophie verzeichnet und beschrieben.

Die praktische Philosophie dagegen besteht aus der Ethik (iṣlāḥ al-aḫlāq), Ökonomik (tadbīr al-manzil) und der Politik (al-siyāsa) (S. ٧).

¶ Die Aufteilung der Werke ist bei Ammonios (4, 18) und bei Olympiodor (6, 6 ff.) insofern anders, als dort die syntagmatischen Schriften in zwei weitere Unterteilungen geteilt sind, wobei die dialogischen und die exoterischen als dasselbe unter verschiedenem Namen verstanden werden, ebenso die akroamatischen und die autoprosopischen Schriften. Auf die Unterscheidung zwischen exoterisch und esoterisch, die Alexander gemacht haben soll, weisen Olympiodor (7, 10) und Elias (David) (115, 3) hin, mit demselben Beispiel der unsterblichen Seele.

Die διαίρεσις der Schriften bei Philoponos entspricht derjenigen von Ibn aṭ-Ṭayyib (3, 8). ¶

Dann folgt die Logik mit ihren acht Büchern: *Kategorien* (*qāṭīġūrīyās*), *Hermeneutik* (*kitāb al-ʿibāra*), *Erste Analytik* (*k. al-qiyās*), *Zweite Analytik* (*k. al-burhān*), *Topik* (*k. al-ǧadal*), *Sophistische Widerlegungen* (*k. al-sūfisṭāʾīyya*), *Rhetorik* (*k. al-ḫiṭāba*), *Poetik* (*k. al-šuʿarāʾ*).

5.2. Zweite Lektion: die übrigen acht Punkte (S. ٩)

Drittens: Der Ausgangspunkt, bei dem man mit der Philosophie beginnt. Es folgt nun eine doxographische Aufzählung der verschiedenen Ansichten darüber.

Nach Platons Ansicht sollte man zuerst mit der Mathematik beginnen, was mit dessen Ausspruch bewiesen wird „keiner komme zu uns, der nicht Geometrie betrieben hat".

Nach Theophrast dagegen sollte der Anfang mit der Ethik gemacht werden, damit der Mensch seine Triebe beherrsche, bevor er mit der Philosophie beginnt.

Für Boethos schien es richtig, mit der Physik anzufangen, weil man aus der Natur viele Erkenntnisse ableiten kann.

Andronikos, den Ibn aṭ-Ṭayyib Schüler des Boethos nennt, obwohl das Verhältnis gerade umgekehrt war, war der Meinung, daß die Logik den geeigneten Ausgangspunkt bilde, weil man damit lerne, zwischen wahr und falsch zu unterscheiden (S. ١٠).

Ibn aṭ-Ṭayyib ist der Ansicht, daß man zuerst lernen sollte, seine Seele an gute Sitten zu gewöhnen, und etwas Mathematik betreiben sollte als Vorbereitung für das Studium der Logik, welche das Werkzeug der Philosophie ist, ohne das nicht weiterzukommen ist.

¶ Elias (David) nennt Boethos, Andronikos und die „Platoniker" (117, 15), Olympiodor (8, 29) referiert dieselben vier verschiedenen Ansichten über den Anfang des Curriculums wie Ibn aṭ-Ṭayyib, allerdings ohne Namen zu nennen.

Philoponos nennt nur drei δόξαι, darunter nennt er aber Boethos und Andronikos im gleichen (falschen) Lehrverhältnis wie Ibn aṭ-Ṭayyib (5, 16). Nur im arabischen Kommentar wird Theophrast genannt. ¶

Fünftens: Den vierten Punkt, der eigentlich folgen müßte, die Betrachtung des Weges, den man verfolgen soll, muß man danach behandeln, zuerst muß man den *fünften* einschalten, das Ziel (S. ١١). Es gibt drei Beweise dafür, daß diese Umstellung notwendig ist: Erstens sind sowohl Anfang als auch Ziel etwas Relatives, und Relatives kann man nicht voneinander unterscheiden. Zweitens sind wir sehr begierig darauf, das Ziel zu erreichen. Drittens: Wenn wir mit der Betrachtung des Weges begännen, wären wir wie die Blinden, die dahinschreiten ohne zu wissen, wohin sie gelangen werden.

Das Ziel der theoretischen Philosophie ist also die Untersuchung der ersten Ursache.

¶ Das Problem der Reihenfolge, das Ibn aṭ-Ṭayyib an dieser Stelle formuliert, fehlt bei Olympiodor, der an vierter Stelle das Ziel (τέλος), an fünfter Stelle den Weg (βάθμος, ὁδός) bespricht (9, 14 ff.), ebenso fehlt es bei Ammonios (6, 9 ff.) und bei Elias (David) (119, 26). Auch bei Philoponos steht das

Ziel kommentarlos an vierter Stelle vor dem Weg (5, 34 ff.). Allerdings weist auch er darauf hin, daß man das Ziel kennen muß, weil man sonst wie ein Blinder sei, der nicht weiß, wohin er geht (7, 7). ¶

Viertens ist der Weg, den man verfolgen soll, zu betrachten: Ibn aṭ-Ṭayyib sagt, daß man mit der Logik beginnen soll, um zu lernen, das Wahre vom Falschen zu unterscheiden. Danach soll die Physik und die Mathematik folgen und zuletzt Metaphysik und Ethik.

Olympiodor dagegen vertrete die Ansicht, daß nach der Logik die Ethik einzuordnen sei. Für die „Kommentatoren" sei die Philosophie ein Tempel, wobei die Metaphysik die verborgenen Geheimnisse darstelle.

¶ Ibn aṭ-Ṭayyib zitiert hier korrekt. Olympiodor setzt die Ethik an zweiter Stelle nach der Logik und vor der Physik (9, 30). ¶

Sechstens sollte der Lehrer, der die Werke von Aristoteles unterrichtet, acht Bedingungen erfüllen: Er muß eine reine Seele haben; er sollte Aristoteles nicht zu sehr lieben, damit er ihn nicht, wie Jamblichos das tat, der Wahrheit vorzieht, sondern wie Platon ist, der sagt, „wir haben Sokrates lieb, noch lieber ist uns aber die Wahrheit"; der Lehrer sollte Aristoteles aber auch nicht hassen wie das von Johannes Philoponos vermutet wird; und er sollte auch nicht die gleichen Anlagen haben wie sein Schüler. Fünftens sollte er mit seinem Schüler nicht jeden Spaß mitmachen, weil das seine Autorität untergraben könnte; der Lehrer sollte wirklich kompetent sein; und er sollte die Werke von Aristoteles nicht falsch auslegen; und schließlich soll der Lehrer nicht bei einer falschen Meinung bleiben.

¶ Den Hinweis auf Jamblichos finden wir auch bei Elias (David) (123, 2). Die Forderungen an den Exegeten stehen bei Ammonios (8, 11) an letzter, zehnter Stelle, bei Philoponos (6, 30) an neunter Stelle, bei Olympiodor (10, 24) und Elias (David) (122, 25) an siebter Stelle und bei Simplikios (7, 23) an achter Stelle. Man sieht daran, daß die Reihenfolge innerhalb der eisagogischen Fragen nicht fixiert ist. Auch die Anforderungen, die bei den griechischen Kommentatoren formuliert werden, sind recht unterschiedlich. So verlangt Simplikios, daß die intellektuellen Fähigkeiten des Exegeten in etwa denjenigen des Aristoteles gleich seien, und zusamen mit Elias (David) verlangt er, daß der Exeget das ganze Werk von Aristoteles kenne. ¶

Siebtens muß der Schüler sechs Bedingungen erfüllen: Erstens sollte er eine geeignete Natur haben und seine Begierden und den Zorn beherrschen können. Zweitens soll sein Eifer groß sein, denn „steter Tropfen höhlt den Stein"; außerdem muß er einen passenden Lehrer haben; viertens, sollte er genügend Zeit haben, denn Hippokrates betrachtete die Zeit zum Studium der Heilkunst des Körpers als mangelhaft, um wieviel mehr betrachtete er wohl die Zeit zum Studium der Heilkunst der Seele als mangelhaft; fünftens sollte der Schüler seine Seele nicht an vielerlei Dinge binden, denn die Beschäftigung mit vielen Dingen bringt Unordnung hervor; schließlich soll es nicht das Ziel des Schülers sein, die Ansichten eines bloß Willensstarken zu übernehmen, sondern er soll sich an jemand Verständigen anschließen.

Achtens wird die Gestalt der Schriften von Aristoteles untersucht. Da es esoterische und exoterische Schriften gibt, ist es klar, daß es eine schwerer und eine leichter verständliche Art des Schreibens gibt. Platon verlangte, daß die Bücher, welche an die Öffentlichkeit gelangen, exoterisch seien, und die, welche an ein spezielles Publikum gelangen, esoterisch.

Neuntens wird untersucht, weshalb in den Büchern dunkle Formulierungen gebraucht werden. Ibn aṭ-Ṭayyib sagt, daß es dafür drei Gründe gibt: Zum einen wird dadurch die Natur des Schülers geprüft, ob sie geeignet sei für die Philosophie. Wenn nicht, ist der folgende Homervers zu zitieren: „Oh, Söhnchen, warum fliehst du vor mir und wendest mir den Rücken zu...?" (Homer, Ilias 8, 94; vgl. Elias, In Cat. 125, 18). Wenn die Natur des Schülers aber geeignet ist, so kann man ihn wie Platon behandeln, der sagte, „ob es leicht oder schwer sei, wir werden ihm folgen!" Der zweite Grund ist die Übung des Verstandes des Schülers, ähnlich wie es Pythagoras handhabte, der seine Weisheiten an die schlafenden Schüler weitergab. Der dritte Grund schließlich ist der, daß die Geheimnisse der Philosophie nicht an jemanden gelangen sollen, der ihrer nicht würdig ist. Zu dieser Begründung werden Alexander und Platon zitiert.

¶ Olympiodor nennt nur zwei Gründe für den Gebrauch der Unklarheit (ἀσάφεια): die Prüfung des Schülers und seine Übung (11, 21). Elias (David) dagegen zählt drei Gründe auf: Das Verbergen (κρύψις), die Prüfung (δοκιμασία) und die Übung (γυμνασία) (124, 29). ¶

Zehntens werden die acht Kapitel untersucht, die vor jedem Buch studiert werden müssen. Ibn aṭ-Ṭayyib meint aber, daß er sie hier nicht zu wiederholen brauchte, da er schon im Kommentar zur *Isagoge* darauf eingegangen sei.

¶ Olympiodor listet nur sechs κεφάλαια auf, die studiert werden müssen: σκοπός, χρήσιμον, τάξις, ἐπιγραφή, συγγραφή, διασκευή (12, 18 ff.). Bei ihm schließt sich danach eine ausgedehnte Diskussion darüber an, ob die Logik ein Teil oder ein Werkzeug der Philosophie sei. Daß es „nicht ungewöhnlich" sei, diese Frage zu behandeln, findet auch Simplikios (8, 12). Elias (David) (127, 3) listet wie Simplikios (8, 10) zwar auch nur sechs κεφάλαια auf, bei ihm stellt sich jedoch auch die Frage nach der Echtheit des Buches, ebenso bei Ammonios (7, 15). Ibn aṭ-Ṭayyib führt als einziger acht Punkte an, indem er auch noch behandelt, zu welcher Disziplin die Schrift gehört und welche Erläuterungsmethoden es gibt. Diese beiden letzten Punkte werden bei den griechischen Kommentatoren in den Prolegomena zur *Isagoge* behandelt. ¶

5.3. Dritte Lektion: σκοπός (S. ١٥)

An *zehnter Stelle* werden die acht Punkte behandelt, die vor jedem Buch studiert werden müssen. Am Beginn steht die Frage nach dem Ziel (ġaraḍ) des Buches. Ibn aṭ-Ṭayyib referiert die verschiedenen Ansichten zu diesem Problem.

Eine Gruppe von Leuten behauptete nämlich, daß die *Katego-*

rien überhaupt kein Ziel hätten, weil darin soviele verschiedene Gebiete angesprochen würden.

Eine andere Gruppe, deren Oberhaupt Alexander von Aphrodisias ist, sei der Ansicht, daß der σκοπός des Buches eine Abhandlung über die seienden Dinge sei, und dafür habe sie drei Argumente: Erstens deutet die Aussage von Aristoteles, daß Synonyme ein Wort für verschiedene Dinge sei, darauf hin, daß seine Abhandlung von Dingen handelt. Zweitens macht dies die Definition der Substanz klar, da Aristoteles von ihr sagt, sie sei durch etwas gekennzeichnet (mawṣūf), und was gekennzeichnet ist, das müssen Dinge sein, nicht Wörter. Drittens teilt Aristoteles die Substanz in erste und zweite und das Quantitative in Verbundenes und Diskretes, und all das sind Dinge, nicht Wörter.

Ammonios dagegen war der Ansicht, daß das Ziel die Universalien seien und unterstützt diese Meinung mit zwei Argumenten: Erstens sei es unwahrscheinlich, daß Aristoteles neben den allgemeinen Formen, die zum Verstand gelangen, also den Universalien, auch die sinnlich wahrnehmbaren, individuellen Dinge behandle. Zweitens wende Aristoteles in dem Buch lauter Begriffe an, die auf die Formen im Verstand hindeuten.

Die Gruppe um Porphyrios schließlich war der Meinung, daß das Ziel die bezeichnenden Wörter (al-alfāẓ al-dālla) seien und dies wird mit zwei Argumenten gestützt. Zum einen gehe dies aus dem Titel des Buches hervor, denn „Kategorie" (qāṭīġūrīyās [sic!]) bedeute nichts anderes als ein bezeichnendes Wort. Zum anderen weise die Einteilung der Wörter darauf hin, daß das Ziel die bezeichnenden Wörter sind.

Mit diesen vier Ansichten über den σκοπός des Buches ist Ibn aṭ-Ṭayyib zusammen mit Jamblichos nicht einverstanden. Ganz falsch sei die erste Meinung (S. ١٧). Richtig sei dagegen eine Kombination der übrigen drei, denn das Ziel des Buches seien die einfachen, die universalen Dinge bezeichnenden Wörter, die höhere Gattungen sind.

Dafür, daß diese Ansicht die richtige ist, gibt es drei Argumente: Erstens gibt es Dinge, die zu erfassen es für den Verstand keine weitere Vorbereitung braucht. Es gibt jedoch auch solche, für die es eine Methode braucht, und diese Methode liefert der Syllogismus, der in den beiden Analytiken behandelt wird. Man benötigt aber auch Wissen über die Grundlagen des Syllogismus, und diese werden im Buch über die Kategorien geliefert. Das zweite Argument ist, daß aus dem Inhalt des Buches hervorgeht, daß das Ziel die einfachen, die höheren Dinge bezeichnenden Wörter ist. Das dritte Argument besteht darin, daß es für den Beweis eine Grundlage braucht, und das sind die einfachen signifikanten Wörter.

¶ Olympiodor referiert drei Ansichten über den σκοπός des Buches: Porphyrios sage, es gehe darin nur um Wörter, Herminos halte die Dinge für das Thema und Alexander behaupte, es seien die νοήματα (18, 30). Jamblichos dagegen habe die richtige Definition des σκοπός gefunden. Olympiodor erläutert auch den Titel, da das Wort κατηγορέω eigentlich „jemanden anklagen" bedeute, und daher erklärungsbedürftig sei (22, 13). Elias (David) (129, 10) referiert folgende Ansichten: Alexander und Eustathios hielten die Wörter für das Ziel, Porphyrios die νοήματα, und Herminos die πράγματα, Jamblichos dagegen habe die richtige Ansicht. Philoponos bietet noch einmal eine andere Auswahl und referiert die Meinungen folgendermaßen (9, 1): Eustathios halte die Dinge für das Thema und Porphyrios die νοήματα. Simplikios referiert die Ansicht von Porphyrios (58, 5), daß das Buch über die ἁπλαῖ φωναὶ αἱ σημαντικαὶ τῶν πραγμάτων sei (10, 22).

Wie es scheint, geht hier der arabische Kommentator seinen eigenen Weg, zumal mit dem Ammonios-Referat, das aber nicht ganz genau zu sein scheint, denn Ammonios (10, 8) sagt, das Thema sei π. φωνῶν σημαινουσῶν πράγματα διὰ μέσων νοημάτων. ¶

Im folgenden wird die Formulierung „Einfache, die universellen Dinge höherer Gattung bezeichnende Wörter erster Position" Wort für Wort erklärt. Dafür, daß diese Formulierung die richtige ist, gibt es bei Ibn aṭ-Ṭayyib zwei Beweise: Erstens paßt die Bestimmung genau auf das, was im Buch über die Kategorien beschrieben wird. Zweitens ist die Begriffsbestimmung (rasm) oder die Definition (ḥadd), in der Merkmale vorhanden sind, die das Definierte von anderem unterscheiden, richtig.

Ibn aṭ-Ṭayyib weist darauf hin, daß auch behauptet wird, daß die *Kategorien* und die *Isagoge* dasselbe Ziel hätten (S. ٢٢). Der Unterschied besteht jedoch darin, daß sich die *Isagoge* auf die Dinge, insofern sie Wesenheiten sind, bezieht, die *Kategorien* dagegen insofern sie als Notwendigkeit Spezielles und Allgemeines zu eigen haben.

Aporien:

1. Warum soll der σκοπός der Kategorienschrift die einfachen signifikanten Wörter sein, wenn diese in der *Hermeneutik* (K. al-ᶜibāra) behandelt werden? Lösung: Im Kategorienbuch werden nur die einfachen signifikanten Wörter erster Ordnung (fī l-waᶜḍ al-awwal) behandelt, in der *Hermeneutik* diejenigen zweiter Ordnung (fī l-waᶜḍ al-ṯānī).

2. Warum wird behauptet, es gehe hier um Dinge, wo man doch weiß, daß Aristoteles sowohl die menschlichen als auch die göttlichen Dinge in der praktischen und der theoretischen Philosophie behandelt, so daß also gar nichts übrigbleibt? Lösung: In der praktischen und theoretischen Philosophie werden die Dinge selbst untersucht, hier betrachtet man sie im Hinblick auf die sie bezeichnenden einfachen Wörter.

3. Ist etwa die Logik dasselbe wie die Grammatik? Beide untersuchen einfache signifikante Wörter. Lösung: Der Logiker schaut nur auf die signifikanten Wörter, der Grammatiker auch auf die nichtsignifikanten.

4. Warum nennt Aristoteles den σκοπός dieses Buches nicht, wie er es zum Beispiel mit dem Buch über den Himmel gemacht hat? Lösung: Das liegt an der Schwierigkeit dieses σκοπός.

5. Warum spricht Aristoteles, der immer nach den Grundlagen der Dinge sucht, bei der Behandlung der Wörter nicht über Silben und Laute? Die Antwort auf diese Frage findet sich im *Buch des Beweises* (Zweite Analytik 76a16), wo Aristoteles sagt, daß es sich dem, der eine Kunst beherrscht, nicht ziemt, daß er über das Sein ihres Themas und ihrer Grundlagen spricht.

¶ Die Fragen, die im arabischen Kommentar im Aporienteil gestellt werden, werden bei den griechischen Kommentaren oft im laufenden Text behandelt, meistens aber nicht als Aporie, sondern als Teil der Abhandlung. Der Unterschied zwischen Grammatiker und Logiker erscheint auf diese Weise auch in den griechischen Kommentaren. ¶

5.4. Vierte Lektion. Der Nutzen, χρήσιμον (S. ٢٦)

Für den *Nutzen* (manfa^{c}a) des Buches über die Kategorien gibt es drei Beweise:

1. Wir wissen, daß es das Ziel der Philosophie ist, die menschliche Glückseligkeit zu erlangen. Die menschliche Glückseligkeit besteht darin, daß sich der Mensch seiner Form gemäß verhält, und das ist die vernunftbegabte Seele, die durch das Wissen des Wahren und das Tun von Gutem spezifiziert wird. Zum Wahren und Guten gelangt man aber nur durch das Unterscheiden zwischen wahr und falsch, und dafür braucht man das Wissen, das in den *Kategorien* vermittelt wird.
2. Es wird dadurch Ordnung erreicht, daß vieles unter die Führung eines einzigen gestellt wird. Der Weg, die vielen Dinge zu erfassen, liegt darin, daß sie auf möglichst Weniges eingegrenzt werden. Im Buch der Kategorien werden die gesamten Dinge auf zehn Grundlagen beschränkt.
3. Man gewinnt viel Wissen über praktisch alle Dinge, weil sie von den sie bezeichnenden Wörtern erfaßt werden.

¶ Daß man Wissen über alle Dinge und dadurch schließlich *εὐδαιμονία* gewinnen kann, meint auch Elias (David) (132 ff). ¶

Es folgt nun der nächste Punkt, nämlich die Abhandlung über den *Titel* des Buches. Es gibt verschiedene Ansichten über die Benennung des Buches, die abhängig sind von den jeweiligen Ansichten über den σκοπός.

Namentlich genannt wird Adrastos der Peripatetiker, der als Titel „das Buch vor der Topik" vorschlägt. Ibn aṭ-Ṭayyib erklärt, daß qāṭīġūrīyās der Plural des Wortes qāṭīġūrīyā sei, und daß „Kategorie" ein einfaches Wort sei, das eine höhere Gattung bezeichnet und alles, was unter diese Gattung fällt (S. ٢٧).

¶ Simplikios referiert dasselbe über Adrastos (16, 14). Nur bei Elias (David) wird Adrastos noch genannt, allerdings mit einem anderen Titelvorschlag: Π. τῶν καθόλου λόγου (132, 27). Den Titel Πρὸ τῶν τόπων schreibt er Archytas von Tarent zu, wobei damit eine Verwechslung vorzuliegen scheint. Zur Frage des Titels der Kategorienschrift siehe Bodeüs, Aristote, Catégories (2002), S. XXIV-XLI; Bäck, Predication (2000), S. 133, n. 4. ¶

Es erhebt sich eine Aporie in folgender Form: Warum heißt das Buch *Kategorien*, wenn die Bedeutung des Wortes „Kategorie" „Anklage" und „Streit" ist? Lösung: Aristoteles verwendet dieses Wort wohl als Metapher (ʿalā ṭarīq al-istiʿāra), so wie die Seele in seinem Buch über die Seele Entelechie heißt. So kann er „Kategorie" benutzen für ein Wort, das etwas bezeichnet.

Die *Einordnung* (martaba) des Buches ist der nächste Punkt (S. ٢٨). Es ist aber ganz klar, daß die *Kategorien* vor jedem anderen Buch über die Logik kommen müssen.

Als nächstes muß man über die *Echtheit* (nisba) dieses Buches reden. Diejenigen, die behaupten, daß das Buch nicht von Aristoteles stamme, haben dafür vier Argumente, die jeweils von Ibn aṭ-Ṭayyib gleich widerlegt werden: Erstens werden die Namen in den *Kategorien* in drei Teile, nämlich in Synonyme, Homonyme und Paronyme eingeteilt, in der *Rhetorik* teilt sie Aristoteles aber in fünf Teile, in Synonyme, Homonyme, Paronyme, Heteronyme und Polyonyme ein. Zweitens zeigt die Aussage, daß die erste Substanz naturgemäß vor der zweiten prioritär sei, daß das Buch nicht von Aristoteles stammen kann, denn im *Buch des Beweises* (*Zweite Analytik*) wird deutlich gemacht, daß die zweite vor der ersten Substanz kommt. Drittens wird in den *Kategorien* gesagt, daß einige der Relativa nicht gleichzeitig sein könnten, in anderen Schriften von Aristoteles heißt es aber, daß alles Relative gleichzeitig sei. Viertens wird aus der Einteilung der Bewegung klar, daß das Buch nicht von Aristoteles stammt, denn er zählt hier Werden und Vergehen zur Bewegung, in der *Physik* und im *Buch über das Werden und Vergehen* zählt er sie aber zu den Veränderungen.

Richtig ist, daß das Buch von Aristoteles stammt, und dafür gibt es zwei Argumente: Wäre das Buch nicht von Aristoteles, dann wäre die Kunst (der Logik) unvollständig, da nicht über ihre Grundlage und über ihr Sein gesprochen worden wäre.

Zweitens ist es nach dem Zeugnis vertrauenswürdiger Kommentatoren echt, und man sieht es aus der Art des Textes und daran, daß Aristoteles es an anderer Stelle zitiert. Die Kommentatoren gaben das richtige Zeugnis, nur seine Schüler Theophrast und Eudemos schufen Unsicherheit.

¶ Die vier Argumente gegen die Echtheit finden wir bei Olympiodor (22, 39). ¶

Als nächstes ist die Frage zu klären, *zu welcher Wissenschaft* die *Kategorien* gehören. Diese Frage ist einfach, da es sich um die Logik handelt.

¶ Simplikios stellt das mit ebenso trockenen Worten fest (20, 8). ¶

Die *Einteilung des Buches* (qisma) ist der nächste zu behandelnde Punkt (S. ٢٩). Wieviele Teile es in diesem Buch gibt, ist Gegenstand einer Diskussion. Es werden verschiedene Ansichten referiert, daß es zwei oder drei Teile oder gar 23 Teile seien, wegen der 23 Themen, die darin behandelt werden.

¶ Bei Olympiodor (25, 5) wird die Dreiteilung des Buches nicht in Frage gestellt, ebensowenig bei Ammonios (14, 3), Philoponos (13, 6), bei Elias (David) (133, 28) oder bei Simplikios (19, 9). ¶

Als der achte und letzte Punkt werden *die Methoden* erläutert, nämlich Definition (ḥadd), Einteilung (qisma), Beweis (burhān) und Analyse (taḥlīl).

5.5. Fünfte Lektion (S. ٣٣)

Arist. Cat. 1a1–1a5: Homonym werden Dinge genannt, die nur den Namen gemeinsam haben, deren Begriff der Substanz, dem Namen entsprechend, jedoch verschieden ist. So bedeutet zum Beispiel der „Mensch" und sein „Abbild", „Lebewesen", wobei sie nur den Namen gemeinsam haben, der dem Namen entsprechende Begriff der Substanz ist jedoch verschieden. Denn wenn einer für jedes einzelne von ihnen angeben sollte, was die Bedeutung des Lebewesens für es ist, so wäre sein Begriff für jedes von ihnen ein anderer.

Als erstes muß die Existenz der Homonyme bewiesen werden. Da es unendlich viele partikulare Dinge und endlich viele Namen gibt, muß es für viele Dinge einen einzigen Namen geben, das Homonym.

Dann wird das Homonym definiert: Das Homonym ist das, was nur den Namen gemein hat, der Ausdruck der Substanz dagegen ist hinsichtlich des Namens verschieden. Es gibt Homonyme, die zufällig welche sind und solche, die es durch überlegte Wortwahl sind. Diese Definition muß Teil für Teil erklärt werden.

In dieser Passage wird Wort für Wort des Satzes über die Homonyme untersucht und erklärt, so wie es Ibn aṭ-Ṭayyib auch vorhat, wenn er sagt: „Wir müssen diese Definition Teil für Teil erklären" (S. ٣٤). Er beginnt mit der Kommentierung von λέγεται / yuqālu. Aussagen können im Sinne einer Beschreibung, einer Begriffsbestimmung oder einer Definition gemacht werden. Aristoteles meine hier die Begriffsbestimmung.

Im folgenden wird ὄνομα / ism behandelt. Ibn aṭ-Ṭayyib teilt ὄνομα in drei Arten auf: 1. als spezifischer Name, wie z.B. ein Personenname, der von der Zeit unabhängig ist. 2. als Beiname, wie z.B. „der Reine", „der Mutige"; 3. als einer der acht Teile der Rede, die da wären Nomen, Verb, Subjekt, Objekt, und so weiter. Er sagt, Aristoteles meine hier die dritte Art.

¶ Ibn aṭ-Ṭayyib unterscheidet sich mit der Anführung des Beinamens von allen griechischen Kommentatoren. Simplikios referiert zusätzlich die Ansicht von Boethos, daß es nur zwei Arten von Nomina gebe (25, 18). An dieser Stelle wird im folgenden auch eine Frage diskutiert, die von allen Kommentatoren aufgeworfen wird, ob nämlich nur Nomina homonym sein können oder auch Verben (Olympiodor 30, 4 ff.; Philoponos 18, 4; Elias [David] 137, 23). ¶

Das Wort „nur" μόνον / faqaṭ wird in zwei Aspekte aufgeteilt: Zum einen bezeichnet es die einmalige Sache („es gibt nur eine Sonne"), zum anderen bezeichnet es „nur" im Sinne von „nicht auch noch".

Κοινόν / ʿāmm dagegen wird auf vier Arten ausgesagt, erstens im Sinne dessen, das allen offensteht, beispielsweise Verwirrung und Verlust. Zweitens als nicht Aufteilbares, aber gemeinsam Verwendbares wie „Sklave" oder „Reittier". Drittens im Sinne des Allgemeingutes, wie „Hammam" oder „Sportplatz". Viertens als Allgemeingut, das alle gleichzeitig haben, wie beispielsweise die Stimme des Herolds, die alle gleichzeitig hören.

¶ Die Aufteilung des Begriffs „nur" in zwei Aspekte hat der arabische Kommentar mit denjenigen von Simplikios (26, 3), Philoponos (18, 17), Olympiodor (30, 18) und Elias (David) (138, 1) gemeinsam, ebenso die vierfache Bedeutung von κοινόν / ʿāmm (Olympiodor 30, 28; Philoponos 18, 25 ; Porphyrios 62, 19; Elias [David] 138, 12). ¶

Ibn aṭ-Ṭayyib fächert den λόγος in fünf Bedeutungen auf, nämlich in die Aussage mit Hilfe der Vorstellungskraft, nach der göttlichen Vorsehung, als Aussagesatz, als Begriffsbestimmung und als Definition.

¶ Auch bei Simplikios (29, 13), der darin auf Porphyrios (64, 28) zurückgeht, finden wir fünf Bedeutungen des λόγος. Nämlich den 1) λογισμός ἐν ταῖς ψήφοις 2) λόγος ἐνδιάθετος 3) λόγος προφορικός 4) λόγος σπερματικός 5) λόγος ὁριστικός. Wie man sieht, sind diese Aufteilungen nicht deckungsgleich. Ibn aṭ-Ṭayyib spricht nicht vom rechnenden Begriff, bei Simplikios fehlt dafür die göttliche Vorsehung. ¶

Ibn aṭ-Ṭayyib teilt auch die οὐσία / ǧawhar in zwei Bedeutungen auf, nämlich in die Substanz, die allen Wesenheiten zukommt und in die Substanz selbst.

¶ Diese Aufteilung findet sich auch in den griechischen Kommentaren bei Philoponos (20, 9) und bei Olympiodor (32, 34), die darin Ammonios folgen. Ebenso bei Elias (David) (139, 8). ¶

Besonderes Augenmerk wird auf den Ausdruck ὁ δὲ κατὰ τοὔνομα λόγος τῆς οὐσίας / fa-ammā qawl al-ǧawhar allaḏī biḥasab al-ism gerichtet (S. ٣٦). Ibn aṭ-Ṭayyib geht nicht nur hier, sondern auch in den Aporien auf diesen Ausdruck ein, dessen Diskussion auch bei den griechischen Kommentatoren, besonders bei Simplikios, großen Raum einnimmt.

So stellen alle Kommentatoren, die griechischen wie der arabische, die Notwendigkeit der Ergänzung κατὰ τοὔνομα in Frage, und die Antwort darauf entspricht sich eigentlich auch bei allen: κατὰ τοὔνομα ist notwendig, denn synonyme Dinge, die hinsichtlich der Gattung synonym sind, sind im Hinblick auf die Art homonym. Das Beispiel dafür ist der Seehund und der vierbeinige „Erd-Hund": als „Lebewesen" sind sie synonym, als „Hund" aber homonym.

Auch die Ergänzung mit τῆς οὐσίας wird in Frage gestellt und gefragt, warum Aristoteles nicht einfach von ὁρισμός oder ὑπογραφή spreche, also von Definition oder Beschreibung, und warum er nur von Substanz spreche, da doch Homonymie in allen Kategorien vorkomme.

¶ Ammonios antwortet darauf, daß οὐσία in diesem Sinne nicht die dem Akzidens entgegengesetzte Substanz meint, sondern in einem allgemeinen Sinn des Seins zu verstehen ist, und damit auch das Akzidens miteinschließt (20, 26 ff.). ¶

Ibn aṭ-Ṭayyib übernimmt diese Erklärung bei der Lösung der entsprechenden Aporie. Im einführenden Teil gibt er nur den Hinweis, daß immer die Dinge, nicht nur die Wörter oder Namen gemeint sind.

¶ Insgesamt behandelt er aber diese Passage viel kürzer als Simplikios, der die Aporien des Nikostrat zitiert. Nikostrat wird auch bei Ibn aṭ-Ṭayyib genannt, allerdings an anderer Stelle und in einem anderen Zusammenhang. Das ist bemerkenswert, da wir sonst nur durch Simplikios Kenntnis von Nikostrat haben. ¶

Ibn aṭ-Ṭayyib wendet nun in seinem Kommentar auch noch die Division an zur Erläuterung der Homonymie. Das heißt, er listet die verschiedenen Arten der Homonyme auf.

¶ Darin folgt er den griechischen Kommentaren, die diese Aufteilung alle auch durchführen, allerdings mehr oder weniger systematisch. ¶

Die Grundeinteilung besteht zwischen zufälligen Homonymen (ἀπὸ τύχης) und solchen, die durch Überlegung zustandekommen (ἀπὸ διανοίας). Das Beispiel für zufällige Homonyme sind zwei Männer, die den gleichen Namen tragen, z.B. ein Sokrates aus dem Norden und einer aus dem Irak.

¶ Die Unterscheidung zwischen zufälligen und durch Überlegung zustandegekommenen Homonymen ist im Text der Kategorien bei Aristoteles nicht enthalten, entsprechende Stellen findet man aber in der *Nikomachischen Ethik* (1096 b26–28) und in der *Physik* (VII, 4, 249a23–25 und II, 5, 197a2–3). ¶

Die aus Überlegung entstandenen Homonyme sind nochmals in acht Unterarten aufgeteilt: In solche der Herkunft (nisba) wie beispielsweise die „Flußquelle", das „Herz" als Ursprungsort; in solche der Ähnlichkeit (tašbīh) wie der Mensch und sein Abbild; in solche, die nach dem Urheber benannt sind (min fāᶜil wāḥid) wie „ärztlich"; in solche, die ein einziges Ziel haben (ġāya), wie Heilmittel und Speisen, die beide „gesund" heißen; in solche, die einen Urheber und ein Ziel haben (min fāᶜil wāḥid wa-ilā ġāya wāḥida), denn alles Seiende kommt von Gott und geht zu Gott; in solche der positiven Vorbestimmung (istibšār), wenn jemand seinen Sohn Aristoteles nennt; in solche der Erinnerung (taḏkira), wenn jemand seinen Sohn nach seinem Vater nennt; in solche der Freude und Erinnerung (istibšār wa-taḏkira), wie man in der Namensgebung sehen kann.

¶ Ammonios (21, 16) hat das komplexeste Schema der Unterarten der Homonyme von den Kommentatoren, und Ibn aṭ-Ṭayyib übernimmt es mit einigen Vereinfachungen, indem er beispielsweise die inneren Abhängigkeiten der Unterarten voneinander beiseite läßt. So fallen eigentlich seine ersten drei Arten unter die Homonyme, die von etwas Bestimmtem ausgehend gesagt werden, ἀπὸ ποιητικοῦ αἰτίου, also von etwas, ἀφ᾽ ἑνός, im Unterschied zu denen, die homonym sind, wegen der einen Sache, die sie bezwecken, πρὸς ἕν.

Die Beispiele sind bei allen Kommentatoren gleich und Ibn aṭ-Ṭayyib übernimmt sie ohne Abweichung.

Der Punkt, in dem er keinem griechischen Vorbild folgt, ist die fünfte Art: Homonyme, die aus einem einzigen entstehen, nämlich aus Gott, und zu einem einzigen streben, nämlich nach Gott, also alle seienden Dinge. Das heißt, nach Ibn aṭ-Ṭayyib sind alle seienden Dinge als Geschöpfe Gottes homonym. ¶

Mit der Aufzählung der verschiedenen Unterarten der Homonyme ist der einführende Teil zu den Homonymen zu Ende.

Aporien (S. ٣٩):

1. Warum wird behauptet, das Ziel dieses Buches sei die Untersuchung der Wörter, die die höheren Gattungen bezeichnen, wo doch mit der Definition des Homonyms begonnen wird? Lösung: Zuerst muß man die für eine Handlung notwendigen Dinge vorbereiten, so wie der Handwerker sein Werkzeug vorbereitet.

¶ Simplikios (21, 2) referiert diese Aporie unter dem Namen des Nikostrat, entsprechend bei Porphyrios (59, 34) zu finden und, genauer noch, bei Dexippos (16, 15). ¶

2. Warum werden die Homonyme vor den Synonymen behandelt? Lösung: Dazu gibt es verschiedene Meinungen. Eine Ansicht ist es, daß die Homonyme einfacher seien als die Synonyme und deshalb zuerst behandelt würden. Eine andere Meinung besagt, daß eigentlich die Synonyme einfacher wären. Eine Gruppe von Leuten hat zwei Beweise für die Lösung der Aporie: Erstens ist es das Ziel der Logik, die kollektiven Namen zu unterscheiden. Da die Dinge, die ein kollektiver Name erfaßt, Homonyme sind, müssen sie zuerst kommen. Zweitens: Die höheren Gattungen stimmen nur im Begriff des Seins überein, deshalb muß die Homonymie vorangehen.

¶ Die griechischen Kommentatoren sind in dieser Frage uneinig. Ammonios (16, 19) zum Beispiel macht geltend, daß die

Homonyme, bloß weil sie simpel sind, am Anfang kommen, nicht jedoch etwa, weil das „Sein" homonym über die Kategorien ausgesagt werde. Olympiodor (28, 8), Philoponos (15, 13) und Porphyrios (61, 10), von dem die Fragestellung überhaupt erfunden zu sein scheint, widersprechen dieser Ansicht und behaupten, das Sein werde homonym über die Kategorien ausgesagt. Philoponos ist darüber hinaus der Meinung, daß die Homonyme einfacher seien und von Natur aus zuerst kommen (15, 11). Simplikios (23, 25) läßt die Frage offen. Dexippos (17, 22) führt die Aporie ebenfalls aus, Simplikios ist sehr nahe an seiner Argumentation. ¶

3. Warum untersucht Aristoteles Dinge, die nur den Namen gemeinsam haben, wo doch das Buch nur über Wörter, nicht über Dinge sein soll? Lösung: Die Wörter sind nur im Hinblick auf die Dinge, die sie bezeichnen, gleichbedeutend oder nicht.

¶ Zu finden ist diese Aporie auch bei Porphyrios (61, 13) und Simplikios (24, 6). Daß Aristoteles Dinge meint, nicht Ausdrücke, betont auch Ammonios. ¶

4. Warum untersucht Aristoteles nicht zuerst, ob das Homonym existiert, so wie er es gezeigt hat im *Buch des Beweises* (Zweite Analytik 71a11 f.)? Lösung: Der Logiker braucht diesen Beweis nicht.

5. Warum kann er sagen, Homonyme hätten nur den Namen gemeinsam, wo wir doch viele Dinge kennen, die in der Rede gleich sind, ihre Definitionen aber verschieden? Lösung: Der Name wird auf zwei verschiedene Weisen ausgesagt. Zum einen im Hinblick auf jeden Teil der Sache, zum anderen im Hinblick auf einen speziellen Teil. Hier meint Aristoteles nur das erste.

¶ Daß nur von Nomina gesprochen wird und ob alle Teile der Rede gemeint seien, fragen auch alle griechischen Kommentatoren: Ammonios (18, 18), Simplikios (25, 10 ff.), Porphyrios (61, 31), Elias (David) (137, 23), Olympiodor (30, 5), Philoponos (18, 4). ¶

6. Warum sagt Aristoteles, daß die Homonyme diejenigen seien, bei denen der Ausdruck der Substanz verschieden ist, wo wir doch viele Akzidentien kennen, die im Namen übereinstimmen, während der Ausdruck des Akzidens davon verschieden ist? Lösung: Substanz wird über alles ausgesagt, ob es nun substanziell oder akzidentell sei. Sie wird auch über die eigentliche Substanz ausgesagt.

¶ Zu finden ist diese Aporie auch bei Philoponos (20, 4) und bei Ammonios (20, 23). ¶

7. Warum setzt Aristoteles dem Allgemeinen das Verschiedene entgegen, wo er doch dem Allgemeinen das Spezielle und dem Verschiedenen das Gleichartige entgegensetzen müsste? Lösung: Er macht das, damit man das eine aus dem anderen versteht.

¶ Dieselbe Aporie finden wir bei Olympiodor (33, 1) und bei Elias (David) (139, 13). ¶

8. Aristoteles behauptet, daß der Name ein Wort sei, das eine bestimmte Bedeutung bezeichnet, der homonyme Name bezeichnet aber nicht eine bestimmte Bedeutung, sondern er ist verbreitet. Wenn er nichts Bestimmtes bezeichnet, ist er kein Name und wenn er kein Name ist, kann er also nicht homonym sein. Lösung: Namen gibt es auf drei Arten. Entweder wird er nur als solcher bezeichnet, weil er die Form hat; oder er hat nur die Bedeutung ohne die Form, wie irgendein Phantasiename für jemanden; oder aber er hat sowohl die Form als auch die Bedeutung des Namens, wie beispielsweise „Zaid". Allgemein gebraucht, hat das Homonym zwar die Form, aber nicht die Bedeutung. Speziell gebraucht hat es die Bedeutung und die Form. Alinus löst die Aporie auf diese Weise.

9. Warum sagt man, daß die aus der Ärztekunst hervorgehenden Dinge und diejenigen, die zur Gesundheit führen, Paronyme seien, und alle „ärztlich" heißen, so daß sie eigentlich Homonyme wären? Lösung: Es ist kein Problem, daß die Wörter in einem gewissen Aspekt homonym sind und in einem anderen paronym.

10. Kann ein Homonym metaphorisch sein? Lösung: Die Kommentatoren sagen, daß es das nicht sein kann.

¶ Die Frage nach dem metaphorischen Homonym wird bei Simplikios (32, 21) thematisiert. Er zitiert Porphyrios, der zwischen metaphorisch (Bsp. „Fuß des Tisches" / „Fuß des Berges") und homonym (Bsp. „Fuß des Tisches" / „Fuß des Bettes") unterscheidet und sagt, daß es keine metaphorischen Homonyme gebe (vgl. Porph. 67, 4–25). ¶

11. Wenn alle seienden Dinge von den zehn Gattungen erfaßt werden, und diese nur auf Dinge bezogen werden, die unter ihnen sind, dann kann das Homonym kein seiendes Ding sein. Lösung: Die Homonyme gehören zu den partikularen Dingen, sind also unendlich, weil es aber nur begrenzt Namen gibt, müssen einige Dinge denselben Namen tragen.

12. Warum definiert Aristoteles die Homonyme so, daß sie den gleichen Namen haben, aber in der Definition verschieden sind, wo wir doch sehen, daß die Homonyme den gleichen Namen und die gleiche Definition tragen? Lösung: Homonym sind sie, wenn man sie Stück für Stück betrachtet, untersucht man sie im größeren Zusammenhang, so sind sie synonym.

13. Warum wird gesagt, daß die Homonyme durch überlegte Wortwahl (bi-rawīya) nicht nur im Namen, sondern auch in der Bedeutung übereinstimmen, wodurch sie ja Synonyme wären? Lösung: Die Synonyme stimmen in Namen und Bedeutung überein gemäß Natur und Beziehung in einem bestimmten Grad. Die Homonyme stimmen nur entweder im Namen oder in der Bedeutung überein.

¶ Diese Aporie, die bei Simplikios unter dem Namen des Nikostrat referiert wird (30, 16), erscheint bei folgenden Kommentatoren: Dexippos (20, 32), Ammonios (20, 1), Philoponos (20, 22), Olympiodor (36, 10), Elias (David) (135, 24). ¶

14. Wenn die Grundlagen der Namen endlich sind und auch die Grundlagen der Dinge endlich sind, dann gibt es keinen Grund dafür, daß es unendlich viele Dinge gibt und endlich viele Namen. Lösung: Die Dinge sind der Veränderung unter-

worfen, deshalb gehen sie in Richtung Unendlichkeit. Die Namen sind aber endlich, weil sie bestimmt werden durch Position und Umgebung.

¶ Im Unterschied zu den Griechen behandelt Ibn aṭ-Ṭayyib auch die Frage, ob es auch Homonyme gibt, die durch eine Metapher entstehen, bei den Aporien. Allgemein behandelt Ibn aṭ-Ṭayyib vieles, was bei den griechischen Kommentatoren im fortlaufenden Text länger diskutiert wird, im Frage-Antwort-Schema der Aporien (šukūk), zum Beispiel, ob Homonyme zugleich auch Synonyme sein können oder auch die Frage nach der Priorität der Homonyme über die Synonyme. Dagegen behandeln nur die griechischen Kommentatoren die Frage, wieviele Bedingungen erfüllt sein müssen, damit etwas homonym ist. Die Wörter müssen nämlich nicht nur im ὄνομα übereinstimmen, sondern auch in Graphie, Deklination, Akzent und Spiritus (Olympiodor 33, 11). Die Frage, warum Aristoteles nur Homonyme und Synonyme ausführlich behandle, stellen, im Unterschied zu Ibn aṭ-Ṭayyib, Olympiodor (27, 21) und Philoponos (14, 24). ¶

Lemma-Kommentar 1a1–1a5 (S. ٤٣)

5.6. Sechste Lektion. Die Synonyme (S. ٤٧)

Arist. Cat. 1a6–1a15: Synonym werden Dinge genannt, die den Namen gemeinsam haben, und deren dem Namen entsprechende Begriff der Substanz auch derselbe ist. So sind zum Beispiel sowohl „Mensch" als auch „Stier" „Lebewesen", das heißt, „Mensch" und „Stier" werden mit einem gemeinsamen Namen bezeichnet, nämlich mit „Lebewesen", und ihr Begriff der Substanz ist auch derselbe. Denn sollte einer für jedes der beiden die Bedeutung dafür angeben, daß es Lebewesen ist, dann ist der Begriff, den er angibt, ein einziger.

Paronym werden Dinge genannt, die eine Bezeichnung haben gemäß ihrem Namen, wobei ihre Flexion eine andere ist. So wird zum Beispiel der Grammatiker nach der Grammatik und der Tapfere nach der Tapferkeit benannt.

Das Kapitel beginnt mit einem Beweis, daß die Synonyme existieren: Es gibt viele Dinge, die einen einzigen Namen tragen und durch eine einzige Definition definiert werden, wie zum Beispiel die Arten, die mit dem Namen ihrer Gattung benannt und durch ihre Definion definiert werden, oder die partikularen Dinge, die mit dem Namen ihrer Art benannt und durch ihre Definition definiert werden. Das sind Synonyme.

Definiert werden die Synonyme dadurch, daß sie es sind, von denen gesagt wird, daß sie den Namen gemeinsam haben, wobei der Begriff des Wesens, der dem Namen entspricht, ein einziger ist.

Ibn aṭ-Ṭayyib findet, daß man darauf verzichten kann, die Definition Wort für Wort zu prüfen, da dies schon bei den Homonymen unternommen worden ist.

¶ Die Bemerkung, daß man nicht noch einmal alles zu wiederholen braucht, was bei den Homonymen gesagt wurde, machen auch Ammonios (22, 13) und Olympiodor (37, 35). ¶

Es stellt sich hier jedoch ein Problem: Aristoteles verwendet bei den Homonymen das Beispiel vom Menschen und seinem Abbild und bei den Synonymen das Beispiel von Mensch und Stier, also bei beiden den Menschen. Heißt das nun, daß die Synonyme auch homonym sind? Lösung: Es ist nicht unmöglich, daß etwas homonym und synonym sein kann. Aber es ist unmöglich, daß etwas im Hinblick auf eine einzige Sache homonym und synonym sein kann. Auf vier Arten kann etwas gleichzeitig zu den Homonymen und Synonymen gehören: Erstens wenn eine Sache zwei Namen hat, die auf zwei darin enthaltene Bedeutungen weisen, beispielsweise heißt jemand „Zaid" in Bezug darauf, daß er ein Individuum ist, und „Mensch" in Bezug auf seine Art. Zweitens eine Sache, die einen einzigen Namen hat, der auf eine einzige Bedeutung weist. Damit gehört die Sache im Hinblick auf etwas, das mit den beiden übereinstimmt, zu den Synonymen, und im Hinblick auf etwas, das nur im Namen übereinstimmt, zu den Homonymen. Drittens kann etwas einen einzigen Namen haben, in dem zwei Bedeutungen stecken. Viertens kann etwas zwei Namen haben, die auf eine einzige Bedeutung weisen. Beispielsweise ein Vogel, den man „Vogel" und „Krähe" nennt. Beide deuten auf ein Individuum. Hinsichtlich des Namens „Vogel" ist er mit einem anderen Vogel seiner Art synonym. Und hinsichtlich des Namens „Krähe" ist er homonym.

¶ Daß Homonyme auf vier Arten zugleich Synonyme sein können, erklärt auch Olympiodor (35, 19). Und auch Elias (David) geht auf dieses Problem ein (144, 5). Bei Simplikios erscheint diese Fragestellung als Aporie von Nikostrat (30, 16), mit der Antwort Porphyrs, daß nichts dieselben Realitäten daran hindere, zugleich honomym und synonym zu sein (30, 23). Auch Dexippos geht auf diese Aporie ein (20, 33). ¶

Zu diesem Thema gibt es eine zweite Aporie (S. ٤٨): Aristoteles definiert in der *Rhetorik* und in der *Poetik* die Synonyme anders, nämlich daß die Synonyme jene seien, die viele Namen hätten, deren Definition hinsichtlich des Namens eine einzige sei. Zu dieser Aporie gibt es eine Lösung, die von Porphyrios stammt, der meinte, daß es bei Aristoteles die Synonyme in zwei Ausprägungen gibt: die, welche einen Namen und eine Bedeutung haben, und die, welche in bezug auf Namen und Bedeutung vielfache sind, hinsichtlich aller Namen jedoch eins. Dieses nennt Porphyrios Polyonyme. In den Kategorien wende Aristoteles die erste Sorte an.

Die Paronyme: Die Paronyme werden nach den Synonymen behandelt, weil sie gewissermaßen in der Mitte stehen, während die Homonyme, Synonyme, die Heteronyme und die Polyonyme an den äußeren Rändern stehen.

¶ Daß die Paronyme gewissermaßen in der Mitte zwischen den Homonymen und Synonymen stehen, meint Ammonios nicht, sondern er sagt, daß sie eher auf der Seite der Synonyme stünden (24, 3). ¶

Die Existenz der Paronyme wird damit bewiesen, daß man eine Sache vom Namen ihres Zustandes her benennt, so daß man aus dessen Namen einen Namen erfindet. Die Paronyme sind diejenigen, von denen gesagt wird, daß sie den Beinamen (laqab) einer Sache haben, entsprechend ihrem Namen, wobei sie sich in der Deklination unterscheiden davon.

Die Kommentatoren sind sich uneinig über die Anzahl der Bedingungen, aufgrund welcher Paronyme vorliegen. Es gibt welche, die sagen, es seien drei Bedingungen, und es gibt welche, die sagen, daß es fünf sein müßten.

¶ Olympiodor dagegen ist der Ansicht, daß es für die Paronymie vier Charakteristika gibt: κοινωνία ὀνόματος, διαφορὰ ὀνόματος, κοινωνία πράγματος, διαφορὰ πράγματος (38, 16 ff.). Dasselbe findet sich bei Elias (David)(142, 36). ¶

Die Paronyme sind in drei Teile geteilt: Erstens die Paronyme, deren Name von dem Zustand abgeleitet ist, der in ihnen ist, beispielsweise „der Mutige", abgeleitet von dem Mut, der in ihm ist. Zweitens die Paronyme, deren Name abgeleitet ist von dem Zustand, der aus ihnen kommt, wie zum Beispiel die „medizinischen" Dinge. Drittens die Paronyme, deren Name abgeleitet ist von dem Zustand, der aus ihnen entsteht und als Ziel mit ihnen verbunden ist, beispielsweise die „gesunden" Dinge, deren Name von der „Gesundheit" abgeleitet ist, die sie bezwecken.

Aporien (S. ٥٠)

1. Warum definiert Aristoteles Homonym, Synonym und Paronym, nicht aber Heteronym und Polyonym? Lösung: Einerseits weil er sie in den *Kategorien* nicht braucht. Und andererseits enthalten sie in sich schon Homonym und Synonym.

¶ Auch Porphyrios (61, 2) hält die Behandlung der Heteronyme und Polyonyme für unnötig, ebenso Ammonios (16, 7). ¶

2. Warum erwähnt Aristoteles die Paronyme sehr oft, begnügt sich aber für ihr Verständnis mit wenigem? Lösung: Weil sie sehr ähnlich sind wie Homonym und Paronym.

3. Nach der Meinung Platons ist es nicht möglich, daß es etwas Existierendes gibt, das die Anwendung der Aufteilung nicht berührt (ṣināʿat al-qisma). Die Kunst der Aufteilung geht nämlich so: Jede Sache hat entweder Teil am Namen und an der Bedeutung, oder sie unterscheidet sich im Namen und in der Bedeutung, oder sie hat Teil an der Bedeutung, unterscheidet

sich aber im Namen, oder sie hat Teil am Namen, unterscheidet sich aber in der Bedeutung. Das Paronym braucht die Aufteilung nicht, also kann es nicht existierend sein. Lösung: In dieser Aufteilung bleibt etwas übrig, nämlich die Übereinstimmung in einigen Namen und einigen Bedeutungen, und das entspricht dem Paronym.

Es ist festzustellen, daß es fünf Arten von Nomina gibt, nämlich Homonym, Synonym, Paronym, Heteronym und Polyonym. Man kann sie auf eine Fläche bringen: Das Homonym gegenüber dem Polyonym, das Heteronym gegenüber dem Synonym. In der Mitte steht das Paronym.

Lemma-Kommentar 1a6–1a15 (S. ٥٣)

Der Beiname (laqab) wird erklärt. Er besteht aus drei Teilen: Ehrenname (al-tašrīf), Kennzeichnung (al-taʿrīf), Schimpfname (al-ḫasīs) (S. ٥٤).

5.7. Siebte Lektion (S. ٥٥)

Arist. Cat. 1a16–1b9: Von dem, was ausgesagt wird, wird einiges mit einer Verbindung und einiges ohne Verbindung ausgesagt. Das, was mit einer Verbindung ausgesagt wird, ist zum Beispiel der Ausdruck „Mensch läuft", „Stier siegt". Was ohne Verbindung ausgesagt wird, ist zum Beispiel der Ausdruck „Mensch", „Stier", „läuft", „siegt".

Von den seienden Dingen werden einige von einem Zugrundeliegenden ausgesagt, ohne überhaupt in einem Zugrundeliegenden zu sein. So zum Beispiel der Ausdruck „Mensch", der über einen Menschen ausgesagt wird, ohne daß er überhaupt in einem Zugrundeliegenden wäre.

Einige sind in einem Zugrundeliegenden, werden aber gar nicht von einem Zugrundeliegenden ausgesagt. Mit dem Ausdruck „in einem Zugrundeliegenden" meine ich das Seiende, das in etwas ist, aber nicht als ein Teil davon, und ohne daß es möglich wäre, daß es ohne das, in dem es ist, existiert. So ist zum Beispiel grammatisches Wissen in einem Zugrundeliegenden, das heißt in der Seele, es wird aber überhaupt nicht von einem Zugrundeliegenden ausgesagt. Während Weißes in einem Zugrundeliegenden ist, das heißt im Körper, da jede Farbe im Körper ist, jedoch überhaupt nicht von einem Zugrundeliegenden ausgesagt wird.

Einiges wird von einem Zugrundeliegenden ausgesagt und es ist auch in einem Zugrundeliegenden, beispielsweise das Wissen, das in einem Zugrundeliegenden, nämlich in der Seele ist, und von einem Zugrundeliegenden ausgesagt wird, nämlich von der Schreibkunst.

Einiges ist nicht in einem Zugrundeliegenden und wird nicht von einem Zugrundeliegenden ausgesagt, so zum Beispiel „ein Mensch" oder „ein Pferd", denn nichts Derartiges ist in einem Zugrundeliegenden, noch wird es von einem Zugrundeliegenden ausgesagt.

Allgemein werden Einzelwesen und Dinge, die der Zahl nach eins sind, gar nicht von einem Zugrundeliegenden ausgesagt, doch gibt es kein Hindernis, daß nicht einige von ihnen in einem Zugrundeliegenden seien. So ist die Schreibkunst etwas, was in einem Zugrundeliegenden ist, nämlich in der Seele, aber gar nicht von einem Zugrundeliegenden ausgesagt wird.

Am Anfang des folgenden Kapitels (taᶜlīm) steht die Einleitung des Kommentators: Aristoteles teilt jetzt die Wörter und die Dinge auf.

Die Ausdrücke teilt er in einfache und zusammengesetzte ein. Die Zusammengesetzten werden außerdem eingeteilt in solche, die durch ein Bindeglied verbunden sind (Bsp. „Zaid und Amr") und in solche, die unverbunden sind.

¶ Wie Ibn aṭ-Ṭayyib darstellt, können die Verbindungen, die ohne Verbindungsbuchstaben bestehen, potentiell oder aktuell (bi-l-quwwa / bi-l-fiᶜl) sein: potentiell sind die Verbindungen in einem Ausdruck wie „es regnet", aktuell in einem Ausdruck wie „Zaid geht". Wie Philoponos (26, 12 ff.) und Simplikios (42 f.) erklärt auch Ibn aṭ-Ṭayyib die Eigenschaft dieses Ausdrucks, der, obschon ohne Verbindungsbuchstaben, trotzdem zu den zusammengesetzten Ausdrücken gehört. Ibn aṭ-Ṭayyib räumt wie Simplikios den Verbindungen eine potentielle Bedeutung ein, der sagt, daß „sein" und „haben" die Möglichkeit (δύναμις) einer Verbindung (σύνδεσμος) in sich trügen (siehe Luna, Simplicius [2001], S. 84–100).

Olympiodor (41, 32) stellt dagegen fest, daß Aristoteles die Unterscheidung der Dinge mit derjenigen der Wörter vermischt. Des weiteren geht er auf den Unterschied zwischen der Auffassung der Grammatiker und der Philosophen ein, was die Verbindung der Wörter betrifft (42, 1–10): Während für die Philosophen die Begriffe τρέχω, κάμνω eine Verbindung (συμπλοκή) enthalten, für die Grammatiker jedoch nicht, verhält es sich beim Ausdruck ζῷον λογικὸν θνητόν umgekehrt. Diese Überlegung macht Ibn aṭ-Ṭayyib nicht. ¶

Bei Aristoteles folgt nun die Aufteilung der Dinge in universelle Substanz, partikulares Akzidens, universelles Akzidens und partikulare Substanz (S. ٥٦).

¶ Diese Unterteilung der Dinge (ὄντα) findet sich im gleichen Schema nur bei Elias (David) (145, 3 ff.). Olympiodor eröffnet für diesen Passus eine neue Lektion (θεωρία) (43). Auch hier werden die ὄντα aufgeteilt in οὐσία, συμβεβηκός, καθόλου und μερικός, aber in deutlich anderer Formulierung als bei Elias (David). Philoponos (28) und Ammonios (25) dagegen versuchen, den Sachverhalt räumlich darzustellen. ¶

Ibn aṭ-Ṭayyib verdeutlicht im weiteren die Eigenschaften der Substanz und des Akzidens: Die universelle Substanz ist auf einem Subjekt, aber nicht in einem Subjekt. Das partikulare Akzidens ist in einem Subjekt, aber nicht auf einem Subjekt. Das universelle Akzidens ist auf einem Subjekt und in einem Subjekt. Die partikulare Substanz ist nicht in einem Subjekt und nicht auf einem Subjekt.

Anschließend werden die „einfachen Begriffe" (basāʾiṭ) definiert, nämlich das Akzidens als solches, sei es partikular oder universell, die Substanz als solche, sei sie universell oder partikular, das Partikulare, sei es Substanz oder Akzidens, und das Universelle, sei es Substanz oder Akzidens.

Da die Definition des Akzidens lautet, daß es in etwas sei, nicht als Teil davon, aber ohne existieren zu können außerhalb desselben, muß untersucht werden, was „in etwas sein" bedeutet. Es gibt 11 Arten, in etwas zu sein (S. ٥٧):

1. Das Sein als Teil im Ganzen (Bsp. Hand am Körper)
2. Das Sein als Ganzes in Teilen
3. Das Sein an einem Ort
4. Das Sein in einem Gefäß
5. Das Sein im Verursacher (Bsp. die Vorstellung des Stuhles in der Seele des Schreiners)

6. Das Sein in seinem Ziel/Zweck (Bsp. der Stuhl hat den Zweck, daß man darauf sitzt)
7. Das Sein als Gattung in der Art
8. Das Sein als Art in der Gattung
9. Das Sein der Form in der Materie
10. Das Sein in der Zeit
11. Das Sein des Akzidens im Zugrundeliegenden

¶ Diese 11 Arten des In-etwas-Sein zählen Simplikios (46, 6 ff.), Ammonios (29, 5 ff.), Philoponos (32, 7 ff.), Olympiodor (47, 3 ff.) und Elias (David) (149, 16 ff.) auf, aber alle in voneinander und von Ibn aṭ-Ṭayyib verschiedenen Reihenfolgen. (Simplikios: 3, 4, 10, 1, 2, 8, 7, 6, 9, 5, 12; Ammonios: 10, 3, 4, 1, 2, 8, 7, 5, 9, 6, 11; Philoponos: 1, 2, 8, 7, 10, 3, 4, 9, 5, 6, 11; Olympiodor: 10, 3, 4, 7, 8, 2, 1, 9, 5, 6, 11; Elias (David): 10, 3, 4, 2, 1, 7, 8, 9, 5, 6, 11) Simplikios fügt darüber hinaus noch eine andere Art hinzu, nämlich diejenige des „Seins im Bewegenden" (ἐν τῷ κινοῦντι), während Porphyrios nur 9 verschiedene Unterarten anführt (78, 2 f.: 3, 4, 1, 2, 8, 7, 6, 5, 9). ¶

Das Sein des Akzidens im Zugrundeliegenden hat einen besonderen Status und wird deshalb näher erläutert (S. ٥٨). Es unterscheidet sich von den übrigen Arten, in etwas zu sein. Ibn aṭ-Ṭayyib stellt diese Unterschiede fest.

Aporien:

¶ Bei den griechischen Kommentatoren werden zum einen nicht so viele zu lösende Fragen aufgeworfen und zum anderen sind sie im erklärenden Text integriert und bilden nicht einen Block innerhalb des Kommentars. Olympiodor hat dabei eine ganz eigene Gliederung. Auf S. 43 läßt er eine neue Lehreinheit (θεωρία) beginnen, an deren Anfang eine allgemein erläuternde Passage zu den Teilen der Dinge steht. Es folgt ein Lemma-Kommentar zu 1a20–1b6 (S. 45), eingerahmt wird dieser Teil jedoch wieder durch eine weitere Einheit von fortlaufendem Kommentar zu 1b24 (S. 46, 20–49, 24). Die Aporien sind bei ihm eingebaut in die Teile des fortlaufenden Kommentars wie bei allen griechischen Kommentatoren. ¶

1. Warum teilt Aristoteles die Wörter in „einfache" und „zusammengesetzte", wenn er doch ohnehin nur über die einfachen (basīṭ) Wörter sprechen will? (S. ٦٠) Lösung: Er zeigt damit, daß diese Begriffe in der Logik gebraucht werden.

2. Warum behauptet er, daß es nur zwei Sorten von Ausdrücken gibt, nämlich einfache und zusammengesetzte, nicht aber etwas dazwischen? Lösung: Es gibt nichts in der Mitte. Denn Mittleres entsteht durch Mischung und bei Wörtern oder Ausdrücken gibt es keine Mischung. Außerdem wird die Unterscheidung durch den Gegensatz ausgedrückt, und der Gegensatz läßt einen die Dinge verstehen, da man das eine aus dem anderen versteht.

¶ Auch bei Elias (David) stellt sich die Frage nach einem „mittleren" Ausdruck (148, 5). ¶

3. Warum behandelt er das Zusammengesetzte vor dem Einfachen, wo doch das Einfache notwendig vor dem Zusammengesetzten kommt? Lösung: Zum einen weil vom Zusammengesetzten mit Affirmation gesprochen wird und vom Einfachen mit Negation, und die Affirmation geht der Negation voraus. Zum anderen ist es besser so für den Verlauf der Abhandlung.

¶ Diese Frage begegnet uns auch bei Philoponos (27, 10 ff.), bei Elias (David) (146, 10) und bei Olympiodor (42, 12). ¶

4. Warum teilt er die seienden Dinge ein in universelle und partikulare, nicht aber in Akzidens und Substanz? Lösung: Er teilt die Dinge so ein, daß es in das Konzept der Untersuchung paßt, d.h. daß es zum σκοπός paßt.

5. Warum spricht er von Substanz und Akzidens nicht mit diesen Wörtern, sondern „in etwas Zugrundeliegendem" und „nicht in etwas Zugrundeliegendem"? Lösung: Aristoteles benutzt hier die Begriffsbestimmung (rasm) dieser Wörter.

¶ Olympiodor stellt dieselbe Frage (43, 30). ¶

6. Wie kann Aristoteles behaupten, daß es bei den Dingen vier Teile gibt, nicht mehr und nicht weniger? (S. ٦٤) Lösung: Die

seienden Dinge sind in zwei Arten geteilt, in die, die autark sind (= Substanz) und die, welche nicht autark sind, sondern in etwas anderem sind (= Akzidens). Und sie sind allgemein (wenn sie nämlich in der Seele sind) oder speziell/individuell.

7. Warum vergleicht er nur die universelle Substanz mit dem partikularen Akzidens? Lösung: Weil die wahre Aufteilung immer aus zwei gegensätzlichen Teilen besteht (also Substanz gegen Akzidens, universell gegen partikular).

8. Warum läßt er die universelle Substanz dem universellen Akzidens vorausgehen? Lösung: Weil die Substanz prioritär ist vor dem Akzidens und das Universelle prioritär vor dem Partikularen.

¶ Vgl. Olympiodor 44, 35 ff. ¶

9. Warum behauptet er, daß das Akzidens in einem Subjekt sei und ein Subjekt sei und die Substanz nicht in einem Subjekt sei? (S. ٦٥) Lösung: Er sagt nicht, daß die Substanz Subjekt sei. Das übrige hängt mit der Art des Prädizierens zusammen.

10. Wenn die Definition des Akzidens gilt, nämlich daß es nicht autark ist, dann wären die partikularen Substanzen akzidentell, denn sie erfüllen die Bedingungen (in etwas sein, ohne ein Teil davon zu sein etc.)! Lösung: Es sind zwei verschiedene Dinge. Beispiel: Zaid, also eine partikulare Substanz, kann den Ort wechseln und existiert trotzdem weiter.

11. Die Haupteigenschaft von Begriffsbestimmungen und Definitionen ist es, daß sie sowohl im Allgemeinen als auch im Speziellen für etwas Geltung haben. Bei der Begriffsbestimmung des Akzidens wäre das dann aber nicht so, weil sie nicht für alles gilt. Denn was wir wahrnehmen, nehmen wir nur wahr, wenn etwas unsere Sinne berührt, das sein Subjekt verlassen hat. Also gibt es doch Akzidentien, die ohne Zugrundeliegendes existieren, und das ist unmöglich. Lösung: Es gibt drei Arten der Antwort, zwei davon sind falsch. 1. Der Duft eines Apfels ist nicht Duft, sondern Dampf. Man kann diese These auf drei Arten widerlegen, eine davon stammt von Theophrast. 2. Der Duft wird durch aufgelösten, aber körperhaften Dampf und die dadurch erfolgte Prägung der Luft zu unserer Wahrnehmung transportiert. (Auch diese These wird widerlegt.)

3. Die dritte ist die richtige (aristotelische) Lösung: Wir riechen, weil die Luft auf eine unkörperliche (rūḥāniyya) Weise geprägt wird. Diese Prägung wird erklärt. Als ein Beispiel wird auch das Auge betrachtet, das etwas zur Aufnahme des Gesehenen Passendes schon in sich haben muß.

¶ Die Erläuterung dieser Aporie am Beispiel des Apfelduftes finden wir bei allen griechischen Kommentatoren, außer bei Porphyrios, der jedoch das Problem, ob das Akzidens auch in Entfernung vom Zugrundeliegenden sein kann, auch behandelt. Alle anderen bieten wie der arabische Kommentar verschiedene Lösungen des Problems. Bemerkenswerterweise ist Ibn aṭ-Ṭayyib jedoch der einzige, der behauptet, die Lösung von Aristoteles sei die richtige. Er ist auch der einzige, der zu dieser Frage neben Plotin auch Theophrast zitiert. Während bei Elias (David) Platon als Autor der ersten, Plotin als Autor der zweiten und Aristoteles als Autor der dritten Lösung genannt werden (152, 6 ff.), wird bei Ibn aṭ-Ṭayyib neben Theophrast und Plotin nur Aristoteles genannt. Philoponos nennt gar keine Namen (35, 10 ff.), ebensowenig Simplikios (49, 10 ff.) und Ammonios (28, 9), Olympiodor nennt Aristoteles und Plotin, aber nicht Platon (48, 34 ff.). Zur ganzen Aporie siehe Luna, Simplicius (2001), S. 256–276; Ferrari, Duft des Apfels (2004), S. 97–105. Von Theophrast existierte möglicherweise ein Kommentar zu den *Kategorien* und eine eigene Schrift zum Thema, siehe Frede, Titel (1983), S. 22 ff. Wie das Problem bei Porphyrios und bei Simplikios behandelt wird, stellt Ellis, Alexander's Defense (1994), S. 83–88 dar. Das Argument, das von Porphyrios (79, 29), Ammonios (28, 13), Philoponos (35, 23), Simplikios (49, 16) und Elias (David) (153, 1) angeführt wird, nämlich daß es bei Aristoteles nicht heißt, daß das Akzidens nicht fern von dem sein könne, in dem es war, sondern daß es nicht fern sein kann von dem, in dem es ist, wird von Ibn aṭ-Ṭayyib nicht verwendet. ¶

12. Die Formen in der Seele sind in bezug auf das Subjektum wie das Akzidens (in etwas ohne ein Teil davon zu sein), also müssen diese Formen, ob sie Substanz oder Akzidentien sind, Akzidens sein (S. ٦٨). Lösung: Entweder man betrachtet diese

Formen in bezug zu dem, was sie abbilden. Wenn sie Substanz abbilden, sind sie Substanz, wenn sie Akzidens abbilden, sind sie Akzidens, sie entsprechen also dem, was von außen kommt. Oder man betrachtet sie in bezug zum Verstand. In bezug zum potentiellen Verstand sind sie Akzidens, in bezug zum aktuellen Verstand sind sie Substanz.

¶ Diese Aporie steht auch bei Elias (David), 151, 25–34. ¶

13. Warum ist die Gattung nur Teil der Definition der Art, nicht aber ein Teil von ihr selbst? Lösung: Die Definition berührt die allgemeinen Dinge und trifft auch auf das Spezielle zu. Aber das Spezielle ist nicht Teil der Definition, sondern die Definition trifft auf es zu.

14. Warum soll die Form in der Materie nicht akzidentell sein, sondern Substanz, wo wir doch sehen, daß die Form in der Materie ist und nicht ohne sie bestehen kann? Lösung: Es gibt zwei Aspekte: Die Form im Verhältnis von Materie und Form; die Form im Verhältnis zum Zusammengesetzten aus Materie und Form. Im Verhältnis zur Materie ist sie Akzidens. Im Verhältnis zum Zusammengesetzten ist sie Substanz.

15. Die Begriffsbestimmung soll für alles gelten. Aber für das Akzidens gilt sie nur, wenn es nicht getrennt vom Subjektum ist. Lösung: Aristoteles sagt nur, daß das Akzidens nicht ohne das Subjektum bestehen könne.

16. Warum definiert Aristoteles aus dem Gegensatz von Substanz und Akzidens nur das Akzidens (S. ٧٠)? Und aus dem Gegensatz von universell und partikular nur das Partikulare? Lösung: Das Akzidens ist klarer als die Substanz, ebenso das Partikulare, und man geht immer vom Einfachen zum Schwierigen.

¶ Elias (David) hat für diese Frage eine andere Antwort: Aus dem Gegensatz versteht man das Einzelne (148, 19 ff.). ¶

17. Warum behauptet er, daß das Einzelwesen nicht auf etwas bezogen werde? Lösung: Es hat keinen Nutzen, etwas Individuelles über ein Einzelwesen zu sagen, da man über alles anhand der universellen Formen urteilt.

18. Warum stellt Aristoteles dem Ausdruck Einzelwesen „eins an der Zahl" voraus? Lösung: Weil das Einzelwesen im Griechischen mit „unteilbar" übersetzt wird. „Unteilbar" kann aber von vielen Dingen gesagt werden. An dieser Stelle meint er „von den unteilbaren Dingen" das Einzelwesen.

¶ Dieser Passus (1 b 6) wird auch von Ammonios (30, 4) und Philoponos (37, 5 ff.) kommentiert. ¶

Lemma-Kommentar 1a16–1b9 (S. ٧٢)

5.8. Achte Lektion. Das Prädizieren (S. ٧٧)

Arist. Cat. 1b10–1b24: Wenn etwas von einem anderen ausgesagt wird als Ausgesagtes von einem Zugrundeliegenden, wird alles, was vom Ausgesagten gesagt wird, auch vom Zugrundeliegenden ausgesagt. So wird zum Beispiel „der Mensch" vom individuellen Menschen und „Lebewesen" vom Menschen ausgesagt, folglich wird auch „Lebewesen" von einem individuellen Menschen ausgesagt, also ist ein individueller Mensch sowohl Mensch als auch Lebewesen.

Von den Gattungen, die verschieden und einander nicht untergeordnet sind, sind auch die Differenzen in der Art verschieden. Denn die Differenzen sind wie der Ausdruck „der Geher", „der Fliegende", „Zweifüßler" „Schwimmender". Aber die Differenzen der Wissenschaft sind nichts Derartiges, denn eine Wissenschaft unterscheidet sich von der anderen nicht dadurch, daß sie zwei Füße hat. Es gibt jedoch kein Hindernis dafür, daß einander untergeordnete, voneinander verschiedene Gattungen nicht dieselben Differenzen haben. Die höheren Differenzen werden von den ihnen untergeordneten Gattungen ausgesagt, so daß alle Differenzen der ausgesagten Gattung dieselben sind wie diejenigen der zugrundeliegenden Gattung.

Aristoteles beginnt nun mit der Darlegung der Eigenschaften der substanziellen Prädikate und der spezifizierenden Eigenschaften, durch welche die höheren Gattungen unterteilt sind. Es wird definiert, was das Prädizieren und was das Prädikat ist. Prädizieren: Das Urteilen mittels universeller Formen in der Seele über ein Subjektum, das äußerlich ist. Die Begriffsbestimmung des Prädikats ist, daß es eine universelle Form ist, vom Verstand hervorgebracht aus den seienden Dingen. Durch das Prädizieren wird das Sein der universellen Dinge verwirklicht.

Das akzidentelle Prädizieren ist ein Prädizieren in einem Subjektum, denn das Sein der in der Seele seienden Form wird verwirklicht durch dieses Einzelwesen, nicht durch sich selbst, sondern durch den Zustand, der in ihm ist.

Das substanzielle Prädikat (S. ٧٨). Es wird ausgesagt über ein Subjektum, wobei sich Prädikat und Subjektum entsprechen.

Die „Kommentatoren" teilen die Prädikate auf: die wirklichen sind die, welche über ein Subjektum, das wirklich ihr Subjektum ist, ausgesagt werden. Die unwirklichen sind die, welche über ein Subjektum, das nicht ihr Subjektum ist, ausgesagt werden.

Die „Kommentatoren" verwenden auch Mischungen zwischen akzidentellen und substanziellen Prädikaten (Subjektum, substanzielles und akzidentelles Prädikat). Es gibt vier Mischungen: Zwei substanzielle Prädikate (Bsp. Lebewesen-Mensch: Zaid); zwei akzidentelle Prädikate (Bsp. weiß-ähnlich: Mensch); das eine Prädikat wird über das andere ausgesagt (Bsp. Farbe: weiß); das eine Prädikat wird über das andere in einem „Prädizieren in" ausgesagt (Bsp. Farbe: Schwan).

Es gibt zwei Arten von Akzidentien (S. ٨٢). Zum einen gibt es Dinge wie das Weiße und das Schwarze. Und zum anderen gibt es Bezüge wie das Gattungsartige und das Arteigene (Bsp. Vaterschaft und Sohnschaft). Ein Regelwerk wird aufgestellt für die Unterscheidungen der verschiedenen Arten des Prädizierens.

Danach behandelt Aristoteles die spezifizierenden Eigenschaften der Gattungen (1b16), die einander nicht untergeordnet sind, nämlich der höheren Gattungen (S. ٨٢). Diese Eigenschaften haben nach Aristoteles je verschiedene Naturanlagen.

Im folgenden werden die Eigenschaften der höheren Gattungen im Vergleich zu den anderen betrachtet (S. ٨٦).

Aporien:

1. Warum behauptet Aristoteles, daß notwendig das, was über das Prädikat ausgesagt wird, auch über das Subjektum ausgesagt wird? Lösung: Prädikate werden auf zwei Arten aus-

gesagt: substanziell und akzidentell. Das Wesen der substanziellen Prädikate ist gleich dem Wesen des Subjektum.

2. Warum behauptet er, daß die akzidentellen Gattungen ausgesagt werden in etwas, da doch die Aussage einer Gattung nur über eine mittlere, über ihre Arten oder Individuen gemacht werden kann? Wie kann er also sagen, daß akzidentelles Prädizieren ein Prädizieren in etwas sei? Lösung: es gibt zwei Arten von Prädizieren von Akzidentien. Entweder über ihre Arten und Einzelwesen oder über die Substanz. Wird es über Arten oder Einzelwesen ausgesagt, ist die Aussage eine Aussage über etwas. Wird es über Substanz ausgesagt, ist es eine Aussage in etwas.

3. Warum sagt er, daß die Gattungen spezifizierende Eigenschaften haben, die verschieden sind? Lösung: Aristoteles sagt nur, daß die spezifizierenden Eigenschaften, die sich in der Naturanlage unterscheiden, in der Form verschieden sein müssen.

4. Warum sagt er, daß „Lebewesen" über den Menschen ausgesagt werde? Denn „Lebewesen" kann zugleich universell und partikular sein. Etwas kann also auf etwas bezogen werden, obwohl sein Wesen in der Naturanlage verschieden ist. Lösung: Es wird nicht etwas ausgesagt über etwas anderes, das völlig verschieden ist im Wesen.

5. Warum sagt er, daß die spezifizierenden Eigenschaften einer Gattung auch die Arten, die daruntergeordnet sind, spezifizieren? Lösung: Es gibt für die mittleren Gattungen zwei Arten von spezifizierenden Eigenschaften. Die konstituierende und die aufteilende.

6. Warum bringt er bei der Erklärung Beispiele für die höheren Gattungen und sagt, daß sie verschieden seien von der Substanz und der Qualität? Und warum bringt er Beispiele für die mittleren Gattungen, nicht aufteilende spezifizierende Eigenschaften der höheren Gattungen? Lösung: Substanz und Qualität sind autark. Die spezifizierenden Teile der höheren Gattungen sind klarer als die anderen, und man muß vom Klaren zum Schwierigen weitergehen.

Lemma-Kommentar. 1b10–1b24 (S. ٨٩)

5.9. Neunte Lektion. Zweites Kapitel (faṣl) des Buches der Kategorien (S. ٩٣)

Arist. Cat. 1b25–2a10: Von dem, was ohne Bezug geäußert wird, bezeichnet jedes entweder eine Substanz oder ein Wieviel, ein Wie, eine Relation, ein Wo, ein Wann, ein Liegen, ein Haben, ein Tun oder ein Erleiden. Um es in Beispielen zu sagen, ist die Substanz „Mensch", „Pferd"; das Wieviel „zwei Ellen", „drei Ellen"; das Wie „weiß", „ein Schreiber"; die Relation „doppelt", „halb"; das Wo „im Lykeion", „auf dem Markt"; das Wann „gestern", „voriges Jahr"; das Liegen „stehend", „sitzend"; das Haben „beschuht", „bewaffnet"; das Tun „schneiden", „brennen"; das Erleiden „geschnitten werden", „gebrannt werden".

Jedes von den Genannten wird als einzelnes in bezug auf sich selbst und ohne bejahende oder verneinende Aussage geäußert. Mit dem Bezug von einigen von ihnen zu anderen entsteht jedoch die bejahende und die verneinende Aussage. Jede bejahende und verneinende Aussage scheint wahr oder falsch zu sein. Von dem, was ohne Bezug geäußert wird, ist nichts wahr oder falsch, wie zum Beispiel „Mensch", „weiß", „läuft", „gewinnt".

Ibn aṭ-Ṭayyib faßt zusammen, daß das erste Kapitel in drei Teile geteilt ist: 1. Die für die Abhandlung notwendigen Begriffe, nämlich Homonym, Synonym, Paronym. 2. Die Dinge, aus welchen der σκοπός hervorgeht, nämlich die Einteilung der Dinge und der Wörter. 3. Die Dinge, die für den σκοπός notwendig sind, nämlich die Eigenheiten der substanziellen Prädikate und die spezifizierenden Eigenschaften der höheren Gattungen.

Im zweiten Kapitel nun wird der σκοπός selbst untersucht, nämlich die zehn einfachen Wörter, die „Kategorien" genannt werden, und die zehn Gattungen, welche durch diese Wörter bezeichnet werden.

Sie werden auf drei Arten behandelt: 1. Aufzählung der zehn einfachen Wörter. 2. Beispiele dafür. 3. Jede einzelne Kategorie wird dargelegt und die Gattung, welche durch die Kategorie bezeichnet wird.

Danach werden die verschiedenen, nach Ibn aṭ-Ṭayyib falschen Expertenmeinungen über die Anzahl der höheren Gattungen aufgeführt (S. ٩٥).

¶ Die Aufzählung verschiedener Ansichten über die Anzahl der Kategorien findet sich auch, mit leichten Unterschieden, in den griechischen Kommentaren, so bei Olympiodor, Elias (David), Philoponos, Ammonios, Simplikios, aber nicht bei Porphyrios. Elias (David) referiert sogar alle Lehrmeinungen, die 1 bis 10 Kategorien postulieren (159, 43–161, 15). ¶

– Eine einzige Gattung umfasse alle seienden Dinge, nämlich das Seiende. Ibn aṭ-Ṭayyib widerlegt diese These: eine Gattung muß für alle (untergeordneten) Arten gleichermaßen umfaßend sein. Die Substanz hat aber mehr vom Seienden als die anderen neun höheren Gattungen (weil sie das Akzidens nicht braucht, um zu sein), deshalb ist das Seiende nicht die umfassende Gattung für alle zehn.

¶ Elias (David) führt diese Ansicht ebenfalls an (161, 12). ¶

Im folgenden werden die Differenzen zwischen Substanz und Akzidens diskutiert (S. ٩٨): Von einem Ganzen darf sich weder Substanz noch Akzidens abteilen, sonst ist es kein Ganzes mehr. Das Seiende ist nur ein kollektiver Name, keine Gattung, keine Art, kein Ganzes, keine Substanz und kein Akzidens. Es gibt auch die Meinung, daß das Seiende in der Metaphysik Gattung sei, in der Logik jedoch ein kollektiver Begriff. Das ist aber nicht richtig. (Ibn at-Tayyib: In der *Metaphysik* widerlege Aristoteles die Ansicht, daß das Seiende eine Naturanlage sei.)

– Die These, daß es nur zwei Kategorien gebe (S. ٩٩): es sei falsch, daß Aristoteles keine Obergruppen Substanz und Akzidens macht und dann alle anderen Gattungen darunter einteilt. Stattdessen teile er die Akzidentien in neun Kategorien auf. Diese Meinung vertritt Xenokrates, und es gibt fünf Beweise für die Widerlegung dieser Meinung.

¶ Ohne den Namen von Xenokrates zu nennen, führt auch Elias (David) diese Ansicht auf, daß es nur zwei Kategorien gebe, nämlich οὐσία und συμβεβηκός (161, 6), ebenso Olympiodor (55, 1). Bei Simplikios (63, 21 ff.) wird jedoch Xenokrates genannt (siehe Luna, Simplicius [2001], zur Anzahl der Kategorien siehe S. 599–789, bes. S. 649–651 und 132–140). ¶

– Eine Gruppe der Stoiker (aṣḥāb al-miẓalla) behaupte, die Gattungen der Gattungen, die alles umfaßen, seien vier an der Zahl: Substanz, Qualität, Relation und Liegen (κεῖσθαι) (S. ١٠٢).

¶ Bei Elias (David) wird als Vertreter dieser Ansicht Plotin genannt (160, 31). Simplikios dagegen weist die Vierzahl auch den Stoikern zu, aber mit folgenden vier Begriffen: ὑποκείμενα, ποιά, πῶς, πρός τι (66, 32). ¶

– Es gibt die Meinung, die Gattungen der Gattungen, die die übrigen seienden Dinge umfaßen, seien fünf (S. ١٠٣). Diese Ansicht vertrete auch Galen. Die fünf seien: Substanz, Quantität, Qualität, relative Disposition (τὰ πρός τι πῶς ἔχοντα) und Relation.

¶ Als einziger der griechischen Kommentatoren zitiert auch Elias (David) wie Ibn aṭ-Ṭayyib diese Ansicht, und zwar ebenfalls unter Galens Namen (160, 21). ¶

– die Gattungen der Gattungen seien nur neun: das behaupte die Gruppe um Nikostrat (S. ١٠٥). Tun und Erleiden fielen nämlich in eine Kategorie, und zwar unter die Bewegung. Das wird von Ibn aṭ-Ṭayyib allerdings widerlegt, indem er sagt, daß die Bewegung des Tuns eine andere sei als diejenige des Erleidens, und eine andere Natur besitze.

¶ Bei Elias (David) (160, 8) erscheint diese These, ebenso bei Olympiodor (54, 33), Ammonios (33, 16), Dexippos (32, 11), Philoponos (44, 4) und Simplikios (63, 5), die aber alle keinen Autor dieser Ansicht nennen. Im arabischen Kommentar ist das die einzige Stelle, an der Nikostrat namentlich genannt wird. ¶

– die Gattungen der Gattungen seien elf an der Zahl, es müsse nämlich neben ἔχειν auch noch ἔχεσθαι geben. Ein Autor wird nicht genannt.

¶ Auch diese These findet sich in den griechischen Kommentaren und zwar bei Philoponos (44, 7), bei Olympiodor, der diese These damit widerlegt, daß er sagt, daß ἔχεσθαι schon in κεῖσθαι enthalten sei (54, 28), bei Elias (David), der die bei Olympiodor referierte Widerlegung als diejenige von Syrian zitiert (160, 5), und schließlich bei Simplikios, der die These jedoch Nikostrat zuschreibt (64, 13).

Bei Ibn aṭ-Ṭayyib werden also die Thesen über eine Anzahl der Kategorien von 1, 2, 4, 5, 9 oder 11 referiert. Bemerkenswert dabei ist, daß er mit Elias (David) zwar die Ansichten gemeinsam hat, jedoch nicht wie dieser alle Möglichkeiten von 1–11 darstellt und auch nicht immer dieselben Autoren dieser Lehrmeinungen nennt. Daß Ibn aṭ-Ṭayyib Nikostrat nennt, ist besonders interessant, da dieser ansonsten nur bei Simplikios erwähnt wird, an entsprechender Stelle im Kommentar von Simplikios aber nicht auftaucht. ¶

Es folgen fünf Beweise dafür, daß es zehn Gattungen der Gattungen gibt (S. ١٠٦). Der fünfte Beweis basiert auf der Zahlentheorie: zehn ist eine vollkommene Zahl.

Im weiteren wird die Natur (al-ṭabīʿa) der einzelnen Gattungen behandelt (S. ١١٣). Substanz ist eine universale Form. Sie wird dadurch spezifiziert, daß sie durch sich selbst existiert. Die Quantität ist auch eine universale Form, sie ist ein Bezug der Einschätzung von Einzelwesen, der die Aussage folgt „es ist gleich oder ungleich“. Qualität, ebenfalls eine universale Form, zieht auf die Frage „wie etwas ist“ die Antwort mit der Qualität nach sich. Relation, eine universale Form, ist der Bezug zwischen zwei voneinander abhängigen Dingen. „Wo“ ist eine universale Form, der Bezug zwischen zwei Dingen, das eine von beiden ein Ding, das andere der Ort. „Wann“, eine universale Form, ist der Bezug zwischen zwei Dingen, das eine eine Sache, das andere die Zeit. „Haben“ ist eine universale Form, der Bezug zwischen einer Sache und etwas, das Besitzobjekt ist. „Liegen“ ist der Bezug zwischen Substanz und ihrer Position. „Tun“ ist der Bezug zwischen dem Verursacher und der Tat. „Erleiden“ ist der Bezug zwischen dem Bewirkenden und dem Bewirkten.

Allen neun Kategorien (außer der Substanz) ist eigen, daß sie Bezüge (nisab) sind, nämlich der Bezug zwischen etwas und seinem Wesen (S. ١١٤). Es sind also alle der Bezug zwischen zwei Dingen. Der Bezug an sich wird aus Beispielen extrapoliert, und so gewinnt die Seele den Begriff für diesen Bezug an sich. (Bsp. Vater-Sohn ist Relation, daraus läßt sich die Relation an sich ableiten.) Sieben der zehn Gattungen sind der Bezug zwischen Wesenheiten außerhalb des Dinges, drei, nämlich Substanz, Qualität und Quantität sind der Bezug von Wesenheiten in der Sache selbst. Alle diese Bezüge bringt der Verstand hervor.

Die Arten der faßbaren (qarīb) Gattungen der Gattungen sind die spezifizierenden Eigenschaften selbst (S. ١١٧). Was die Anordnung der Kategorien betrifft: Substanz, Quantität und Qualität müssen den anderen vorausgehen, denn sie sind Bezüge in etwas, die anderen dagegen sind Bezüge zu etwas außerhalb der Dinge. Untereinander sind die Kategorien geordnet nach der Abhängigkeit voneinander. (Die Relation geht dem Ort voraus, denn die Relation ist notwendig für alle Kategorien, das Wo ist es nicht.)

Aporien (S. ١١٩):

1. Warum kann man behaupten, daß alle seienden Dinge von den zehn Kategorienbegriffen erfaßt werden, wo doch z.B. der Punkt außerhalb dieser Begriffe steht, da er weder durch sich selbst besteht, also keine Substanz ist, noch eingeschätzt werden kann, also keine Quantität ist und auch keine Qualität ist, da auf die Frage wie etwas sei, nicht die Antwort fällt, daß es ein Punkt sei? Lösung: Von den seienden Dingen sind die einen aktuell, die anderen potentiell. Der Punkt ist eine potentielle Quantität und auf diese Weise eine Einheit. Aus der Wiederholung der Einheit entsteht die Zahl, die eine aktuelle Quantität ist.

¶ Das Problem, zu welcher Kategorie der Punkt gehöre, wird auch bei Philoponos (46, 14) thematisiert. Wie Simplikios das Problem behandelt (65, 13–66, 15), wird bei Luna, Simplicius (2001), S. 673 dargestellt. ¶

2. Das Seiende als kollektiver Name sei nach Aristoteles durch Einsicht ein Homonym. Das Seiende muß aber ein Bezug zu etwas sein, der alle anderen seienden Dinge vervollständigt. Dieser Bezug ist dann die Gattung der Gattungen. Nach Aristoteles sind aber alle höheren Gattungen Bezüge (nisab). Lösung: Aristoteles meint nicht, daß die Gattungen nur ein Bezug seien, sondern daß sie Bezüge seien, die die Arten ganz umfaßten.

Der Bezug des Seienden ist mehr oder weniger stark in jeder Gattung enthalten.

3. Wenn es in jedem Begriff Form und Nichtsein gibt, und auf die Form der Begriff, der unter ihr eingeordnet ist, bezogen wird, so wie die Substanz auf das Vernunftbegabte bezogen wird und die Qualität auf das Weiße, dann stimmt es nicht, daß es Nichtsein gibt in jedem Begriff (S. ١١٩). Lösung: Es gibt verschiedene Arten davon, wie Nichtsein ausgesagt wird.

Ibn aṭ-Ṭayyib stellt fest: In jedem Einzelwesen findet man acht Kategorien (S. ١٢١): Substanz, Quantität, Qualität, Liegen, Ort, Zeit, Tun und Erleiden. Jeder Kategorienbegriff ist ein Bezug. Jedes Einzelwesen und jedes Seiende ist durch einen der Begriffe unter die zehn Gattungen geordnet.

Lemma-Kommentar (1b25–2a10) (S. ١٢٢)

5.10. Zehnte Lektion. Über die Substanz (S. ١٢٥)

Arist. Cat. 2a11–2b6: Die Substanz, von der gesagt wird, daß sie die wichtigste, an erster Stelle stehende und vorzüglichste sei, wird nicht von einem Zugrundeliegenden ausgesagt, und sie ist nicht in einem Zugrundeliegenden, wie zum Beispiel „individueller Mensch" und „individuelles Pferd". Die Substanzen, die als zweite Substanzen beschrieben werden, sind die Arten, in welchen die als erste Substanzen beschriebenen sind, nämlich die Arten und ihre Gattungen. Zum Beispiel gehört „individueller Mensch" zu einer Art, nämlich „Mensch", die Gattung dieser Art ist aber „Lebewesen". Diese Substanzen werden also zweite genannt, wie beispielsweise „Mensch" und „Lebewesen".

Aufgrund des Gesagten ist klar, daß von dem, was von einem Zugrundeliegenden gesagt wird, der Name und der Begriff von diesem Zugrundeliegenden prädiziert werden müssen. Zum Beispiel wird „Mensch" von einem Zugrundeliegenden ausgesagt, nämlich von einem Menschen, und sein Name wird auf ihn prädiziert, so daß du „Mensch" über einen Menschen aussagst. Der Begriff Mensch wird auch von „individuellen Menschen" prädiziert, denn auch ein „individueller Mensch" ist Mensch und ist Lebewesen. Also wird sowohl der Name als auch der Begriff von einem Zugrundeliegenden prädiziert.

Bei dem, was in einem Zugrundeliegenden ist, wird meistens von dem Zugrundeliegenden weder der Name noch die Definition prädiziert. Bei einigen von ihnen hindert aber nichts, daß ihr Name von dem Zugundeliegenden prädiziert wird, jedoch unmöglich ihr Begriff. So wird zum Beispiel das Weiße, das in einem Zugrundeliegenden ist, nämlich im Körper, von einem Zugrundeliegenden ausgesagt, denn vom Körper wird gesagt, daß er weiß sei. Aber der Begriff des Weißen wird niemals vom Körper ausgesagt.

Alles andere wird entweder von einem oder in einem Zugrundeliegenden ausgesagt. Das wird klar aus der Prüfung der einzelnen Teile. Zum Beispiel wird „Lebewesen" von „Mensch" prädiziert, also auch von einem bestimmten Menschen. Denn wenn es von keinem einzigen der menschlichen Individuen prädiziert würde, dann auch nicht vom Menschen überhaupt. Auch bei der Farbe ist es so, daß sie im Körper ist, also ist sie auch in einem bestimmten Körper, denn wenn sie nicht in einem der Teile ist, dann ist sie überhaupt nicht im Körper. Alles andere wird also entweder von einem Zugrundeliegenden ausgesagt oder in einem Zugrundeliegenden. Wenn also die ersten Substanzen nicht existieren, dann ist es nicht möglich, daß etwas von dem anderen existiert.

¶ Das Kapitel 5 über die Substanz (2a11–4b19), wird im arabischen Kommentar in vier Lektionen (taᶜālīm) behandelt (61a–89b), die folgende Inhalte haben: Die Substanz, erste und zweite Substanz, die zwei ersten Eigenschaften der Substanz und die übrigen vier Eigenschaften der Substanz. Olympiodor, der eine ähnlich systematische Einteilung des Textes hat, gliedert diesen Stoff in 6 Lektionen (πράξεις).

Ibn aṭ-Ṭayyib unterteilt das erste Kapitel in 6 Punkte (maṭālib):

1. Welche Art von Erläuterung in dem Kapitel gebraucht wird (S. ١٢٥),
2. warum die Substanz an erster Stelle steht,
3. welche Substanz behandelt wird (S. ١٢٦),
4. die Einteilung in universelle und partikuläre Substanz (S. ١٢٧),
5. warum die erste Substanz prioritär vor der zweiten Substanz ist (S. ١٢٨),
6. warum die partikuläre Substanz prioritär ist (S. ١٣٠).

Elias (David) (161, 18 f.) hat zwar dieselbe Einteilung des

ersten Substanz-Kapitels in κεφάλαια wie Olympiodor (57, 30 ff.), sie sind jedoch beide verschieden von der arabischen Einteilung. Olympiodor und Elias (David) stellen auch, im Gegensatz zu Ibn aṭ-Ṭayyib, beide die Frage, ob die aristotelische Definition der Substanz richtig (ὑγιής) sei und Elias (David) kritisiert sie (164, 20 ff.). ¶

1. Punkt (S. ١٢٥): Es wird eine Einteilung (qisma) und Begriffsbestimmung (rasm) gesucht, eine Definition oder ein Beweis ist hier nicht möglich, da es sich um eine höhere Gattung handelt.

2. Punkt: Warum die Behandlung der Substanz derjenigen der anderen Kategorien vorausgehen muß. Es gibt dafür vier Gründe. 1. Die Substanz geht naturgemäß allem anderen, besonders den Akzidentien, voraus, weil sie für das Sein der anderen notwendig ist, diese aber nicht für das Sein der Substanz. 2. Die Substanz ist eine einzige Gattung, von den Akzidentien gibt es aber viele Gattungen. 3. Die Substanz kann ohne Akzidentien existieren, diese können aber nicht ohne Substanz existieren. 4. Die ewigen Dinge sind prioritär vor den nicht-ewigen. Die Substanz ist verbunden mit den ewigen Dingen.

¶ Die vier Gründe für die Vorrangstellung der Substanz finden sich nur im arabischen Kommentar. Elias (David) führt zwar auch systematisch die Gründe dafür auf, er hat jedoch nur drei (162, 1 ff.), sie entsprechen den drei ersten bei Ibn aṭ-Ṭayyib. ¶

3. Punkt (S. ١٢٦): Welche Substanz in der Kategorienschrift untersucht wird: Entweder ist sie göttliche Substanz, also prioritär einfach. Oder das sinnlich Wahrnehmbare wie einzelne Pflanzen und Lebewesen. Oder das Einfache wie Stoff und Form. Die göttliche Substanz steht über den anderen. Sie ist einfach, nicht zusammengesetzt, im Gegensatz zu den anderen. Die göttliche Substanz ist das Thema der Metaphysik. Die Logik dagegen betrachtet die individuellen, sinnlich wahrnehmbaren Substanzen und ihre Gattungen und Arten. Das Ziel der Wissenschaft der Logik ist aber vorrangig die Untersuchung der

einfachen signifikanten Wörter. Sie führt dann zur Betrachtung der universalen Dinge. In der Kategorienschrift wird diejenige Substanz behandelt, die für die Begriffsbestimmung wichtig ist, nämlich die universellen und die individuellen zusammengesetzten Dinge, nicht aber die erste Ursache.

4. Punkt: Die Aufteilung der Substanz in universelle und partikulare. Das ist keine Aufteilung, sondern eine Aufzählung. Es gibt eine Differenz zwischen erster und zweiter Substanz.

5. Punkt (S. ١٢٨): Warum die erste Substanz vor der zweiten durch ihre Substanzialität prioritär ist. Dafür gibt es drei Beweise: 1. Die erste Substanz kann auf die Form, die zur Seele gelangt, verzichten, sie braucht sie nicht, um zu sein, und was autark ist, ist prioritär. 2. Das Partikulare ist prioritär vor dem Universellen, weil es für das Universelle die Vorstellung in der Seele davon braucht. 3. Das Partikulare ist prioritär vor der universellen Form, denn das, was naturgemäß vorausgeht ist prioritär vor dem, was folgt. Deshalb ist das Partikulare prioritär vor der allgemeinen Form, denn diese ist eine Folge des durch den Verstand verarbeiteten Partikularen.

Der Grund, weswegen das Partikuläre erste Substanz genannt wird und die allgemeinen Formen zweite Substanzen ist der, daß die universellen Formen immer erst vom Verstand aus dem Partikulären produziert werden müssen (S. ١٢٩).

6. Punkt: Porphyrios sagt, daß die partikulare Substanz nicht naturgemäß prioritär sei, sondern daß wir das so definierten. Das ist aber falsch! Denn Aristoteles untersucht die Substanzen im Hinblick auf ihre Substanzialität und nicht im Hinblick auf ihr Sein.

¶ Vergleiche Porph. In Cat. 91, 19 ff., wo die Unterscheidung gemacht wird zwischen αἰσθήσει πρότερον und φύσει πρότερον. ¶

Eine andere Meinung, nämlich diejenige von Alexander und Alinus besagt, daß die erste Substanz naturgemäß vorausgeht. Denn wenn es die universelle Substanz gibt, muß es auch die partikulare geben. Wenn es aber die partikulare gibt, muß es nicht unbedingt auch die universelle geben. Also ist die partikulare prioritär.

¶ Auf die Ansicht Alexanders weisen auch Elias (David) (166, 35), Olympiodor (58, 28), Dexippos (45, 28) und Simplikios (85, 6) hin. ¶

Die richtige Ansicht ist die, daß Aristoteles die Substanzen im Hinblick auf ihre Substanzialität untersucht (S. ١٣١). Sein Ziel in der Kategorienschrift sind aber die einfachen signifikanten Wörter. Die erste Substanz ist die partikulare, sinnlich wahrnehmbare, wie zum Beispiel „dieser Mensch" und „dieses Pferd". Die zweiten Substanzen sind die Gattungen und Arten, nämlich die allgemeinen Formen, die sich der Verstand schafft. Zum Beispiel „Lebewesen" und „Mensch". Die erste Substanz ist im Hinblick auf ihre Substanzialität prioritär vor der zweiten.

Aporien (S. ١٣٣):

1. Warum kann Aristoteles von den partikularen, sinnlich wahrnehmbaren Substanzen sagen, daß sie weder in einem Subjektum noch auf einem Subjektum seien? Dann stimmt diese Begriffsbestimmung mit derjenigen der göttlichen Substanz überein! Lösung: Auch wenn sie übereinstimmen im Hinblick auf die Partikularität, gibt es doch einen Unterschied: das sinnlich Wahrnehmbare ist beweglich und veränderlich, das Göttliche ist dies aber nicht. Außerdem ist das sinnlich Wahrnehmbare körperlich, das andere ist es nicht.

2. Warum behauptet Aristoteles, daß die partikulare und sinnlich wahrnehmbare Substanz prioritär sei im Hinblick auf ihre Substanzialität, wo er doch weiß, daß die göttliche Substanz, die Substanz des Verstandes und die platonischen Ideen prioritär sein müssen? Lösung: Aristoteles bezieht sich auf das, was die Logik betrifft. Und das sind die sinnlich wahrnehmbaren Einzeldinge.

3. Warum sagt er, daß die partikulare Substanz weder in einem Subjektum noch auf einem Subjektum sei, dabei sagt er im *Buch des Beweises* (Zweite Analytik 75b28 ff., vgl. Metaph. 7, 15, 1039b28 ff.), daß es für das Einzelwesen keine Definition und keinen Beweis geben kann, weil es veränderlich ist. Lösung: Er arbeitet mit der Begriffsbestimmung und meint jeweils ein be-

stimmtes Einzelwesen, nicht das Einzelwesen an sich. Deshalb tangiert ihn die Aussage aus dem *Buch des Beweises* nicht weiter.

4. Warum behauptet man, das Partikulare sei nicht vom Universellen abhängig und könne ohne es existieren? Es ist nämlich das Gegenteil der Fall: Wenn es den Menschen gibt, gibt es Sokrates. Den Menschen gibt es aber nicht nur, wenn es Sokrates gibt. Lösung: Aristoteles sagt nicht, daß Sokrates naturgemäß vorausgehe, sondern daß das Einzelwesen als solches vorausgehe. Wenn es das Allgemeine gibt, muß es auch das einzelne geben, aber nicht umgekehrt.

5. Warum sagt Aristoteles dann im *Buch des Beweises*, daß das Einzelwesen erst nach dem Allgemeinen komme? (Also das Gegenteil von dem, was er hier behauptet.) Lösung: Hier geht es darum, wie die Substanzen im Hinblick auf ihre Substanzialität sind.

6. Warum sagt er, daß das Sein des Akzidens in der Substanz sein muß und daß von den Akzidentien die einen universell und die anderen partikular sind. Denn so kann es passieren, daß etwas Universelles in etwas Partikularem ist, und das ist unmöglich. Lösung: Die partikularen Akzidentien sind in der partikularen Substanz. Das Universelle ist eine Form in der Seele.

¶ In ähnlicher Form wird dieses Problem auch bei Olympiodor angesprochen (62, 20).

Insgesamt sind in diesem Abschnitt (10. Lektion) wenige Gemeinsamkeiten mit den griechischen Vorbildern festzustellen. Der arabische Kommentar stellt Fragen, die sonst nicht gestellt werden, es finden sich jedoch bei den griechischen Kommentatoren auch Problemstellungen, die für Ibn aṭ-Ṭayyib offenbar nicht relevant waren, beispielsweise, ob die οὐσία nicht ein Genus sei (s. Simplikios 76, 13) oder warum die Substanz, obwohl die wichtigste unter den Kategorien (τιμιώτερα οὐσία), mit einer Negation beschrieben wird und nicht mit einer positiven Aussage, wie es bei Ammonios (36, 23) und Philoponos (51, 24) heißt.

Ein weiteres Problem, das sich den Griechen stellt, scheint der arabische Kommentator nicht zu haben: Warum sagt Aristoteles nicht, daß die zweite Substanz aus γένη und εἴδη besteht? Vgl. Elias (David) (165, 30); Olympiodor (65, 8); Philoponos (55, 4) und Ammonios (39, 2).

Eine Frage, die sich Ibn aṭ-Ṭayyib offenbar ebenfalls nicht stellte, ist, warum es nicht drei Substanzen gibt, nämlich ἄτομος οὐσία, γενικὴ οὐσία und εἰδικὴ οὐσία. Vergleiche bei Elias (David) (168, 32) und ähnlich bei Philoponos (60, 14). ¶

Lemma-Kommentar (2a11–2b6) (S. ١٣٥)

5.11. Elfte Lektion. Erste und zweite Substanz (S. ١٤٢)

Arist. Cat. 2b7–3a6: Die Art der zweiten Substanzen wird vorrangig vor der Gattung Substanz genannt, denn sie ist der ersten Substanz näher. Denn wenn einer angeben sollte, was die erste Substanz ist, wird, was er von der Art und von der Gattung angibt, passend zu jener sein, nur daß das, was er von der Art angibt, passender und klarer sein wird als das über die Gattung. Zum Beispiel wenn einer von einem bestimmten Menschen angeben würde, was er ist, dann wäre die Angabe, daß er ein Mensch ist, klarer als die Angabe, daß er ein Lebewesen ist. Denn jenes ist für einen Menschen spezifischer und dieses allgemeiner. Und wenn einer angeben sollte, was ein Baum ist, dann ist seine Angabe, daß er ein Baum ist, klarer als die Angabe, daß er eine Pflanze ist.

Überdies werden die ersten Substanzen deshalb, weil sie allen anderen Dingen zugrundeliegen und alle anderen Dinge von ihnen ausgesagt werden oder in ihnen sind, hauptsächlich und vorzüglich Substanzen genannt. Wie sich die ersten Substanzen zu allen anderen Dingen verhalten, so verhält sich die Art zur Gattung. Denn die Art liegt der Gattung zugrunde, weil die Gattungen von den Arten prädiziert werden, aber nicht umgekehrt die Arten von den Gattungen prädiziert werden. Folglich muß die Art vorrangig vor der Gattung Substanz genannt werden.

Von den Arten, soweit sie nicht Gattung sind, ist die eine nicht mehr an Substanz als die andere; denn man sagt, wenn man von einem Menschen sagt, daß er Mensch ist, nichts Passenderes, als wenn man von einem Pferd sagt, daß es ein Pferd ist. Ebenso ist von den ersten Substanzen nicht eine mehr an Substanz als eine andere, denn auch ein bestimmter Mensch ist nicht mehr an Substanz als ein bestimmtes Pferd.

Es ist auch zwingend so, daß nur die Arten und die Gattungen und nichts anderes, nach den ersten Substanzen, zweite Substanzen genannt werden, denn nur sie bezeichnen die erste Substanz unter dem, was von ihr prädiziert wird. Denn wenn einer angeben sollte, was ein bestimmter Mensch ist, so wird er passenderweise mit seiner Art oder seiner Gattung antworten, und wenn man angibt, daß er Mensch sei, so ist das eine klarere Angabe, als daß er ein Lebewesen sei. Wenn man von dem anderen irgendetwas angibt, so ist die Angabe schwer verständlich und nicht zu gebrauchen, beispielsweise wenn man sagt, daß es weiß ist oder daß es läuft oder etwas Ähnliches. Also ist es notwendig so, daß diese die einzigen anderen Dinge sind, die Substanzen genannt werden. Und außerdem, weil die ersten Substanzen allen anderen Dingen zugrundeliegen und alle anderen Dinge von ihnen prädiziert werden oder in ihnen sind, werden sie hauptsächlich Substanzen genannt. Wie sich die ersten Substanzen zu den anderen Dingen verhalten, so verhalten sich die Arten und Gattungen der ersten Substanzen zu allen übrigen Dingen. Denn alle übrigen Dinge werden von ihnen prädiziert. Denn wenn man von einem bestimmten Menschen sagt, daß er Grammatiker ist, dann bezieht man den „Grammatiker" auch auf den „Menschen" und auf das „Lebewesen". Desgleichen in ähnlichen Fällen.

Der Vergleich (muqāyasa) zwischen der ersten und der zweiten Substanz geht auf zwei Arten vor sich, nämlich in die Breite (ʿarḍ) und in die Tiefe (ʿumq). Letzteres bedeutet, daß darauf geschaut wird, was einander untergeordnet ist, der Breite nach bedeutet, daß darauf geschaut wird, was gleicher Ordnung ist.

¶ Auch Elias (David) arbeitet mit der Unterscheidung κατὰ βάθος und κατὰ πλάτος (169, 29 ff.), ebenso Philoponos (60, 22 ff.). ¶

Der Beweis dafür, daß die Art (nawʿ) substanzieller (mehr Anteil hat an der Substanz) ist als die Gattung (ǧins), wird auf zwei Arten gegeben: mit einem bedingten (šarṭī) und einem unbedingten (ǧazmī) Analogieschluß (qiyās), und das ist die Betrachtungsweise nach der Tiefe.

Die andere, nämlich diejenige nach der Breite, wird mit einem Beispiel illustriert: Von einem Menschen kann man nicht sagen, er hätte mehr Anteil an der Substanz als ein anderer Mensch.

Bewiesen wird auch, daß sowohl die erste wie auch die zweite Substanz Substanzen sind (S. ١٤٤).

Aporien (S. ١٤٥):

1. Warum behauptet Aristoteles, die Art sei substanzieller als die Gattung, wo er doch so urteilt, daß das Einfache naturgemäß vor dem Zusammengesetzten komme: Denn Gattung ist einfach, Art ist zusammengesetzt. Lösung: Man muß unterscheiden zwischen dem Konzept des Seins und demjenigen des substanziellen Seins. Ist etwas substanziell, dann ist es autark und prioritär.

2. Warum sagt Aristoteles an der einen Stelle, daß die Substanz mehr habe an Substanz, und an anderer Stelle sagt er, es gebe kein Mehr und Weniger bei der Substanz. Lösung: Es gibt bei der Substanz zwei Bezüge. Der eine geht zu dem, was höher ist (= der Bezug hinblicklich der Tiefe) und die andere zu dem, was in der gleichen Klasse ist (= Bezug hinblicklich der Breite). Beim Bezug hinblicklich der Tiefe ist das eine substanznäher als das andere, beim anderen Bezug nicht. Aristoteles wendet beide nacheinander an, deshalb sagt er das einemal, die Substanz habe ein Mehr, das andere Mal sagt er, es gebe kein Mehr oder Weniger.

¶ Die Aporie über das Mehr und Weniger bei der Substanz findet sich in gleicher Form auch in den griechischen Kommentaren. Bei Olympiodor, der ansonsten nur noch zwei andere Fragen stellt (64, 36), bei Elias (David), der das Problem jedoch anders löst (168, 24) und bei Simplikios, der dazu Porphyrios, Jamblichos und Alexander zitiert (90, 16 ff.). ¶

3. Warum sagt er, es gebe keinen Unterschied zwischen zwei individuellen Substanzen aus der gleichen Klasse, dabei unterscheidet man zwischen Mensch und Esel und sagt, der Mensch sei vornehmer? Lösung: Das menschliche Individuum ist in bezug auf die Substanzialität nicht vornehmer als das Individuum des Esels. Es ist nur die Form des Menschen und des Esels,

die vornehmer oder weniger vornehm ist. Das jedoch steht hier nicht zur Debatte.

4. Warum teilt er die Dinge ein, die der ersten Substanz bedürfen und sagt von ihnen, daß die einen Substanzen, die anderen Akzidentien seien? Lösung: Die einen von ihnen sind zweite Substanzen und die anderen sind Akzidentien, die die erste Substanz benötigen, um zu sein.

5. Warum behauptet Aristoteles, daß das Wesen (ḏāt) der zweiten Substanz demjenigen der ersten Substanz entsprechen müsste, weil die zweite Substanz über die erste Substanz synonym ausgesagt wird? (Daraus würde dieses Beispiel folgen: der Mensch ist ein Lebewesen. Ein Lebewesen ist ein Pferd. Also ist ein Mensch ein Pferd.) Lösung: Er sagt nicht, daß die Definition der ersten Substanz mit derjenigen der zweiten Substanz übereinstimme, sondern daß ihre Naturen da übereinstimmen, wo sie einen gleichen Aspekt haben. Im Falle von Pferd und Mensch ist das der Aspekt des Lebewesens.

6. Warum behauptet er, daß das Wesen der zweiten Substanz gleich dem Wesen der ersten Substanz sei? Denn dann müßte die Gattung ein Einzelwesen sein und das Einzelwesen eine Gattung. Lösung: Das Gattungsmäßige ist für das Lebewesen nur ein Akzidens. Es ist nicht so, daß erste und zweite Substanz, weil sie eine gemeinsame Disposition haben, in den Akzidentien und Konkomitantien gleich sein müssen.

Lemma-Kommentar (2b7–3a6) (S. ١٤٧)

5.12. Zwölfte Lektion. Die Eigenschaften (ḫawāṣṣ) der Substanz (S. ١٥٥)

Arist. Cat. 3a7–3b9: Es ist aller Substanz gemeinsam, daß sie nicht in einem Zugrundeliegenden ist. Die erste Substanz wird nicht von einem Zugrundeliegenden ausgesagt und ist nicht in einem Zugrundeliegenden. Bei den zweiten Substanzen ist es auf diese Weise ganz klar, daß nichts von ihnen in einem Zugrundeliegenden ist. Denn „Mensch" wird von einem Zugrundeliegenden ausgesagt, nämlich von einem bestimmten Menschen, ohne daß er in einem Zugrundeliegenden ist. Denn „Mensch" ist ja nicht in einem bestimmten Men-

schen und ebenso wird „Lebewesen" von einem Zugrundeliegenden ausgesagt, nämlich von einem bestimmten Menschen, ohne daß „Lebewesen" in einem bestimmten Menschen wäre. Es hindert auch nichts, daß der Name dessen, was in einem Zugrundeliegenden ist, eventuell von dem Zugrundeliegenden prädiziert wird, bei seinem Begriff ist das aber auf keinen Fall möglich. Bei den zweiten Substanzen ist es aber so, daß ihre Definition und ihr Name von einem Zugrundeliegenden prädiziert werden, so prädiziert man von einem bestimmten Menschen den Begriff des Menschen und den Begriff des Lebewesens, und daraus folgt, daß die zweite Substanz nicht zu den Dingen gehört, die in einem Zugrundeliegenden sind.

Dies ist aber der Substanz nicht eigentümlich, sondern auch die Differenz gehört zu den Dingen, die nicht in einem Zugrundeliegenden sind. Denn der zu Fuß Gehende und der Zweifüßler werden von einem Zugrundeliegenden ausgesagt, nämlich vom Menschen, sie sind aber nicht in einem Zugrundeliegenden. Weder der Zweifüßler noch der zu Fuß Gehende sind im Menschen. Aber auch der Begriff der Differenz wird von dem prädiziert, wovon die Differenz ausgesagt wird. Zum Beispiel wenn vom Menschen ausgesagt wird, daß er zu Fuß geht, so wird der Begriff des zu Fuß Gehenden vom Menschen ausgesagt, denn der Mensch geht zu Fuß.

Die Teile der Substanzen sollen uns aber nicht verwirren, denn wir vermuten, daß sie im Zugrundeliegenden sind, das heißt im Ganzen, bis wir uns gezwungen sehen zu sagen, daß sie keine Substanzen sind, denn es wurde von den Dingen, die in einem Zugrundeliegenden sind, nicht gesagt, daß sie in etwas als Teil davon sind.

Den Substanzen und Differenzen kommt es aber zu, daß alles von ihnen Abgeleitete synonym ausgesagt wird. Denn alles von ihnen Abgeleitete ist entweder von den Individuen oder von den Arten ausgesagt. Von den ersten Substanzen ist nichts abgeleitet, denn sie werden in keiner Weise von einem Zugrundeliegenden ausgesagt. Bei den zweiten Substanzen dagegen wird die Art vom Individuum prädiziert und die Gattung von der Art und vom Individuum. Ebenso werden die Differenzen von den Arten und von den Individuen prädiziert. Die ersten Substanzen lassen den Begriff ihrer Gattungen und Arten zu. Die Art läßt den Begriff ihrer Gattung zu, denn alles, was von dem Prädizierten ausgesagt wird, wird auch von dem Zugrundeliegenden ausgesagt. Ebenso lassen auch die Arten und die Individuen den Begriff der Differenzen zu. Die synonymen Dinge waren aber jene, die den Namen gemeinsam haben und deren Begriff derselbe ist. Also wird alles, was von den Substanzen und von den Differenzen ausgesagt wird, synonym ausgesagt.

Bei der Behandlung der höheren Gattungen stellt sich das Problem, daß sie nicht definiert werden können, da höhere Gattungen keine Ursache (mabdaʾ) haben. Dementsprechend kann es keine Definition (ḥadd), aber auch keine Beweise (burhān) davon geben. Deshalb kann der Kommentator nur mit Beschreibungen oder Begriffsbestimmungen (rasm) arbeiten.

¶ Auf dieses Problem gehen auch die griechischen Kommentare ein in der Einführung zur Passage über die Eigenschaften der Substanz: Da es keine Definition (ὁρισμός) geben kann, muß man sich auf Beispiele (παραδείγματα) und Beschreibungen (ὑπογραφή) beschränken. Dies führen Simplikios (92, 7) und Philoponos (63, 13 ff.) an, vgl. auch Elias (David) (171, 13 ff.). ¶

Erste Eigenschaft: Die Substanz ist nicht in einem Zugrundeliegenden. Diese Eigenschaft haben auch die Differenz, die Materie, Form und die göttlichen Substanzen.

¶ Es folgen sechs Beweise dafür, daß auch die zweite Substanz nicht in einem Zugrundeliegenden ist. Die ersten beiden werden auf Aristoteles zurückgeführt. Beweise dafür, daß auch die zweite Substanz nicht in einem Zugrundeliegenden ist, führt von den griechischen Kommentatoren nur noch Elias (David) an, allerdings nur zwei, im Gegensatz zu den sechs im arabischen Kommentar. ¶

1. Beweis: Die zweite Substanz wird synonym über die erste ausgesagt. Für alles was synonym über etwas anderes ausgesagt wird gilt, was über das andere ausgesagt wird. Die erste Substanz ist nicht in einem Zugrundeliegenden, folglich ist es auch die zweite nicht.

¶ Vgl. Elias (David) (172, 8). ¶

2. Beweis: Von den Akzidentien werden nicht gleichzeitig der Name und die Definition über ihr Zugrundeliegendes ausgesagt. Von den zweiten Substanzen werden ihr Name und ihre Definition gleichzeitig über ihr Zugrundeliegendes ausgesagt. Die zweiten Substanzen sind keine Akzidentien. Was nicht Akzidens ist, ist nicht in einem Zugrundeliegenden. Also sind die zweiten Substanzen nicht in einem Zugrundeliegenden.

¶ Vgl. Elias (David) (172, 14). ¶

3. Beweis: Das, was die zweiten Substanzen über etwas prädizieren, muß entweder homonym oder synonym sein und zwar entweder bezüglich der ersten Substanz oder bezüglich des Akzidens. Über die erste Substanz kann es nicht homonym ausgesagt werden, also bleibt, daß es über das Akzidens ausgesagt wird. Unmöglich kann es über das Akzidens synonym ausgesagt werden, da die Natur (ṭabīʿa) der Substanz und des Akzidens nicht eine einzige sind. Also muß es über die Substanz synonym ausgesagt werden. Bei Dingen, die synonym ausgesagt werden, muß das Ausgesagte und das Zugrundeliegende übereinstimmen, und seine und die Natur der ersten Substanz müssen eine einzige sein. Also kann auch die zweite Substanz nicht in einem Zugrundeliegenden sein.

4. Beweis: Die zweite Substanz, das sind die Gattungen und Arten der ersten Substanzen. Gattung und Art einer Sache müssen in der Natur gleich sein. Die erste Substanz ist nicht in einem Zugrundeliegenden, also sind auch nicht ihre Gattung und Art in einem Zugrundeliegenden.

5. Beweis: Wenn es so wäre, daß die zweite Substanz in einem Zugrundeliegenden wäre, dann müsste auch die erste Substanz in einem Zugrundeliegenden sein und das ist unmöglich.

6. Beweis: Die Dinge sind auf zwei Weisen in etwas. Entweder sie verschwinden gleichzeitig aus der Existenz und aus der Vorstellung (wahm) oder sie verschwinden nur in der Vorstellung. Die Gattungen und Arten sind so, daß, wenn man sich ihr Vergehen vorstellt, insofern sie Wesen sind, das Wesen der Sache verschwindet. Also ist sie nicht in einem Zugrundeliegenden. Und weil die erste und die zweite Substanz im Hinblick auf ihre Natur gleich sind, ist die zweite Substanz auch nicht in einem Zugrundeliegenden.

Auch die Differenzen (fuṣūl) sind nicht in einem Zugrundeliegenden (S. ١٥٧). Dies wird mit zwei Beweisen erläutert:

1. Beweis: Die Differenzen, die in der zweiten Substanz sind, werden über die Arten in den Substanzen synonym ausgesagt. Also ist ihr Wesen dasselbe wie dasjenige des Zugrundeliegenden, und das Wesen der ersten Substanz ist, daß es nicht in einem Zugrundeliegenden ist, also sind die Differenzen auch nicht in einem Zugrundeliegenden.

2. Beweis: Da die Differenzen keine Akzidentien sind, sondern substanziell, sind sie nicht in einem Zugrundeliegenden.

Aporien, die sich auf die erste Eigenschaft der Substanz beziehen:

1. Problematisch ist die Aussage, daß die Gattungen und Differenzen Teile der Substanzen seien, denn alles, was in etwas ist, ist Akzidens. Die Gattungen und die Differenzen sind in den Arten. Daraus folgt, daß die Teile der Substanzen Substanz und Akzidens sind, was unmöglich ist. Lösung: Nicht alles, was in etwas ist, ist Akzidens. Akzidens ist etwas nur, wenn es Teil von etwas ist, aber ohne autark zu sein. Weder die Gattung noch die Art haben diese Eigenschaft, also sind sie keine Akzidentien.

¶ Vgl. Elias (David) (174, 15) und Ammonios (46, 22). ¶

2. Warum sagt Aristoteles „gemeinsam für alle Substanzen ist das und das", wo doch sein Ziel die spezifische Eigenschaft ist und nicht etwas Allgemeines? Lösung: Er sagt nicht, daß diese Eigenschaft für die übrigen Dinge gilt, sondern für die Substanzen. Die Ergänzung seiner Aussage wäre: „nur für die Substanz gilt diese Eigenschaft".

3. Warum sagt er, daß die Differenz Substanz sei und daß diese Eigenschaft nicht nur für die Substanz, sondern auch für die Differenz gilt, wo man doch weiß, daß die Differenz nicht Substanz ist? Lösung: Diese Eigenschaft gilt nicht nur für die in den *Kategorien* behandelten Substanzen, sondern auch für die Differenzen, die darin nicht behandelt werden.

4. Warum zeigt Aristoteles, daß diese Eigenschaft nicht nur für die Substanz zutrifft und bringt dafür Beispiele von den Differenzen und der Materie und Form, läßt aber die göttlichen Substanzen weg? Lösung: Aristoteles bringt nur Beispiele von

Dingen, die mit dem Thema des Buches über die Kategorien etwas zu tun haben.

5. Warum kann Aristoteles sagen, daß die Differenzen sowohl von den Arten als auch von den Einzeldingen prädiziert werden? Entweder werden sie ohne Materielles prädiziert oder aber zusammen mit Materiellem. Im zweiten Fall betrifft das Prädizieren aber die Art, nicht die Differenz. Lösung: Beim Prädizieren werden die Differenzen mit Materiellem verbunden, ohne daß sie eine Art sind.

6. Warum sagt Aristoteles, daß die Differenzen Substanz seien, wo man doch weiß, daß sie in den Gattungen sind, nicht konstituierend, aber ihnen zukommend. Denn so ist es klar, daß sie Akzidens sind, nicht Substanz. Lösung: Die Differenzen der Substanzen sind Substanzen und Akzidentien – Substanz in bezug auf die Art, da sie aus ihnen besteht, Akzidens in bezug auf die Gattung, da sie zu etwas hinzukommen.

¶ Das Problem, ob die Differenzen auch Substanz seien, behandelt auch Olympiodor (67, 22). ¶

7. Warum sagt Aristoteles, daß die Akzidentien nicht mit ihrem Namen und ihren Definitionen ausgesagt werden, wo wir doch „den Lachenden" auf „den Menschen" durch seinen Namen und seine Definition beziehen? Lösung: Das Lachen ist das Akzidens, nicht das Menschsein. In bezug auf den Menschen ist „der Lachende" eine substanzielle Differenz.

¶ Ein Vorbild für die Anzahl der Aporien im arabischen Kommentar findet sich nicht in den griechischen Texten, in denen nur vereinzelt ein oder zwei zu finden sind, wobei auch solche erscheinen, die im arabischen Text nicht vorkommen. Beispielsweise die Frage, ob nicht nur die zweite Substanz, sondern auch die übrigen 9 Kategorien synonym ausgesagt würden (Simplikios 101, 25 ff.); oder warum die οὐσία nicht in einem Zugrundeliegenden sei, wo doch der νοῦς in der Seele, die Seele jedoch im Körper sei und all dies Substanz ist (Simplikios 95, 10 ff.). ¶

Zweite Eigenschaft (3a33) (S. ١٦٠): Die zweite Substanz und die Differenz werden synonym ausgesagt.

Aporie:

Da die Substanzen und die Akzidentien synonym ausgesagt werden und alle seienden Dinge entweder Substanzen oder Akzidentien sind, so gibt es nichts, das homonym ausgesagt würde. Lösung: Die Akzidentien werden auf zwei Arten ausgesagt. Entweder über ihre Einzelwesen und Arten oder über die Substanzen. Werden sie über die Einzelwesen und Arten ausgesagt, so ist es eine synonyme Aussage. Werden sie über die Substanzen ausgesagt, so ist es eine homonyme Aussage.

Lemma-Kommentar (3a7–3b9) (S. ١٦١)

5.13. Dreizehnte Lektion. Die übrigen vier Eigenschaften der Substanz (S. ١٦٨)

Arist. Cat. 3b10–4b19: Jede Substanz scheint etwas Bestimmtes zu bezeichnen. Was die erste Substanz betrifft, so ist es zweifellos wahr, daß sie etwas Bestimmtes bezeichnet, denn das darin Bezeichnete ist ein Individuum und eins an der Zahl. Bei den zweiten Substanzen hat es wegen der Ähnlichkeit der Form des Namens den Anschein, daß sie etwas Bestimmtes bezeichnet, wie zum Beispiel der Ausdruck „Mensch" und „Lebewesen". Das ist jedoch nicht wahr, sondern sie bezeichnet eher etwas Qualitatives. Denn das Zugrundeliegende ist nicht eines wie die erste Substanz, sondern Mensch und Lebewesen werden von vielem ausgesagt. Sie bezeichnet jedoch nicht etwas Qualitatives schlechthin, wie zum Beispiel das Weiße, denn weiß bezeichnet nichts anderes als etwas Qualitatives, die Art und die Gattung dagegen bestimmen das Qualitative in bezug auf die Substanz, denn sie bezeichnen eine zweite Substanz. Die Bestimmung durch die Gattung ist aber weitergehend als diejenige durch die Art, denn wenn man von „Lebewesen" spricht, erfaßt man mehr, als wenn man von „Mensch" spricht.

Es kommt den Substanzen auch zu, daß ihnen nichts konträr ist, denn was könnte der ersten Substanz konträr sein? Beispielsweise gibt es nichts, was dem bestimmten Menschen konträr wäre, aber es gibt auch nichts, das dem Menschen und dem Lebewesen konträr wäre. Das ist der Substanz nicht eigentümlich, sondern es kommt auch bei vielen anderen Dingen vor, zum Beispiel beim Quantitativen, denn dem „zwei Ellen Langen" ist nichts konträr, und auch nicht der Zehn oder sonst etwas Derartigem. Außer es sagte jemand, daß das Wenig dem Viel und das Große dem Kleinen konträr sei, es gibt jedoch nichts, das einer bestimmten Quantität konträr wäre.

Es wird auch vermutet, daß die Substanz kein Mehr oder Weniger zuläßt. Ich meine aber nicht, daß eine Substanz nicht mehr Substanz ist als eine andere, denn das haben wir schon gesagt, sondern ich meine, daß das, was die Substanz an Substanz ist, nicht mehr oder weniger gesagt wird. Zum Beispiel wenn diese Substanz ein Mensch ist, so ist er nicht mehr oder weniger ein Mensch, weder als er selbst noch als ein anderer Mensch. Denn ein Mensch ist nicht mehr Mensch als ein anderer, so wie etwas Weißes weißer ist als ein anderes Weißes, und etwas Gutes besser ist als etwas anderes Gutes. So wie über etwas in bezug auf sich selbst mehr oder weniger gesagt wird, wird zum Beispiel über den weißen Körper gesagt, daß er zu dieser Zeit weißer ist als zu jener davor, und wenn er warm ist, wird gesagt, daß er wärmer sei oder weniger warm. Von der Substanz wird nicht mehr oder weniger gesagt, denn vom Menschen wird auch nicht gesagt, daß er zu diesem Zeitpunkt mehr Mensch sei als davor, und man sagt es auch von keiner anderen Substanz. Die Substanzen lassen also kein Mehr oder Weniger zu.

Es scheint, daß es die vorzüglichste Eigenschaft der Substanz ist, daß das, was der Zahl nach eins und dasselbe ist, für Konträres empfänglich ist. Der Beweis dafür ist, daß niemand etwas anderes außer Substanz anführen könnte, das als einzelnes für Konträres empfänglich ist. Zum Beispiel daß die Farbe, die eine an der Zahl und dieselbe ist, weiß und schwarz ist, und auch nicht die Handlung, die eine an der Zahl und dieselbe, lobenswert und schlecht ist. Ebenso verhält es sich bei den übrigen Dingen, die nicht Substanz sind. Die Substanz jedoch ist eins an der Zahl und dieselbe und ist für Konträres empfänglich. Beispielsweise wird ein bestimmter Mensch, obschon er eins an der Zahl ist, bald weiß und bald schwarz oder warm oder kalt, gut oder schlecht genannt. Bei nichts anderem außer der Substanz zeigt sich so etwas, außer es widerspräche einer und behauptete, daß es sich bei der Aussage und bei der Meinung so verhalte, da dieselbe Aussage wahr oder falsch zu sein scheint. Zum Beispiel, wenn die Aussage, daß jemand sitzt, wahr ist, ist sie falsch, wenn er aufsteht, und ebenso verhält es sich mit der Meinung. Wenn die Meinung stimmt, daß jemand sitzt, ist sie falsch, wenn er aufsteht, wenn man bei derselben Meinung geblieben ist. Aber, auch wenn man das eingesteht, gibt es doch einen Unterschied zwischen den beiden Weisen. Denn die Dinge in den

Substanzen sind derart für Konträres empfänglich, daß sie sich selbst verändern, weil die Sache, die warm war und kalt geworden ist, und wenn sie weiß war, schwarz geworden ist und schlecht war und gut geworden ist, sich verwandelt hat. Ebenso ist es auch bei allen anderen Dingen so, daß sie dadurch empfänglich für Konträres sind, indem sie selbst den Wechsel zulassen.

Die Aussage und die Meinung dagegen bleiben in jeder Weise unveränderlich, das Konträre jedoch vollzieht sich bei ihnen durch das Aufhören der Sache. Denn die Aussage, daß jemand sitzt, bleibt feststehend, aber sie ist bald wahr und bald falsch wegen des Aufhörens der Sache und ebenso verhält es sich bei der Meinung. Also ist es zumindest der Weise nach eine Eigentümlichkeit der Substanz, daß sie empfänglich ist für Konträres durch Veränderung ihrer selbst, auch wenn man eingestehen sollte, daß die Aussage und die Meinung empfänglich für Konträres seien. Aber das ist nicht wahr. Denn die Aussage und die Meinung werden nicht deswegen empfänglich für Konträres genannt, weil sie selbst etwas Konträres aufnehmen, sondern weil es außerhalb ihrer selbst geschieht. Denn von der Aussage wird abhängig davon, ob das Ding ist oder nicht ist, gesagt, daß sie wahr oder falsch sei und nicht, weil sie in sich selbst für Konträres empfänglich wäre. Weder die Aussage noch die Meinung sind für das Aufhören einer Sache empfänglich, also sind sie nicht für Konträres empfänglich, da überhaupt nichts an Konträrem in ihnen vorgeht.

*Von der Substanz dagegen wird gesagt, daß sie empfänglich für Konträres sei, weil sie selbst Konträres aufnimmt. Denn sie nimmt Krankheit, Gesundheit, Weiße und Schwärze auf und weil sie jedes dieser Dinge aufnimmt, sagt man von ihr, daß sie empfänglich sei für Konträres. Deshalb muß es so sein, daß es eine Eigentümlichkeit der Substanz ist, daß das, was der Zahl nach eins und dasselbe ist, empfänglich für Konträres ist. Dies soll genügen für das, was wir über die Substanz sagen, jetzt gehört es sich, daß wir dem die Abhandlung über das Quantitative folgen lassen.**

Die dritte Eigenschaft: Jede Substanz scheint etwas zu bezeichnen.

Platon und Aristoteles sind sich nicht einig über die Definition der ersten Substanz (S. ١٦٩). Platons Meinung ist, daß sie

* „Jetzt gehört es sich, daß wir dem die Abhandlung über das Quantitative folgen lassen" wird im arabischen Lemma hinzugefügt.

begrenzt, und das, was bezeichnet wird, sei, daß die zweite Substanz dagegen unbeschränkt sei.

Aristoteles hingegen glaubt, daß das Einzelwesen begrenzt sei und eines an der Zahl. Die Formen in der Seele aber seien nicht beschränkt. (Platon glaubt, daß das Einzelwesen nicht begrenzt sei, weil es sich verändert, wohingegen die Formen beschränkt seien, weil sie feststehen.)

¶ Die Meinungsverschiedenheit zwischen Platon und Aristoteles wird in den griechischen Kommentaren referiert. Vgl. Olympiodor (71, 28 ff.).

Elias (David) (176, 30 ff.) dagegen wirft Fragen zu dieser Eigenschaft der οὐσία auf, die Ibn aṭ-Ṭayyib nicht stellt. Diese Fragen werden in fünf Punkten erläutert :

1. Wie kann die οὐσία etwas bezeichnen, wenn sie doch πρᾶγμα ist?
2. Die Differenzen bezeichnen eine Ungleichheit (ἀνομοιότητα) der Substanzen.
3. Über Gattung und Art.
4. Die Meinungsverschiedenheit von Platon und Aristoteles darüber, was erste und zweite Substanz sind. Elias (David) meint: Beide haben recht!
5. Ein παραλογισμός über die Substanz. Dieses Sophisma steht ebenso bei Simplikios (105, 12 ff.). ¶

Vierte Eigenschaft: (3b24) Den Substanzen kann nichts konträr sein. Diese Eigenschaft gilt nicht nur für die Substanz, sondern auch für das Quantitative und für einige der Qualitäten.

Aporien:

1. Warum sagt Aristoteles, daß es für die Substanzen kein Konträres gebe, aber woanders sagt er, daß das Gegenteil der Form das Nichtsein sei? Die Form ist aber nach Aristoteles eine Substanz. Lösung: In diesem Buch geht es nur um die zusammengesetzten Substanzen, also um die sinnlich wahrnehmbaren Einzeldinge und ihre Arten, nicht um die einfachen, wie die göttliche Substanz und Form und Materie. Aristoteles spricht nur von den zusammengesetzten, wenn er sagt, daß sie kein Gegenteil hätten.

¶ Zu dieser Aporie vergleiche Arist. Phys. 191a13. Dieselbe Aporie behandeln auch Dexippos (52, 18) und Simplikios (107, 30). ¶

2. Plotin sagt, daß Gegenteile einander widersprechen und daß die Substanzen sich den Platz streitig machen. Warum sagt Aristoteles, daß sie kein Konträres hätten? Lösung: Zum einen haben die Gegenteile ein gemeinsames Zugrundeliegendes. Die Substanz ist aber nicht in einem Zugrundeliegenden, kann also kein Konträres haben. Zum anderen gehört es zu einander widersprechenden Dingen dazu, daß das eine das andere beschädigt. Das geschieht aber nicht bei den individuellen Substanzen. Also gibt es kein Konträres.

¶ Plotin wird dazu nur noch von Simplikios zitiert, allerdings an anderer Stelle (109, 5), nicht im Zusammenhang mit der im arabischen Kommentar gestellten Aporie. ¶

3. Aber das Feuer und das Wasser, beides Substanzen, sind einander doch konträr (S. ١٧٠)? Lösung: Aristoteles meint, daß nicht das Feuer und das Wasser insgesamt einander konträr seien, sondern die einzelnen Qualitäten davon, wie warm und kalt, feucht und trocken. Außerdem behandelt er in diesem Buch, wie gesagt, nur die zusammengesetzten Substanzen, nicht Form und Materie.

¶ Diese Aporie erscheint auch bei Philoponos (74, 19 ff.), Dexippos (52, 5), Simplikios (107, 25 ff.) und bei Elias (David) (179, 34), bei letzterem jedoch mit einigen Unterschieden. Er zitiert nämlich mit Nennung des Titels De gen. et corr. (330a30 ff.) und die Lösung der Aporie schreibt er Alexander zu, führt außerdem auch noch eine Lösung von Syrian an. Auch Olympiodor (73, 18 ff.) zitiert zu dieser Aporie *De Generatione*. Weder der Hinweis auf *De Generatione*, noch das Zitat von Alexander kommen im arabischen Kommentar vor.

Elias (David) wirft außerdem zwei Fragen auf, die sonst nirgends erscheinen, er hat also insgesamt auch drei Aporien zur dritten Eigenschaft der Substanz, wovon aber nur eine dem arabischen Text entspricht. Die zwei anderen Fragen lauten zum einen, warum sich νοῦς und λόγος bekämpfen können, wo doch beide οὐσίαι sind? (Der Kampf findet nicht zwischen den οὐσίαι, sondern zwischen den ἐνεργείαι statt [180, 8]) und zum anderen, wie dann Menschen einander feindlich sein können. (Lösung: die Feindlichkeit ist Akzidens [180, 23].) Auch Olympiodor wirft noch eine eigene Frage auf, er stellt nämlich fest, daß θνητόν und ἀθανατόν Gegensätze sind, obwohl sie οὐσίαι sind (74, 4 ff.). Ähnlich lautet die Fragestellung zu λογικός und ἄλογος bei Simplikios (106, 28 ff.). ¶

Fünfte Eigenschaft (3b33): Es gibt kein Mehr und Weniger bei der Substanz. Diese Eigenschaft gilt auch für das Quantitative und das Qualitative.

Mehr und weniger kann es nur bei Dingen geben, die durch etwas gemeinsames verbunden sind, was mit Relation zu tun hat. *Aporie* (S. ١٧٣):

1. Warum sagt Aristoteles, daß es für die Substanz kein Mehr und weniger gibt, wo wir doch sehen, wenn die Luft zum Feuer wird, daß sie dann mehr Feuer als Luft ist? Lösung: Das Ziel von Aristoteles ist hier nicht das Mehr und Weniger in der Größe, sondern das, was in der Substanz ist. Was er meint, ist, daß es nicht mehr oder weniger in der Substanzialität sein kann.

¶ In dieser Passage sind praktisch keine Gemeinsamkeiten zwischen dem arabischen und den griechischen Kommentaren festzustellen. Elias (David) führt für die fünfte Eigenschaft folgende 3 Aporien an:
1. In bezug auf die 1. und die 2. Substanz sagt Aristoteles sehr wohl, daß die Substanz Mehr und Weniger sein könne. Warum sagt er jetzt, daß es das nicht gebe (181, 33 ff.)?
2. Warum sagt Aristoteles diesmal nicht, ob es der Substanz allein zukommt oder nicht, wie er das sonst immer tut (182, 4 ff.)?
3. Wenn die Substanz nicht mehr oder weniger sein kann, warum sagt dann Aristoteles in *Vom Werden und Vergehen* (De gen. et corr., B3 330b25), daß die Luft weniger warm sei als das Feuer (182, 13 ff.)? Zu dieser Aporie führt Elias (David) Lösungen von Alexander und von Syrian an.

Philoponos (76, 2 ff.) führt ebenfalls diejenige Aporie an, die bei Elias (David) an erster Stelle steht. ¶

Die sechste Eigenschaft ist die einzige wirkliche Eigenschaft der Substanz (S. ١٧٤): Das, was der Zahl nach eins und dasselbe ist, ist für Konträres empfänglich, weil es sich in sich selbst verändert (4a10). Warum Aristoteles sie zuletzt behandelt und nicht zuerst? Weil der Leser sonst keine Lust mehr hätte, auch den Rest zu lesen.

¶ Es werden hier die gleichen Beispiele gebracht wie im griechischen Text: „Wenn ein individueller Mensch sitzt und dann aufsteht, wird die Aussage über ihn, daß er sitzt, falsch". Im arabischen Text heißt die Person im Beispiel „Zaid". ¶

Aporien (S. ١٧٥):

1. Warum soll diese Eigenschaft allein für die Substanz gelten, obwohl das Quantitative und das Qualitative daran teilhaben? Lösung: Aristoteles hat zwei Arten von Lösungen parat, die eine ist konzessiv (ṭarīq al-musāmaḥa), die andere oppositionell (ṭarīq al-muʿānada). Erste Art: Nicht die Sache selbst ändert sich, sondern das, was darüber ausgesagt wird. Die zweite Art: Was konträr sein kann, muß ein einziges sein und das Konträre enthalten können, indem es vom einen zum anderen übergeht. Begriff und Doxa sind aber nicht so. Alexander argumentiert ebenfalls in dieser Weise.

¶ Der Hinweis auf die Lösungen von Alexander findet sich in keinem der griechischen Kommentare.

Die zwei Lösungsansätze haben ihr griechisches Vorbild in den beiden Lösungen κατὰ τὴν ἀντιπαράστασιν und κατὰ τὴν ἔνστασιν.

Das Problem, daß diese Eigenschaft auch für das Qualitative und für das Quantitative zutrifft, wird in den griechischen Kommentaren nicht als Aporie behandelt, sondern erscheint als Feststellung im laufenden Text beispielsweise bei Olympiodor (78 ff.). ¶

2. Warum heißt es, diese Eigenschaft sei die speziellste, weil sie nur der Substanz zukommt? Lösung: Das Empfangen von

Konträrem ist eine Eigenschaft in etwas. Und was in etwas selbst ist, ist spezieller, als was von außen kommt.

3. Warum soll nur hier die Empfänglichkeit für Konträres sein, wo man doch weiß, daß es beim Quantitativen gleich und ungleich, beim Qualitativen ähnlich und unähnlich gibt, und das sind alles Gegenteile? Lösung: Das sind keine Gegenteile, sondern Bezüge, und zwar solche der Relation.

4. Warum soll das die speziellste Eigenschaft der Substanz sein? Eine Eigenschaft soll für jedes Ding gelten und man weiß, daß es in diesem Buch nur um die Gattungen und Arten geht, die sich nicht verändern. Lösung: Die Substanz, die in den *Kategorien* behandelt wird, hat diese Eigenschaft.

5. Warum soll diese Eigenschaft nur für die Substanz gelten? Bei den mittleren Begriffen des Qualitativen kommen nämlich auch Gegenteile vor. Lösung: Beim Qualitativen gibt es zwei Arten. Entweder sind es Formen, die nicht gleichzeitig gegensätzlich sein können, oder es sind Bezüge, die sich gegenseitig aufnehmen. So ist das Weiße im Hinblick auf das Schwarze weiß, aber nicht durch sich selbst. Im Qualitativen liegt damit schon das Konträre, nicht aber in der Substanz.

6. Warum sollen die Substanzen Konträres aufnehmen? Das Feuer zum Beispiel ist immer heiß und nie kalt. Lösung: Entweder ist das Konträre durch die Natur derart oder durch Akzidens. Das Feuer ist naturgemäß heiß, der Schwan ist per Akzidens weiß.

7. Warum behauptet Aristoteles, die Substanz, die eins an der Zahl ist, nehme Konträres auf, indem sie sich selbst verändert, wo man doch weiß, daß die Himmelskörper nichts Konträres haben? Lösung: Aristoteles meint nur die Fälle, bei denen das möglich ist.

Im weiteren wird erläutert, daß sich die 1. Eigenschaft auf die erste und zweite Substanz bezieht, die 2. nur auf die zweite. Die 3. bezieht sich nur auf die erste. Die 4. auf die erste und zweite, die 5. auf die erste und zweite, die 6. Eigenschaft bezieht sich nur auf die erste Substanz.

Auch die Gründe, warum es gerade sechs Eigenschaften sind, werden aufgeführt.

Lemma-Kommentar (3b10 – 4b19) (S. ١٨١)

5.14. Vierzehnte Lektion. Das Quantitative (S. ١٩٢)

Arist. Cat. 4b20–4b22: Von dem Quantitativen ist einiges diskret und einiges kontinuierlich. Einiges ist zusammengesetzt aus Teilen, die eine Lage zueinander haben und einiges ist zusammengesetzt aus Teilen, die nicht eine Lage zueinander haben. Diskret sind beispielsweise Zahl und Rede, kontinuierlich sind die Linie, die Fläche und der Körper, außerdem noch die Zeit und der Ort.

Es gibt *fünf Fragen* zu klären. 1. Warum wird das Quantitative nach der Substanz behandelt? 2. Die Arten des Quantitativen. 3. Warum das Kontinuierliche und das Diskrete dem, was eine Lage hat, und dem, was keine Lage hat, vorangehen. 4. Warum diese Kategorie auf zwei verschiedene Weisen (kontinuierlich oder nicht und eine Lage habend oder nicht) in zwei Teile geteilt werden kann. 5. Warum die Substanz nicht auch so geteilt werden kann.

¶ Von den griechischen Kommentaren leitet nur derjenige von Elias (David) (185, 6 f.) das Kapitel über das ποσόν mit einer Anzahl von Lehrfragen ein. Bei ihm sind es jedoch sechs:

1. Die Einordnung des ποσόν in der Aufzählung der Kategorienbegriffe.
2. Ob das Quantitative nur eine Gattung sei für Verbundenes und Geteiltes.
3. Ob das Quantitative auch für das Gewicht (ῥοπή) Gattung sei, wie das Platon, Archytas und Ptolemaios behaupten.
4. Was Verbunden ist und was geteilt.
5. Ob die Unterscheidung des Geteilten richtig sei.
6. Ob die Unterscheidung des Verbundenen richtig sei. ¶

Die erste Frage (S. ١٩٣): es gibt sieben Beweise dafür, daß es richtig ist, daß das Quantitative nach der Substanz eingeordnet wird:

1. Beweis: Die Ordnung innerhalb einer Abhandlung entspricht derjenigen der seienden Dinge.

2. Beweis: Der Verstand kann die (erste) Materie zwar ohne akzidentelles Qualitatives aufnehmen, nicht aber ohne Quantitatives.

3. Beweis: Das Quantitative ist notwendig für die übrigen Kategorien, außer für die Substanz.

4. Beweis: Das Quantitative existiert in allen anderen Kategorien, denn alle seienden Dinge sind eins oder vieles oder beides zusammen.

5. Beweis: Kontinuierliches und Diskretes erfassen die sinnlich wahrnehmbaren individuellen Substanzen, die hier behandelt werden, sowohl was ihre Menge, als auch was ihre Länge, Breite und Tiefe anbelangt.

6. Beweis: Wie bei der Substanz gibt es auch im Quantitativen kein Mehr und Weniger. Wegen dieser Übereinstimmung kommt das Quantitative nach der Substanz.

7. Beweis: Das Qualitative und die Relation haben mehr und weniger und empfangen Konträres. Das Quantitative ist demzufolge der Substanz am nächsten.

¶ Die Frage nach der Einordnung des Quantitativen nach der Substanz stellt sich bei den griechischen Kommentatoren, außer bei Elias (David) (185, 6 ff.), auch bei Olympiodor (81, 20 ff.), bei Simplikios (120, 27 ff.), bei Philoponos (83, 7 ff.), bei Porphyrios (100, 11) und bei Ammonios (54, 3 ff.). Olympiodor behandelt die Frage insofern ausführlicher, als er drei Beweise (ἐπιχειρήματα) dafür bringt, wieso es mit der Einordnung des Quantitativen nach der Substanz seine Richtigkeit hat (82, 11 ff.):

1. Die erste und die zweite Substanz werden durch Zahlen unterschieden, und Zahlen sind quantitativ.
2. Erste und zweite Substanz haben beide etwas zu tun mit der Quantität.
3. Alles ist entweder „eins" oder „viel", alles hat also mit dem ποσόν zu tun.

Mit Ibn aṭ-Ṭayyib gemein ist Olympiodors dritter Beweis, der dem vierten bei Ibn aṭ-Ṭayyib entspricht.

Aber auch Elias (David) führt sechs Gründe dafür an, warum das Quantitative direkt nach der Substanz eingeordnet ist (185, 14 ff.):

1. Die Substanz hat mit dem ποσόν zwei gemeinsame

Eigenschaften (kein Konträres und kein Mehr und Weniger).

2. Weil die ungeformte Materie (ὕλη ἀνείδεος) eher etwas mit Quantität als mit Qualität zu tun hat.

3. Weil das Quantitative eher bleibt als das Qualitative.

4. Weil erste und zweite Substanz das Quantitative beinhalten.

5. Die Anordnung entspricht der τάξις, denn die Zahl schafft Ordnung. ¶

Die zweite Frage (S. ١٩٤): Es gibt zwei Beweise dafür, daß es 7 Arten des Quantitativen gibt (nämlich Zahl, Rede und Punkt, Fläche, Körper, Zeit und Ort.).

1. Der erste Beweis ist von Aristoteles. Jedes Quantitative gehört zu einer der sieben Arten des Quantitativen.

2. Es gibt zwei Arten von Diskretem und fünf Arten von Kontinuierlichem.

Die Teile des diskreten Quantitativen haben keine gemeinsamen Grenzen, sie sind getrennt voneinander (S. ١٩٥). Wohingegen die Teile des kontinuierlichen Quantitativen miteinander verbunden sind. Das Quantitative ist ein Genus.

Der Unterschied zwischen der Einheit und dem Punkt (wāḥid und wāḥida) besteht darin, daß die Einheit Anfang der Zahl ist, der Punkt ist jedoch der Anfang des Gezählten.

Das Wort (qawl) ist ein diskretes Quantitatives, das durch Silben zusammengesetzt ist, die verschieden lang und kurz sein können (S. ١٩٦). Die Linie hingegen ist ein kontinuierliches Quantitatives, ebenso wie die Fläche, der Ort und die Zeit.

Die dritte Frage (S. ١٩٦): Das Kontinuierliche und das Diskrete gehen dem, was eine Lage zueinander hat und dem, was keine Lage zueinander hat, voraus. Dafür, daß das seine Richtigkeit hat, gibt es zwei Beweise:

1. Vergleicht man das Kontinuierliche und das Diskrete mit dem, was eine Lage hat und dem was keine Lage hat, dann stellt man fest, daß ihnen (dem Kontinuierlichen und dem Diskreten) das Moment des Einfachen anhaftet, weil jene (was eine Lage zueinander hat und was nicht) das Quantitative im Hinblick auf seinen Bezug zu der Sache, in der es ist, sind. Dagegen sind das Kontinuierliche und das Diskrete nicht nur im Hinblick auf

ihren Bezug zu einer Sache zu betrachten. Und das Einfache geht immer dem Zusammengesetzten voraus.

2. Die erste Einteilung (kontinuierlich und diskret) betrifft das Wesen, denn sie teilt Gattung und Art. Die zweite (was eine Lage zueinander hat und was nicht) betrifft das Akzidens, denn sie teilt die Arten von der Gattung im Hinblick auf den Bezug zu dem, worin sie sind. Was in der Gattung ist, wird so geteilt. Was das Wesen betrifft, geht dem voraus, was das Akzidens betrifft.

Dafür, daß das Diskrete dem Kontinuierlichen vorausgehen muß, gibt es zwei Beweise.

1. Das Klare geht dem Unklaren voraus. Das Diskrete ist klar, weil es das ist, was im Verstand der Leute verankert ist. Denn sie wissen, was eine Zahl ist.

2. Das Diskrete besteht aus Teilen ohne Verbindung und das Kontinuierliche aus verbundenen Teilen. Also ist das Diskrete einfacher und geht dem Kontinuierlichen voraus.

Warum das, was eine Lage hat, dem, was keine Lage hat, vorausgeht: Das was eine Lage hat, hat seine Gestalt durch die Affirmation, das jedoch, was keine Lage hat, durch die Negation. Das Affirmative geht aber dem Negativen voraus.

Warum die Zahl der Rede vorausgeht (S. ١٩٨). Dafür gibt es zwei Beweise.

1. In der Zahl ist die Bedeutung des Quantitativen klarer als in der Rede.

2. Die Zahl geht der Rede auch dahingehend voraus, als die Rede eine durch die Stimme hervorgebrachte Bezeichnung ist für etwas, was von außen aufgenommen wurde. Die Zahl dagegen ist schon da ohne Verarbeitung von von außen hinzugekommenen Dingen.

Es folgen drei Beweise dafür, daß Linie, Fläche und Körper der Zeit und dem Ort vorausgehen müssen.

1. Zeit und Ort sind ähnlich wie Linie und Fläche. Die Sache, der etwas ähnlich ist, ist derjenigen Sache, die etwas anderem gleicht, prioritär, also müssen Linie, Fläche und Körper zuerst kommen, weil Zeit und Ort ihnen gleichen.

2. Die Dinge, die einer Sache wesenhaft zukommen sind wichtiger als diejenigen, die ihr von außen zukommen, also sind Linie, Fläche und Körper prioritär vor Zeit und Ort, die äußerlich zu einer Sache dazukommen.

3. Die Größe muß vor Ort und Zeit kommen, weil sie grundlegend ist.

Nun folgen noch drei Beweise dafür, daß die Zeit vor dem Ort kommen muß.

1. Die Zeit gleicht der Linie, und der Ort gleicht der Fläche. Da die Linie vor der Fläche kommt, folgt auch die Zeit vor dem Ort.

2. Bei der Zeit gibt es keinen Zweifel darüber, daß sie nur eine Dimension hat, beim Ort dagegen gibt es Zweifel, ob er zwei oder drei Dimensionen hat. Das, worüber es keine Zweifel gibt, muß vor dem anderen kommen.

3. Die Zeit hat etwas mit dem Göttlichen zu tun, der Ort nicht, daher muß die Zeit vor dem Ort kommen.

Die vierte Frage (S. ١٩٩): Warum diese Kategorie auf zwei verschiedene Weisen und in zwei Teile geteilt werden kann: Die übrigen neun Kategorien sind akzidentell quantitativ, das Quantiative und seine Arten sind es wesenhaft.

Die fünfte Frage (S. ٢٠٠): Warum nur das Quantitative, nicht aber die Substanz auf diese Weise unterteilt werden kann. Dafür gibt es zwei Beweise:

1. Im Quantitativen gibt es, im Gegensatz zur Substanz, keine klaren, sinnlich wahrnehmbaren Einzeldinge, von denen man auf die allgemeine Form schließen kann.

2. Würde Aristoteles die Substanz aufteilend darstellen, so müßte er mit der Gattung der Gattung beginnen. Das ginge aber nicht, da die Substanz für uns keine bestimmbare Gattung der Gattung hat.

Aporien (S. ٢٠١):

1. Warum spricht Aristoteles von zwei Arten des Quantitativen, aber nicht mit Begriffen, die sich ausschließen, wie z.B. „körperlich“ und „unkörperlich“? Lösung: Aristoteles macht hier gar nichts anderes. Er teilt das Quantitative ein mit „kontinuierlich“ und „nicht-kontinuierlich“, nur daß er letzterem einen anderen Namen gibt.

2. Warum sagt Aristoteles, daß kontinuierlich und diskret zwei Arten seien, wo doch viele behaupten, daß sie spezifizierende Eigenschaften seien? Lösung: Aristoteles sagt nicht nur, daß sie zwei Arten seien, sondern auch spezifizierende Eigenschaften. Er sagt, daß alle faßbaren Arten der höheren Gattung Arten seien und spezifizierende Eigenschaften.

3. Es wird behauptet, das Quantitative sei in zwei erste Arten geteilt, nämlich diskret und kontinuierlich, aber das ist gar nicht so, denn die von einer einzigen Gattung abgeteilten Arten hängen nicht voneinander ab. Wir sehen aber, daß das Kontinuierliche vom Diskreten abhängt. Denn die Linie hat eine Dimension (buᶜd), die Fläche zwei. Eins und zwei sind aber Zahlen und Zahlen sind diskret. Lösung: Entweder ist etwas Wesen für eine Sache oder Akzidens. Das Moment des Einen und des Vielen ist für das Quantitative akzidentell. Die Gattung der Zahl vom Quantitativen ist notwendig für alle seienden Dinge, außer für sich selbst.

4. Warum teilt Aristoteles das Quantitative nur in zwei Teile, während Platon es in drei Teile teilt (Plat. Tim. 52e ff.), nämlich in das Diskrete, Kontinuierliche und die Gewichtstendenz (ῥοπή, mail)? Ibn aṭ-Ṭayyib führt dazu zwei Lösungsansätze an, von denen er den einen für besser und den anderen für schlechter erklärt. Der bessere lautet folgendermaßen: Die Gewichtstendenz und das Kontinuierliche sind eins. Dieser Ansatz wird jedoch von Ibn aṭ-Ṭayyib widerlegt, indem er nachweist, daß das Kontinuierliche und die Gewichtstendenz nicht eines sein können. Der schlechtere Lösungsansatz sagt, daß die Gewichtstendenz eine Qualität sei, eine Kraft, durch welche die natürlichen Körper bewegt werden. Die Gewichtstendenz ist aber nach Ibn aṭ-Ṭayyib keine Quantität (allerdings kann sie größer und kleiner sein) und keine Kraft.

¶ Die Frage nach der ῥοπή stellt sich auch für Olympiodor (82, 36 ff.) und für Elias (David) (186, 20 ff.) und wird damit beantwortet, daß sie ein πάθος ποσοῦ sei (siehe Arist. Metaph. 1020a19 ff.). Auch Ammonios (55, 4 f.) und Simplikios (128, 5 ff.) äußern sich zu dieser Frage. Das Problem der Materie im allgemeinen und in diesem Zusammenhang der Qualität bei Philoponos behandelt De Haas, John Philoponus' New Definition of Prime Matter (1997). Zur ῥοπή siehe Lettinck, Aristotle's Physics (1994), S. 569. ¶

5. Warum läßt Aristoteles das Quantitative vor dem Qualitativen kommen, obwohl es umgekehrt sein müßte? Zuerst muß ja etwas dasein, bevor man es zählen kann. Lösung: Das Quali-

tative ist ein kollektiver Name, der für das substanzielle und für das akzidentelle Qualitative zutrifft. Aristoteles sagt, daß das Quantitative vor dem akzidentellen Qualitativen kommt, nicht vor dem substanziellen (die Dimensionen sind substanzielles Qualitatives).

Lemma-Kommentar (4b20 – 4b22) (S. ٢٠٤)

5.15. Fünfzehnte Lektion. Das diskrete Quantitative (S. ٢٠٦)

Arist. Cat. 4b23–5a14: Die Teile der Zahl haben keine gemeinsame Grenze, an der einige von ihnen mit anderen zusammenstoßen. Zum Beispiel wenn die Fünf ein Teil von Zehn ist, so stoßen nicht die einen fünf mit den anderen fünf an einer gemeinsamen Grenze zusammen, sondern sie sind getrennt. Auch die Drei und die Sieben kommen nicht an einer gemeinsamen Grenze zusammen. Überhaupt kann man bei den Zahlen keine gemeinsamen Grenzen zwischen ihren Teilen finden, sondern sie sind immer getrennt. Somit ist die Zahl diskret.

Ebenso gehört die Rede zum Diskreten. Daß Rede etwas Quantitatives ist, ist klar, denn sie wird nach langen und kurzen Silben gemessen. Mit Rede meine ich das, was mit der Stimme hervorgebracht wird. Ihre Teile sind nicht durch eine gemeinsame Grenze verbunden, denn es gibt keine gemeinsame Grenze, die die Silben miteinander verbindet, sondern jede Silbe steht für sich allein.

Die Linie aber ist kontinuierlich, es ist nämlich möglich, daß es eine gemeinsame Grenze gibt, die deren Teile verbindet, wie zum Beispiel den Punkt und bei der Fläche die Linie, denn die Teile der Ebene sind durch eine gemeinsame Grenze verbunden.

So verhält es sich auch beim Körper, da man auch eine gemeinsame Grenze finden könnte, nämlich die Linie oder die Fläche, durch die die Teile des Körpers verbunden sind.

Zu diesen Dingen gehören auch die Zeit und der Ort, denn die gegenwärtige Zeit stößt mit der vergangenen und mit der zukünftigen zusammen.

Auch der Ort gehört zum Kontinuierlichen, da die Teile des Körpers, die einen Ort einnehmen, durch eine gemeinsame Grenze miteinander verbunden sind. Folglich sind auch die Teile des Ortes, die jeder Teil des Körpers einnimmt, durch dieselbe Grenze verbunden, durch die auch die Teile des Körpers verbunden sind. Also ist auch der Ort kontinuierlich, denn seine Teile sind durch eine gemeinsame Grenze verbunden.

In dieser Passage werden die Arten des Quantitativen dargestellt. Zuerst wird die Zahl behandelt: sie ist quantitativ und diskret. Daß die Zahl diskret sei, wird dadurch bewiesen, daß zwischen zwei Teilen einer Zahl keine gemeinsame Grenze bestehe, wie Aristoteles sagt, indem die eine der Anfang der einen und das Ende der anderen ist und die Teile sind nicht miteinander verbunden, sondern immer voneinander getrennt. Folglich sind die Zahlen diskret.

Auch das Wort (qawl) ist quantitativ und diskret (S. ٢٠٧). Bewiesen wird das einerseits mit dem Hinweis darauf, daß ein Wort durch zählbare Silben gebildet wird und daß andererseits seine Teile keine gemeinsamen Grenzen aufweisen (lā yūǧadu bayna aǧzāʾihī ḥaddun muštarikun).

Ebenso werden die Arten des kontinuierlichen Quantitativen, also Linie, Fläche, Körper, die Zeit und der Ort einzeln dargestellt, und von jedem wird erklärt, aufgrund welcher Eigenschaft sie quantitativ (kam) und kontinuierlich (muttaṣil) ist.

Die Einheit (waḥda), die Silbe (maqṭaʿ), der Punkt (nuqṭa) und der Moment (al-āna) bekommen eine eigene Darstellung. Gemeinsam ist ihnen, daß sie nicht teilbar sind (S. ٢١٠).

- Die Einheit ist etwas, was nicht geteilt werden kann, weder potentiell noch aktuell. Sie ist die Grundlage für das diskrete Quantitative.

- Die Silbe ist die Grundlage für die Rede. Sie ist nicht teilbar und durch die Stimme hervorgebracht.

- Der Punkt ist zwar nicht aktuell teilbar, aber potentiell, z.B. für einige kontinuierliche Quantitative wie die Linie, die Fläche und der Körper.

- Der Ort ist weder potentiell noch aktuell teilbar. Er ist Grundlage einiger kontinuierlicher Quantitativa wie der Zeit.

Aporien (S. ٢١٣):

1. Warum sagt Aristoteles, Zahl und Rede seien Quantitativa? Denn er sagt, daß sie verbunden seien durch Einheit und

Silben. Diese beiden sind aber bei ihm keine Quantitativa, denn er ist der Meinung, daß etwas nur dann quantitativ ist, wenn es gezählt wird. Also sind Zahl und Rede nicht quantitativ, weil sie verbunden sind mit etwas, das nicht quantitativ ist. Lösung: Es gibt potentiell und akzidentell Quantitatives. Durch Wiederholung von Einheit und Silbe entsteht die Zahl bzw. das Wort.

2. Es heißt, Einheit und Silbe seien nicht trennbar. Zahl und Rede sind aber trennbar. Wie soll das gehen? Lösung: Silbe und Einheit sind in Rede und Zahl unterscheidbar, aber nicht teilbar.

3. Aristoteles sagt, alle seienden Dinge würden von den höheren Gattungen (bzw. von den zehn Kategorien) erfaßt. Wir sehen aber, daß das bei Punkt, Silbe, Einheit und dem Moment (al-āna) anders ist. Sie sind nicht Substanz, nicht quantitativ und nicht qualitativ. Lösung: Es sind potentielle Quantitative. Die Kategorien erfassen sowohl Potentielles als auch Aktuelles.

4. Aristoteles sagt, das Wort sei diskret quantitativ. Die Silbe ist aber eine begrenzte Ausdehnung und also teilbar. Das Teilbare ist etwas Verbundenes. Das Verbundene ist kontinuierlich, also ist die Silbe kontinuierlich und folglich auch das Wort. Lösung: Es werden zwei Lösungsansätze aufgezeichnet. Erstens: Nicht alles, was verbunden ist, ist auch kontinuierlich, wofür es zwei Beweise gibt. Der zweite Lösungsansatz ist nach Ibn aṭ-Ṭayyib falsch, nämlich daß die Verbindung der Silben akzidentell, nicht wesenhaft seien.

5. Aristoteles sagt, daß was ein Maß hat, durch etwas kleineres abgemessen werden muß, z.B. die Zeit durch den Tag, die Linie durch die Elle. Dem entspricht, daß das Wort durch die Silbe abgemessen wird. Man kann aber sagen, daß die Linie durch zwei Ellen abgemessen wird. Lösung: Die Silbe ist die kleinste ausgesprochene Einheit. Eine Silbe ist nicht größer als eine andere im Hinblick auf ihr Silbensein. Sondern die Größe der Silbe ist von ihrer Zeitdauer abhängig. Teilbar sind die Silben schon, aber nur in Buchstaben. Aristoteles sagt auch nur, daß die Silben nicht in weitere Silben teilbar sind, nicht, daß sie es überhaupt nicht sind.

6. Das Wort an sich ist nicht quantitativ, es wird nur durch die Zählung der Silben dazu. Trotzdem rechnet Aristoteles das Wort zum Quantitativen, obwohl das Quantitative daran nur

von einer Eigenschaft eines Akzidens darunter herkommt. Lösung: Das Wort ist nur deswegen quantitativ, weil es durch Silben abgemessen wird. Und was so ist, das ist quantitativ durch sein Wesen, nicht durch das Akzidens.

¶ Dieselbe Aporie über das akzidentelle Quantitativsein des Wortes steht auch bei Olympiodor (89, 37). ¶

7. Warum sagt Aristoteles, drei sei ein Teil von zehn, wo doch ein Teil von einer Sache das ist, wodurch sie gezählt wird? Lösung: Die Begriffsbestimmung des Teils ist nicht, daß er die Sache zählt, sondern aus den Teilen und ihren Verbindungen besteht das Ganze.

8. Warum sagt Aristoteles, daß etwas (ein Wort oder eine Zahl) in Silben und Zahl geteilt sei, wo es doch zuerst einmal ungeteilt sein muß? Lösung: Die Teilung bezieht sich immer auf das Ganze, nicht auf die Zahl als Zahl.

Hier werden zwei Fragen eingeschaltet (S. ٢١٦). Erstens: Warum gibt es die zwei Sorten von Kontinuierlichem und Diskretem? Zweitens: Warum kommt der erste Teil vor dem zweiten (also warum kommt das Diskrete vor dem Kontinuierlichen)? Die Antwort auf die erste Frage: Linie, Fläche und Körper, also kontinuierliche Quantitativa, sind in der Sache selbst, Zeit und Ort, also diskrete Quantitativa, sind außerhalb der Sache. Zweitens: Es gibt drei Beweise dafür, daß der erste Teil vor dem zweiten kommt. 1. Das eine (Kontinuierliche) ist wie die Wurzeln, das andere (Diskrete) wie die Zweige. 2. Linie und Fläche (also das Kontinuierliche) sind im Wesen der Sache, Zeit und Ort (also das Diskrete) sind außerhalb. 3. Die Zeit ist durch das Danach (ba^{c}d) verbunden und der Ort durch das Umfassen des Körpers. Dieses Danach ist der Grund für ihre Quantitativität, deshalb kommt das Diskrete zuerst.

9. Warum sagt Aristoteles, daß die Teile der Linie je eine gemeinsame Grenze haben, so daß also die Zeit aus Augenblicken, die Fläche aus Linien und der Körper aus Flächen besteht, folglich, daß was aufgeteilt ist, verbunden ist aus dem, was nicht aufgeteilt ist? Das wäre ja unmöglich! Lösung: Man stellt sich den Punkt auf der Linie und die Linie auf der Fläche nur vor.

10. Aristoteles sagt, daß die Grenze der Linie, die man sich

vorstellt, der Anfang und das Ende der Linie sein müßte und ebenso muß das bei der Fläche funktionieren. Geben wir zu, daß die Grenze der Linie, da sie, weil sie ein Punkt ist, nicht teilbar ist, in einem Anfang und Ende sein muß. Die Grenze der Fläche und des Körpers aber, die nach der Hypothese eine einzige sind, ist dann teilbar ohne Bedeutung. Lösung: Die Grenze ist als Ende von etwas unteilbar, aber als Linie ist sie teilbar.

11. Warum heißt es, Linie, Fläche und Körper seien kontinuierlich, während die Arten gleichzeitig in der Natur ihrer Gattung seien (S. ٢١٨)? Die Linie geht jedoch der Fläche, die Fläche dem Körper voraus. Es ist aber problematisch, zu sagen, daß das eine dem anderen vorausgehe. Lösung: Es gibt verschiedene Analogien zwischen den Arten. Bei der Analogie zur Gattung kann es kein Vorausgehen und Nachherkommen geben. Aber die Definition des Kontinuierlichen ist für alle gleich und sie werden mit einem einzigen Maß gemessen.

12. Warum sagt Aristoteles, daß es zwischen den Teilen der kontinuierlichen Quantitativa eine gemeinsame Grenze gebe, daß es dagegen zwischen den Teilen der diskreten Quantitativa keine Verbindung gebe? An anderer Stelle behauptet er etwas anderes, nämlich daß die Linie eine Dimension (buᶜd) hätte und die Fläche zwei Dimensionen, der Körper drei Dimensionen usw. Lösung: Alle quantitativen Arten werden auf zwei Weisen betrachtet: Entweder im Hinblick auf ihr Wesen. So sind sie nicht quantitativ sondern Substanzen und Qualitäten. Oder im Hinblick auf ihr Maß, so sind sie quantitativ. Was wesenhaft quantitativ ist, das fällt unter ein Maß.

13. Warum soll es sieben Arten von Quantitativem geben? Gehörte die Bewegung nicht auch dazu? Lösung: Die Bewegung gehört auch dazu, aber eben auch die Zeit und der Ort, sie kommen den Dingen von außen zu.

Lemma-Kommentar (4b23 – 5a14) (S. ٢٢٠)

5.16. Sechzehnte Lektion. Zweiter Teil des Quantitativen (S. ٢٢٥)

Arist. Cat. 5a15–6a35: Ferner ist einiges zusammengesetzt aus Teilen, die eine Lage zueinander haben und einiges ist zusammengesetzt aus Teilen, die keine Lage zueinander haben. So haben zum Beispiel die Teile der Linie eine Lage zueinander, denn jeder von ihnen hat einen Ort, an dem er ist, und man kann sie bezeichnen und angeben, wo jeder seinen Ort auf der Fläche hat und mit welchem von den übrigen Teilen er verbunden ist. Ebenso verhält es sich mit den Teilen des Körpers und des Ortes.

Bei der Zahl hingegen kann man nicht sehen, daß die Teile eine Lage zueinander haben oder an einem Ort liegen, oder daß die einen mit den anderen verbunden sind. Man kann das auch nicht bei der Zeit, denn es gibt bei den Teilen der Zeit keine Beständigkeit, und was nicht beständig ist, kann keine Lage haben. Man könnte jedoch eher sagen, daß die Zeit eine Ordnung hat, da ein Teil von ihr vorangeht und ein anderer danach kommt. So verhält es sich auch bei der Zahl, da die Eins vor der Zwei kommt und die Zwei vor der Drei. Dadurch hat sie eine Ordnung, aber eine Lage kann sie nicht haben.

Die Rede ist auch so, da keiner ihrer Teile Beständigkeit hat, denn ist er einmal ausgesprochen, ist er vergangen und läßt sich nicht festhalten. Folglich können ihre Teile keine Lage haben, da sie keine Beständigkeit haben. Es gibt also solches, das aus Teilen zusammengesetzt ist, die eine Lage zueinander haben und es gibt solches, das aus Teilen zusammengesetzt ist, die nicht eine Lage zueinander haben.

Nur dieses Genannte wird hauptsächlich quantitativ genannt, alles andere wird akzidentell so genannt. Denn nur weil wir jenes meinen, wird dieses andere quantitativ genannt. So sagen wir zum Beispiel vom Weißen, daß es viel sei, dabei zeigen wir damit an, daß es eine große Fläche ist; und wir sagen von einer Handlung, daß sie lang sei, womit wir anzeigen, daß die Zeit, in der sie andauert, lang ist. Wir sagen auch von der Bewegung, daß sie viel sei, aber all das wird nicht wegen seines Wesens quantitativ genannt. Wenn zum Beispiel einer angäbe, wie lang eine Handlung ist, so wird er sie nach der Zeit bestimmen und sagen, daß sie ein Jahr lang ist und dergleichen. Und wenn einer angäbe, wieviel Weißes es gibt, so wird er es nach der Fläche bestim-

men und vom Maß des Weißen sagen, daß es wie das Maß der Fläche ist. Es wird also nur das Genannte hauptsächlich und nach seinem Wesen quantitativ genannt. Das andere ist nicht wesenhaft quantitativ, sondern, wenn überhaupt, akzidentell.

Das Quantitative hat kein konträres Gegenteil. Was das diskrete Quantitative angeht, so ist es klar, daß es überhaupt kein Konträres hat, wie zum Beispiel das „zwei Ellen Lange" oder das „drei Ellen Lange" oder die Fläche oder dergleichen, denn sie haben überhaupt kein Konträres. Es sei denn, es sagte einer, daß das Viele dem Wenigen, oder das Große dem Kleinen konträr sei. Aber nichts von diesem ist etwas Quantitatives, sondern es ist relativ, denn es wird von nichts um seiner selbst willen gesagt, es sei groß oder klein, sondern im Verhältnis zu etwas anderem. Zum Beispiel wird der Berg als klein beschrieben und das Sesamkorn als groß, insofern als es größer ist als andere seiner Art und jener insofern er kleiner ist als andere seiner Art, es gibt also einen Bezug zu einer anderen Sache. Würde etwas um seiner selbst willen als klein oder groß beschrieben, so würde der Berg nie als klein und das Sesamkorn nie als groß beschrieben werden. Auch sagen wir, daß es in diesem Dorf viele Menschen und in der Stadt Athen wenige Menschen gibt, obwohl diese ein Vielfaches von jenen sind. Und wir sagen, daß in dem Haus viele Menschen sind und im Theater wenige Menschen sind, obwohl hier vielmehr sind als dort. Im Übrigen bezeichnen „zwei Ellen lang" und „drei Ellen lang" und alles Derartige ein Quantitatives, jedoch bezeichnen „klein" und „groß" nicht ein Quantitatives, sondern ein Relativum, denn das Große und das Kleine werden im Hinblick auf etwas anderes betrachtet, und deshalb ist es offensichtlich, daß die beiden zu den Relativa gehören.

Auch wenn man es als Quantitatives beschreibt oder nicht als Quantitatives, hat es auf keinen Fall ein Konträres. Denn eine Sache, die man als solche nicht erfassen kann, sondern nur im Hinblick auf eine andere erfassen kann, wie soll die etwas Konträres haben? Wenn außerdem das Große und das Kleine Konträres sein sollen, würde daraus folgen, daß dieselbe Sache Konträres zuläßt und daß alle diese Dinge sich selbst konträr sind, weil ein und dasselbe Ding groß und gleichzeitig klein ist, denn in bezug auf dieses ist es klein, aber dasselbe ist in bezug auf das andere groß. Also ist dasselbe Dinge in derselben Zeit sowohl groß als auch klein, da es ja Konträres zuläßt, nur daß es ihm zukommt, daß nicht ein einziges Dinge gleichzeitig zwei Gegenteile empfangen kann. Zum Beispiel die Substanz, denn sie kann

Konträres aufnehmen, nur kann sie nicht gleichzeitig krank und gesund, und nicht gleichzeitig schwarz und weiß sein. Auch die übrigen Dinge können nicht gleichzeitig Konträres aufnehmen. Es wäre auch jedes von ihnen sich selbst konträr, denn wenn das Große dem Kleinen konträr ist und ein und dasselbe Ding gleichzeitig groß und klein ist, dann wäre es sich selbst konträr. Es ist aber unmöglich, daß ein und dieselbe Sache sich selbst konträr ist. Also ist das Große nicht dem Kleinen konträr und das Viele nicht dem Wenigen, so daß es also so ist, daß darin nichts Konträres ist, auch wenn jemand sagte, daß diese nicht zum Relativen gehören, sondern zum Quantitativen.

Beim Quantitativen scheint es am meisten Kontrarietät beim Ort zu geben, denn man stellt das Oben dem Unten als Gegenteil gegenüber, wobei man unter dem Unteren den Ort versteht, der gegen die Mitte zugeht. Dazu kommt man, weil die Entfernung zwischen der Mitte und den Enden des Kosmos am weitesten ist. Man scheint die Definition der übrigen Gegenteile davon abzuleiten, denn man definiert die Gegenteile so, daß die Entfernung vom einen zum anderen am größten ist und faßt sie in einer Gattung zusammen.

Vom Quantitativen wird aber nicht vermutet, daß es das Mehr und das Weniger zuläßt. Zum Beispiel ist das eine „zwei Ellen lang" nicht mehr zwei Ellen lang als das andere. Ebenso verhält es sich mit der Zahl, zum Beispiel mit der Drei und der Fünf, denn diese Fünf wird nicht mehr genannt als diese Drei oder diese Drei mehr als diese Drei.

Auch von der Zeit wird nicht gesagt, sie sei mehr als eine andere. Das Quantitative läßt also kein Mehr und Weniger zu.

Das dem Quantitative am meisten Eigentümliche ist, daß es „gleich" und „ungleich" genannt wird. Zum Beispiel wird das Brett „gleich" oder „ungleich" genannt, und alles übrige Derartige, das erwähnt worden ist, wird „gleich" und „ungleich" genannt. Alles andere, das kein Quantitatives ist, scheint nicht „gleich" und „ungleich" genannt zu werden. So wird zum Beispiel der Zustand nicht „gleich" und „ungleich" genannt, sondern eher „ähnlich". Und das Weiße wird auch nicht „gleich" und „ungleich" genannt, sondern „ähnlich". Also ist das dem Quantitativen am meisten Eigentümliche, daß es „gleich" und „ungleich" genannt wird.

Zusammengesetzt aus Teilen, die zueinander eine Lage haben, sind die Linie, die Fläche, der Körper und der Ort, also die kontinuierlichen Quantitativa. (Ibn aṭ-Ṭayyib weist hier darauf hin, daß Aristoteles die Zeit an dieser Stelle weg läßt, weil er sie bei den diskreten Quantitativa unterbringen will.)

Nicht zusammengesetzt aus Teilen, die zueinander eine Lage haben, sind Zahl, Rede und Zeit, also das diskrete Quantitative.

Es gibt drei Bedingungen dafür, daß die Teile einer Sache eine Lage zueinander haben. Erstens müssen die Teile der Sache feststehen. Zweitens muß die Bezeichnung davon in der Sache, in der sie sind, möglich sein. Drittens müssen alle Teile miteinander eine gemeinsame Grenze haben.

Die Zahl, das Wort und die Zeit haben keine Teile, die zueinander eine Lage haben (S. ٢٢٦). Die Zahl hat als einzige von diesen Teile, die feststehen, aber sie sind nicht verbunden und man kann nicht auf sie zeigen, weil sie nur in der Vorstellung existieren. Ebensowenig kann man auf die Teile der Zeit und des Wortes zeigen. Als Teile der Zeit kann man den Moment bezeichnen, aber er ist nicht Teil der Zeit, sonden eine Grenze, ein Punkt, wie der Punkt in der Linie.

¶ Bei Olympiodor (89, 14 ff.) wird dazu eine Aporie referiert, ob nämlich nicht auch die Zeit und das Wort zu denjenigen Quantitativa gehören, deren Teile eine Lage zueinander haben. Olympiodor weist darauf hin, daß man τάξις und θέσις unterscheiden muß (89, 22). ¶

Es sind fünf Punkte zu beachten: 1. Was wesenhaft (bi-l-ḏāt) ist, 2. was Akzidens ist (bi-l-ᶜaraḍ), 3. was akzidentell ist (bi-ṭarīq al-ᶜaraḍ), 4. was *prima intentione* steht (ᶜalā l-qaṣd al-awwal), 5. was *secunda intentione* steht (ᶜalā l-qaṣd al-ṯānī).

Was wesenhaft ist, kommt der Definition der betreffenden Sache zu und konstituiert sie. Akzidens ist das, was der Sache zukommt wie das Weiße dem Körper. Akzidentell heißt, daß etwas mit einer Sache verbunden ist durch eine andere Sache, wie wir z.B. sagen, daß sich das Weiße bewegt, weil wir „weiß" auf Zaid beziehen, der gerade läuft. *Prima intentio* ist das, was einer Sache ohne Vermittlung zukommt. *Secunda intentio* ist das, was einer Sache durch Vermittlung zukommt.

¶ Die Unterscheidung zwischen wesenhaftem ποσόν (καθ' αὑτό) und akzidentellem ποσόν (κατὰ συμβεβηκός) wird von Olympiodor dargestellt (89, 26 ff.). ¶

Aporien (S. ٢٢٧):

1. Wenn das, was zueinander eine Lage hat, am Ort feststehende Teile haben muß und der Ort relativ ist, muß es so sein, daß der Ort im Ort ist, und so geht es weiter ins Unendliche. Lösung: Aristoteles sagt nicht, daß die feststehenden Teile am Ort feststehen, sondern nur, daß sie in der Sache, in der sie sind, fest sind. Das ist kein Ort.

2. Warum ist das, was zueinander eine Lage hat, vor dem eingeordnet, was keine Lage zueinander hat? Denn auf diese Weise geht das Kontinuierliche dem Diskreten voraus (vorher war es umgekehrt). Lösung: Das Diskrete geht dem Kontinuierlichen voraus, weil es einfacher ist. Hier geht das, dessen Teile eine Lage zueinander haben voraus, weil es durch eine positive Aussage ausgedrückt wird und die Affirmation der Negation vorausgeht.

Die Eigenschaften des Quantitativen (S. ٢٢٨). (Man kann das Quantitative nicht definieren, weil es eine höhere Gattung ist und deshalb keine Prinzipien hat.) Es gibt drei Eigenschaften:

1. Die erste Eigenschaft: Das Quantitative hat kein Gegenteil.

Dafür gibt es zwei Beweise:

1. Gäbe es für ein einzelnes Quantitativum ein Gegenteil, dann müßte es für jede Sache viele Gegenteile geben, und das ist unmöglich. Daß für „eins" das Gegenteil „eins" ist, dafür gibt es ebenfalls zwei Beweise.

2. Gäbe es ein Gegenteil in etwas Quantitativem, dann müßte es das Gegenteil im Gegenteil geben.

Diese Eigenschaft hat das Quantitative nicht allein, sondern auch die Substanz hat sie.

¶ Diese Feststellung führt bei Olympiodor zu einer Aporie, warum nämlich Aristoteles eine Eigenschaft für zwei Kategorien anwende (90, 12 ff.). Hier wird auch noch die Frage aufgeworfen, warum im aristotelischen Text ein ἔτι stehe (5b11), wenn es doch die erste Eigenschaft ist, die behandelt wird. ¶

Aporie:

Warum heißt es, es gebe beim Quantitativen kein Gegenteil, wo doch „viel" das Gegenteil von „wenig" ist? Lösung: Es gibt dafür zwei aristotelische Lösungen. Die erste lautet so, daß

„viel", „wenig", „groß" und „klein" Relationen sind und nicht Quantitativa. Denn von einem Berg kann man sagen, daß er klein sei, während man von einem Sesamkorn sagen kann, es sei groß. Die zweite Lösung lautet so, daß „groß", „klein", „wenig", „viel" Quantitativa sind, die kein Gegenteil haben, aber relativ sind.

¶ Vgl. Elias (David) 196, 12 ff., der dieselbe Lösung für diese Aporie hat, ebenso mit zwei Lösungen: ἔνστασις und ἀντιπαράστασις.

Auch Olympiodor geht auf das Problem ein, ob „groß" und „klein" nicht Gegenteile seien und legt mit vier Beweisen dar, daß sie sowohl gegenteilig als auch relativ sind (93, 28–94, 12). Elias (David) hat für dasselbe drei Beweise (197, 14 ff.). Philoponos legt ebenfalls mit zwei Lösungen (ἔνστασις, ἀντιπαράστασις) dar, daß „groß und klein" eine Relation ist (94, 5). ¶

Dafür, daß es beim Quantitativen kein Gegenteil gibt, existieren vier Beweise.

1. Die Gegenteile versteht man durch ihre Gegenteile, die Relativa durch den Vergleich mit anderem, also wird beides im Vergleich zum anderen verstanden. Der Unterschied ist, daß die Gegenteile nicht an einem einzigen Ort sind, die Relativa aber schon, jedoch im Vergleich zu zwei Dingen.

2. Wenn „groß" und „klein" Gegenteile hätten, so müßten in einer einzigen Sache gleichzeitig die Gegenteile sein, und das ist unmöglich.

3. Wären „groß", „klein", etc. Gegenteile, dann müßte die Sache zu sich selbst Gegenteil sein und würde sich damit selbst auflösen.

4. Ist „klein" das Gegenteil von „groß", „klein" ein Teil von „groß" und der Teil nach der Definition ein Gegenteil des Ganzen, so würde alles einander zerstören.

Aporien:

1. Der Ort ist quantitativ und er hat ein (konträres) Gegenteil, so hat also das Quantitative ein (konträres) Gegenteil, denn beim Ort gibt es den höheren und den tieferen, und dies beides

wäre dann zueinander konträr. Lösung: Der Ort an sich ist nicht quantitativ, sondern seine Einschätzung.

Es schließt sich ein Abschnitt darüber an, ob „oben" und „unten" Gegenteile seien. „Oben" und „unten" würden nämlich (nach Ibn aṭ-Ṭayyib) auf zwei Arten ausgesagt: im eigentlichen, natürlichen Sinn (fī l-ḥaqīqa wa-bi-l-ṭabᶜ) oder als relativer Begriff (ᶜalā ṭarīq al-iḍāfa). Das natürliche „oben" ist dasjenige der Himmelssphäre (die Umlaufbahn des Mondes), während das natürliche „unten" das Erdzentrum ist (nihāya kura l-māʾi l-muḥtawā ᶜalā l-arḍ). Als relativer Begriff sind „oben" und „unten" beispielsweise „das Dach über dem Kopf".

2. Die zweite Aporie hat eine Ansicht zum Thema, die Ibn aṭ-Ṭayyib dem Olympiodor zuschreibt, die dieser aber nur als Aporie von ungenannt bleibenden Personen referiert (94, 39 f.), nämlich daß in „oben" und „unten" ein Gegensatz liege (S. ٢٣٢). Denn die Orte, in denen die Körper sind, zum Beispiel Wasser und Feuer, seien einander entgegengesetzt und deswegen sei die Entfernung zwischen ihnen unendlich (li-aǧli hāḏā ṣāra l-buᶜd baynahumā fī l-ġāya). Was sie vereine, sei der Ort. Das wird aber von Ibn aṭ-Ṭayyib widerlegt: Denn nur weil die Entfernung zwischen ihnen unendlich ist, sind sie noch keine Gegenteile. Man soll nicht sagen, oben sei das, was die obere Hälfte der Mondlaufbahn ist, und unten die andere Hälfte. Denn jeden Tag wechselt das Oben und Unten der Mondlaufbahn. Überhaupt ist es immer subjektiv, wenn man von einer Kugel die eine Hälfte „oben" und die andere „unten" nennt.

¶ Olympiodor löst diese Aporie auf ähnliche Weise, und kommt zum gleichen Schluß, daß nämlich das „Oben" und „Unten" auf zwei Weisen ausgesagt werde: τὸ μὲν φύσει τὸ δὲ θέσει (95, 8). Daraus folgt, daß „oben" und „unten" auch relativ sind. Beispiel dafür ist die Weltkugel, deren „oben" und „unten" abwechselt. Auch Philoponos bringt zur Lösung der Aporie die Hälften der Weltkugel, die manchmal „oben" und manchmal „unten" sind (99, 18 ff.), Elias (David) argumentiert wie Oympiodor, daß „oben" und „unten" zweifach ausgesagt werde, und führt drei Beweise dafür an, daß sie nicht gegensätzlich seien (197, 15 ff.). ¶

3. Warum heißt es, zwei einander konträre Dinge könnten nicht gleichzeitig sein, dabei sagt man vom Lauen, es sei heiß und kalt zugleich und vom Grauen, es sei schwarz und weiß zugleich? Lösung: Konträres wird auf zwei Arten ausgesagt. Zum einen, daß es Formen und Wesen seien, zum anderen, daß es ein Bezug sei und in Analogie zu etwas anderem verstanden würde. Ist es ein Bezug, so kann wohl Konträres zu gleicher Zeit sein. Sonst nicht.

4. Warum sagt Aristoteles, daß das Konträre nicht relativ sei? Man versteht ja kein Konträres einzeln, ohne Bezug zum anderen. Lösung: Man versteht sie zwar durch Analogie vom einen zum anderen, aber hier nicht im Hinblick darauf, daß sie relativ zueinander sind.

5. Warum ist die besprochene Eigenschaft die erste und nicht die, daß das Quantitative das Gezähltwerden als Haupteigenschaft hat? Lösung: Die Eigenschaft des Gezähltwerdens gehört zur Natur des Quantitativen und wird deshalb von Aristoteles bei der Erklärung der Arten des Quantitativen schon erwähnt.

6. Die Linie kann gerade oder gekrümmt sein. Diese sind aber konträr, also gibt es im Quantitativen doch Konträres. Lösung: Das Konträre liegt im Qualitativen, das der Linie akzidentell zukommt.

Ibn aṭ-Ṭayyib referiert eine weitere Ansicht Olympiodors, der glaubt, daß das Größte, das es gibt und das Kleinste, das es gibt, konträr seien (s. Olymp., 94, 20 ff.) (S. ٢٣٤). Deshalb sage er, daß sie Relation seien. Diese Meinung ist nach Ibn aṭ-Ṭayyib aber falsch und wird widerlegt: Denn man kan sich immer etwas noch Größeres und etwas noch Kleineres vorstellen.

2. *Die zweite Eigenschaft des Quantitativen* besteht darin, daß das Quantitative kein Mehr und Weniger zuläßt (S. ٢٣٤). Denn es gibt nichts, was in Bezug auf etwas anderes mehr quantitativ wäre.

Aporie: Warum wird Mehr und Weniger immer dem Konträren zugeordnet, wo doch die Substanz „mehr und weniger“ hat, aber kein Konträres. Im Quantitativen gibt es jedoch mehr und weniger, da es gleich und ungleich gibt, aber es gibt kein Konträres. Lösung: Es ist nicht immer dem Konträren zugeordnet, sondern Mehr und Weniger gehören zur Qualität und sind deshalb nichts Konträres.

3. *Die dritte Eigenschaft* ist die speziellste, da nichts anderes diese Eigenschaft hat, nämlich daß das Quantitative gleich und ungleich genannt wird.

Aporien (S. ٢٣٥):

1. Bei der zweiten Eigenschaft hieß es, es gebe nicht Mehr und Weniger. Aber das Ungleichsein, beinhaltet es nicht das Mehr und Weniger? Lösung: Man kann das Quantitative im Hinblick auf es als Quantitatives oder im Vergleich zu etwas anderem und im Hinblick darauf, daß es relativ ist, betrachten. Im ersten Fall spielt das Mehr und Weniger keine Rolle. Im zweiten spielt es eine Rolle.

2. Warum sagt Aristoteles, daß man nur über das Quantitative sagt, daß es „gleich" und „ungleich" sei und nicht auch über das Qualitative? Lösung: Über das Qualitative wird gesagt, daß es „ähnlich" und „unähnlich" sei. Der Unterschied zwischen „ähnlich" und „gleich" besteht darin, daß bei „gleich" auf akzidentelle Weise auch noch der zeitliche Aspekt dazukommt.

3. Warum werden nur drei Eigenschaften des Quantitativen erwähnt, nicht aber was auch dazu gehört, nämlich die Eigenschaft der Teilbarkeit? Lösung: Es spielt für die Logik keine Rolle, weil es dabei nur um die materielle Teilbarkeit ginge.

4. Auch das Gewicht (mail) hat die Eigenschaft von gleich und ungleich, die zu den Eigenschaften des Quantitativen gehört. Warum wird es nicht aufgezählt? Lösung: Es gehört zu den Qualitäten.

5. Wenn das Gewicht zu den Qualitäten gehört, dann sind auch Länge, Breite und Tiefe Qualitäten und der Unterschied besteht darin, daß dieses in der ersten Substanz ist, jene in der zweiten Substanz. Lösung: Auf Länge, Breite und Tiefe fällt die Eigenschaft des Gezähltwerdens wesenhaft dadurch, daß sie in der Materie sind, und dadurch sind sie quantitativ. Das Gewicht wird aber nicht wesenhaft gezählt, sondern akzidentell.

6. Ist das Gewicht auch nicht quantitativ, so wird es in der Mathematik als quantitativ angewendet. Lösung: Es wird nur akzidentell betrachtet, weil die Mathematik losgelöst von Ma-

terie arbeitet, auch wenn sie sich manchmal auf Materielles bezieht.

7. Warum sagt Aristoteles, daß die Eigenschaft des Gleich- und Ungleichseins nur im Quantitativen sei, wo doch die Einheit, obwohl sie nicht quantitativ ist, gleich ist wie eine andere Einheit? Lösung: Ist die Einheit nicht aktuell quantitativ, so ist sie es doch potentiell, also muß sie potentiell die Eigenschaft des Gleichseins haben. Aktuell geht das nicht, weil sie kein Maß hat und nicht mit einer Zahl, sondern mit einer anderen Einheit verglichen wird.

¶ Eine Aporie über die Einheit (μονάς) findet sich auch bei Olympiodor (96, 14 ff.) und bei Elias (David) (200, 18 ff.). ¶

Lemma-Kommentar (5a15 – 6a35) (S. ٢٣٨)

5.17. Siebzehnte Lektion. Relation (S. ٢٥١)

Arist. Cat. 6a36–6b14: Von den Dingen wird dann gesagt, daß sie zu den Relativa gehören, wenn ihr Wesen im Vergleich zu einem anderen ausgesagt wird oder in irgendeiner Beziehung sonst zu einem anderen steht. Zum Beispiel wird das, was das Größere ist, in bezug auf etwas gesagt, denn es wird größer als etwas anderes genannt. Auch das Doppelte wird bezüglich eines anderen so genannt, denn es wird nur doppelt von etwas genannt, ebenso verhält es sich bei allem anderen Derartigen. Zu den Relativa gehören auch folgende Dinge, wie zum Beispiel Habe, Zustand, Wahrnehmung, Wissen und Lage. Denn das Wesen von allem Genannten wird in bezug auf etwas anderes genannt, nicht anders. Denn die Habe wird Habe von etwas genannt, das Wissen Wissen von etwas, die Lage Lage von etwas und die Wahrnehmung Wahrnehmung von etwas. Und auch das übrige Erwähnte verhält sich auf diese Weise. Die Dinge also, die zu den Relativa gehören, sind alle solche, deren Wesen im Vergleich zu etwas anderem bezeichnet wird oder in irgendeiner anderen Art der Beziehung. So wird beispielsweise der Berg groß genannt im Vergleich mit einem anderen, also wird „ein großer Berg" in Beziehung zu einem anderen so genannt. Das Ähnliche wird ähnlich einem anderen genannt. Auch das übrige, das sich so verhält, wird relativ genannt. Liegen, Stehen und Sitzen gehören zur Lage und die Lage gehört zu den Relativa. Aber „sich legen", „sich hinstellen" oder „sich setzen" gehören nicht zur Lage, sondern zu den Dingen, deren Name paronymisch von der angegebenen Lage abgeleitet wird.

Vor der Untersuchung der Relation sind *acht Punkte* zu studieren:

Erstens die Einordnung dieses Begriffs. Dafür, daß er nach der Quantität eingeordnet werden muß, gibt es fünf Beweise: 1. Beweis: Das Quantitative hat die Eigenschaft des Gleich- und Ungleichseins, und da dies etwas mit der Relation zu tun hat, muß sie danach folgen. 2. Beweis: Das Relative wird sowohl bei der Behandlung der Substanz als auch bei derjenigen des Quantitativen erwähnt, also muß es jetzt an die Reihe kommen. 3. Beweis: Oft sind die Dinge sowohl relativ als auch quantitativ. 4. Beweis: Die Relation muß vor dem Qualitativen behandelt werden, um den Unterschied zwischen diesen beiden Kategorien zeigen zu können. 5. Beweis: Es gibt nichts Seiendes, das nicht in einer gewissen Weise relativ wäre.

¶Bei den griechischen Kommentatoren (Elias [David] 200, 33 ff.; Olympiodor 96 ff.; Philoponos 102, 13 ff.) wird die Einführung in das Kapitel über πρός τι in fünf, nicht in acht κεφάλαια abgehandelt: τάξις, εἴδη, ὑπόστασις, διασκευή, ἐπιγραφή. Die Reihenfolge dieser Abschnitte ist bei den verschiedenen Autoren unterschiedlich, eins ist jedoch allen gemeinsam: die Diskussion über die τάξις steht bei allen an erster Stelle. Elias (David) führt nach einer doxographischen Passage vier Gründe dafür an, warum die Relation an dritter Stelle, nach Substanz und Quantität stehen muß (201, 18), ebenso Simplikios (155, 33–159, 8) und Olympiodor (97, 12–98, 6), dessen Begründungen sich leicht von denen von Elias (David) unterscheiden. Elias (David) führt folgende Argumente an: Erstens beendet Aristoteles das Kapitel über das ποσόν mit der Aussage über das Gleich- und Ungleichsein, und das ist schon πρός τι. Zweitens wurde über die Relation auch schon gesprochen im Zusammenhang mit „größer und kleiner", im Kapitel zuvor. Drittens ist es gut, wenn jetzt die Relation behandelt wird, damit der Leser schon gerüstet ist für das „Ähnlich und Unähnlich", das danach im Kapitel über die Qualität behandelt werden wird. Und schließlich, viertens, wird überhaupt von den ποιότητα gesagt, daß sie relativ seien.

Simplikios und Elias (David) zitieren Andronikos und Archytas, Olympiodor verweist auf Protagoras, während Ibn aṭ-Ṭayyib hier ganz ohne Verweis auf eine Autorität auskommt.

Die Begründung der Reihenfolge haben die griechischen Texte gemeinsam mit dem arabischen Kommentar, bis auf dessen fünftes Argument, nämlich daß es nichts Seiendes gebe, das nicht irgendwie relativ ist. ¶

Zweitens muß man die Einteilung (qisma) dieses Begriffes betrachten. Es gibt nämlich zwei Teile. Zum einen das, was mit dem „und" verbunden wird oder nicht. Zum anderen sind es die homonymen Relative (das Ähnliche ist ähnlich wegen seiner Ähnlichkeit) und die Gegensätze (etwas ist groß im Vergleich zu etwas Kleinem).

¶ Für diese Passage findet sich keine griechische Parallele in Form eines κεφάλαιον, die verschiedenen Formen der Relativa werden in den griechischen Kommentaren im laufenden Text behandelt. ¶

Drittens muß man den Bezug betrachten, durch welchen die Dinge relativ werden. Es gibt 10 Arten dieses Bezugs. 1. die Relation zwischen dem Gerechten und seiner Ursache, deretwegen man sagt: „Der ist ein Gerechter wegen seiner Gerechtigkeit". 2. Die Relation des Nichtgleichseins, wie bei „hälftig" und „doppelt". 3. Die Relation des Ortes, z. B. bei „links" und „rechts". 4. Die Relation des Erfassens, so ist z. B. das Wissen aufgrund der gewussten Dinge Wissen. 5. Die natürliche Relation, wie z.B. Vater und Sohn. 6. Die Relation der Gewalt, z. B. Herr und Sklave. 7. Die Relation der Wirkung, nämlich von Wirkung und Ursache. 8. Die Relation von Geben und Nehmen. 9. Die Relation der Ausgewogenheit, z. B. der Blick zum Erblickten, wenn er angemeßen ist. 10. Die Relation der Gattung, z.B. die Grammatik zur

Wissenschaft, und überhaupt die Relation einer Sache zu ihrer Gattung.

¶ Was bei Ibn aṭ-Ṭayyib „Bezüge" (nisab) sind, sind im griechischen Text die εἴδη. Die Reihenfolge der Aufzählung der zehn εἴδη mag eine andere sein, inhaltlich entsprechen sie sich völlig (Elias [David] 202, 11 ff; Olympiodor 99, 21 ff.). ¶

Viertens muß man die Natur der relativen Dinge untersuchen, nämlich ob sie natürlich existieren wie das Weiße und Schwarze oder ob sie nur eine verstandesmäßige Existenz haben (S. ٢٥٤). Dazu werden zwei Ansichten referiert. Die eine besagt, daß alles relativ sei. So sagt zum Beispiel Protagoras, daß der Mensch das Maß aller Dinge sei. Die andere Ansicht lautet, daß die Relation etwas von der Natur Gegebenes sei (li-l-muḍāf wuǧūdan ṭabīᶜīyyan), was dadurch bewiesen werde, daß es natürlicherweise „rechts" und „links" gibt. Eine weitere Gruppe von Leuten ist aber der richtigen Ansicht, daß die Relation nur durch den Verstand produziert wird, weil sie der Bezug zwischen Extremen ist.

Dafür gibt es sechs Beweise:

1. Wäre die Relation etwas wie die Quantität oder die Qualität und nicht nur ein Bezug, dann müßte sie durch sich selbst existieren, was sie aber nicht tut.

2. Wäre die Relation etwas Natürliches, dann müßte sie für das, dem sie angehört, Materie oder Form sein, beides ist sie jedoch nicht.

3. Wäre die Relation eine natürliche Form, und nicht nur eine verstandesmäßige, dann müßte sie etwas bewirken oder es müßte etwas auf sie einwirken (fiᶜl oder infiᶜāl), der Effekt (infiᶜāl) entsteht aber durch Änderung der Mischung.

4. Wäre die Relation etwas Seiendes, dann wäre ihr Vorkommen nicht losgelöst von der Zeit.

5. Wäre die Relation etwas Seiendes, wie könnten dann beispielsweise die Dimensionen losgelöst von allem gedacht werden?

6. Wäre die Relation etwas Seiendes, könnte sie nicht für alle Kategorien gleich gelten.

¶ Den doxographischen Hinweis auf Protagoras hat der arabische Kommentar gemeinsam mit Elias (David) (204, 2) und Ammonios (66, 27). Auch Olympiodor (98, 7 ff.) diskutiert das Problem, aber ohne Protagoras zu zitieren. Beide griechischen Kommentatoren verzichten ebenfalls auf Beweise ihrer Thesen. ¶

Fünftens muß man den Kategorienbegriff (maqūla) der Relation studieren (S. ٢٥٥): Die Relation ist ein Bezug (nisba), die zwischen zwei Dingen besteht.

Sechstens muß man den Grund dafür untersuchen, daß dieser Kategorienbegriff von den Bezugspunkten her ausgedrückt wird, zwischen denen die Relation besteht.

Siebtens soll geprüft werden, warum bei der Relation zuerst die Begriffsbestimmung behandelt wird und nicht die Einteilung, wie das bei den anderen Kategorienbegriffen geschieht: Das ist so, weil der Begriff der Relation so schwierig ist und deshalb zuerst erklärt werden muß. Platon hat die Relation falsch bestimmt und zwar so, daß alle Naturanlagen (malakāt), insofern sie Naturanlagen sind, zum Relativen gehören. Damit gibt es Substanzen, die Akzidens sind, was unmöglich ist.

¶ Daß die erste, ungenügende, der beiden Definitionen der Relation platonisch sei und Aristoteles sie anführe, um sie zu widerlegen, ist die Ansicht der griechischen Kommentatoren (Elias [David] 205, 17 ff.; Olympiodor 97, 38 ff.), die auch Ibn aṭ-Ṭayyib übernimmt. Nur Philoponos nimmt Platon in Schutz und führt deswegen eine Stelle im Gorgias an (109, 26 ff.). ¶

Achtens ist zu untersuchen, weswegen man vom Relativen im Plural spricht, warum also „al-muḍāfāt" statt „al-muḍāf" steht im Titel. Das ist so, weil die Relation immer zwischen mindestens zwei Bezugspunkten besteht.

¶ Die Frage nach der Bezeichnung der Relation, ob mit dem Plural oder Singular, stellt sich auch in den griechischen Kommentaren, vgl. Elias (David) 205, 32 ff.; Olympiodor 97, 27 ff.; Philoponos 102, 29; Simplikios 159, 23 ff.). ¶

Die Begriffsbestimmung der Relation (S. ٢٥٧). Die Einteilung (qisma) der Relation geschieht in zwei Teile. Zum einen in diejenigen Relativa, die nicht durch einen Verbindungsbuchstaben verbunden sind, beispielsweise „größer" und „kleiner". Zum anderen in diejenigen mit einem Verbindungsbuchstaben. Diese werden weiter aufgeteilt in diejenigen, die ein konträres Verhältnis aufweisen, beispielsweise „doppelt" und „halb" und in diejenigen, die in ihrem konträren Verhältnis nicht feststehen, sondern Veränderungen unterworfen sind, beispielsweise „Besitz" und „Besitzer", „Wissen" und „Wissbares".

Die andere große Unterteilung ist diejenige in Relativa, die sich auf die Bedeutung beziehen, zum Beispiel „ähnlich" wegen der „Ähnlichkeit" oder „Freund" wegen der „Freundschaft".

Aporien:

1. Wenn die erste Begriffsbestimmung nicht richtig ist, was also bringen die Auflösungen von damit zusammenhängenden Aporien an Nutzen? Lösung: Man muß sie von der platonischen Begriffsbestimmung unterscheiden.

2. Warum setzt Aristoteles bei seiner Aufzählung der Kategorien das Qualitative vor die Relation, hier aber folgt diese zuerst? Lösung: Das Qualitative kommt zuerst, weil es den Dingen wesenhaft eigen ist, die Relation dagegen spielt sich zwischen den Dingen ab, hier jedoch ist die Reihenfolge aus didaktischen Gründen so.

3. Die höheren Dinge werden über die niedrigeren ausgesagt. So wird auch Relation über Wissenschaft ausgesagt und die Wissenschaft über die Grammatik. Grammatik ist also relativ. Sie ist aber eine Qualität und sie kann doch nicht gleichzeitig Qualität und Relation sein. Lösung: Es ist nicht unmöglich, daß etwas qualitativ und relativ ist.

4. Die Natur der Relation gibt es zwischen allen Kategorienbegriffen. Warum trennt Aristoteles dann die Relation als eigenen Kategorienbegriff ab? Lösung: Es ist richtig, daß Aristoteles es so macht, denn das was zwischen den Dingen ist, ist nicht selbstverständlich Relation.

¶ Zusammenfassend ist zum Vergleich zwischen dem arabischen mit den griechischen Kommentaren zu sagen, daß sich in diesem Kapitel inhaltlich wohl überwiegend Gemeinsamkeiten zeigen, nicht aber formal. Die Reihenfolge der einzelnen κεφάλαια unterscheidet sich allerdings auch schon bei den griechischen Autoren. Es ist aber festzuhalten, daß sich für die formale Gestaltung dieses Kapitels von Ibn aṭ-Ṭayyib kein griechischer Autor bestimmen läßt. ¶

Lemma-Kommentar (6a36 – 6b14) (S. ٢٥٩)

¶ Isḥāq b. Ḥunain wird genannt. Isḥāq übersetze die Kategorien falsch, das Syrische bestätige aber den arabischen Text von Ibn aṭ-Ṭayyib. (S. ٢٦٠) ¶

5.18. Achtzehnte Lektion. Relation, Fortsetzung. Die Eigenschaften der Relation (S. ٢٦٤).

Arist. Cat. 6b15–8a12: Bei den Relativa gibt es auch das Konträre. Zum Beispiel ist die Vorzüglichkeit der Schlechtigkeit, die beide Relativa sind, konträr, und das Wissen ist der Unwissenheit konträr. Aber nicht alles Relative hat Konträres, denn das Doppelte oder das Dreifache hat kein Konträres und auch nichts anderes Derartiges.

Vom Relativen wird vermutet, daß es das Mehr und Weniger zuläßt, denn vom Ähnlichen sagt man, daß es mehr oder weniger sei, und vom Ungleichen, daß es mehr und weniger sei, und jedes von diesen beiden gehört zu den Relativa. Denn das Ähnliche wird einem anderen ähnlich und das Ungleiche einem andern ungleich genannt. Aber nicht jedes läßt das Mehr und Weniger zu, denn das Doppelte wird nicht mehr und weniger doppelt genannt und auch nicht ein anderes Derartiges.

Alle Relativa werden gegenseitig voneinander ausgesprochen. So wird zum Beispiel der Sklave in bezug auf den Herrn Sklave genannt, und der Herr wird in bezug auf den Sklaven Herr genannt. Das Doppelte wird Doppeltes einer Hälfte, und die Hälfte wird Hälfte eines Doppelten genannt, das Größere wird größer als das Kleinere, das Kleinere kleiner als das Größere genannt. So verhält es sich auch bei dem Übrigen. Manchmal gibt es aber in der Endung des Wortes eine Änderung, zum Beispiel wird das Wissen wegen des Wissbaren (arab. maᶜ lūm „was man weiß") Wissen genannt, und das Wissbare wird wegen des Wissens Wissbares genannt, die Wahrnehmung wird wegen des Wahrgenommenen Wahrnehmung genannt und das Wahrgenommene wegen der Wahrnehmung. Manchmal jedoch meint man, sie seien nicht reziprok, wenn einer Sache, von der etwas gesagt wird, nicht das angemessene Relative zugesprochen wird, sondern derjenige, der es sagt, etwas verfehlt. Zum Beispiel wenn der Flügel dem Vogel zugesprochen wird, ist Vogel dem Flügel nicht reziprok, denn die Relation ist nicht angemeßen, nämlich Flügel zu Vogel. Denn nicht weil er Vogel ist, wird ihm ein Flügel zugesprochen, sondern weil er Flügel hat, da es vieles außer ihm gibt, das Flügel hat, ohne ein Vogel zu sein. Wenn man also die entsprechende Relation angibt, wird sie auch reziprok, so ist beispielsweise der Flügel ein Flügel des Geflügelten, und das Geflügelte ist durch die Flügel ein Geflügeltes.

Manchmal kann es auch dazu kommen, daß man einen Namen erfinden muß, wenn man keinen Namen findet, zu dem eine entsprechende Relation vorhanden ist. Zum Beispiel wenn ein Steuerruder einem Schiff zugeschrieben wird, ist das keine angemessene Relation, denn nicht weil das Schiff ein Schiff ist, wird ihm das Steuerruder zugesprochen, da es auch Schiffe ohne Steuerruder gibt. Deshalb ist es nicht reziprok, da nicht gesagt wird, daß das Schiff wegen des Steuerruders ein Schiff sei. Sondern es wäre angemessener, auf diese oder jene Weise zu sagen, das Steuerruder ist für das „mit einem Steuerruder" Steuerruder, denn es ist kein Name dafür vorhanden. Von da aus gelangt es auch zur Gegenseitigkeit, weil es die angemessene Relation ist, denn das „mit Steuerruder" ist durch das Steuerruder ein „mit Steuerruder". Ebenso verhält es sich bei dem Übrigen. Zum Beispiel wäre es die angemessenere Relation wenn man den Kopf einem „Bekopften" zuschreiben würde und nicht einem Lebewesen, denn nicht insofern es Lebewesen ist, hat es einen Kopf, da es viele Lebewesen gibt, die keinen Kopf haben. Auf folgende Weise wird es vielleicht am einfachsten möglich sein, die Namen zu erfassen, für die es keine Namen gibt, wenn man die Namen vom Ausgangspunkt nimmt, denen die Gegenseitigkeit zukommt, wie es geschah in den oben angeführten Fällen von „Flügel" und „geflügelt", „Steuerruder" und „mit Steuerruder".

Alle Relativa werden also, wenn ihnen etwas Entsprechendes zugesprochen wird, gegenseitig voneinander ausgesagt. Wird die Relation in bezug auf etwas Beliebiges ausgesagt, und betrifft sie nicht das, worauf sie sich bezieht, gilt die Gegenseitigkeit nicht. Ich meine damit, daß es bei denen, von denen man eingesteht, daß es bei ihnen Gegensei-

tigkeit gibt und daß sie Namen haben, überhaupt keine Gegenseitigkeit gibt, ganz zu schweigen von den anderen, wenn das Relativum auf etwas Akzidentelles fällt und nicht auf etwas, worauf in der Rede die Beziehung fällt. Zum Beispiel wenn der Sklave nicht dem Herrn, sondern dem Menschen oder dem Zweifüßler zugeordnet wird, oder etwas Ähnlichem, so gilt die Gegenseitigkeit nicht, da die Relation nicht angemeßen ist.

Ferner wenn etwas einer Sache zugeordnet wird, der die angemeßene Relation zugesprochen wurde und wenn alles übrige Akzidentelle weggelassen ist, so daß nur übrig ist, worauf sich die Relation bezieht, so wird es immer mit dem angemeßenen Bezug zusammengebracht werden. So beispielsweise wird vom Sklaven im Hinblick auf den Herrn gesprochen, und wenn man das Übrige wegläßt, das dem Herrn akzidentell zukommt, wie „Zweifüßler", „des Wissens fähig" und „Mensch", dann wird nur übrigbleiben, daß er Herr ist, dann wird vom Sklaven immer im Hinblick auf ihn gesprochen, so daß gesagt wird, daß der Sklave Sklave des Herrn ist.

Wenn jedoch etwas einer Sache zugeordnet wird, der nicht die angemessene Relation zugesprochen wurde, dann wird, wenn das Übrige weggelassen ist und nur das bleibt, worauf die Relation fällt, nicht in dieser Beziehung davon gesprochen werden. Geben wir an, daß der Sklave dem Menschen und der Flügel dem Vogel zugeordnet sei, und lassen wir weg, daß der Mensch Herr ist, so wird vom Sklaven nicht mehr im Hinblick auf den Menschen gesprochen werden. Denn wenn es keinen Herrn gibt, gibt es auch keinen Sklaven. Ebenso lasse man von „Vogel" weg, daß er geflügelt ist, so gehört der Flügel nicht mehr zu den Relativa. Denn wenn es kein Geflügeltes gibt, gibt es auch keinen Flügel von etwas. Es ist also notwendig, daß die Angabe einer Sache, auf die sie bezogen wird, angemeßen ist. Ist ein Name dafür vorhanden, dann ist die Angabe einfach. Wenn keiner vorhanden ist, dann muß man den Namen wohl erfinden. Wenn die Angabe auf diese Weise erfolgt, dann ist es klar, daß alles Relative gegenseitig voneinander ausgesprochen wird.

Es scheint, daß alles Relative von Natur aus gleichzeitig ist, und in den meisten Fällen ist das richtig. Denn das Doppelte und das Halbe sind zugleich, wenn das Doppelte vorhanden ist, gibt es auch das Halbe, und wenn es den Sklaven gibt, gibt es auch den Herrn. So verhält es sich auch mit den übrigen Dingen. Mit seinem Vergehen läßt jedes auch das andere vergehen, denn wenn es das Doppelte nicht gibt, gibt es auch das Halbe nicht, und wenn es das Halbe nicht gibt, gibt es auch das Doppelte nicht. So verhält es sich auch bei den ähnlichen Fällen. Es scheint aber nicht für alle Relativa zuzutreffen, daß sie von Natur aus gleichzeitig sind, denn vom Wissbaren wird angenommen, daß es dem Wissen vorausgeht, denn meistens erlangt man das Wissen über Dinge, nachdem sie schon existieren. Nur wenig oder nie gibt es etwas Wissbares, das zugleich mit dem Wissen da ist. Außerdem hebt das Wissbare, wenn es aufgehoben wird, zugleich das Wissen auf, aber das Wissen hebt nicht das Wissbare mit auf. Denn wenn es kein Wissbares gibt, gibt es kein Wissen, denn es wäre ein Wissen von nichts, wenn es aber kein Wissen gibt, dann hindert nichts, daß es kein Wissbares gibt. Zum Beispiel die Quadratur des Kreises, wenn sie ein Wissbares ist, deren Wissen es noch nicht gibt, aber das Wissbare selbst existiert. Außerdem wenn das Lebewesen aufgehoben wird, gibt es kein Wissen. Aber es ist möglich, daß es davon viel Wissbares gibt. Auf diese Weise verhält es sich auch im Falle der Wahrnehmung, denn es scheint, daß das Wahrnehmbare der Wahrnehmung vorausgeht, denn wenn das Wahrnehmbare aufgehoben wird, wird zugleich mit ihm auch die Wahrnehmung aufgehoben.

Aber mit der Wahrnehmung wird nicht zugleich das Wahrnehmbare aufgehoben. Denn die Wahrnehmungen haben mit Körpern zu tun und sie sind im Körper, und wenn das Wahrnehmbare aufgehoben wird, wird zugleich auch der Körper aufgehoben, weil der Körper zum Wahrnehmbaren gehört. Und wenn es den Körper nicht gibt, wird auch die Wahrnehmung aufgehoben. Also wird zugleich mit dem Wahrnehmbaren die Wahrnehmung aufgehoben. Aber das Wahrnehmbare wird nicht zugleich mit der Wahrnehmung aufgehoben. Denn wenn Lebewesen aufgehoben wird, wird zugleich Wahrnehmung aufgehoben, aber das Wahrnehmbare gibt es weiterhin, beispielsweise den Körper, das Warme, das Süße, das Bittere und die übrigen anderen wahrnehmbaren Dinge. Ferner ist die Wahrnehmung gleichzeitig mit dem, was wahrnehmen kann, denn Lebewesen und Wahrnehmung sind gleichzeitig. Das Wahrnehmbare jedoch gibt es schon vor dem Lebewesen und der Wahrnehmung, denn Feuer, Wasser und dergleichen, aus dem Lebewesen besteht, existieren schon, bevor das Lebewesen überhaupt oder die Wahrnehmung existieren. Deswegen scheint es, daß das Wahrnehmbare früher ist als die Wahrnehmung.

Die Relation hat vier Eigenschaften (in der arabischen Handschrift steht an dieser Stelle irrtümlicherweise „sieben") (S. ٢٦٤).

Die erste wird der Relation jedoch von Platon fälschlicherweise zugeschrieben, nämlich daß die Relativa diejenigen sind, von deren Wesen einiges auch in anderem ist.

Die erste Eigenschaft: Es gibt bei der Relation das Konträre, das heißt das eine Relative ist dem anderen gegensätzlich.

Zweite Eigenschaft: Es gibt beim Relativen das Mehr und Weniger (S. ٢٦٥).

Dritte Eigenschaft: Die Relativa werden in Beziehung zu reziproken Korrelativa ausgesprochen, wie beispielsweise „Herr und Sklave" oder „Hälfte und Doppeltes". Dabei wird auch der Unterschied zwischen dem Gegenteil, das sich auf das Relative und dem Gegenteil, das sich auf die Sache selbst bezieht, erklärt mit zwei Beweisen.

Vierte Eigenschaft: Die Relativa sind gleichzeitig durch ihre Natur: Ist das eine da, so ist auch das andere vorhanden.

Aporien (S. ٢٦٧):

1. Warum kann Aristoteles sagen, daß etwas, was keinen Namen hat, einen bekommt durch das, was zu ihm relativ ist? So steht es in der *Topik*. Lösung: Da man für etwas nicht einen fremden Namen erfinden kann, ist es richtig, wenn man aus einem Aspekt des zu einer Sache Relativen den Namen kreiert.

2. Aristoteles sagt, daß alle Kategorienbegriffe das Relative hätten. Also muß auch Substanz relativ sein. Das Relative ist aber Akzidens, also ist Substanz Akzidens, und das ist unmöglich. Lösung: Es handelt sich um akzidentelle Substanz, akzidentell daran ist das Relative.

Lemma-Kommentar (6b15 – 8a12) (S. ٢٦٨)

5.19. Neunzehnte Lektion. Fortsetzung der Relation (S. ٢٨٥)

Arist. Cat. 8a13–8b24: Es gibt dabei ein Problem, nämlich ob es bei den Substanzen keine Substanz gibt, von der als relativ gesprochen wird, wie es scheint, oder ob das bei einer der zweiten Substanzen möglich ist. Was die ersten Substanzen betrifft, so ist dies wahr, denn sie werden weder als Ganze noch als Teile als relativ bezeichnet. Denn ein bestimmter Mensch wird nicht in Beziehung auf etwas als ein Mensch bezeichnet und auch nicht ein bestimmter Stier in Beziehung auf etwas als ein Stier. Ebenso verhält es sich bei den jeweiligen Teilen. Von einer bestimmten Hand wird nicht gesagt, sie sei eine bestimmte Hand des Menschen, sondern sie sei eine Hand des Menschen und ebensowenig wird von einem bestimmten Kopf gesagt, er sei ein bestimmter Kopf in Beziehung auf etwas, sondern ein Kopf von etwas.

Ebenso verhält es sich mit den meisten der zweiten Substanzen, denn man sagt nicht, der Mensch ist Mensch von etwas oder Stier ist Stier von etwas oder das Holz Holz von etwas, sondern man sagt, daß es Eigentum von etwas ist. In diesen Fällen ist es klar, daß sie nicht Relativa sind. Aber in einigen der zweiten Substanzen tritt in dieser Sache eine Zweifel auf, zum Beispiel nennt man den Kopf in Beziehung auf etwas Kopf und die Hand in Beziehung auf etwas Hand und so weiter, so daß es also scheint, daß sie zu den Relativa gehören. Wenn nun die Definition der Relativa ausreichend ist, so ist die Lösung des Problems, daß es keine Substanzen gibt, von denen man als relative spricht, entweder sehr schwierig oder unmöglich. Wenn sie nicht ausreichend ist, sondern das Sein für die relativen Dinge so ist, daß sie sich auf irgendeine Weise zu etwas verhalten, dann könnte man das Problem vielleicht lösen. Die frühere Definition betrifft alles, was zu den Relativa gehört, aber die Bedeutung des Ausdrucks, daß das Sein für sie das ist, daß sie in Beziehung zu etwas stehen, entspricht nicht der Bedeutung des Ausdrucks daß ihre Beschaffenheit in Beziehung auf etwas anderes ausgedrückt wird.

Daraus wird klar, daß wer eines der Relative bestimmt kennt, auch das andere, worauf es bezogen ist, kennt. Das wird daraus erhellt. Denn wenn der Mensch weiß, daß diese Sache ein Relativum ist, und wenn das Sein für das Relative das ist, daß es auf irgendeine Weise sich zu etwas verhält, dann kennt er auch das, auf das es sich irgendwie bezieht. Wenn er jedoch dieses gar nicht kennt, wozu es sich irgendwie verhält, dann weiß er auch nicht, daß es sich zu etwas irgendwie verhält. Dies ist auch klar in Einzelfällen. Zum Beispiel das Doppelte, wenn man das Doppelte genau kennt, dann weiß man auch sofort, wovon es das Doppelte ist. Denn wenn man nichts Bestimmtes kennt, wovon es das Doppelte ist, dann weiß man auch nicht, daß es überhaupt ein Doppeltes ist.

Ebenso wenn man weiß, daß ein Bestimmtes schöner ist, dann muß man notwendigerweise auch das kennen in bezug auf welches dieses schöner ist, denn es ist nicht zugelassen, daß man nur weiß, daß etwas schöner ist als ein Geringeres. Denn das wäre eine Vermutung, kein Wissen, da man nicht genau weiß, daß es schöner als ein Geringeres ist und es kann sich so ergeben, daß es nichts geringeres als es gibt. Es ist also klar, daß jemand, wenn er ein Relativum bestimmt kennt, notwendigerweise auch jenes bestimmt kennen muß, in bezug worauf es gesagt wird.

Was aber den Kopf und die Hand und alles Derartige, was Substanz ist, betrifft, so kann ihre Beschaffenheit bestimmt bekannt sein. Aber das, was in bezug darauf gesagt wird, muß nicht notwendigerweise bekannt sein. Denn man kann nicht bestimmt wissen, wessen Kopf und wessen Hand das ist, und deshalb sind diese Dinge keine Relativa. Da diese keine Relativa sind, ist die Aussage richtig, daß es keine Substanz gibt, die zu den Relativa gehört. Es könnte natürlich schwierig sein, sich über solche Dinge ein festes Urteil zu bilden, ohne sie viele Male erwogen zu haben, aber es ist auch schon etwas erreicht damit, die Fragen erörtert zu haben.

Hier wird das Problem behandelt, ob keine Substanz als Relativum bezeichnet wird, oder ob das bei einigen der zweiten Substanzen möglich sei. Dabei geht es um folgende Schwierigkeit: Die Begriffsbestimmung, die sagt, daß das Relative das sei, dessen Wesen auch in anderem sei, hat zur Folge, daß die Substanz insofern sie Substanz ist, relativ ist, und da das Relative Akzidens ist, müßte also die Substanz auch Akzidens sein.

Akzidentell sind die Teile der Substanz schon relativ, denn sie sind relativ zur Substanz (S. ٢٨٦). Sie sind auch Substanz, da sie Teile der Substanz sind und daher in der Substanz. Aristoteles meint, daß das zueinander relativ sei, was in Analogie zueinander ausgesagt wird und nicht ohne Bezug zum anderen verstanden wird. Zum Beispiel Vater und Sohn.

Aristoteles bringt dann aber die richtige Begriffsbestimmung vor und sagt, daß das Relative das ist, das in Beziehung auf etwas anderes ausgesagt wird (inna l-muḍāfāt hiya llatī ḏāt kulli wāḥidin minhā tuqālu bi-l-qiyās ilā ġayrihī) (S. ٢٨٧). Damit ist auch gesagt, daß die Relation ein Bezug zwischen zwei Extremen ist (nisba mawǧūda bayna ṭarafayn), von denen das eine in Beziehung auf das andere ausgesagt wird.

Aus allem Gesagten erschließt Aristoteles die *fünfte Eigenschaft* der Relation, und das ist, daß man aus dem einen das zu ihm Relative andere versteht (S. ٢٨٩). Denn die Definition des einen ist in derjenigen des anderen enthalten und nur durch Analogie der beiden verständlich.

¶ Diese fünfte Eigenschaft der Relation stammt als solche von Ibn aṭ-Ṭayyib und erscheint nur im arabischen Text. ¶

Für die Kommentatoren (al-mufassirūna) gibt es sechs Bedingungen für das Relative:

1. Das Relative muß in mindestens zwei Dingen sein, weil nicht etwas allein relativ sein kann.

2. Die Extreme (al-aṭrāf) müßen die Form von Relation haben und Materie von einer anderen Kategorie. Z. B. Sokrates und Platon, die wie Vater und Sohn sind: sie sind einander ähnlich und unähnlich und deshalb relativ zueinander.

3. Das Relative muß eine andere Natur haben als das ihm Zugrundeliegende.

4. Das Relative darf nicht auf Ursache und Wirkung zurückgehen.

5. Der Name der Relation muß ergänzend sein zu den relativen Polen, z. B. heißt Sokrates Sokrates, aber in Relation auf sein Vatersein heißt er Vater.

6. Das Relative muß zwischen den Dingen sein, nicht in den Dingen, wie beim Quantitativen und beim Qualitativen.

Aporien:

1. Warum behauptet Aristoteles, daß der „universelle Kopf" (al-raʾs al-kulliyyu) relativ sei, da er im universellen Körper ist, der „partikulare Kopf" jedoch sei nicht relativ, während er im partikularen Körper ist. Lösung: Man kann den „partikularen Kopf" auf zwei Weisen betrachten. Entweder als vom Körper isolierten Teil, und auf diese Weise muß er nicht relativ sein, oder als ein Teil des Körpers, und dann gehört er zu den Relativa.

¶ Dieselbe Fragestellung findet sich auch bei Elias (David) (218, 13 ff.). ¶

2. Warum heißt es, die speziellste Eigenschaft des Relativen

sei es, daß man vom einen Extrem der Relation auf das andere schließen könne, wo das doch bei den anderen Kategorien auch so ist, z. B. bei „besitzen" und „Besitz"? Lösung: Diese Eigenschaft hat nur das Relative, weil nur die relativen Dinge reziprok relativ sind.

¶ Auffallend an den drei arabischen Lektionen über die Relation ist, daß sie insgesamt wenig gemeinsam haben mit den entsprechenden Teilen der griechischen Kommentare, in denen auch viele Aporien thematisiert werden, die bei Ibn aṭ-Ṭayyib gar nicht zu finden sind. Im arabischen Kommentar gibt es vergleichsweise in diesen drei Kapiteln weniger Aporien (šukūk) als an anderen Stellen. ¶

Lemma-Kommentar (8a13 – 8b24) (S. ٢٩٢)

5.20. Zwanzigste Lektion. Das Qualitative. (S. ٣٠١)

Arist. Cat. 8b25–9a27: Ich meine mit Qualität das, aufgrund dessen Leute irgendwie beschaffen genannt werden. Aber Qualität gehört zu dem, das auf viele Arten ausgedrückt wird. Eine Art der Qualität wollen wir Haltung und Zustand nennen. Die Haltung unterscheidet sich vom Zustand darin, daß sie bleibender und dauerhafter ist. Dergleichen sind die Wissenschaften und die Vorzüglichkeiten. Das Wissen scheint etwas Bleibendes und schwer Bewegliches zu sein, auch wenn jemand nur etwas von Bildung erworben hat, wenn ihm nicht eine schwere Änderung durch Krankheit oder etwas Ähnlichem widerfährt. Ebenso ist es mit der Vortrefflichkeit, wie Gerechtigkeit und Redlichkeit und allem Derartigen, jedes von ihnen scheint weder leicht beweglich noch leicht veränderlich zu sein.

Zustände dagegen wird genannt, was leicht beweglich ist und schnell wechselt, wie die Wärme, die Kälte, die Krankheit und die Gesundheit und das Übrige dieser Art. Aufgrund dieser befindet sich der Mensch in einem gewissen Zustand, aber er wechselt schnell und wird kalt, nachdem er warm war und wechselt von Gesundheit zu Krankheit. Ebenso verhält es sich auch mit den übrigen Dingen. Außer wenn dem Menschen etwas von diesen Dingen über lange Zeit hinweg zukommt und zum natürlichen Zustand wird, von dem es keine Heilung gibt oder der nur sehr schwer ändert. Vielleicht könnte man das von daher dann Haltung nennen. Es ist aber klar, daß nur diejenigen Dinge als „Haltung" angesehen werden, die von längerer Dauer und schwer veränderlich sind, denn solche, die nicht die volle Beherrschung der Wissenschaften haben, aber leicht veränderlich sind, von denen sagt man nicht, daß sie eine Haltung haben, obwohl derjenige, der so ist, sich in einem Zustand des Wissens befindet, der schlechter oder besser ist. Also ist der Unterschied zwischen der Haltung und dem Zustand der folgende, daß dieser leicht veränderlich, jener länger dauernd und schwerer veränderlich ist.

Die Haltung ist auch Zustand, aber der Zustand ist nicht unbedingt Haltung. Denn wer Haltung hat, der befindet sich dadurch in einem gewissen Zustand aber wer in einem gewissen Zustand ist, hat nicht in jedem Falle eine Haltung.

Eine andere Art der Qualität ist das Vermögen und das Unvermögen, es ist das, wonach wir die Boxer oder Läufer, die Gesunden oder die Kranken benennen und überhaupt alles, was gesagt wird aufgrund eines natürlichen Vermögens oder Unvermögens. Denn nicht, weil jemand in einem bestimmten Zustand ist, wird er mit Derartigem benannt, sondern weil er ein natürliches Vermögen oder Unvermögen hat, etwas mit Leichtigkeit zu tun oder etwas nicht zu erleiden. Zum Beispiel werden die Boxer und Läufer nicht so genannt, weil sie sich in einem bestimmten Zustand befinden, sondern weil sie ein natürliches Vermögen haben, etwas leicht zu tun. Gesund werden die Leute genannt, weil sie ein natürliches Vermögen haben, nicht leicht etwas, was ihnen gerade zustößt, zu erleiden. Krank werden sie aber genannt, weil sie ein natürliches Unvermögen haben, etwas nicht zu erleiden. So verhält es sich auch bei „hart" und „weich". Denn es wird etwas hart genannt, weil es das Vermögen hat, nicht leicht geteilt zu werden, weich wird dagegen etwas genannt, weil es das Unvermögen zu eben diesem hat.

Vor der Untersuchung des Qualitativen sind *vier Punkte* zu betrachten:

Erstens: Warum die Qualität nach der Relation behandelt wird. Dafür gibt es drei Erklärungen (Beweise): 1. Da in diesem Buch die körperliche Substanz untersucht wird, mußte zuerst das Quantitative untersucht werden wegen der drei Dimensionen. Deshalb folgt die Untersuchung des Quantitativen derjenigen der Substanz. Das Quantitative braucht aber den Begriff der Relation, deshalb folgt sie zuerst und dann das Qualitative. 2. Was in etwas ist, das ist Substanz, Quantität und Qualität. Die anderen Kategorien sind Bezüge von außerhalb, die der Verstand herstellt. Da sie das Fundament für alles ist, kommt die Substanz zuerst. Da das Quantitative immer aktuell in etwas ist, folgt es als nächstes, daraufhin das Qualitative. 3. Vieles am Qualitativen ist mit der Relation verbunden, deshalb kommt es nach der Relation.

Zweitens: Warum dieser Kategorienbegriff bezeichnet wird mit „Qualität" und „qualitativ" (al-kayf wa-l-kayfiyya), das Quantitative jedoch nicht auch auf diese Weise benannt wird (al-kamm wa-l-kammiyya). Es gibt eine Gruppe, die behauptet, daß Aristoteles diese Begriffe nicht benennt, aber daß die Kommentatoren dies tun. Porphyrios sagt, daß die Übersetzung richtig sei. Die dritte, richtige Meinung ist, daß „Wie" (kayf) ein kollektiver Name sei, der auch für „Qualität" gelte.

Drittens: Der Grund dafür, daß Aristoteles hier zuerst die Begriffbestimmung (rasm) der Kategorie bespricht und sie erst danach aufteilt, wo er es doch mit der Substanz und dem Quantitativen nicht so gemacht hat (S. ٣٠٢). Der Grund dafür ist, nach Ansicht von Ibn aṭ-Ṭayyib, daß Aristoteles klarmachen will, daß er die akzidentellen Qualitativa behandeln will. Die Begriffsbestimmung des Qualitativen sieht dann so aus: Qualitativ ist das, womit auf die Frage, wie etwas ist, geantwortet wird.

¶ Bei der Behandlung der Relation wird ebenfalls zuerst die Begriffsbestimmung und dann erst die Einteilung vorgenommen, was Ibn aṭ-Ṭayyib auch feststellt (siebzehnte Lektion, Punkt 7, oben S. 185). ¶

Viertens: Die Einteilung der Arten der akzidentellen Qualität und ihre Reihenfolge (S. ٣٠٣). Es gibt zwei faßbare (qarīb) Arten: Die eine ist Zustand und Gabe (al-ḥāl wa-l-malaka / ἕξις καὶ διάθεσις), die andere das natürliche Vermögen oder Unvermögen (al-tahyīʾ / κατὰ δύναμιν φυσικὴν ἢ ἀδυναμίαν).

Das sind die vier Punkte, die vor der Behandlung des Stoffes betrachtet werden müßen. Es schließt sich nun die Begriffsbestimmung der akzidentellen Qualität an. Qualität ist das, womit auf die Frage, wie etwas ist, geantwortet wird.

¶ In den griechischen Kommentaren ist die Einleitung in das Kapitel über das Qualitative (ποιόν) ebenfalls in einzelne Punkte (κεφάλαια) aufgeteilt. Bei Elias (David), Ammonios und Philoponos sind das vier, bei Olympiodor fünf, bei Simplikios drei, während Porphyrios diese Aufteilung gar nicht macht. Die Reihenfolge dieser Abschnitte unterscheidet sich leicht, der arabische Kommentar hat dieselbe Reihenfolge wie Elias (David) und Philoponos. Ammonios und Olympiodor haben ein anderes Schema. Bei allen wird jedoch als erstes die Einordnung, die τάξις des Qualitativen in der Reihe der Kategorien studiert. Olympiodor führt für die Stellung des ποιόν direkt nach der Relation drei Gründe an (113, 27 ff.): Die Übereinstimmung der Beispiele mit dem Relativen, daß das ποιόν zu den vier einfachen Kategorienbegriffen gehört, die damit fertig behandelt sind, und weil man das Qualitative studiert haben muß, um Tun und Erleiden zu verstehen. Elias (David) führt sogar fünf Gründe an für den vierten Platz der ποιότης (220, 8 ff.). Den ersten Grund hat er mit Olympiodor gemeinsam, nämlich daß das Qualitative noch zu den einfachen Kategorien gehört. Außerdem hängt es mit dem Relativen zusammen und muß deshalb an dieses anschließend behandelt werden. Drittens ist die Qualität nicht etwas Natürliches, sondern etwas Gegebenes (θέσει). Viertens bestehen die Qualitativa nicht durch sich selbst. Und schließlich ist es notwendig, die Qualität zu erläutern, was man an dem Zitat von Antisthenes sehe, „ich sehe einen Menschen, aber nicht die Menschheit".

Daß das Qualitative mit dem Relativen zusammenhängt, und daß diese beiden Kategorien deshalb in der Behandlung aneinander anschließen müssen, haben Elias (David), Olympiodor und Ibn aṭ-Ṭayyib gemeinsam.

Der zweite Punkt wird nur von Philoponos in einem anderen Sinne erklärt, nämlich daß die ποιότης nur mit dem Verstand, das ποιόν aber auch mit der Wahrnehmung begriffen werden könne (133, 31 ff.).

Das dritte κεφάλαιον, die διαίρεσις des Qualitativen,

wird verschieden behandelt. Der arabische Text nimmt als einziger Bezug auf die vorhergehenden Kapitel und stellt auch als einziger die Frage, warum die Begriffbestimmung hier vor der Einteilung kommt.

Bei Ibn aṭ-Ṭayyib werden im vierten Punkt nur die zwei ersten Arten des Qualitativen erwähnt, die anderen beiden werden erst in der nächsten Lektion berücksichtigt. Bei allen griechischen Kommentatoren ist das insofern anders, als sie im entsprechenden κεφάλαιον alle vier Arten des Qualitativen abhandeln. ¶

Im folgenden werden die ersten zwei Arten von Qualität besprochen, nämlich Zustand/Gabe und Vermögen/Unvermögen. Beispiele für Zustand/Gabe: Wissen, Vorzüge, Künste, Gerechtigkeit, Niederträchtigkeit, das sind Zustände und Gabe der Seele. Deshalb sagt man auch, daß der Zustand des Wissenden sein Wissen sei, derjenige des Schreiners sei seine Kunst. Körperlich sind Zustand und Gabe Kälte, Wärme, Krankheit und Gesundheit.

Natürliches Vermögen ist beispielsweise die Empfänglichkeit der Seele, Wissen aufzunehmen und Gutes zu tun und die Konstitution des Körpers zum Gesundsein, das Unvermögen ist beispielsweie Kranksein, als ein Unvermögen, nicht krank zu sein.

Aporien:

1. Warum sollen Zustand und Gabe eine Art sein, wo sie doch zwei verschiedene Dinge sind? Lösung: Die beiden haben eine einzige Natur (ṭabīᶜa). Ist es von kurzer Dauer, so nennt man es Zustand (ἕξις/ḥāl), ist es von längerer Dauer, wird es Gabe (διάθεσις/malka) genannt.

¶ Zu vergleichen mit dieser Aporie ist diejenige bei Simplikios, die dieser unter dem Namen Nikostrats referiert (231, 20 ff.). ¶

2. Warum soll Vermögen und Unvermögen eine einzige Art sein? Es ist doch so, daß das Unvermögen das Nichtsein von Vermögen bedeutet, also kann es doch nicht von einer einzigen

Natur sein. Lösung: Unvermögen ist nicht das Nichtsein des Vermögens, sondern das Vermögen ist nach der Art der Natur, das Unvermögen ist außerhalb der Art der Natur.

3. Ist die Gabe nicht Zustand und der Zustand nicht Gabe, dann ist auch die Gabe nicht Gabe (S. ٣٠٥)! Lösung: Es gibt den begrenzten (muta'akkid) Zustand und den unbegrenzten. Der unbegrenzte Zustand ist nicht Gabe.

4. Ist die Antwort auf die Frage nach etwas die Antwort wie etwas ist, so muß doch diese Sache auch in dem sein, von dem die Rede ist? Lösung: Das ist nicht bei jeder Sache so, z. B. sind die Himmelskörper wärmend, aber auch Zorn und Ärger wirken erwärmend, obwohl an ihnen selbst nichts Warmes ist.

Alinus erklärt, daß es vier Arten von Qualität gebe. Entweder erworben oder natürlich. Erworben ist Zustand und Gabe. Natürlich ist aktuell oder potentiell. Das Potentielle ist die zweite Art der Qualität. Das Aktuelle ist entweder in der Tiefe der Sache (fī ʿumq al-šayʾ) und ist affektive Qualität und Affektionen, das ist die dritte Art. Oder es ist an der Oberfläche (fī ẓāhir), und das ist die vierte Art. Diese Meinung ist aber falsch! Denn das Weiße ist eine affektive Qualität und nicht in der Tiefe der Sache. Und der Schwan ist beispielsweise nicht durch den Erwerb des Weißen weiß, sondern durch die Natur.

Lemma-Kommentar 8b25–9a27 (S. ٣٠٦)

Am Ende des Lemma-Kommentars schließt sich noch eine Aporie an: Hart und weich sind aktuelle Zustände. Sie haben das Vermögen des Widerstandes (mudāfaʿ) und des Nachgebens, und daraus würde folgen, daß einige Zustände Vermögen (quwwa) sind. Lösung: Beim Harten und Weichen sind das Harte und das Weiche aktuell. Aber die Haltung ist die von Einwirkung und Nicht-Einwirkung. Das Vermögen und die Gabe beziehen sich bei ihnen nicht auf die Härte und die Weicheit, sondern auf die Einwirkung. Denn das Holz ist wegen seiner Härte schwer zu schneiden und das Gewand wegen seiner Weichheit leicht zu tragen.

5.21. Einundzwanzigste Lektion. Die zwei anderen Arten der Qualität (S. ٣١٤)

Arist. Cat. 9a28–10b11: Eine dritte Art der Qualität sind affektive Qualitäten und Affektionen. Zum Beispiel das Süße, das Bittere und alles, was damit verwandt ist, auch die Wärme, die Kälte, das Weiße und das Schwarze. Daß dies Qualitäten sind, ist klar, denn von dem, was sie empfängt, wird aufgrund von ihnen gesagt, wie es ist. Zum Beispiel wird der Honig süß genannt, weil er die Süße empfängt. Der Körper wird weiß genannt, weil er das Weiße empfängt. Und ebenso verhält es sich mit den übrigen Dingen. Sie werden affektive Qualitäten genannt, nicht weil die Dinge, die sie empfangen, selbst etwas erlitten hätten, denn der Honig wird nicht als süß bezeichnet, weil er etwas erlitten hat, noch ist das beim übrigen Derartigen der Fall. Ähnlich wie hier werden auch die Wärme und die Kälte affektive Qualitäten genannt, nicht weil die sie empfangenden Dinge selbst etwas erlitten hätten, sondern jede von den genannten Qualitäten wird affektive Qualität genannt, weil sie bei den Wahrnehmungssinnen eine Affektion hervorruft. Denn die Süße erzeugt eine bestimmte Affektion im Geschmackssinn, die Wärme im Tastsinn, und entsprechend geschieht es auch bei den anderen. Das Weiße und das Schwarze und die übrigen Farben werden nicht in derselben Weise wie die früher Genannten affektive Qualitäten genannt, sondern deshalb, weil sie selbst aus einer Affektion entstanden sind. Es ist klar, daß viele Veränderungen bei den Farben durch Affektion entstehen. Wenn sich jemand schämt, wird er rot, und wenn jemand erschrickt, wird er blaß und so weiter. Folglich, wenn jemandem von Natur aus symptomatisch eine dieser Affektionen zukommt, dann muß seine Farbe notwendigerweise wie diese Farbe sein. Denn wenn jetzt ein körperlicher Zustand entsteht bei einem, der sich schämt, dann kann derselbe auch entstehen in der natürlichen Veranlagung, so daß auch die Farbe von Natur aus die gleiche ist.

Ist der Ursprung solcher Zufälle in Affektionen, die schwer beweglich und feststehend sind, werden sie Qualitäten genannt. Denn da die Blässe und die Schwärze ihren Ursprung in der natürlichen Veranlagung haben, werden sie Qualität genannt, denn deswegen wird von uns gesagt, wie wir sind. Wenn die Blässe oder die Schwärze entstanden sind aufgrund von langer Krankheit oder wegen Sonnenbrand, so daß sie nicht leicht zum gesunden Zustand zurückkehren, oder gar das ganze Leben lang bleiben, so werden auch sie als Qualitäten bezeichnet. Denn auch ihretwegen sagt man über uns, wie wir sind. Aber was aus etwas entsteht, was sich leicht auflöst und schnell verschwindet, wird Affektion genannt, denn ihretwegen wird von niemandem gesagt, wie er ist. Denn man sagt nicht von einem, der aus Scham rot geworden ist, er sei rot, und nicht von einem, der vor Schreck erblaßt ist, er sei weiß, sondern vielmehr, daß er etwas erlitten hat. Also wird folglich solches und was ihm ähnlich ist, Affektionen genannt, aber nicht Qualitäten.

Auf ähnliche Weise spricht man auch in bezug auf die Seele von affektiven Qualitäten und Affektionen. Was nämlich in ihr entstanden ist seit dem Anfang ihres Daseins aufgrund bestimmter Affektionen, heißt Qualität, denn wenn von ihr gefragt wird, wie sie ist, wird damit geantwortet.*

Zum Beispiel der Wahnsinn und der Jähzorn und dergleichen, denn ihretwegen sagt man von den Leuten, wie sie sind, indem sie jähzornig und wahnsinnig genannt werden. Gleiches gilt für die übrigen Sorten des Wahnsinnes, da sie nicht natürlich sind, sondern ihren Ursprung in anderen Symptomen haben und schwer aufzugeben sind oder überhaupt nicht aufhören, auch sie werden Qualitäten genannt, denn aufgrund von ihnen wird von den Leuten gesagt, wie sie sind. Das, dessen Entstehung aus Dingen, die schnell und leicht wieder zum Normalen zurückkehren, geschieht, wird Affektionen genannt. Zum Beispiel wenn ein Mensch im Verdruß eher zornig ist, denn er wird deswegen nicht zornig genannt, sondern es wird eher gesagt, daß er etwas erlitten hat. Daher wird dies Affektionen genannt und nicht Qualitäten.

Eine vierte Art der Qualitäten ist die Figur und die äußere Form jedes Dinges, wie auch die Geradheit, die Krummheit und was es noch Ähnliches gibt. Denn nach jedem von diesen wird gesagt, wie etwas beschaffen ist. Denn es wird von einem Ding dadurch, daß es wie ein Dreieck oder Viereck ist, gesagt, wie es ist und dadurch, daß es gerade oder krumm ist. Und es wird auch von jedem seiner Figur wegen gesagt, wie es ist. Es könnte vermutet werden, daß „locker", „dicht", „rauh" und „glatt" etwas Qualitatives bezeichnen. Aber es sieht so aus, wie wenn dieses und was ihm ähnlich ist, der Einteilung in das Qualitative entgegengesetzt wäre. Denn es ist klar, daß jedes von ihnen eher eine bestimmte Lage der Teile anzeigt, denn man sagt deswegen „dicht",

---

* Im arabischen Lemma wird „denn wenn von ihr gefragt wird, wie sie ist, wird damit geantwortet" hinzugefügt.

weil die Teile nahe beieinander sind. Und man spricht von „locker", weil die Teile weit auseinander liegen, von „glatt" wird gesprochen, weil die Teile auf einer Geraden liegen, und von „rauh" spricht man, weil der eine Teil hervorragt, der andere geringer ist.

Vielleicht könnte noch eine andere Art der Qualität zum Vorschein kommen, aber das, was wir erwähnt haben, ist das Speziellste der Arten und soll genügen.

*Die Qualitäten sind also die, welche wir behandelt haben. Qualitativ jedoch ist das, was paronymisch nach diesen benannt wird oder sonst irgendwie davon abgeleitet ist. Die meisten von ihnen oder normalerweise alle werden paronymisch ausgedrückt. Zum Beispiel nach dem Weißen der Weiße und nach der Redekunst der Beredte, nach der Gerechtigkeit der Gerechte und so weiter. Aber bei einigen Ausnahmen, da sie keine Namen haben, ist es unmöglich, daß nach ihnen etwas paronymisch benannt wird. Zum Beispiel wird der Läufer oder der Boxer, die nach einem natürlichen Vermögen genannt werden, in der griechischen Sprache nicht paronymisch nach einer Qualität genannt. Denn in der griechischen Sprache gibt es für die Vermögen, nach denen sie irgendwie genannt werden, wie es solche für Wissenschaften gibt, keine Namen, nach denen sie Boxer und Kämpfer genannt werden nach ihrem Zustand**. Denn man spricht vom Wissensfach des Boxens, das heißt von der Boxkunst und vom Wissensfach des Kämpfens, das heißt von der Kampfkunst. Und es wird von denen, die sich in diesem Zustand befinden paronymisch gesagt, wie sie sind. Manchmal aber gibt es dafür einen Namen und doch wird das so Beschaffene nicht paronymisch danach benannt. So zum Beispiel wird der Tüchtige nach der Vorzüglichkeit benannt. Denn weil er Vorzüglichkeit besitzt, wird er tüchtig genannt, wobei eben in der griechischen Sprache nicht paronymisch nach der Vorzüglichkeit ausgedrückt wird, wie etwas ist. Dies kommt aber nicht oft vor. Also wird das als Qualitatives ausgedrückt, was nach den erwähnten Qualitativa paronymisch oder sonst irgendwie genannt wird.*

Die zwei anderen Arten des Qualitativen sind zum einen die affektiven Qualitäten und Affektionen (al-kayfiyyāt al-infiʿāliyya wa-l-infiʿālāt / παθητικαὶ ποιότητες καὶ πάθη) und zum anderen Figur und äußere Form (al-šakl wa-l-ḫilqa/σχῆμα καὶ ἡ

** Ebenso wird „in der griechischen Sprache" im arabischen Lemma hinzugefügt.

περὶ ἕκαστον ὑπάρχουσα μορφή) (S. ٣١٤). Die affektiven Qualitäten werden zuerst besprochen, weil sie Seele und Körper zugleich angehen, Figur und äußere Form dagegen gehen nur den Körper an.

Olympiodor und Alinus fragen sich, ob es, da die affektiven Qualitäten in der Tiefe des Körpers (innerhalb des Körpers) sind, und die Figur und äußere Form an der Oberfläche des Körpers sind, richtig ist, daß sie von Aristoteles zu den affektiven Qualitativa gerechnet werden.

¶ Vergleiche dazu Olympiodor (115, 24 ff.) und Philoponos (137, 26 ff.). ¶

Anschließend an diese doxographische Bemerkung beginnt Ibn aṭ-Ṭayyib mit den affektiven Qualitäten und Affektionen. Das sind beispielsweise Süße, Bitterkeit, weiß und schwarz. Diese Art der Qualitäten muß nun definiert und eingeteilt werden: Der Unterschied zwischen der affektiven Qualität und der Affektion besteht darin, daß die affektive Qualität eine Form ist in einer Sache. Diese Form hat aber das Moment (maᶜnā) der Affektion, entweder weil die Sache die Affektion erleidet oder weil man die Sache durch diese Qualität erfaßt oder beides zusammen.

Im folgenden werden die Beispiele aufgezählt zu dieser Art der Qualitäten, die in *drei Teile* aufgeteilt ist. *Erster Teil:* Die Süße des Honigs ist ein Beispiel für die affektive Qualität, weil die Süße in der Wahrnehmung eine Affektion (πάθος) hervorruft. Auch das Eis und der Schwan bekommen nicht ihr Weiß, indem sie etwas erleiden, sondern es gehört von Anfang an zu ihnen. Aber es wird wahrgenommen durch eine Affektion (bi-infiᶜāl), denn die Wahrnehmung erleidet etwas beim Erblicken desselben.

Es folgt der *zweite Teil* (S. ٣١٥). Darin werden diejenigen affektiven Qualitäten aufgezählt, die durch eine Affektion entstehen, die aber nicht durch eine Affektion wahrgenommen werden. Das sind beispielsweise diejenigen, die die Seele betreffen (Haß, Wahnsinn, Leidenschaft). Sie entstehen durch eine Veränderung der Mischungen.

Der *dritte Teil* enthält die übrigen Qualitäten, die durch die Affektion der Sinneswahrnehmungen wahrgenommen werden, und die nicht von Anfang an zu einer Sache gehören, wie zum Beispiel die Salzigkeit des Meeres. Diese entsteht nämlich durch eine materielle Einwirkung (s. Arist. Meteor. II 3, 357b23–26; 358a16–27) und wird durch den Geschmackssinn wahrgenommen.

Die vierte Art der Qualität ist Figur (σχῆμα) und äußere Form (μορφή) (S. ٣١٧). Figur ist die Viereckigkeit oder Dreieckigkeit. Olympiodor definierte die Figur dadurch, ob sie durch eine oder mehrere Linien gebildet wird. Das Runde wird durch eine einzige Linie gebildet, das Gerade durch mehr als eine.

Äußere Form meint, ob die Glieder von etwas in der richtigen Proportion zueinander stehen (mutanāsib) oder nicht.

Die Kommentatoren sind der Ansicht, daß Figur und äußere Form eher den Lebewesen zukommt als den Pflanzen, da die Lebewesen mehr Glieder haben, die irgendwie zueinander stehen (S. ٣١٧).

¶ Vergleiche dazu Philoponos (151, 17 ff.). ¶

Die Figur wird von der äußeren Form ausgesagt, aber nicht umgekehrt. Sie wird von den Geometern gebraucht und von den Mathematikern. Die äußere Form wird nur von den Mathematikern gebraucht. Bei Platon ist sie wichtig für die fünf Körper, aus denen die Welt nach seiner Ansicht besteht.

Im 7. Buch der *Physik* behauptet Aristoteles, daß die Veränderung der Figur nicht auf Umwandlung (istiḥāla) beruhe, sondern auf dem Werden und was ihm folge.

¶ Dieses Zitat (Phys. V 3, 245 b3 ff.) findet sich bei Ammonios (83, 3), vgl. auch Philoponos (154, 16). ¶

Im folgenden wird das bisher über die Arten der Qualität Gesagte zusammenfassend wiederholt.

Aristoteles behauptet, daß „locker", „dicht", „rauh" und „glatt" wohl eher in die Kategorie der Lage als der Qualität einzuordnen sind wegen der darin enthaltenen Teile, die entweder nah beisammen (dicht) oder weit auseinander (locker) liegen.

Des weiteren geht Aristoteles auf die Qualitäten, die paronymisch von etwas gesagt werden, ein. Ibn aṭ-Ṭayyib stellt dazu fest, daß die Qualitäten paronymisch, homonymisch oder heteronymisch ausgesagt würden. Paronymisch werden solche ausgesagt wie „Schreiber" von „Schreibkunst" (kātib / kitāba), homonymisch solche wie „das Weiße" von etwas Weißem. Die aristotelischen Beispiele des Boxers und Läufers übernimmt Ibn aṭ-Ṭayyib nicht. Er weist aber darauf hin, daß in der griechischen Sprache die Besonderheit existiert, daß man auch heteronym eine Qualität aussagt, so wie man beispielsweise wegen der „Vortrefflichkeit" etwas „begierig" nennt (ḥarīṣ faḍīla / ἀρετή).

¶ Über dieses Problem, daß ἀρετή das zu σπουδαῖος gebräuchliche Substantiv ist und nicht etwa σπουδή, äußern sich auch Elias (David) (224, 35 ff.) und Olympiodor (130, 20). Außerdem erwähnt Elias (David) auch, daß die Qualitäten nicht nur paronymisch ausgesagt werden (224, 35 ff.). ¶

Aporien (S. ٣٢١):

1. Warum sagt Aristoteles, daß die affektiven Qualitäten akzidentell sind, z.B. die Süße, wo es doch für den Honig substanziell ist, daß er süß ist? Lösung: Die Süße ist nicht die tatsächliche Form (al-ṣūra l-ḥaqīqiyya) des Honigs, denn die Dinge sind nicht aus Qualitäten des Geschmackssinnes zusammengesetzt, sondern aus solchen des Tastsinnes, denn sie sind aus den vier Elementen zusammengesetzt.

2. Warum heißt es, „locker und dicht" gehörten nicht zu den Qualitäten, sondern zum Zugrundeliegenden? In den Physik-Vorlesungen im ersten Buch sagt Aristoteles etwas anderes. Lösung: Dort untersucht er „locker und dicht" in Analogie zur ersten Materie.

Lemma-Kommentar 9a28–10b11 (S. ٣٢٣)

5.22. Zweiundzwanzigste Lektion. Das Qualitative lässt Konträres zu (S. ٣٣٥)

Arist. Cat. 10b12–11a38: Es gibt beim Qualitativen auch das Konträre. Zum Beispiel ist die Gerechtigkeit das Gegenteil der Ungerechtigkeit und ebenso verhalten sich die Weiße und die Schwärze und Ähnliches und auch was nach ihnen als so beschaffen bezeichnet ist. Zum Beispiel das Ungerechte dem Gerechten und das Weiße dem Schwarzen gebenüber, nur daß dies nicht in allen Fällen so ist, denn für das Rote und das Gelbe und ähnliche Farben gibt es kein Gegenteil, obwohl sie Qualitativa sind.

Ferner, wenn eines aus dem Gegensatzpaar ein Qualitatives ist, ist auch das andere ein Qualitatives. Das wird klar, wenn man die anderen Kennzeichen prüft. Zum Beispiel wenn die Gerechtigkeit das Gegenteil der Ungerechtigkeit ist und die Gerechtigkeit qualitativ ist, dann ist auch die Ungerechtigkeit ein Qualitatives, denn die Ungerechtigkeit entspricht keinem der übrigen Kennzeichen, nicht dem Quantitativen beispielsweise, und nicht dem Relativen, nicht dem Wo und auch nicht irgendeinem der übrigen Derartigen, außer dem Qualitativen. Ebenso ist es mit dem übrigen Konträren beim Qualitativen.

Das Qualitative läßt auch das Mehr und Weniger zu, denn man sagt, dieses ist weißer oder weniger weiß als das andere, und dieses ist gerechter oder weniger gerecht als das andere. Sie lassen aber auch selbst einen Zuwachs zu, denn etwas Weißes kann noch weißer werden, so daß es ganz weiß ist, aber das ist nicht in allen Fällen so, jedoch in den meisten. Man kann nämlich zweifeln darüber, ob eine Gerechtigkeit mehr oder weniger als die andere genannt wird, und ebenso ist es mit den anderen Zuständen. Denn es gibt Leute, die sich über Derartiges streiten, und behaupten, daß die Gerechtigkeit nicht mehr oder weniger, aber auch die Gesundheit nicht mehr oder weniger genannt werden kann, sondern sie sagen, daß der eine weniger Gesundheit besitzt als der andere und weniger Gerechtigkeit, und so ähnlich auch mit der Schreibkunst und den übrigen Zuständen. Was aber danach benannt wird, das läßt zweifellos das Mehr und Weniger zu, denn der eine wird beredter, gerechter und gesünder als der andere genannt und ebenso verhält es sich mit den anderen Dingen.

Es scheint jedoch, daß das Dreieck und das Viereck das Mehr und

Weniger nicht zulassen und auch keine der übrigen Figuren. Denn das, was den Begriff des Dreiecks oder den Begriff des Kreises empfängt, ist alles in einer Weise Dreieck und Kreis. Das, was diesen Begriff nicht empfängt, wird nicht mehr oder weniger als das andere genannt. Denn das Viereck ist nicht in einem höheren Grade ein Kreis als das Rechteck, da keines von beiden die Definition des Kreises hat. Im allgemeinen ist es so, daß nur eines von zwei Dingen mehr genannt wird als das andere, wenn beide unter den Begriff dessen fallen, worauf man sich bezieht. Also läßt nicht jedes Qualitative das Mehr und Weniger zu. Von dem Erwähnten ist dem Qualitativen nichts eigentümlich.

Es braucht sich aber kein Problem einzuschleichen, wenn jemand sagt, wir haben zwar über das Qualitative reden wollen, aber wir haben viel über das Relative gesprochen, weil die Haltung und die Zustände Relativa sind. Es ist nämlich beinahe so, daß von allen diesen Gattungen und was ihnen ähnlich ist, als Relativa gesprochen wird, von den Einzeldingen jedoch nie. Denn die Beschaffenheit des Wissens als Gattung ist so, daß sie in bezug zu etwas anderem ausgedrückt wird, denn es wird ja Wissen von etwas genannt. Die Einzeldinge jedoch werden in ihrer Beschaffenheit nie in Beziehung auf etwas anderes ausgedrückt. Zum Beispiel wird die Grammatik nicht Grammatik von etwas und die Musik wird nicht Musik von etwas genannt. Wenn überhaupt, werden auch sie von der Gattung her Relativa genannt. Zum Beispiel wird die Grammatik Wissen von etwas genannt, aber nicht Grammatik von etwas, und die Musik wird Wissen von etwas genannt, nicht Musik von etwas. Daraus folgt, daß die Einzeldinge nicht zu den Relativa gehören. Wir werden aber nach den Einzeldingen so beschaffen genannt, denn diese besitzen wir. Wir werden nämlich wissend genannt, weil wir einen Teil von Wissen haben. Also sind auch diese, nämlich die Einzeldinge Qualitativa. Aber diese, wonach man so beschaffen genannt wird, gehören nicht zu den Relativa.

Außerdem, wenn ein einziges sowohl qualitativ als auch relativ ist, so kann es nicht falsch sein, daß es gemeinsam unter eine Gattung gezählt wird.

Es gibt *vier Eigenschaften* (ḫawāṣṣ) der Qualität:

Erstens gibt es Konträres in der Qualität, z.B. weiß, schwarz, etc. Über diese Eigenschaft verfügt auch die Relation, ebenso Tun und Erleiden. Nicht jede Qualität hat aber ein Konträres, sondern nur das, was Extreme hat (aṭrāf). Bei mittleren Begriffen wie „lau", „dunkel" gibt es kein Gegenteil, ebensowenig bei den Figuren (šakl), denn ein Dreieck ist einem Viereck nicht konträr.

Demokrit war der Ansicht, daß es bei der Figur Konträres gebe. So hätte zum Beispiel ein Vieleck sein Gegenteil in etwas, was keine Ecken hat, also in etwas Rundem. Aber das ist falsch.

Olympiodor und Alinus dagegen meinten, daß nur die Qualität diese Eigenschaft habe, und wenn man sie auch bei der Relation und bei Tun und Erleiden findet, dann aufgrund der Qualität. Denn die Qualität sei in der Wurzel von Tun und Erleiden und deren Kontrarietät entstehe durch die Qualität. So ist das Erwärmen das Gegenteil von Abkühlen, weil Wärme das Gegenteil von Kälte ist.

¶ Siehe Olympiodor (127, 29 ff.). ¶

Zweitens muß es, wenn es das eine qualitative Konträre gibt, auch das andere geben, und beide müssen qualitativ sein. Dafür gibt es zwei Beweise. 1. Beide müssen qualitativ sein aus folgendem Grund: Nimmst du eines und betrachtest alle Kategorienbegriffe, so paßt es nur in die Kategorie des Qualitativen. Denn wenn du bei etwas „Wie?" fragst, so bekommst du als Antwort Qualität. Die Gegenteile müssen von der gleichen Gattung sein. 2. Wenn die Taten, die aus dem Qualitativen hervorgehen unter einen einzigen Begriff fallen, dann müssen auch die Qualitäten unter einen einzigen Begriff fallen.

Nicht alle Qualitativa haben diese Eigenschaft, weil sie nur für die Extreme gilt und nicht für die mittleren Begriffe. Alinus kombiniert die erste und die zweite Eigenschaft und hält sie für eine einzige, womit er recht hat.

Die dritte Eigenschaft besteht darin, daß es beim Qualitativen Mehr und Weniger gibt. Das gilt jetzt aber nur für die mittleren qualitativen Begriffe, nicht für die Extreme und auch nicht für die Figur und äußere Gestalt (für letztere auch nicht, denn sie ist eine Form der Figur).

Diese Eigenschaft ist der Qualität nicht eigentümlich, sondern sie kommt auch der Relation, dem Tun und dem Erleiden zu.

Die vierte Eigenschaft der Qualität ist das Ähnlich und Unähnlich. Sie ist die dem Qualitativen eigentümliche, weil sie nur ihm allein zukommt. Sie gilt für alles Qualitative.

Olympiodor sagt, daß sie eine Eigenschaft der akzidentellen Qualität sei, und er hat recht damit, denn Aristoteles behandelt die akzidentelle Qualität (S. ٣٣٨).

¶ Vergleiche Olympiodor (129, 23 ff.). ¶

Der Grund dafür, daß es drei Eigenschaften der Qualität gibt, wobei die zweite in die erste übergeht, ist der, daß es bei der Qualität Extreme und mittlere Begriffe gibt. Die Eigenschaft wird entweder von den Extremen hergeleitet, das ist die erste, oder von den mittleren Begriffen, das ist die zweite Eigenschaften, oder von beiden zusammen, und das ist die wahre dritte Eigenschaft.

¶ Ibn aṭ-Ṭayyib äußert sich über die Anzahl der Eigenschaften der Qualität uneinheitlich. Er führt zwar vier Eigenschaften an, wobei die zweite von ihm selber stammt, und daraus entsteht, daß er die erste in zwei Teile teilt. Das gleiche Modell steht auch bei Elias (David) (235–239), während Olympiodor nur drei Eigenschaften zählt (127, 23). Ibn aṭ-Ṭayyib weist aber darauf hin, daß seine ersten beiden Eigenschaften eigentlich zusamengehören, daß es sich also nur um drei Eigenschaften handelt. ¶

Es gibt nun aber eine *Aporie*, zu der es zwei Lösungen gibt, von denen die eine der Ansicht von Aristoteles entspricht, die andere jedoch nicht. Die Aporie lautet folgendermaßen: Wie kann man Zustand, Gabe, Wissen und Wahrnehmung zur Qualität zählen, wenn sie im Kapitel über die Relation zu den Relativa gerechnet werden? Dann müssten sie ja Relativa und Qualitäten sein, ebenso ihre Einzeldinge (fuṣūl). Das geht jedoch nicht, da ja ihre Gattungen verschiedene sind, also können auch nicht die Arten und Einzeldinge in einem zusammenfallen.

Die erste Lösung dieser Aporie, welche die richtige ist, lautet so, daß die Gattungen Zustand, Gabe und Wissen zu den Relativa gehören, da sie in Relation zu etwas ausgesagt werden. Ihre Einzeldinge jedoch gehören zu den Qualitäten.

Die zweite Lösung geht davon aus, daß etwas zu zwei Kategorien gehören kann. So gehört beispielsweise das Wissen zu den Qualitäten, aber das Wissen in bezug auf das Gewußte gehört zu den Relativa.

¶ Die zwei Lösungen dieser Aporie hat Ibn aṭ-Ṭayyib gemeinsam mit Philoponos (162, 7 ff.) und Ammonios (91, 10 f.). ¶

Lemma-Kommentar 10b12–11a38 (S. ٣٤٠)

¶ Insgesamt ist in diesem Kapitel zu beobachten, daß, wie in den vorhergehenden auch, zwar einige punktuelle Gemeinsamkeiten zwischen dem arabischen Kommentar und den griechischen, vor allem demjenigen von Elias (David), zu finden sind. Es muß aber auch festgestellt werden, daß sich diese Gemeinsamkeiten kaum auf das Konzeptionelle beziehen. Formal geht Ibn aṭ-Ṭayyib einen eigenen Weg, und auch inhaltlich gibt es gerade in diesem Kapitel einige Stellen, die zum Beispiel Elias (David) eingehender behandelt als der arabische Kommentator, zum Beispiel in den Passagen über δύναμις und ἀδυναμία (227 f.) oder über die affektiven Qualitäten (230 f.). Auch das dritte κεφάλαιον über die διαίρεσις ist bei Elias (David) noch einmal in drei Unterkapitel eingeteilt (221, 34 f.), eine Differenzierung, die Ibn aṭ-Ṭayyib nicht macht. Dafür finden sich aber die doxographischen Hinweise auf Olympiodor und Alinus nur im arabischen Text, während bei Elias (David) und bei Olympiodor in den entsprechenden Passagen auch Zitate von Platon und Alexander zu finden sind (Olympiodor 117, 32 und Elias [David] 225, 20 zitieren den platonischen Dialog Theaitetos 182A). Simplikios zitiert als einziger auch Archytas (206, 8). ¶

5.23. Dreiundzwanzigste Lektion. Die übrigen Kategorienbegriffe. Tun, Erleiden, Lage, Wo, Wann, Haben (S. ٣٤٩)

Arist. Cat. 11b1–11b15: Auch das Tun und das Erleiden lassen die Kontrarietät und das Mehr und Weniger zu. Denn das Wärmen ist dem Kühlen entgegengesetzt, und das Gewärmtwerden ist dem Gekühltwerden entgegengesetzt, und das Sichfreuen dem Betrübtsein. So lassen sie also das Konträre zu.

Sie lassen aber auch das Mehr und Weniger zu, denn etwas kann mehr oder weniger warm sein und es kann etwas mehr oder weniger warm gemacht werden, man kann auch mehr oder weniger betrübt sein. Folglich lasssen also das Tun und das Erleiden das Mehr und Weniger zu. Dies sagen wir dazu.

Auch wurde vom Liegen gesagt, im Kapitel über das Relative, daß es paronymisch nach der Lage genannt werde. Was die übrigen betrifft, also das Wann, das Wo und das Haben, soll, da sie klar sind, nichts weiter darüber gesagt werden als das, was wir am Anfang gesagt haben, nämlich daß es entweder ein Haben wie „beschuht" oder „bewaffnet" anzeigt, oder ein Wo wie der Ausdruck „im Lykeion" und was wir sonst noch darüber gesagt haben. Damit begnügen wir uns mit dem, was wir über die Gattungen, die unsere Aufgabe waren, gesagt haben.

Es stimmt nicht, wie manche behaupten, daß jetzt, nach den einfachen Kategorien die zusammengesetzten behandelt werden, denn alle Kategorien sind einfach, da sie ja die höchsten einfachen Formen sind (iḏ kānat ṣuwaran ᶜāliyyatan basīṭatan fī l-ġāya).

¶Diese Aussage richtet sich gegen Kommentatoren wie Ammonios (92, 6) und Philoponos (163, 4), die die Meinung vertreten, die ersten vier Kategorien seien einfach, während die übrigen sechs zusammengesetzte seien. Elias (David) dagegen stellt fest, daß sie nicht zusammengesetzte (συμπεπλεγμέναι) Kategorien seien (239, 14).¶

„Tun" und „Erleiden" werden zusammen behandelt. Die Kategorie des Tuns ist eine Form und ein Bezug, der im Verstand entsteht zwischen dem Täter und seiner Tat und umgekehrt zwischen der Tat und ihrem Täter. Das Wesen des Täters ist Substanz, dasjenige der Tat ist Qualität. Man soll aber nicht denken, daß der Kategorienbegriff die Zusammensetzung des Bezuges zu den Extremen sei, sondern sie besteht nur zwischen den beiden Extremen. Das Erleiden wird entsprechend erläutert.

Im folgenden wird erklärt, wie dieser Bezug im Verstand entsteht.

Beide Kategorien, also „Tun" und „Erleiden", haben als Eigenschaften, daß sie Konträres haben können und mehr oder weniger sein können (S. ٣٥٠). Aristoteles führe das Kapitel in „Vom Werden und Vergehen" weiter aus.

¶ Den Hinweis darauf, daß in *De Generatione et Corruptione* dieses Kapitel behandelt wird, geben auch Simplikios (295, 12) und Porphyrios (141, 14).

Das Kapitel über ποιεῖν und πάσχειν ist bei Olympiodor in drei κεφάλαια eingeteilt (131, 14 ff.). Sie behandeln die τάξις, die Frage, ob Tun und Erleiden Kategorien seien und die verschiedenen εἴδη. Über die τάξις äußert sich Ibn aṭ-Ṭayyib nicht, im Gegensatz auch zu Elias (David) (240, 14 ff.) und zu Simplikios (295, 16 ff.). (Zu den aristotelischen Kategorien von „Tun" und „Leiden" siehe Vamvoukakis, Les catégories aristotéliciennes [1980]). ¶

Nach „Tun" und „Erleiden" wird der Kategorienbegriff der „Lage" behandelt. Die Lage ist ein Bezug, der eine Sache betrifft beim Eintreten in eine Lage (ᶜinda ḥuṣūl al-waᶜḍ), wobei die Lage, also Sitzen oder Stehen der Bezug zum Ort ist.

Dann folgt der Begriff des „Wann" (matā), der ein Bezug ist zwischen den Dingen und der Zeit. Das „Wann" wird in dreifacher Bedeutung ausgesagt: Vergangenheit, Gegenwart und Zukunft.

Das „Wo" (aina) ist ein Bezug zwischen den Dingen und dem Ort. „Wo" wird in sechsfacher Bedeutung ausgesagt: Oben, unten, rechts, links, vorne und hinten.

Das „Haben" (lahū) ist ein Bezug zwischen dem Erwerbenden und dem Erworbenen. Das „Haben" wird am Ende des Buches eingehend behandelt.

¶In diesem Abschnitt wird deutlich, daß die Reihenfolge der Kategorienbegriffe im arabischen Kommentar nicht derjenigen von Olympiodor und von Elias (David) entspricht (ποῦ, ποτέ, κεῖσθαι, ἔχειν). Die Reihenfolge bei Ibn aṭ-Ṭayyib entspricht dem aristotelischen Text. Olympiodor liefert eine Erklärung dafür, warum dieser Abschnitt bei Aristoteles so rudimentär erscheint. Das habe Aristoteles so gewollt, damit der Leser auch noch etwas zu forschen habe (ὁ μὲν οὖν φιλόσοφος Ἀριστοτέλης ταῦτα παρέλειχε ζητητικοὺς ἡμας ἀποτελέσαι βουλόμενος. 132, 22). ¶

Man soll nicht den gleichen Fehler machen wie Galen, der meinte, daß die Beziehung eine Gattung sei, die für alle Bezüge gelte. Es handelt sich aber um einen kollektiven Namen, wie das Sein, das die zehn Kategorien umfaßt. Die Definition des Bezugs zwischen etwas und seinem Ort ist nämlich eine andere als diejenige zwischen etwas und seiner Zeit. Völlig anders ist die Beziehung der Relation. Sie ist auch deswegen besonders, weil die Relation zwischen zwei Dingen gegenseitig eine ist, was bei den anderen Bezügen, z. B. zwischen etwas und seinem Ort, nicht so ist.

Anschließend werden von den besprochenen Kategorienbegriffen dargestellt, was für eine Art von Bezug sie sind. Daraus soll man den Unterschied erkennen zur Relation. Es folgt eine Darstellung der sieben Begriffe „Relation", „Wo", „Wann", „Haben", „Lage", „Tun", „Erleiden" in ihrer Eigenschaft als Bezug zwischen den Dingen.

¶Daß es sich um den Bezug handelt zwischen dem, was im Ort ist und dem Ort selbst, findet sich als Erklärungsmodell bei Simplikios, der darin Jamblichos zitiert (360, 13 f.). Bei Simplikios stellt sich aber auch die Aporie, warum es, wenn es 11 Arten von „in etwas sein" gibt (siehe oben) für ποῦ und ποτέ nur ein ἔν τινι gibt, warum es also nicht 11 Kategorien gibt für „in etwas sein" (348, 24). Im Gegensatz zu den griechischen Kommentaren gibt es zu diesem Kapitel im arabischen Kommentar keine Aporien. ¶

Lemma-Kommentar 11b1–11b16 (S. ٣٥٥)

5.24. Vierundzwanzigste Lektion. Die Postpraedicamenta (S. ٣٥٧)

Arist. Cat. 11b16–14a25: Wir müssen jedoch über das Entgegengesetzte sagen, auf wieviele Arten es sich gegenübersteht. Eines steht nämlich dem anderen auf vierfache Weise gegenüber. Entweder wie das Relative, oder wie das Konträre, oder wie Mangel und Besitz, oder wie Bejahung und Verneinung. Jedes von diesen steht sich, wenn man es auf die Weise der Begriffsbestimmung ausdrückt, entweder wie die Relativa gegenüber, wie beispielsweise das Doppelte dem Halben, oder wie das Konträre, wie beispielsweise das Böse dem Guten, oder wie Mangel und Besitz, wie beispielsweise Blindheit und Sehkraft, oder aber wie Bejahung und Verneinung, wie beispielsweise „sitzend" und „nicht sitzend".

Was einander wie Relative gegenübersteht, dessen Beschaffenheit wird im Vergleich zu dem ausgesagt, dem es gegenübersteht, oder auf eine andere Weise in einem Verhältnis dazu steht. So zum Beispiel beim Doppelten gegenüber dem Halben, denn die Beschaffenheit des Doppelten wird in Beziehung zu einem anderen ausgesagt, weil es ja das Doppelte von etwas ist. Auch das Wissen steht dem Wissbaren auf die Weise des Relativen gegenüber, und die Beschaffenheit des Wissens wird in Beziehung auf das Wissbare ausgesagt und ebenso wird die Beschaffenheit des Wissbaren im Verhältnis zum Gegenstück, nämlich zum Wissen ausgesagt. Denn das Wissbare heißt wissbar für etwas, nämlich für das Wissen. Was also auf die Weise des Relativen entgegengesetzt ist, dessen Beschaffenheit wird nur in Beziehung auf ein anderes ausgesagt oder auf eine andere Art voneinander ausgesagt.

Was einander auf konträre Weise gegenübersteht, dessen Beschaffenheit wird nie über das andere ausgesagt, vielmehr wird es als einander konträr bezeichnet. Denn das Gute heißt nicht das Gute des Schlechten, sondern sein Gegenteil. Und das Weiße nicht weiß des Schwarzen, sondern sein Gegenteil. Diese Gegensätze unterscheiden sich also voneinander.

Was vom Konträren derartig ist, daß die Dinge, die naturgemäß dazugehören, darin sind und auch diejenigen, welche dadurch gekennzeichnet sind, bei dem muß notwendigerweise eines der beiden Konträren darin sein, wobei es zwischen ihnen kein Mittleres gibt. Wo aber nicht das eine vorhanden sein muß, da gibt es ganz sicher ein Mittleres. So gibt es zum Beispiel natürlicherweise Gesundheit und Krankheit im Körper des Lebewesens. Und eines von beiden, sei es Krankheit oder Gesundheit, muß notwendigerweise im Körper des Lebewesens sein. Durch das Gerade und das Ungerade wird die Zahl gekennzeichnet, und es ist unabdingbar, daß eines von beiden in der Zahl ist, entweder das Gerade oder das Ungerade, wobei es dazwischen kein Mittleres gibt, nicht zwischen Gesundheit und Krankheit und nicht zwischen dem Geraden und dem Ungeraden. Wo aber nicht das eine der beiden vorhanden sein muß, da gibt es ein Mittleres, beispielsweise kommen weiß und schwarz natürlicherweise im Körper vor. Aber es ist nicht zwingend, daß eines der beiden im Körper dasein muß, denn nicht jeder Körper ist entweder weiß oder schwarz. Auch wird durch gut und schlecht der Mensch gekennzeichnet, aber es werden außer ihm noch viele andere Dinge dadurch beschrieben, und es ist nicht notwendig, daß das eine von ihnen in den Dingen vorhanden ist, welche durch es gekennzeichnet werden, denn es ist nicht alles entweder gut oder schlecht. Zwischen diesen gibt es ein Mittleres, beispielsweise zwischen schwarz und weiß gibt es Grau und Gelb und die übrigen Farben. Und zwischen gut und schlecht gibt es das, was weder gut noch schlecht ist. In einigen Fällen gibt es Namen für das Mittlere, beispielsweise gibt es grau und gelb zwischen weiß und schwarz. Für anderes ist es aber unmöglich, es mit einem Namen für das Mittlere auszudrücken, sondern es wird durch die Negation der Gegensatzglieder ausgedrückt. Zum Beispiel „weder gut noch schlecht" und „weder gerecht noch ungerecht".

Von Mangel und Besitz wird in bezug auf ein und dasselbe gesprochen, beispielsweise von Sehkraft und Blindheit in bezug auf das Auge. Allgemein gesagt wird über das, worin der Besitz naturgemäß vorhanden ist, jedes von beiden ausgesagt. Wir sagen dann von jedem, das einen Besitz empfängt, daß es der Sache, die nicht vorhanden ist, die ihm aber naturgemäß zukommt und zu dem Zeitpunkt, an dem es ihm naturgemäß zukommt, ermangelt. Wir nennen nämlich niemanden zahnlos, der keine Zähne hat, und blind nicht einen, der keine Sehkraft hat, sondern wir sagen das nur über etwas, das diese nicht hat zu einem Zeitpunkt, indem ihm das naturgemäß zukäme. Denn manches hat bei seiner Geburt weder Sehkraft noch Zähne, und man sagt nicht von ihm, es sei zahnlos und blind.

Beraubtsein und Besitzhaben sind aber nicht Mangel und Besitz, denn Sehkraft ist ein Besitz und Blindheit ein Mangel. Aber Sehkraft haben ist nicht Sehkraft, und Blindsein ist nicht Blindheit, denn die Blindheit ist ein Mangel. Daß das Lebewesen blind ist, heißt, daß es der Sehkraft ermangelt, aber das ist nicht nicht ein Mangel, denn wäre die Blindheit und das Blindsein dasselbe, dann würde ein und dieselbe Sache durch sie bezeichnet werden. Wir sehen jedoch, daß der Mensch blind genannt wird, daß er aber keineswegs Blindheit genannt wird. Es scheint, daß sich auch diese beiden konträr gegenüberstehen, also daß sich Mangelleiden und Besitzhaben gegenüberstehen wie Mangel und Besitz. Denn die Art des Gegensatzes ist dieselbe. Wie die Blindheit der Sehkraft, so steht das Blindsein dem Sehenkönnen gegenüber. Noch ist auch das, was der Bejahung und der Verneinung zugrundeliegt, Bejahung und Verneinung, denn die Bejahung ist eine bejahende Aussage und die Verneinung ist eine verneinende Aussage, während nichts von dem, was der Bejahnung und der Verneinung zugrundeliegt, eine Aussage ist. Aber auch von diesem wird gesagt, daß es sich wie Bejahung und Verneinung gegenübersteht, denn auch bei diesem ist die Art des Gegensatzes dieselbe. Denn wie die Bejahung der Verneinung gegenübersteht, zum Beispiel die Aussage „er sitzt" der Aussage „er sitzt nicht", so stehen sich auch die beiden den Aussagen zugrundeliegenden Sachen gegenüber, nämlich das Sitzen dem Nicht-Sitzen.

Daß sich Mangel und Besitz nicht wie Relativa gegenüberstehen, ist klar, da ihre Beschaffenheit nicht in bezug auf ein Gegenstück bezogen wird. Die Sehkraft ist nicht Sehkraft im Vergleich zur Blindheit, und sie steht auch sonst nicht in einem Verhältnis dazu. Ebensowenig wird die Blindheit Blindheit der Sehkraft genannt, weil nämlich die Blindheit als Mangel an Sehkraft bezeichnet wird, aber sie heißt nicht Blindheit der Sehkraft.

Überdies wird von allen Relativa gegenseitig in bezug auf ihr Gegenstück gesprochen, so daß auch die Blindheit, wenn sie ein Relativum wäre, mit dem, worauf sie bezogen ist, umkehrbar wäre. Sie ist jedoch nicht umkehrbar, denn die Sehkraft wird nicht Sehkraft der Blindheit genannt.

Aus den folgenden Fällen wird auch klar, daß das, was Mangel und Besitz genannt wird, sich nicht konträr gegenübersteht. Von dem Konträren, das kein Mittleres hat, muß notwendigerweise immer das eine in der Sache, der es naturgemäß zukommt und die durch es gekennzeichnet wird, vorhanden sein. In den Fällen, bei denen es kein Mittleres gibt, muß das eine von beiden in der aufnehmenden Sache vorhanden sein. Zum Beispiel Krankheit und Gesundheit, gerade und ungerade. Von denen, bei welchen es ein Mittleres gibt, muß nicht zu einem gewissen Zeitpunkt eines der beiden in jedem Gegenstand sein, denn nicht jedes dafür Empfängliche muß schwarz oder weiß oder warm oder kalt sein. Es hindert ja nichts, daß es darin etwas Mittleres gibt. Auch sollten die Dinge, in denen es Mittleres gibt, jene sein, in denen nicht unbedingt das eine der Dinge in dem dafür Empfänglichen ist, außer eines, das naturgemäß darin ist, wie zum Beispiel die Wärme im Feuer und daß der Schnee weiß ist. Bei diesen muß eines der beiden in bestimmter Weise vorhanden sein und nicht, wie es sich gerade ergibt, denn es ist unmöglich, daß das Feuer kalt ist und der Schnee schwarz. Es ist also nicht notwendig, daß der eine der beiden Gegensätze jedem zukommt, das ihn aufnehmen kann, sondern nur das, was ihm naturgemäß zukommt, und von den beiden genau das und nicht, was sich gerade ergibt.

Bei Mangel und Besitz trifft keiner der beiden erwähnten Fälle zu. Denn dem dafür empfänglichen Gegenstand braucht nicht immer das eine der beiden zuzukommen. Was natürlicherweise noch keine Sehkraft besitzt, wird nicht blind genannt und auch nicht sehend. Folglich gehören diese beiden nicht zu den Gegensätzen, zwischen denen es kein Mittleres gibt, aber auch nicht zu solchen, zwischen denen es Mittleres gibt, denn eines von beiden muß jedem dafür Empfänglichen zukommen. Wenn es nämlich in der Definition liegt, daß etwas naturgemäß mit Sehkraft versehen ist, wird man von ihm sagen, es sei blind oder sehend, aber man wird es nicht definitiv sagen, sondern wie es sich trifft, denn es muß nicht entweder blind oder sehend sein, sondern wie es gerade kommt.

Bei dem Konträren, das ein Mittleres hat, ist es nicht zu irgendeinem Zeitpunkt zwingend, daß einer der beiden Gegensätze in allem ist, sondern nur in gewissen Dingen, in diesem aber definitiv eines der beiden. Es ist daraus also klar, daß das, was mit Mangel und Besitz bezeichnet wird, sich auf keine der beiden Weisen gegenübersteht wie das Konträre.

Ferner kann beim Konträren, wenn ein Aufnehmendes vorhanden ist, eine Wandlung geschehen vom einen der beiden Gegensätze zum anderen, wenn ihm nicht das eine naturgemäß zukommt, wie zum Beispiel die Wärme dem Feuer. So kann das Gesunde krank, und das Weiße kann schwarz werden, der gute Mensch kann schlecht werden und der schlechte Mensch gut. Denn wenn er zum Umgang mit*

* Im arabischen Lemma wird „das Kalte kann warm werden" (Arist. Cat. 13a22) weggelassen.

*einem Erzogenen gebracht wird und zu schönerer Rede, so beginnt er, auf dem Weg zur Vortrefflichkeit zu sein, wenn auch nur wenig. Hat er auf diesem Weg einen einzigen Schritt getan, dann ist es klar, daß er sich entweder ganz davon entfernen wird, wie er war, oder daß er sich der Sache hingibt. Denn jeder Schritt, den er tut, vermehrt die Leichtigkeit, zur Vortrefflichkeit zu gelangen, denn sie wird stärker in ihm und wird gefestigt**. *Bleibt er auf diesem Weg, auch wenn er am Anfang nur wenig Fortschritt macht, bis er nahe dabei ist, sich der Sache hinzugeben, und er dabeibleibt und es schließlich andauert, dann geht er in die Vollendung über in Form des entgegengesetzten Besitzes, außer es fehlt die Zeit dazu.*

Bei Mangel und Besitz dagegen ist es nicht möglich, daß ein Wechsel vom einen zum anderen stattfindet. Ein Wechsel vom Besitz zum Mangel kommt vor, aber einer vom Mangel zum Besitz kann unmöglich vorkommen, denn wer blind war, ist nicht wieder sehend geworden, und wer kahlköpfig war, ist nicht wieder behaart geworden, noch hat ein Zahnloser wieder Zähne bekommen.

Es ist auch offensichtlich, daß, was sich als Bejahung und Verneinung gegenübersteht, sich nicht in einer der angegebenen Weisen gegenübersteht. Bei diesem als einzigem ist es notwendig so, daß das eine immer richtig und das andere falsch ist. Denn beim Konträren ist es nicht notwendig, daß immer das eine von beiden richtig ist und das andere falsch, auch nicht bei den Relativa und nicht bei Mangel und Besitz. Zum Beispiel sind die Gesundheit und die Krankheit konträr, aber keines von beiden ist richtig oder falsch. Ebenso stehen sich das Doppelte und das Halbe als Relativa gegenüber, aber keines von beiden ist richtig oder falsch, auch das nicht, was als Mangel und Besitz gilt, wie Sehkraft und Blindheit. Überhaupt ist nichts von dem, was ohne Bezug gesagt wird, wahr oder falsch, und alles, was erwähnt wurde, wird ohne Bezug gesagt.

Nur könnte vermutet werden, daß dies gerade bei dem Konträren der Fall ist, das mit einem Bezug auf etwas gesagt wird, denn „Sokrates ist gesund" ist „Sokrates ist krank" entgegengesetzt. Aber auch in diesen Fällen ist es nicht immer unbedingt notwendig, daß eines der beiden richtig und das andere falsch ist, denn wenn Sokrates existiert, ist das eine falsch und das andere richtig. Existiert er jedoch nicht, sind sie alle beide falsch, denn wenn Sokrates gar nicht existiert, ist es nicht

* Dagegen wird „Denn sie wird stärker in ihm und wird gefestigt" hinzugefügt.

wahr, daß Sokrates krank ist, aber auch nicht, daß er gesund ist.

Was Mangel und Besitz angeht, so ist, wenn er selbst gar nicht existiert, keines von beiden wahr, wenn er auch existiert, so ist nicht immer das eine von beiden wahr, denn „Sokrates sieht" ist „Sokrates ist blind" entgegengesetzt wie der Mangel dem Besitz. Wenn er existiert, muß es nicht notwendig so sein, daß eines von beiden wahr oder falsch ist, denn wenn die Zeit dafür, daß er sieht oder blind ist, noch nicht gekommen ist, dann sind sie beide falsch. Und wenn auch Sokrates überhaupt nicht existiert, dann ist auch so alles falsch, nämlich daß er sieht und daß er blind ist.

Was aber Bejahung und Verneinung angeht, so ist, ob er nun existiert oder nicht existiert, eines der beiden falsch und das andere wahr, denn von den Aussagen „Sokrates ist krank" und „Sokrates ist nicht krank" ist, wenn Sokrates existiert, die eine offensichtlich richtig und die andere falsch. Wenn er nicht existiert, verhält es sich ebenso. Denn wenn Sokrates nicht existiert, ist die Aussage „Sokrates ist krank" falsch, und die Aussage „Sokrates ist nicht krank" ist wahr. Somit ist es nur diesen eigentümlich, daß die eine von zwei Aussagen immer wahr und die andere falsch ist, welche wie Bejahung und Verneinung entgegengesetzt sind.

Dem Guten ist aber notwendig das Schlechte konträr. Das wird klar aus der Prüfung der Einzelfälle. Zum Beispiel ist die Krankheit der Gesundheit, die Ungerechtigkeit der Gerechtigkeit, die Feigheit dem Mut konträr, und so verhält es sich auch in den übrigen Fällen. Was das Konträre des Schlechten betrifft, so ist es manchmal das Gute und manchmal das Schlechte, denn die Dürftigkeit ist etwas Schlechtes und ist dem Übermaß entgegengesetzt, die etwas Schlechtes ist, und ebenso ist das Mittelmaß allen beiden entgegengesetzt, wobei es etwas Gutes ist. Das gibt es aber nur in wenigen Fällen. In den meisten Fällen ist das Gute immer dem Schlechten konträr.

Ferner ist es beim Konträren nicht notwendig, daß, wenn das eine existiert, auch das andere existiert. Denn wenn alles gesund ist, existiert die Gesundheit, nicht aber die Krankheit. Und wenn alles weiß ist, dann gibt es das Weiße, aber nicht das Schwarze. Wenn ferner die Tatsache, daß Sokrates gesund ist, konträr ist, weil Sokrates krank ist, und es unmöglich ist, daß beides in ihm existiert, dann ist es folglich, wenn eines der beiden existiert, unmöglich, daß das andere auch existiert. Denn wenn es das Gesundsein von Sokrates gibt, kann es nicht auch das Kranksein von Sokrates geben.

Es ist auch klar, daß alles Konträre naturgemäß ein und dieselbe Sache ist. Denn die Gesundheit und die Krankheit sind im Körper des Lebewesens, und das Schwarze und Weiße sind am Körper schlechthin, Gerechtigkeit und Ungerechtigkeit jedoch sind in der Seele des Menschen. Es müßte alles Konträre entweder in ein und derselben Gattung sein, oder in konträren Gattungen, oder es ist selbst Gattung. Denn weiß und schwarz sind in derselben Gattung, denn ihre Gattung ist die Farbe. Gerechtigkeit und Ungerechtigkeit sind in konträren Gattungen, denn die Gattung für jenes ist die Vortrefflichkeit, die Gattung für dieses ist die Schlechtigkeit. Das Gute und das Schlechte aber sind nicht in einer Gattung, sondern sie sind selbst Gattungen von Dingen.

Das Kategorien-Buch besteht aus drei Teilen: Das, was vor den Kategorien kommt, die zehn Kategorienbegriffe und die Postpraedicamenta („das, was nach den Kategorien besprochen wird"). Das sind: das „Konträre", „Früher" und „Später", „Zugleich", die Arten der Bewegung und die Bestandteile des Habens.

Bei den Kommentatoren gibt es diesbezüglich Meinungsverschiedenheiten: Andronikos ist der Ansicht, daß Aristoteles darüber nicht geschrieben habe, also daß dieser Teil nicht echt sei. Das beweist er damit, daß die Kommentatoren sich nicht dazu äußern. Das ist aber kein Beweis dafür, daß Aristoteles nicht darüber geschrieben hat.

Die berühmtesten Kommentatoren bestätigen, daß auch die Postpraedicamenta von Aristoteles sind (S. ٣٥٧).

¶ Olympiodor widmet der Echtheitsfrage ein eigenes Kapitel (133, 13 ff.), im Gegensatz zu Elias (David), Simplikios dagegen beweist den Nutzen diese Teiles (378, 1 ff.). Auch Philoponos stellt fest, daß die Echtheit dieses dritten Teils sprachlich gewährleistet ist, nämlich durch das δὲ (περὶ δὲ τῶν ἀντικειμένων), das einen Anschluß zum vorhergehenden Text bildet (168, 3 ff.). ¶

Aristoteles beginnt mit dem Konträren (al-mutaqābilāt), weil das in allen anderen vier enthalten ist. Bevor man aber das Konträre untersucht, müssen *5 Punkte* studiert werden:

1. Die Definition des Konträren: zwei konträre Dinge haben

ein einziges Zugrundeliegendes, sind aber nicht zugleich. Sie sind zwei Zustände einer Sache, aber nicht zugleich und sie stehen in einer relativen Beziehung zueinander.

2. Die Einteilung: Es gibt nämlich vier Arten von Konträrem. Das Konträre relativer Art, wie Vater und Sohn; gegensätzlicher Art, wie weiß und schwarz; Mangel und Besitz betreffend, wie blind und sehend; nach Art von Affirmation und Negation, nämlich wie die Aussage „er geht" und „er geht nicht".

3. Die Ordnung (tartīb): Das Konträre relativer Art kommt zuerst, weil es in allem Konträren Relatives gibt. Das Gegensätzliche kommt vor Besitz und Mangel weil zwei Gegenteile Formen sind und Besitz und Mangel Form und Nichtsein ist. Besitz und Mangel kommt vor Affirmation und Negation, weil die Bedeutungen vor den Wörtern kommen.

4. Man muß untersuchen, warum es genau vier Arten von Konträrem gibt. Konträres ist entweder in Dingen oder in Wörtern. Dasjenige in Wörtern wird Affirmation und Negation genannt. In den Dingen ist es in der Form, und zwar auf zwei Arten: als wesenhaft und als Beziehungen (nisab). Entweder ist es in den Formen selbst konträr, dann handelt es sich um gegensätzliches Konträres, oder es ist in den Formen als Beziehungen konträr, dann ist es ein relatives Konträres, oder aber es ist in zwei Formen konträr, wovon die eine Wesen ist (ḏāt), die andere Beziehung, dann ist es das Konträre von Besitz und Mangel.

5. Es wird erforscht, ob das Konträre eine Gattung ist, die die vier Arten umfaßt, oder aber ein kollektiver Name (S. ٣٦٠). Eine Gruppierung behauptet, daß es ein kollektiver Name sei, und verdeutlicht das mit zwei Beweisen: Zum einen muß das Konträre ein kollektiver Name sein, weil Aristoteles es selbst für nötig hält, zu sagen, auf wieviele Arten das Konträre ausgesagt wird. Ibn aṭ-Ṭayyib widerlegt jedoch dieses Argument, denn die Aussage von Aristoteles heiße nur, daß das Konträre in eine bestimmte Anzahl von Teilen aufgeteilt sei, aber nicht, daß das, was diese umfasse, ein gemeinsamer Name sei. Zum anderen ist es so, daß die Gattung ihren Arten den Namen gibt. Beim Konträren gibt es ein einziges Zugrundeliegendes, und das Konträre kann nicht zur selben Zeit existieren, beim Relativen gibt es aber zwei. Ibn aṭ-Ṭayyib weist daraufhin, daß das nicht stimmt, weil es auch beim Relativen ein einziges Zugrundeliegendes gibt.

Olympiodors Schule sei der Ansicht, daß es sich beim Konträren um eine Gattung handelt. Sie sagt, daß das, was den Arten ihren Namen und ihre Definition gibt, eine Gattung sei. Da die Arten des Konträren konträr heißen, und auch entsprechend definiert werden, ist das Konträre also Gattung.

Ibn aṭ-Ṭayyib meint, daß es manchmal Gattung, manchmal kollektiver Name sei (S. ٣٦٠).

¶ Während Elias (David) den Abschnitt über das Konträre in drei Kapitel teilt, führt Olympiodor vier κεφάλαια an: Die Ansichten über die Echtheit desselben (133, 13 ff.), auf wieviele Arten das Konträre ausgesagt wird (134, 33), die Einordnung innerhalb der Reihe der Kategorien (135, 21 ff.) und die Unterschiede zwischen den Arten des Konträren (136, 3 ff.). Die letzte Frage behandelt auch der arabische Kommentar, jedoch nicht in den fünf einführenden Abschnitten, sondern in der Passage danach.

Über die Frage, ob das Konträre eine Gattung sei, handelt auch Simplikios, der diese Frage beantwortet, und dabei auch Porphyrios zitiert (381, 24). ¶

Da es vier Arten von Konträrem gibt, müssen die Unterschiede zwischen diesen Arten untersucht werden. Es gibt, in Paaren angeordnet, sechs Unterschiede.

Zuerst wird der Unterschied zwischen dem relativen und dem gegensätzlichen (ʾaḍdād) Konträren studiert. Es folgt der Unterschied zwischen dem gegensätzlichen Konträren und dem Konträren von Besitz und Mangel. Danach wird auch noch die Begriffsbestimmung von Besitz und Mangel untersucht.

An dritter Stelle wird der Unterschied zwischen dem Konträren von Besitz und Mangel und dem relativen Konträren betrachtet (S. ٣٦٢). Er wird mit zwei Argumenten erläutert: Zum einen ist es so, daß die relativen Gegenteile immer in bezug auf etwas anderes ausgesagt werden. Bei Besitz und Mangel ist das jedoch nicht der Fall. Zum anderen sind die konträren Relativa reziprok, Besitz und Mangel sind es aber nicht.

Es folgen die Unterschiede zwischen dem Konträren von Besitz und Mangel und dem gegensätzlichen Konträren und anschließend zwischen dem Konträren der Affirmation und der Negation und den übrigen Arten. Dazu gibt es drei Argumente:

Erstens sind das relative und das gegensätzliche Konträre und dasjenige von Haben und Nichtshaben Dinge, Negation und Affirmation jedoch Wörter (alfāẓ). Zweitens sind die Wörter, die Besitz und Mangel, beziehungsweise das relative und das gegensätzliche Konträre bezeichnen, einfach, wie beispielsweise Vater und Sohn, und daher können sie weder wahr noch falsch sein. Negation und Affirmation dagegen sind zusammengesetzt, wie zum Beispiel „Zaid sitzt" oder „Zaid sitzt nicht", und daher können sie wahr und falsch sein. Drittens: was nicht existiert, das hat auch kein Gegenteil und kein Haben oder Nichthaben und kein Relatives. Affirmation und Negation dagegen beziehen sich auch auf Nichtseiendes.

Aporie:

Die Wörter, die die Gegenteile bezeichnen und Besitz und Mangel in bezug auf Seiendes, sind einfach, und sie sind weder wahr noch falsch. Da aber die Dinge, nämlich die Gegenteile und Haben / Nichthaben mit dem Zugrundeliegenden verbunden sind, weil sie in ihnen sind, sind also diese Wörter verbunden mit denen, die sich auf ihr Zugrundeliegendes beziehen und so sind sie also zusamengesetzte und folglich können sie ja doch wahr oder falsch sein. Lösung: Die Abhandlung über das Konträre bezieht sich nicht auf das Zugrundeliegende.

Aristoteles lehrt uns drei Regeln (qawānīn):

1. Regel: Es gibt zu etwas nur ein einziges Gegenteil, wie zum Beispiel „gut und böse", „gesund und krank", „gerecht und ungerecht".

Was macht man jedoch mit den Dingen, die zugleich gut und schlecht sind? Lösung: für die jeweilige Eigenschaft gibt es immer nur einen Gegensatz.

2. Regel: Wenn der eine Teil des Gegensatzpaares vorhanden ist, kann der andere nicht auch vorhanden sein, denn ein Zugrundeliegendes kann nicht gleichzeitig einander Konträres aufnehmen. Darin unterscheiden sie sich vom Relativen, wo das eine nicht ohne das andere verstanden wird.

3. Regel: Konträres hat das gleiche Zugrundeliegende, wird aber nicht zur gleichen Zeit davon aufgenommen.

¶ Im Kommentar von Olympiodor werden nicht nur drei, sondern vier κάνονες zum Konträren angegeben (141, 31):

Die ersten drei entsprechen denjenigen von Ibn aṭ-Ṭayyib, auch die beim ersten Kanon angeführte Aporie, die vierte von Olympiodor findet aber keine Entsprechung im arabischen Kommentar. Elias (David) dagegen hat drei Regeln (249, 1 ff.), wovon zwei den arabischen entsprechen. ¶

Lemma-Kommentar 11b16–14a25 (S. ٣٦٦)

Zu 13a19 f. schaltet Ibn aṭ-Ṭayyib einen längeren Abschnitt darüber ein, daß, wenn ein aufnehmender Gegenstand vorhanden ist, ein Übergang stattfinden kann von einem Konträren ins andere (S. ٣٨٠). In diesem Zusammenhang diskutiert er die Frage, ob der Mensch von Natur aus gut oder schlecht sei. Es werden drei Ansichten referiert, erstens, daß der Mensch von Natur aus gut, durch Erlernen schlecht sei, zweitens, daß der Mensch durch das Erlernen schlecht, von Natur aus aber gut sei, drittens seien die Leute um Galen der Ansicht, einige Menschen seien von Natur aus gut, einige von Natur aus schlecht, und einige in der Mitte zwischen diesen Extremen.

Ibn aṭ-Ṭayyib hält alle drei Ansichten für falsch und sagt, daß im Menschen eine Bereitschaft zur guten und zur schlechten Handlung sei, und das einzige, was er von Natur aus habe, sei diese Bereitschaft.

5.25. Fünfundzwanzigste Lektion. Früher und Später, Zugleich, Bewegung, Haben (S. ٣٨٩)

Arist. Cat. 14a26–15b32: „Früher als ein anderes" wird in vierfacher Weise gesagt. Erstens und hauptsächlich der Zeit nach, wonach dieses bejahrter als ein anderes oder dieses älter als ein anderes genannt wird. Denn etwas heißt bejahrter oder älter, weil es längere Zeit besteht.

Zweitens, was sich nicht umkehren läßt in der Abfolge des Seins. Zum Beispiel ist die Eins früher als die Zwei, denn wenn es zwei gibt, folgt daraus, daß es eins gibt. Wenn es aber eins gibt, muß es nicht unbedingt zwei geben. Folglich gilt die Umkehrung nicht, daß, wenn es eins gibt, es auch zwei gibt. Es scheint, daß das, was nicht umkehrbar ist in der Abfolge des Seins, das naturgemäß Frühere ist.

Die dritte Art von „Früher" wird über die Ordnung gesagt, wie bei den Wissenschaften und den Reden. Denn in den beweisenden Wissenschaften beruht das Früher und Später in der Ordnung. Die

Elemente sind nämlich früher in der Ordnung als die Figuren, und in der Schreibkunst sind die Buchstaben früher als die Aufeinanderfolge der Buchstaben. Ebenso verhält es sich bei den Reden, indem das Vorwort der Ordnung nach früher ist als die Ausführung. Über das Angeführte hinaus wird auch vermutet, daß das Bessere und Geehrtere naturgemäß früher sind. Es ist die Gewohnheit der Menge, daß diejenigen, von welchen sie sagen, daß sie geehrter sind und die sie mit ihrer Liebe auszeichnen, den Vorrang haben. Es ist wohl so, daß diese Art die ungebräuchlichste ist.

Dies nun ist wohl die Zahl der Weisen, in denen das „Früher" gesagt wird. Es scheint, daß es hier noch eine andere Art des Früher gibt, außer den besprochenen, denn die Ursache von zwei Dingen, die sich in der Abfolge des Seins umkehren lassen, ist auf irgendeine Weise die Ursache für das Sein des anderen, und notwendigerweise wird davon gesagt, daß es naturgemäß früher sei. Es ist klar, daß es da Dinge gibt, bei denen es sich so verhält. Daß der Mensch existiert, kann man in der Abfolge des Seins umkehren mit der wahren Aussage über ihn. Denn wenn der Mensch existiert, ist die Aussage, daß der Mensch existiert, richtig, und das läßt sich umkehren; denn wenn die Aussage, daß der Mensch existiert, richtig ist, existiert der Mensch. Aber die richtige Aussage kann nicht die Ursache für das Sein einer Sache sein, es ist jedoch klar, daß die Sache in irgendeiner Weise Ursache für die Richtigkeit der Aussage ist. Denn weil die Sache existiert oder nicht existiert, wird die Aussage wahr oder falsch genannt. Es dürfte also auf fünf Arten gesagt werden, daß etwas früher ist als das andere.

„Zugleich" schlechthin und hauptsächlich wird von Dingen gesagt, die zur selben Zeit entstehen. Denn dann ist keines von ihnen früher oder später, und von diesen wird gesagt, daß sie der Zeit nach zugleich sind. Von Natur aus werden solche Dinge zugleich genannt, die sich in der Abfolge des Seins umkehren lassen, wobei keins von beiden irgendwie die Ursache für das Sein des anderen ist, wie zum Beispiel beim Doppelten und beim Halben, die sich umkehren lassen. Denn wenn es das Doppelte gibt, gibt es auch das Halbe, und wenn es das Halbe gibt, gibt es das Doppelte, aber keines von beiden ist die Ursache für das Sein des anderen. Auch das, was, voneinander unterschieden, zu einer einzigen Gattung gehört, wird von Natur aus zugleich genannt. Das voneinander Unterschiedene wird das genannt, was aus einer einzigen Unterteilung hervorgeht. Zum Beispiel wird „Flugtier" unterschieden von „Landtier" und „Wassertier", und diese Unterteilung untereinander gehört unter eine einzige Gattung. Denn das Lebewesen

wird darin unterteilt, nämlich in das „Flugtier", „Landtier" und das „Wassertier", wobei keines von diesen irgendwie früher oder später ist, vielmehr scheinen sie von Natur aus zugleich zu sein. Es könnte sein, daß jedes von diesen auch wieder geteilt ist in Arten, wie zum Beispiel das Lebewesen in „Landtier", „Flugtier" und „Wassertier", und auch diese wären dann zugleich von Natur aus, also die, welche aus der Unterscheidung einer einzigen Gattung hervorgehen.

Die Gattungen sind aber immer früher, denn sie lassen sich in der Abfolge des Seins nicht umkehren. Wenn es zum Beispiel das Wassertier gibt, gibt es auch das Lebewesen, aber wenn es das Lebewesen gibt, gibt es nicht unbedingt auch das Wassertier. Von Natur aus zugleich werden solche genannt, die sich umkehren lassen bei der Abfolge des Seins, wobei keines irgendwie die Ursache des Seins des anderen ist und jene, die zu derselben Gattung gehörend, voneinander unterschieden werden. Schlechthin zugleich werden diejenigen Dinge genannt, die zur selben Zeit entstehen.

Es gibt sechs Arten der Bewegung: Werden, Vergehen, Zunahme, Abnahme, Veränderung und Ortswechsel. Die übrigen Bewegungen, abgesehen von der Veränderung, sind offensichtlich voneinander verschieden, denn das Werden ist nicht Vergehen, noch ist die Zunahme Abnahme oder Ortswechsel und so weiter. Bei der Veränderung jedoch könnnte der Verdacht aufkommen, daß notwendigerweise das, was sich ändert, sich aufgrund einer der übrigen Bewegungen ändert, aber das ist nicht wahr. Bei fast allen Einwirkungen nämlich, die uns geschehen, oder in den meisten, stößt uns eine Veränderung zu, ohne daß wir dabei mit einer der übrigen Bewegungen zu tun hätten. Denn was durch eine Einwirkung bewegt wird, muß weder zunehmen, noch ist es einer Abnahme unterworfen, und so weiter. Die Veränderung ist demnach anders als die übrigen Bewegungen. Wäre sie und die anderen Bewegungen dieselbe, dann müßte das, was verändert ist, zunehmen oder abnehmen oder es würde ihm etwas von den übrigen Bewegungen zukommen. Das ist aber nicht notwendig so. Ebenso müßte sich auch das, was zunimmt oder von einer anderen Bewegung bewegt wird, verändern. Aber vieles, das zunimmt, verändert sich nicht, zum Beispiel wenn man einem Viereck etwas hinzufügt, bis ein ʿalam entsteht, dann wird es vermehrt, aber es ändert sich nicht. So verhält es sich*

* Gr. γνώμων „Winkelstreifen". Die arabische Übersetzung entspricht hier nicht ganz dem Griechischen, wo es heißt: „...so nimmt ein Quadrat, dem man ein Gnomon hinzufügt, zwar zu, aber es ist dadurch nicht verändert."

auch bei dem übrigen Derartigen. Demnach müssen die Bewegungen untereinander verschieden sein.

Die Bewegung schlechthin ist der Ruhe konträr. Was die einzelnen Bewegungen betrifft, so sind ihnen die einzelnen konträr, also dem Werden das Vergehen, der Zunahme die Abnahme, dem Ortswechsel die Ruhe am Ort. Wobei es scheint, daß dieser der Ortswechsel am meisten entgegengesetzt ist, wie auch die Veränderung nach oben derjenigen nach unten und die Veränderung nach unten derjenigen nach oben. Was die übrige der beschriebenen Bewegungen betrifft, so ist es nicht leicht, ihr Gegenteil anzugeben. Sie scheint kein Gegenteil zu haben, außer man setzte ihr auch in Form des Verharrens in der Qualität oder der Veränderung zum Gegenteil dieser Qualität gegenüber. So wie man dem Ortswechsel als Gegenteil die Ruhe am Ort oder den Wechsel zum konträren Ort gegenüberstellt. Denn die Veränderung ist ein Wechsel der Qualität. Der qualitativen Bewegung steht also das Verharren in der Qualität oder der Wechsel ins Gegenteil dieser Qualität gegenüber, wie beispielsweise das Schwarzwerden von etwas, das vorher weiß war. Denn es verändert sich, wenn ihm eine Änderung zustößt zum Gegenteil dieser Qualität.

Von Haben spricht man auf mannigfache Weise. Man spricht davon nämlich in der Weise von Habe und Zustand oder einer anderen Qualität, denn man sagt, daß wir Wissen und Vortrefflichkeit haben. Oder in der Weise der Quantität, beispielsweise die Größe, die jemand hat, denn man sagt, er habe eine Länge von drei oder vier Ellen; oder auf die Weise dessen, was man am Leib hat, wie das Gewand oder der Mantel; oder als Teil, wie der Siegelring am Finger; oder aber auf die Weise des Teiles wie die Hand oder der Fuß; oder auf die Weise des Gefäßes, wie im Scheffel der Weizen ist oder das Getränk im Krug. Denn die Griechen sagen, daß der Krug das Getränk hat, das heißt, daß in ihm Getränk ist, und daß das Gefäß den Weizen hat, das heißt, daß in ihm der Weizen ist. Von diesen also wird auf die Weise des Gefäßes gesagt, daß sie etwas haben. Oder als Eigentum, denn man sagt, wir haben ein Haus und wir haben Landbesitz. Man sagt auch über den Mann, daß er eine Gattin hat, und von der Frau sagt man, daß sie einen Gatten hat. Diese Arten, die ich an dieser Stelle angegeben habe, sind aber die abgelegensten Arten des Habens. Denn mit dem Ausdruck „Frau" bezeichnen wir nichts anderes als die Ehe. Vielleicht kämen noch andere Arten des Ausdrucks von „Haben" zum Vorschein. Aber diejenigen, die am meisten im Gebrauch sind in der Rede, haben wir wohl alle aufgezählt.

Von „Früher" und „Später" gibt es fünf Bedeutungen:

1. In bezug auf die Zeit, wie Vater und Sohn.

2. In bezug auf die Natur (bi-l-ṭabᶜ), das heißt, wenn das Frühere da ist, muß nicht unbedingt das Spätere da sein, aber wenn das Spätere da ist, muß notwendig das Frühere dasein (Bsp. Lebewesen und Mensch).

3. Das Früher und Später der Ordnung, wie z. B. die Teile einer Rede oder die Wissensgrundlagen bei den Wissenschaften. Alinus ordnet das Früher und Später in der Wahrnehmung, im Wissen, in der Prägung, im Tun und im Ort.

4. Früher und Später im Hinblick auf ihren Rang, wie z.B. König und Hirt. Alinus meint dazu, daß das Frühere im Rang entweder gemäß der Prägung, wie vernunftbegabt und nichtvernunftbegabt, ist, oder gemäß der Wahl, wie Freund und Feind, oder aber, was die Kunst betrifft, wie Lehrer und Schüler und Herr und Sklave.

5. Früher und Später in bezug auf Ursache und Wirkung (al-ᶜilla wa-l-maᶜlūl), wie Vater und Sohn.

¶ Wie Ibn aṭ-Ṭayyib zählt auch Olympiodor zusätzlich zu den vier Arten des πρότερον καὶ ὕστερον bei Aristoteles eine fünfte Art auf, nämlich diejenige von Ursache und Wirkung (144, 31 ff.), und Elias (David) verfährt ebenso (251, 23 ff.). ¶

Es folgt die Behandlung des „Zugleich" (maᶜan). „Zugleich" folgt nach „Früher und Später", weil es eine Art Zwischenstufe ist zwischen den beiden (S. ٣٩١). „Zugleich" hat drei Teile. Der erste und wichtige ist das zeitliche Zugleich. Der zweite ist das Zugleich gemäß der Natur. Gibt es das eine, so gibt es auch das andere, wie z.B. Vater und Sohn. Aber gemeint ist nicht der Aspekt der Ursache und Wirkung, sondern derjenige des Relativen. Der dritte Teil beinhaltet die Dinge, die in einer Gattung gleichzeitig sind, z.B. die Arten innerhalb einer Gattung. Sie sind einander gleich in der Natur ihrer Gattung (fī l-ṭabīᶜa ǧinsihā).

Es gibt noch einen Teil, den Aristoteles jedoch nicht erwähnt, nämlich was im Rang (šarf) zugleich ist.

¶ Zu dieser Art des „Zugleich", die den Rang betrifft, äußert sich Jamblichos (bei Simplikios 425, 25 ff.). Olympiodor kritisiert diesen Abschnitt über ἅμα, weil er soviele Ähnlichkeiten hat mit demjenigen über das Früher und Später. Einen Hinweis auf das Rangmäßige (τιμή) beim „Zugleich" gibt auch er (145, 33 ff.), während Elias (David) sich mit den drei aristotelischen Arten begnügt (253, 2 ff.). ¶

Anschließend wird die Bewegung behandelt. Hier ist aber nicht der natürliche Aspekt der Bewegung gemeint, sondern der logische. Aristoteles untersucht dies in vier Lehrpunkten (maṭālib): Einteilung, Eingrenzung der Teile, Unterschiede zwischen den Teilen und Gegensätze. Platon sagte, die Bewegung sei kein seiendes Ding, weil sie nicht feststeht, sondern immer im Fluß ist.

Es gibt sechs Arten von Bewegung: Werden, Vergehen, Wachstum, Verminderung, Veränderung, Ortswechsel. Aristoteles geht in den physikalischen Vorlesungen weiter darauf ein, z. B. in der dritten.

¶ Daß Aristoteles in der dritten Physikvorlesung (Phys. 201a8) auf dieses Thema eingeht, gibt auch Simplikios an (435, 17), ebenso Elias (David) (253, 17). ¶

Die Bewegung hat aber auch noch einen göttlichen Aspekt, nämlich die Bewegung der Liebesleidenschaft (šawq).

¶ Diese Bemerkung findet sich nur im arabischen Text. ¶

Dann bespricht Aristoteles den Unterschied zwischen der Wandlung (istiḥāla) als Bewegung und den übrigen Bewegungsarten (S. ٣٩٤). Wandlung verändert sich qualitativ, Wachsen und Vermindern jedoch quantitativ, während Werden und Vergehen sich in der Substanz ändern. Ein anderer Aspekt ist Ruhe und Bewegung. Die Kreisbewegung gehört nicht zu den besprochenen, weil es dazu kein Gegenteil gibt.

Anschließend werden die Arten des „Haben" behandelt. Gemeint sei hier nicht der Bezug des Besitzens, sondern der Besitz. Das, was Besitz ist, ist entweder in einer Sache oder umgeben von ihr. Es ist quantitativ oder qualitativ oder relativ oder Substanz. Quantitativ sind zum Beispiel die drei Dimensionen. Das

Qualitative ist wie das Wissen oder die Vortrefflichkeit als Besitz der Seele. Das Relative ist zum Beispiel wie der Gatte oder der Bruder, denn sie sind Besitz eines anderen. Entweder umfaßt die Substanz als Besitz oder sie wird umfaßt und zwar entweder als Teil von etwas oder außerhalb davon. Das Umfassende ist zum Beispiel das Kleid, der Teil von etwas ist der Siegelring am Finger. Das Umfaßte gibt es entweder als Ganzes, wie beispielsweise das Getränk im Gefäß, oder als Teil, wie die Hand oder der Fuß. Oder aber es gibt den Besitz von außen, und das ist beispielsweise das Haus, Landbesitz oder die Ehefrau. Aristoteles nimmt hier den Ort und das Gefäß als ein einziges. Der Ort kann aber auch Besitz sein, wie das Dichterwort sagt: „Sieh, sie haben die Reise nach Lakedaimon, der edlen, der Mutter der Städte beendet und sie erreicht!" (vgl. Herodot. 7, 228).

¶ Während Elias (David) nur sechs Bedeutungen von „Haben" kennt, sind bei Olympiodor acht Arten zu finden, wovon die letzte als mit dem Ort zusammenhängend (ἐν τόπῳ) gekennzeichnet ist (146, 37). Als Beispiel für den Zusammenhang zwischen dem „Haben" und dem „Ort", den er hier allerdings nur bezüglich der 8. Art von ἔχειν versteht, also als eine Art von Wohnen, zitiert Simplikios (437, 7) aus zwei Homerversen:

οἵ δεῖχον κοίλην Λακεδαίμονα:
οἵ δ᾽ ἔχον Ἀρκαδίην (Homer, Ilias, B, 581 und 603).

Das entspricht keineswegs dem Zitat bei Ibn aṭ-Ṭayyib (S. ٣٩٥), jedoch ist die nicht auf der Hand liegende Nennung von Lakedaimon im Arabischen auffällig. ¶

Lemma-Kommentar 14a26–15b32 (S. ٣٩٥)

SECHSTES KAPITEL

6. DIE HANDSCHRIFT[1].

Signatur:
Kairo, Dār al-Kutub al-Qawmiyya, ḥikma 1 M[uṣṭafā Fāḍīl]

Beschreibung:
Die Handschrift besteht aus 187 folia zu 22 Zeilen, wobei die Kommentarteile in kleinerer Schrift zu 25 Zeilen geschrieben sind.

Schrift: Die Schrift ist ein klares, etwas eckiges nasḫī. Hamza fehlt ganz, die Punktierung ist ansonsten sorgfältig, tāʾ marbūṭa jedoch durchgehend unpunktiert. Vokalzeichen, sowie šadda, werden gelegentlich gesetzt. Konsequent werden ihmāl-Marken gesetzt, ein Winkel infra für ḥ, ein kleines <s> supra für s, drei Punkte supra für d, drei Punkte infra für ṣ. Das finale yāʾ, das auch als alif maqṣūra gesetzt wird, hat Doppelpunkte über dem auslaufenden Bogen.

Graphische Gestaltung: Die Zwischentitel von taʿlīm 2–25, nämlich die Einteilung der Lemmata (qāla Arisṭūṭālīs), die zwischen die Lemmata eingeschobenen Erläuterungen (yurīd) und die Kommentare (qāla l-mufassiru) sind mit farbiger Tinte gekennzeichnet. Die Titel der taʿālīm sind vergoldet. Die Goldfarbe hat teilweise das Papier zerstört, an den betreffenden Stellen sind die Titel von anderer Hand ergänzt. Die Zählung der taʿālīm ist am Rande auch in abǧad-Ziffern markiert.

Syntaktische und inhaltliche Zäsuren werden durch Doppel- und Dreifachpunkte abgeteilt. Größere inhaltliche Abschnitte werden durch kreisfömige Zeichen, einfach, doppelt oder dreifach, voneinander getrennt. Zahlreiche Kollationsvermerke in margine stammen von derselben Hand. Die Kustoden dagegen

1 Für Angaben zur Handschrift danke ich Herrn Prof. Dr. Gerhard Endreß.

und sonstige Randbemerkungen sind von einer anderen, wohl jüngeren Hand.

Datierung und Schreiber: Datiert ist die Handschrift auf Freitag, 20. Šaᶜbān 480 H. (astronom. Rechnung)/19. Tišrīn II 1399 (byz. Ära) = Freitag, 19. Nov. 1087.

Der Schreiber, wie es auf foll. 1a und 187a vermerkt ist, ist Hibatallāh ibn al-Mufaḍḍal ibn Hibatallāh al-Mutaṭabbib.

Zur Edition:

Die Edition basiert auf der Handschrift in Kairo, die mir in einer Kopie auf Mikrofilm vorlag. Die moderne, nicht durchwegs zuverlässige Abschrift dieser Handschrift (Ms. Kairo, Dār alkutub, Ḥikma 212) wurde zur Kollation beigezogen. Diese Abschrift ist datiert auf den 10. Muḥarram 1336 = 26. Okt. 1917, der Schreiber ist Muḥammad Ḥamdī[2].

Die Edition von ᶜAlī Ḥusain al-Ǧābirī (2002) basiert ausschließlich auf dieser unvollständigen Abschrift aus dem 20. Jahrhundert und bietet daher einen lückenhaften Text, der philologisch nicht einwandfrei erschlossen ist.

Da mir der Kairiner Codex nur in Form einer Kopie auf Mikrofilm vorlag, konnten bestimmte Probleme nicht gelöst werden. Dazu gehören die Textzeilen im Mittelfalz von fol. 28a, die in der Kopie nicht lesbar sind.

Die Hamza-Schreibung wurde stillschweigend korrigiert. Im Apparat werden Zitate, aber auch Parallelstellen angegeben. Letztere werden mit „Cfr." eingeführt. Die der Orientierung dienenden Randnotizen stammen von mir. Im Kommentar werden die Lemmata aus den *Kategorien* durch einen Punkt (•) gekennzeichnet.

---

2 Ms. Kairo, Dār al-kutub, Sg. 4521w ist eine Fotokopie des Originals. Vgl. auch Badawī, (1974).

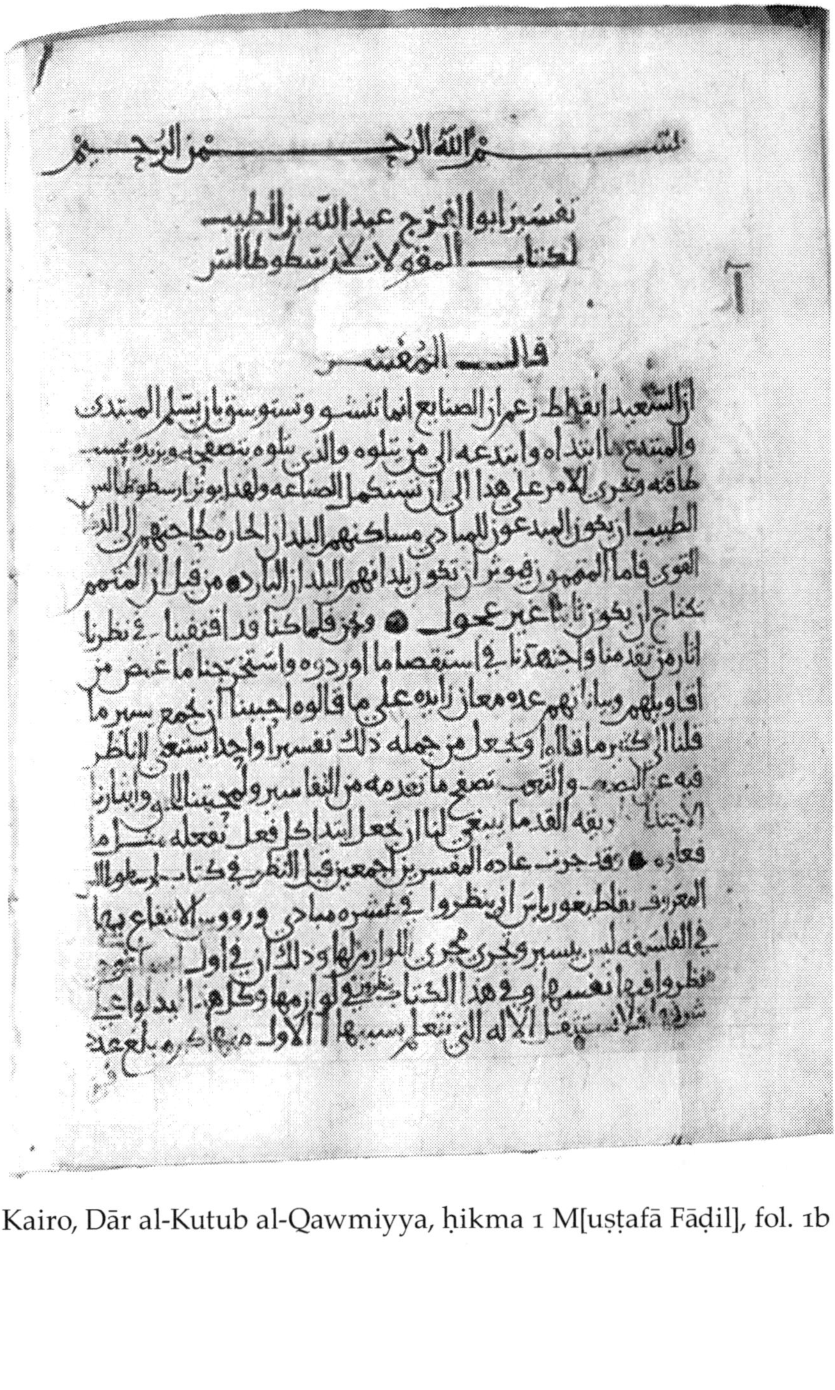

بسم الله الرحمن الرحيم

تفسير ابو الفرج عبد الله بن الطيب
لكتاب المقولات لارسطوطاليس

قال المفسر

ان السعيد ابقراط زعم ان الصنايع انما تنشو وتستوسق بان يتسلم المبتدي
والمبتدع ما ابتداه وابتدعه الى من يتلوه والذي يتلوه يتصفحه ويزيده بحسب
طاقته ويجري الامر على هذا الى ان تستكمل الصناعة ولهذا يوثر ارسطوطاليس
الطبيب ان يكون المبدعون للمبادي مساكنهم البلدان الحارة لحاجتهم الى
القوي فاما المتممون فيوثر ان تكون بلدانهم البلدان الباردة من قبل ان المتمم
يحتاج ان يكون ثابتا غير عجول ● ونحن فلما كنا قد اقتفينا في نظرنا
اثار من تقدمنا واجتهدنا في استقصا ما اوردوه واستخرجنا ما غمض من
اقاويلهم وبيانا انهم عدوه معان زايدة على ما قالوه احببنا ان نجمع يسير ما
قلنا الى كثير ما قالوا ونجعل من جملة ذلك تفسيرا واحدا يستغني الناظر

Kairo, Dār al-Kutub al-Qawmiyya, ḥikma 1 M[uṣṭafā Fāḍil], fol. 1b

BIBLIOGRAPHIE

1. Quellen

Alexander von Aphrodisias: „De Anima Liber cum Mantissa (Alexandri Aphrodisiensis praeter commentaria scripta minora)", in: *Supplementum Aristotelicum*. Ed. Ivo Bruns, Bd. 2, 1, Berlin 1887.

——: „In Aristotelis Metaphysica Commentaria", in: *Commentaria in Aristotelem Graeca*. Ed. Michael Hayduck, Bd. 1, Berlin 1891.

——: *Quaestiones* 1.1–2.15. Transl. by Robert W. Sharples, (Ancient Commentators on Aristotle), Ithaca NY 1992.

Ammonius: „In Aristotelis Categorias Commentaria", in: *Commentaria in Aristotelem Graeca*. Ed. Adolf Busse, Bd. 4, 4, Berlin 1895.

——: *On Aristotle's Categories*. Transl. by Marc S. Cohen / Gareth B. Matthews, (Ancient Commentators on Aristotle), London 1991.

Aristoteles: *Categoriae et Liber de interpretatione*. Ed. Lorenzo Minio-Paluello, Oxford 1949.

——: *Categories and De interpretatione*. Transl. with Notes and Glossary by John L. Ackrill, Oxford 1963.

——: *Catégories*. Ed., transl. Richard Bodeüs, Paris 2002²

——: *Analytica Priora et Posteriora*. Ed. William D. Ross, Oxford 1964.

——: *Metaphysica*. Ed. Werner Jaeger, Oxford 1957.

——: *Physica*. Ed. William D. Ross, Oxford 1950.

——: *al-Ṭabīʿa*. Tarjamat Isḥāq ibn Ḥunain maʿa shurūḥ Ibn al-Samḥ wa-Ibn ʿAdī wa-Mattā ibn Yūnus wa-Abī l-Faraj ibn al-Ṭayyib. Juzʾ 1.2. Ḥaqqaqahū wa-qaddama lahū ʿAbdarraḥmān Badawī, al-Qāhira 1384–5 / 1965–6.

——: *Arisṭū ʿinda l-ʿArab*, Ed. ʿAbdarraḥmān Badawī, Cairo 1947, Kuwait 1978².

Aspasius: *The Earliest Extant Commentary on Aristotle's Ethics*. Ed. Antonina Alberti, Robert W. Sharples, Berlin/New York 1999.

Averroes: *Averrois Cordubensis Commentarium magnum in Aristotelis De anima libros*. Ed. Francis St. Crawford, Cambridge 1953.

——: Bouyges, Maurice: *Averroès, Talkhiç Kitab al-Maqoulat*, Beyrouth 1932.

——: Butterworth, Charles E.: *Averroes' Middle Commentaries on Aristotle's Categories and De Interpretatione*. Transl. with Notes and Introduction, Princeton 1983.

——: Davidson, Herbert A.: *Averroes: Middle Commentary on Porphyry's Isagoge and on Aristotle's Categories*, Cambridge 1969.

Al-Baihaqī, Ẓahīraddīn: *Tatimmat Ṣiwān al-ḥikma*. Ed. Muḥammad Kurd ʿAlī, Damaskus 1946.

David: „Prolegomena et in Porphyrii Isagogen Commentaria", in: *Commentaria in Aristotelem Graeca*. Ed. Adolf Busse, Bd. 18, 2, Berlin 1904.

Dexippus: „In Categorias", in: *Commentaria in Aristotelem Graeca*. Ed. Adolf Busse, Bd. 4, 2, Berlin 1888.

—— : *On Aristotle's Categories*. Transl. John Dillon, (Ancient Commentators on Aristotle), London 1990.

Elias: „In Aristotelis Categorias Commentaria", in: *Commentaria in Aristotelem Graeca*. Ed. Adolf Busse, Bd. 18, 1, Berlin 1900.

Enea di Gaza: *Teofrasto*. Ed. Maria E. Colonna, Napoli 1958.

Al-Fārābī: *Al-Farabi's Commentary and Short Treatise on Aristotle's De Interpretatione*. Ed. Friedrich W. Zimmermann, (Classical and Medieval Logic Texts 3), London 1981.

—— : *Kitāb al-Alfāẓ*. Ed. Muhsin Mahdi, Beirut 1968.

—— : *Kitāb al-Ḥurūf*. Ed. Muhsin Mahdi, Beirut 1970

—— : *Al-Manṭiq ᶜinda l-Fārābī*. Ed. Rafiq Al-ᶜAǧam, Bd. 1–3, Beirut 1985.

—— : *Al-Manṭiqiyyāt li-l-Fārābī*. Ed. M. Taqi Dānišpazūh, Bd. 1–3, Qum 1988–90.

—— : Dieterici, Friedrich: *Alfārābis Philosophische Abhandlungen aus Londoner, Leidener und Berliner Handschriften*, Leiden 1890–1892

—— : Dunlop, Douglas Morton: „Al-Farabi's Paraphrase of the *Categories* of Aristotle", in: *The Islamic Quarterly* 4, Nr. 3 (1957), 168–197.

—— : Dunlop, Douglas Morton: „Al-Farabi's Paraphrase of the *Categories* of Aristotle", in: The Islamic Quarterly 5, Nr. 1–2 (1959), 21–54.

Ibn Abī Uṣaibiᶜa, Abū l-ᶜAbbās Aḥmad Ibn al-Qāsim: *Kitāb ᶜUyūn al-anbāʾ fī ṭabaqāt al-aṭibbāʾ*. Ed. August Müller, Kairo / Königsberg 1882–1884.

Ibn Isḥāq, Ḥunain: *Über die syrischen und arabischen Galen-Übersetzungen*. Ed. Gotthelf Bergsträsser, (Abhandlungen für die Kunde des Morgenlandes XIX, 2), Leipzig 1932.

Ibn al-Muqaffaᶜ: *Al-manṭiq li-Ibn Al-Muqaffaᶜ*. Ed. Muḥammad Taqi Dānišpazūh, Tehran 1978.

Ibn an-Nadīm: *Kitāb al-Fihrist*. Ed. Riḍā Taǧaddud, Tehran 1971.

Ibn al-Qifṭī Abū l-Ḥasan ᶜAli Ibn Yūsuf: *Taʾrīḫ al-ḥukamāʾ*. Ed. Julius Lippert, Leipzig 1903.

Ibn Rušd, *Tafsīr mā baᶜd aṭ-Ṭabīᶜat*. Ed. M. Bouyges, Bd. 1–4, Beirut 1938.

Ibn Sīnā: *Al-Mubāḥaṯāt*. Ed. Muḥsin Bīdārfar, Qum 1992.

—— : *Aš-Šifāʾ: Al-Manṭiq. al-Maqūlāt*. Ed. Ibrāhīm Madkūr, Kairo 1959.

Ibn aṭ-Ṭayyib, Abū l-Faraǧ: *Ibn al-Tayyib's Commentary on Porphyry's Eisagoge. Arabic text edited with introduction and a glossary of greek-arabic logical terms*. Ed. Kwame Gyekye, (Recherches publiées sous la direction de l'institut de lettres orientales de Beyrouth. Nouvelle Série. B: Orient chrétien. Bd. 2), Beirut 1975.

—— : Gyekye, Kwame (ed.): *Arabic Logic: Ibn al-Ṭayyib's Commentary on Porphyry's Eisagoge*, Albany 1979.

—— : *Al-Šarḥ al-kabīr li-Maqūlāt Arisṭū*. Ed. ᶜAlī Ḥusain Al-Ǧābirī, Bagdad 2002.

—— : *Firdaus an-naṣrānīya*. Ed. Wilhelm Hoenerbach / Otto Spies, Louvain 1956.

—— : *Ar-rauḍ an-nadīr fī tafsīr al-mazāmīr*. Ed. Yūsuf Manqūryūs / Ḥabīb Ǧirǧis, Kairo 1902.

—— : *Tafsīr al-mašriqī*. Ed. Yūsuf Manquriyūs, Bd. 1–2, Kairo 1908–1910.

—— : Samir, Khalil (ed.): „Nécessité de l'exégèse scientifique. Texte de ᶜAbd Allah Ibn aṭ-Ṭayyib", in: *Parole d'Orient* 5 (1974), 243–279.

—— : Samir, Khalil (ed.): „Nécessité de la science. Texte de ᶜAbdallah Ibn aṭ-Ṭayyib", in: *Parole d'Orient* 3 (1972), 241–259.

—— : *Commentaire sur la Genèse*. Ed. Joannes C. J. Sanders, (Corpus Scriptorum Christianorum Orientalium 274, 24–25), Louvain 1967.

—— : Troupeau, Gérard (ed.): „Le traité sur l'unité et la Trinité de ᶜAbdallah ibn at-Tayyib", in: *Parole d'Orient* 2 (1971), 76.

—— : Troupeau, Gérard (ed.): „Le traité sur l'union de ᶜAbdallah ibn aṭ-Ṭayyib", in: *Parole d'Orient* 8 (1977–78), 141–150.

—— : Troupeau, Gérard (ed.): „Le traité sur les hypostases et la substance de ᶜAbdallah Ibn at-Tayyib", in: *Orientalia Hispanica* 1 (1974), 640–644.

Olympiodorus: „Prolegomena et in Aristotelis Categorias Commentaria", in: *Commentaria in Aristotelem Graeca*. Ed. Adolf Busse, Bd. 12, 1, Berlin 1902.

Philoponus, Johannes: „In Aristotelis Categorias Commentaria", in: *Commentaria in Aristotelem Graeca*. Ed. Adolf Busse, Bd. 13, 1, Berlin 1898.

Porphyrius: „In Aristotelis Categorias Commentaria", in: *Commentaria in Aristotelem Graeca*. Ed. Adolf Busse, Bd. 4, 1, Berlin 1887.

—— : „Isagoge", in: *Commentaria in Aristotelem Graeca*. Ed. Adolf Busse, Bd. 4, 1, Berlin 1887.

—— : *On Aristotle's Categories*. Transl. by Steven K. Strange, (Ancient Commentators on Aristotle), London 1992.

Proklos: *Proclus, Sur le premier Alcibiade de Platon*. Ed. Alain Ph. Segonds, Paris 1985.

Simplicius: „In Aristotelis Categorias Commentaria", in: *Commentaria in Aristotelem Graeca*. Ed. Carol Kalbfleisch, Bd. 8, Berlin 1907.

—— : *Commentaire sur les Catégories d'Aristote*. Chapitres 2–4. Transl. Philippe Hoffmann, cooper. Ilsetraut Hadot/Pierre Hadot, comm. par Concetta Luna, Paris 2001.

—— : *Commentaire sur les Catégories. Traduction commentée*. Sous la direction de Ilsetraut Hadot, fasc. 1, Introduction, Première Partie (p. 1–9,3 Kalbfleisch), (Philosophia Antiqua 50), Leiden 1990.

—— : *Commentaire sur les Catégories. Traduction commentée*. Ed. Ilsetraut Hadot, fasc. 3, Préambule aux Catégories, Commentaire au premier chapitre des Catégories (p. 21–40,13 Kalbfleisch) (Philosophia Antiqua 51), Leiden 1990.

—— : *Simplicius on Aristotle's Categories* 5–6. Transl. Frans A. J. de Haas, (Ancient Commentators on Aristotle), Ithaca NY 2001.

—— : *Commentarium in decem Categorias Aristotelis*. Transl. Guillelmus Dorotheus. Neudruck der Ausgabe Venedig 1540. Intr. Rainer Thiel/ Charles Lohr, Bad Cannstatt 1999.

—— : *Priscian On Theophrastus on Sense-Perception*. Transl. Pamela Huby. With Simplicius on Aristotle On the Soul 2.5–12. Transl. Carlos Steel, cooper. with J. O. Urmsa. Notes by Peter Lautner, London 1997.

2. Sekundärliteratur

Al-Ǧābirī, ʿAlī Ḥusain: „Manṭiq al-maqūlāt ʿinda Ibn Rušd", in: *Ibn Rušd. Faylasūf al-šarq wa-l-ġarb*, Tunis 1999, 150–188.

Anton, John P.: „The Aristotelian Doctrine of Homonyma in the Categories and its Platonic Antecedents", in: *Journal of the History of Philosophy* 6 (1968), 315–326.

Aouad, Maroun / Marwan Rashed: „L'exégèse de la Rhétorique d'Aristote: recherches sur quelques commentateurs grecs, arabes et byzantines. Première partie", in: *Medioevo. Rivista di storia della filosofia medievale* 23 (1997), 43–189.

Aubenque, Pierre: „Plotin et Dexippe, exégètes des Catégories d'Aristote", in: *Aristotelica. Mélanges offertes à Marcel de Corte*. Ed. Christian Rutten / André Motte, (Cahiers de philosophie ancienne 3), Bruxelles 1985, 7–40.

Bäck, Allan T.: *Aristotle's Theory of Predication*, (Philosophia Antiqua 84), Leiden 2000.

Badawī, ʿAbdalraḥmān: „Tafsīr li-kitāb al-maqūlāt li-Arisṭūṭālīs. (cod. Cairo, Dār al-kutub ḥikma 212) Fragment edited by A. Badawi", in: *Collected Texts and Papers on Logic and Language*. Ed. Mehdi Mohaghegh, Tehran 1974, 81–2.

Barnes, Jonathan: *Alexander of Aphrodisias: On Aristotle Prior Analytics 1.1–7*, (Ancient Commentators on Aristotle), London 1991.

—— : „Homonymy in Aristotle and Speusippus", in: *Classical Quarterly* 65 (1971), 65–80.

Blumenthal, Henry, J.: „Neoplatonic elements in the De Anima commentaries", in: *Aristotle Transformed*. Ed. Richard Sorabji, Ithaca NY 1990, 305–324.

Bodéüs, Richard: „Le texte grec des Catégories d'Aristote et le temoignage du commentaire de Porphyre", in: *Documenti e studi sulla tradizione filosofica medievale* 8 (1997), 121–142.

Booth, Edward: *Aristotelian Aporetic Ontology in Islamic and Christian Thinkers*, Cambridge 1983.

Bottini, Laura: „Il Giubileo in due autori arabo-cristiani", in: *Le origini degli anni giubilari. Dalle tavolette in cuneiforme dei Sumeri ai manoscritti arabi del Mille dopo Cristo*. Ed. Marco Zappella, Casale Monferrato 1998, 221–239.

Brague, Rémi: „De la disposition. A propos de Diathesis chez Aristote", in: *Concepts et catégories dans la pensée antique*. Ed. Pierre Aubenque, Paris 1980, 285–307.

Brock, Sebastian: „The Syriac Commentary Tradition", in: *Glosses and Commentaries on Aristotelian Logical Texts. The Syriac, Arabic and Latin Traditions*. Ed. Charles Burnett, (Warburg Institute Surveys and Texts Bd. 23), London 1993, 3–18.

—— : „From Antagonism to Assimilation: Syriac Attitudes to Greek Learning", in: ders., *Syriac Perspectives on Late Antiquity*, London 1984.

Caujolle-Zaslawsky, Françoise: „Les relatifs dans les Catégories", in: *Concepts et catégories dans la pensée antique*. Ed. Pierre Aubenque, Paris 1980, 167–195.

CHIARADONNA, Riccardo: *Sostanza Movimento Analogia. Plotino critico di Aristotele*, Napoli 2002 (= Elenchos 37).

——: „L'interpretazione della sostanza aristotelica in Porfirio", in: *Elenchos* 1 (1996), 55–94.

D'ANCONA, Cristina: *Storia della filosofia nell'Islam medievale*. Bd. 1–2, a cura di Cristina D'ANCONA, Torino 2005.

——: *Aristotele e Alessandro di Afrodisia nella tradizione araba. Atti del colloquio La ricezione araba ed ebraica della filosofia e della scienza greche*, Padova, 14–15 maggio 1999. Ed. Cristina D'ANCONA / Giuseppe SERRA, Padova 2002.

——: „Syrianus dans la tradition exégétique de la Métaphysique", in: *Le commentaire entre tradition et innovation. Actes du colloque international de l'institut des traditions textuelles* (1999). Ed. Marie-Odile GOULET-CAZÉ, Paris 2000, 311–327.

DAIBER, Hans: „Die Aristotelesrezeption in der syrischen Literatur", in: *Die Gegenwart des Altertums. Formen und Funktionen des Altertumsbezuges in den Hochkulturen der Alten Welt*, Ed. Dieter KUHN / Helga STAHL, Heidelberg 2001, 327–345.

——: „Ibn at-Tayyib on plants", in: *Erdem* 9, (1996), S. 629–642.

——: „Qusta b. Luqa über die Einteilung der Wissenschaften", in: *Zeitschrift für Geschichte der arabisch-islamischen Wissenschaften* 6 (1990), 93–129.

——: „Manuscript findings", in: *Manuscripts of the Middle East* 1(1986), 26–48.

——: „Der Ṣiwān al-ḥikma und Abū Sulaimān al-Manṭiqī as-Siǧistānī in der Forschung", in: *Arabica* (1984), 36–68.

DE HAAS, Frans A. J.: *John Philoponus' New Definition of Prime Matter. Aspects of its Background in Neoplatonism and the Ancient Commentary Tradition*, (Philosophia Antiqua 69), Leiden 1997.

DE LIBERA, Alain: „Analyse du vocabulaire et histoire des corpus", in: *L'élaboration du vocabulaire philosophique au Moyen Âge. Actes du Colloque international de Louvain-la-Neuve et Leuven. 12–14 septembre 1998*. Ed. Jaqueline HAMESSE / Carlos STEEL, Turnhout 2000, 11–34.

——: *La querelle des universaux de Platon à la fin du Moyen Age*, Paris 1996.

——: „Les sources gréco-arabes de la théorie médiévale de l'analogie de l'être", in: *Études philosophiques* (1989), 319–345.

DIETRICH, Albert: *Medicinalia Arabica. Studien über arabische medizinische Handschriften in türkischen und syrischen Bibliotheken*, (Abhandlungen der Akademie der Wissenschaften in Göttingen, Philologisch-historische Klasse, Dritte Folge 66), Göttingen 1966.

——: *Die arabische Version einer unbekannten Schrift des Alexander von Aphrodisias über die differentia specifica*, (Nachrichten der Akademie der Wissenschaften in Göttingen, I. Philologisch-historische Klasse 2), Göttingen 1964.

EBBESEN, Sten: „Boethius as an Aristotelian Commentator", in: *Aristotle Transformed. The Ancient Commentators and their Influence*. Ed. Richard SORABJI, Ithaca NY 1990, 373–391.

——: „Philoponus, Alexander and the origins of medieval logic", in: *Aristotle Transformed. The Ancient Commentators and their Influence*. Ed. Richard SORABJI, Ithaca NY 1990, 445–462.

——: „Porphyry's Legacy to Logic: a reconstruction", in: *Aristotle Transformed. The Ancient Commentators and their Influence*. Ed. Richard SORABJI, Ithaca NY 1990, 141–172.

ELAMRANI-JALAL, Abdelali: „Art. Alinus", in: *Dictionnaire des philosophes an-*

tiques. Ed. Richard GOULET, Bd. 1, Paris 1989, 151–152.

ELLIS, John: „Alexander's Defense of Aristotle's Categories", in: *Phronesis* 39 (1994), 69–89.

——: „The Trouble with Fragrance", in: *Phronesis* 35 / 3 (1990), 290–302.

ENDRESS, Gerhard: „Du grec au latin à travers l'arabe: la langue, créatrice d'idées dans la terminologie philosophique", in: *Aux origines du lexique philosophique européen. L'influence de la latinitas*, (Textes et études du Moyen Âge), Louvain 1997, 137–163.

——: „Die wissenschaftliche Literatur", in: *Grundriss der Arabischen Philologie*. Ed. Wolfdietrich FISCHER, Bd. 3: Supplement, Wiesbaden 1992, 3–154.

——: „Die wissenschaftliche Literatur", in: *Grundriss der Arabischen Philologie*. Ed. Helmut GÄTJE, Bd. 2: Literaturwissenschaft, Wiesbaden 1986, 400–492.

——: *The Works of Yaḥyā Ibn ʿAdī. An Analytic Inventory*, Wiesbaden 1977.

ERLER, Michael: „Zu Philodems Πρὸς τοὺς ἑταίρους: ΕΠΙΤΗΔΕΥΕΙΝ ΑΣΑΦΕΙΑΝ", in: *Cronache Ercolanesi* 21 (1991), 83–88.

EVANGELIOU, Christos: *Aristotle's Categories and Porphyry*, (Philosophia Antiqua 48), Leiden 1988.

FAZZO, Silvia: *Aporia e sistema. La materia, la forma, il divino nelle Quaestiones di Alessandro di Afrodisia*, Pavia 2002.

FERRARI, Cleophea: „Der Duft des Apfels. Abū l-Farağ ʿAbdallāh ibn aṭ-Ṭayyib und sein Kommentar zu den Kategorien des Aristoteles", in: *Aristotele e i suoi esegeti neoplatonici. Logica e ontologia nelle interpretazioni greche e arabe. Atti del convegno internazionale Roma, 19–20 ottobre 2001*. Ed. Vincenza CELLUPRICA / Cristina D'ANCONA, cooper. Riccardo CHIARADONNA, 2004 (=*Elenchos* 40), S. 85–106.

——: „Die Kategorie der Relation in der griechischen und arabischen Aristoteles-Kommentierung", in: *Akten des Kongresses der European Science Foundation „The Libraries of the Neoplatonists"* (Strasbourg, März 2004), ed. Cristina D'ANCONA (im Druck).

FESTUGIÈRE, André Jean: „L'ordre de lecture des dialogues de Platon aux V / VI siècles", in: *Museum Helveticum* 20 (1963), 77–100.

FICHTNER, Gerhard: *Corpus Galenicum. Verzeichnis der galenischen und pseudogalenischen Schriften*. Zusammengestellt von G.F., Tübingen 1992.

FRANKENBERG, Wilhelm: *Euagrius Ponticus*, (Abhandlungen der königlichen Gesellschaft der Wissenschaften zu Göttingen, Philologisch-Historische Klasse. NF 13.2), Göttingen 1912.

FREDE, Michael: „Titel, Einheit und Echtheit der Kategorien", in: *Zweifelhaftes im Corpus Aristotelicum. Studien zu einigen Dubia. Akten des 9. Symposium Aristotelicum*. Ed. Paul MORAUX / Jürgen WIESNER, Berlin / New York 1983, 1–29.

FURLANI, Giuseppe: „Le Categorie e gli Ermeneutici di Aristotele nella versione siriaca di Giorgio delle Nazioni", in: *Memorie della Reale Accademia Nazionale dei Lincei* s. VI, Bd. 5,1 (1933), 1–46.

——: „Sul trattato di Sergio di Reshʿayna circa le categorie", in: *Rivista trimestrale di studi filosofici e religiosi* 3 (1922), 135–172.

——: „Contributi alla storia della filosofia greca in Oriente. Testi siriaci III, Frammenti di una versione siriaca del commento di Pseudo-Olimpiodoro alle Categorie d'Aristotele", in: *Rivista degli studi orientali* 7 (1916–18), 131–163.

——: „Una introduzione alla logica aristotelica di Atanasio di Balad", in:

Rendiconti della Accademia dei Lincei, Classe di scienze morali, storiche e filologiche 5, 25 (1916), 717–778.

GÄTJE, Helmut: „Simplikios in der arabischen Überlieferung", in: *Der Islam* 59 (1982), 6–31.

——: „Zur arabischen Überlieferung des Alexander von Aphrodisias", in: *Zeitschrift der Deutschen Morgenländischen Gesellschaft* 116 (1966), 255–278.

GEORR, Khalil: *Les catégories d'Aristote dans leurs versions syro-arabes*, Beyrouth 1948.

GIANNAKIS, Elias: „Fragments from Alexander's Lost Commentary on Aristotle's Physics", in: *Zeitschrift für Geschichte der arabisch-islamischen Wissenschaften* 10 (1995–96), 157–187.

GILL, Mary L.: *Aristotle on Substance: The Paradox of Unity*, Princeton 1989.

GOTTSCHALK, Hans B.: „The earliest Aristotelian commentators", in: *Aristotle Transformed*. Ed. Richard SORABJI, Ithaca NY 1990, 55–81.

GOULET, Richard: „Art. Élias", in: *Dictionnaire des philosophes antiques*. Ed. R. G., Bd. 3, Paris 2000, 57–66.

GRAF, Georg: *Geschichte der christlichen arabischen Literatur* [GCAL], (Studi e Testi. 118. 133. 146. 172), Città del Vaticano 1944–1953.

GRIGNASCHI, Mario: „Les traductions latins des ouvrages de la logique arabe et l'abrégé d'Alfarabi", in: *Archives d'histoire doctrinale et littéraire du moyen âge* 47 (1973), 41–107.

GUIDI, Michelangelo/Richard WALZER: „Uno scritto introduttivo allo studio di Aristotele. Studi su al Kindi. I.", in: *Memorie della Reale Accademia Nazionale dei Lincei. Classe di scienze morali, storiche e filologiche* Bd. 6, 6a (1940), 375–419.

GUILLAUMONT, Antoine: *Les Képhalaia gnostica d'Evagre le Pontique et l'histoire de l'origénisme chez les Grecs et chez les Syriens*, 1962.

GUTAS, Dimitri: *Greek Thought, Arabic Culture. The Graeco-Arabic Translation Movement in Baghdad and Early Abbasid Society* (2nd-4th/8th-10th centuries), London/New York 1998.

——: *Avicenna and the Aristotelian Tradition*, Leiden 1988.

——: „The Starting Point of Philosophical Studies in Alexandrian and Arabic Aristotelianism", in: *Theophrastus of Eresus. On his Life and Work*. Ed. Wiliam W. FORTENBAUGH, New Brunswick 1985, 115–123.

——: „Paul the Persian on the Classification of the Parts of Aristotle's Philosophy: A Milestone between Alexandria and Bagdad", in: *Der Islam* 60 (1983), 231–267.

HADOT, Ilsetraut: „Le commentaire philosophique continu dans l'Antiquité", in: *Antiquité tardive: revue internationale d'histoire et d'archéologie* (IVe-VIIIe s.) 5 (1997), 169–76.

——: „Aristote dans l'enseignement philosophique néoplatonicien: les préfaces des Commentaires sur les Catégories", in: *Revue de théologie et philosophie* 124 (1992), 407–425.

——: „The Role of the Commentaries on Aristotle in the teachings of Philosophy according to the Prefaces of the Neoplatonic Commentaries on the Categories", in: *Oxford Studies in Ancient Philosophy Supplementary Volume 1991: Aristotle and the later Tradition* (1991), 175–189.

——: „Les introductions aux commentaires exégétiques chez les auteurs néoplatoniciens et les auteurs chrétiens", in: dies., *Simplicius. Commentaire sur les Catégories*. Bd. 1, Leiden 1990, 21–182.

——: „The life and work of Simplicius in Greek and Arabic sources", in: *Aris-*

totle Transformed. Ed. Richard SORABJI, Ithaca NY 1990, 275–303.

HADOT, Pierre: „Théologie, exégèse, révélation, écriture dans la philosophie grecque", in: *Les règles de l'interprétation*. Ed. Michel TARDIEU, Paris 1986, 13–34.

——: „L'harmonie des philosophies de Plotin et d'Aristote selon Porphyre dans le commentaire de Dexippe sur les Catégories", in: *Atti del convegno internazionale sul tema „Plotino e il Neoplatonismo in Oriente e in Occidente" (Roma, 5–9 ottobre)*, Roma 1974, 31–47.

HAMBRUCH, Ernst: „Logische Regeln der Platonischen Schule", in: *Wissenschaftliche Beilage zum Jahresbericht des Askanischen Gymnasiums zu Berlin*, Berlin 1904.

HARLFINGER, Dieter / Jürgen WIESNER: „Die griechischen Handschriften des Aristoteles und seiner Kommentatoren. Ergänzungen und Berichtigungen zum Inventaire von A. Wartelle", in: *Scriptorium* 18 (1964), 238–257.

HARVEY, Steven: „The Hebrew Translation of Averroes' Prooemium to his Long Commentary on Aristotle's Physics", in: *Proceedings of the American Academy for Jewish Research* 52 (1985), 55–84.

HEIN, Christel: *Definition und Einteilung der Philosophie: von der spätantiken Einleitungsliteratur zur arabischen Enzyklopädie*, (Europäische Hochschulschriften, Reihe 20/177), Frankfurt (Main) 1985.

——: „Rez. zu GEYKYE, KWAME: Ibn al-Tayyib's Commentary on Porphyry's Eisagoge" in: *Zeitschrift der Deutschen Morgenländischen Gesellschaft* 130 / 1 (1980), 105–108.

HEITSCH, Ernst: „Die Entdeckung der Homonymie", in: *Abhandlungen der Geistes- und Sozialwissenschaftlichen Klasse, Akademie der Wissenschaften und der Literatur Mainz* 11 (1972).

HOFFMANN, Philippe: „Catégories et langage selon Simplicius - la question du 'skopos' du traité aristotélicien des Catégories", in: *Simplicius. Sa vie, son oeuvre, sa survie. Actes du colloque international de Paris (28 septembre-1er octobre 1985)*. Ed. Ilsetraut HADOT, (Peripatoi Bd. 15), Berlin/New York, 1987, 61–90.

——: „ „Où" et „quand" chez Aristote et Simplicius", in: *Concepts et catégories dans la pensée antique*. Ed. Pierre AUBENQUE, Paris 1980, 217–245.

HUGONNARD-ROCHE, Henri: *La logique d'Aristote du grec au syriaque. Études sur la transmission des textes de l'Organon et leur interprétation philosophique*, Paris 2004.

——: „Les Catégories d'Aristote comme introduction à la philosophie dans un commentaire syriaque de Sergius de Res^{c}ayna", in: *Documenti e studi sulla tradizione filosofica Medievale* 8 (1997), 339–363.

——: „Une ancienne 'édition' arabe de l'Organon d'Aristote: Problèmes de traduction et de transmission", in: *Les problèmes posés par l'édition critique des textes anciens et médiévaux*. Ed. Jaqueline HAMESSE, Louvain-La-Neuve 1992, 139–157.

——: „L'intermédiaire syriaque dans la transmission de la philosophie grecque à l'arabe: le cas de l'Organon d'Aristote", in: *Arabic sciences and philosophy. A historical journal* 1 (1991), 187–209.

——: „Les traductions du grec au syriaque et du syriaque à l'arabe", in: *Rencontre de cultures dans la philosophie médiévale: traductions et traducteurs de l'antiquité tardive au XIVe siècle*. Ed. Marta FATTORI / Jaqueline HAMESSE, Louvain-La-Neuve / Cassino 1990, 131–147.

—— : »Aux origines de l'exégèse orientale de la logique d'Aristote: Sergius de Res[c]ayna (†536)", in: Journal asiatique 277 (1989), 1–17.

—— : „Sur les versions syriaques des Catégories d'Aristote", in: *Journal Asiatique* 275 (1987), 205–222.

KELLERMANN, Mechthild: *Ein pseudo-aristotelischer Traktat über die Tugend. Edition und Übersetzung der arabischen Fassungen des Abu Qurra und des Ibn at-Tayyib*, (Diss.), Erlangen 1965.

KRAEMER, Joel L.: *Philosophy in the Renaissance of Islam. Abū Sulaymān al-Sijistānī and His Circle*, (Studies in Islamic Culture and History Series 8), Leiden 1986.

KRAUS, Paul: „Zu Ibn al-Muqaffa[c]", in: *Rivista degli studi orientali* 14 (1933), 1–20.

LANG, Paul: *De Speusippi Academici scriptis*, Bonn 1911, repr. 1965.

LANGERMANN, Tzvi: „Transcriptions of Arabic Treatises into the Hebrew Alphabet: An Underappreciated Method of Transmission", in: *Tradition, Transmission, Transformation. Proceedings of two Conferences on Pre-Modern Science held at the University of Oklahoma.* Ed. Jamil RAGEP / Sally RAGEP with Steven LIVESEY, Leiden 1996, 247–260.

LETTINCK, Paul: *Aristotle's Physics and its Reception in the Arabic World*, Leiden 1994.

LINLEY, Neil: *Ibn at-Tayyib: Proclus' Commentary on the Pythagorean Golden Verses. Arabic text and translation*, (Arethusa Monographs 10), Buffalo NY 1984.

LLOYD, Anthony C.: *Form and Universal in Aristotle*, (Classical and Medieval Texts, Papers and Monographs 4), Liverpool 1981.

LUNA, Concetta: Art. „La Métaphysique-les commentaires grecs", in: *Dictionnaire des philosophes antiques, Supplément*, ed. Richard GOULET, Paris 2003, 249–258.

—— : *Commentaire sur les Catégories d'Aristote*. Chapitres 2–4. Transl. Philippe HOFFMANN cooper. Ilsetraut HADOT/Pierre HADOT, comm. Concetta LUNA, Paris 2001.

—— : „Commentaire", in: *Simplicius. Commentaire sur les Catégories*. Ed. Ilsetraut HADOT, Bd. 3, Leiden 1990,

—— : „La relation chez Simplicius", in: Simplicius. *Sa vie, son oeuvre, sa survie. Actes du colloque international de Paris (28 septembre-1er octobre 1985)*. Ed. Ilsetraut HADOT, (Peripatoi Bd. 15), Berlin/New York, 1987, 113–147.

MAHDAWĪ, Yaḥyā: *Fihrist-i nusaḫā-i muṣannafāt-i Ibn-i Sīnā*, Teheran 1954.

MAHÉ, J.-P.: „David l'invincible dans la tradition arménienne", in: *Simplicius. Commentaire sur les Catégories. Traduction commentée.* Sous la direction de Ilsetraut HADOT, fasc. 1, Introduction, Première Partie (p. 1–9,3 Kalbfleisch), (Philosophia Antiqua 50), Leiden 1990, 189–207.

MANSFELD, Jaap: *Prolegomena mathematica. From Apollonius of Perga to late Neoplatonism.* (Philosophia Antiqua 80), Leiden 1998.

—— : Prolegomena: *Questions to be settled before the study of an author, or a text*, (Philosophia Antiqua 61), Leiden 1994.

—— : *Haeresiography in Context*, Leiden 1992.

MEYERHOF, Max / Joseph SCHACHT: *The Medico-Philosophical Controversy between Ibn Butlan of Bagdad and Ibn Ridwan of Cairo. A contribution to the history of Greek learning among the Arabs*, Kairo 1937.

MORAUX, Paul: *Der Aristotelismus bei den Griechen. Die Renaissance des Aristotelismus im 1. Jh. v. Chr.*, (Peripatoi: Philologisch-Historische Studien zum Aristotelismus 1), Berlin/New York 1973.

—— : *Der Aristotelismus bei den Griechen. Der Aristotelismus im 1. und 2. Jh. n. Chr.*, (Peripatoi: Philologisch-Historische Studien zum Aristotelismus 2), Berlin / New York 1984.

—— : *Der Aristotelismus bei den Griechen. Alexander von Aphrodisias,* (Peripatoi: Philologisch-Historische Studien zum Aristotelismus 3), Berlin / New York 2001.

—— : *Alexandre d'Aphrodise: Exégète de la noétique d'Aristote,* Liège / Paris 1942.

Narcy, M.: „L'homonymie entre Aristote et ses commentateurs néoplatoniciens", in: *Études philosophiques* (1981), 35–52.

Neuschäfer, Beat: *Origenes als Philologe,* Basel 1987.

Pépin, Jean: „Clément d'Alexandrie, Aristote et Héraclite", in: *Concepts et catégories dans la Pensée Antique.* Ed. Pierre Aubenque, Paris 1980, 271–284.

Peters, Francis Edward: *Aristoteles Arabus. The oriental translations and commentaries on the Aristotelian corpus,* Leiden 1968.

Pines, Shlomo: „A New Fragment of Xenocrates and its Implication", in: *Transactions of the American Philosophical Society* 51, 2 (1961), 3–34.

—— : „La „Philosophie orientale" d'Avicenne et sa polémique contre les Bagdadiens", in: *Archives d'histoire doctrinale et littéraire du moyen age* 27 (1952), 5–37.

Quain, Edwin A.: „The Medieval Accessus ad auctores", in: *Traditio* 3 (1945), 215–264; 247–252.

Rashed, Marwan: „Aréthas, Ibn aṭ-Ṭayyib et les dernières gloses alexandrines à l'Organon", in: ders., *Aristote en Méditerranée. Nouveaux documents grecs, arabes et latins* (erscheint Paris 2006).

—— : „Traces d'un commentaire de Simplicius sur la Métaphysique à Byzance?", in: *Revue des sciences philosophiques et théologiques* (84) 2000, 275–284.

Reisman, David: *The Making of the Avicennian tradition: The Transmission, Contents and Structure of Ibn Sina's al-Mubahathat (The Discussions),* (Islamic Philosophy, Theology and Science, Texts and Studies 49), Leiden 2002.

Renaud, Henri-Paul-Joseph: *Les manuscrits arabes de l'Escurial.* Décrits d'après les notes de Hartwig Derenbourg, revues et complétées, Paris 1941.

Richard, Marcel: „Apo phônês", in: *Byzantion* 20 (1950), 191–222.

Rosenthal, Franz: „The symbolism of the Tabula Cebetis according to Abū l-Faraǧ ibn aṭ-Ṭayyib", in: *Recherches d'Islamologie. Recueil d'articles offerts à Georges C. Anawati et Louis Gardet par leurs collègues et amis,* (Bibliothèque philosophique de Louvain 26), Louvain 1977, 273–283.

—— : „A Commentator of Aristotle", in: *Islamic Philosophy and the Classical Tradition. Essays presented by his friends and pupils to Richard Walzer on his 70. birthday.* Ed. Samuel M. Stern, Oxford 1972, 337–349.

—— : *Das Fortleben der Antike im Islam,* (Die Bibliothek des Morgenlandes), Zürich 1965.

—— : *Aḥmad b. aṭ -Ṭayyib as-Saraḫsi,* (American Oriental Series 26), 1943.

Ruland, Hans - Jochen: „Zwei arabische Fassungen der Abhandlung des Alexander von Aphrodisias über die universalia (Quaestio I 11a)", in: *Nachrichten der Akademie der Wissenschaften in Göttingen I. Philologisch-historische Klasse* (1979).

Sbath, Paul: *Al-Fihris (Catalogue de manuscrits arabes),* Le Caire 1938.

Schmidt, Ernst Günther: „Alexander von Aphrodisias in einem altarmenischen Kategorien-Kommentar", in: *Philologus* 110 (1966), 277–286.

Schmölders, August: *Documenta Philosophiae Arabum,* Bonn 1836.

SEDLEY, David: „Relatività aristoteliche", in: *Dianoia, Annali di storia della filosofia*, Bologna 1997, S. 11–25.

SHARPLES, Robert W.: „The school of Alexander?", in: *Aristotle Transformed*. Ed. Richard SORABJI, Ithaca NY 1990, 83–111.

——: „Theophrastus on Taste and Smell", in: *Theophrastus of Eresus. On His Life and Works*. Ed. William W. FORTENBAUGH, Pamela M. HUBY, Anthony A. LONG, New York 1985, S. 183–204.

SHIEL, James: „Boethius' commentaries on Aristotle", in: *Aristotle Transformed*. Ed. Richard SORABJI, Ithaca NY 1990, 349–371.

SHIELDS, Christopher: *Order in multiplicity: homonymy in the philosophy of Aristotle*, Oxford 1999.

SORABJI, Richard: „The ancient commentators on Aristotle", in: *Aristotle Transformed*. Ed. R. S., Ithaca NY 1990, 1–30.

SPECHT, Ernst K.: „Über die primäre Bedeutung der Wörter bei Aristoteles", in: *Kant-Studien* 51 (1959–60), 102–113.

STERN, Samuel M.: „Ibn al-Samh", in: *Journal of the Royal Asiatic Society* (1956–1957), 31–44.

——: „Ibn al-Tayyibs Commentary on the Isagoge", in: *Bulletin of the School of Oriental and African Studies* 19 (1957), 419–25.

STRANGE, Steven K.: „Plotinus, Porphyry and the Neoplatonic Interpretation of the Categories", in: *Aufstieg und Niedergang der Römischen Welt*, Bd. II.36.2 (1987), 955–974.

TARÁN, Leonardo: „Speusippus and Aristotle on Homonymy and Synonymy", in: *Hermes* 106 (1978), 73–99.

TROUPEAU, Gérard: „La logique d'Ibn al-Muqaffa[c] et les origines de la grammaire arabe", in: *Arabica* 28 (1981), 242–250.

TWEEDALE, Martin M.: „Alexander of Aphrodisias' Views on Universals", in: *Phronesis* 29 (1984), 279–303.

TÜRKER, Mubahat: „El-[c]Amiri ve Kategoriler in serhleriyle ilgili parçalar", in: *Araştirma* 3 (1965), 65–122.

ÜLKEN, H. Z.: *Ibn Sina Risâlaleri*, I, Ankara 1953.

ULLMANN, Manfred: *Die Medizin im Islam*, (Handbuch der Orientalistik Abt. I Erg. Bd. VI, 1), Köln 1970.

VAMVOUKAKIS, Nicolas: „Les catégories aristotéliciennes d'action et de passion vues par Simplicius", in: *Concepts et catégories dans la Pensée Antique*. Ed. Pierre AUBENQUE, Paris 1980, 253–269.

VAN ESS, Josef: „Über einige neue Fragmente des Alexander von Aphrodisias und des Proklos in arabischer Übersetzung", in: *Der Islam* 42 (1966), 148–168.

VIGO, Alejandro: „Homonymie, Erklärung und Reduktion in der aristotelischen Physik", in: *Beiträge zum Satz vom Widerspruch und zur aristotelischen Prädikationstheorie*. Ed. Niels ÖFFENBERGER, Hildesheim 2000, 88–110.

WALZER, Richard: „Porphyry and the Arabic Tradition", in: *Entretiens de la Fondation Hardt*, Bd.12, 1966, 273–300.

——: „New Light on the Arabic Translations of Aristotle", in: *Greek into Arabic. Essays on Islamic Philosophy*. Ed. R. W., Oxford 1962, 60–113.

——: *Greek into Arabic. Essays on Islamic Philosophy*, (Oriental Studies 1), Oxford 1962.

WEDIN, Michael, V.: *Aristotle's Theory of Substance*, Oxford 2000.

WESTERINK, Leendert G.: *Prolégomènes à la philosophie de Platon*. Ed. L. G. W. transl. Jean TROUILLARD cooper. Alain Ph. SEGONDS, Paris 1990[2].

—— : *The Greek Commentaries on Plato's Phaedo*, 2 Bde., 1976.

Wolska-Conus, Wanda: „Les commentaires de Stéphanos d'Athènes au Prognosticon et aux Aphorismes d'Hippocrate", *REB* 50 (1992), 5–86.

Zimmermann, Friedrich W. / Vivian B. Brown: „Neue arabische Übersetzungstexte aus dem Bereich der spätantiken griechischen Philosophie", in: *Der Islam* 50 (1973), 313–324.

Zonta, Mauro: „Fonti della logica ebraica nella Provenza del '300", in: *Medioevo. Rivista di storia della filosofia medievale* 23 (1997), 515–594.

NAMENINDEX ZUM ARABISCHEN KATEGORIENKOMMENTAR

Adrastos ٢٧

Alexander der Große ٥

Alexander Aphrod. ٥, ٦, ١٢, ١٦, ١٣٠, ١٧٦

Alinus ٣٩, ١٣٠, ٣٠٦, ٣١٤, ٣٣٦, ٣٣٧, ٣٤٢, ٣٨٩

Ammonios ١٦

Andronikos ١٠, ٣٥٧

Archimedes ٢٨٤

Boethos ١٠

Demokrit ٣٣٦

Eudemos ٢٩

Galen ١٠٣, ١٠٤, ٣٥١, ٣٨٠

Heraklit ٣

Hippokrates ١, ١٠, ١٣

Homer ١٣

Isḥāq ibn Ḥunain ٢٦٠

Kratylos ٥

Jamblichos ١٢, ١٧, ٥٥, ٧٢

Lakedaimon ٣٩٥

Mattā ibn Yūnus ٢٤٠

Nikostratos ١٠٥

Olympiodor ١١, ٣٢٣, ٢٣٤, ٢٨٧, ٣١٤, ٣٣١, ٣٣٦, ٣٦٤

Platon ٥, ٩, ١٠, ١٢, ١٣, ٥١, ٥٥, ١٣٣, ١٦٩, ٢٥٣, ٢٥٦, ٢٥٨, ٢٦٠, ٢٦٤, ٢٨٥, ٢٨٧, ٢٨٩, ٣٠٥, ٣١٧, ٣٩٢, ٣٩٤

Plotin ١٦٩

Porphyrios ١٦, ٤٨, ١٠٢, ١٣٠, ٣٠٢

Pythagoras ١١, ١٤

Sokrates ١٢

Theophrast ٩, ٢٩, ٦٦

Xenokrates ٩٩

Zenon ٤

INDEX DER ZITIERTEN AUTOREN

Abū Sulaimān as-Siğistānī 75

Adrastos 48, 108

Aḥmad ibn aṭ-Ṭayyib as-Saraḫsī 11

Aineas von Gaza 16

Al-ᶜĀmirī 12, 56, 62

Alexander der Große 48

Alexander von Aphrodisias 10, 12, 15, 44, 48, 49, 64–65, 74–75, 77–80, 81–83, 104, 141, 146, 157–159, 211

Al-Fārābī 2, 11, 13–14, 43, 46, 73, 84, 89–91

ᶜAlī ibn Riḍwān 21

Alinus 12, 15–16, 56, 78, 141, 204, 209, 211, 229

Al-Kindī 10, 46

Al-Masīḥī 15

Ammonios 3–6, 12, 32, 44, 49, 51, 55–56, 61, 63, 66, 71, 80–81, 85, 96–231

Andronikos 13, 49, 60, 100, 183, 221

Antisthenes 22

Apollonios von Alexandrien 15

Archytas 54, 183, 211

Aspasius 50

Athanasius von Balad 8

Augustinus 2

Averroes, s. Ibn Rušd

Avicenna, s. Ibn Sīnā

Babai 46

Boethius 2, 81–82

Boethos 13, 49, 59–60, 100

Cebes 28, 42

Demokrit 56

Dexippos 3, 60, 66, 81, 96–231

Diogenes 97

Elias (David) 3–6, 9, 12–13, 15, 32, 44, 46, 48, 50–57, 63, 65–66, 71–73, 80, 85–87, 92, 96–231

Empedokles 70

Eudemos 64

Evagrius Ponticus 8–9, 46

Galen 8, 18, 20–21, 27–29, 31, 36, 46, 51, 135

Georg, Bischof der Araber 7–8

Ğurğīs al-Yabrūdī 21

Hippokrates 18, 20, 27–28, 36, 46, 95, 102

Ḥunain ibn Isḥāq 8, 9–11, 29, 40, 54

Ibn Abī Uṣaibiᶜa 10, 13, 15, 22, 25, 27–30, 33

Ibn aḏ-Ḏahabī 12

Ibn al-Haiṯam 11

Ibn al-Muqaffaᶜ 9

Ibn al-Qifṭī 13, 15

Ibn an- Nadīm 11–12, 15, 75

Ibn as-Samḥ 19

Ibn Bāǧǧa 11

Ibn Buṭlān 21–22, 25

Ibn Rušd 2, 11, 14, 25–26, 28, 31, 43–44, 73, 90–91

Ibn Sīnā 2, 11, 13, 19, 22–25, 27–28, 33, 43, 73, 90, 93

Ibn Suwār 10, 19

Ibn Zurᶜa 10–11

Isḥāq ibn Ḥunain 9–10, 54, 92, 187

Jakob von Edessa 7

Jamblichos 3–4, 12, 49, 81, 101, 104, 146, 214, 229

Kratylos 97

Marius Victorinus 2

Mattā ibn Yūnus 10, 20, 33, 54, 92

Michael von Ephesus 78

Muḥammad ibn Zakarīyā ar-Rāzī 21

Nikostrat 51, 54, 62, 112, 120, 135, 136, 199

Olympiodor 3–5, 9, 10, 12–13, 15, 44–46, 48, 50–57, 60, 63, 66,71–73, 80, 85–87, 96–231

Origenes 8–9, 46

Paulus Persa 8, 49

Philodem 46–47

Philoponos 3–4, 12, 44, 48, 52–55, 60, 65–66, 71, 85, 87, 96–231

Platon 4, 22, 28, 41, 48, 53–54, 57, 59, 72, 74, 99, 101–102, 128, 155–156, 211

Plotin 1, 3, 67, 69, 71–72, 128, 157

Porphyrios 1, 3–4, 12, 46, 49, 50–52, 57, 60, 66, 74–75, 77–78, 80–81, 82, 96–231

Proklos 4, 28, 46, 96

Protagoras 55, 183–185

Ptolemaios 54

Pythagoras 22,102

Qusṭā ibn Lūqā 47

Rufinus 46

Sergius von Rešᶜaina 8, 48

Simplikios 1, 3–6, 12–13, 44, 46, 48, 51–53, 57, 59–60, 62, 64–66, 70–71, 81, 85, 92, 96–231

Sokrates 101

Speusippos 59

Stephan von Alexandrien 12

Syrian 136, 157–158

Ṯābit ibn Qurra, 11

Themistios 10, 12

Theon 12

Theophrast 12, 14, 68–69, 71, 73, 99,127–128

Xenokrates 134

Yaḥyā Ibn ᶜAdī 10, 20, 31–32, 75, 84

Zenon 97

INDEX DER ZITIERTEN TEXTE

Aristoteles

Analytica posteriora

71a11 f.	115
75b28 ff.	142
76a16	32, 106

De anima

419a	73
431a 14–17	80
432a8 ff.	80

De generatione et corruptione

330a30 ff.	157
330b25	158

Ethica Nicomachea

1096b26–28	58, 113

Metaphysica

1002a15	84
1003a33–b16	58
1017a7 ff.	59
1020a19 ff.	166
1039b28 ff.	142
1054a13	59

Physica

191a13	157
197a2–3	113
201a8	230
210a14 ff.	50
245b3 ff.	205
249a23–25	113

Alexander von Aphrodisias

De anima

84, 6 ff.	79
85, 10–20	79-80
90, 2–9	80

In Metaphysica

544	81

Quaestio 11a

Bruns 21, 25–30	80

Ammonios

In Categorias

1, 13	97
1, 14	97
4, 18	99
6, 9 ff.	100
7, 15	103
8, 11	101
10, 8	105
14, 3	109
16, 7	121
16, 19	114
18, 18	115
20, 1	117
20, 23	116
20, 26 ff.	111
21, 16	113
22, 13	119
24, 3	120
25	124
27	66
28	67, 72
28, 9	128
28, 13	128
28, 15	71
29, 5	63
29, 5 ff.	125
30, 4	130
33, 16	135
36, 2–40, 2	80
36, 23	143
39, 2	143
40, 19–21	80
41, 13–15	80
46, 22	151
54, 3 ff.	162
55, 4 f.	166
66, 5 f.	85
66, 10	86
66, 27	185
67, 11	88
83, 3	205
91, 10 ff.	211
92, 6	212

Augustinus	
Confessiones	
4, 16, 28	2
De trinitate	
5, 1, 2	2
Boethius	
In Categorias	
PL 64, Sp. 172	81
Dexippos	
In Categorias	
2, 12	81
16, 15	114
17, 22	115
20, 32	117, 120
25	67
32, 11	135
42, 5–8	1
45	81
45, 28	142
52, 5	157
52, 18	157
Elias	
In Categorias	
107, 24	96
108, 1 ff.	96
108, 18	97
108, 34	97
112, 20	98
115, 3	99
117, 5	100
119, 26	100
122, 25	101
123, 2	101
124, 29	103
125, 18	102
127, 3	103
129, 10	105
132, 27	108
133, 28	109
135, 24	117
137, 23	110, 115
138, 12	111
139, 8	111
139, 13	116
142, 36	121
144, 5	120
145, 3 ff.	50, 124
147, 10	126
148, 5	126
148, 19 ff.	129
149, 16 ff.	63, 125
151, 25–34	129
151	66
152	67, 73
152, 6 ff.	128
153, 1	128
159, 34–161,15	51
159, 43–161, 15	134
160, 5	136
160, 8	135
160, 21	135
160, 31	135
161, 6	134
161, 12	134
161, 18 ff.	139
162, 1 ff.	140
164, 20 ff.	140
165, 30	143
161, 18–24	80
163, 6–15	80
166, 33 ff.	80, 142
168, 24	146
168, 32	143
169, 29 ff.	145
171, 13 ff.	149
172, 8	149
172, 14	150
174, 15	151
176, 30 ff.	156
179, 34	157
180, 8–23	158
181, 33 ff.	158
183, 24	53
185, 6 ff.	161–162
185, 13 ff.	162
186, 20 ff.	166
196, 12 ff.	177
197, 14 ff.	177 f.
200, 18 ff.	181
200, 33 ff.	182
200, 35 f.	85
201, 18	182
201, 29 f.	86
202, 11 f.	87, 184
202, 34	87
204, 2	185
205, 17 ff.	88, 185
205, 32 ff.	185
218, 13 ff.	194
220, 8 ff.	198
221–230	211
224, 35 ff.	206
235–239	210
239, 14	212

240, 14 ff. 213
249, 1 ff. 225
251, 23 ff. 229
253, 2 ff. 230

Herodot
Historiarum libri
7, 228 231

Homer
Ilias
2, 557 58
2, 581 231
2, 603 231
8, 94 102

Olympiodor
In Categorias
2, 24 96
3, 12 97
3, 8 97
6, 6 ff. 99
7, 10 99
8, 29 100
9, 14 ff. 100
9, 30 101
10, 24 101
11, 21 103
12, 18 ff. 103
18, 30 105
22, 13 105
25, 5 109
27, 21 118
28, 8 115
30, 4 ff. 110
30, 5 115
30, 18 111
32, 34 111
33, 1 116
33, 11 118
35, 19 120
36, 10 117
37, 35 119
38, 16 ff. 121
41, 32 123
42, 1–10 123
42, 12 126
43 124 f.
43, 30 50, 126
44, 35 50
44, 35 ff. 127
45 125
46, 20–49, 24 125
47 66
47, 3 63, 125
48 67
48, 34 ff. 128
54, 28 136
54, 33 135
55, 1 134
57, 5 ff. 80
57, 30 ff. 140
58, 21 ff. 81
58, 28 142
62, 20 143
64, 36 146
67, 22 152
71, 28 ff. 156
73, 18 ff. 157
74, 4 ff. 158
78, 26 53
78 ff. 159
81, 20 162
82, 36 ff. 166
89, 14–26 175
89, 37 170
90, 12 ff. 176
93, 28–94, 12 177
94, 20 ff. 179
95, 8 178
96, 14 ff. 181
96, 35 85
96 ff. 182
97, 12–98, 6 182
97, 12 f. 86
97, 27 ff. 185
97, 38 ff. 88, 185
98, 7 ff. 185
99, 21 f. 87, 184
110 45
113, 27 ff. 198
114, 31 ff. 229
115, 24 ff. 204
117, 32 211
127, 23 210
127, 29 ff. 209
129, 23 ff. 210
130, 20 206
131, 14 ff. 213
132, 22 214
133, 13 ff. 221
133–136 223
141, 31 224
145, 33 ff. 230
146, 37 231

Philoponos
In Categorias
1, 19 97
1, 20 97

3, 5 98
3, 8 99
5, 16 100
5, 34 ff. 101
6, 30 101
9, 1 105
12, 35–13, 5 60
13, 6 109
14, 24 118
15, 11 115
15, 13 115
18, 4 110, 115
18, 17 111
18, 25 111
20, 4 116
20, 9 111
20, 22 117
26, 12 ff. 123
27, 10 ff. 126
28 124
32, 7 ff. 63, 125
35 67, 72
35, 10 ff. 128
35, 23 128
37, 5 ff. 130
44, 4 135
44, 7 135
46, 14 137
50, 1 ff. 80
51, 24 143
55, 4 143
60, 14 143
60, 22 ff. 145
63, 13 ff. 149
74, 19 ff. 157
76, 2 ff. 159
81, 9 53
83, 7 ff. 162
94, 5 177
137, 26 ff. 204
151, 17 ff. 205
154, 16 205
162, 7 ff. 211
163, 4 212
168, 3 ff. 221

In De anima
392, 17 71

Platon
Phaedrus
265e–f 57

Theaetetus
182A 211

Porphyrios
In Categorias
58, 5 105
59, 34 114
60, 1 62
61, 2 121
61, 10 115
61, 13 115
61, 31 115
62, 19 111
64, 28 111
67, 4–25 117
78, 2 50
79 66 f., 72
79, 29 128
90, 12 ff. 77
90, 29 ff. 77
90, 33 81
91, 19 ff. 73, 141
100, 11 162
141, 14 213

Philoponos
In Categorias
102, 10 f. 85
102, 13 ff. 182
102, 22 f. 86
102, 29 185
105, 1 87
105, 12 88
109, 26 ff. 185
113, 31 ff. 198

Simplikios
In Categorias
3, 30 97
5,5 ff. 1
7, 23 101
7, 29–32 1
8, 10–12 103
10, 22 105
16, 1 48
16, 14 108
19, 9 109
21, 2 114
23, 25 115
24, 6 115
25, 10 ff. 115
25, 18 110
26, 3 111
26, 21 ff. 62
29, 5 59
29, 13 111
30, 16 117
32, 21 117

36, 25–31 59
38, 19–39 59
42 f. 123
46 63 f.
46, 6 ff. 125
49 67, 72 f.
49, 10 ff. 128
49, 16 128
63, 5 135
63, 21 ff. 134
64, 13 136
65, 13–66, 15 137
66, 32 135
76, 13 143
76, 23–78, 3 80
82, 18 81
82, 1–83, 29 81
82, 26 81
82 ff. 81
85, 6 142
90, 16 ff. 146
92, 7 149
95, 10 ff. 152
101, 25 ff. 152
105, 12 ff. 156
106, 28 ff. 158
107, 25 ff. 157
107, 30 157
109, 5 157
120, 27 ff. 162
128, 5 ff. 166
155, 30 f. 85
155, 33–159, 8 182
159, 23 ff. 185
206, 8 211
231, 20 ff. 199
295, 12 213
348, 24 214
360, 13 f. 214
378, 1 ff. 221
381, 24 223
425, 25 ff. 229
435, 17 230
437, 7 231

In Physicam
4, 3, p. 552, 18–24 (Diels) 64

Theophrast
De causis plantarum
6, 17, 1 69
De sensibus
21–22 70–71

ARISTOTELES SEMITICO-LATINUS

Founded by
H.J. Drossaart Lulofs

General Editors
H. Daiber
R. Kruk

* *Volumes 1 to 4 are available directly from the Royal Netherlands Academy of Arts and Sciences, P.O. Box 19121, 1000 GC Amsterdam, The Netherlands / edita@bureau.knaw.nl*

*1. Ḥunain ibn Isḥâq.– *Ein kompendium der aristotelischen Meteorologie in der Fassung des Ḥunain ibn Isḥâq.* Hrsg. mit Übers., Komm.und Einl. von H. Daiber. 1975. (viii, 117 [18 Arabic t.] pp., 4 [facs.] pl.). ISBN 07 20 48302 6

*2. Aristotle.– *The Arabic version of Aristotle's Parts of Animals. Books* XI-XIV *of the Kitāb al-Ḥayawān.* Critical ed. with introd. and sel. glossary by R. Kruk. 1979 (96 [4 fasc.], 156 Arabic t. pp.). ISBN 07 20 48467 7

*3. Gätje, H. *Das Kapitel über das Begehren aus dem Mittleren Kommentar des Averroes zur Schrift über die Seele.* [Mit Text u. Übers.] 1985. (viii, 100 [10 Arabic t.] pp.). ISBN 04 44 85640 4

*4. Nicolaus Damascenus, *De Plantis.* Five translations. Ed. with introd. by H.J. Drossaart Lulofs and E.L.J. Poortman. 1989. (xvi, 732 [incl. Syriac, Arabic, Hebrew, Latin, Greek t. and num. fasc.] pp.). ISBN 04 44 85703 6

5. Aristotle. *De Animalibus. Michael Scot's Arabic-Latin translation.* Three parts.
Part 1. Books I-X : History of Animals. Ed. by A.M.I. van Oppenraaij. *In Preparation.*
Part 2. Books XI-XIV : Parts of Animals. Ed. by A.M.I. van Oppenraaij. 1998. ISBN 90 04 11070 4
Part 3. Books XV-XIX : Generation of Animals. Ed. by A.M.I. van Oppenraaij. With a Greek index to *De Generatione Animalium* by H.J. Drossaart Lulofs. 1992. (xxvi, 504 [243 Latin p.] pp.). ISBN 90 04 09603 5

6. Aristotle's *De Anima* translated into Hebrew by Zeraḥyah ben Isaac ben Shealtiel Ḥen. Ed. by G. Bos. 1993. ISBN 90 04 09937 9

7. Lettinck, P. *Aristotle's* Physics *and its reception in the Arabic world.* With an edition of the unpublished parts of Ibn Bājja's *Commentary on the Physics.* 1994. ISBN 90 04 09960 3

8. Fontaine, R.. *Otot ha-Shamayim.* Samuel Ibn Tibbon's Hebrew version of Aristotle's *Meteorology.* A critical edition, with introduction, translation, and index. 1995. ISBN 90 04 10258 2

9. Aristoteles' *De Anima. Eine verlorene spätantike Paraphrase in arabischer und persischer Überlieferung.* Arabischer Text nebst Kommentar, quellengeschichtlichen Studien und Glossaren. Hrsg. von R. Arnzen. 1998. ISBN 90 04 10699 5

10. Lettinck P. *Aristotle's* Meteorology *and its reception in the Arab world.* With an Edition and Translation of Ibn Suwār's *Treatise on Meteorological Phenomena* and Ibn Bājja's *Commentary on the Meteorology.* 1999. ISBN 90 04 10933 1

11. Filius L.S. (ed.). *The Problemata Physica attributed to Aristotle.* The Arabic Version of Ḥunain ibn Isḥāq and the Hebrew Version of Moses ibn Tibbon. 1999. ISBN 90 04 11483 1
12. Schoonheim, P.L. *Aristotle's* Meteorology *in the Arabico-Latin Tradition.* A Critical Edition of the Texts, with Introduction and Indices. 2000. ISBN 90 04 11760 1
13. Poortman, E.L.J. *Petrus de Alvernia, Sententia super librum 'De vegetabilibus et plantis.* 2003. ISBN 90 04 11766 0
14. Gutman, O. *Pseudo-Avicenna, Liber Celi et Mundi.* A Critical Edition with Introduction. 2003. ISBN 90 04 13228 7
15. Takahashi, H. *Aristotelian Meteorology in Syriac.* Barhebraeus, *Butyrum Sapientiae,* Books of Mineralogy and Meteorology. 2004. ISBN 90 04 13031 4
16. Joosse, P. *A Syriac Encyclopaedia of Aristotelian Philosophy. Barhebraeus (13th c.),* Butyrum sapientiae, *Books of Ethics, Economy and Politics.* 2004. ISBN 90 04 14133 2
17. Akasoy, A.A. and A. Fidora. *The Arabic Version of The* Nicomachean Ethics. With an Introduction and Annotated Translation by Douglas M. Dunlop. 2005. ISBN 90 04 14647 4
18. Watt, J.W. with assistance of Daniel Isaac, Julian Faultless, and Ayman Shihadeh. *Aristotelian Rhetoric in Syriac.* Barhebraeus, *Butyrum Sapientiae,* Book of Rhetoric. 2005. ISBN 90 04 14517 6
19. Ferrari, C. *Der Kategorienkommentar von Abū l-Farağ ʿAbdallāh ibn aṭ-Ṭayyib.* Text und Untersuchungen. 2006. ISBN-10: 90 04 14903 1, ISBN-13: 978 90 04 14903 8

In Preparation

Aristotle. *Historia Animalium. The Arabic translation commonly ascribed to Yaḥyā ibn al-Biṭrīq.* Ed. with introd. by L.S. Filius, J. den Heijer and J.N. Mattock.
Aristotle. *Poetica. The Syriac fragments.* Ed. by O. Schrier.
Aristotle. *Parva Naturalia. The Arabic translation.* Ed. by H. Daiber.
Aristoteles. *De Cælo. Die arabische Übersetzung.* Hrsg. von G. Endress.
Aristotle. *De Cælo. Gerard of Cremona's Arabic-Latin translation.* Ed. by A.M.I. van Oppenraaij.
Aristotle. *Physica. Gerard of Cremona's Arabic-Latin translation.* Ed. by D. Konstan.
Pedro Gallego. *De Animalibus. A Latin compendium of Aristotle's* De Animalibus. Ed. by A.M.I. van Oppenraaij.

Printed in the United States
by Baker & Taylor Publisher Services

تفسير كتاب المقولات

أبو الفرج عبد اللّه بن الطيب

تفسير كتاب المقولات

BRILL
LEIDEN · BOSTON
2006

التعليم الأول ١
التعليم الثانى ٩
التعليم الثالث ١٥
التعليم الرابع ٢٦
التعليم الخامس ٣٣
التعليم السادس ٤٦
التعليم السابع ٥٥
التعليم الثامن ٧٧
التعليم التاسع ٩٣
التعليم العاشر ١٢٥
التعليم الحادى عشر ١٤٢
التعليم الثانى عشر ١٥٥
التعليم الثالث عشر ١٦٨
التعليم الرابع عشر ١٩٢
التعليم الخامس عشر ٢٠٦
التعليم السادس عشر ٢٢٥
التعليم السابع عشر ٢٥١
التعليم الثامن عشر ٢٦٤
التعليم التاسع عشر ٢٨٥
التعليم العشرين ٣٠١
التعليم الحادى والعشرين ٣١٤
التعليم الثانى والعشرين ٣٣٥
التعليم الثالث والعشرين ٣٤٩
التعليم الرابع والعشرين ٣٥٧
التعليم الخامس والعشرين ٣٨٩

تفسير أبى[1] الفرج عبد اللّه بن الطيب
لكتاب القاطيغورياس لارسطوطالس فى المنطق

لهبة اللّه بن فضل بن هبة اللّه المتفلسف نفعه اللّه به
آمين

(١ ب) بسم اللّه الرحمن الرحيم
تفسير أبى[2] الفرج عبد اللّه بن الطيب
لكتاب المقولات لارسطوطالس

قال المفسّر

إنّ السعيد ابقراط زعم أنّ الصنائع إنّما تنشأ وتستوسق بأن يسلم المبتدئ والمبتدع ما ابتداه وابتدعه إلى من يتلوه، والذى يتلوه يتصفحه ويزيده بحسب طاقته. ويجرى الأمر على هذا إلى أن تستكمل الصناعة، ولهذا يؤثر ارسطوطالس الطبيب أن يكون المبدعون للمبادئ مساكنهم البلدان الحارة لحاجتهم إلى الذكاء القوى. فأمّا المتمّمون فيؤثر أن تكون بلدانهم البلدان الباردة من قبل أنّ المتمّم يحتاج أن يكون ثابتا غير عجول.

ونحن فلمّا كنا قد اقتفينا فى نظرنا اثار مَن تقدمنا واجتهدنا فى استقصاء ما اوردوه واستخرجنا ما غمض من اقاويلهم وبياناتهم عدة معان زائدة على ما قالوه، احببنا أن نجمع يسير ما قلنا إلى كثير ما قالوا، ونجعل من جملة ذلك تفسيرًا واحدًا يستغنى الناظر فيه عن الصعب والتعب تفصح ما تقدمه من التفاسير. ولمحبتنا للحقّ وايثارنا الاحتذاء بطريقة القدماء، ينبغى لنا أن نجعل ابتداء كلّ فعل نفعله مثل ما فعلوه.

وقد جرت عادة المفسّرين اجمعين قبل النظر فى كتاب ارسطوطالس

---

١ ابى: ابو
٢ ابى: ابو

المعروف بقاطيغورياس أن ينظروا فى عشرة مبادئ ورؤوس الانتفاع بها فى الفلسفة ليس بيسير. وتجرى مجرى اللوازم لها وذلك أنّ فى أوّل ايساغوجى نظروا فيها نفسها وفى هذا الكتاب ينظرون فى لوازمها، وكلّ هذا ليدلّوا على شرفها، فلا نستثقل الآلة التى نتعلّم بسببها.

(ا) الأوّل منها كم مبلغ عدد (٢ ا) فِرق الفلاسفة ومماذا اشتق الاسم لكلّ فِرقة منهم.

(ب) والثانى فى قسمة كتب ارسطوطالس وتعديدها وذكر أغراضها والغاية التى تستفاد فى واحد واحد منها.

(ج) والثالث النظر فى المبدأ الذى منه يبتدأ بتعلّم الفلسفة.

(د) والرابع النظر فى الطريق التى تسلك من المبدأ حتى يوصل بها إلى الغاية.

(ه) والخامس النظر فى الغاية التى تؤدينا إليها الفلسفة.

(و) والسادس النظر فى معلّم كتب ارسطوطالس على أىّ صفات يجب أن يكون فى علومه واخلاقه.

(ز) والسابع النظر فى متعلّم كتبه على أىّ صفات يجب أن يكون فى قبوله العلم واخلاقه[٣].

(ح) والثامن النظر فى صورة كلام ارسطوطالس.

(ط) والتاسع اعطاء السبب الذى من أجله استعمل الإغماض فى بعض قوله.

(ي) والعاشر فى عدد المبادئ التى ينبغى أن ينظر فيها قبل كلّ كتاب.

وينبغى لنا الآن قبل النظر فى واحد واحد من هذه المطالب أن نبيّن لِم صارت عشرة لا زائدة ولا ناقصة، فنقول إنّ الفلسفة هى أمر من الأمور ولها اسم يخصها والناظر فيها إمّا أن ينظر فيها نفسها أو فيها بحسب اسمها، فإن نظر فيها بحسب اسمها انقاد من هذا إلى النظر فى فِرق الفلاسفة، وإن نظر فيها نفسها، فإمّا أن يكون نظره فيها بقياسها إلى شئ أو بغير قياس إلى شئ؛ فإن نظر فيها بقياسها إلى شئ ظهر من ذلك وجوب النظر فى مبدئين، هما المتعلّم والمعلّم. والعلة فى وجوب هذين هى أنّ الفلسفة أمر معقول والأشياء المعقولة إمّا أن يتوصل الإنسان إلى تعلمها أو تعليمها؛ وإن نظر فيها نفسها بغير قياس إلى شئ، فإمّا أن يبتدئ بها على طريق الجملة أو يفصلها، ومن هاهنا يجب

٣ فى الهامش: والسابع...

النظر فى قسمة كتب ارسطوطالس لأنّ القسمة ليست أكثر من تكثير الواحد، وإن نظر فيها مفصّلة فيلزم من ذلك النظر فى أشياء ستة:

١ أوّلها المبدأ الذى منه يبتدأ،

٢ والثانى الطريق التى يسلك،

٣ والثالث الغاية التى عندها يقف،

٤ والرابع النظر فى صورة كلامه،

٥ والخامس النظر فى السبب الذى من أجله استعمل الإغماض فى بعض كلامه،

٦ والسادس النظر فى المبادئ التى يجب أن تطلب قبل كلّ كتاب.

(٢ ب) فقد ظهر لِم صارت المبادئ عشرة لا زائدًا ولا ناقصًا. وينبغى أن نضع أيدينا على واحد واحد منها ونستقصى الكلام فيه بحسب الطاقة. ولنبدأ بالنظر فى عدد الفِرق وممّاذا اشتق الاسم لكلّ واحدة منها. وقبل أن نفعل ذلك ينبغى لنَا أن نحدّد الفرقة نفسها، فنقول إنّ الفرقة هى جماعة مجمعة على رأى واحد. والرأى إمّا أن يراه الناس جمعًا وهذا يسمّى علمًا متعارفًا بمنزلة القضايا الاوّل، أعنى أنّ الكلّ أعظم من الجزء. وإنّ على كلّ شئ يصدق إمّا الايجاب او السلب، أو يراه الكثيرون من الناس وهذا ينقسم، فإمّا أن يكون صادقًا اوكاذبًا، أو يراه واحد من الناس، وهذا الرأى يسمّى وضعا بمنزلة ما يرى ايرقليطس أنّ كلّ شئ متحرك[٤]. وبمنزلة ما يرى برمانيذيس أنّ كلّ واحد فى عدة[٥]، والوضع هو رأى مبدع لبعض المشهورين فى الفلسفة. وهذا إمّا أن يكون صادقًا أو كاذبًا، وإذ قد حدّدنا الفرقة وقسمنا الرأى، فلنخبر بعدد فرق الفلاسفة.

المطلوب الأوّل

فرق الفلاسفة

فنقول إنّ الفرق الفلاسفة سبع: البوثاغوريون، والقرينيقيون، والرواقيون، والكَلبيون، واصحاب اللذة، والمانعون، والمشّاوون.

البوثاغوريون

فأمّا البوثاغوريون، فهم عصابة رئيسها فيثاغورس الفيلسوف[٦]، وهذه الفرقة اشتق لها الاسم من اسم معلّمها.

القرينيقيون

والقرينيقيون، فهى العصابة المنسبة إلى ارسطيقس القرينيقى وهذه الفرقة اشتق لها الاسم من اسم بلد معلّمها.

الرواقيون

والرواقيون، فهى العصابة التى كانت تجتمع للتعليم فى الرواق

٤ Cfr. Heraklit, fragm. B91; Plat. Cratyl. 402A; Arist., Metaph. 1010a12; Elias, Proleg. 108, 24; Philopon., Proleg. 2, 18

٥ fr. 8, 3 sq. Diels. Cfr. Elias, Proleg. 108, 24

٦ الفيلسوف: الفيلسفوف

باثينية، وهذه الفرقة اشتق لها الاسم من الموضع الذى كان يجلس فيه معلّمها.

الكلبيون

والكلبيون، فهى الفرقة التى اشتق لها الاسم من تدبيرها، وذلك أنّ تدبيرها تدبير ردئ، والسبب الذى من أجله لقبت بهذا اللقب من قبل أنّها كانت تقضى جميع أوطارها فى الأسواق وتماثل فى ذلك الكلاب، ولذلك لمّا سئل ذيوجانس الكلبى وقد رأى مجتمعًا مع امرأة جهْرًا، ماذا تصنع ايّها الفيلسوف، فاجاب إن كان هذا الفعل قبيحًا فهو قبيح فى السرّ والجهر وإن كان جميلا فهو (١٣) جميل فى المحضر والمغيب. وأيضًا سموا بهذا الاسم من قبل أنّهم كانوا يحبون القريب ويبغضون الغريب ويشبهون فى ذلك باخلاق الكلاب. وتأوّل قوم فقالوا قولا حسنا وهو أنّهم سمّوا بهذا الاسم لحسن الوفاء والعهد فيهم مماثلة الكلاب فى رعايتها لاربابها وحفظها ووفائها طبعا بالعهد لهم.

أصحاب اللذة

فأمّا اصحاب اللذة فبمنزلة الذين[7] كانوا يعتقدون أنّ غاية الفلسفة هى اللذة الجسمانية. وهذه الفرقة اشتق لها الاسم من القصد الذى كانت تقصده ورئيسها ابيقورس. ولو تأمّلتَ حقّ التامل لعلمتَ أنّ اللذة ليست غاية، وإنّما اللذة هى فى الفعل وأيضًا، فإنّ اللذة الجسمية هى ابداً مشوبة بالاذى، فلن تخلص اللذة فيها بالحقيقة، وقد حقّق المحققون فيها أنّها استراحة من ألم لا لذة. وذلك أنّ التشوق والاستلذاذ للاكل إنّما هو استراحة من ألم الجوع وكذلك فى جميعها. واللذة الجسمية ترسم بأنّها كون جارٍ إلى طباع محسوس، ويجب أن يزاد على هذا موافق ليُفرق بينه وبيِن الأذى. وبالجملة اللذة الجسمانية هى ادراك الحواس لمحسوس موافق فاللذة هى الادراك نفسه والأذى ضدّ ذلك، فيكونان جميعا فعلين وحركتين وكونين لا صورتين ثابتتين. فأمّا اللذات الحقيقية فهى التصرف فى المقولات وفعل الخيرات والتشبه بالبارئ تعالى بحسب الطاقة.

المانعون

والمانعون فهم فرقة كانت تصد الناس وتمنعهم من العلم ورئيس هذه الفرقة يُعرف بفورن، وهذه الفرقة اشتق لها الاسم من فعلها، فإنّها كانت تزعم أنّه لا طريق إلى علم أمر من الأمور، وذلك أنّ الأمور هى فى السيلان، وما هذه صفته لا يمكن أن يعلم. وكانت هذه الفرقة إذا سئلت، هل الإنسان موجود أم لا، تجيب بأنّه إن كان موجودا لم يكن موجودا، وذلك أنّه حتى يقع الجواب بأنّه موجود قد تغير وزال عن حاله. وكذلك

---

٧ الذين: اللذين

أيضًا يزعم زينن الفيلسوف أنّ الايجاب والسلب لا يقتسمان الصدق والكذب من قبل أنّ الأمور لا تثبت وأنّها تجرى مجرى الماء الجارى الذى لا يمكن إنسانا (٣ ب) أن يغوص يده فى الجزء الواحد منه دفعتين. فأمّا قراطلس تلميذه فكان يزيد على أستاذه، ويقول إنّه لا يمكن إنسان أن يغوص يده فى الماء الواحد دفعة واحدة، وكان أيضًا يقول إنّ العلم غير موجود، ويحتج بأنّ العلم لا يخلو من أن يعلم أنّه موجود، إمّا بعلم أو بغير علم، فإن كان بعلم فقد اقتضبتم وجود العلم وهو الذى اردتم أن تثبتوا وجوده، وإن كان بغير علم لم يلتفت إلى قولكم. وقد يعاند بمثل ما عاند ويقال له ليس يخلوا ابطالك للعلم أن يكون بعلم أو بغير علم فإن كان بعلم، فقد اثبتت العلم، وإن كان بغير علم لم يسمع قولك.

المشاوون

وأمّا المشاوون فهم الفرقة المنتسبون إلى فلاطن وارسطوطالس، وذلك أنّهما كانا يعلمان ويدرسان وهما يمشيان ويقولان إنّه ينبغى للجسد أيضًا أن يراض مع رياضة النفس كما يعود النساء الحوامل الارتياض كثيرا كيما يكون الولد المولود منهن يتعود الرياضة من صغره، وأيضًا كانا يفعلان ذلك لاكرام الفلسفة وتوقيرها؛ فقد اطنبنا فى ذكر فرق الفلاسفة ومن ماذا اشتق الاسم لكلّ واحدة منها؛

المطلوب الثانى

فلننتقل الآن إلى المطلوب الثانى، وهو النظر فى قسمة كتب ارسطوطالس، فنقول إنّ كتب ارسطوطالس تنقسم إلى الكلّية وإلى الجزئية وإلى المتوسطة.

قسمة الكتب

أمّا الجزئية فهى التى تكلّم فى كلّ واحد منها فيما خص به إنسانا واحدا بمنزلة رسائله إلى الاسكندر وغيره.

وأمّا المتوسطة بمنزلة كتبه فى السياسات وتدبير المدن فإنّ هذه لم يقصد بها واحدا من الناس ولا كلّ الناس لكنّ اهل مدينة مدينة، وكتبه التى وضعها فى السياسة والنواميس تنقسم إلى قسمين: أحدهما كتبه التى وضعها بعدد حروف المعجم التى سطر فيها سياسات المدن وعاداتها ونواميسها. والقسم الآخر الكتب التى وضعها بعدد آرائه فى السياسة والنواميس. فأمّا الكلّية فإنّها تنقسم إلى التذاكر والكتب المصنفة. والتذاكر هى التى لم يذكر فيها غرضا البتّة لكن كان الواحد منها يحتوى على معان كثيرة، وهكذا كان فلاطن يفعل. فأمّا الكتب المصنفة فإنّها تنقسم إلى العلوم الظاهرة ومنها العلوم الجدلية، وإلى العلوم الخفية ومنها العلوم الخاصة والعلوم (٤ ا) السماعية.

فأمّا العلوم الظاهرة فهى التى يفهمها كلّ احد، والجدلية فهى التى تجرى على طريق السؤال والجواب.

وأمّا العلوم الخفية فهى التى لا يصلح أن ينظر فيها إلا القوم العارفون، والعلوم الخاصة فهى التى وضعها إلى قوم مخصوصين فى تكشيف الآراء الجارية على طريق الجدل وتصحيح الصحيح منها وابطال السقيم، فأمّا السماعية فهى العلوم البرهانية الحقيقية، وإنّما سُمّيت سماعية من قبل أنّه لا يستطيع سماعها إلا القوم العارفون ومن كان ذا عقل صاف.

والفرق بين العلوم الظاهرة وبين الخفية، أمّا الاسكندر فيزعم أنّ الخفية منها صادقة والظاهرة كاذبة، ويستدل على ذلك بدليل صورته هذه الصورة، زعم أنّ ارسطوطالس يبيّن فى العلوم الظاهرة أنّ النفس الناطقة غير مائتة، وأمّا فى العلوم الخفية، فيبيّن أنّها مائتة، وزعم أنّ الرأى الأوّل كاذب وليس من آرائه والثانى صادق[٨].

والحق أنّه حاد عن طريقة ارسطوطالس، وذلك أنّ ارسطوطالس لا يعتقد أنّ النفس الناطقة مائتة، بل يعتقد فيها أنّها جوهر غير قابل للفساد.

فأمّا نحن، فإنّا نقول إنّ الفرق بينهما ليس من جهة الصدق والكذب لكنّ من قبل الظهور والخفاء، وذلك أنّه فى العلوم الظاهرة يبيّن ما يبيّنه ببيانات جلية، لأنّه يجب أن يفهم ذلك كلّ احد، فإنّه يبيّن فى هذه العلوم أنّ النفس الناطقة غير مائتة من قبل صلاتنا على الموتى وزيارة قبور الاباء. فأمّا فى العلوم الخفية، فيبيّن أنّها غير مايتة من قبل أنّها لا تشيخ ولا تفهم ولأنّها جوهر إلا هى غير فاسد.

والعلوم السماعية تنقسم إلى الفلسفة العلمية والعملية، والآلة المستعملة فى هاتين.

والفلسفة العلمية تنقسم إلى ثلاثة اقسام إلى الطبيعية والتعليمية والالهية.

والطبيعية تنقسم إلى كتاب السماع الطبيعى، وكتاب السماء والعالم، وكتاب الكون والفساد ، وكتاب الاثار العلوية، وكتاب النبات، وكتاب الحيوان، وكتاب النفس، وكتاب الحس والمحسوس.

وغرض الفلسفة الطبيعية بأسرها النظر فى (٤ ب) الأجسام والأعظام الهيولانية وفى صورها وفى الأفعال الصادرة عن صورها.

فأمّا السماع الطبيعى، فغرضه فيه أن ينظر فى مبادئ الأمور الطبيعية، وفيما يظن أنّه مبدأ للأمور الطبيعية، وفى لوازم الأمور

٨ Cfr. Elias, In Cat. 115, 3

الطبيعية، وفيما يظن لازم لها.

فمبادئها هى الهيولى، والصورة، وما يظن أنّه مبدأ فالعدم، أعنى التهيؤ الموجود فى الهيولى. ولوازمها الحقيقية هى الحركة والزمان والمكان والتى يظن بها أنّها لازمة هى الخلاء وما لا نهاية له.

فأمّا كتاب السماء، فالغرض فيه أن ينظر فى الأجسام البسيطة الخمسة التى منها انبنت ذات العالم، يعنى السماء والأسطقسات الأربعة وخفة هذه وثقلها.

وكتاب الكون، فالغرض فيه النظر فى جميع التغيرات الطبيعية بمنزلة الكون والفساد، والاستحالة، والنموّ، والنقص، والفعل، والانفعال، والتماس، والمتزاج، والاختلاط.

و أمّا كتاب الآثار فغرضه فيه أن ينظر فى الأشياء الحادثة عن البخارين الرطب واليابس بمنزلة كواكب الذوائب، والمجرّة، والكواكب المنقضة، وملوحة ماء البحر، والرياح، والزلازل، والرعود والبروق، والصواعق، والزوابع، والغيم، والمطر، والثلج، والبرد، والطل، والجليد، والقوس، والهالة، والاجسام المعدنية.

وأمّا كتاب النبات، فينظر فيه فى خواص النبات.

وأمّا كتاب الحيوان، فيورد اخبار الحيوان وهيئته ومنافع أعضائه وحركاته وتوالده.

وفى كتاب النفس ينظر فى طبيعة النفس الموجودة فى الأشياء الكائنة الفاسدة.

وفى كتاب الحس والمحسوس ينظر فى ادراك الحس لمحسوساته، والنوم واليقظة، وفى الشباب والشخوخة، وطول العمر وقصره.

فأمّا جزء التعليمى فبمنزلة كتبه فى الخطوط، وكتبه فى المناظر.

فأمّا الجزء الآلهى، فهو كتاب ما بعد الطبيعة وفيه ينظر فى الموجود بما هو موجود، وفى المبدأ الغير هيولانى، أعنى العلة الأولى التى هى مبدأ الموجود بما هو موجود، وفى وجود مبادئ سائر العلوم بمنزلة النقطة (١٥) والوحدة وجميع الأشياء التى يتسلّمها ارباب [الط]بائع.

فأمّا الفلسفة العملية، فتنقسم إلى اصلاح الاخلاق، وإلى تدبير المنزل، وإلى سياسة المدينة، وفى كتاب الاخلاق يعلّمنا عن صلاح الاخلاق. وفى كتاب تدبير المنزل يعلّمنا عن سيرة الرجل فى منزلة وكيف يكون رضيه. وفى كتاب السياسة يعلّمنا عن سياسات المدن وحفظها من داخلها وخارجها، أمّا من داخل فبالنواميس واستعمال الأدب، ومن خارجها بتحصين الحصون واعداد السلاح والجيوش.

فأمّا صناعة المنطق، فغرضها أن تعلّمنا وتقوم لنا طريقا ومسلكا نستخرج به الأشياء الخفية فى الفلسفتين العلمية والعملية حتى لا نزل ولا نغلط. وعدد كتبه ثمانية:

(ا) الأوّل منها كتاب قاطيغورياس، وهذا الكتاب غرضه فيه أن ينظر فى موضوع الصناعة المنطقية، وهو الألفاظ البسيطة الدالة على الأجناس العوالى.

(ب) وكتاب العبارة وهو ينظر فيه فى تقويم القول الجازم وكيف يقتسم الصدق والكذب.

(ج) وكتاب القياس وهو يعلّمنا فيه عن صورة القياس المطلق.

(د) وكتاب البرهان وهو يعلّمنا فيه عن القياس البرهانى، وهو الذى مقدماته صادقة وصدقه مأخوذ عن الأمور.

(٥) وكتاب الجدل وهو الذى يعلّمنا فيه عن مقاييس الجدل وهى التى مقدماتها مشهورة فى الحقيقة.

(و) وكتاب السوفسطائية وهو الذى يعلّمنا فيه عن مقاييس المغالطين، وهو الذى مقدماته يظن بها أنّها مشهورة.

(ز) وكتاب الخطابة وهو الذى يعلّمنا فيه عن قياس الخطباء، ومقدماته متساوية فى الاشتهار وعدم الاشتهار.

(ح) وكتاب الشعرآء وهو الذى يعلّمنا فيه عن المقاييس الشعرية، وهو الذى مقدماته كواذب كلّها.

ولكيما نختصر قسمة كتبه ما ينبغى لنا أن نجمعها إلى قسمين، إلى الظاهرة والخفية، فالظاهرة بمنزلة الرسائل والجدل والخفية بمنزلة العلوم السماعية والكتب التى كتبها إلى قوم مخصوصين فى تكشيف الاراء الجدلية، ومع فراغنا من قسمة كتب ارسطوطالس، فلنقطع الكلام فى تعليمنا.

(٥ ب) التعليم الثانى

قال المفسّر

قد فرغنا فى التعليم الأوّل من النظر فى فرق الفلاسفة وفى قسمة كتب ارسطوطالس فلنشرع بعون اللّه تعالى فى هذا التعليم فى النظر فى باقى المبادئ العشرة.

المطلوب الثالث

ولنبدأ بالثالث وهو النظر فى المبدأ الذى منه يبتدأ بالنظر فى الفلسفة،

المبدأ

فنقول إنّ القدماء الفضلاء اختلفوا فى مبدأ الذى منه يبتدأ بالنظر فى الفلسلة.

وطائفة رئيسها فلاطن زعمت أنّ المبدأ يجب أن يكون من التعاليم، واحتجت بهذه الحجة، قالت قول فلاطن، لا يدخل إلى مجلسنا مَن لم يكن مهندسا[١]، يدل على أنّ الابتداء يجب أن يكون من العلوم التعاليمية.

وطائفة أخرى رئيسها ثاوفرسطس زعمت أنّ الابتداء ينبغى أن يكون من العلوم الاخلاقية، واحتجت بهذه الحجة، زعمت أنّه يجب على الإنسان أوّلا أن يروض نفسه ويعودها العادات الحسنة ويصرفها فى الأشياء الفاضيلة، وحينئذ يدنو من الفلسفة من قبل أنّ الفلسفة تشبه انارتها للنفوس انارة الشمس للأجسام، وكما الشمس تنير الجسم المستعد لقبول الاستنارة اكثر، وكذلك الفلسفة تؤدّب النفس المرتاضة أكثر، وتستشهد أيضًا بقول فلاطن، إنّ الفيلسوف فى الحقيقة هو الذى يتدبر تدبيرا جميلا ويعود نفسه عادات سديدة لا الحافظ للاراء أو الحال للشكوك. فأمّا نحن فينبغى لنا أن نعلم أنّ هذا قاله فلاطن من قبل أهل اثينية، وذلك أنّ أهل اثينية لم يكونوا يسمون فيلسوفا إلا مَن كان دارسا للكتب حافظا للارآء، ونستشهد بقولى فلاطن وابقراط،

---

١ Cfr. Elias, In Cat. 118, 18/119, 4; Olymp., In Cat. 9, 1; David, In Isag. 5,12/57, 19; Fārābī, R. fī mā yanbaġī, S. 52

أمّـا فلاطن فبقوله لا يقربن الطاهر إلا الطاهر[٢]، وأمّا ابقراط فبقوله إنّ الأجسام الغير نقية كلّما اغذوتها زدتها شرّا[٣].

وطائفة أخرى رئيسـها بواثيس زعمـت أنّ المبدأ يجب أن يكون من العلوم الطبيعية، واحتجت بهذه الحجة، زعمت أنّ الأمور الطبيعية التى هـى مقارنة للهيولى نحـن إليها أميل وأكثر مناسـبة وهى لنا أظهر، فينبغى لنا أن نبدأ منها ونرتقى إلى علم الأشياء الغير هيولانية.

وطائفـة أخرى رئيسـها اندرينقـوس (١٦ ا) تلميـذ بواثيس زعمت أنّ الابتـدا ء يجـب أن يكون من الصناعة المنطقية[٤]، وذلك أنّ سـائر ما نلتمس علمه ونؤثر تمييز الصدق فيه من الكذب إنّما نقف عليه بالبرهان وبالصناعة القياسـية، فيجب أن نبدأ اوّلا بتعلّم البرهان قبل سـائر ما نروم تعلمه، إذ كان هو الآلة التى تميز لنا بين الحق والباطل فى العلوم، وبين الخير والشرّ فى الأفعال.

فأمّـا نحن فنقول إنّ هذه الفرق بأسـرها مصيبة غير مخطية، وذلك أنّه يجب على الإنسان قبل أن يقرب من اقتناء الفلسفة أن يعود نفسه العادات الجميلة وأن يضدها عن الشهوات القبيحة، ولكنّه ينبغى له أن يفعل ذلك بالاعتياد لا بالبرهان، فأمّا فعل ذلك بعد العلم، فينبغى أن يرجأ إلى وقت اسـتكمال النظر فى البرهان والفلسـفة العلمية. ويجب أيضًـا قبل أن ينظر الإنسـان فى الصناعة المنطقية أن يشـدو طرفا من التعاليـم من قبـل أنّها تكون معينة له فى اقتنـا ء الصناعة البرهانيـة، فإنّ جميع ما تبينه تبينه بالبرهان. فأمّا استيفاؤها على الحقيقة، فيجب أن يؤخـر إلـى الوقت الذى يسـتوفى فيه النظر فى الفلسـفة الطبيعية والصناعة البرهانية. والعلوم الطبيعية فلعمرى إنّها يجب أن تقدم لكن يجـب أن يكـون تقدّمها على سـائر أجزا ء الفلسـفة، لا على الصناعة المنطقيـة. فأمّا الصناعـة المنطقية فهى التى ينبغـى أن يعنى بها اوّلا لأنّها هي الأداة للفلسفة ومع عدم الأداة لا يمكن أن يفعل الفاعل شيئا. ولهـذا لمّا وقف عليها فلاطن قال لارسـطوطالس، لقد جعلت فلسـفتنا بأسـرها مرتبـة بالقوانين الصحيحـة، فيتحصل من ذلـك أنّا يجب أن نبتـدئ باعتيـاد الاخلاق الجميلـة، وأن نتلو ذلك بالنظر فى شـئ من

٢ Phaed. 67B

٣ Hippocr. Aphor. 2, 10. Cfr. Elias, In Cat. 117, 28 f.; David, In Isag. 5, 21/74, 6; Fārābī, R. fī mā yanbaġī, S. 52

٤ Cfr. Philopon., In Cat. 5, 19; Elias, In Cat. 117, 22

التعاليــم لنقوى بها على تعلّم الصناعة المنطقية، ثم نتعلّمها، ومن بعد ذلك نشرع فى تعلّم الفلسفتين العلمية والعملية.

المطلوب الخامس

فأمّــا المطلــوب الرابــع وهو النظر فــى الطريق التى إيّاها نســلك، فينبغــى أن نؤخّــره، ونقدّم عليــه المطلوب الخامس الــذى هو النظر فى الغايــة، ووجوب تقديمه عليــه يظهر (٦ ب) بثلاث حجج: الأولى منهن أنّ المبــدأ والغاية من المضــاف والمضافات لن تفصل بعضها عن بعض. والحجة الثانيــة أنّ عند معرفتنا للغاية نســتعد اســتعدادا قويا ونحرص حرصــا بليغا فى الوصول إليهــا. والحجة الثالثة أنّا لو قدّمنا النظر فى الطريــق على الغاية لكنّا كالعميان الذين يســالكون ولا يعرفون الغاية التى إيّاها يقصدون؛

فنقــول إنّ غاية الفلســفة العلميــة هى النظر فى المبــدأ الأوّل الذى هــو غير متحرك وغير متناه وليس بجســم. أمّا أنّــه غير متحرك فمن قبــل أنّــه هو المبدأ الأوّل ولو كان متحــركا، لوجب أن يكون له محرّك. وأمّا أنّه غير جســم فمن قبل أنّ قوته غير متناهية، وكلّ جســم متناه فقوته متناهية، وهذا المبدأ هو مبدأ على طريق الغاية حســب للاشــيا ء الســرمدية، فإنّ السما ء بأسرها تتشوقه وتؤثر التقيل به والتشبّه، فهو غاية لها. وأمّا الأشــيا ء الكائنة الفاســدة فهو غاية وفاعل، أمّا فاعل فمــن قبل أنّــه المخرج لها من العــدم إلى الوجود أعنى هــو المزيل عن الهيولــى العدم الموجود فيها والملبس لها مــن بعده الصورة، وأمّا غاية فمن قبل أنّها كلّها تؤثر التشبّه به بحسب قدرتها.

وأمّا الفلســفة العملية فغايتها أن تعلمنا التشبّه بهذا المبدأ بحسب الطاقة.

المطلوب الرابع

فأمّا الطريق التى بها نســلك من المبدأ إلى الغاية وهى التى كانت مطلوبا رابعا، فنقول إنّا يجب أن نبتدئ من الصناعة المنطقية التى هى الآلــة المميزة بين الحق والباطل والخير والشــرّ، ونعقــب ذلك بالنظر فى الفلســفة الطبيعية، ومن بعدها بالنظر فى الفلســفة التعليمية، وبعدها الآلهية والاخلاقية.

فأمّــا المفيــادورس فيرى أن يرتــب بعد الصناعة المنطقية الفلســفة الاخلاقية، ويقول إنّا يجب أن نقرب من الفلسفة العلمية وقد استعددنا ســلاحا قويا من الفلسفة الاخلاقية. والمفسّرون يشبهون الفلسفة بهيكل ممجد، ويجعلون الفلسفة الاخلاقية فيه صورتها صورة الالات الموضوعة فى الهيكل، والطبيعية والتعليمية بمنزلة الذباح.

والآلهية بمنزلة الأسرار الغامضة المكتومة.

المطلوب السادس

وقد آن لنا من بعد هذا أن ننتقل إلى المطلوب السادس، وهو النظر فى معلّم كتب ارسطوطالس؛ فنقول إنّ معلّم كتب ارسطوطالس يحتاج (١٧ ا) أن تجتمع فيه شرائط ثمان:

(آ) الأولى منها أن يكون فى نفسه طاهرا زكيا قد كسر شهواته وغلب قوته العقلية.

(ب) الثانية أن لا يكون محبّا لارسطوطالس فى الغاية لئلا يؤثره على الحق بمنزلة امبليخس، فإنّه من شدّة عشقه لارسطوطالس زعم أنّ قوته توازى القوى السمائية بل يكون كلام فلاطن قائما بين عينيه، وقول فلاطن هو هذا، إنّ سقراط حبيب لنا[٥] والحق حبيب لنا، إلا أنّا إذا قايسنا بينهما وجب علينا أن نؤثر الحق على سقراط[٦].

(ج) والشرط الثالث أن لا يكون مبغضا له لئلا ينقل محاسنه فيجعلها مقابح وحقه فيجعله كذبا كما ظن يحى النحوى.

(د) والرابع أن لا يسلك مع المتعلّم اخلاقا سيبه فينفر منها المتعلّم، فيبغضه ويبغض من أجله العلم.

(ه) والخامس أن لا ينبسط إلى المتعلّم كلّ الانبساط لئلا يستهين به فيستهين بالعلم من أجله.

(و) والسادس أن يكون عالما فى الحقيقة ليكون متقدرا على ايضاح ما يجب أن يوضح.

(ز) والسابع أن لا يفهم كلام ارسطوطالس على وجه خطاء، فيعرض له أن يعتقد الباطل ويسنده إليه بمنزلة الاسكندر الذى رأى أنّ النفس مائتة وعزى هذا الرأى إلى ارسطوطالس، وزعم أنّه القائل به[٧].

(ح) والثامن أن لا يقيم على رأى واحد إن كان خطاء من أجل أنّه فلاطونى أو ارسطوطاليسى بل ينتقل ابداً عن الخطاء إلى الصواب، فإنّ الآراء ليست أقربا لنا، فينبغى أن نجتنب سقمها ونواصل سديدها.

المطلوب السابع

فأمّا المطلوب السابع وهو النظر فى باب المتعلّم، فنقول إنّ متعلّم كتب ارسطوطالس يجب أن تجتمع فيه شرائط ست:

(آ) الأولى منهن أن تكون طبيعته مواتية فى كسر الشهوات وجوده

---

٥ تحت لنا: إلينا

٦ Phaed. 91C. Cfr. Arist. Eth. Nic. 1096a16; David, In Isag. 122, 4

٧ Cfr. Elias, In Cat. 123, 4

التصور والحفظ والتحيل، وأن يكون عقله هو المسلط على شهواته، وذاك أنّه لمّا كان الإنسان يدعى عالما صغيرا لمشابهته للعالم الكبير، وكان العالم الكبير إنّما يتم النظام فيه بأن يكون الرئيس مستوليًا على المرؤوس، كذلك الإنسان الذى هو العالم الصغير إنّما يجرى أمره على النظام بأن يستولى القوى فيه على الضعيف، والرئيس على المرؤوس والرئيس هو العقل والمرؤوس (٧ ب) هى قوتا الشهوة والغضب.

(ب) والثانى أن يكون حرصه شديدا، فإن نقط الماء الساقطة على الحجارة مع المداومة تثقب الحجارة.

(ج) والثالث أن يكون له معلّم سديد.

(د) والرابع أن يمتدّ له الزمان، فإنّه إذا كان ابقراط استقصر الزمان لتعلّم الطبّ الجسمانى، فكم الأولى أن يستقصر الزمان لتعلّم الطبّ النفسانى!

(٥) والخامس أن لا يربط نفسه باشياء كثيرة، فإنّ التشاغل باشياء كثيرة ينتج عدم النظام.

(و) والسادس أن لا يكون غرضه أخذ الآراء والاتصال بمن هو ذو قدر جليل، لكن ينبغى أن يكون غرضه الاتصال بمن يفهم، وإن كان خامل الذكر وبالرأى الحق، وإن لم يقله الرجل الوجيه؛

المطلوب الثامن

فلنتنقل الآن إلى المطلوب الثامن، وهو النظر فى صورة كلام ارسطوطالس، فنقول إنّه لمّا كانت كتب ارسطوطالس تنقسم إلى قسمين، إلى الظاهرة والخفية، وجب أن تكون صورة كلامه على ضربين، ظاهر وخفى. أمّا الظاهر فبمنزلة رسائله وكتبه الجدلية، فإنّ هذه الكتب استعمل فيها ظهور المعانى ووضوح الألفاظ. فأمّا العلوم الخفية فاستعمل فيها وجازة الألفاظ وغموض المعانى إلا أنّها مع غموضها صحيحة لا ريب فيها، وتلك مع ظهورها بعضها صحيح وبعضها سقيم. وهكذا يأمر فلاطن أن تكون الكتب اللائقة بالعامة ظاهرة وبالخاصة خفية.

المطلوب التاسع

فأمّا المطلوب التاسع، وهو النظر فى السبب الذى من أجله استعمل الإغماض فى كتبه السماعية، فنقول إنّ ذلك فعله لثلاثة اسباب: الأوّل منها لامتحان طبيعة المتعلّم واعتيارها، والنظر هل يصلح للفلسفة أم لا يصلح، فإن لم يصلح فلنقل له ارجوزة اوميروس، يا بنى لِم قد هربت وادرت لى ظهرك، فإنّنى هو ذا اراك حقيرا فى بنى عمك[8]. وإن صلح ضربنا له مثل فلاطن القائل، إن كان صعبا وإن كان سهلا، فلا بدّ من

---

٨ Hom. Ilias 8, 94. Cfr. Elias, In Cat. 125, 18

السلوك فيه[٩].

والثانـــى لرياضة عقل المتعلّـم، وذلك أنّه من أجـل غموضة يتعب العقــل فى ادراكــه، فيرتاض بذلك رياضة حســنة. وهكـذا كان يفعل (١٨ ا) فيثاغــورس، فإنّه كان يلقن تلاميذه آرا ءه بأخفى ما يكون حتى إذا اتعبوا فيها أفكارهم رأوها واضحة فى منامهم من قبل الصفا ء الذى حصل لعقولهم[١٠].

والثالث لكيما لا تظهر أســرار الفلســفة لكلّ أحـد فتصل إلى مَن لا يســتحقها. ولهذا لمّا ســأل الاسكندر لارســطوطالس وقال له، أنّها الفيلســوف، ما السبب فى تســليمك ما قد تعبت به إلى الناس جزافا، فاجابه بانّنى لم اسلمه إلى أحد. وإنّما عنى بذلك أنّه قد أغمضه غموضا يستعســر على كلّ أحد فهمه. وكذلك فلاطن لمّا ســئل، ما الســبب فى إغماضك آرائك اجاب وقال، إنّنى اغمضتها حتى لا تهلك آرا ءى وكتبى فى الأرض والبحر وحتى لا يقف عليها كلّ أحد.

المطلوب العاشر

ولننتقل إلى الطلوب العاشــر، وهو أمر الأبواب الثمانية التى جرت العــادة بالنظــر فيها قبل كلّ كتاب، وهذا الباب قد شــرحناه فى كتاب ايساغوجى بحسبه وبحسب الصناعة المنطقية على الاطلاق شرحا بليغا نحن مستغنيون عن اعادته، وهاهنا ينقطع التعليم.

٩ Plat., Epinom. 992A

١٠ Cfr. Elias, In Cat. 126, 3; David, In Isag. 107, 3; Olymp. In Cat. 11, 33

التعليم الثالث

قال المفسّر

قد اتينا فيما تقدم على المبادئ العشرة التى جرت عادة الاسكندرانين بتقديمها قبل كتاب المقولات واستوفينا الكلام فيها، وقد وجب علينا أن نعود إلى تفسير هذا الكتاب. وقبل أن نأخذ فى تفسيره، فواجب أن نستوفى الكلام فى الأبواب الثمانية التى جرت العادة بتقديمها قبل كلّ كتاب بحسب هذا الكتاب، وهى الغرض والسبعة البواقى.

الغرض

ولنقدم الغرض على سائرها، فنقول إنّ مفسرى كتب ارسطوطالس اختلفوا فى غرض هذا الكتاب، فقوم ادعوا أنّه يجرى مجرى التذكرة وأنه ليس بمقصور على غرض، وقوم ادعوا أنّ له غرضا إلا أنّهم اختلفوا فيه؛ فطائفة ادعت أنّ غرضه الكلام فى الأمور الموجودة، ولا تفهم الشخصية لكنّ (٨ ب) الكلّية من حيث هى ذوات. وطائفة ادعت أنّ كلامه فى الصور الحاصلة فى العقل، وافهم من حيث هى أجناس وأنواع. وطائفة ثالثة زعمت أنّ كلامه فى الألفاظ البسيطة الدالة.

وكلّ واحدة من هذه الفرق عضدت دعواها بحجج: أمّا طائفة التى زعمت أنّ لا غرض له، فبينت دعواها على هذه الصفة، زعمت أنّ البيان على ما ادعته يتضح من كلام ارسطوطالس، وذاك أنّه يتكلم فى هذا الكتاب فى أمور طبيعية وفى أمور اخلاقية وفى أمور منطقية وفى أمور الالهية. أمّا كلامه فى الأمور الطبيعية، فبقسمة الجوهر إلى الشخصى والكلّى وقسمة الكم إلى المنفصل والمتصل. وأمّا كلامه فى الأمور الاخلاقية فمن قبل أنّه يتكلم فى الفضيلة والرذيلة، وأمّا كلامه فى الأمور المنطقية فمن قبل أنّه يزعم أنّ الألفاظ المفردة لا تصدق ولا تكذب، وإنّما تصدق وتكذب عند التأليف. وأمّا كلامه فى الأمور الالهية فمن قبل أنّه يتكلم فى الأجناس العوالى، وهذه يتكلم فيها الرجل الالهى لأنّه هو الذى ينظر فى جميع الموجودات بما هى موجودات ويرقيها إلى مبادئه العشرة.

والكتب التى تتضمن الكلام فى أشياء كثيرة تليق بعلوم مختلفة ولا يشتمل عليها علم واحد، ولا تؤدى إلى غاية واحدة، ويكون ما سواها

بسببها يجرى مجرى التذكرة من غير أن يكون له غرض مخصوص.

وأمّا الطائفة التى رئيسها الاسكندر الافرودسى التى زعمت أنّ غرضه الكلام فى الأمور الموجودة، فإنّها بينت دعواها بثلاث حجج:

الأولى صورتها هذه الصورة، من رسم ارسطوطالس المتفقة اسماؤها وقوله فيها إنّها أمور تعمها لفظة واحدة، انبابا أنّ كلامه إنّما هو فى الأمور لا فى الألفاظ.

والحجة الثانية تجرى على هذه الصفة، لمّا بدأ ارسطوطالس بالكلام فى الجوهر قال إنّ الجوهر الموصوف بأنّه أحق وأوّلى وأقدم فى الجوهرية، هو الذى لا على موضوع ولا فى موضوع، فقبوله موصوف دلّ على أنّ كلامه فى الأمور لا فى الأفاظ لأنّ الموصوفات هى الأمور.

والحجة الثالثة صورتها هذه الصورة، لمّا شرع (١٩) ارسطوطالس فى الكلام فى كلّ واحد من الأجناس العشرة، قسمها قسمة اليق بأن تكون متوجهة نحو الأمور لا نحو الألفاظ، لأنّه عند ما بدأ بالكلام فى الجوهر قسمه إلى الأوّل والثانى، والكم إلى المتفصل والمتصل، ومعلوم أنّ هذه القسمة إنّما هى للأمور لا للألفاظ.

وأمّا الطائفة التى رئيسها امونيوس وهى التى زعمت أنّ كلامه فى الصور الحاصلة فى العقل يعنون الأمور العامية بينت دعواها بحجتين:

الأولى صورتها هذه الصورة، ليس كلامه فى هذا الكتاب فى الألفاظ لكن فى الأمور. ولأنّ الأمور تنقسم إلى الصور الحاصلة فى العقل وإلى الاشخاص المحسوسة، وهذه لا يصلح أن يتكلم فيها، فبقى أن يكون كلامه إنّما هو فى الصور الحاصلة فى العقل[١].

والحجة الثانية تجرى على هذا الوجه، الدليل على أنّ كلامه فى الصور الحاصلة فى العقل استعماله الأسماء التى تدل عليها، فإنّه يستعمل فى جل الكتاب لفظة كلّى وعلى موضوع وجوهر ثان، وهذه إنّما هى من الألفاظ الدالة على الصور التى فى العقل.

فأمّا الطائفة التى رئيسها فرفوريوس وهى التى زعمت أنّ غرضه النظر فى الألفاظ الدالة فإنّها بينت دعواها بحجتين:

الأولى تجرى على هذه الصفة، الدليل على أنّ غرض ارسطوطالس إنّما هو الكلام فى الألفاظ الدالة، يتبيّن من نفس ترجمة الكتاب. وذاك أنّه ترجمه بالقاطيغورياس والقاطيغورياس ليست أكثر من لفظة دالة على أمر من الأمور.

---

١ Ammon., In Cat. 10, 7

والحجة الثانية تجرى على هذه الصفة، معلوم أنّ غرض ارسطوطالس هــو الــكلام فى الألفاظ الدالة، يتبيّن من نفس كلامه وذاك أنّ قســمته للألفاظ تدل على أنّ كلامه فى الألفاظ[٢].

فأمّا نحن فإنّا لا نرضى بقول من زعم أن ليس لهذا الكتاب غرض، ولا نرضــى أيضًــا بقــول من قال إنّ غرضــه إنّما هو الــكلام فى الأمور الموجودة حسب، ولا فى الصور التى فى النفس حسب، ولا فى الألفاظ الدالة (٩ ب) حسب، لكنّا مع امبليخس نوبخ هذه الفرق الاربع.

أمّــا الأولى فلتصييرها مثل هذا الكتاب بــلا غرض. وأمّا الثلاث طوائــف الباقية فعلى تقصيرها. وذلــك أنّ امبليخس يزعم أنّ صورتها صورة قوم راموا تحديد طبيعة الإنسان، فزعم بعضهم أنّها حيوان وفريق آخــر بأنّها ناطــق[٣]. وطائفة أخرى بأنّها مائت وفريــق آخر جمع الثلاثة كالشــئ الواحد وحددها بأنّها حيــوان ناطق مائت، فاصاب على التمّام واولئــك اصابوا على النقصا، كذا أيضًا هــذه الطوائف التى زعمت أنّ غرضه فــى قاطيغورياس ما ذكرت اصابت لكن ليس على التمّام؛ فإنّ غرضــه فى هذا الكتاب على ما يزعــم امبليخس إنّما هو النظر فى هذه الثلاثة، أعنى الألفاظ البسيطة الدالة، والصور التى فى العقل والأمور التى من خارج[٤]، إلا أنّه بحســب الــرأى الافلاطونى لا يصلح أن يكون للكتــاب الواحــد إلا غرض واحد. وإذا كان الأمــر على هذا، ينبغى لنا أن نجمــع ونقول إنّ غرضــه فى هذا الكتاب هو النظر فى الألفاظ الدالة علــى الأمور الكلّية وعلى الأشــيا ء التى تحمل عليهــا الأمور الكلّية. ولأنّ الألفاظ منها بســيطة ومنها مركبة ما، ينبغى أن نســتثنى، فنقول البســيطة. وأيضًا لمّا كانت هذه منها فى الوضع الاوّل ومنها فى الوضع الثانى ما، ينبغى أن نســتثنى ونقول التى فى الوضع الاوّل. ولمّا كانت الأمــور الكلّيــة منها أنــواع أنواع وهذه غيــر متناهية عندنــا، ومنها متوسطات ومنها أجناس أجناس، وكانت أجناس الأجناس أشد انحصار من سائرها، وجميع البواقى ممّا تحتها داخلة فيها، فالعلم إنّما ينبغى أن يجعل كلامه فى الشــئ المنحصر لا فى غيــره ما، ينبغى أن نقول فيها الدالــة على أجناس الأجناس، فلتكن صورتنــا صورة قوم راموا غرضا

٢ Porph., In Cat. 58, 5; cfr. Olymp., In Cat. 18, 30

٣ Jamblichos: Cfr. Olymp., In Cat. 20, 2; Philop. In Cat., 9, 10

٤ Cfr. Simpl. In Cat., 13, 17

لم يصلوا إليه فى السعى الاوّل ولا فى الثانى ولا فى الثالث ولا فى الرابع، لكن فى الخامس. فإنّا أوّلا قرنا الأمر على أنّ الكلام فى هذا الكتاب إنّما هو فى الألفاظ الدالة، وثانيا البسيطة، وثالثا على الأمور الكلّية، (١٠ ا) ورابعا التى فى الوضع الاوّل، وخامسا الأجناس العوالى، فيتحصل أنّ غرضه فى هذا الكتاب إنّما هو الكلام فى الألفاظ البسيطة الدالة على الأمور الكلّية التى هى أجناس عالية التى فى الوضع الاوّل وفى الأمور بحسبها.

وأنت تفهم من هذا أنّ موضوع الصناعة المنطقية إنّما هو الألفاظ البسيطة الدالة على الأمور الكلّية، إلا أنّ ارسطوطالس يقبضها إلى عشرة لأنّ الأمور تنقبض إلى عشر. وذاك أنّه يقبض كلّ الأفاظ البسيطة الدالة على الأمور الكلّية التى هى جواهر فى لفظة جوهر، وكذلك ألفاظ الكمية فى لفظة كم، حتى إذا استعملها فى المتوسطة قرن إليها لفظة أخرى، فقال جوهر جسم، فخصصها وجميعها يستعمل المنطقى ويؤلف منها المقدمات، إلا أنّ العلم إنّما هو فى هذه العشر المنحصرة، إذ كان الأعلى يحصر ما دونه. وهذه إذا ألّفها المنطقى عمل منها المقدمات والمقدمات يعمل منها القياس والقياس يعمل منه البرهان وغيره من أنواع المقاييس، فليس ينبغى أن يفهم لأنّ هذه العشر هى موضوع المنطقى لأنّه لا يستعمل سواها بل يستعملها وكلّ ما تحتها وإنّما يجعل العلم فيها لأنّ العلم يكون فى المضبوط المنحصر. وتبييننا صحة هذه الدعوى يبطل سائر الاقاويل التى ادعتها الطوائف المتقدمة.

فأمّا أنّ هذا هو الغرض فى الحقيقة فيتبين بثلاث حجج: الأولى منهن صفتها هذه الصفة، كلّ ما يدرك ويعرف إمّا أن يدرك بالقوة الحسية أو بالقوة العقلية. والأشياء التى تدرك بالقوة الحسية مع ارتفاع الموانع والعوائق لا يقع فيها غلط ولا زلل، وذلك أنّ القوة الحسية ليس تدرك ما تدركه بمتوسط، وهو جزء من المدرك كما يدرك العقل ذوات الأشياء بتقدم علم مبادئها، ويدرك الأشياء الموجودة لها بتوسط أشياء ذاتية لها أو لازمة بتقدم علمه بها، بل بأن تنطبق على المحسوس الخاص بها (١٠ ب) وتنطبع بصورته. فأمّا الأشياء التى تدركها القوة العقلية، فإنّها تنقسم، فمنها ما هى قائمة فى فطرة العقل، ومنها ما هى خفية عنه. والتى فى فطرة العقل تنقسم، فمنها ما لا يحتاج إلى تنبيه بمنزلة القضايا الاوّل، وهذه بمنزلة القول إنّ على كلّ شئ يصدق إمّا الايجاب أو السلب، وإنّ الأشياء المساوية لشئ واحد متساوية، وإنّ الكلّ أعظم من الجزء. ولا تستشعر من قولى فى فطرة العقل أنّها موجودة فى العقل

منذ الابتداء، فإنّ العقل الإنسانى على ما قد علمتم ليس فيه صورة معقولة بالفعل منذ الابتداء، لكن يوجد فيه التهيؤ والاستعداد لقبول المعقولات. وهو كالهيولى العامة لها وما هذه صورته لا يختص بصورة دون صورة، لكنّ معنى قولنا فى الفطرة أىْ أنّ العقل شديد الاستعداد لقبولها، وأنّه لا يحتاج أن يتطرق إلى علمها بصعوبة وشدة لكن عن ادراكه شيئا واحدا بالحس ينقدح فيه. وكما أنّ المادة المستعدة للالتهاب ادنى[٥] حركة تلهبها، كذلك امثال هذه الأشياء عن ادنى وهلة وبيسير من معاونة الحس تنطبع فى العقل ويتصور بها. ومنها ما تحتاج إلى تنبيه وهذه تنقسم إلى ما يحتاج إلى تنبيه يسير بمنزلة القول، إنّ كلّ ما يكون يكون من شئ، ومنها ما يحتاج إلى تنبيه كثير وهذه بمنزلة القول، إذا قام خط مستقيم على خط مستقيم، فإنّ الزوايتين اللتين عن جنبتيه إمّا قائمتان أو مساويان لقائمتين.

والتى هى خفية عن العقل هى التى فى مثلها يقع الغلط بأن يتوصل العقل إلى ادراكها بغير طريق التوصل، فيظل ويظن أنّه ما ظل.

فهذه الصناعة المنطقية مقصدها إنّما هو أن يفيدنا طريقا ومسلكا نقف به على الأشياء الخفية وقوفا متقنا بتوسط أشياء ظاهرة، وهذا هو البرهان. ولأنّ العلم بالشئ المركب إنّما يتم بعلم مبادئه ومبادئ الشئ جنسه وفصله، وجنس البرهان هو القياس المطلق، وفصله هو صورة (١١١ ا) المقدّمة البرهانية وشروطها. وبالجملة شروط البرهان فارسطوطالس يعلّمنا عن الفصل البرهانى فى كتاب البرهان وعن جنسه فى كتاب القياس، إلا أنّ القياس المطلق هو مركب من مادة وصورة، فمادته المقدّمات وصورته الشرائط التى بإضافتها إلى المقدّمات يتم القياس، فهو يعلّمنا عن صورته فى كتاب القياس وعن مادته فى كتاب المقدّمات، ولمّا كانت المقدّمات مركبة من مادة وصورة، فصورتها اقتسام الصدق والكذب ومادتها الألفاظ البسيطة الدالة، فهو يعلّمنا عن صورتها فى كتاب المقدّمات وعن مادتها فى كتاب قاطيغورياس، فقد بان أنّ غرض كتاب قاطيغورياس هو الكلام فى الألفاظ البسيطة الدالة، ولمّا كانت هذه تدل على شخص ونوع وجنس وكانت التى تدل على الأشخاص غير متناهية لا فى نفسها ولا عندنا، وكذلك التى تدل على الأنواع غير متناهية عندنا وغير المتناهى، لا يصح أن يعلم عنه، والتى تدل على الأجناس العوالى متناهية عندنا وعند الطبيعة، وجب

٥ اذنى: اذنا

أن يكون الكلام فيها ، فيتحصل أنّ غرضه الكلام فى[٦] الألفاظ البسيطة الدالــة على الأمور الكلّية التى هى أجنــاس عالية. ولمّا كانت الألفاظ منها فى الوضع الأوّل وهى الدالة على الأمور أنفسها ، ومنها فى الوضع الثانى وهى التى تدل على الألفاظ الدالة على الأمور عند المناسبة بينها وبين الزمان، وكلامه هاهنا إنّما هو فى التى فى الوضع الأوّل، فيتحصل أنّ غرضه الكلام فى الألفاظ السيطة الدالة على الأمور الكلّية التى هى أجناس عالية التى فى الوضع الأوّل.

ولمّا كانت الألفاظ من حيث هى ألفاظ لا تتباين كلّ التباين من قبل أنّها بأسـرها مؤلفة من المقاطع، وإنّما تختلف الاختلاف الذى فى الغاية من قبـل اختلاف مدلولاتها ، لأجلها انقاد إلـى الكلام فى مدلولاتها ، وأيضًـا فاحتاج إلى الكلام فـى مدلولاتها لئلا يعترضه معترض ويقول إنّ هذه[٧] الألفاظ البسيطة التى اوردتها وزعمت أنّها عشرة تجرى مجرى المترادفة اسماؤها ، والواحدة منها تغنى عن سائرها ، (١١ ب) فبكلامه فى مدلولاتها ارى أنّ كلّ واحدة منها غير الأخرى، فلنجمل الآن الغرض على ما قد اتضح منه ونقول، إنّ غرض ارسـطوطالس فى هذا الكتاب النظر فى الألفاظ البسـيطة الدالة على الأمور الكلّية التى هى أجناس عاليــة التــى فى الوضع الأوّل وفى الأمور بحسـبها ، فهـذه هى الحجة الأولى.

والحجة الثانية تجرى على هذه الصفة، قد يتبيّن ما ادعى من غرض هذا الكتاب بالاسـتقراء. وذاك أنّ ارسـطوطالس لمّا شرع فى النظر فى هذا الكتاب قسـم أوّلا الألفاظ الدالة، وثانيا عددها ، فعلم من ذلك أنّ غرضه إنّما هو الكلام فى الألفاظ الدالة، وأيضًا لمّا كانت الأشـيا ء التى تاتلف منها الموجبة والسـالبة ألفاظ بسـيطة دالة، وكان ارسطوطالس قد قال إنّ من هذه التى كلامى فيها تاتلف الموجبة والسـالبة، يعلم أنّ غرضه إنّما هو الكلام فى الألفاظ الدالة.

والحجـة الثالثـة تجرى على هـذه الصفة، قـد علمتـم أنّ الطبيعة والصناعــة لا يوجـدان اية صـورة اتفقت فى أىّ مـادة وموضوع اتفق، لكنّهما يختاران للصور التى يفعلانها موضوعات مناسبة، تصلح لقبول تلـك الصــورة، ولأنّ البرهان صورة من الصور ، فـلا محالة أنّ الطبيعة العقليــة اعدت لها موضوعا مناســبا لها ، وصورة البرهان هى الاحتوا ء

---

٦ فى الهامش: الكلام فى

٧ فى الهامش: هذه

علـى تمييز الصدق من الكذب، والصدق والكذب إنّما يكونان فى اللفظ الدال عند تاليفه، فجميل بنا لمّا زعمنا أنّ غرضه فى هذا الكتاب النظر فى الألفاظ البسـيطة الدالة من قبل أنّ هـذا الكتاب إنّما ينظر فيه فى موضوع للصناعة البرهانية.

وإذ قـد بيّنّا بالحجـج القوية صحة ما ادعينا من الغرض، فقد يجب علينـا أن نوضـح كلّ جزء مـن أجزاء حد الغرض وبمـاذا انفصل به من غيـره، لنرى أنّ فى حد الغرض فصولا، قد فصلته من سـائر الأشـيا ء المشـاركة له فـى الجنس. ونبيّن بعد ذلك أنّ حـد الغرض حد صحيح لا زائـد ولا ناقـص، فنقول إنّ قولنا إنّ غرضه الـكلام فى الألفاظ يجرى مجرى الجنس. فأمّا قولنا فيها بسـيطة، لنفرق بينها وبين المركبة سوا ء كانت دالة بمنزلة قولنا زيد يمشى أو (١٢ ا) غير دالة بمنزلة قولنا عنزايل موجـود. وقولنا دالة، لنفـرق بينها وبين الألفاظ غير دالة. وقولنا على الأمور الكلّية، لنفرق بينها وبين الألفاظ الدالة على[٨] الأمور الشخصية. وقولنـا التى هى أجناس عالية، لنفرق بينهـا وبين الألفاظ الدالة على المتوسطات وعلى أنواع الأنواع. فإنّ هذه وإن كانت فى نفوسها محدودة إلا أنّها عندنا غير محدودة وغير متناهية والعلم إنّما يقع بالمتناهية فى نفسـها وعندنا. وقولنا فيها التى فى الوضـع الاوّل، لنفرق بينها وبين التـى فى الوضع الثانى، وقولنا فيها وفى الأمور بحسـبها، لنفرق بين نظر المنطقى فى الأمور وبين نظر الطبيعى والتعليمى والالهى، فإنّه ولا واحد من هؤلا ء ينظر فى الأمور بحسـب الألفاظ لكن ينظر فى الأمور نفوسها.

وإذ قد شرحنا ولخّصنا جزءا جزءا من أجزاء حد الغرض، فلنأخذ فى أن نبيّن أنّه حد صحيح لا زائد ولا مقصر، ونحن نبيّن ذلك بحجتين:

الأولـى منهمـا تجرى على هذه الصفة، قد علمتم أنّ الرسـم أو الحد يكون كافيا، إذا كان للمرسـوم والمحدود وحْـده ولمْ يقصر عنه ولمْ يزد عليه، ورسم غرض كتاب القاطيغورياس هذا الذى قدّمنا ذكره، صورته هـذه الصورة، فهو إذا رسـم علـى غاية الصحة. فأمّـا أنّ صورته هذه الصورة، فيتضح على ما انا واصفه. أمّا أنّ هذا الرسـم لا ينطبق على غير هذا المرسـوم، فظاهر، وذلك أنّـه لا واحد من باقى الكتب المنطقية والطبيعية وغيرها يرسـم بهذا الرسم. وإذا كان الأمر على هذا، فمعلوم أنّه غير زائد. فأمّا أنّه غير مقصر فظاهر، وذلك كما قد علمتم أنّ كتاب

---

٨ فى الهامش: الألفاظ الدالة على

القاطيغورياس ينقسم إلى ثلاثة أقسام، الطرفان منها من أجل الوسط والوسط هو الغرض، والوسط هو النظر فى المقولات، فمعلوم من هذا أنّه غير مقصر. وإذا كان غير مقصر ولا زائد، فهو مساوٍ لا محالة.

والحجة الثانية هكذا، قد علمتم أنّ الحد أو الرسم إذا كانت فيه فصول تفصل المحدود من سائر ما يشاركه فى الجنس، فهو حد على غاية الصحة، وفى رسم القاطيغورياس فصول تفصله من سائر الكتب، وذاك أنّ بقولنا إنّ غرضه الكلام فى الألفاظ (١٢ ب) البسيطة فصلناه من القياس وسائر أنواعه، وذلك أنّ المقاييس هى ألفاظ مركبة. وبقولنا فيه التى فى الوضع الأوّل، قد فصلناه من كتاب العبارة، وذلك أنّ الألفاظ المستعملة فى كتاب العبارة هى فى الوضع الثانى. وقولنا فيه وفى الأمور بحسب الألفاظ فصلنا بينه وبين سائر العلوم الناظرة فى الأمور، أعنى الطبيعية والتعاليمية والالهية والخلقية وغير ذلك. وذلك أنّه ولا واحد من هذه ينظر فى الأمور بحسب الألفاظ لكن ينظر فيها نفوسها، فقد استوفينا الكلام فى الغرض وحددناه وبينّا الحاجة إلى كلّ جزء من أجزاء حدّه، وإنّه حد تامّ لا ناقص ولا زائد، وإذا حقّق ذلك لم يحتج فيه إلى الاطالة.

وقيل إنّ هذا الكتاب يجتمع والمدخل فى الغرض، وهو أنّهما ينظران فى الألفاظ البسيطة الدالة على الأمور الكلّية التى فى الوضع الأوّل، وفى الأمور بحسبها، سوى أنّ هذا ينفصل من المدخل بأن يقال إنّ نظر هذا فى الأمور من حيث هى ذوات، وذاك من حيث يلزمها الخصوص والعموم؛ فلنأخذ من بعد ذلك فى اثارة الشكوك الطارئة عليه ونحلّها ونعقب الكلام فيه بالكلام فى المنفعة.

الشكوك

وأوّل شكّ يطرأ صورته هذه الصورة، كيف يستجاز أن يقال إنّ غرض ارسطوطالس فى هذا الكتاب النظر فى الألفاظ البسيطة الدالة، ونحن نعلم أنّ فى الكتاب الثانى، أعنى فى كتاب العبارة ينظر أيضًا فى الألفاظ البسيطة الدالة. فإنّه أوّل ما يشرع فيه يحدد الاسم والكلمة، وهذه هى ألفاظ بسيطة دالة.

وحلّ الشكّ يجرى على هذه الصفة، الألفاظ على ضربين: فى الوضع الأوّل وفى الوضع الثانى، فالتى فى الوضع الأوّل هى الدالة على الأمور وعلى الأفعال الصادرة عن الأمور بمنزلة لفظة زيد وضرب، والتى فى الوضع الثانى هى الدالة على الألفاظ التى فى الوضع الأوّل، والتى تدل على لفظة لا تقترن دلالتها بزمان تدعى اسما، والتى تدل على لفظة تقترن دلالتها بزمان تدعى كلمة، ففى كتاب قاطيغورياس

ينظر فى الألفاظ التى فى الوضع الأوّل، وذلك أنّه ينظر فى الألفاظ البسيطة الدالة على الأجناس العوالى. وفى الكتاب الثانى ينظر فى الألفاظ التى فى الوضع الثانى.

ويطرأ شكّ ثان صفته هذه الصفة، كيف تستجيز أن تقول (١٣ ا)[٩] إنّ ارسطوطالس يتكلّم فى هذا الكتاب فى الأمور، ونحن نعلم أنّه فى الفلسفتين العلمية والعملية يستوفى الكلام فى سائر الأمور الالهية والإنسانية ولا يبق شئ منها.

وحلّ الشكّ يجرى على هذه الصفة، إنّ الفلسفتين على ما زعمتم تنظر فى الأمور نفسها، وهاهنا ينظر فيها من أجل الألفاظ الدالة عليها، وذاك أنّ العلوم الناظرة فى الأمور أربعة: علم طبيعى وتعليمى والاهى ومنطقى. والسبب الذى من أجله صارت أربعة هو أنّ العلوم الموضوع لها هو الأمور، فبحسب عدد الأمور يكون عدد العلوم، فالأمور منها شخصية ومنها كلّية، والكلّية هى الصور الحاصلة فى النفس. والعلم إنّما يقع بهذه لأنّها ابدية دائمة سرمدية. فأمّا تلك، فلا يقع بها علم لأنّها متغيرة وبلا نهاية. والأمور المنتزعة النظر فيها على ضربين، إمّا أن ينظر فيها من حيث هى موجودة وفى مبادئها من حيث هى موجودة حسب، أو ينظر فيها من حيث هى مع مادة. وهذا ينقسم على ضربين، وذاك أنها إمّا أن تكون مع مادة قريبة معها مبدأ حركة وسكون وتسمى طبيعية، أو مع مادة بعيدة لا حركة معها ولا سكون وتسمى أمور تعليمية. والقسم الأوّل ينظر فيه على ضربين، إمّا فى نفوسها ويسمى نظرا الاهيا، أو بحسب الألفاظ الدالة عليها ويسمى نظرا منطقيا. وبالجملة الأمور الموجودة فى النفس إمّا أن ينظر فيها بما هى موجودة ومبادئها من حيث هى موجودة ويسمى هذا إن كان نظرا فيها نفوسها نظرا الاهيا، وإن كان بحسب الألفاظ الدالة عليها نظرا منطقيا. وإمّا أن ينظر فيها بما هى مع مادة وهذه تنقسم، فمنها ما يكون مع مادة قريبة وتسمى طبيعية لأنّ معها مبدأ حركة وسكون، ويسمى هذا النظر نظرا طبيعيا. ومنها ما يكون مع مادة بعيدة ولا حركة ولا سكون معها، ويسمى هذا النظر نظرا تعليميا، فتكون أصناف العلوم أربعة لا زائدة ولا ناقصة. علم ينظر (١٣ ب) فى الأمور الطبيعية، وهذا هو نظر فيها من حيث هى فى مادة قريبة معها مبدأ حركة وسكون. وعلم ينظر فى الأمور التعليمية، وهو نظر فى أمور مع مادة بعيدة ولا حركة ولا سكون

---

٩ فى الهامش: ثانية من قاطيغورياس

معها، وعلم ينظر فى الأمور الاهية، وهو نظر فى الأمور الموجودة بما هى موجودة. وعلم ينظـر فى الأمور المنطقية، وهو نظر فى الأمور الموجودة من حيث الألفاظ الدالة عليها، فهذا كاف فى حلّ هذا الشكّ.

وقد يطرأ شــكّ ثالث صورته هذه الصورة، كيف يزعمون أنّ غرض ارسطوطالس إنّما هو النظر فى الألفاظ البسيطة ونحن نرى أنّ النحويين إنّمـا ينظـرون فى هذا بعينه ومعلوم أنّ الصناعــة المنطقية غير الصناعة النحوية.

وحلّ الشــكّ يجـرى على هذه الصفــة، النحـوى والمنطقى كلاهما ينظـران فى الأمور وفى الألفاظ، ســوى أنّ المنطقــى ينظر فى الألفاظ الدالة حســب، والنحوى فى الدالــة وغير الدالة، فإنّه ليس اعرابه للفظ الــدال بأكثر من اعرابه للفظ غيــر الدال. فأمّا الأمور فإنّ المنطقى ينظر فيها لكيما يتحصل له الفرق بين الألفاظ الدالة عليها، والنحوى لكيما يعرب الألفــاظ، فإنّه يعرب اللفظة الدالة على الفاعل بخلاف الاعراب الذى يعرب به اللفظة الدالة على المنفعل.

وقد يطرأ على الغرض سؤال صفته هذه الصفة، ما السبب الذى من أجله لمْ يصرح ارسطوطالس بغرضه فى هذا الكتاب كما فعل فى كتابه فى السماء والسماع والقياس؟

والجـواب يجرى على هذا الوجه، السـبب الذى مـن أجله لمْ يصرح بغرضــه فى هذا الكتاب هــو صعوبة الغرض، وذلك أن ليس غرضه فى هذا الكتاب النظر فى الألفاظ حســب، ولا فى الأمور حســب، لكن فى كلّ واحد منهما بحســب ما يتعلق بالآخر، فلهذا ما عدل عن التصريح به لأنّه ليس فى طاقة المتعلّم فهْمه تصريحا.

وقد يطرأ شــكّ رابــع صورته هذه الصورة، ما الســبب فى (١٤ ا) أنّ ارســطوطالس لمّا اراد أن يتكلّم فى البرهان بدأ بالقياس لأنّه مبدأه، وكذلــك قبل القيــاس تكلّم فى المقدّمات، وقبــل المقدّمات فى الألفاظ البســيطة لأنّها مبادئها، ولمّا انتهى إلى الألفاظ البســيطة وهى مركبة مــن المقاطــع لمْ يتكلّم فى المقطع، ولا فى الصوت؛ فقول إنّه قد بيّن فى كتــاب البرهان أنّه ليس لصاحب صناعة أن يتكلّم فى وجود موضوعها ومبادئ موضوعه، ولمّا كان موضوع الصناعة المنطقية الألفاظ البسيطة الدالة، تســلّم ارســطوطالس وجودها تسليما ولم يجز له الكلام لا فيها ولا فى مبادئها.

وأنت فافهم قانونا حســنا، وهو أنّ الموضــوع لكلّ صناعة يجب أن يكون مناســبا لغرض تلــك الصناعة، فالغرض يجـرى مجرى الصورة

التى شـأنها أن تحلّ ذلك الموضوع. وغرض المنطق الاحتواء على طبيعة الصـدق، والصـدق إنّما يكون فى الألفاظ الدالـة لا فى المقاطع ولا فى الحروف، فإنّ الألفاظ الدالة إذا الفت دخلها الصدق والكذب، فبالواجب صـارت الالفاظ الدالة هى الموضـوع الأوّل فى الصناعة المنطقية، لا ما قبلها كالمقاطع والحروف، ولهذا صار موضوع الطبيب الأوّل الأسطقسات الأربعة لأنّ غرضه حفظ صحة موجودة او ردّ صحة قد فقدت لأنّ الصحة إنّما تكون فى مزاج الأسطقسات لا فى الصورة والمادة، وعند هذا فنقطع الكلام فى هذا التعليم.

التعليم الرابع

قال المفسّر

قد اتينا فى التعليم السالف فى ذكر غرض هذا الكتاب واستوفينا الكلام فيه، فلنأخذ الآن فى هذا التعليم فى استيفاء الباقى من الأبواب الثمانية بحسب هذا الكتاب.

ولنقدّم المنفعة، فنقول إنّ منفعة هذا الكتاب تتبيّن بحجج كثيرة:

منفعة الكتاب

الأولى منهن تجرى على هذه الصفة، قد علمنا أنّ غرض الفلسفة إنّما هو اقتناء (١٤ ب) السعادة الإنسانية، والسعادة الإنسانية هى أن يكون الإنسان متصرفا بحسب صورته الخاصية به، وهذه هى النفس الناطقة. والذى يخص هذه الصورة هو علم الحقّ وفعل الخير. وهذان إنّما تصل إليهما بعد التمييز بين الحقّ من الباطل والخير من الشرّ، وتمييز ذلك يتم لها بالبرهان، فالإنسان إذا شديد الانتفاع بالوقوف على البرهان والبرهان إنّما يمكنا أن نعلمه بعد علمنا للقياس، والقياس بعد علم المقدمات، والمقدمات بعد علم الألفاظ البسيطة الدالة التى منها يتم تاليف المقدمات، فنحن إذا منتفعون جدّا فى السعادة والبلوغ إليها بالعلم بالألفاظ البسيطة الدالة، فهذه هى الحجة الأولى.

والحجة الثانية تجرى على هذه الصفة، معلوم أنّ النظام يتم فى كلّ الأمور بأن يجمع الكثير تحت رئاسة واحدة، ولما كانت الموجودات كثيرة فالطريقة المثلى فى ادراكها إنّما تتم بحصرها فى أقل ما يمكن أن تنحصر فيه، وفى هذا الكتاب تحصر الأمور بأسرها فى عشر مبادى، اوّل شاملة لسائر الموجودات تجرى مجرى الرؤساء والقادة والمدبرين، فهذه هى الحجة الثانية.

والحجة الثالثة تجرى على هذا الوجه، فى هذا الكتاب تعلمنا عن أكثر الموجودات بوجه ما، أعنى بحسب الألفاظ الدالة عليها، فنحن إذا شديدوا الانتفاع فى علم الأمور بعلم هذا الكتاب.

سمة الكتاب

وإذ قد استوفينا الكلام فى المنفعة، فلنأخذ الآن فى الكلام [فى السمة، فنقول إنّ السمة [1]] للكتاب تجرى مجرى الاسم للأمر. والغرض

---

١ فى الهامش: فى الكلام فى السمة فيقول إنّ السمة

يجـرى مجرى الحد. ولمّا كان الناس قد اختلفوا فى غرض هذا الكتاب، فبالواجب ما يختلفون فى سـمته، فاللذين زعموا أنّ غرضه الكلام فى الأمور الموجودة، يجب أن يلقبوه بكتاب الأمور الموجودة.

والطائفة التى زعمت أنّ كلامه فى الصور التى فى النفس، يجب أن تترجمه بكتاب الصور التى فى النفس.

والطائفة التى ادعت أنّ غرضه الكلام (١٥ ا) فى الألفاظ البسيطة، يجب أن تترجمه بكتاب الألفاظ البسيطة.

ولأنّا قد بينّا خطأ هاؤلاء فى استنباط الغرض، ما نلوح خطاهم فى ترجمة هذا الكتاب بحسب ما تقتضيه أغراضهم إذا ترجموه.

وطائفة غير هذه الطوائف رئيسـها اذرسـطس الافروذيسـى المشاء ادعـت أنّ هـذا الكتاب ينبغى أن يترجم بالكتـاب الذى قبل طوبيقا[٢]، وخطأ هذا العنوان يتبين بأهون سعى، وذلك أنّ الحاجة إلى هذا الكتاب ليس تدعوا فى كتاب الجدل بأكثر ممّا تدعوا فى كتاب العبارة والقياس، وأيضًا فإنّه معلوم أنّ ارسطوطالس فى هذا الكتاب إنّما ينظر فى موضوع الصناعـة المنطقية، والنظر فى الموضـوع يتقدّم على النظر فى جميع ما تنظر فيه الصناعة، فيجب أن تكون مرتبة هذا الكتاب قبل سائر الكتب المنطقية.

فأمّا نحن فلمّا لم نرض بأغراضهم فإنّا لا نرضى بسـماتهم، فنقول إنّ هـذا الكتاب ينبغى أن يترجـم بالقاطيغورياس والقاطيغورياس إنّما هو جمع قاطيغوريا والقاطيغوريا هى لفظة بسيطة دالة على جنس عالٍ وعلى جميع ما تحت ذلك الجنس.

وأنـت إذا تاملت غرض هذا الكتاب وجدته مناسـبا لهذه السـمة، والسمة الصحيحة هى التى تكون مناسبة للغرض.

وقد يطرأ على هذا شكّ صفته هذه الصفة، كيف استجاز ارسطوطالس أن يرسـم هذا الكتاب بالقاطيغورياس وتفسير القاطيغوريا الانتصاف والاختصام؟

وحلّ الشـكّ يجرى على هذه الصفة، لعل ارسـطوطالس إنّما سـمى الألفاظ البسيطة الدالة على الأجناس العوالى قاطيغورياس على طريق الاستعارة، كما سمى النفس فى كتابه للنفس انطيليكيا ما أىْ كمالا[٣] ما، ومع هذا فإنّ القاطيغوريا ليسـت لفظـة دالة على نفس الانتصاف

---

٢ Cfr. Simpl., In Cat. 16, 1 ff.

٣ كمالا: كمال

والاختصام، لكنّها تدل على الاقوال التى يوردها الناس بين يدى الحكام وفيما بينهم للانتصاف والاختصام، فالقاطيغورياس إذا ألفاظ دالة، فهذا يقنع فى حلّ هذا الشك.

مرتبة الكتاب

وإذ قد استوفينا الكلام فى سمة هذا الكتاب، فلننتقل إلى الكلام فى المرتبة، فنقول إنّ مرتبة هذا الكتاب (١٥ ب) ظاهرة: وذلك أنّه ينبغى أن يقدم على جميع الكتب المنطقية، إذ كان إنّما يعلّمنا فيه عن موضوع الصناعة المنطقية.

نسبة الكتاب

فأمّا نسبته فقد اختلف الناس فيها، فقوم ادعوا أنّ هذا الكتاب ليس لارسطوطالس وبينوا دعواهم بأربع حجج: الأولى منهن تجرى على هذه الصفة، قسمته للأسماء فى هذا الكتاب تدل على أنّ هذا الكتاب ليس هو له، وذلك أنّه يقسمها إلى المتفقة اسماؤها والمتواطئة والمشتقة، وارسطوطالس فى كتابه فى الخطابة يقسمها إلى خمسة أقسام، إلى المتفقة والمتواطئة والمشتقة والمتباينة والمترادفة. فأمّا نحن فنردّ هذه الحجة بأن نقول إنّ بذكره المتفقة والمتواطئة قد ذكر المتباينة والمترادفة لأنّ هذين القسمين ضدّين لذينك القسمين، والضدّ يُفهم من ضدّه.

والحجة الثانية تجرى على هذه الصفة، القول بأنّ الجواهر الأوّل أقدم بالطبع من الجواهر الثوانى يدل على أنّ هذا الكتاب ليس هو له، وذلك أنّ فى كتابه فى البرهان بيّن أنّ الجواهر الثوانى أقدم بالطبع من الجواهر الأوّل. فأمّا نحن فإنّا نردّ هذا الرأى على هذه الصفة، فنقول إنّه إنّما قال الجواهر الأوّل أقدم بالطبع من الجواهر الثوانى فى هذا الكتاب بقياسه إيّاها إلى الثوانى من حيث هى عامة على أنّ نظره فى الجوهر الأوّل، والثانى فى هذا الكتاب إنّما هو بقياس بعضها إلى بعض فى الجوهرية لا بما هى ذوات أو عامة أو خاصة. فأمّا فى كتابه فى البرهان، فإنّه قال إنّ الثوانى أقدم من الأوّل من حيث هى ذوات.

والحجة الثالثة من نفس القول بأنّ بعض المضافات ليست معا بمنزلة الحس والمحسوس والعلم والمعلوم، علّم أنّ هذا الكتاب ليس هو له، وذلك أنّه يرى أنّ المضافات كلّها معا، وهذا يتضح من تصفحنا لسائر كتبه، فنقول إنّ ارسطوطالس إنّما اورد هذا الرأى عن اخرين وخلى عن حلّه لركاكته.

والحجة الرابعة من نفس قسمة الحركة يعلّم أنّ هذا الكتاب ليس لارسطوطالس، وذلك أنّه يعدد فيه الكون والفساد فى أقسام الحركة، (١٦ ا) ونحن نعلم من رأى ارسطوطالس فى السماع الطبيعى وكتاب

الكون أنّ الكون والفســاد ليسا حركات بل تغيرات. ونقض هذه الحجة على هذه الصفة، إنّما فعل ارسـطوطالس ذلك فى هذا الموضع لأنّ نظره فى هـذا الكتاب مجرد من الهيولى وصـورة التغير والحركة إذا اخذت مجردة واحدة لا اختلاف فيها.

والطائفة المحقّة زعمت أنّ هذا الكتاب هو لارسطوطالس. وبينت ذلك بحجتـين: الأولى منهما صورتهـا هذه الصورة، لو لم يكن هذا الكتاب لارسـطوطالس لكانت الصناعة ناقصة، وذلك أنّـه لا يجوز لصانع أن ينظر فى صناعة من غير أن يتكلم أوّلا فى موضوعها لا فى وجوده.

والحجة الثانية صورتها هذه الصورة، من شـهادة المفسّـرين الموثوق بهم، ومن نمط كلامه، ومن ذكر ارسـطوطالس لهذا الكتاب فى عدة من كتبه، يعلم أنّ هذا الكتاب هو له، وذلك أنّ المفسّـرين يشـهدون بصحة ذلك حتى تنتهى الشـهادة إلى ثاوفرسطس واوذيمس تلميذيه الخاصيين به.

فأمّـا مـن أىّ العلوم هو، فظاهر إذ كان إنّمـا يعلّم فيه عن موضوع الصناعة المنطقية أنّه من صناعة المنطق التى هى أداة للفلسفة. من أىّ العلوم

فأمّا قسـمته: فطائفة ادعت أنّه ينقسـم إلى قسمين، إلى النظر فى الغـرض، وإلى النظر فيما يحتاج إليه فى الغـرض. وطائفة ادعت أنّه ينقسـم إلى ثلاثة أقسـام، إلى ما قبل الغرض، وإلى الغرض، وإلى ما بعد الغرض. فأمّا ما قبل الغرض، فهو الكلام فى أشـيا ء يحتاج إليها فـى الغرض ليـس عند الناس علـم حقيق بها البتّة، وهـذه هى المتفقة اسماؤها والمتواطئة اسماؤها وغير هذين ممّا نذكره إذا شرعنا فى الكلام فيـه. وأمّا الغرض، فهو الكلام فى القاطيغورياس العشـر، والأجناس العوالى التى تدل عليها القاطيغورياس العشـر. وأمّا ما بعد الغرض، فهـو النظر فى أشـيا ء ذكرها فى الغرض عند النـاس بعض العلم بها، بمنزلة المتقابلات والمتقدّم والمتأخر والتى هى معا وأقسام الحركة وأقسام القنية. قسمة الكتاب

وطائفة قسـمت هذا الكتاب أقساما بعدد المعانى التى يتكلّم فيها فزعموا أنّ هذا الكتاب ينقسم إلى ثلاثة وعشرين معانى[٤].

ا إلى المتفقة اسماؤها.

ب والمتواطئة اسماؤها.

ج والمشتقة اسماؤها.

---

٤ معانى: معنيا

د وقسمة الألفاظ إلى أقل قسمتها.

ه وقسمة الموجودات (١٦ ب) إلى أقل قسمتها.

و وتحديد العرض.

ز وتحديد الجزئى.

ح واستيفاء الكلام فى المحمولات الجوهرية.

ط والنظر فى فصول الأجناس العوالى.

ي والكلام فى الجوهر واستيفاء خواصه الست.

يا وإلى الكلام فى الكم واستيفاء خواصه الثلاث.

يب وإلى الكلام فى المضاف واستيفاء خواصه الخمس.

يج وإلى الكلام فى الكيفية واستيفاء خواصها الثلاث.

يد وإلى الكلام فى يفعل وينفعل وخواصهما.

يه وإلى الكلام فى مقولة متى.

يو وأين.

يز وله.

يح والموضوع.

يط والنظر فى المتقابلات.

ك وأقسام المتقدّم والمتأخر.

كا وأقسام معا.

كب وأقسام الحركة.

كج وأقسام القنية.

فأمّا النحو الذى يسلك فيه من أنحاء التعاليم فثلاثة:

والمحدّد وذلك أنّه يحدّد المتفقة اسماؤها والمتواطئة اسماؤها والمشتقة اسماؤها، ويحددّ العرض ويحدّد الجزئى ويوفى لكلّ واحدة من المقولات رسوما تجرى مجرى الحدود. وقد ذكرنا عددها فيما تقدّم، ويحدد المضاف. ويحدد الكيفية، ويحدد المتقابلات.

والمقسّم وذلك أنّه يقسّم الألفاظ إلى أقلّ أقسامها والموجودات إلى أقلّ قسمتها ويقسّم الجوهر إلى الأوّل والثانى، ويقسم الكم إلى المنفصل والمتصل وإلى ما له وضع وإلى ما لا وضع له، ويقسّم المضاف إلى ما فيه حرف وصل وإلى ما ليس فيه حرف وصل، ويقسّم ما فيه حرف وصل إلى ما يثبت عند التعاكس وإلى ما لا يثبت عند التعاكس. ويقسّم الكيفية إلى أربعة أقسام، إلى الملكة والحال، وإلى القوة ولا قوة، وإلى الكيفيات الانفعالية والانفعالات، وإلى الشكل والخلقة.

ويقسّـم المتقابلات إلى أربعة أقسـام إلى المتقابلة على طريق التضاد ، وإلـى المتقابلـة على طريق المضـاف، وإلى المتقابلة علـى طريق العدم والملكة، وإلى المتقابلة على طريق الإيجاب والسـلب. ويقسـم الاضداد إلى ما له وسط وإلى ما لا وسط له. ويقسّم المتقدّم والمتأخر إلى خمسة أقسـام، إلى المتقدّم والمتأخر فى الزمان، وفى الطبع، وفى المرتبة، وفى الشـرف، وعلى طريق العلة والمعلول. ويقسّم أصناف معا إلى (١٧ ا) ثلاثة أقسام، إلى التـى هى معا فى الزمان، وإلـى التى هى معا فى الطبع علة التى هى معا فى الجنس. ويقسّم الحركة إلى ستة أقسام، إلى الكون، وإلى الفساد ، وإلى الاستحالة، وإلى النموّ، وإلى النقص، وإلى الحركة فى المكان. ويقسّـم المقتنيات إلى ثمانية أقسـام ونحن نعددها فى موضعها.

والنحو المبرهن، وذاك أنّه يبرهن أنّه متى حمل شئ على شئ، حُمل المحمـول على الموضوع قيـل كلّما يُحمل على المحمول على الوجه الذى بـه يُحمل المحمول على الموضوع. ويبرهـن أنّ فصول الأجناس العوالى مختلفة فى الصورة، فيبين أنّ الألفاظ إذا قيلت على انفرادها لمْ تصدق ولـمْ تكذب، وإنّما تصدق وتكذب إذا الفت ضربا ما من التأليف. ويبين أنّ الجواهـر الأوّل أحـق وأوّلى وأقدم بالطبع من الجواهـر الثوانى، وأنّ الأنـواع أقدم من الأجنـاس. ويبين أنّ الأجناس والأنـواع جواهر ثوان، ويبـين أنّ الخاصـة المحققة وهى السادسـة للجوهر هـى أنّ الواحد منه بالعـدد موضوع لقبول المتضادات بتغيره فى نفسـه فى أزمنة مختلفة. ويبين أنّ ما عدا السـبعة الأنواع التى عددها للكم وهى الخط والسـطح والجسـم والزمـان والمكان والعـدد والقول، هى كميـات بالعرض بمنزلة الحركـة. ويبين أنّ الكبير والصغير والكثير والقليل ليسـا من الكم بل من المضاف. ويبين أنّ أخص الخواص بالكم هى الخاصة الاخيرة وهى أنّ كلّ شـخص من أشـخاصه يقال فيه إنّه مساو ولا مساو. ويبين أنّ الحد الأوّل للمضاف تلزمه شـناعة عظيمة، وهو أن يكون جوهرًا بما هو جوهر من المضاف. والمضافات أعراض فيصير جوهر بما هو جوهر عرضا ، وهذا محـال. ويبـين أنّ كلّ واحد من أنواع الكيفيـة بهذه الصفة بأن يرى أنّ رسـم الكيف ينطبق عليه. ويبين أنّ الخاصة الاخيرة من خواص الكيفية هـى الحقيقية، فهى أنّ الواحد منها بالعدد يقال فيه شـبيه ولا شـبيه. ويبين أنّ كلّ واحد من أصناف المتقابلات غير الآخر.

فأمّا طريقة التحليل، فلا يستعملها فى هذا الكتاب لأنّ كلامه فى

الأجناس العوالى، وتلك لا مبادئ لها والتحليل إنّما يكون إلى المبادئ؛ فقد استوفينا الكلام فى الأبواب الثمانية التى جرت عادة المفسّرين الحداث[٥] بأن يقدّموها قبل كلّ كتاب، وبالختامها نختم الكلام فى هذا التعليم.

٥ الحداث: الحدث

(١٧ ب) التعليم الخامس

قال ارسطوطالس

1 a 1 • المتفقة اسماؤها يقال إنّها التى الاسم فقط عام لها.

قال المفسّر

لمّا كانت سبل البيانات على ما بيّنّا أربعة، سبيل القسمة وسبيل التحديد وسبيل التحليل وسبيل البرهان، وكانت سبيل البيانات إنّما تراد ليكشف بها عن الأشياء الخفية ويوقف بها على المطالب التى هى غير ظاهر، وكانت المتفقة اسماؤها هى مطلوبنا فى أوّل هذا الكتاب، فينبغى أن نكشف عنها بجميع طرق البيانات التى شأنها أن تنكشف بها.

طريقة القياس

ولنبدأ بطريقة القياس، فنبيّن أنّ المتفقة اسماؤها موجودة، فنقول إنّه لمّا كانت الأشخاص غير متناهية والأسماء متناهية، وجب أن يكون للأمور الكثيرة اسم واحد، وإذا كانت الصورة على هذا، فظاهر من اتفاق أمور كثيرة فى اسم واحد أنّ المتفقة اسماؤها موجودة. فأمّا أنّ الأشخاص غير متناهية، فذاك بيّن من قبل أنّه قد تبين فى الكتب الطبيعية أنّ الجوهر المركب لا يفسد ويضمحل بأسره، لكن فساد هذا الشخص يتم منه تكون شخص آخر، لأنّ الذى يبطل من الفساد إنّما هو صورته. فأمّا هيولاه فلا تبطل، وإذ لمْ تبطل، وجب أن تقارنها صورة أخرى. وإذا قارنتها صورة أخرى كان منها جوهر آخر. فأمّا الأسماء، فسبب كونها متناهية، هو أنّ مباديها متناهية ومباديها هى الحروف، والحروف إذا تركبت عملت المقاطع، والمقاطع إذا تالفت كان عنها الاسم والكلمة. ولأنّ الحروف التى منها تاتلف المقاطع والأسماء متناهية وتركيباتها أيضًا متناهية، ما يجب أن يكون ما يتفرع منها متناهيا. وإذا كانت الأسماء متناهية وكلّ أمر، فلا بدّ له من اسم يدل عليه والأمور غير متناهية، وجب أن يكون للأمور الكثيرة اسم واحد. والأمور الغير متناهية إنّما هى الأشخاص لأنّ الأنواع والمتوسطات وأجناس الأجناس متناهية، فالمتفقة اسماؤها إنّما تكون فى الأشخاص. ومن جملة أشخاص الأنواع أشخاص

نوع الإنسان، لأنّ هذا وحْده (١٨ ا) يسمى كلّ واحد من أشخاصه باسم ما للدلالة عليه به مع تسميته باسم جنسه ونوعه. فأمّا أشخاص الأنواع الباقية، فتسمى باسم النوع حسب وليس لها اسم يخصها لا تتفق فيه ولا تختلف هذا، إذا نظر فى الاسم المتفق بحسب الحاجة الداعية إليه والمنفعة بكونه. فأمّا إذا نظر فيه مباحا، فقد تتفق أنواع كثيرة فى اسم واحد كأنواع العين فى اسم العين وأنواع الكلاب فى اسم الكلب، إلا أنّ هذا لا ضرورة إليه البتّة.

وبالجملة المتفقة اسماؤها لا يخلو أن يكون اتفاقها فى الاسم برؤية أو بغير رؤية، وبغير رؤية لا يكون إلا فى نوع الإنسان لأنّ هذا هو الذى يحتاج كلّ شخص منه إلى اسم يخصه يدل به عليه، وليس يصطلح المسميون فى تسميتهم للأشخاص على الاتفاق فى الاسم الواحد. فأمّا التى برؤية، فهى التى تكون عن فكر يؤدى إلى اتفاق الأمور فى الاسم لمعنى يوجد فيها، وتختلف فيه بالزيادة والنقصان. وهذا يكون فى الأجناس العوالى والمتوسطات والأنواع التى من مقولة واحدة أو من مقولات.

طريقة الحد

وإذ قد بينّا بطريق القياس أنّ المتفقة اسماؤها موجودة، فلننتقل إلى الأخبار عن ماهيتها بطريقة الحد، فنقول إنّ المتفقة اسماؤها يقال إنّها التى الاسم فقط عام لها، وقول الجوهر الذى بحسب الاسم مخالف، وقد يجب علينا أن نشرح جزءًا جزءًا من أجزاء هذا الحد، ونبين أنّه حد كاف لا زائد ولا مقصر، فنقول إنّ لفظة يقال تجرى مجرى بالاسم المشترك يقوم مقام الصفة ومقام الرسم ومقام الحد. وهاهنا إنّما يريد من أصنافها الرسم حتى يكون تقدير الكلام هكذا، المتفقة اسماؤها هى التى ترسم، والسبب الذى من أجله يريد بها فى هذا الموضع الرسم، هو أنّ الاتفاق فى الاسم[١] أمر عارض للأمور والأشياء المأخوذة من الأعراض والخواص رسوم لا حدود. والاسم يقال على ثلاثة أضرب، على اللفظة الدالة على كلّ واحد من الأمور بمنزلة زيد وعمرو، وهذا الاسم هو الاسم الخاص وهو المجرد من الزمان. وعلى اللقب الدخيل على الشئ بمنزلة الشجاع والفصيح، وعلى كلّ جزء من أجزاء القول الثمانية التى هى الاسم بمنزلة زيد، والكلمة بمنزلة ضرب، والخالقة بمنزلة هو، والمشتركة بمنزلة الذى ضرب، والجهة بمنزلة ممكن، (١٨ ب) والرباط بمنزلة يوجد، وتقدمه الوضع بمنزلة من أجل، وحرف السلب بمنزلة لا. وهاهنا إنّما يريد

١ فى الهامش: الاسم

من أصناف الاسم الاسم الدال على كلّ جزء من أجزاء القول، أعنى الاسم العام لا الخاص، فيتحصل تقدير الكلام هكذا: المتفقة اسماؤها هى التى ترسم بأنّ الاسم العام فقط عام لها. ولفظة فقط تقال على ضربين، على الشئ الذى هو وحْده لا ثانى له بمنزلة قولنا شمس واحدة فقط وأرض واحدة فقط، وعلى الشئ الذى يرام تمييزه من غيره بمنزلة قولنا إنّ فلانا فى الحرب ومعه ترس فقط، لنفصله من الذى معه ترس وسيف. وهاهنا إنّما يريد الضرب الثانى من ضروب فقط.

والعام يقال على أربعة أضرب، على الشئ الذى هو مشاع بين جماعة إذا راموا قسمته تمكن كلّ واحد منهم من أخذ حصّته منه بمنزلة الحائر والضيعة، وعلى الشئ الذى بين جماعة إذا راموا قسمته لم يتمكنوا منها، لكنّ كلّ واحد منهم يستعمله فى وقت ما بمنزلة العبد والدابّة، وعلى الشئ المشاع الذى هو لمن سبق فاختص به بمنزلة الحمام والملعب، وعلى الشئ المشاع بين جماعة وهو لها معا لا بالزيادة والنقصان بمنزلة صوت المنادى فإنّه الجماعة سامعية معا.

وارسطوطالس يريد هذا الصنف الاخير وذلك أنّ الاسم الذى تتفق فيه جماعة ليس هو لكلّ واحد منها بالزيادة والنقصان، لكنّه لها معا بمنزلة لفظة زيد التى هى للبصري والكوفي فى معا.

والقول يقال على خمسة أضرب، على القوة الموجودة فى النفس على تصور المعانى، وعلى عناية الله بالعالم، وعلى القضية الخارجة بالصوت بمنزلة قولنا زيد يمشي، وعلى الرسم، وعلى الحد.

وهاهنا يريد من أصنافها الحد والرسم جميعا، وذلك أنّ الأشياء التى تتفق فى الاسم بعضها لها رسوم بمنزلة الأجناس العوالى، وبعضها لها حدود بمنزلة عدة أشخاص تتفق فى اسم[٢] واحد وحدودها بحسبه تختلف كسقراط الشامل للبصري والكوفي، واسم الإنسان الشامل للإنسان والمصوّر.

والجوهر يقال على ضربين، على كلّ ذات جوهرا كانت أو عرضا، وعلى الشئ المخصوص باسم الجوهر وهو القائم بنفسه.

وهاهنا يريد من هذين الصنفين الصنف الأوّل[٣]، فأمّا السبب فى إضافته إلى قوله قول الجوهر، فلئلا يظن أنّه يريد حد الاسم لا حد الأمر، (١١٩ ا) فتكون الأمور حينئذ من المتواطئة، إذ كان حد أسمائها

---

٢ اسم واحد: اسم الجوهر واحد

٣ فى الهامش: وهاهنا...الصنف الأوّل

لها بالسواء بمنزلة لفظة زيد التى تشمل أشخاصا كثيرة وحدّها أنّها مؤلفة من مقطعين، وأيضًا فمن قبل أنّ القول اسم مشترك خصص المعنى الذى يريده من معانيه وهو الحد والرسم. فأمّا السبب فى زيادته بحسب الاسم لأنّ الشئ قد يسمى بأسماء كثيرة ويحد بحدود كثيرة، فإنّ كلّ واحد من الأشخاص يسمى باسم جنسه ونوعه وفصله وخاصته وباسمه يحد بحدودها، فلئلا يؤخذ الاسم الذى يخصه ويغير الحد الذى له بحسب اسمه، فيغالط بذلك فيرى أنّ المتفقة أسمائها تتفق فى الحد أيضًا، فتخرج بذلك من أن تكون متفقة اسماؤها؛ فلهذا استثنى بذلك حتى لا يقع فيه غلط، فقد شرحنا كلّ جزء من أجزاء الحد ولخّصناه وبينا المعنى الذى نريده من معانيه.

وقد بقى علينا أن نرى أنّ هذا الرسم كاف لا زائدا ولا مقصرا، وهذا بأن نرى بأنّ فيه فصول قد فصلته من سائر الأشياء التى تشارك المتفقة اسماؤها فى الجنس، فيجب علينا قبل ذلك أن نذكر كم هى الأشياء التى تشارك المتفقة اسماؤها، فنقول إنّ الأشياء التى تشاركها هى أربعة، المتواطئة والمتباينة والمترادفة والمشتقة، وهذه أصناف الأسماء لا زائدة ولا ناقصة. وبيان ذلك على هذه الصفة، نقول إنّ كلّ واحد من الأمور إمّا أن يسمى باسم واحد أو بأسماء كثيرة، فإن سمي بأسماء كثيرة وكان المعنى الذى يدل عليه واحد، كانت الأمور التى بهذه الصفة مترادفة اسماؤها، وإن سمي باسم واحد، إمّا أن يكون ذلك الاسم يسمى به على القصد الأوّل أو على القصد الثانى. وعلى القصد الثانى هو أن يسمى من حال موجودة له كالشجاع من الشجاعة، فتكون المشتقة اسماؤها، وإن سمي على القصد الأوّل أىْ باسم دال على نفسه، لا متنقل إليه من شئ آخر، فلا يخلو أن يشاركه فى ذلك الاسم شئ آخر أو لا يشاركه، فإن لم يشاركه جآءت المتباينة اسماؤها، وإن شاركه، فلا يخلو أن يشاركه فى الاسم حسب، فتكون المتفقة اسماؤها أو فى الاسم والمعنى، فتكون المتواطئة اسماؤها.

أصناف الاسماء

فتصير أصناف الأسماء خمسة لا زائدة ولا ناقصة، فقولنا فى المتفقة اسماؤها إنّها التى تقال تجرى مجرى الجنس تشمل (١٩ ب) الخمسة المذكورة، وقولنا فيها إنّ الاسم فقط عام لها، لنفصلها من المتواطئة، وذلك أنّ المتواطئة هى التى الاسم والحد فيها واحد، ولنفصلها من المتباينة، وذلك أنّ المتباينة لا يتفق فى الاسم، ولنفصلها من المشتقة، وذلك أنّ المشتقة لا تتفق فى كلّ اسم لكن فى بعضه. فأمّا قولنا فى الحد وقول الجوهر الذى بحسب الاسم مخالف، فحتى لا يأخذ الإنسان

الحد الذى للاسم وهو واحد بعينه فيكسر به هذا الرسم ويقول، كيف قال إنّ الاسم فقط عام، فإنّ الحد أيضًا واحد بعينه، وحتى لا يعمد الإنسان إلى الحد الذى تشترك فيه الأمور المتفقة فى الاسم كحد نوعها وجنسها فيكسر به الحد المورد لها، فاشعرنا بهذه الزيادة أنّ الحد المأخوذ يجب أن يكون بحسب الاسم أىْ من حيث يسمى الشئ بذلك الاسم. وبهذا يفصلها من المترادفة، وذلك أنّ المترادفة قول الجوهر الذى فيها واحد، ومن المتواطئة، وذلك أنّ هذه الحد فيها واحد، ولنفصلها من المشتقة، وذلك أنّ المشتقة تتفق فى بعض الحد. فقد بان أنّ الفصول التى فى الرسم المتفقة اسماؤها قد فصلت بها من الأشياء التى تشاركها فى الجنس، فهو إذا رسم كاف لا زائد ولا مقصر. وبالجملة افهم لفظة التى تقال تجرى مجرى الجنس للخمسة، وجملة الباقى كالفصل الواحد تنفصل به من كلّ واحد من الأربعة بوجه.

القسمة

وإذ قد حددناها، فلننتقل إلى قسمتها، فنقول إنّ المتفقة اسماؤها تنقسم على القصد الاوّل إلى قسمين، إلى المتفقة اسماؤها التى هى كيف اتفق، وإلى المتفقة اسماؤها التى إنّما حصلت متفقة اسماؤها بروية وفكر. والصنف الأوّل هو ضرب واحد بمنزلة إنسان يولد بالشام فيسمى سقراط وآخر يولد بالعراق فيسمى بهذا الاسم، فهذان اتفقا فى الاسم حرفا وكيف اتفق لا بروية وفكر. فأمّا المتفقة اسماؤها التى بروية فتنقسم إلى ثمانية أقسام.

١ إلى المتفقة اسماؤها بطريق النسبة، بمنزلة النقطة، والوحدة، وعين النهر، والقلب، فإنّ كلّ واحد من هذه يسمى مبدأ للشئ الذى يصدر عنه، أمّا النقطة فللخط، لأنّ عن جرياتها يتولد الخط، وأمّا الوحدة فللعدد، وأمّا العين فللنهر، والقلب فللحيوان. فهذه سميت مبدأ لا كيف اتفق لكن بروية وفكر. وذاك أنّه لمّا روى المروى فوجدها فيما يصدر عنها على وتيرة سواء وفق بينها فى الاسم للنسبة التى وجدها تشترك فيها وهى ان الذى يتولد عنها (٢٠ ا) وإن اختلفت طبيعته، فهو يجرى على وتيرة واحدة.

٢ وإلى المتفقة اسماؤها على طريق التشبيه، بمنزلة الإنسان والمصوّر، والملك والراعى، فإنّ هذه لمّا وجد الإنسان فيها نسبة واحدة وهى نسبة التشبيه سماها باسم واحد.

٣ وإلى المتفقة اسماؤها التى من فاعل واحد بمنزلة الأشياء التى استخرجتها صناعة الطب مثل الكتب والادوية والآلات، فإنّ هذه كلّها تسمى طبية. وهذا الاسم سميت به من صناعة الطب، وحدودها

بحسبه مختلفة، فإنّ حد الدوآء أنّه شئ ينتفع به فى الطب، أعنى فى الاستفراغ والاحتقان. وحد الآلات أنّها ادوات تستعملها صناعة الطب. وحد الكتب أنّها جوامع جمع فيها ما تحصل من القوانين الطبية.

٤ وإلى المتفقة اسماؤها التى تسوق إلى غاية واحدة، بمنزلة الدواء والغذاء، فإنّ هذه سميت صحية لنسبة اتفقت فيها وهى سوقها إلى غاية واحدة أعنى الصحة.

٥ وإلى المتفقة اسماؤها التى من فاعل واحد، وإلى غاية واحدة، بمنزلة الموجودات الصادرة عن الله تعالى، والمشتاقة إليه إذ هو غاية لها.

٦ وإلى المتفقة اسماؤها على طريق الاستبشار، بمنزلة تسمية إنسان ولده باسم ارسطوطالس.

٧ وإلى المتفقة اسماؤها على طريق التذكرة بمنزلة تسمية الإنسان ولده باسم أبيه ليحيا ذكره.

٨ وإلى المتفقة اسماؤها على طريق الاستبشار والتذكرة، بمنزلة تسمية الإنسان ولده باسم أب كان له فاضل التماسا لاحياء ذكره ورجاء ان يكون ولده مثله.

والفرق بين المتفقة اسماؤها التى بروية والمتفقة اسماؤها التى هى كيف اتفق، أنّ هذه لا تتفق فى معنى بتة لكن فى الاسم حسب، وتلك تتفق فى معنى هو نسبة. ويجب أن تعلم أنّ الأمور المتفقة إمّا أن يكون اتفاقها فى اسم حسب، أو فى اسم ومعنى، وذلك أنّ المعنى إمّا أن يكون نسبة أو طبيعة، والنسبة والطبيعة إمّا أن تشترك الأمور فيها على وتيرة سواء أو على اختلاف. فإن اشتركت الأمور فى الاسم حسب دعيت المتفقة اسماؤها التى هى متفقة اسماؤها كيف اتفق. وإن اتفقت فى اسم ومعنى هو طبيعة أو نسبة على وتيرة واحدة. فأمّا أن تكون أشخاصا أو أنواعا، فإن كانت أنواعا كان الشئ الذى تشترك فيه جنسا لها، وإن كانت أشخاصا كان الشئ الذى تشترك فيه نوعا لها. وإن اتفقت فى اسم ومعنى هو نسبة أو طبيعة على جهة مختلفة (٢٠ ب) كانت المتفقة اسماؤها التى بروية. وبالجملة فالأمور المتفقة فى الاسم تحتاج أن تختلف فى المعنى، إمّا أن تكون طبائعها مختلفة، أو أن اتفقت تختلف بالزيادة والنقصان، فقد استوفينا الكلام فى المتفقة اسماؤها على طريق القياس والتحديد والقسمة، فلنأخذ الآن فى ايراد الشكوك ونحلّها بحسب الطاقة.

الشكوك

وأوّل شكّ يطرأ صورته هذه الصورة، كيف زعمتم أنّ غرض ارسطوطالس فى هذا الكتاب النظر فى الألفاظ الدالة على الأجناس العوالى، ونحن نراه ساعة بدأ بهذا الكتاب أخذ فى تحديد المتفقة اسماؤها.

وحلّ الشكّ يجرى على هذه الصفة، قد جرت عادة الصناع المهرة إذا راموا أن يفعلوا فعلا ورأوا أنفسهم محتاجين فى أوساط أفعالهم إلى أمر ما يحتاجون إلى استعماله فى فعلهم، قدّموا أوّلا أعداده حتى لا ينقطعوا عما هم بسبيله، إذا ما بلغوا إلى الموضع الذى يحتاجون إليه فى استعماله. مثال ذلك المهندس لمّا كان مفتقرا فى جميع صناعته إلى عدة أشياء يحتاج إلى استعمالها، تقدّم أوّلا فوطأها. وهذه بمنزلة حد النقطة، والخط والزواية القائمة والمنفرجة والحادة. كذا ارسطوطالس لمّا احتاج عند كلامه فى المقولات إلى أشياء يستعملها، تقدّم أوّلا فحدّدها ولخّصها. ولمّا كانت هذه الأشياء تنقسم فمنها ما عند الناس منها علم ما يكفى بمقدار ما يعرف منه أن يستعمل فى هذا الكتاب، ومنها ما ليس عندهم منها علم يعتد به ويحتاج أن يستعمل مستقصاه. أمّا التى عندهم منها علم ما بمنزلة المتقابلات، والمتقدّم والمتأخر، والتى هى معا، والحركة، والقنية. وأمّا التى ليس معهم منها علم يعتد به، فبمنزلة المتفقة اسماؤها وجميع ما حدّده أوّلا، فهذا كاف فى حلّ هذا الشك.

ويطرأ شكّ ثان صفته هذه الصفة، لِم قدّم ارسطوطالس الكلام فى المتفقة اسماؤها على المتواطئة اسماؤها؟

والجواب يجرى على هذا الوجه، طائفة ادعت أنّ السبب الذى من أجله قدّم الكلام فى المتفقة على المتواطئة هو أنّ المتفقة أبسط والمتواطئة ليس كذلك، وذلك أنّ المتفقة تتفق فى الاسم حسب. فأمّا المتواطئة ففى الاسم والحد، والأشياء التى تتفق فى شئ واحد أبسط من الأشياء التى تتفق فى شيئين. وطائفة أخرى ردت على هذه الطائفة وقالت، بل يجب أن تكون المتواطئة اسماؤها أبسط، وذلك أنّ المتواطئة إنّما لها معنى الاتفاق حسب، والمتفقة فلها معنى الاتفاق ثم الاختلاف. (١٢١) وطائفة غير هذه حلّت هذا الشكّ بحجتين: الأولى منهما صفتها هذه الصفة، معلوم أنّ وكد الصناعة المنطقية أبدا فى كلّ شئ تفعله تنبيهنا على تفصيل الاسم المشترك، فحيث رأت كلاما فى الاسم المشترك قدمته على غيره، والأمور التى يعمها اسم مشترك هى المتفقة اسماؤها فلهذا قدّمها.

والحجة الثانية تجرى على هذا، معلوم أنّ الأجناس العوالى التى

غرض هذا الكتاب النظر فيها، إنّما اتفاقها فى اسم الموجود على أنّه اسم مشترك لا متواط، وإذا كان الأمر على هذا، فيجب تقديمه الكلام فى المتفقة اسماؤها لأنّها متعلقة بالغرض، فهذا كاف فى حلّ هذا الشك.

ويطرأ شكّ ثالث صفته هذه الصفة، كيف استجاز ارسطوطالس أن يحد الأمور التى تتفق فى الاسم ونظره فى هذا الكتاب إنّما هو فى الألفاظ لا فى الأمور، فقد كان ينبغى له أن يحدد لفظة الاسم المتفقة لا الأمور المتفقة.

وحلّ الشك يجرى على هذه الصفة، الاسم فى نفسه لا متفق ولا مختلف وإنّما ياتيه الاتفاق والاختلاف من قبل دلالته على الأمور، فضرورة قادت ارسطوطالس عند تحديده للاسم المتفق أن يذكر الأمور التى تتفق فيه.

ويطرأ شكّ رابع صورته هذه الصورة، كيف استجاز ارسطوطالس مع تعليمه لنا فى كتاب البرهان أنّ كلّ أمر يبحث عنه، ينبغى أن يقدم البحث عن وجوده، ثم عن ماهيته، أن يبدأ أوّلا فيحدد المتفقة اسماؤها من غير أن يبيّن أنّها موجودة؟

وحلّ الشكّ يجرى على هذه الصفة، إنّ ارسطوطالس قد جرت عادته فى صناعته بأسرها أن يستعمل طريقة الإيجاز وأن يخلى عن التشاغل بالأشياء التى هى قريبة من الظهور، فلمّا كانت المتفقة اسماؤها ظاهرة خلى عن التشاغل بالبيان عنها أنّها موجودة على أنّ المنطقى ليس يلزمه ذلك.

ويطرأ شكّ خامس صفته هذه الصفة، كيف استجاز ارسطوطالس أن يقول إنّ المتفقة اسماؤها هى التى الاسم فقط عام لها، ونحن نرى أشياء كثيرة تتفق فى الكلم وحدودها بحسبها مختلفة بمنزلة لفظة ولّى[٤]، وهى كلمة، فإنّها تقال على مولى من الولاية وعلى الذاهب وحدودها بحسبها مختلفة.

وحلّ الشكّ يجرى على هذه الصفة، الاسم يقال على ضربين، على كلّ جزء من أجزاء القول، وعلى الجزء المخصوص وهو الذى لا تقترن دلالته بزمان، وهاهنا اراد ارسطوطالس القسم الأوّل لا الثانى.

ويطرأ شكّ سادس صورته هذه الصورة، كيف زعم ارسطوطالس أنّ المتفقة اسماؤها هى (٢١ ب) التى قول الجوهر فيها الذى بحسب الاسم

---

٤ فى الهامش: يريد بمعنى قوله ولّي العام لأنّ هذا الاسم عام لمعانيه عموم اسم مشترك.

مختلف، ونحن نرى أعراضا كثيرة تتفق فى الاسم وقول العرض فيها مختلف، بمنزلة لفظة ولى، التى تقع على الولاية والذهاب وهما عرضان وقولهما بحسبها مختلفان؟

وحلّ الشكّ يجرى على هذه الصفة، الجوهر يقال على كلّ ذات عرضا كانت أو جوهرا، ويقال على الشئ الذى هو فى الحقيقة جوهر وهو القائم بنفسه، وهاهنا اراد ارسطوطالس المعنى الأوّل.

ويطرأ شكّ سابع صفته هذه الصفة، كيف استجاز الرجل المنطقي ارسطوطالس أن يجعل قبالة العام المخالف، وكان ينبغى له أن يجعل بأزاء الضد الضد، فيجعل قبالة العام الخاص أو قبالة المخالف هو هو.

وحلّ الشكّ يجرى على هذه الصفة، إنّ ارسطوطالس اورد من كلّ ازدواجين أحدهما، ليُفهم الآخر من مقابله، فينبغى بحسب هذا القياس أن نحدد المتفقة اسماؤها على هذه الصفة، المتفقة اسماؤها هى التى الاسم فقط عام لها وواحد بعينه، فأمّا قول الجوهر الذى بحسب الاسم فمخالف ويخاص.

ويطرأ شكّ ثامن صفته هذه الصفة، زعم ارسطوطالس أنّ الاسم هو لفظة دالة على معنى معين، والاسم المتفق ليس بدال على معنى معين لكنّه منتشر، وبهذا يجب أن[٥] يخرج من أن يكون اسما، وإذا خرج من أن يكون اسما بطلت المتفقة اسماؤها.

وحلّ الشكّ يجرى على هذه الصفة، الاسم يقال على ثلاثة اضرب، وذلك أنّ الاسم إمّا أن تكون له صورة الاسم حسب وليس له معنى الاسم، بمنزلة عنزايل. وذلك أنّ هذه اللفظة مؤلفة من مقاطع الا أنّها غير دالة، فلها صورة الاسم وليس لها معناه، أو يكون له معنى الاسم وليس له صورة الاسم، بمنزلة تسميتنا الإنسان ببعض الحروف كتسميتنا إيّاه بقد أو بهل أو ببل، فإنّ هذا الاسم لأنّه حرف ليس هو مؤلف من مقاطع، فليس له صورة الاسم. ولأنّه يدل، فله معنى الاسم أو تكون له صورة الاسم ومعنى الاسم، بمنزلة لفظة زيد، فإنّها مؤلفة من مقاطع ودالة على معنى، فالاسم المتفق إن استعملته عاما كان من القبيل الاوّل أعنى أنّ له صورة الاسم وليس له معنى الاسم. وإن استعملته خاصا، كان له صورة الاسم ومعنى الاسم، فعلى هذا الوجه يحلّ اللينوس الشكّ. والحقّ هو أنّ الاسم يحتاج أن يدل على معنى، ولا تقترن دلالته بزمان منتشرا

---

٥ فى الهامش: يجب ان

كان (٢٢ ا) المعنى أو معينا، أعنى دال على واحد أو كثرة.

ويطرأ شكّ تاسع صفته هذه الصفة، كيف زعمت أنّ الأشياء المستخرجة من صناعة الطب والقائدة إلى الصحة هى متفقة اسماؤها، ونحن إنّما اشتققنا لها الاسم من الطب والصحة، فينبغى أن تكون مشتقة اسماؤها لا متفقة اسماؤها؟

وحلّ الشكّ يجرى على هذه الصفة، ليس بشنع أن تكون أمور بوجه من الوجوه متفقة اسماؤها، وبوجه آخر مشتقة، فتكون على هذا القياس الأشياء المستخرجة من صناعة الطب، إمّا من حيث اشتق لها الاسم من صناعة الطب مشتقة اسماؤها، ومن حيث تسمى كلّها طبية وحدودها بحسب هذا الاسم مختلفة متفقة اسماؤها.

ويطرأ شكّ عاشر صفته هذه الصفة، الأسماء منها مستعارة ومنها أصلية، والأصلية بمنزلة لفظة زيد وعمرو، والمستعارة بمنزلة تسميتنا سفح الجبل رجل الجبل وسكان السفينة، كقول الشاعر، رجل السفينة، فقد كان ينبغى أن يفصل الاسم المتفق، وهل يصح أن يكون مستعارا أو لا يكون؟

وحلّ الشكّ يجرى على هذه الصفة، الاسم المتفق اجمع المفسّرون أنّه ينبغى أن يكون الاسم الظاهر للشئ لا المستعار، وإذا كان الأمر على هذا، فلا فائدة فى التفصيل. وبحسب هذا ينبغى أن نزيد فى حد المتفقة اسماؤها هذا المعنى ونقول، المتفقة اسماؤها هى التى الاسم فقط عام لها وواحد بعينه. فأمّا قول الجوهر الذى بحسب الاسم، فمخالف وخاص، ويكون الاسم العام ظاهرا لها. وبالجملة فالاسم المشترك الذى تتفق فيه أمور كثيرة، يجب أن يكون لها على وتيرة سواء فى لفظه وشكله واعرابه. وبالجملة على حسب ما يسمى به الواحد منها كذلك يسمى به الآخر، ولا يكون لأحدها أظهر وللآخر أخفى، ولا يكون مكسورا عند أحدها ومفتوحا عند الآخر. وبالجملة يكون على صيغة سوى وبحال واحدة عندها كلّها إن كان ظاهرا، فيكون لها كلّها ظاهرا، وإن كان مستعارا، فيكون لها كلّها مستعارا، ولا يعود إليه اختلاف بتّة بل اختلاف يعود إلى الأمور.

ويطرأ شكّ حادى عشر صورته هذه الصورة، إذا كانت الموجودات كلّها تنحصر فى الأجناس (٢٢ ب) العشرة وهذه إنّما تحمل على ما تحتها بالتواطؤ، فالمتفقة اسماؤها لا ينبغى أن تكون بحسب هذا القياس موجودة.

وحلّ الشكّ يجرى على هذه الصفة، لمّا كانت الأجناس العوالى

تحوى أجناسا متوسطة وأنواع وأشخاص، فالمتفقة اسماؤها توجد فى أشخاصها لأنّها بلا نهاية، والأسماء على ما قلنا متناهية، فتقود الضرورة إلى أن نسمى عدة منها باسم واحد، فأمّا الأجناس والأنواع فإنّها تحمل على ما تحتها بالتواطؤ.

ويطرأ شكّ ثانى عشر صفته هذه الصفة، كيف يزعم ارسطوطالس أنّ المتفقة اسماؤها هى التى الاسم فقط عام لها، وحدودها بحسب الاسم مختلفة، ونحن نرى المتفقة اسماؤها بأسرها تسمى بهذا الاسم وتحد بهذا الحد؟

وحلّ الشكّ يجرى على هذه الصفة، المتفقة اسماؤها ينظر فيها على ضربين، إمّا فى قطعة قطعة منها بمنزلة الأشياء التى تسمى باسم واحد وحدودها بحسبه مختلفة، وعلى هذا الوجه تكون المتفقة اسماؤها، أو فى قطع كثيرة منها، وبحسب هذا الوجه تكون متواطئة اسماؤها لأنّ القطع كلّها تسمى متفقة اسماؤها، وتُحد بحد المتفقة اسماؤها، فهذا كاف فى حلّ هذا الشك.

ويطرأ شكّ ثالث عشر صفته هذه الصفة، كيف زعمتم أنّ المتفقة اسماؤها التى بروية مع أنها متفقة فى الاسم تتفق فى المعنى أيضًا، وقد كانت المتواطئة اسماؤها بهذه الصفة، فيلزم أن تكون المتفقة اسماؤها.

وحلّ الشكّ يجرى على هذه الصفة، المتواطئة اتفاقها إنّما هو فى اسم ومعنى، هو طبيعة أو نسبة على وتيرة واحدة. فأمّا المتفقة التى بروية، فاتفاقها فى اسم ومعنى هو نسبة أو طبيعة، ويختلفان بالزيادة والنقصان، فهذا كاف فى حلّ هذا الشك.

ويطرأ شكّ رابع عشر صفته هذه الصفة، إذا كانت مبادئ الأسماء متناهية ومبادئ الأمور متناهية، فما سبب فى كون الأمور غير متناهية وكون الأسماء متناهية؟

وحلّ الشكّ يجرى على هذه الصفة، الأمور وإن كانت مبادئها متناهية، فكونها عنها على طريق الاستحالة، ولهذا ما يمضى إلى ما لا نهاية لأنّ استحالة الجوهر إنّما هى إلى جوهر غيره. فأمّا الأسماء، فلمّا كان تركيبها من مبادئها وهى متناهية على طريق الوضع والمجاورة وكانت تقلباتها متناهية، فوجب أن تكون متناهية، فهذا كاف فى حلّ هذا الشكّ. وعنده فلنقطع الكلام فى جملة هذا التعليم.

قال ارسطوطالس

• (١٢٣ ا) المتفقة اسماؤها يقال إنّها التى الاسم فقط عام لها. 1a1

يريد أنّ الأمور التى تتفق فى الاسم حسب يقال فيها إنّها التى الاسم الواحد فقط يشملها على وتيرة واحدة.

• فأمّا قول الجوهر الذى بحسب الاسم، فمخالف.

يريد فأمّا حد أو رسم كلّ واحد منهما الذى بحسب ذلك الاسم الذى يتفقان فيه، فيخالف حد الآخر.

قال المفسّر

هذا حد المتفقة اسماؤها، وقوله يقال بمعنى ترسم، والاسم يريد به كلّ جزء من أجزاء القول الثمانية، ولفظة فقط يريد من أقسامها الشئ الذى يراد تمييزه من غيره، ولفظة العام يريد من أقسامها الشئ المشترك بالسوية، وقول الجوهر يريد به الرسم والحد.

قال ارسطوطالس

• ومثال ذلك الانسان والمصور حيوانا فإنّ هذين الاسم فقط عام لهما. 1 a 2

يريد والمثال على المتفقة اسماؤها الإنسان فى الحقيقة والمصوّر صورة على الإنسان، فإنّهما جميعا يسميان حيوان ويكون هذا الاسم عام لها.

• فأمّا قول الجوهر الذى بحسب الاسم فمخالف.

يريد فأمّا حد أو رسم كلّ واحد منهما فيخالف حد الآخر، وذلك أنّ إنسانا إن سئل ما معنى قوله فى كلّ واحد منهما أنّه حيوان كان، تحديده كلّ واحد منهما بحسب هذا الاسم غير تحديده للآخر، فيكون الحد أو الرسم الذى يجيب به خاصى له.

وذلك أنّ موفيا إن وفى فى كلّ واحد منهما ما معنى أنّه حيوان، فإنّ القول الذى يوفى فى كلّ واحد منهما خاصى له.

يريد وذلك أنّ مجيبا إن اجاب، ومحدّدا إن حدّد، كلّ واحد منهما كان تحديد كلّ واحد منهما أنّه حيوان غير تحديد الآخر. وذلك أنّ حد الإنسان بما هو حيوان هو أنّه جسم ذو نفس حساس يتحرك بارادة. وتحديده المصوّر هو أنّه المعمول على مثال الحيوان.

قال المفسّر

هــذا مثال علــى المتفقة اســماؤها من بعض أقســامها وهى المتفقة اســماؤها التى بروية على طريق التشبه. والسبب الذى من أجله اعتمد عليه ارسطوطالس هو ظهوره، وعند هذا فلنختم الكلام فى تفصيل هذا التعليم.

(٢٣ ب) التعليم السادس

قال ارسطوطالس

1 a 6 • والمتواطئة اسماؤها يقال إنّها التى الاسم عام لها.

قال المفسّر

المتواطئة اسماؤها

من بعد ما فرغ ارسطوطالس من الكلام فى المتفقة اسماؤها، أخذ الآن فى الكلام فى المتواطئة اسماؤها. وقد قلنا فيما تقدّم إنّ الفائدة فى تحديده لهذين هى من قبل استعماله وذكره لهما فى المقولات، أمّا المتفقة اسماؤها فإنّه ذكرها فى كلامه فى المضاف بقوله، إنّ المضافات منها ما هى متفقة اسماؤها ومنها متباينة اسماؤها. وأمّا المتواطئة ففى الجوهر بقوله إنّ الجواهر الثوانى تحمل على الأوّل على سبيل المتواطئة. والطريق التى سلكناها فى تبيين أمر المتفقة اسماؤها إيّاها، ينبغى أن نسلك فى إيضاح أمر المتواطئة اسماؤها، فلنبدأ بأن نبين أنّها موجودة، فنقول إنّه لمّا كنا نجد أمورا كثيرة تسمى باسم واحد وتُحدّ بحد واحد كالأنواع التى تسمى باسم جنسها وتحد بحده، والأشخاص التى تسمى باسم نواعها وتحد بحده، والمتواطئة اسماؤها ليست أكثر من هذه، فالمتواطئة اسماؤها موجودة.

الحد

فأمّا حدّها، فهو أنّها التى يقال بأنّ الاسم عام لها، وقول الجوهر الذى بحسب الاسم واحد بعينه، فقد يجب أن نلخص كلّ جزء من أجزاء هذا الحد. ونبين أنّه كاف، فنقول إنّا مستغنون بما مضى فى المتفقة اسماؤها من تلخيص أكثر أجزاء حدها عن تلخيص أجزاء حد المتواطئة، إذ كانت أكثر الأجزاء الموجودة فى حد المتواطئة موجودة فى حد المتفقة. والبواقى تفهم من أضدادها التى فى المتفقة. فأمّا أنّه كاف، فمن قبل أنّ فيه فصول تفصله من المتفقة والمتباينة والمترادفة المشاركة له فى الجنس، فهذا يكفى فى شرح أمر المتواطئة اسماؤها.

ويطرأ على ذلك شكّ صورته هذه الصورة، لمّا تكلّم ارسطوطاليس فى المتفقة اسماؤها اورد المثال على ذلك بالإنسان والمصوّر، ولمّا تكلّم فى هذا اورد المثال بالإنسان والثور، فادخل الإنسان فى المتواطئة اسماؤها

والمتفقة اسماؤها، فيلزمه بحسب هذا أن تكون المتواطئة هى المتفقة.

وحلّ الشك يجرى على هذه الصفة، ليس بمنكر أن يكون أمر واحد يدخل فى المتفقة اسماؤها والمتواطئة اسماؤها بوجهين (٢٤ ا) اثنين. وإنّما المنكر أن يكون امر واحد يدخل فى المتفقة والمتواطئة بالقياس إلى شئ واحد، وبالجملة فإنّ الشئ قد يكون من المتفقة والمتواطئة على أربعة اضرب:

الضرب الأوّل منها أن يكون للشئ اسمان يدلان على معنيين فيه، فبحسب قياسه بأحد الأسماء مع احد المعانى إلى شئ ما آخر يوافقه فى الاسم ويخالفه فى المعنى يكون من المتفقة، وبحسب قياسه بالاسم الآخر مع المعنى الآخر إلى شء آخر يوافقه فى الاسم والمعنى يكون من المتواطئة، بمنزلة شخص ما من أشخاص الناس يسمى زيدا بحسب ما هو شخص وإنسانا بحسب نوعه، فباسم النوع مع معنى النوع مع شخص آخر من نوعه يكون من المتواطئة، وباسم الشخص مع معنى الشخص مع شخص آخر من نوعه ومن غير نوعه يوافقه فى الاسم حسب يكون من المتفقة.

والضرب الثانى أن يكون الشئ يسمى باسم واحد دال على معنى واحد، فبذلك الاسم مع ذلك المعنى بالقياس إلى شئ ما يوافقه فيهما يكون من المتواطئة. وبالقياس إلى آخر يوافقه فى الاسم حسب يكون من المتفقة، بمنزلة شخص الغراب المسمى غرابا، فإنّه بهذا الاسم مع هذا المعنى مع غراب آخر مساو له فى النوع من المتواطئة، ومع الذى عملته الصناعة من المتفقة اسماؤها.

والضرب الثالث أن يكون للأمر اسم واحد بمعنيين موجودين فيه، فبالاسم مع احد المعنيين مع شئ آخر يكون من المتواطئة اسماؤها، وبالاسم مع المعنى الآخر مع شئ آخر يكون من المتفقة اسماؤها، بمنزلة شخص ما من الأشخاص يسمى أسود ويكون ذا لون أسود، فيكون اسم الأسود يدل على شخصه ولونه، فهو باسم الأسود مع معنى اللون بالقياس إلى لون آخر أسود من المتواطئة اسماؤها، وباسم الأسود مع معنى الشخص بالقياس إلى شخص آخر يسمى بهذا الاسم من المتفقة اسماؤها.

والضرب الرابع أن يكون امر ما له اسمان يدلان على معنى واحد، فبحسب أحد الأسماء مع المعنى بالقياس إلى شخص ما يكون من المتواطئة، وبالقياس إلى آخر يكون من المتفقة، بمنزلة طائر نسميه طائرا وغرابا وكلاهما يدلان على شخصه، فبحسب اسم الطائر مع طائر آخر

من نوعه يكون من المتواطئة، وبحسب اسم الغراب مع الذى عملته الصناعة يكون من المتفقة. وبالجملة إنّ الشئ الواحد إذا أخذته مع الموافق له فى الطبيعة كان من المتواطئة، وإن أخذته مع المخالف كان من المتفقة بعد أن يكون اسمهما واحد، فهذا كاف (٢٤ ب) فى حلّ هذا الشكّ.

ويطرأ شكّ على هذا الموضع ثان صفته هذه الصفة، كيف استجاز ارسطوطالس أن يقول إنّ المتواطئة اسماؤها هى التى اسمها واحد ومعناها واحد، ونحن نجده فى كتاب الشعراء والخطباء يقول إنّ المتواطئة اسماؤها هى التى لها أسماء كثيرة وحدّها بحسب الأسماء واحد، فنقول إنّ فرفوريوس يحلّ هذا الشكّ ويقول، إنّ المتواطئة اسماؤها عند ارسطوطالس على ضربين، يقع على التى اسمها ومعناها واحد، وعلى الكثيرة الأسماء ومعناها بحسب جميع تلك الأسماء واحد، وهذه هى التى يخصها الآن باسم المترادفة. وهاهنا استعمل ارسطوطالس القسم الأوّل من أقسام المتواطئة لأنّ غرضه فى هذا الكتاب الكلام فى الأجناس العوالى. وهذه اسمها ومعناها واحد، فهى تحمل على ما تحتها باسم واحد ومعنى واحد حملا واحدا. وإنّما سمي المترادفة متواطئة لانّها كلّها تجتمع فى الدلالة على معنى واحد وحدّه بحسبها واحد. وهاهنا ينقطع الكلام فى المتواطئة.

ومن بعد هذا يأخذ ارسطوطالس فى الكلام فى المشتقة اسماؤها، المشتقة اسماؤها
والسبب الذى من أجله تلا الكلام بالمشتقة بالكلام فى المتواطئة[1] من قبل أنّ المشتقة تجرى مجرى الوسط والمتفقة والمتواطئة والمتباينة والمترادفة يجريان مجرى الطرفين. وذلك أنّ المشتقة اسماؤها يوجد لها تغير فى الاسم والحد. فأمّا المتفقة فكلّ الاسم، والمتواطئة فكلّ الاسم وكلّ الحد، والمترادفة فلا تتفق فى الاسم إذ كانت اسماؤها كثيرة، والمتباينة تتفق لا فى الاسم ولا فى الحد.

وتحديده للمشتقة من قبل أنّه ذكرها فى المضاف بقوله إنّ المضاف إليه إذا لمْ يكن له اسم ظاهر، فيجب أن يشتق له الاسم من الشئ الذى اضفنا إليه.

ونحن فينبغى لنا أن نجرى على قانوننا ونبتدئ بأن نبين أنّ المشتقة اسماؤها موجودة، فنقول إنّه لمّا كانت الأمور موجودة ولها أحوال ذاتية

١ فى الهامش: الصحيح فى نسخة أخرى: والسبب الذى من أجله تلا الكلام فى المتواطئة بالكلام فى المشتقة اسماؤها

وعرضية ولأحوالها أسـماء، وكنا قد نسـمى الشـئ من اسـم حاله بأن نخترع له من اسـمها اسما وكانت هذه هى المشتقة اسماؤها، فلا محالة أنّ المشتقة اسماؤها موجودة.

وإذ قد بينـا أنّها موجودة، فلننتقل إلى الأخبار بماهيتها، فنقول إنّ المشتقة اسماؤها يقال إنّها التى لها لقب من شئ بحسب اسمه غير أنّها مخالفة له فى التصريف، أىْ ترسـم بأنّها التى لها اسـم مأخوذ لها من شـئ هو موجود لها أو متعلق بها، غير أنّ الاسـم المشتقة يخالف الذى اشتق منه فى التصريف. والمفسّرون (١٢٥ ا) يختلفون فى تعديد الشروط التى بها تتم المشتقة اسماؤها، فطائفة تدعى أنّها ثلاثة، وطائفة تدعى أنّها خمسـة. أمّا التى ادعت أنّها ثلاثة، فزعمت أنّ المشتقة تحتاج إلى أن يكون لها حال ويشـتق لها اسم من اسم حالها. ويكون الاسم المشتق بحسـب الاسم الذى منه اشـتق ويكون مخالفا له فى التصريف، أعنى بهذا أن يكون مخرج اللفظة المشتقة يخالف مخرج اللفظة المشتق منها. فإنّه إن اتفق أن يكون للشـئ حال بمنزلة الموسـيقي ويسـمى باسم حاله من غير تغير، لم يكن ذاك من المشـتقة بل من المتفقة. وإن سـمي بغير اسـم الحال كما جرت عادة اليونانيين أن يسـموا من له فضيلة حريصا، كان هذا من المتباينة لا من المشـتقة. فأمّا إن انتزع لها الاسـم من اسم حالها وخالفه فى التصريف كانت تلك هى المشتقة. وأمّا التى ادعت أنّ الشروط خمسة، فزعمت أنّ المشتقة اسماؤها تحتاج إلى أن تكون متفقة فى الاسـم مختلفـة فيه، متفقة فى المعنى مختلفـة فيه، وأن يكون ذو الحال هو المشـتق له الاسـم من الحال، لا الحال من اسمه، بمنزلة الشجاع من الشـجاعة، فإنّ الشجاع والشـجاعة، أعنى هاتين اللفظتين بينهما وفاق واختلاف. وكذلك معنى الشـجاع والشـجاعة، فإنّ الشجاعة هى الصورة والشجاع ذو الصورة، وأيضًا فإنّ الشجاع هو المشتق له اسم من اسم الشجاعة لا الشجاعة منه.

وإذ قد حدّدنا المشـتقة اسـماؤها، فلنخبر بكفايـة هذا الحد، فنقول إنّ فى حد المشـتقة اسماؤها أمر تشـارك به المتفقة والمتواطئة والمتباينة والمترادفـة، وهـو لفظة التى تقـال. وفيه فصول تفصله من سـائر هذه الأربعـة ظهورهـا يغنينا عن اطالة الكلام فيهـا، إذ كانت تلك إمّا أن تختلف فى الاسـم بأسـره أو تتفق فيه. وكذلك فـى الحد وهذه تختلف وتتفق فى بعض الاسم وبعض الحد، فلنأخذ الآن فى قسمتها، فنقول إنّ المشـتقة اسماؤها تنقسم إلى ثلاثة أقسـام، إلى المشتقة اسماؤها التى اشـتق لها الاسـم من حال موجودة فيها، بمنزلة الشـجاع من الشجاعة

الموجودة فيه. وإلى المشتقة اسماؤها التى اشتق لها الاسم من حال خارجة منها معلقة بها تجرى لها مجرى الفاعل، بمنزلة الأشياء الطبية المشتق لها الاسم من صناعة الطب كالكتب الطبية والادوية والادوات. وليس صناعة الطب موجودة فيها بل مستخرجة لها. وإلى المشتقة اسماؤها التى اشتق لها الاسم من حال خارجة عنها معلقة بها تجرى لها مجرى الغاية، بمنزلة الأشياء المصحة التى اشتق لها (٢٥ ب) الاسم من الصحة التى تؤدى إليها، كالرياضة والغذاء المشتق لهما اسم من الصحة وليس الصحة موجودة فيهما.

الشكوك

ويطرأ علينا شكّ صفته هذه الصفة، ما السبب الذى من أجله حدّد ارسطوطالس المتفقة اسماؤها والمتواطئة اسماؤها والمشتقة اسماؤها وخلى عن تحديد المترادفة والمتباينة، فنقول إنّ السبب فى الغاية لهما يتبين بحجتين: الأولى منهما تختص بالمترادفة وهى أنّه خلى عن ذكرها من قبل أنّه لا يستعملها فى هذا الكتاب. فأمّا المتباينة فيستعملها فى المضاف عند قوله إنّ المضافات منها متفقة اسماؤها ومنها متباينة اسماؤها.

والحجة الثانية هى أنّهما يقابلان المتفقة والمتواطئة، والأشياء المتقابلة والمتضادة تفهم من اضدادها ومقابلاتها، فالمتباينة اسماؤها لأنّها ضد المتواطئة اسماؤها تُفهم منها. وذلك أنّ المتباينة هى التى اسماؤها معانيها مختلفة، كالجمل والشعيرة، فاسميهما مختلفان وحداهما، والمتواطئة اسماؤها هى التى اسماؤها ومعانيها متفقة. والمترادفة اسماؤها لأنّها ضد المتفقة اسماؤها تُفهم أيضًا منها، وذلك أنّ المترادفة هى التى اسماؤها كثيرة وحدّها بحسب تلك الأسماء واحد، كالشئ الواحد المسمى سيفا وصمصا ما ومهندا وحدّه بحسبها واحدا، والمتفقة اسماؤها هي التى اسمها واحد وحدودها بحسب ذلك الاسم كثيرة، فهذا كاف فى حلّ هذا الشك.

ويطرأ علينا شكّ ثان صورته هذه الصورة، ما السبب الذى من أجله عبّر ارسطوطالس عن المشتقة اسماؤها بالكثرة ويكفى فى فهمها الواحد؟

وحلّ الشكّ يجرى على هذه الصفة، إنّما عبّر عنها بالكثرة وإن كان يكفى فى فهمها الواحد ليجريها مجرى المتفقة اسماؤها والمتواطئة اسماؤها[٢] فى مخرج اللفظ وصيغته، ويكون الكلام كالقانون المستمر

٢ فى الهامش: والمتواطية اسماؤها

فيها كلّها ، فهذا كاف فى حلّ هذا الشكّ.

ويطرأ شكّ ثالث صفته هذه الصفة، إذا كان بحسب رأى فلاطن أنّه لا يجوز أن يوجد شئ لا توجبه صناعة القسمة، وكانت المشتقة اسماؤها لا توجبها صناعة القسمة، فينبغى ألا تكون موجودة. وذلك أنّ صناعة القسمة تجرى على هذا ، كلّ امر إمّا أن يكون مشتركا فى الاسم والمعنى أو مختلفة فى الاسم والمعنى أو مشتركا فى المعنى مختلفا فى الاسم أو مشتركا فى الاسم مختلفا فى المعنى، ومن هذا تتولد المتفقة والمتواطئة والمتباينة والمترادفة، وإذا كان الأمر على هذا ، لمْ يكن للمشتقة وجود ، فنقول إنّ القسمة مقصرة، وذلك أنّه قد يبقى قسم واحد (٢٦ ا) وهو الاتفاق فى بعض الاسم وفى بعض المعنى، وهذا هو المشتقة اسماؤها.

وأنت فينبغى أن تعلم أنّ أصناف الأسماء خمسة، المتفقة والمتواطئة والمشتقة والمتباينة والمترادفة، واجعلها كسطر فيه فى ضدين ووسط بينهما ، فالمتفقة بازاءها المترادفة، لأنّ المتفقة تتفق فى الاسم وتختلف فى الحد ، والمترادفة بضدها ، والمتواطئة ضدها المتباينة، لأنّ المتواطئة تتفق فى كلّ الاسم وكلّ الحد ، والمتباينة بضدها . والمشتقة متوسطة بينهما تتفق فى بعض الاسم وبعض الحد.

والمتفقة اسماؤها نبحث عنها كما جرت العادة، أمّا أنّها موجودة فظاهر من اتفاق أشياء كثيرة في اسم واحد. ولِم كانت، لأنّ الأشخاص بلا نهاية والأسماء متناية ولكلّ شخص سمة، فضرورة قادت العقل إلى التوفيق بين معانى كثيرة فى اسم واحد. وما هى، إنّما التى يقال بأنّ الاسم فقط عام لها ، وقول الجوهر الذى بحسب الاسم فمخالف، ومعنى هذا أنّها أمور كثيرة مختلفة، إمّا فى الطبيعة أصلا، أو بالزيادة والنقصان. وإن اتفقت فى الطبيعة فالاسم الدال عليها واحد ودلالته عليها على وتيرة واحدة، وتنقسم إلى قسمين، فإنّها إمّا أن تدل على أمور كيف اتفق أو لمعنى وبحسبه وفق بينها فى الاسم. والقسم الأوّل يسمى متفقة اسماؤها كيف اتفق. والثانى متفقة اسماؤها بروية، وهذا المعنى الذى يتفق فيه يكون بالزيادة والنقصان، والا كان جنسا . والمتفقة اسماؤها التى كيف اتفق إنّما يكون فى الأشخاص حسب. ومن جملة الأشخاص أشخاص نوع الإنسان لأنّ هذا وحْده يفاوض بعضه بعضا ، فيحتاج أن يستدعى بعضه بعضا فيحتاج إلى سمات. فأمّا باقى أشخاص الأنواع، فيكفيه استدعاؤها بأسماء أنواعها ، وكانت الأسماء متناهية مع كون مبادئها متناهية والأشخاص غير متناهية مع كون

مبادئها متناهية[٣]، لأنّ كون هذه من مباديها على طريق الاستحالة وكون تلك على طريق التجاور.

والمتواطئة اسماؤها ينظر فيها كذلك، أمّا أنّها موجودة فظاهر، ولِم كانت، فلأجل حمْل الأجناس على أنواعها والأنواع على أشخاصها، فالمتواطئة معلقة بالأجناس والأنواع، والمتفقة بأسماء الأشخاص. وما هى، فإنّها التى تقال بأنّ الاسم العام لها. وقول الجوهر الذى بحسب الاسم واحد، ومعنى هذا أنّها أمور كثيرة تتفق فى معنى واسم واحد على وتيرة سواء.

والمشتقة اسماؤها ينظر فيها كذلك، أمّا أنّها موجودة فظاهر، ولِم كانت، فلأجل أسماء الأحوال (٢٦ ب) الموجودة للشئ. واختراع العقل له أسماء منها. وما هى، إنّها أمور لها لقب من شئ موجود لها بحسب اسمه ويخالفه فى التصريف. وينقسم إلى ثلاثة أقسام لأنّ الأشياء المتعلقة بالشئ إمّا أن تكون قبله كالفاعل له، أو معه كأحواله الذاتية والعرضية، أو بعده كالغاية تسوق إليها، فالاسم يشتق له إمّا من فاعله أو من الغاية التى تسوق إليها أو من الحال الموجودة له.

والمتباينة اسماؤها ينظر فيها كذلك، أمّا وجودها فظاهر، ولِم كانت، فليكون لكلّ أمر سمة تختص به، وما هى، إنّها أمور كثيرة مختلفة فى الاسم والمعنى.

والمترادفة ينظر فيها كذلك، وجودها ظاهر، ولِم كانت، فلا تساع اللغة وتجوزها فى أن تسمى الأمر الواحد بأسماء كثيرة ويكفيه الواحد، وما هى، إنّها أمور كثيرة لكلّ واحد منها أسماء كثيرة ومعناه بحسبها واحد.

وقد فهمت أنت لِم صارت أصناف الأسماء خمسة بالعلة التى ذكرناها، وفهمت أنّ ما يشمل الكثرة على أربعة اضرب. وذلك أنّ شموله، إمّا شمول لفظة ساذجة وكيف اتفق أو معنى، فالمعنى إمّا مختلف بالزيادة والنقصان أو غير مختلف، وهذا إمّا أن شمل أنواعا أو أشخاصا؛ فالأوّل يسمى شمول اسم متفق كيف اتفق، والثانى شمول اسم متفق بروية، والثالث شمول جنس لأنواع، والرابع شمول نوع لأشخاص. والأوّل إنّما يكون فى الأشخاص حسب تحت نوع كانت أو أنواع، والثانى فى الأشخاص والكلّيات، والثالث والرابع فى الكلّيات، وعند هذا نقطع الكلام فى جملة هذا التعليم.

---

٣ فى الهامش: والاشخاص...متناهية

قال ارسطوطالس

• والمتواطئة اسـماؤها يقال إنّها التى الاسـم عـام لها وقول الجوهر الذى بحسب الاسم واحد بعينه أيضًا. 1 a 6

يريد والأمور التى يقال فيها إنّها متواطئة فى الاسم هى التى تسمى باسم واحد وتُحد بحد واحد بحسب ذلك الاسم.

قال المفسّر

هذا حد المتواطئة اسـماؤها وقوله يقال بمعنى ترسـم، وزيادته لفظة أيضًا، لينبيك أنّها فى الحد والاسم تتفق.

قال ارسطوطالس

• ومثال ذلك الإنسان والثور حيوان، فإنّ هذين أعنى الإنسان والثور يلقبان باسم عام أعنى حيوانا. 1 a 8

(٢٧ ا) يريد ومثال المتواطئة اسـماؤها الإنسـان والثور، فإنّ هذين يسميان حيوان وحدّ كلّ واحد منهما بحسب هذا الاسم مثل حد الآخر.

• وقول الجوهر واحد بعينه أيضًا.

يريد وحدّهما بحسب هذا الاسم واحد بعينه.

• وذلك أنّ موفيا إن وفى فى كلّ واحد منهما ما معنى أنّه حيوان، فإنّ القول الذى يوفى واحد بعينه.

يريد وذلك أنّ مجيبا إن اتى بحد كلّ واحد منهما كان تحديده للواحد منهما مثل الآخر.

قال المفسّر

هذا مثال على المتواطئة اسماؤها.

قال ارسطوطالس

• والمشتقة اسماؤها يقال إنّها التى لها لقب من شئ بحسب اسمه، 1 a 12

يريد والمشـتقة اسماؤها ترسم بأنّها التى تسمى من اسم شئ موجود لها أو متعلق بها. ويكون ذلك الاسم الذى يسمى به بحسب الاسم الذى منـه اشـتق إلا أنّه يخالفه فى التصريف. وذاك بـأنّ يخالف آخره مثلا آخره كالشـجاع من الشجاعة أو يخالفه فى نفس مخرج اللفظ بشئ ممّا

فى الاسم. وهذا هو القانون.

• غير أنّها مخالفة فى التصريف.

يريد غير أنّها يعنى المشتقة اسماؤها تخالف الاسم الذى منه اشتقت فى التصريف.

• ومثال ذلك الفصيح من الفصاحة والشجاع من الشجاعة.

يريد ومثال المشتقة الفصيح والفصاحة، فإنّ الفصيح مشتق من الفصاحة وهو يخالفه فى التصريف وكذلك الشجاع.

قال المفسّر

هذا حد المشتقة اسماؤها والمثال عليه، واللقب يسمى به الألفاظ الدالة على الشئ الزائدة على اسمه الأصلى الدال عليه. وإن جعلت أسماء للشئ، أعنى المشتقة، تعرف بها كالأسماء الأصلية، فيجب أن تكون أيضًا فى منزلة الألقاب بتقدير اسم لذات الشئ أصلى لها، لأنّ كلّ أمر لا بدّ له من اسم يخصه، إلا أنّ العادة عدلت عنه إلى الاسم المشتقة فجعل دالا على الشئ[٤].

وقوله يقال بمعنى ترسم، وقوله من شئ يعنى من حال، وقوله مخالفة فى التصريف، يعنى أن يكون شكل (٢٧ ب) الاسم المشتق يخالف شكل الاسم المشتق منه. وقوله فصيح، يريد به الجيد العبارة. والفصاحة، يريد بها جودة العبارة. والشجاع، يريد به المعتدل فى نفسه الغضبية. والشجاعة، هى اعتدال النفس الغضبية. وهاهنا ينقطع الكلام فى تفصيل هذا التعليم.

٤ فى الهامش: حد اللقب أنّه صفة زائدة على الاسم الدال على الذات. وأقسامه ثلاثة، التشريف والتعريف، والخسيس. أمّا التشريف فمثل ما يلقب إنسان بعض السلاطين بلقب ما، فهذا تشريف له. وأمّا التعريف فهو مأخوذ من خواص الشئ واعرابيه مثل ما يلقب بعض الناس أنّ فلان القصير مثلا. وأمّا الخسيس فمثل أن يلقب إنسان بلقب بهزا به لأجله.

التعليم السابع

قال ارسطوطالس

• التى تقال منها ما يقال بتأليف ومنها ما يقال بغير تأليف. 1 a 16

قال المفسّر

لمّا استوفى ارسطوطالس الكلام فى الأشياء التى دعت الحاجة إلى الكلام فيها قبل القاطيغورياس من قبل ذكره لها، وهى المتفقة والمتواطئة والمشتقة، اخذ الآن يعرّفنا غرضَه فى هذا الكتاب، لا مصرحا، لكنّ بقسمة الألفاظ والأمور يستخرج من ضمنها ذلك، فهو يبدأ بقسمة الألفاظ ويعقب ذلك بقسمة الأمور. ويقسّم الأمور بحسب الكلّى والجزئى، فينكشف من اثناء القسمة أنّ غرضه إنّما هو النظر فى الألفاظ الدالة البسيطة والأمور الكلّية، وهذه يحقق وجودُها من الأمور الشخصية. ومن هاهنا يعلّم صدق امبليخس فى قوله، إنّ غرض هذا الكتاب النظر فى الألفاظ البسيطة الدالة والأمور الكلّية والشخصية، إلا أنّ نظره فى الألفاظ البسيطة الدالة على القصد الأوّل، وفى الأمور الكلّية بسببها. والدليل على ذلك اردافه قسمة الأمور بقسمة الألفاظ، وفى الشخصية بسبب الكلّية. وغلط مَن ادعى أنّ غرضه النظر فى الألفاظ حسب وفى الأمور حسب. أمّا الكلّية من حيث هى أمور موجودة ومن حيث هى منطقية أعنى أجناس وأنواع.

قسمة الألفاظ

واوّل ما يبدأ ارسطوطالس يقسم الألفاظ الدالة إلى المركبة وإلى البسيطة، والبسيطة بمنزلة قولنا سقراط وفلاطن، يمشى، يحضر. والمركبة تنقسم إلى ما منها مؤلف برباط اىْ بحرف ربط البعض بالبعض فتركبا، وإلى ما ليس تأليفه برباط لكنّ نفس الأمر الذى يدلّ عليه، لأنّه مرتبط بعضه ببعض يربط بعض الألفاظ ببعض. والمؤلفة برابط بمنزلة قولنا، زيد وعمرو، فالواو ربطت لفظة زيد بعمرو؛ وبمنزلة قولنا إن كانت الشمس فوق الأرض فالنهار موجود، فحرف ان (٢٨ ا) ربط هذين القولين الجازمين أحدهما بالآخر. والمؤلفة بغير رباط بمنزلة الألفاظ التى بعضها يحكم به على بعض. وهذه على ضربين، إمّا بالقوة وإمّا

بالفعل. أمّا بالقوة فبمنزلة قولنا يمطر، ويأكل، فإنّ قولنا يمطر فى ضمنه الفاعل للمطر، وكذلك ياكل، وتقدير الكلام يمطر اللّه، ويأكل زيد؛ فهذه تتركب ألفاظها من قبل أنّ الأمور التى يدل عليها بعضها معلق ببعض ومحكوم بـه على بعض، والتـى بالفعل بمنزلة الألفـاظ التى قد حكم ببعضها على بعض بمنزلة قولنا زيد يمشي وعمرو يتكلم.

وبالجملة فالتركيب للألفاظ لا يخلو أن يكون تركيب من قبل المعنى أو مـن قبل اللفـظ. ومن قبل المعنى هو أن يكـون نفس الأمر يقتضى تركيب اللفظ كالقول الجازم، وهذا إمّا بالقوة أو بالفعل. وتركيب اللفظ هو تركيب بزيادة حرف دخل بين اللفظ إمّا المركب أو البسـيط، فجعله واحـدا. وجملـة هذه القسـمة أنّ التأليف إمّا أن يكـون من جهة اللفظ كالتى تكون تأليفها بالحروف، أو من جهة المعنى كالتى يحكم ببعضها علـى بعض، وهذه إمّا بالقوة أو بالفعل[1]. وارسـطوطالس يؤخّر الكلام فى الألفاظ المركبة على هذا الوجه الاخير، وهى التى يسـمـيها اقاويل جازمة إلى الكتب التى بعد هذا الكتاب أعنى كتاب العبارة والقياس، ويتكلم فى هذا الكتاب فى الألفاظ البسـيطة الدالة، فيتحصل لنا من قبل[2] قسـمته[3] للألفاظ أنّ غرضه إنّما هو الكلام فى الألفاظ البسـيطة الدالة.

قسمة الأمور

ومن بعد قسـمته للألفاظ يأخذ فى قسـمة الأمور التى تدل عليها الألفاظ. وهو يقسـم الأمور إلى اربعة اقسام: إلى الجوهر الكلّى، وإلى العـرض الجزئى، وإلى العرض الكلّى، وإلـى الجوهر الجزئى. ويعبّر عن الجوهـر الكلّى بأنّـه على موضوع ولا فى موضـوع، ويعبّر عن العرض الجزئى بأنّه فى موضوع ولا على موضوع، ويعبّر عن العرض الكلّى بأنّه على موضوع وفى موضوع، ويعبّر عن الجوهر الجزئى بأنّه لا فى موضوع ولا على موضوع.

ومن هاهنا يعلّم أنّ غرضه أيضًا أن يتكلم فى الأمور الكلّية والجزئية، فيتحصل أنّ غرض هذا الكتاب النظر فى الألفاظ البسيطة الدالة، وفى

---

١ فى الهامش: افهم تالين الألفاظ إمّا من قبلها نفسها أو من قبلها المعانى الدالـة عليها. والاول مثال فلان جلس وأخوه قائم فهذا تاليف للفظ بالحروف فالواو وصلـت بينهما ايصال عرف والثانى إمّا بالقوة مثل يمطر ياكل وإمّا بالفعل مثل زيد يمشـى وعمرو يتاكل فهذا لفـظ مركب بين اجزائه رباط وهـو مؤلف من قبل اتصال المعنى.

٢ فى الهامش: فيتحصل لنا من قبل

٣ ~~ومن بعد~~ قسمته

الأمــور الكلّية، وفى الأمــور الجزئية. إلا انّا نحن ينبغى لنا أن نعلم أنّ غرضه على القصد الأوّل (٢٨ ب) إنّما هو النظر فى الألفاظ البســيطة الدالــة إذ كانت موضوع الصناعــة المنطقية، وعلى القصد الثانى النظر فى الأمــور الكلّية التى الألفاظ عليها، لأنّ عنــد فهمنا للأمور فهمنا الألفــاظ الدالة عليها وفرقنــا بينها. وعلى القصــد الثالث فى الأمور الجزئيــة، وذلــك أنّه لمّا كانــت الأمور الكلّية صور فــى النفس والصور التــى فى النفس إنّما تخرج من أن تكــون باطلة بأن يطبقها العقل على الأشــياء الموجودة، احتاج إلى النظر فى الأشــياء الجزئية لكيما يصحح منها الصور التى فى النفس.

تحديد البسائط

وارســطوطالس من بعــد تحصيله الغرض يأخذ فى تحديد البســائط التى منها تركبت هذه الاربعة اقســام. وهى العرض على الاطلاق جزئيا كان أو كلّيــا، ومــن حــدّه يُفهم حدّ الجوهر على الاطــلاق جزئيا كان أو كلّيــا. والجزئي على الاطلاق جوهــرا كان أو عرضا، ومن حدّه يُفهم حدّ الكلّي على الاطلاق جوهرا كان أو عرضا. ويقول إنّ العرض هو الموجود فى شــئ لا كجزء ولا يمكن أن يكون قوامه خلوا من ذلك الشــئ الذى هو فيه.

وقــد ينبغــى لنا أن نبين أجزاء هذا الحد وأيّمــا منها جنس وأيّما منها فصل ونبين أيضًا فيه أنّه كاف.

وقــد قلنا إنّ اوّل لفظة يلفظ بهــا فى الحد هى الدالة على الجنس أو ما ينوب مناب الجنس كالأشــياء الشــاملة التى ليســت جنسا، لكنّها نســبة كالوجود الشامل لأشــياء كثيرة أو المبدأ الشامل لأشياء كثيرة. واللفظــة الأولى فى هذا الحد، هى أنّه موجود فى شــئ، فينبغى لنا أن نعــدّد المعانــى التى تدل عليها هذه اللفظــة، ونقول على كم وجهٍ يكون وجود الشئ فى الشئ.

وجود الشئ فى الشئ

ووجود الشــئ فى الشــئ يكون على احد عشــر ضربا: الأوّل وجود الشــئ فى الشــئ على أنّه جزء فى كلّ، كاليد فى البدن، فإنّ البدن كلّا واليد جزؤه، وهى فيه على أنّها احد الأشياء التى منها تركب.

والثانى وجود الشــئ فى الشــئ على أنّه كلّ فى أجزاء، وينبغى أن تعلــم أنّ الكلّ ليس هو صورة تاتى مــن خارج إلى الأجزاء لكنّه صورة تتبع وتحدث عند اجتماع الاجزاء، فإنّ اجتماع الأجزاء والتئامها تحدث معه صورة للشئ وهى التئام جملته تسمى كلّا، وهذه لا يُحكم بوجودها إلا بعــد وجود جميــع الأجزاء والتئامها. فإن بقــى منها واحد لم يصح وجود الكلّية، فمعنى الكلّية هو صورة اجتماع جميع الاجزاء.

والثالث وجود (١٢٩) الشئ فى المكان، كهذا الشخص فى هذا المكان.

والرابع وجود الشئ فى الإناء، كالماء فى الجرة، والفرق بين المكان والإناء أنّ الإناء منتقل، وهو أيضًا فى مكان، ويحوى ما فيه بتوسط سطحه الداخل لا بنفسه. والمكان غير منتقل، ولا يكون فى مكان، ويحوى بنفسه إذ كان منطبق على سطح المتمكن من غير أن يكون له عمق يفضل به عليه كما كان فى الإناء.

والخامس وجود الشئ فى الفاعل، كوجود صورة الكرسى فى نفس النجار قبل أن يفعلها، فإنّ النجار إنّما يكسب الخشبة الصورة الحاصلة فى نفسه.

والسادس وجود الشئ فى الغاية أعنى فى كماله، وما من أجله كان وُجد، بمنزلة الكرسى فى الجلوس عليه والنفس فى سعادة والتفلسف والمدينة فى السياسة الرضية.

والسابع وجود الجنس فى النوع أعنى فى حد النوع، وافهم أنّ الجنس يوجد فى النوع من حيث هو ذات لا من حيث هو عام.

والثامن وجود النوع فى الجنس، وافهم أنّ وجود النوع فى الجنس من حيث هو عام، وذلك أنّ النوع محصور فى الجنس.

والتاسع وجود الصورة فى المادة، كالنفس فى البدن.

والعاشر وجود الشئ فى الزمان، بمنزلة أشخاص هذا اليوم فيه إذ كان الزمان يقدر وجود كلّ شئ ويفضل عليه ما سوى الأشياء الازلية، فإنّ تلك لا يقدر وجودها الزمان ويفضل ولهذا ليست فى زمان.

والحادى عشر وجود العرض فى المعروض، كالبياض فى الجسم وهو يشبه وجود الصورة فى المادة. والفرق بينهما هو أنّ العرض الموضوع له هيولى قريبة كهذا الشخص. والصورة فالموضوع لها الهيولى الأولى. وبالجملة فالصور تكون فى الهيولى الأولى، وهذه هى الصور الأولى أعنى الابعاد، إذ كان وجودها فى الهيولى الأولى، ثم تقبل صورة أخرى جوهرية كالحار والبارد، فتكون موضوع هذه هيولى قريبة، ثم تتركب هذه، فتصير هيولى للنفس، فالصور الجوهرية موضوعها هيولى اولى وقريبة. والأعراض الحادثة لا يكون موضوعها إلا هيولى قريبة، فإنّها تحدث فى المركب من المادة والصورة؛ فكيف تصرفت الصور الجوهرية فهيولاها ابعد من هيولى العرض، فإنّ الجسم موضوع للنفس وهى صورة جوهرية وجملتهما موضوع للأعراض الحادثة كالبياض والسواد؛ فإنّ (٢٩ ب) هذه تحل فى جملة المركب لا فى هيولاه وإن كان حلولها بسبب الهيولى.

وبالجملة فالفرق بينهما أنّ الجوهرية توجد بسبب نفسها، والعرضية بسبب الجوهرية، فضرورة تتقدم الجوهرية على العرضية، والصورة هى جزء من المركب إذا بطلت بطل، والعرض دخيل عليه وإذا بطل لم يبطل موضوعه؛ فالعرض يشبه هذه الاحد عشر قسما فى أنّه موجود فى شئ، وينفصل من سائرها بقولنا فيه لا كجزء من ذلك الشئ ولا يمكن أن يكون قوامه خلوا من ذلك الشئ. وذلك أنّه ينفصل من وجود الجزء فى الكلّ، من قبل أنّ الجزء أحد الأشياء التى تركب منها الكلّ. والعرض ليس من الأشياء التى تركب منها المركب. وينفصل من وجود الكلّ فى الاجزاء، من قبل أنّ الكلّ هو صورة جملة الاجزاء؛ فإنّ الكلّية هى صورة الأجزاء من حيث هى مادة الكلّ، والعرض ليس هو صورة للشئ الذى هو فيه، بل دخيل عليه. وينفصل من وجود الجسم فى المكان، من قبل أنّ الذى فى المكان هو جوهر وهو هذه الأجسام المحسوسة. والعرض ليس بجوهر، وأيضًا من قبل أنّ الجسم يفارق المكان ويبقى، والعرض ليس كذلك. وبهذا الفصل الثانى ينفصل من وجود الشئ فى الإناء. وينفصل من وجود الشئ فى الفاعل، بمنزلة صورة الكرسى من قبل أنّ الشئ الموجود فى الفاعل إذا فعله الفاعل صار جزأ من المركب. وأيضًا فإنّ وجود الصورة فى الفاعل هى جزء له من حيث هو فاعل تلك الصورة إمّا بالقوة أو بالفعل، كصورة الكرسى فى نفس النجار، والعرض ليس جزأ من المركب. وينفصل من وجود الشئ فى الغاية من قبل أنّ الغاية مقصودة وكمال وما من أجله وُجد الشئ.

وبالجملة هى جزء ممّا هى غاية له، والعرض ليس بمقصود ولا من أجله وُجد الشئ لكنّه تابع. وينفصل من وجود الجنس فى النوع من قبل أنّ الجنس احد الأشياء التى منها تركب النوع والعرض ليس بهذه الصفة. وينفصل من وجود النوع فى الجنس من قبل أنّ النوع يكون جوهرا ويكون عرضا، فنوع الجوهر جوهر، ونوع العرض عرض، ويكون جزءًا ممّا هو عام له بما هو عام له، والعرض ليس بهذه الصفة. وينفصل من وجود الصورة فى المادة، من قبل أنّ الصورة حزء للمركب، والعرض ليس كذلك. وينفصل من وجود الشئ فى الزمان، إذ كان ما يوجد فى الزمان قد يكون عرضا وجوهرا، والعرض ليس كذلك، (٣٠ ا) ولأنّه يفارق زمانه الذى هو فيه ويصير فى آخر. وبالجملة فجميع الأمور الموجودة فى الشئ المشاركة للعرض فى هذا المعنى تنفصل منه، إمّا بأنّها كجزء من الشئ أو لأنّها تفارق الشئ المعين الذى هى فيه وتكون فى غيره. فأمّا أنّ هذا الحد كاف، فمن قبل أنّ فيه فصول قد فصلته على ما بيّنا من

سائر الأشياء التى تشاركه فى جنسه.

حد الجزئى

ومن بعد هذا يحدّد الجزئى. ويريد بالجزئى الشخص والواحد بالعدد الذى يشار إليه بالاصبع، ويقول إنّ الشخص والواحد بالعدد لا يقال على موضوع اصلا، ومعنى هذا أنّه لا يحمل على شئ إذ كان هو الموضوع المحقق الموطأ لحمل جميع الأشياء، أعنى الجواهر الكلّية والأعراض ويقسّمه إلى العرض والجوهر. ويقول إنّ الجوهر الشخصى بمنزلة سقراط، هو الذى مع أنّه لا على موضوع لا فى موضوع، والعرض مع أنّه لا على موضوع هو فى موضوع، بمنزلة هذه الكتابة وهذه الهندسة. ويجب أن تعلم أنّ أشخاص الأعراض لا يشار إليها وتتشخص على أنّها قائمة بنفسها كأشخاص الجواهر، لكنّها تنحاز وتتشخص إذا اخذت مع الجوهر الذى هى فيه ويشير إليها فى الجوهر الذى هى فيه.

الشكوك

ويطرأ علينا شكّ صورته هذه الصورة، إذا كان غرض ارسطوطالس أن يعرّفنا فيما هو بسبيله غرضه فى هذا الكتاب، وهو الألفاظ البسيطة الدالة، فما الحاجة التى دعته إلى قسمة الألفاظ إلى المركبة والبسيطة؟

وحلّ الشكّ يجرى على هذه الصفة، إنّما قسم ارسطوطالس الألفاظ[٤] ليعلّمنا أنّ فى الصناعة المنطقية يتكلم فى سائر اقسام الألفاظ الدالة البسيطة منها والمركبة. أمّا فى المركبة ففيما بعد، وأمّا فى البسيطة ففى هذا الكتاب. ولأنّه لم يجب التصريح بالغرض لما قلنا.

ويطرأ شكّ ثان صفته هذه الصفة، ما السبب الذى من أجله زعم ارسطوطالس أنّ قسمى الألفاظ اثنان لا زائدة ولا ناقصة، أعنى بسيطة ومركبة، وإذا كان انقسامها على هذا الوجه، فما يدرينا ان ليس بينها متوسطات.

وحلّ الشكّ يجرى على هذه الصفة، القسمة التى قسم بها الألفاظ تدل على أنّه لم يبق شيئا من الألفاظ الا وهو داخل فيها، والقسمة المحققة هى أن يعمد الإنسان إلى طبيعة ما فيقسمها بفصلين جوهريين على طريق التقابل، فأىّ شئ اخذ من تلك الطبيعة بعد ذلك (٣٠ ب) يكون داخلا فى أحد ذينك القسمين. وقسمة الألفاظ صورتها هذه الصورة، وضع الجنس العالى للألفاظ بحسب هذا الكتاب، وهو اللفظ الدال من دون غير الدال، وقسمه على طريق التقابل إلى نوعين متقابلين، وذلك أنّه وضع اللفظ الدال وقسمه بفصلين على طريق التقابل وهما

---

٤ فى الهامش: الالفاظ

البسـيط وغير البسيط. وغير البسيط لا تفهمه بمعنى السلب لكن دال علـى صورة وهو المركب، فجميع الألفاظ إذا داخلة فى هذين القسـمين لأنّ جزئى النقيض لا وسط بينهما. ولهذا ما اخرج ارسطوطالس العبارة عنهما مخرج التناقض، فقال من الألفاظ ما يقال بتأليف ومنها ما يقال بغير تأليف، ليعلّمنا أنّه لا وسـط بينهما، والمتوسـطات تكون بحيث المزج والألفاظ لا تمتزج.

ويطرأ شكّ ثالث صفته هذه الصفة، ما السبب فى تقديمه فى القسمة الألفـاظ المركبة على البسـيطة، ومـن الواجب أن يقدم البسـيطة على المركب.

وحلّ الشـكّ يجـرى على هذه الصفة، السـبب الذى مـن أجله قدم المركبة على البسـيطة يتبين بحجتـين، الأولى منهما أنّ الألفاظ المركبة عبّر عنها بالايجاب والبسـيطة بالسـلب، ولتقدّم الايجاب على السلب ما قدم المركبة على البسيطة. والحجة الثانية[5] صورتها هذه الصورة، قد قلنا إنّ غرضَه فى هذا كتاب الكلام فى الألفاظ البسـيطة، فلمّا قسـم جعلها اخيرا لياخذ فى الكلام فيها لأنّ الشئ الذى يحتاج الإنسان إلى أن يبدأ بالنظر فيه، ينبغى أن يجعله امامه لا بعيدًا منه، ولهذا قسمها بقسمة يحسن معها تصيير البسيط اخيرا، لأنّ عبارتها سلب، ولو حتى يقسمها بالبسيط والمركب لقبح أن يجعل البسيط اخيرا.

ويطـرأ شـكّ رابـع صورته هـذه الصورة، ما السـبب فى قسـمته للموجودات بحسب الكلّى والجزئى بقوله إنّ الموجودات منها جوهر كلّى وعرض جزئى، وعرض كلّى وجوهر جزئى، وتخليته أن يقسـمها بحسب الجوهـر والعرض، فيقـول إنّ منها جوهر ومنها عـرض على أنّ الجوهر والعرض القسـمة إليهما ابسط لأنّ الكلّى يكون جوهرا وعرضا فيكون بما هو كلّى مركبا من الجوهر ومعنى الكلّى وكذلك الجزئى.

وحلّ الشكّ يجرى على هذه الصفة، إنّ نظره بحسب المنطق ليس هو فى الألفاظ البسيطة الدالة على الأشخاص إذ كانت لا تنحصر، وصناعة (٣١ ا) المنطق تريد ما ينحصر لتفيد فيه القانون وتجعله موضوعا لها، لكـنّ الدالة علـى الأمور الكلّية لأنّ هذه هـى المنحصرة، فنظره إذا فى الأمور بحسب المنطق، يجب أن يكون فى الأمور الكلّية بحسب الألفاظ الدالة عليها، فلهذا قسـم الأمور فى هذا الكتاب إلى الكلّى والجزئى، ولم يقسمها إلى الجوهر والعرض لأنّه يقسم الأمور بحسب ما يليق بنظره

---

[5] فى الهامش: افهم هذا الحلّ بحسب قسمة الافاظ إلى التى بتأليف و بغير تأليف

وبحسب ما ينتفع به. وإلا فالأمور قد تقسم على وجوه كثيرة، فيقال منها جوهر ومنها عرض، ومنها كائنة ومنها غير كائنة، ومنها كلّية ومنها جزئية، ولأنّ نظره هاهنا فى الألفاظ الدالة على الأمور الكلّية قسمها بحسب الكلّى والجزئى، والجزئى يراد لتحقيق الكلّى والأمور الكلّية هى الصور التى فى النفس التى انتزعها العقل من الأشخاص.
ولأنّ هذه أوهام وصور فى النفس، فهى بعيدة من الوجود فتحتاج إلى شئ به يتضح وجودها. وهذا هو الجزئى الموجود الذى انتزعها العقل منه، فإنّا إذا اردنا أن نصحح صورة الحيوان الكلّى احضرنا زيدا مثلا، وقلنا تلك الصورة التى فى النفس، أعنى صورة الحيوان هى فى الوجود بهذا، أعنى زيدا. وإن كانت غيرها بوجه، ويجب أن تعلم أنّ الأمور الكلّية أعنى الصور المنتزعة فى النفس، إذا قيست إلى هذه الأمور الشخصية، يُحكم عليها بأنّها أعم منها وأخص منها. أمّا أعم فلأنّ الكلّى من حيث هو عام يحوى أشخاصا كثيرة، وأمّا أخص فلأنّ الكلّى من حيث هو ذات موجودة هو جزء للشخص. ويُحكم عليها بأنّها أقدم منها ومتأخرة عنها، فإنّها بما هى ذوات أقدم بالطبع من الشخص، وبما هى عامة متأخرة عنه[٦]، لأنّها بما هى عامة تعم كثرة، والكثرة يتقدمها الواحد. وهى أنقص مما فى الوجود وأزيد منه أنقص لأنّها جزء مما فى الوجود من حيث هى ذات، وأزيد من حيث هى عامة، وهى ما فى الوجود وليست ما فى الوجود. وذاك أنّ تلك الصورة الموجودة فى نفسى أعنى صورة الحيوان هى هذه الصورة الموجودة فى زيد فى الحد، وليست أيّاها لأنّ هذه ذات وتلك خيالها. ولا تتصوّر أنّ الصور التى فى النفس هى أجزاء هذه التي فى الوجود، فإنّ تلك اوهام وخيالات كالصور المنطبعة فى المرايا وإنّما هى امثال ذوات منها تركب هذا وهذا، فإنّ هذا الإنسان وهذا الإنسان فيهما طبيعة حيوان وطبيعة نطق تلك مثال لها وخيال يسند (٣١ ب) وجودها إليها وتميز من عنزايل.

ويطرأ شكّ خامس صورته هذه الصورة، ما السبب الذى من أجله عبّر عن الجوهر الكلّى وباقى الاقسام الاربعة بعبارة غير اسمائها، فإنّه عبّر عن الجوهر بلا فى موضوع، وعن العرض بأنّه فى موضوع، وعن الكلّى بأنّه على موضوع، وعن الجزئى بأنّه لا على موضوع.

وحلّ الشكّ يجرى على هذه الصفة، لّما كان قولنا كلّى وجزئى وجوهر وعرض ألفاظا لا تنبى عن حال المعانى التى تحتها لكنّ دلالتها عليها

---

٦ عنه: عنها (فوق عنها:عنه)

دلالة الاسماء، عبّر عنها بعبارة تنوب عن تلك وتفصح عن احوالها وتجرى مجرى الرسوم لها؛ فقال فى الكلّى إنّه على موضوع ليفصح لنا وينبئنا أنّ من شأنه أن يحكم به العقل على الأشياء التى هو كلّى لها ومنها انتزعه، فإنّ ذاتها ذاته اىْ بأنّه فى الوجود والقوام هى، وهذا منه جوهر ومنه عرض. ويقال فى هذين بحسب حُكمه على ما يُحكم به، فالكلّى الذى يحكم به على الجوهر يقال فيه إنّه جوهر، والذى يحكم به على العرض يقال فيه إنّه عرض. وفائدة الحكم به وبالجملة وفائدة الحمل هو أنّه لمّا كانت المحمولات صورا فى النفس وكلّية لأنّ الشخص لا يحمل، احتاج العقل أن تحقق وجودها ويفرزها من الوهم الباطل، فهو يحقق بأنّ لها وجود بأن يحكم بها على الأشياء التى منها انتزعها.

وقوله فى الجزئى إنّه لا على موضوع لينبئنا أنّه على الوجود ولا يحتاج إلى أن يحمل، وهذا منه جوهر، وهو القائم بنفسه، ومنه عرض، وهو الموجود فى هذا القائم بنفسه.

وقوله فى الجوهر إنّه لا فى موضوع يفيدنا أنّه مستقل بنفسه، وهذا منه جزئى وهو القائم بنفسه فى الحقيقة، ومنه كلّى كأجناسه وأنواعه. ويقال فيها إنّها مستقلة بنفوسها لأنّه يحكم بها على المستقلة بنفوسها، وأجزاء ذاك يقال فيها إنّها جواهر لأنّها جزء للمستقل بنفسه.

وقوله فى العرض إنّه فى موضوع يفيدنا أنّه ليس مستقلا بنفسه اىْ ليس هو فى الوجود بنفسه لكن فى آخر، وهذا منه جزئى كهذا البياض الموجود فى سقراط، ومنه كلّى وهو الصورة التى فى النفس التى تحمل على هذا الذى ليس مستقلا بنفسه؛ فهذه الألفاظ لأنّها تنبئنا مع دلالتها على الأمور عن ذوات الأمور فهى تجرى مجرى الرسوم، فهذا هو السبب الذى من أجله بذل العبارة بها. وأيضًا فإنّ هذه الألفاظ اخص بالصناعة المنطقية من قبل استعماله فيها المحمول والموضوع، وأيضًا (١٣٢ ا) فمن قبل أنّه استعمل فيها على هذا الوجه الايجاب والسلب مصرحا بهما ليُعلم أنّ قسمته صحيحة.

وهاهنا يفيد قانونا حسنا، وهو أنّ الصور الموجودة فى النفس هى منتزعة من هذه التى فى الوجود، فانت يجب أن تفهم ذواتها بحسب فهمك لذوات هذه التى فى الوجود، فصورة الحيوان الموجودة فى النفس المنتزعة نسميها حيوانا كما نسمى صورة هذا الحيوان الموجودة حيوانا، وصورة النطق نطقا، وصورة الكمية كمية، وصورة الكيفية كيفية. وبالجملة قسم الذات المنتزعة باسم الذات المنتزع منها، وحدّها بحدّها،

والفرق بينهما أنّ هذه التى فى الوجود هى الأصل، وتلك خيالها، وهذه عامة، وتلك خاصة فيما أنّ هذه التى فى الوجود نتفصحها فنجد منها ما هو مستقل بنفسه فنسميه جوهرا، وموجودا فى غيره فنسيمه عرضا، كذلك افعل فى تلك الصور، فسم ما سميته هاهنا عرضا ثم أيضًا، وما سميته هاهنا جوهرا ثم أيضًا.

ويجب أن تعلم أنّ الصور الكلّية الحاصلة فى النفس الناطقة انطباعها فيها كانطباع المحسوسات فى الحواس والصور فى المرايا، إلا أنّ الفرق بين انطباع الصور فى المرايا وفى الحس أنّ الحس له تمييز بينها ويفرق بين اللذيذ والمؤذى، والمرآة لا. والعقل إذا حصلت الصورة فيه استخرج منها معنى الكلّى، فإنّه ياخذ من مشابهات الشخصين النوع، ومن مشابهات النوعين الجنس، فإذا حصل الصور الكلّية وانطبعت فيه كانطباع الصور المحسوسة فى الحس، فعل فيها فعله، وهو أن يقرن إليها معنى العموم والحمل. أمّا الحمل فليحقق الوجود، إذ كانت خيالات، وللعقل أن يتخيل الباطل والحق جميعا، فللتمييز يجعل السبار الأمور بحمل ما يتخيل عليها، فما انطبق على شئ موجود كان، وهما محققا، وما لم ينطبق كان باطلا. والعموم هو شمول تلك الصورة لكثرة، وفائدته لاباحة الحمل، فإنّ الكلّى يستخرج من الاثنين كما قلنا، فلئلا يُقدر أنّه لا يجوز أن يحمل إلا على ما منه انتزع يباح حمله على ذلك وعلى سائر ما اشبهه باقران العموم إليه. والحس يفرق بين اللذيذ والمؤذى، والعقل بين الخير والشرّ، لأنّ الحس يعرف الظاهر، والعقل يعرف الباطن والمبادئ. وبالجملة فالعموم هو شمول واحد لكثرة، وفائدة اباحة الحمل على المنتزع منه وعلى سائر ما اشبهه عند الحاجة إلى تحقيق الصورة الموجودة فى النفس، والحمل هو الحكم (٣٢ ب) بالذات المنتزعة على الذات المنتزع منها وما اشبهها.

ويطرأ شكّ سادس صورته هذه الصورة، من أين حكم ارسطوطالس أنّ الأمور تنقسم إلى هذه الاربعة اقسام لا زائدة ولا ناقصة؟

وحلّ الشكّ يجرى على هذه الصفة، الموجودات تنقسم إلى قسمين إلى ما هو قائم بنفسه وهذا يُدعى جوهرا، وإلى ما هو موجود فى غيره وهذا يُدعى عرضا. وكلّ واحد من هذين إمّا أن يكون فى الوجود أو في النفس، فإن كان فى الوجود دعى شخصا، وإن كان فى النفس دعى كلّيا، فتتحصل الأمور بحسب هذا جوهركلّى وعرض كلّى، وجوهر جزئى وعرض جزئى. ويجب أن تعلم أنّ الأمر إن نظرتَ فيها بحسب نسب ترجع إلى ذواتها وبعضها إلى بعض انقبضت إلى عشرة اقسام، هى

الجوهر والتسـعة البواقى. وبحسـب هذا تكون الصور التى فى النفس الحاصلـة منها عشـرة. وإن نظرتَ فيها الا بحسـب نسـب، ترجع إلى ذواتها وبعضها إلى بعض، لكنّ بحسـب نسـبة توجد لها بالقياس إلى غيرها هى حاجة بعضها إلى بعض. واسـتغناؤه انقسـمت إلى قسـمين إلى المسـتقل بنفسه وهو الجوهر والموجود فى غيره وهو العرض، فتكون الصور الحاصلة فى النفس منها اثنتين الجوهر والعرض. وبالجملة بحسب ما تقبض ما فى الوجود ينقبض ما فى النفس. والصور التى فى النفس يخصهـا إن نظرت فيها بما هى ذوات بحسـب نسـب ترجع إلى ذواتها وبعضها إلى بعض كانت عشـرة، وبما هى عامة وخاصة كانت خمسـة. والأمور الموجودة تسـمى جزئية وشـخصية. والتى فى النفس تسـمى[٧] كلّية عامية.

ويطرأ شـكّ سـابع صورته هذه الصورة، ما السـبب الذى من أجله قرن إلى الجوهر الكلّى العرض الجزئى فى القسـمة، وإلى العرض الكلّى الجوهر الجزئى. ولِم يقرن العرض إلى العرض والجوهر إلى الجوهر؟

وحلّ الشـكّ يجرى علـى هذه الصفة، القسـمة الصحيحة هى التى تكون إلى مقسومين متعاندين، ولمّا كان الجوهر يقابل العرض، والجزئى يقابـل الكلّـى، فجميل جعل فى القسـمة الأولى بـأزاء الجوهر الكلّى عرضا جزئيا. وفي القسـمة الثانية بـأزاء العرض الكلّى جوهرا جزئيا، فهذا كاف في حلّ هذا الشك.

ويطرأ شكّ ثامن صفته هذه الصفة، ما السبب فى تقديمه فى القسمة الأولى الجوهر الكلّى وفى الثانية العرض الكلّى؟

وحلّ الشكّ يجرى على هذه الصفة، السبب الذى من أجله فعل ذلك، هو شرف الجوهر على العرض وشرف الكلّى على الجزئى، فقدم (٣٣ ا) فـى الأولى الجوهر الكلّى على العرض الجزئى. وفى الثانية قدم العرض بسبب الكلّى وشرفه إذ كان العلم عليه وبه ومنه يكون، ولأنّ لفظه لفظ الايجاب.

ويطرأ شكّ تاسع صفته هذه الصفة، ما السبب فى عبارته عن العرض بأنّـه فى موضوع، ولِم يعبّر عن الجوهر إذ هو الموضوع له لأن يوجد فيه وأن يحمل عليه بأنّه موضوع، لكن عبّر عنه بأنّه لا فى موضوع؟

وحلّ الشـكّ يجرى على هذه الصفة، السـبب فى ذلك ايثاره لحفظ شـكل الايجاب والسلب. وأيضًا فمن قبل أنّ الموضوع للحمل قد يكون

---

٧ فى الهامش: تسمى

جوهرا وعرضا ، فإنّ أشخاص الأعراض وإن كانت توجد فى الجواهر، فقد تحمل عليها أجناسها وأنواعها بالقياس إليها حمْل على، وبالقياس إلى الجوهر حمْل فى، فلا يصح أن نقول فى الجوهر إنّه الموضوع إذ كانت الأعراض قد تشاركه فى ذلك، أعنى فى أنّها توضع وتحمل عليها أجناسها وأنواعها.

ويطرأ شكّ عاشر صفته هذه الصفة، إن كان رسم العرض أنّه الموجود فى شئ لا كجزء منه ولا يمكن قوامه خلوا منه، فلتكونن الجواهر الشخصية على هذا القياس أعراضا ، وهذا شنع جدّا. فأمّا كيف ذلك، فعلى هذا الوجه: الجواهر الشخصية فى امكنة، وليست جزءا من المكان ولا يمكن قوامه خلوا من المكان.

وحلّ الشكّ يجرى على هذه الصفة، إنّما قيل إنّ العرض هو الذى لا يمكن قوامه ولا أن يكون له وجود من دون ذلك الموضوع المعين الذى هو فيه، فإنّ هذا البياض إذا فارق هذا الموضوع بطل، فأمّا زيد فقد يفارق هذا المكان ويصير إلى غيره، فليس الأشخاص أعنى أشخاص الجواهر أعراض ولا ينطبق عليها رسم العرض.

ويطرأ شكّ حادى عشر صفته هذه الصفة، الرسوم والحدود الصحيحة هى التى تنطبق على كلّ المرسوم والمحدود، وليس صورة رسم العرض هذه الصورة، إذ كان ليس ينطبق على كلّها. فأمّا أنّ الأمر على هذا، فيتبين على هذه الجهة، الكيفيات المشمومة إنّما تصل إلى حاستنا بأن تفارق موضوعاتها وتصير إلينا وهذه هى أعراض، فإذا بعض الأعراض قد تفارق ويكون لها قوام، فلا ينطبق هذا الرسم على سائر الأعراض.

وحلّ الشكّ على ثلاثة اضرب، ضربان فاسدان وآخر صحيح: فالضرب الأوّل يجرى على هذا، زعم قوم أنّ المفارق للتفاحة الواصل إلى حاسة شمنا مثلا ليس هو عرضا ، فإنّه ليس الرائحة هى التى تفارق وتصل إلى حاسة شمنا ولكنّه بخارات تتحلل من التفاحة يحملها الهواء، فيؤديها إلى حساتنا، وهذه هى جواهر ولأجلها شم؛ (٣٣ ب) فأمّا العرض فلا يفارق ويقوم بنفسه، فهذا هو الحلّ الأوّل. وهذا الحلّ ينتقض على ثلاثة اوجه، الأوّل منها يجرى على هذا ، حركات الأجسام فى الهواء على ما يراه ثاوفرسطس وما احسن ما يرى مضطربة لا مستقيمة، وسبب هذا الممانعة التى بين الجسم المتحرك والهواء، فإنّه إذا رام خرقه مانعه الهواء، فان فرضنا شيئا ما يسامتنا على خط مستقيم له رائحة، فإنّ رائحة إن كانت تصل إلينا بتحلل بخار منه والبخار ليس لا محالة يصل إلينا بل ينحرف عنا. فإنّا ليس لا محالة نشم رائحته،

لأنّ البخار يتحرك حركة معوجة، لا انا نشم رائحة لا محالة، فليس يصل إلينا إذا يتحلل بخاره فليس إذا وصول الروائح بسبب البخار. وإن كان البخار يحملها بل وصولها إلى حساتنا بأن تنطبع صورتها فى الهواء وبتوسط الهواء تصل إلى الحاسة.

وأمّا الثانى فيجرى على هذا، إنّه لو كان ادراكنا للارائح إنّما يكون بتحلل بخار ووصوله إلى الحاسة، لوجب إذا كنا جلوسا فى اعالى دورنا وفى اسفل منّا مسكا أو غيره، ألا نشم رائحته، لأنّ البخار الذى يتحلل منه ليس بالخفيف جدّا ومثل هذا لا يصعد قط بسرعة إلى الاعالى التى نحن فيها. فلا يجوز أن نشم رائحة المسك الذى فى قرار الدار، وإن شممناه شممناه بابطاء، إلا أنّ الأمر بخالف ذلك، فليس يكون بسبب البخار لكن بسبب الانطباع فى الهواء.

وأمّا الثالث هو أنّ حركة الأجسام فى الهواء لها حد تقف عنده وليس يجوز فى الجسم الصغير أن يقطع هواء بعيدا، فلو كنا ندرك الروائح بتحلل البخار لما جاز أن يشم الطائر المسمى رخما روائح الجيف اليسيرة من الفراسخ الكثيرة، وما كان يجوز منّا إذا كان فى صدور دورنا يسير من المسك أو غيره أن نشمه لأنّ البخار الذى يتحلل منه لا يمكنه أن يقطع تلك المسافة، فهذه هى الثالثة ردود التى يرد بها حلّ فلوطينس للشك.

فأمّا الحلّ الثانى فإنّه على هذه الصفة، وصول المحسوسات المشمومة إلى الحاسة يكون بتحلل بخار جسمانى وبانطباع الهواء بصورة المحسوس، والدليل على ذلك على ما قالوا إنّا إذا سددنا آنافنا تمكنا من استنشاق الهواء ولم نتمكن من ادراك الروائح، وهذا للطف الهواء وغلظ البخار الحامل للرائحة، فنعلم من هذا أنّ ادراك الروائح بالبخار وبالانطباع، وإلا فما كنا ننعاق عن الشم إذا ما سددنا آنافا. وردّ هذا الحلّ يجرى على مثال ما ردّدنا عليه الحلّ الأوّل فى البخار، (٣٤ ا) إذ كنا قد قلنا إنّه ليس ادراك الروائح بسبب بخار، والقول أيضًا بأنّا إذا سددنا آنافنا نستنشق الهواء كذب.

فأمّا الثالث وهو الصحيح وبحسب مذاهب ارسطوطالس، فهو أنّا إنّما ندرك المحسوسات على الاطلاق التى شأننا أن ندركها بتوسط الهواء بانطباع حواسنا بها، وهذا إنّما يكون بتوسط الهواء بأن تنطبع تلك الصور أوّلا فى الهواء ويطبعها الهواء فى حواسنا. ولا ينبغى أن تفهم أنّ انطباعها فى الهواء يكون كانطباع صورة فى هيولى، أعنى انطباعا جسمانيا لكن روحانيا إذ كانت الهيولى لا يمكنها حمْل

الضدين معا ، فإنّ ضدين موضوعا واحدا بعينه لا يمكن أن يكون أسودا وأبيضـا معا . فأمّا الهواء والحـواس فإنّهما يحملان الضدين معا ، فإنّ الهواء الذى من شـخصين أحدهما أسـود والآخر أبيض يحمل لون كلّ واحد منهما إلى الآخر ، فلو انطبع باللون انطباعا هيولانيا وجسـمانيا ، لـكان للهواء هيولى قد حملت للضديـن فى الوجود ، وهذا محال. وإنّما صـار الضدان لا يجتمعان فى الوجود وعلى جهة طبيعية لأنّ وجودهما يجب عن مزاج مخصوص وموضوع مخصوص، ومحال أن يكون للشـئ مزاجـا حارا وباردا معـا ، ولا يكون له لون أسـود وأبيض معا . وحمْل الصورة على هذه الجهة يسمى روحانيا . فأمّا اكساب الصور المحسوسة نفوسها للهواء ، والحواس من دون سائر الكيفيات الآخر ، فهو لأنّ الشئ الذى له موضوع خاص به يؤثر أبدا الحلول فيه بالطبع ، ولأنّ فى الهواء موضوعـا مشـابها لموضوع اللون الذى هو فى الجسـم، وهو الاشـفاف والاسـتنارة وموضوع مشـابه لموضـوع الروائح والأصـوات، فهو يروم الانتقال إليه لأنّه ملائم له. ولأنّها فى موضوعات مشـبهة له لا ينتقل فتكسـبه صورتها حسب. وصورة الهواء عند الحواس هذه الصورة، وهو أنّـه يطبع الصور فيهـا لأنّ فيها موضوع ملائم للصور المحصسوسـة. فـإنّ فى العين موضوع ملائم للألوان وهو الاسـتنارة والاشـفاف الذى فـى الرطوبة الجليديـة، وكذلك فى الهواء المنبنى فـى الأذنين ما يلائم الأصـوات، وفى الهـواء المنبنى فى المنخرين ما يلائـم الروائح، فتكون المحسوسـات تصل إلى الحواس بانطباعها فى الهواء. والهواء يوصلها إلى الحاسـة على جهة روحانية، والبخار وإن كان حاملا للرائحة، فليس لأجله يقع الادراك بل لأجل الانطباع بنفسه، فعلى هذا الوجه (٣٤ ب) ينحلّ هذا الشك.

ويطرأ شـكّ ثانى عشر صفته هذه الصفة، العرض هو الذى يقال إنّه موجود فى شـئ لا كجزء منه ولا يمكن أن يكون قوامه خلوا من الشـئ الـذى هو فيـه، والصور التى فى النفس هى فى شـئ لا كجزء منه ولا يمكن أن يكون قوامها خلوا منه، فالصور الكلّية جوهرا كانت أو عرضا هى عرض.

وحلّ الشكّ على هذه الصفة، الصور التى فى النفس يُنظر فيها على ضربـين، بالقياس إلى ما منه انتزعـت، وبالقياس إلى العقل الذى هى فيـه. أمّا بالقيـاس إلى ما منه انتزعت، فإنّهـا إن انطبقت على جوهر حُكم عليهـا بأنّها جوهر، وإن انطبقت على أمر هو عرض، حُكم عليها بأنّها عرض، فالصور التى فى النفس هى أمثال للأمور التى من خارج.

وبالقيــاس إلى العقل، إن أخذت بالقياس إلى العقل الذى بالقوة كانت عرضــا لأنّه هيولى لها ، والصور بالقياس إلــى الهيولى أعراض فيها ، وإن أخـذت بالقياس إلى العقل الذى بالفعل كانت جوهرا ، لأنّها كملته وقومتــه، وذاك أنّ العقل الذى بالفعل إنّما يكون هكذا بالصور المعقولة الموجودة فيه، فهذا كاف فى حلّ هذا الشك.

ويطرأ شــكّ ثالث عشر صفته هذه الصفة، ما السبب الذى من أجله لمّا عددتم وجود الشــئ فى الشئ، زعمتم أنّ وجود الجنس فى النوع إنّما يكون على أنّه جزء من حدّه لا جزء منه، وما الفرق بين أن يكون الشــئ جزءًا من الشئ أو جزءًا من حدّه؟

وحلّ الشكّ يجرى على هذه الصفة، الفرق بينهما هو أنّ أجزاء الشئ التــى منها التأمت ذاته خاصية لا تتعــداه، فإنّ حيوان زيد غير حيوان عمرو في العدد، وأجزاء الحدّ إنّما هى عامّية، وذلك أنّ نوع الإنســان أو غيــره إنّما التأمت من مبــادئ خاصية، وهى حيوان ما وناطق ما ومائت مــا. وأمّا أجزاء حدّه، فهى الحيوان على الاطلاق والناطق على الاطلاق والمائــت على الاطلاق. وبالجملــة فأجزاء الحدّ إنّما تؤخـذ فيها الطبيعة الكلّية نفســها وهى تنطبــق على المحدود انطباق العــام على الخاص، لأنّ الحــد يدل على العامّيــات، والمحدود فيه الخاصيــات. والعامّيات تنطبق على الخاصيات، فليس أجزاء أحد هى أجزاء المحدود لكن تصدق علــى أجزاء المحــدود. وبالجملة فالأجــزاء إمّا أن تأخذهــا أجزاء وجود حســي أو عقلــي أو أجزاء حد، فــإن أخذتها أجزاء وجود ســواء كانت أجزاء كلّى أو شــخصي فهى خاصية، فحيوانية زيد غير حيوانية عمرو بالعــدد، (١٣٥) وحيوانية الإنســان غير حيوانية الحمــار. فأمّا أجزاء الحــد فمفرداتها كلّيات، وإذا جمعتها صارت خاصية؛ فأنت إذا أخذت الحيــوان فى الحد تأخذ الحيوان المطلق، إلا أنّ إضافة الفصول تخصصه، فهذا كاف فى حلّ هذا الشك.

ويطرأ شــكّ رابع عشــر صورته هذه الصورة، كيف زعمتم أنّ وجود الصــورة فى المادة غير وجود العرض فى المعــروض من قبل أنّ الصورة جوهــر وتنقــوم منها طبيعة الشــئ؛ ونحن نــرى الصــورة موجودة فى الهيولى، وليســت جــزءًا منها، ولا يمكن أن يكــون قوامها خلوا منها، فيجب على هذا القياس أن تكون عرضا لا جوهرا.

وحلّ الشــكّ يجــرى على هذه الصفة، الصــور الموجودة فى الهيولى يُنظر فيها على وجهين، بقياســها إلى الهيولى، وبقياســها إلى المركب من الهيولى والصورة. وهى بالقياس إلى الهيولى عرض، لأنّها ليســت

جـزءًا من الهيولى، ولا يمكن أن يكون قوامها خلوا منه. وبالقياس إلى المركـب جوهرا، وذلـك أنّ بها تمّ وجوده، وهى جـزء منه، ومتى بطلت بطـل، فتكون على هذا القياس جوهرا وعرضا، وليس ذلك بمسـتنكر. وذلك أنّ معنى الجوهرية هى نسـبة ما، وهى اسـتقلال الشـئ بنفسـه. ومعنى العرضية نسـبة ما، وهى لا استقلال الشئ بنفسه، وقد يمكن أن يجتمعا فى شـئ واحد بالقياس إلى شـيئين؛ فإنّ الصورة بالقياس إلى الهيولى لها نسبة الوجود فى غيرها وليست كجزء منها، ولها بالقياس إلى المركب نسـبة الجوهر، فـإنّ منها تقوم الجوهر وهـى جزء له، وجزء الجوهر جوهر.

ويطرأ شـكّ خامس عشـر صورته هذه الصورة، الرسـم الصحيح هو الذى ينطبق على المرسـوم بأسـره، ورسـم العرض إنّما هو لائق بالعرض الغيـر مفارق، وذلك أنّه يزعم فيه أنّ العرض هو الذى لا يفارق الشـئ الذى هو فيه.

وحلّ الشـكّ يجرى على هذه الصفة، لمْ يقل ارسـطوطالس فى هذا الرسـم إنّ العرض هـو الذى لا يفارق، لكنّه قال إنّـه لا يمكن أن يكون قوامـه خلوا من ذلك الشـئ الذى هـو فيه، وهذا يليـق بالمفارق وغير المفارق.

ويطرأ شـكّ سادس عشر صورته هذه الصورة، إذا كان ارسطوطالس قد زعم أنّ الموجودات تنقسم إلى اربعة أقسام إلى الجوهر الكلّى والعرض الجزئى والعرض الكلّى والجوهر (٣٥ ب) الجزئى، وكانت هذه إنّما تألفت من اربعة أشياء، من الجوهر والعرض والكلّى والجزئى. فما السبب الذى مـن أجله حدّد مـن مقابلة الجوهر و العرض العرض حسـب، وخلى عن الجوهر؟ ومن مقابلة الكلّى والجزئى الجزئى حسب، وخلى عن الكلّى؟

فنقول إنّه رسم من مقابلة الجوهر والعرض العرض حسب، وخلى عن الجوهر، ليفهم رسـمه من رسـم العرض، من قبـل أنّ العرض أظهر فى الوجود، وشـرح الظاهر يُفهم منه شـرح الباطن، فيكون الجوهر هو الذى ليـس بموجود فى شـئ، وإن وُجد كالصور فـى الهيولى، كان كجزء من الشئ المركب. ويمكن أن يكون قوامه خلوا مما هو فيه. وشرح من مقابلة الكلّى والجزئى الجزئى حسـب، وخلى عـن الكلّى ليفهم من مقابلة، من قبل أنّ الجزئى أصل للكلّى، وفهْم الأصول يتبعه فهْم الفروع. وإذا كان الجزئى هو الذى لا على موضوع فالكلّى هو الذى على موضوع، فيجب علـى هـذا القياس أن يكون الجوهر هو الـذى لا فى موضوع وأن يكون الكلّى هو الذى يحمل.

ويطرأ شـك سـابع عشـر صورته هذه الصورة، ما السبب الذى من أجله زعم أنّ الشـخص لا يحمل، ونحن نحمل على زيد مثلا أنّه زيد، وبالجملة على كلّ شخص أنّه ذلك الشخص؟

وحـلّ الشـكّ يجرى على هـذه الصفة، إذا كان الشـخص هو الذى يدركـه الحس فهو على غايـة البيان وهو أحق الأشـيا ء بالوجود، وإذا كانت صورته هذه الصورة، فما فائدة الحكم به إذ كنا إنّما نحكم بالصور التى فى نفوسنا الكلّية على هذه لكيما يحقق وجودها، إذ كانت بعيدة من الوجود. فإنّ الأشـيا ء الكلّية لمّا كانت صورا فى النفس فهى بعيدة من الأمور المحسوسـة، ولبعدها ما يقع فيها أشـكال، فنحكم بها على الأشـيا ء التى انتزعت منها، فتحقق بذلـك وجودها. وأيضًا فإن حُمل الشـخص فعلى ماذا يُحمل، ليس يخلو أن يُحمل على نفسـه أو على شـخص آخر مثله أو على أمر كلّى. وعلى نفسـه لا يجوز أن يُحمل إن كان الشـئ لا يحقق وجوده من نفسـه، ولا على شخص غيره إذ كان لا يحمل على عمرو أنّه زيد، ولا على أمر كلّى إذ كان المحمول يحتاج أن يكون عامّا أو مساويا. وبالجملة فالشخص هو الشئ المحقق فى الوجود والحـس يدركـه فما فائدة حمله؛ فإذا حملنا علـى زيد بأنّه أبيض وبأنّه زيد مثلا وبأنّه شـخص فهو حمل اسم، وذلك انّنى[٨] احمل عليه اسمه[٩]، فاقول هذا هو الذى أسـميه زيدا أو أبيضا لا معنى، أو إنّما نكون نريد بذلـك أنّ الصورة التى قد حصلت فى نفوسـنا منـه لها (١٣٦ ا) وجود وأصـل من خارج وهى مثال له، و الحمل يكون للصورة الكلّية التى فى النفس لتحقيق وجودها.

ويطرأ شـكّ ثامن عشر صفته هذه الصفة، ما السبب الذى من أجله اردف ارسطوطالس إلى قوله والشخص قوله واحد بالعدد؟

وحلّ الشـكّ يجرى على هذه الصفة، اردفاه واحدا بالعدد إلى قوله شخص، من قبل أنّ الشخص فى لغة اليونانيين يعبّر عنه بغير المتجزئى، وغير المتجزئى اسم مشترك يقع على معان كثيرة قد عددناها فى كتاب ايسـاغوجى؛ فاردف إلى قوله الشـخص قوله واحد بالعدد ليعلّمنا أنّه يريد من أصناف غير المتجزئى الشخص. وهاهنا ينقطع الكلام فى جملة هذا التعليم.

---

٨ فوق اننى: إنّما

٩ فى الهامش: وهكذا يرى متى حمل الاسم على الشخص

التفصيل

قال ارسطوطالس

1 a 16 • التى تقال منها ما يقال بتأليف ومنها ما يقال بغير تأليف، فالتى تقال بتأليف كقولك الإنسان يحضر، الثور يغلب.

يريد الألفاظ التى يلفظ بها، منها ما يلفظ به بتأليف ومنها ما يلفظ به بغير تأليف، والألفاظ المؤلفة هى المركبة، كقولك الإنسان يمشى، فإنّ هذا القول قد ركب من لفظتين، وهما الإنسان ويمشى. والتى تقال بغير تأليف كقولك الإنسان مفردا، والثور مفردا.

• والتى تقال بغير تأليف كقولك الإنسان، الثور، يحضر، يغلب.

يريد والألفاظ المفردة هى هذه.

قال المفسّر

غرضه فى هذا الباب أن يفيدنا بالقوة الغرض فى هذا الكتاب، فهو يقسم الألفاظ إلى المركبة والبسيطة، ويجعل البسيطة اخيرا، لينبئنا أنّ غرضه ايّاها. ويقسم الأمور بعد ذلك ليعلّمنا أنّه يتكلم فى الأمور أيضًا، ويجعل قسمته ايّاها بحسب الكلّى والجزئى، فيتحصل غرضه؛ وإن لم يصرح به الكلام فى الألفاظ البسيطة الدالة على الأمور الكلّية والشخصية، ومن هاهنا يتبين صحة ما قاله امبليخس، وبطلان ما زعمته الطوائف الآخر. فإنّ قوله، التى تقال، فيعنى التى يلفظ بها لفظا دالا، وذلك أنّ التى تقال اسم مشترك يستعمل إمّا فى الألفاظ أو فى المعانى، وإذا استعمل (٣٦ ب) فى الألفاظ يكون بمعنى يلفظ بها، وهذا إمّا أن يكون دالا، وإمّا أن يكون غير دال، وإذا استعملت فى الأمور، فإنّها تنوب مناب يوصف أو يرسم أو يحد.

قال ارسطوطالس

1 a 20 • الموجودات منها ما يقال على موضوع ما،

يريد الموجودات منها جوهر كلّى، وهذا هو الذى يُحمل على موضوع ما، أعنى جوهرا شخصيا على أنّ ذاته ذات الموضوع لا فرق بينهما إلا فى العموم والخصوص، وقوله، يقال على موضوع، اشارة إلى الكلّى.

• وليست البتّة فى موضوع ما،

يريد وليس يوجد فى موضوع، وهذا اشارة إلى الجوهر، فتقدير الكلام الموجودات منها جوهر كلّى.

• كقولك الإنسان،
يريد ومثال الجوهر الكلّى الإنسان الذى هو صورة فى النفس.

• فقد يقال على إنسان ما وليس هو البتّة فى موضوع ما.
يريد فإنّ الإنسان الكلّى قد يُحمل على إنسان ما وليس هو فى موضوع لأنّه جوهر وليس بعرض.

• ومنها ما هو فى موضوع ما وليست تقال أصلا على موضوع[10].
يريد من الموجودات ما هو فى موضوع ما، يعنى عرضا جزءا وليس حمل البتّة على موضوع لأنّه جزئى.

قال المفسّر
قد أخذ يقسم الموجودات وهو يقسمها إلى اربعة أقسام: إلى الجوهر الكلّى، وإلى العرض الجزئى، وإلى العرض الكلّى، وإلى الجوهر الجزئى. والسبب فى انقسام الأمور إلى هذه الاربعة من قبل أنّ الأمور إمّا أن تكون قائمة بنفسها أو موجودة فى غيرها. والصنف الأوّل يسمى جوهرا، والثانى عرضا، وكلّ واحد من هذين إمّا كلّى وإمّا جزئى، فتتحصل أقسام الموجودات اربعة. وفى هذا الباب يورد منها قسمين الجوهر الكلّى والعرض الجزئى. ويقدم الجوهر الكلّى من قبل أنّه أشرف، من أجل أنّه جوهر وكلّى. وقد كنّا ادينا العلة التى من أجلها عبّر عنها بغير أسمائها. فأمّا زيادته فى العرض الجزئى وقوله، ليس يقال أصلا على موضوع، فليؤكد أنّ الجزئى لا يحمل. وقدم فى هذه الأبواب الكلّى على الجوهر والعرض لأنّه غرض هذا الكتاب، وليشعرنا بأنّه الغرض، ولأنّ عبارته بالايجاب.

قال ارسطوطالس
1 a 24 • (٣٧ ا) وأعنى بقولى فى موضوع
يريد وأعنى بقولى عرضا الموجود فى موضوع ما لا كجزء من ذلك الموضوع ولا يمكن أن يوجد فى الوجود من غير الموضوع الذى هو فيه.

---

١٠ اسحق ابن حنين: موضوع ما

• الموجـود فى شـئ لا كجزء منه وليس يمكـن أن يكون قوامه من غير الذى هو فيه.

يريد أىْ من غير ذلك الموضوع المعين الذى هو فيه.

قال المفسّر

هذا رسم العرض وقوله موجود فى شئ يجرى مجرى الجنس، والباقى فصول تفصله من سـائر ما يشـاركه فى الجنس، أعنى وجود الشئ فى الشئ، وأنت فمن رسم العرض تفهم رسم الجوهر.

قال ارسطوطالس

• ومثـال ذلـك نحو ما فإنّه فى موضوع أىْ فى النفس، وليس يقال 1 a 25
أصلا على موضوع.

يريـد ومثـال العـرض الجزئى نحو مـا ، فإنّه فى النفـس على أنّها موضوعة له وليس يحمل على موضوع أصلا لأنّه شخصى.

• وبياض ما هو فى موضوع أىْ فى الجسـم إذ كان كلّ لون فى جسـم وليس يقال البتّة على موضوع ما.

يريد وكذلك بياض ما هو فى موضوع وهو الجسم إذ كان اللون شأنه أن يكون فى الجسم وليس يحمل البتّة على موضوع لأنّه جزئى.

قال المفسّر

لمّا كان فى الباب الأوّل الذى قسم فيه الموجودات اورد من أقسامها اثنـين، الجوهر الكلّى والعـرض الجزئى، واورد المثال على الجوهر الكلّى بالإنسـان، ولم يـورد المثال على العـرض الجزئى، وقطـع الكلام بحدّ العـرض؛ أخذ الآن يتمم الكلام ويورد المثـال على العرض الجزئى. ولمّا كان العرض الجزئى يكون فى النفس والجسم اورد المثال من الجميع.

قال ارسطوطالس

• ومنهـا ما يقال على موضوع ما وهـى أيضًا فى موضوع، ومثال 1 b 1
(٣٧ ب) ذلـك العلـم، فإنّـه فى موضـوع أىْ فى النفـس ويقال على موضوع أىْ الكتابة[١١].

---

١١ اسحق ابن حنين: اى على الكتابة

يريد ومن الموجودات ما يحمل على موضوع ما، فهذا اشارة إلى الكلّى وهو فى موضوع، وهذا اشارة إلى العرض، وتقدير الكلام ومن الموجودات [ما هو عرض كلّى].

• ومنها ما ليست[١٢] فى موضوع ولا تقال على موضوع ومثال ذلك إنسان ما أو فرس ما،
يريد ومن الموجودات ما ليس هو فى موضوع أىْ ليس هو عرض ولا يقال على موضوع أىْ ليس هو كلّى، وتقديره ومن الموجودات ما هو جوهر جزئى.

• فإنّه ليس شئ من ذلك وما يجرى مجراه لا فى موضوع ولا يقال على موضوع[١٣].
يريد لا من أشخاص الناس ولا من أشخاص الأفراس ولا شئ يجرى مجراهما لا عرض ولا كلّى لكنّهما جواهر جزئية.

قال المفسّر
هذا هو الطرف الاخير من القسمة وقدم فيه العرض الكلّى على الجوهر الجزئي من قبل أنّ العبارة عن ذلك بالايجاب وعن ذلك بالسلب وقال إنّ الكلّى أشرف من الجزئى لأنّه دائم وهذا فاسد.

قال ارسطوطالس
• وبالجملة الأشخاص والواحد بالعدد لا يقال على موضوع أصلا. 1 b 6
يريد وبالجملة الشخص لا يحمل لأنّه شخص ولا يقال على موضوع أصلا أىْ لا يحكم به على موضوع أصلا.

• فأمّا فى موضوع، فليس مانع يمنع من أن يكون بعضها موجودا فيه،
يريد فأمّا الأشخاص فليس مانع يمنع فى بعضها من أن يكون عرضا وفى موضوع.

• فإنّ كتابة ما هى من التى فى موضوع أىْ فى النفس، وليست

١٢ اسحق ابن حنين: ومنها ما ليست هى فى
١٣ اسحق ابن حنين: على موضوع ما

تقال على موضوع أصلا.

يريد لأنّها شخصية.

قال المفسّر

هـذا حـدّ الجزئى ومنه يُفهم حّد الكلّى وأقسـامه، وذلك أنّه يقسـم الجزئى إلى الجوهر والعرض، وكان ينبغى للناقل أن يعبّر عن الشـخص بغير المنقسم ليكون قوله والواحد بالعدد، يغنى والواو واو تمييز، وعند هذا فلنقطع الكلام فى تفصيل هذا التعليم.

(٣٨ ا) التعليم الثامن

قال ارسطوطالس

• متى حُمل شئ على شئ حَمل المحمول على الموضوع. 1 b 10

قال المفسّر

لمّا استوفى ارسطوطالس الكلام فى غرض هذا الكتاب، وزعم أنّه النظر فى الألفاظ البسيطة الدالة على الأجناس العوالى، وكانت الأجناس العوالى يلزمها شيئان، أحدهما الحمل لأنّها صورا فى النفس وحملها لتحقيق وجودها، ومعلوم أنّ حمْلها حمْل جوهرىّ لا عرضىّ من قبل أنّ حمْل الجنس على أنواعه حمْلا جوهريا لا عرضيا، والآخر القسمة، والقسمة المحققة معلوم أنّها تكون بالفصول الجوهرية، أخذ أن يفيدنا خاصة المحمولات الجوهرية، وخاصة الفصول التى بها تنقسم الأجناس العوالى.

خاصة المحمولات الجوهرية

وهو يبدأ بافادتنا خاصة المحمولات الجوهرية، ويؤخر الكلام فى الفصول، من قبل أنّ حمل الصور التى فى النفس أهمّ من قسمتها، وذاك أنّ بالحمل يتحقق وجودها، وإذا تحقق وجودها قسمت. وقبل أن يخبر بخاصة الحمل الجوهرىّ، ينبغى لنا أن نذكر ما الحمل وما المحمول وما يُحمل وعلى كم ضرب يُحمل، فنقول إنّ الحمل هو الحكم بصورة فى النفس كلّية على موضوع من خارج شخصيا، ورسم المحمول هو أنّه صورة كلّية انتزعها العقل من الأمور الموجودة وحصل لها معنى العموم وهو يحكم بها على الأمور التى انتزعها منها لتحقق وجودها. وقد كنا قلنا إنّ بالحمل يتحقق وجود الصور التى فى النفس وتنفرز من عنزايل، والعموم لإباحة الحمل، وذاك أنّ الصور التى فى النفس استخراجها يتم من شيئين، وتحقيق وجودها من ذينك الشيئين وما اشبههما فاقر أنّ العموم إليها لئلا يقدّر الإنسان أنّ تحقيق وجودها لا يتم إلا من تلك الأشياء التى منها انتزعت.

وهذه تنقسم إلى قسمين، إلى الجوهرية وإلى العرضية، والجوهرية هى المحمولات التى يحكم بها العقل على الموضوع على أنّ ذاتها ذاته

لا فـرق بينهما إلا فى الخصوص والعموم، وهذا الحمل يُدعى حمل على وحمـلا جوهريـا ، ولا تفهم أنـت أنّ الذات التى فـى النفس هى الذات التـى مـن خارج فى العدد ، لكن فى الحدّ، والتـى فى النفس هى خيال ومثـال هذه التى فى الوجود لا هـى بالعدد. والعرضية هى التى يحكم (٣٨ ب) بهـا على الموضـوع لا على أنّ ذاتها ذاته لكن على أنّ ذاتها موجـودة فيه، وهـذا الحمْل يُدعـى حمْل فى وحمْل عرضـىّ، وذاك أنّ الصورة الموجودة فى النفس يحقق وجودها من هذا الشخص لا من نفس ذاتـه، لكـن من حال موجودة فيه كالبياض الكلّىّ يحكم به على زيد لا علـى أنّ ذاتـه ذاته، لكن على أنّ ذاته تشبـه ذات موجودة فيه، فمتى عاد الحمل إلى نفس الذات حتى يكون المحمول والموضوع ذاتهما واحدة. والفـرق فى الخصوص والعموم كان المحمـول جوهريا ويقال لحمله حمل علـى. ومتى عاد الحمل لا إلى نفـس ذات الموضوع لكن إلى ذات فيه قيل فى المحمول إنّه عرضىّ ويحمل حمل فى أىْ يحقق وجوده من ذات هى عرض فى الموضوع وموجودة فيه.

وإذ قد خبرنا ما الحمل وما المحمول، وعلى كم ضرب يقال المحمول، وعلـى كم ضرب يحمل كلّما يحمل حمـلا محققا ، فلنخبر الآن بخاصة المحمـولات الجوهرية، فنقـول إنّ خاصة هذه المحمـولات الجوهرية وهى التـى تحمل على موضوعاتها على أنّ ذاتهـا ذاتها ، هى أنّها إذا حمل عليهـا أمر ما على الوجه الذى حملت هى على موضوعها ، أعنى حملا جوهريا ، حمل ذلك الشـئ المحمول على المحمـول على موضوعه أيضًا حملا جوهريا ، وحكم بأنّ ذاته ذاته؛ فإنّ الإنســان يُحمل على زيد حمْل على ويُحمل على الإنســان أنّه حيوان حمل على، فالحيوان يحمل على زيـد حمل على. وليس هذه خاصة المحمولات العرضية، فإنّه ليس يلزم إن حُمل شئ على شئ حمْل عرضىّ، وحمل على ذلك الشئ محمولا آخر عرضيـا لزم أن يحمل المحمول الثانى على الموضوع الأوّل، بل يجوز أن يحمل فى بعض النسـب، كالشـبيه والمساوى وفى بعضها لا ، كالعموم والخصوص.

فأمّا المفسّـرون فإنّهم يتعدون طبقة هذا الكتاب، ويرقون فيقسمون المحمـولات علـى الاطلاق، ويقولـون المحمولات إمّـا أن تكون محققة وهـى المحمولات على موضوعات هى موضوعاتها فى الحقيقة، أو غير محققة وهى التى تحمل على موضوعات ليست موضوعاتها فى الحقيقة لكـن تلك الموضوعـات ترجع إلـى الموضوعات المحققـة. والمحمولات الغير محققة تنقسـم إلى قسمين، بمنزلة حمل جوهر على عرض أو على

جوهــر معروض من جهة ما هو معــروض، حتى يكون حمل الجوهر على العرض وحمل عرض على عرض أو على جوهر معروض من جهة ما هو معــروض. ومعنــى قولنا من جهة ما هو معــروض أىْ من جهة عرضه، فيكــون الحمْــل حقّا على عرضه فيكون المحمــول عرضا للموضوع وهو عــرض. وإنّما صار هذان غيــر محققين من قبل أنّ الموضوع (١٣٩ ا) فى الحمْل لا يصلح أن يكون عرضا ولا جوهرا معروضا من جهة عرضه، لأنّ العرض لا يكون قائما بنفســه ولا يقبــل محمولا من جهة ما هو عرض والمحمــول عــرض فيه، لكنّه يحتاج إلى شــئ يكون فيــه، بل يجب أن يكون جوهرا. فإنّ الحمْل المحقق هو الذى يرجع إلى أن يكون الموضوع له جوهرا. ومثال ذلك أن يحمل الإنســان على الأبيض فحقيقة حمْله على زيــد الذى البياض موجود له، ويحمل الأبيــض على المتحرك، فحقيقة حمْله هو على زيد الذى الحركة فيه. والمحقق فمنه ما يحمل حمل جوهر علــى جوهر، وهذا هو أن تكون ذات المحمول والموضوع واحدة فى الحد، وهذا يُدعى حمْل على وحمْل جوهرىّ. ومنه حمْل عرض على جوهر وهذا الحمْــل يُدعى حمْل فى وحمْل عرضىّ، وهو أن يكون المحمول ليس ذاته ذات الموضوع لكن ذاته وذات شئ فى الموضوع واحدة.

وبالجملــة قلنا عنــد الحمْل محمــول وموضوع، والموضــوع لا يخلو أن يكــون جوهرا أو عرضا، وكذلك المحمــول. فإن كان الموضوع عرضا وحملــتَ عليه إمّــا جوهرا أو عرضا كان هذا المحمــول غير محقق، لأنّ العــرض لا يكون قائما فى الوجود حتى يُحمل عليه شــئ، وإنّما الحمْل يعــود إلى موضوع آخر غير الموضوع المفروض. فأمّا متى كان الموضوع جوهــرا وحملت عليه جوهر أو عرض كان الحمْل حمْلا محققا، لأنّه على الموضوع الذى شــأنه أن يحمل عليه، فإن كان المحمول جوهرا كان حمْله حمْل على، وإن كان عرضا كان حمْله حمْل فى.

ومن جميع هذه الأصناف يريد فى هذا الكتاب المحمولات الجوهرية، لأنّ كلامــه فــى هذا الكتاب إنّما هو فى الأجنــاس العوالى، وهذه تحمل على ما تحتها من متواســطاتها وأنواع أنواعها وأشــخاصها حمْل على فقــط، ولــو حتى تحمل التســع مقولات مع حمْله إيّاهــا على ما تحتها من متوســطاتها وأنواعها وأشــخاصها على الجوهر، إذ كانت فيه فى الوجــود، لكان يجــب أن يعلّمنا عن خاصة حمْل العــرض على الجوهر وهو حمْل فى، إلا أنّه فى هذا الكتاب إنّما حمل الأجناس على ما تحتها حســب لتحقق وجودها مما يناســبها ويدخل معها فــى المقولة الواحدة. والعلــة فى ذلك أنّــه إنّما جمع الأمور إلى الأجنــاس العوالى بأن فردها

بعضها من بعض، فبالتفريد رقاها وبالتفريد يحملها حمل على فقط.

(٣٩ ب) والمفسّرون يستعملون مزاوجات عامة بين هذه المحمولات الجوهرية والعرضية التماسا للارتياض؛ وإن كانت خارجة عما يحتاج إليه فى هذا الكتاب، لأنّ غرضنا فى هذا الكتاب المحمولات الجوهرية وافادة خاصتها، ويقولون إذا كانت المحمولات المحققة على ضربين جوهرية وعرضية والمحمولات، فلا بدّ لها من موضوع، فمعلوم أنّه يتولد من ازدواج هذه الثلاثة الموضوع والمحمولين الجوهريين والعرضيين المحققين أربع مزاوجات.

المزاوجة الأولى منها هى أن يكون المحمولان فيها جوهريان، أعنى الأوّل على الثانى حمل على، وهو أن تكون ذاته ذاته. والثانى على الثالث حمل على، وهو أن تكون ذاته ذاته، ومعلوم أنّ هذه يلزم فيها أن يكون الأوّل على الثالث يَحمل حمل على، بمنزلة الحيوان على الإنسان على أنّ ذاته ذاته، والإنسان على زيد على أنّ ذاته ذاته، فالحيوان على زيد على أنّ ذاته ذاته. وأنت فافهم أبدا إذا قلنا إنّ ذات المحمول تكون ذات الموضوع أنّ هذا يكون من الوجه الذى يشارك به الموضوع للمحمول، فإنّ سقراط هو والحيوان واحد من جهة ما هو حيوان لا من جهة ما هو إنسان أو سقراط، وكذلك إذا قلنا فيه إنّه إنسان أو ناطق.

والمزاوجة الثانية أن يكونا المحمولان عرضين، أعنى كلاهما يحملان حمل فى، أعنى أنّ الأوّل على الثانى حمل فى بأن تكون ذاته عرضا موجودة فيه، إمّا ذات أو نسبة، والثانى على الثالث على أنّ ذاته تكون فيه أىْ عرض موجود فيه. فالأوّل لا يصلح أن يكون على الثالث بالوجهين جميعا، اللهمّ إلا أن يكون الأوّل نسبة تحمل على الثانى لا نسبة عموم أو خصوص، فإنّنى إذا حملتُ على البياض أنّه شبيه وحملتُ البياض على الإنسان، حملتُ على الإنسان أنّه شبيه. فأمّا متى كان الأوّل عرضا[1] هو ذات لا يقبله الثانى، لأنّه ليس قائما بنفسه حتى يحمل ذاتا، ولا متى كان الأوّل نسبة عموم أو خصوص حمل على الثالث، مثل أن يحمل على البياض أنّه نوع والبياض على الحيوان، فلا يحمل على الحيوان أنّه نوع. وبالجملة هذين المحمولين العرضيين لا يخلو أن يكونا ذاتين أو نسبتين أو الأسفل ذات والأعلى نسبة أو الأسفل نسبة والأعلى ذات، فإن كانا ذاتين فالأوّل لا يقبله الثانى، وإن كانا نسبتين قبل الثانى، الأوّل إذا كان عموم أو خصوص ولا ينقل

---

١ عرضا: عرض

ذلك إلى الثالث. وبالجملة إمّا (١٤٠) أن يكونا جميعا نسبتى عموم وخصوص، فهذا يجوز أن يحمل الأوّل على الثانى حمْل الجنسية على النوعية ولا ينقل إلى الثالث؛ أو نسبتى ذوات لا عموم وخصوص[٢]، فلا يجوز أن يحمل الأوّل على الثانى ولا على الثالث. فإنّ لكلّ مقولة نسبة تخصها ولا تحمل عليها نسبة أخرى إلا بالعرض، وإلا امتد ذلك بلا نهاية. أو الأولى عموم والثانية ذات، فيحمل الأوّل على الثانى ولا ينقل إلى الثالث. فأمّا أن يكون الأوّل ذات هى نسبة والثانى عموم لا يجوز، لأنّ العموم دخيل على الذوات. وإن كان الأسفل ذات والأعلى نسبة إن كانت نسبة عموم أو خصوص لا ينقل، وغيرها ينقل. وإن كان الأسفل نسبة والأعلى ذات لا يسوغ وجود ذلك. وبالجملة هذه المزاوجة لا قوام لها من قبل أنّ العرض لا يصلح أن يكون موضوع للعرض إلا على الوجه الذى قلنا.

والمزاوجة الثالثة هى أن يكون المحمول الأوّل على الثانى حمل على، أىْ ذاته ذاته، بمنزلة اللون على الأبيض، فإنّ اللون يُحمل على الأبيض على أنّ ذاته ذاته. والثانى على الثالث حمل فى بمنزلة الأبيض على قفنس، فإنّ الأبيض موجود فى القفنس لا على أنّ ذاته ذاته. ومعلوم أنّ الأوّل على الثالث حمل فى، بمنزلة اللون على قفنس، فإنّ اللون على القفنس على أنّ ذاته فيه، لا ذاته ذاته.

وأمّا المزاوجة الرابعة فهى أن يكون الأوّل على الثانى حمل فى، أىْ ذاته فيه لا أنّ ذاته ذاته، بمنزلة اللون على قفنس، فإنّ ذاته فيه لا ذاته ذاته، والجنس على الحيوان، فإنّه ليس ذات الجنس هى ذات الحيوان لكنّ موجودة له، فإنّ الجنسية ليست أكثر من نسبة العموم الموجودة للحيوان. والثانى على الثالث حمل على بمنزلة القفنس على هذا القفنس على أنّ ذاته ذاته لا فيه. ومعلوم أنّ الأوّل على الثالث سائغ أن يحمل حمل فى، فإنّ اللون يُحمل على هذا القفنس حمْل فى، وسائغ أن لا يحمل أصلا بمنزلة الجنس، فإنّه لا يحمل على قفنس ما. وبالجملة إن كان المحمول الأوّل على الثانى الذى حمله عليه حمل فى ذاتا، فإنّه يحمل على ما تحته حمل فى بمنزلة الأبيض على قفنس، وقفنس على هذا الطائر، والأبيض على هذا الطائر. فأمّا إن كان المحمول نسبة كنسبة الجنس على الحيوان، فإنّه لا يحمل على ما تحته إذ كان لا يلزم أن توجد نسبة الجنس للنوع الذى تحته، ولا نسبة النوع للشخص

٢ فى الهامش: وخصوص

الذى (٤٠ ب) تحته. وبالجملة فالأعراض على ضربين، ذوات كالبياض والسواد، ونسب كالجنسية والنوعية والأبوة والبنوة، فإن كان المحمول الأوّل على الثانى عرضا، هو ذات حمل على الثالث، وإن كان نسبة ومن جملة النسب عموم أو خصوص لمْ يحمل على الثالث، بل إن كانت نسبة غيرها كالشبيه والمساوى حمل.

وبالجملة فافهم قانونا فى هذه المزاوجات كلّها على ما اقول، خُذْ الموضوع واجعله أصلا، وانظر فى المحمول الأوّل، ولا يخلو أن يكون جوهريا للموضوع أو عرضيا فيه، فإن كان جوهريا فانظر فى المحمول الثالث، لا يخلو أن يكون جوهريا للثانى، فاحمله على الأوّل حمل على، أو عرضيا، فإن كان عرضيا ذات كان أو نسبة، فاحمله على الأوّل حمل فى، إلا أن يكون نسبة عموم أو خصوص. وإن كان المحمول الأوّل عرضيّ ذاتا كان أو نسبة غير العموم والخصوص، فإمّا أن يكون الثالث جوهريا له أو عرضيا؛ فإن كان جوهريا كاللون على الأبيض حملته على الأوّل[3] حمل فى إلا أن يكون عموم أو خصوص. وإن كان عرضيا وكان ذات كالحركة فى البياض لا يجوز وجوده، لأنّ العرض لا يحمل عرضا هو ذات، وإن كان نسبة كالشبيه والمساوى جاز، ونقلتها إلى الأوّل بعد الا يكون نسبة عموم أو خصوص. وبالجملة فالمحمول الأوّل يحمل على الموضوع، كيف تصرفت حاله بعد أن يكون موافقا جوهريا وعرضيا ذات ونسبة أىّ نسبة كانت، والثالث إن صح حمْله على الثانى حمل على الأوّل أبدا، إلا أن يكون نسبة عموم أو خصوص، إمّا حمل على أو حمل فى. وامتناع الثالث على الأوّل لعلتين، إمّا لأنّه لا يصح حمْله على الثانى، وهذا إذا كان الأوّل ذات عرضية والثانى نسبة عرضية، أو ذات عرضية لذات عرضية، فالذات العرضية لا تحمل على ذات عرضية، أو إن صح حمْله على الثانى، فلا ينقل إلى الأوّل لأنّه نسبة عموم وخصوص.

فصول الأجناس

ومن بعد ذلك يأخذ ارسطوطالس فى الكلام فى فصول الأجناس المختلفة التى ليس بعضها مرتبا تحت بعض، كالناطق تحت الحيوان، ولا لها شئ يعمها كالناطق وغير الناطق اللذين يعمهما الحيوان، وهذه هى الأجناس العوالى. ويفيدنا (٤١ ا) العلم بها، ويزعم أنّ فصولها فى الطبيعة مختلفة، أىْ ذواتها يخالف بعضها بعضا فى نفس الطبيعة، ويبيّن ذلك بالاستقراء لفصول الأجناس المختلفة، ويقول إنّ فصول الحيوان

---

٣ فى الهامش: على الاول

الذى هو من الجوهر المشاء والطائر وذو الرجلين والسابح، وفصول العلم الــذى هو مــن الكيفية ليس هى هذه الفصول، لكــن النظرىّ والعملىّ. وطبائع هذه يخالف بعضها بعضا.

فأمّــا نحن فينبغى لنــا أن نفصح هذا المطلوب ونبيّنه بيانا شــافيا ونظهر الكلام فيه بحسب الطاقة، فنقول إنّ الأمور إمّا أن يكون جنسها واحدا بمنزلة الأمور التى يعمها جنس واحد، كالجواهر التى يعمها جنس الجوهر، والكميات التى يعمها جنس الكم. أو لا يكون جنســها واحدا. وإن كانت أجناســها كثيــرة مختلفة، إمّا أن يكــون بعضها مرتبا تحت بعض، بمنزلة الجســم والحيوان والناطق، فإنّ الناطق مرتبا تحت الحيوان، والحيوان تحت الجسم، وهى كلّها أجناس للجواهر مختلفة، لكن بعضها مرتبــا تحت بعــض، وينقبض إلى الأعلى منها الأســفل ويدخل فيه؛ أو لا يكــون بعضهــا مرتبا تحت بعض بأن يكون الواحــد منها بأزاء الآخر ومقابلــه. وهــذه إمّا أن يعمها جنس واحد، بمنزلة الجســم وغير الجســم اللذين يعمهما الجوهر، أو الناطق وغير الناطق اللذين يعمهما الحيوان؛ أو لا يكون يعمهما شئ واحد. وهذه هى المختلفة فى الغاية، فطبائع هذه بنفوســها مختلفة ولا شركة لها فى طبيعة بتّة. وهذه إمّا أجناس عوالى كالجوهر والكم والكيف، وإمّا ممّا تحت الأجناس العوالى كمتوســطاتها وأنواع أنواعها، فالحيوان وهو من متوسطات الجوهر، يخالف فى الطبع العلم وهو من متوسطات الكيف، والمنفصل وهو من متوسطات الكم.

وقصد ارســطوطالس إنّما هو فصول الأجنــاس العوالى التى تباينها فى الغاية وليس لها شئ يعمها، لأنّ كلامه فى هذا الكتاب فيها، وهى التى يسمىها المفسّرون التى تكون عرضا أىْ الواحد منها بأزاء الآخر، وليس الواحد تحت الآخر كالحيوان والناطق، فتقدير كلام ارســطوطالس هكذا، الأجناس المختلفة التى ليس بعضها مرتبا تحت بعض ولا لها شئ يعمها (٤١ ب) وهذه هى الأجناس العوالى التى كلامه فيها، فصولها فى النوع مختلفة. والدليل على أنّه هذا القسم اراد، ايراده فصول الجوهر والكيفية، وهذان جنســان عاليان لا يعمهما شئ البتّة، ولأنّ غرضه فى هــذا الكتاب النظر فى هذه؛ فأمّا الفصول التى يريدها فى هذا الموضع، فهــى القاســمة لا المقومة، من قبــل أنّ كلامه فى الأجنــاس العوالى. وهــذه فليــس لها فصول مقومة لكن قاســمة. فأمّا أنّ نحن اســتعملنا الأجناس المتوسطة وهى التى توجد لها مقومة وقاسمة، فمعلوم أنّ كلّى صنفى الفصول فيها تختلف فى الطبيعة، فإنّ فصول متوسطات الجوهر القاســمة له كالناطق وغير الناطق، تخالف فصول متوســطات الكيف

القاسمة له كالنظرىّ والعملىّ اللذين يقسمان الكيف. وكذلك الفصول المقومة، فإنّ الحساس والمتحرك بارادة المقوم للحيوان تخالف فصول العلم المقومة له، وهى أنّه صورة حقيقة ادراك الموجودات بما هى كذلك. وبالجملة فالأجناس المأخوذة إمّا أن يعمها جنس واحد، أو لا يعمها. فإن عمها، فإمّا أن يكون بعضها تحت بعض، أو لا يكون بل يعمها جنس. والقسم الأوّل هو الأجناس المرتب بعضها تحت بعض، والثانى هو الذى ليس بعضها تحت بعض لكن لها جنس يعمها. فأمّا التى ليست بهاتين الصفتين فهى المختلفة فى الغاية، أو التى تحت المختلفة فى الغاية.

وإذ قد اوضحنا أىّ أجناس مختلفة اراد، وهى التى فى الغاية، أعنى التى ليس بعضها تحت بعض، ولا لها شئ يعمها، وأىّ الفصول اراد على الاطلاق وهى القاسمة، فلنبيّن نحن أيضًا أنّ الفصول الأجناس العوالى القاسمة لها مختلفة فى الصورة بحجج كثيرة خارجة عن كلام ارسطوطالس، فهو قنع بالاستقراء لظهور الأمر فيه.

الأولى منهن تجرى على هذه الصفة، الفصل يجرى مجرى الصورة. والجنس يجرى مجرى المادة، لأنّ الفصل إذا انتقش به الجنس حدث عنهما النوع، كما أنّ الصورة إذا حصلت فى المادة كان منهما المركب، وكما أنّه ليس أىّ صورة اتفقت تكون لأىّ مادة اتفقت، لكنّ المستعدة لقبولها، كذلك ليس يكون أىّ فصل كان لأىّ جنس كان، لكنّ للمناسب له والذى شأنه أن يوجد فيه؛ فالجنس فى (٤٢ ا) النفس يجرى مجرى الهيولى، وفيه تهيؤ على قبول الفصول، كما أنّ فى المادة تهيؤ على قبول الصور، ولمّا كانت الأجناس على نهاية الاختلاف فى الطبيعة، كان من المحال أن يكون الفصل الواحد فى الطبيعة يلائم جميعها، إذ كان يلزم من ذلك أن يلائم ويوافق الشئ ومبيانه، فكان يوجد فى الشئ ومبياينه فى الغاية معنى واحد يشتركان فيه، وهو الذى به صار الفصل يلائم كلّ واحد منهما. وهذا شنع مع فرضهما متباينى الطبيعة فى الغاية، فإذا ليس الفصول القاسمة للأجناس العوالى والمقومة للأنواع التى تحتها واحدة لكلّها، لكنّ لكلّ واحد منهما فصل يخصه يلائم طبيعته.

والحجة الثانية تجرى على هذه الصفة، لو كانت الفصول القاسمة للأجناس العوالى، والمقومة للأنواع التى تحتها كلّها واحدة، وكان الفصل يجرى مجرى الصورة للجنس الذى هو له، لأنّه ينتقش به، والصورة الواحدة إنّما يلائمها موضوع واحد، وهو الذى شأنه قبولها، كانت تكون الأجناس كلّها طبيعة واحدة وموضوعا واحدا؛ وهى عشرة

مختلفة غاية الاختلاف، لا شركة بينها البتّة. وهذا شنع لأنّ اجتماعها فى قبول فصول واحدة بعينها، دلّ على أنّ ذواتها متفقة فى الجوهر، إذ هى متفقة فى الاستعداد لما تقبله.

والحجة الثالثة تجرى على هذه الصفة، لو كانت الفصول واحدة بالصورة لجميع الأجناس العالية، وكان الفصل بحسب اسمه وطبيعته إنّما يجب أن يكون لطبيعة واحدة، إذ كان الفارز والمخصص والفاصل للأمور بعضها من بعض. ومتى كان لأكثر من طبيعة واحدة، لم يكن فصلا، لكنّ جنسا يشمل طبائع مختلفة. فمعنى الفصل هو أن يفصل الشئ من غيره، وأن يفصل هو أن يخص. فلو كانت فصول الأجناس المختلفة فى الغاية واحدة بعينها، لكان يجب أن تعمها بأسرها، فتكون أجناسا للأجناس المختلفة لا فصول لها، أو كان يجب أن يكون أعلى من الأجناس العشرة، جنس عام يشملها هذه الفصول تقسمه، إلا أنّه سنبيّن أنّه لا جنس لها أعلى منها.

والحجة الرابعة تجرى على هذه الصفة، (٤٢ ب) أنواع الجواهر جواهر، وأنواع الأعراض أعراض، فإن كانت فصول الجواهر هى فصول الأعراض، صار نوع الجوهر مركب من فصل العرض، أو نوع العرض مركب من فصل الجوهر، فلا يسلم أن يكون نوع العرض عرضا، ونوع الجوهر جوهرا.

ومع هذا فإنّه يلزم أن يكون الفصل الواحد بالقياس إلى[٤] الشئ الواحد جوهرا وعرضا، وهذا محال. وبيان ذلك أنّ نوع الكم عرض، وهو فى نوع الجوهر، كما أنّ شخصه مثلا موجود فى شخص الجوهر. فإن كان فصل نوع الجوهر، هو فصل نوع الكم، وفصل الجوهر قوم طبيعته، وهو يقوم أيضًا طبيعة الكم وهى دخيلة وموجودة فى الجوهر أيضًا، لزم أن يكون دخيلا على نوع الجوهر. فيكون بالقياس إلى نوع الجوهر مقوما له ودخيلا عليه، وهذا محال.

وارسطوطالس لأنّه علّمنا فصول الأجناس المختلفة التى ليس بعضها مرتبا تحت بعض، وقال إنّها فى الطبيعة مختلفة، وكان يقابل هذه الأجناس المختلفة الأجناس التى بعضها مرتبا تحت بعض، كالحيوان والناطق والمائت، أخذ أن يفيدنا الكلام فى فصول هذه: وهى التى يسمونها المفسّرون العمّية، لأنّ الواحد منها تحت الآخر لا بأزائه، وإن كان ليس ممّا به حاجة إليه فى هذا الكتاب، لأنّ القاطيغورياس العشر

---

٤ فى الهامش: إلى

ليست أجناسا هذه صفتها، وإنّما ساقه إلى ذلك ضرورة الكلام؛ فإنّه لمّا كانت الأجناس المختلفة تنقسم إلى التى بعضها مرتبا تحت بعض، وإلى التى ليس بعضها مرتبا تحت بعض، ولا يعمها جنس. وتكلّم فى القسم الثانى، وارى أنّ فصول تلك الأجناس مختلفة فى الطبيعة كاختلافها هى فى الطبيعة، أخذ أن يتكلّم فى القسم المقابل، أعنى فصول الأجناس التى بعضها مرتبا تحت بعض، لأنّ القسمة اوجبته، لا لأنّ الحاجة داعية إليه فى هذا الكتاب.

وينبغى أن تعلم أنّ تلك الأجناس المختلفة فى الغاية، لأنّ طبائعها اختلفت فى الغاية، وجب أن تختلف فصولها فى الغاية، وهذه لأنّ طبائعها مشتركة، لأنّ الأعلى يُحمل على الأسفل، ما يجب أن يكون بينها موافقة فى الفصول. أمّا المقومة فلا محالة، لأنّ الأعلى يُحمل على الأسفل. وأمّا القاسمة فيجوز أن يقع بينها وفاق، ويجوز ألا يقع، فهو يقول إنّ الأجناس المختلفة (١٤٣ ا) التى بعضها تحت بعض كالجيوان والطائر فصولها على ضربين، مقومة وهى أعلى، وقاسمة وهى أسفل. ولا تفهم ذلك فى العوالى منها لكنّ فى المتوسطات، لأنّ العوالى ليس لها فصول مقومة لكن قاسمة حسب. أمّا المقومة فضرورة تحمل فصول الجنس العالى على الجنس الذى تحته، لأنّه متى حُمل شئ على شئ حُمل المحمول على الموضوع، قيل كلّما يقال على المحمول على الموضوع، فالأعلى لأنّه يُحمل حمل على، فذاته ذات الموضوع، وفصوله المقومة له. فأمّا المقسمة التى للأعلى، فسائغ أن تكون لِما تحته وسائغ أن لا تكون، لأنّها ليست داخلة فى طبيعته فيحمل لا محالة، فإنّ الحيوان قد يقسم بجهات كثيرة إلى أقسام كثيرة، فإنّه قد يقسم بحسب صورة إلى الناطق وغير الناطق، وبحسب اماكنه إلى ساكن البرّ وإلى ساكن البحر، وبحسب اغذيته إلى أكل اللحم وإلى أكل العشب، وبحسب حركاته إلى الطائر والماشى. فأمّا الطائر الذى هو جنس تحته، فقد يقسم ببعض هذه الفصول، أعنى بأكل اللحم والعشب، وبساكن البرّ والبحر. وببعضها لا، أعنى بالناطق وغير الناطق، والطائر وغير الطائر. فأمّا الفصول المقومة للحيوان كالحساس والمتحرك بارادة، فضرورة توجد للطائر، لأنّ ذات الحيوان ذات الطائر وتحمل عليه حمل على.

ويجب أن تعلم أنّ الفصول المقومة هى لِما تحت لا محالة، سوى أنّها للأعلى صورة قريبة، وللذى تحت صورة بعيدة؛ فأمّا القاسمة، فإن كانت جوهرية، فلا يصلح أن يقسم بها أحد النوعين. وإن كانت عرضية، ساغ أن يقسم بها أحد النوعين الجوهرين.

وبالقانون أنّ كلّ قسمة، عرضية كانت أو جوهرية، لا يصلح أن يقسم بها أحد قسميها، لكن يقسم بها أحد قسمى قسمة أخرى. ومن هذه الجوهرية تقسم بالعرضية، لا قانونا لكنّ بما يتاتى. والعرضية لا تقسم بالجوهرية.

الشكوك

ويطرأ شكّ صفته هذه الصفة، كيف زعمت يا ارسطوطالس أنّ ما يحمل على المحمول يحمل على الموضوع لا محالة؟ ونحن نحمل على الحيوان أنّه جنس ونحمل الحيوان على الإنسان ولا نحمل على الإنسان أنّه جنس.

وحلّ الشكّ يجرى على هذه الصفة، المحمولات المحمولة على المحمول[5] (٤٣ ب) على ضربين، جوهرية وهى التى ذاتها ذاته، وعرضية وهى الدخيلة عليه، فالعرضية يجوز فيها أن تحمل على ما تحت ويجوز أن لا تحمل. أمّا متى كانت ذات كالكتابة فى الحيوان حملت على ما تحت حمل فى، أعنى على سقراط، ومتى كانت نسبة فلا يلزم، فإنّه ليس بسبب أنّا نحمل نسبة الجنسية على الحيوان والحيوان على الإنسان نحمل الجنسية على الإنسان. فأمّا المحمولات الجوهرية فلا محالة أنّها تحمل التى للأعلى على الذى تحته لأنّ حلمه على. وهذا فذاته ذات الموضوع. وارسطوطالس إنّما اراد القسم الثانى لا الأوّل.

ويطرأ شكّ ثان صفته هذه الصفة، كيف يستجيز أن يقول إنّ الأجناس التى هى أعراض تحمل حمل فى، ومعلوم أنّ حمْل الجنس إنّما هو على متوسطاته وأنواعه وأشخاصه، وقد استقرّ أنّ كلّ جنس يحمل على هذه حمل على، لأنّ طبيعتها طبيعته لا حمل فى، فكيف يقول إنّ الاعراض تحمل حمل فى؟

وحلّ الشكّ يجرى على هذه الصفة، الأعراض حملها على ضربين، إمّا على أنواعها وأشخاصها أو على الجوهر، فإن حملت على أنواعها وأشخاصها كان حملها حمل على، لأنّ ذاتها ذاتها، وإن حملت على الجوهر كان حملها حمل فى، إذ كانت طبيعتها متباينة[6] لطبيعته وهى موجودة فيه.

ويطرأ شكّ ثالث صفته هذه الصفة، كيف يزعم ارسطوطالس أنّ الأجناس المختلفة فصولها فى النوع، أعنى فى الصورة والطبيعة مختلفة، ونحن نرى الأشياء الصناعية وهى تخالف الأشياء الطبيعية

٥ على المحمول: على المحمول المحمول

٦ متباينة: مبباينة

وليس فصولها مختلفة؟ فإنّ الحيوان ينفصل بذى ارجل وعديم الارجل، وكذلك الأشياء الصناعية منها ما له ارجل بمنزلة السرير والمائدة ومنها ما لا ارجل له، فهذه هى أشياء مختلفة فى الطبيعة، وليس فصولها مختلفة فى الطبيعة.

وحلّ الشكّ يجرى على هذه الصفة، الأشياء المتفقة إمّا أن يكون اتفاقها فى الاسم أو فى المعنى، وارسطوطالس إنّما زعم أنّ فصول الأشياء المختلفة فى الطبيعة ينبغى أن تكون فى الصورة مختلفة، فإن اتفقت فى الاسم، فلا ضرر عليه، فرجل الحيوان ورجل المائدة هما فى الصورة مختلفان، وفى الاسم متفقان. فإنّ رجل الحيوان تُحدّ بأنّها آلة المشى، ولا تُحدّ رجل المائدة بأنّها آلة المشى، فاتفاق الاسم لا ينقض قانون ارسطوطالس.

(٤٤ ا) ويطرأ شكّ رابع صورته هذه الصورة، كيف يزعم ارسطوطالس أنّ الحيوان يحمل على الإنسان، فإنّه ليس يخلو أن يحمل عليه الحيوان الكلّى الذى هو فى النفس أو الجزئى الذى هو فى هذا الشخص، فإن كان الجزئى، وجب من ذلك أن يحمل الشئ على نفسه، وذاك أنّه يحمل على حيوان زيد الحيوان الموجود فى زيد. وإن كان الكلّى، وهو غير الجزئى إذ كان ذلك خيال وهذا موجود، وجب أن يحمل الشئ على ما هو مخالف له وغير موافق بطبيعته على أنّ ذاته ذاته، وهذا شنع.

وحلّ الشكّ يجرى على هذه الصفة، إنّه من المنكر أن يحمل الشئ على ما هو مخالف له فى جميع الوجوه مثل أن يحمل الكم على الجوهر على أنّ ذاته ذاته. فأمّا أن يحمل على ما هو مخالف له من وجه وموافق من وجه، فليس ذلك بمنكر، فالحيوان الكلّى إنّما يحمل على هذا الحيوان الجزئى الموافق له فى الطبيعة، وإن خالفه فى الخصوص، إذ كان هذا الذى فى الوجود قد يخصص، فصار زيدا. والعموم إذ كان العام صورة مجردة يُحمل ويُحكم به على كلّ حيوان على وتيرة واحدة، فليس إذا الحيوان الكلّى يخالف من جميع الوجوه للحيوان الجزئى، إذ كان مثاله وصورته والطبيعة واحدة، والخلاف بينهما أنّ التى فى النفس مطلقة وهذه مخصصة.

ويطرأ شكّ خامس صورته هذه الصورة، كيف يزعم ارسطوطالس أنّ الفصول القاسمة التى يقسم بها جنس ما يجوز أن يقسم بها الأنواع التى تحت ذلك الجنس؟ فإنّا نقسم الحيوان بالناطق وغير الناطق، ولا يجوز أن نقسم الناطق بهذه القسمة.

وحلّ الشكّ يجرى على هذه الصفة، الفصول الموجودة للأجناس

المتوسطة عند ارسطوطالس على ضربين، مقومة لها وقاسمة لها. أمّا المقومة للجنس الذى هو فوق، فلا محالة يحمل على ما تحته من الأجناس، لأنّ الأعلى يحمل على ما تحته حمل على، أعنى على أنّ ذاته ذات ما تحته، فضرورة تكون فصوله المقومة موجودة له. وأمّا المقسمة للجنس الأعلى فسائغ أن يقسم بها ما تحته، وسائغ أن لا يقسم لأنّها ليست داخلة فى جوهره، فتكون لِما تحته لا محالة.

ويطرأ شكّ سادس صورته هذه الصورة، ما السبب الذى من أجله اورد المثال فى ايضاح أمر الفصول القاسمة (٤٤ ب) للأجناس العوالى وأنّها مختلفة فى الغاية من الجوهر والكيفية، لمْ يورده من غير هاتين المقولتين؟ وأيضًا ما السبب وكلامه فى جنس الأجناس فى أن اورد فصولا من المتوسطات، لا فصولا قاسمة للأجناس العالية؟

وحلّ الشكّ يجرى على هذه الصفة، إنّما فعل ذلك من قبل أنّ أظهر المقولات الجوهر والكيفية. فأمّا الجوهر فلأنّه قائم بنفسه، وأمّا الكيفية فلأنّ أكثرها من شأن الحس أن يدركها. وأمّا السبب فى ايراده الفصول من المتوسطات من قبل أنّ فى فصول الاجناس[٧] الأوّل خلاف كثير وهى أخفى. والمثال ينبغى أن يكون من الأوضح، وفصول المتوسطات أظهر، ونحن نشرح أمر فصول الأجناس العوالى ونوضحه فى التعليم الذى يتلو هذا التعليم، وعند هذا، فلنختم الكلام فى جملة هذا التعليم.

قال ارسطوطالس التفصيل

1 b 10 • متى حُمل شئ على شئ حَمل المحمول على الموضوع،

يريد متى حُمل شئ على شئ أىْ صورة فى النفس على ذات من خارج حمل على وحمْلا جوهريا وهذا بأن يُحكم بذات المحمول على الموضوع على أنّها ذاته.

• قيل كلّما يقال على المحمول على الموضوع أيضًا.

يريد فجميع ما يُحمل على المحمول على الوجه الذى يُحمل هو على الموضوع يُحمل أيضًا على الموضوع.

• مثال ذلك الإنسان يُحمل على إنسان ما ويُحمل على الإنسان الحيوان،

---

٧ فى الهامش: الاجناس: الانواع

يريد الإنسان الكلّى يُحمل على إنسان ما حملا جوهريا ويُحمل على الإنسان أنّه حيوان حملا جوهريا ، فيُحمل الحيوان على إنسان ما حملا جوهريا .

• فيجب أن يكون الحيوان على إنسان ما محمولا ،

يريد حملا جوهريا .

• فإنّ إنسانا ما هو إنسان وهو حيوان.

يريد فإنّ الإنسان الشخصىّ يُحكم بأنّه إنسان وبأنّه حيوان ويحملان عليه حملا جوهريا .

قال المفسّر

(٤٥ ا) غرضه فى هذا الفصل أن يفيدنا خاصة المحمولات الجوهرية، ويقول إنّ الذى يخصها هو أنّ جميع ما يحمل عليها على الوجه الذى به تحمل هى على موضوعها يحمل على موضوعها . وفصّ ارسطوطالس ناقص وينبغى أن يكتب على هذه الصفة، متى حُمل شئ على شئ حمل المحمول على الموضوع، قيل كلّما يقال على المحمول على الوجه الذى به يُحمل المحمول على الموضوع[٨]. وأنت تفهم هذه الزيادة ووجوبها من المثال الذى اورده. وتلخيص الكلام يجرى على هذا: متى حملت صورة كلّية موجودة فى النفس على أمر ما بأن يُحكم عليه بأنّ ذاتها ذاته، وحُمل على الصورة شئ بهذه الصفة، فإنّ ذلك الشئ المحمول ثانيا يُحمل على الموضوع أوّلا .

قال ارسطوطالس

1 b 16 • الأجناس المختلفة التى ليس بعضها مرتبا تحت بعض، فإنّ فصولها أيضًا فى النوع مختلفة.

يريد التى ليس الواحد منها تحت الآخر ولا لها جنس يشملها طبائع فصولها مختلفة.

• من ذلك أنّ فصول الحيوان كقولك المشاء والطائر وذو الرجلين والسابح.

---

٨ المحمول على الموضوع: المحمول على الموضوع على الموضوع

يريد وجملة هذه الفصول المختلفة فى الجوهر والطبيعة فصول الحيوان وفصول الكيفية.

• وفصول العلم ليست شيئا من هذه،

يريد وفصول العلم وهو من الكيفية ليست شيئا من فصول الجوهر لكنّ فصول آخر طبائعها تختلف مثل النظرىّ والعملىّ، فهذان غير السابح والطائر.

• فإنّه ليس يخالف علم علما بأنّه ذو رجلين.

يريد لأنّ طبيعة ذى الرجلين تخالف طبيعة النظرىّ والعملىّ.

قال المفسّر

غرضه فى هذا الفصل أن يفيدنا أمر فصول الأجناس المختلفة، وليس أىّ أجناس مختلفة كانت لكنّ التى ليس بعضها مرتبا تحت بعض وليس أىّ هذه كان لكنّ التى لا يعمها مع هذا أيضًا جنس. فتقدير الكلام هو أنّ الأجناس العوالى إذا نظرتَ فى الواحد منها مع الآخر ومتوسطات وأنواع الواحد مع متوسطات، وأنواع الآخر تحت فصولها فالصورة مختلفة، أعنى طبائع (٤٥ ب) فصولها مختلفة، وافهم الفصول القاسمة والمقومة، أمّا القاسمة فللعوالى والمتوسطات وأمّا المقومة فللمتوسطات حسب. 1 b 20

قال ارسطوطالس

• فأمّا الأجناس التى بعضها تحت بعض

يريد فأمّا الأجناس المرتب بعضها تحت بعض كالحيوان المرتب تحت الجسم.

• فليس مانع يمنع من أن تكون فصول بعضها فصول بعض

يريد القاسمة.

• باعيانها.

يريد أنّه قد يتفق أن تكون فصول الجنس الأعلى القاسمة هى فصول الجنس الأسفل.

• فأمّا الفصول التى هى أعلى تُحمل على الأجناس التى تحتها،
يريد فأمّا فصول الجنس الأعلى المقومة، فضرورة تكون لِما تحت لأنّه متى حُمل شئ على شئ حُمل المحمول على الموضوع قيل كلّماَ يقال على المحمول على الموضوع.

• حتى تكون جميع فصول الجنس المحمول
يريد المقومة.

• هى باعيانها فصول الجنس الموضوع.
يريد تحمل جميع فصول الجنس الأعلى المقومة على الذى تحته.

قال المفسّر
غرضه فى هذا الفصل أن يفيدنا أمر الأجناس المختلفة التى بعضها تحت بعض المقابلة للقسم الأوّل. وهو يقول إنّ صورتها تخالف صورة تلك. وذلك أنّ تلك لمْ تكن تتفق لا فى الفصول القاسمة ولا المقومة. وهذه أمّا المقومة التى هى للأعلى منها لا محالة تكون للذى تحت. فأمّا المقسمة فسائغ أن تكون وألا تكون، وقد شرحنا ذلك فى جملة التعليم، وهاهنا ينقطع الكلام فى تفصيل هذا التعليم. وبانقطاعة ينقطع الكلام فى الفصل الأوّل من قاطيغورياس.

التعليم التاسع

قال ارسطوطالس

• (٤٦ ا) كلّ واحدة من التى تقال بغير تأليف أصلا، فقد تدل إمّا على جوهر. 1 b 25

قال المفسّر

لمّا استوفى ارسطوطالس الكلام فى الفصل الأوّل من هذا الكتاب أخذ الآن فى الكلام فى الفصل الثانى.

وقد كنا قلنا إنّ الفصل الأوّل ينقسم إلى ثلاثة أقسام، إلى النظر فى الأشياء المحتاج إليها فى الكلام فى القاطيغورياس، وهذه هى المتفقة اسماؤها والمتواطئة والمشتقة. وإلى النظر فى الأشياء التى منها استخرج الغرض، وهذا هو قسمة الألفاظ وقسمة الأمور. وإلى النظر فى الأشياء اللازمة للغرض، وهذه هى خاصة المحمولات الجوهرية وفصول الأجناس العوالى.

فأمّا فى هذا الفصل فإنّه ينظر فى الغرض نفسه، وهو الألفاظ العشرة البسيطة المدعوة قاطيغورياس، والأجناس العوالى التى تلك الألفاظ دالة عليها. ويستوفى الكلام فيها بحسب الألفاظ الدالة عليها، أىْ من أجل الألفاظ الدالة عليها، ويعطى الخواص لهذه الأجناس بحسبها، أىْ من أجل الألفاظ الدالة عليها، ونظره فيها على ثلاثة اضرب:

الضرب الأوّل يعدّد فيه الألفاظ البسيطة العشرة، والأجناس العوالى التى الألفاظ دالة عليها تعديدا.

والضرب الثانى يورد امثلة عليها ليكشفها.

والضرب الثالث يضع واحدة واحدة من القاطيغورياس، والجنس الذى تدل عليه تلك القاطيغوريا. ويستوفى الكلام فيه بحسب اللفظة الدالة عليه، أىْ بمقدار ما يحتاج إليه، وتحصيل اللفظة الدالة عليه، لا بحسب معناه واستحقاقه، فالكلام فى الأمور بحسب ما نستحق يليق للفلسفتين العلمية والعملية. فأمّا فى هذا التعليم فهو ينظر فيها على ضربين الأوّلين، وهذا بأن يعددها أوّلا، وهو يزعم أنّ الألفاظ البسيطة

العالية فى الغاية عشـرة، وكذلك الأجنـاس العوالى التى هذه الألفاظ دالـة عليها وهى الجوهر، والكم ، والكيـف، والإضافة، وأين، ومتى، وموضـوع، وله ، ويفعل، وينفعل. وينبغى أن تعلم أنّ المنطقى لا يجب عليه أن يبيّن وجود الألفاظ العشـرة البسـيطة العاليـة فى الغاية، ولا الأجناس العوالى، وذلك أنّه ليس يجب على صاحب صناعة من الصنائع أن يبحث عن وجود مبادئ صناعته لكن يتسـلم وجودها تسلما. كذلك المنطقى يتسـلم تسلما أنّ الألفاظ البسـيطة العشرة والأجناس العوالى التـى هى فى غاية العلو العشـرة موجودة. وينظر فى ذواتها بحسـب ما يسـتحقه النظر المنطقى. ولأنّها فى غاية البسـاطة ولا حدّ لها يروم الوقوف (٤٦ ب) عليها من خواصها.

ومن بعد أن عدد ارسـطوطالس الألفاظ البسيطة والأجناس العوالى التـى تدل عليهـا التى هى موضوع الصناعة المنطقيـة، يأخذ فى ايراد الأمثلـة عليها. ويقـول إنّ المثال على جنس الجوهر هذا الإنسـان وهذا الفـرس. والمثال على الكـم ذو الذراعين وذو الثلاثة اذرع. والمثال على الكيـف هذا الأبيض وهذا الأسـود. والمثال علـى الإضافة هذا الضعف وهذا النصف. والمثال على أين كون زيد فى لوقيون وفى هذه السـوق. والمثال على متى أمس وعام اوّل . والمثال على موضوع متكئ وجالس. والمثال على له منتعل ومتسلح. والمثال على يفعل يقطع ويحرق. والمثال علـى ينفعـل ينقطع يحترق. فالأمور الكلّية إنّما نكشـف بأشـخاصها الموجودة. والسـبب الذى من أجله اورد المثال على أجناس الأعراض من أشـخاصها من حيث هى مقارنة للجوهر، من قبل أنّ الغرض فى المثال أظهار الشـئ. والأعراض لا تقوم بنفوسها وإنّما يشار إليها فى الوجود إذا أخذت مع الجوهر. وأيضًا فإنّه ولا واحد من الأمور سوى الجوهر قائم بنفسه بل وجوده فى الجوهر.

خاصة الألفاظ البسيطة

ومـن بعـد اسـتيفائه الكلام فـى الضربـين الأولين مـن النظر فى المقـولات، يأخذ فى افادتنـا خاصة الألفاظ البسـيطة الدالة التى هى موضوع الصناعة المنطقية. فهو يقول إنّ خاصتها أنّها ليسـت موجبات ولا سـوالب، لكنّ الفاظ دالة حسـب. والدليل على ذلك أنّها لا تصدق ولا تكـذب، والصدق والكذب هما خاصتا القول الجازم، فهذا مقدار ما يجب علينا شرحه من الكلام ارسطوطالس فى هذا التعليم.

فأمّا المفسّرون فإنّهم يتعدون النظر المنطقى الذى يجب فيه أن يتسلم أنّ الأجناس العوالى والألفاظ البسـيطة الدالة عليها عشرة، ويشرعون

في أن يبيّنوا أنّها بهذا العدد. وإن كان لا يلزم الرجل المنطقى ذلك، لأنّ كلّ صانع يتسلم وجود موضوعه تسلما ولا يبيّنه، فيجب على المنطقى أن يتسلم أنّ الألفاظ البسيطة الدالة موجودة، والأمور العامية التى تدل عليها.

فأمّا عددها، فكان يلزمه بيانه لو لا أنّ هاهنا صناعة أشرف هى ببيان ذلك أحق، وهى علم ما بعد الطبيعة، إذ كانت هى التى تنظر فى الموجودات بما هى موجودات وترقيها إلى مباديها. فالمنطقى منها يتسلم أنّ أجناس الأجناس عشرة. وبحسب هذا تكون الألفاظ الدالة عليها عشرة، فارسطوطالس فى المقالة الأولى من السماع نظر فى كمية المبادئ الطبيعية، واوجب على نفسه النظر فى كمية المبادئ الطبيعية لا فى وجودها.

آراء فى عدد الأجناس العوالى

(١٤٧ ا) وينبغى لنا نحن أيضًا أن نقتفى اثارهم فى ذلك ونسلك سبيلهم فى هذا الفعل. وقبل أن نتجرد للنظر فى عدد الأجناس العوالى بحسب الحق، ينبغى لنا أن نورد آراء غيرنا فيها ونذكر الباطل منها والصحيح، فنقول إنّ القدماء اختلفوا فى كمية الأجناس العوالى؛ فطائفة ادعت أنّ الجنس العالى الشامل لجميع الموجودات هو واحد، وهذا هو الموجود، واحتجت بأن قالت، الموجودات بأسرها يشملها اسم الموجود ومعناه، فهو إذا جنس لها، وإذا كان الأمر على هذا، كيف استجاز ارسطوطالس أن يدعى أنّ أجناس الأجناس عشرة.

جنس واحد

وردّ ما ادعته هذه الطائفة يجرى على هذه السبيل: ليس يمكن فى الوجود أن يشمل الأجناس العشرة وبالجملة سائر الموجودات شمول جنس لأنواع. وبيان هذه الدعوى يتضح بثلاث حجج:

الحجة الأولى صفتها هذه الصفة، للجنس عند أنواعه شروط خمسة، الأوّل منها هو أن يحمل عليها باسمه وحدّه إذ كانت ذاتها ذاته. والثانى هو أن يكون لها معادلا بالزيادة والنقصان، فإنّه إن زاد ونقص صار اسما مشتركا. والثالث هو أن يكون بكلّيته فى كلّ واحد من أنواعه لا جزء منه فى هذا وجزء فى آخر، وإلا صار الجزء هو الجنس لأنّ النوع إنّما يتركب من الجنس والفصول. والرابع أن يكون لها دائما، وإلا صار عرضا لا جنسا. والخامس هو أن يكون بالتحقيق لها كلّها لا لبعضها بالتحقيق وبعضها ليس كذلك، لأنّه أحد الأشياء المقومة لها. وبالجملة أن يكون طبيعة واحدة فى أنواعه بأسرها على وتيرة واحدة، والموجود ليس صورته هذه الصورة عند الأجناس العشرة، لكنّه لها بالزيادة

والنقصان؛ فإنّه للجوهر أحق من التسعة الباقية، فليس هو إذا جنسا لها. وبيان ذلك هكذا، أوّلا نحصل معنى الموجود وطبيعته، ثم نبيّن ما نريد أن نبيّنه، فنقول إنّ معنى الموجود هو الذى شأنه أن يفعل أو ينفعل أو هما، فكلّ موجود وُجد بسبب فعله وانفعاله، وإنّما رُسم بهذا الرسم لأنّ الأمور الموجودة إمّا أن تكون صورة أو هيولى أو المجتمع منهما، فالصورة تفعل، والهيولى تنفعل، والمركب يجتمعان فيه. وليس لقائل أن يقول إنّ الموجود اسم مشترك كيف يرسم، فنقول تحته معنى هو نسبة الوجود لكنّه يشمل بالزيادة والنقصان. ولهذا صار اسما مشتركا لا لأنّ ليس تحته معنى كاسم سقراط الذى يُسمى به البصريّ أو الكوفيّ. وإذا كان رسم الموجود هكذا، وكانت العشرة تنقبض إلى قسمين، إلى الجوهر (٤٧ ب) والعرض، فتكون أنواع الموجود الجوهر والعرض. واستعمل العرض بما هو ذات لا بما هو عرض، لأنّ بما هو ذات يستعمله ارسطوطالس فى هذا الكتاب. والتسعة تتشابه إذ كانت دخيلة، فلهذا تجعل قسما واحدا، فنقول إن كان الموجود يشمل هذين القسمين شمولا واحدا، فيجب أن يكون عند أحدهما ككونه عند الآخر.

والجوهر أحق بمعنى الوجود لأنّه لا يفتقر فى فعله وانفعاله إلى العرض، أىْ لا يفعل بسبب العرض. والعرض ليس كذلك فى معنى الوجود إذ كان يفتقر فى فعله وانفعاله إلى الجوهر، أىْ يفعل بسبب الجوهر، فهما فى معنى الوجود يختلفان بالزيادة والنقصان. والجنس لا يكون عند أنواعه بهذه الصفة، فليس الموجود جنسا لهما لكن اسم مشترك.

وأنت فافهم كيف الجوهر لا يحتاج فى فعله وانفعاله إلى العرض، أىْ لا يفعل بسبب العرض، فإنّ الإنسان لا يفكر ويتخيل ويغتذى وينمى لأنّه أسود أو أبيض أو موسيقار، والبياض يحتاج فى أن يفرق البصر إلى أن يكون فى موضوع، فحقيقة الأمر أنّه ليس الأعراض تفعل؛ وإنّما المعروضات تفعل بالأعراض، فليس الكتابة تكتب، وإنّما الكتاب يُكتب بالكتابة. ولا البياض على أنّه قائم بنفسه يفرق البصر، لكنّ الأبيض ببياضة يفرق البصر إذ كان البياض لا وجود له بنفسه، فهذا كاف فى هذه الحجة. وأنت من اثناء هذا تعلم أنّ الجوهر لا يحتاج إلى العرض، أىْ لا يفعل بسبب العرض، وإن كان هذا الجوهر الجسمانى لا ينفك من الأعراض إلا أنّه لا يفتقر فى فعله إلى الأعراض أىْ لا يفعل بسببها لأنّها تنصرف و يحلّ غيرها والجوهر باق.

فأمّا الأعراض فتحتاج إليه لتوجد فيه، ولا قيام لها من دونه، وهو

أقـدم بالطبع منها بما هي ذوات وأعراض، لأنّه متى ارتفع فى الوجود، لـزم ارتفاعها. ومتـى وُجدت، لزم وجوده. وفى الوهـم بما هي أعراض متـى ارتفع ارتفعـت لأنّه مأخوذ فى الحدّ، وبما هـى ذات لا يلزم ذلك، فإنّـا لا نحتـاج فى فهم الكم إلى فهم الجوهر ولا فى فهم الكيف، لكنّ الكيف يحتاج فى فعله وانفعاله إلى أن يكون فى الجوهر وفى أن يكون موجـودا. وافهم فى هذا الفصل كلّه أنّ معنى قولنا إنّ الجوهر لا يحتاج فى فعله إلى العرض، هو أنّ فعله ليس من أجل العرض لا لأنّه يستغنى عنه فى فعله، بل فعله من أجل نفسه. ومعنى قولنا فى العرض إنّ فعله يحتاج فيه إلى الجوهر، أىْ أنّه بسـبب الجوهر (٤٨ ا) يفعل لا بسـبب نفسـه. والقياس هكذا: الجوهر وجوده وفعله بسـبب نفسـه، وكلّما هو بهذه الصفة فوجوده أحق ممّا وجوده وفعله بسبب غيره، فالجوهر أحق ممّا وجوده وفعله بسـبب غيره، وهذا هو الأعـراض، فالجوهر أحق بالوجود مـن الأعراض. والجوهر غير مفتقر فى وجوده جوهرا إلى الاعراض لانه بسـبب نفسـه، والاعراض مفتقرة فى وجودها إلى الجوهر لأنّها بسـببه وُجدت.

والحجة الثانية تجرى على هذه الصفة، لو كان الموجود جنسـا عاليا يشـمل الأجناس العشـرة، فليس يخلو إمّا أن يكون نسـبة أو طبيعة، وليـس يمكن أن يكون عامّا للأجناس العشـرة على واحد من الوجهين، فليس هو إذا جنسا عاليا لها. فأمّا أنّه لا يمكن أن يعم عموم نسبة من قبل أنّ سـائر الأجناس التى عمومها عموم نسبة هى عند أنواعها معا، وليـس الموجود عند الجوهـر والعرض معا، إذ كان أحق بالجوهر على ما قلنـا مـن العرض، ولا عام عموم طبيعة، وذلـك يتبيّن بحجتين: الحجة الأولى صفتها هذه الصفة، إنّ الموجود المطلق إذا كان جنسا عاليا وكان طبيعـة وانتقش بفصل حتى يكون منه نـوع، فإنّ الفصول التى ينتقش بهـا لا يخلـو أن تكون إمّا موجودة أو غير موجـودة، وبغير الموجود لا يمكن أن يتقوم شـئ، فبقي أن تكون موجودة، إلا أنّ الموجود المطلق هو الجنس وطبيعته واحدة وبه وقع الاشـتراك. وإذا كانت الفصول موجودة أيضًـا، فهـى منه لأنّه فرض طبيعة واحدة لا اسـما مشـتركا يقع على معـان كثيرة، فتكون من جملة الشـئ الذى وقع به الاشـتراك، فتدعو الضرورة إلى أشيا ء أخر، بها يقع الانفصال موجودة بالفعل. ويلزم فيها مثل ذلك ويتحصل من هذا على وجود أشـيا ء فى كلّ واحد من الأمور وبالفعل بلا نهاية، وهذا محال. والحجة الثانية تجرى على هذا: إن كان الموجود جنسـا للجوهر والعرض، فإنّه يلزم أن يكون جوهرا وعرضا من

جهة واحدة وبالقياس إلى شئ واحد لأنّه مأخوذ فى حدّيهما ، وذلك لأنّه جنس للجوهر ، يجب أن يكون جوهرا . ولأنّ العرض موجود للجوهر وهو جنسـه ، فيجب أن يكون عرضا موجـودا للجوهر ، فيكون بالقياس إلى الجوهـر جوهرا وعرضا . ومحال أن يكون شـئ واحد بالقياس إلى شـئ واحد جوهرا وعرضا ، ويكون هو سـبب الوفاق فى الجوهر والعرض، لأنّه جنس لهما . وهو سـبب الخلاف لأنّه فصل لهما ، وهذا محال، فهذه هى الحجة الثانية.

ويضيف إلى ذلك حجة أخرى قانونية، يعتبر بها هل الجنس المفروض (٤٨ ب) لشـئ جنسا أو اسما مشـتركا ، وهو أن تعتبر فصول نوعيه، فـإن وجدتهمـا من طبع الجنس فللجنس طبـاع مختلفة، لا واحدة ، فهو اسم مشترك. وإن لم تكن، فهو جنس كما فرض، وفصلا نوعى الموجود من طباعه موجودين وهما مختلفان، فهو اسم مشترك. وإذ قد بينّا أنّه لا يصلح أن يكون جنسا ، فينبغى أن نتعدى ما نحن بسبيله، ونبيّن أنّه لا يصلح أن يكون أيضًا كلا انقسـم عنه الجوهر والعرض، ولا نوعا ولا جوهرا ولا عرضا عنه ينقسم الجوهر والعرض، لكنّ صورته صورة الاسم المشترك المنقسم إلى معان كثيرة مختلفة. فأمّا أنّ الموجود لا يصلح أن يكون كلا انقسـم عنه الجوهر والعرض، فمن قبل أنّ الكلّ إمّا متشـابه الأجـزا ء أو غير متشـابه الأجزا ء، فإن كان الموجود انقسـم إلى الجوهر والعرض انقسـام كلّ إلى متشابه الأجزا ء، فيلزم من هذا أن يسمى كلّ واحد من قسـميه باسـم واحد، ويحدّ بحدّ واحد. وحدّ الجوهر والعرض بحسب الموجود يختلف، إذ كان الجوهر أحق بالوجود من العرض، وحدّه بحسـب اسم الموجود بخلاف حدّ العرض. وإن كان انقسم إليهما انقسام كلّ إلى أجزا ء غير متشابهة، فإنّه يلزم فيهما أن لا يتفقا أصلا، لا فى الاسم، ولا فى المعنى، وظاهر من أمرهما أنّهما يتفقان فى الاسم.

ولا يصلح أن يكون انقسـامه إليهما انقسـام عرض إلى جواهر، من قبل أنّ أحدهما حسـب عرض، ولا انقسـام جوهر إلى عرض من قبل أنّ أحدهما جوهر، ولا انقسـام عرض إلى أعراض غريبة، من قبل أنّ أحد قسـميه جوهر، ولا انقسام نوع إلى أشخاص من قبل أنّ الأشخاص فى طبيعـة نوعها واحد. والجوهر والعرض يختلفان فى معنى الموجود ، فقد بقي أن يكون شمول الموجود لهما شمول اسم مشترك، لا شمول طبيعة، فالأجناس العشـرة إذا المبادئ والرؤُوس الأّول، والأجناس العوالى التى لا شئ قبلها . وشمول الموجود لها شمول اسم مشترك، لا شمول طبيعة، ولهذا عدّدها ارسـطوطالس تعديدا حسب. وبدأ من الأقدم منها ووقف

عند الاخير وممّا هو أولّيّ ووقف عند المتأخر فى الحقيقة، فهذه هى الحجة الثالثة، فقد بينت الآن أنّ الموجود إنّما هو اسم مشترك، لا جنس ولا نوع ولا كلّ ولا جوهر ولا عرض. وبالجملة ليس بطبيعة لكنّ اسم مشترك ومن جملة ذلك من الأسماء المشتركة برؤية لا التى كيف اتفق، فإنّ نسبة الوجود تشمل العشرة ولكن باختلاف، ولهذا وفق بينها فى الاسم.

ولا ينبغى أن يلتفت إلى قول من يقول إنّ الموجود جنس عند النظر الالهى فيما بعد الطبيعة، واسم مشترك فى الصناعة المنطقية، فإن اختلاف الانظار لا يقلب الأمور عن (٤٩ ا) طبائعها ويجعل الأمر الموجود لفظة دالة. وأنت إذا عدت إلى آراء ارسطوطالس، وجدت النظر بالضد مما قالوه، فإنّه فى معظم كتابه فيما بعد الطبيعة يردّ على من زعم أنّ الموجود طبيعة، فهذا مقدار كاف فى الردّ على من زعم أنّ جنس الأجناس واحد وهو الموجود.

جوهر وعرض

وطائفة ثانية عاندته معاندة صورتها هذه الصورة، قالت بئس ما فعل ارسطوطالس فى تصييره أجناس الأجناس عشرة، وما باله لم يحصرها فى الجوهر والعرض، فيكون الجوهر يعم الجواهر، والعرض يعم الأعراض، ففعل ذلك فى الجوهر وشتت الأعراض إلى تسعة مقولات. ورئيس هذه الطائفة التى لامته على تكثير أجناس الأجناس كسانقراطس، والردّ عليها يتضح بخمس حجج، الاخيرة لنا وهى الحقيقة[1].

الحجة الأولى صورتها هذه الصورة، لو كان العرض جنسا للتسع مقولات، لوجب أن يحمل عليها بالاسم واحد على وتيرة واحدة، وليس يحمل عليها العرض على وتيرة واحدة، فليس هو إذا جنسا لها. فأمّا أنّ العرض لا يحمل عليها على وتيرة واحدة، فمن قبل أنّ حمْله على الكم والكيف خالف حمْله على مقولات النسب السبع الباقية. وذلك أنّ تلك المقولتين يصح القول فيهما إنّهما موجودتان فى شئ لا كجزء منه، لأنّها تحدث من مقايسة الشئ إلى نفسه. فأمّا مقولات النسب البواقى فلا يتم ذلك فيها، لكن الذى يقال فيها إنّها موجودة بين شيئين لا كجزء منهما. فإنّ مقولة متى هى نسبة تحدث بين الأمور والزمان ولا هى فى الأمور ولا هى فى الزمان لكنّها بينهما، وكذلك أشخاصها هى نسب بين هذا الأمر مثلا وهذا الزمان. وكذلك مقولة أين إنّما هى نسبة إضافة مخصوصة تحدث بين الشئ وبين المكان، وليست فى واحد منهما.

وبالجملة مقولة مضاف والقنية ويفعل وينفعل إنّما هى نسب تحدث

---

١ Xenokrates: cfr. Simpl., In Cat. 63, 24; 306, 13

بين الشئ وبين ما اقتناه، أو بين ما هو مضاف إليه، أو بينه وبين فعله، وبينه وبين انفعاله. وليست فى الأمور، ولا فى الطرف الآخر لكنّها بينهما. ولا ينبغى أن يفهم من أنّ المقولة هى نسبة بين طرفين أنّها مركبة من الطرفين ومن النسبة، لكنّها النسبة حسب. وإلا صار ما هو فى غاية البساطة مركبا، وتداخلت المقولات بعضها فى بعض، فالأطراف هى جواهر وكميات وكيفيات وغيرها، فهذه المقولات أعراض وليست موجودة فى شئ لكن بين شيئين، إلا أنّ الأنواع المنقسمة عن جنس واحد اسمها وحدّها بحسب ذلك الجنس واحد. وليس التسع المقولات عند العرض (٤٩ ب) هكذا، فليس هو جنسا لها، إلا أنّ هذه الحجة يلزمها انتقاض رسم العرض ولا يكون منطبقا على جميع الأعراض إذ كانت النسب أعراضا. والرسم والحدّ الصحيح هو الذى ينطبق على جميع المحدود والمرسوم، أو لا تكون النسب الآخر أعراضا، وهذا محال.

ومعنى قول ارسطوطالس فى رسم العرض أنّه الموجود فى شئ، أىْ الذى هو غير قائم بنفسه، وهذا يجوز أن يكون فى موضوع واحد وبين موضوعين. وبحسب ذلك ينطبق عليها بأسرها ويتم الرسم غير أنّ ارسطوطالس ليس قبضه فى هذا الكتاب الأمور إلى مبادئ بحسب نسب إضافة مخصوصة توجد لها إلى غيرها، لكنّ بحسب نسب توجد لها فى نفوسها. وسنشرح ذلك فى الحجة الاخيرة. وكان رسم العرض يجب أن يجرى هكذا: العرض هو الموجود لشئ لا كجزء منه، فبقولنا للشئ يسوغ أن يكون فى الشئ وبينه وبين غيره. وبحسب ذلك يكون رسم ارسطوطالس للعرض الموجود، لا النسبة على أنّ النسبة أيضًا موجودة فى شئ هو العقل، لا كجزء منه وبين شيئين هما المنسوب منه وإليه، وبعد أن لا يكون العرض قائما بنفسه فى شئ كان أو فى شيئين، فهو مووجود فى شئ لا كجزء منه فالنسبة هى فى موضوعيها لا كجزء منهما.

والحجة الثانية تجرى على هذه الصفة، الجنس مأخوذ فى حدّ نوعية، وأوّل لفظة فى حدّ النوع إنّما هى اللفظة الدالة على الجنس القريب من الشئ. وليس يوجد العرض فى حّد واحدة من المقولات العرضية التسع مع كونه أقرب شئ إليها على ما فرض، فليس هو جنسا لها. وذاك أنّنى إذا حددتُ نوعا من أنواع الكم والكيف، لمْ اقل إنّه عرض من حاله كذا بل كم متصل أو كيفية هى ملكة. وكذلك إن رسمتُ جنس الكم العالى أو جنس الكيف، لمْ اقل فيه إنّه عرض من صفته، لأنّ ارسطوطالس فى هذا الكتاب يقبض الأمور إلى عشرة مبادٍ بما هى

ذوات، لا بما هى أعراض، فإن جعل العرض جنسا للتسعة بما هى ذوات، أعنى بما هى كم وكيف ومضاف، فيجب أن يوجد فى حدّ كلّ واحد منها. وليس يوجد لأنّها بما هى ذوات لا تفتقر فى فهمها إليه، ولا تقاس إلى شئ آخر، ونسبة العرض (٥٠ ا) تكون بالقياس لا للشئ فى نفسه.

والحجة الثالثة تجرى على هذه الصفة، لو كان العرض جنسا للتسع المقولات، لما استجاز الحكماء القدماء عند رسمهم للتسع المقولات أن يرسموها بما هو دونها، فإنّ الأشياء التى لها جنس ومبدأ تعريفها من مبادئها أوّلى من تعريفها مما هو دونها، فإنّهم لمّا رسموا الكيفية قالوا إنّها هى التى إذا سئل عن شخص شخص بكيف هو، اجيب بها. وكذلك فى الباقية، فلو كان لها مبدأ لكان تعريفها منه أوّلى، فليس لها إذا مبدأ فلا جنس لها، لكنّها رؤوس ومباد تسعة هى فى الغاية من العلو، أعنى أنّها أخر صورة استنبطتها النفس من الأمور وشمول اسم العرض لها من حيث هى موجودة فى شئ، وبالجملة مضافة إلى ما هى فيه أو بينه وبين غيره. وأمّا إذ نظر فى ذواتها نفوسها ارتقت إلى تسعة لا شئ قبلها.

والحجة الرابعة تجرى على هذه الصفة، لو كان العرض جنسا لها، لوجب أن يكون بينها اشتراكا ما فى طبيعة توجد لها، أعنى طبيعة جنسها. وليس يوجد فى التسعة اشتراك فى نفس طبيعتها من حيث هى ذوات، لكنّها على غاية التباين فى نفوسها. فأمّا أنّها على غاية التباين فيتضح لك ذلك من استقرائها. وذلك أنّ هذه التسعة إنّما هى أعراض للجسم فبعضها موجودة فيه لا تتعداه، وبعضها هى نسبة بينه وبين شئ آخر، كالست المقولات البواقى. فأمّا التى هى موجودة فيه، فهى الكمية والكيفية والموضوع. والكمية هى صورة موجودة فى الشئ من شأن التقدير أن يقع على ما هى فيه بها. وإذا سئل عن الشئ بكم هو، اجيب بمبلغ مقدارها. والكيفية هى صورة موجودة فى الشئ، إذا سئل عنه بكيف، هو اجيب بها؛ فالموضوع هو صورة هى هيئة ونسب تحصل للجسم عند حصول الوضع له، أعنى القعود والقيام وغير ذلك. والتى هى بينه وبين غيره هى الإضافة وهذه هى نسبة تحدث بين جوهرين أو كميتين أو كيفيتين، أو غير ذلك عند إضافة أحدهما إلى الآخر. ومتى هى نسبة تحدث بين الأمور وبين الزمان. وأين نسبة تحدث بين الأمور وبين المكان. وله نسبة تحدث بين الأمور وبين المقتنيات. ويفعل نسبة بين الأمور وبين الفعل. وينفعل نسبة بين الأمور والانفعال. فمن نفس رسومها المنبئة عنها يعلم أنّها غير مشتركة فى طبيعة لكنّها تجرى

مجرى (٥٠ ب) المبادئ والرؤوس التى لا شئ أعلى منها. ولو كان العرض جنسا لها، لوجب أن يظهر عند رسمها اشتراكها فيه، كما يظهر عند تحديدنا للناطق وغير الناطق اشتراكهما فى الحيوان. وعند تحديدنا للمنفصل والمتصل اشتراكهما فى الكم.

والحجة الخامسة، وهى المأخوذة من نفس الأمر، تجرى على هذا: أجناس الأعراض يُنظر فيها على ضربين، من حيث هى ذوات ومن حيث هى أعراض. ومن حيث هى ذوات، وتنقبض فى تسع، ومن حيث هى أعراض وبهذا تكون من المضاف تنقبض كلّها فى معنى العرض. وارسطوطالس رقى الأمور فى هذا الكتاب إلى مبادئ عشرة بما هى ذوات تنحصر بحسب نسب تعود إلى نفسها لا إلى غيرها، لا بما هى ذوات بنسبة إضافة إليه فيها. فأمّا إذا نظر فى الأمور بحسب استقلالها بنفسها ولا استقلالها، ارتقت إلى شيئين إلى الجوهر والعرض، فصار العرض يشمل مقولات الأعراض كلّها بما هى أعراض لا بما هى ذوات، على أنّا قد قلنا إنّ العرض لا يشملها بما هى أعراض إلا شمول اسم مشترك حسب. فتكون الصور الموجودة فى النفس تنقبض تارةً إلى عشرة وتارةً إلى خمسة وتارةً إلى اثنين. أمّا إلى عشرة فبحسب ذواتها ونسب ترجع إلى نفوسها، فإنّ الوجود فيه عشرة معان بأزائها عشر صور فى النفس. وهكذا قبضها فى هذا الكتاب. وبحسب نسبة الخصوص والعموم، تنقبض إلى خمسة كما قبضها فرفوريوس فى إساغوجي. وبحسب استقلالها بنفسها ولا استقلالها تنقبض إلى شيئين أوّلين هما الجوهر والعرض، فالعرض لا يشمل التسعة بما هى ذوات لكن بما هى أعراض. وكون التسعة أعراضا بنسبة زائدة على ذاتها، تحدث بقياسها إلى الشئ الذى هى فيه، وهى نسبة لا استقلالها بنفسها، فتكون الأمور بما هى ذوات ترتقى إلى عشرة مبادئ هى أجناس عالية أوّل يشملها اسم الموجود شمول اسم مشترك برؤية لا كيف اتفق.

أجناس الأجناس أربعة

وطائفة ثالثة من فلاسفة المظلة تزعم أنّ أجناس الأجناس الشاملة لكلّ الموجودات

اربعة وهى الموضوعات، وتشير بهذا إلى الجوهر والكيفيات والمضاف، والأشياء التى يقال فيها كيف هى وكيف حالها، وتشير بهذا إلى مقولة موضوع.

والردّ على هذه الطائفة يسهل جدّا: (١٥١) أمّا أوّلاً فمن قبل الغائها لمقولة الكم ومقولة متى ومقولة أين ومقولة له مع ظهورها؛ فإن احتج محتج عنهم وقال إنّهم كانوا يدخلون هذه المقولات الملغاة كلّها فى

مقولة كيف هي وكيف حالها، كان هذا الاحتجاج يقبح. أوّلا من قبل أنّ القائلين بذلك إنّما يشيرون بهذه إلى مقولة موضوع، وثانيا لو كان الأمر على هذا، لكان أحق الأشياء بأن يدخل تحتها الكيفية. فإنّ الأشياء التى بها يقال فى الشئ كيف هو وكيف حاله، هو كيفية. وثالثا من قبل قبضها الأمور المتباينة الطبائع فى طبيعة واحدة، فإنّ إنسانا لو احتج وقال إنّهم يقبضون الأجناس فى ثلاثة سوى الجوهر نسبة بين الشئ وبين ذاته، وبينه وبين غيره، وبين غيره وبينه، فلأنّ هذه ثلاثة مع الجوهر تكون الأجناس اربعة، قلنا هذا غلط، لأنّ جمع الأمور المختلفة الطبائع وقبضها فى طبيعة واحدة لا يجوز ولا يسوغ. والنسبة التى بين الشئ وبين ذاته يجتمع فيها الكم والكيف والموضوع وبينه وبين غيره الإضافة ويفعل وينفعل، وبين غيره وبينه الأين ومتى والقنية، فكيف تجتمع كلّ واحدة من هذه إلى طبيعة واحدة؛ فجمع الأمور المختلفة الطبائع لنسبة توجد لها إلى طبيعة واحدة لا يجوز، لأنّ هذا تشويش فى فهم الأمور وجمعها وضبطها، فقبض المقولات كلّها إلى ثلاثة بسبب اسم النسبة يوقع الاضطراب. ويجمع أمورا لا تجتمع فى الاسم والحدّ إلى طبيعة واحدة. والعقل إذا رام أن يفهم الأمور على ما هى عليه، يجب أن يفرق ما فرقته الطبيعة، ويجمع ما جمعته، ويقبض الأمور المشتركة فى طبيعة واحدة إلى جنس واحد.

أجناس الأجناس خمسة

فطائفة رابعة رئيسها جالينوس، زعمت أنّ أجناس الأجناس الشاملة لسائر الموجودات خمسة على ما ذكره رئيسها فى البرهان. أمّا ثلاثة، فالجوهر والكمية والكيفية، وأمّا رابع فالاطراف التى تأخذ من الكيفية شيئا ما، فأمّا الخامس فالإضافة إلى شئ آخر[٢].

وينبغى أن تعلم أنّ هذا الفعل غير موافق للفلسفة، ولا لمن يجب علْمها على الصحة. أمّا أوّلا فجنس الأطراف التى تأخذ من الكيفية أمر لا يقتدر على فهمه أحد أو يعرف معناه. وأمّا ثانيا فمن قبل الغاية مقولات شديدة الظهور لا تذهب على أحد، بمنزلة متى وأين ويفعل وينفعل والموضوع وله. وإن ظنّ أنّ هذه كلّها تدخل فى (٥١ ب) المضاف، فيقبح به لأنّ المضافين ليس هما اللذين لأحدهما إلى الآخر نسبة حسب لكن اللذين ذات كلّ واحد منهما تقال بالقياس إلى الآخر. ولا يُفهم إلا بالآخر مباحا والجوهر والزمان يفهمان مفردين، وهما

---

٢ Cfr. Elias, In Cat. 160, 21

طرفا متى. والجوهر والمكان يفهمان مفردين، وهما طرفا أين. والقنية والمقتنى يفهمان مفردين، وهما طرفا له. وافهم قولنا مفردين أىْ لا بما هما مضافين، اللهمّ إلا أن تؤخذ هذه الأطراف من حيث هى أطراف إضافة، فلا يُفهم كلّ واحد منهما إلا بالقياس إلى الآخر.

وإذا حققّتَ الأمر وجدتَ كلّ مقولات النسب، لا يُفهم أحد طرفيها من حيث هو طرف نسبة إلا بالآخر. والفرق الحقيقىّ بين مقولة مضاف وإن كانت نسبة بين شيئين وبين باقى المقولات، أنّ مقولة الإضافة تكون بين الشئ وبين كلّ شئ مباحا بالوفاق والخلاف. وباقى مقولات النسب إنّما تكون بين شئ وبين مخصوص يتعلق به، فهذا الفرق بينهما، فهذا الشخص مثلا من حيث هو مضاف يضاف إلى كلّ شئ، فيوافقه أو يخالفه. أمّا بما هو جوهر فإلى كلّ جوهر، فيكون إمّا مثلا أو غير مثل. وبما هو كم فإلى كلّ كم، فإمّا أن يساويه أو لا يساويه. وإلى كلّ كيف، فإمّا بأن يشبهه أو لا يشبهه. وبما هو متمكن إلى كلّ متمكن إمّا بأن يماثله أو لا. كذلك بما هو قان إلى كلّ قان، وبما هو مقتنى إلى كلّ مقتنى، وبما هو موضوع إلى كلّ ما هو موضوع، وبما يفعل إلى كلّ ما يفعل، ‹و› بما ينفعل إلى جميع ما ينفعل، فإمّا أن يماثله أو لا يماثله فى الشئ الذى هو فيه، فيكون الشئ بما هو مضاف إلى كلّ شئ، ويكون بهذه النسبة موافقا أو مخالفا. وبما هو قان فإلى القنية حسب، وبما هو يفعل إلى الفعل حسب، وبما هو موضوع إلى أشكاله حسب. وهكذا فى البواقى، فأصل الإضافة هى نسبة الشئ إلى ما اتفق وتنقسم بالموافقة والمخالفة حسب. واسماؤها أسماء موافقة أو مخالفة، فنقول هذا الجوهر كهذا الجوهر وليس كهذا، وهذا المقدار مساو لهذا المقدار وليس كهذا، وهذا القانى كهذا القانى وليس كهذا، وهذا القانى ليس هو القنية ولا القنية هو. وعلى هذا فإلى أىّ شئ اضفت الشئ، فنقول هو موافق له أو مخالف مباين. فإن كان بسبب أنّ القانى له نسبة إلى المقتنى، والأمور إلى الزمان والمكان، كذلك يفعل وينفعل ادخلها فى الإضافة بأنّ البياض له نسبة إلى الأبيض لأنّه كيفية فيه، والاثنين إلى الفرسين لأنّهما عدد لهما، فعلى هذا ينبغى أن (٥٢ ا) نجعل جميع المقولات سوى الجوهر تحت الإضافة، لأنّ لها نسبة إلى الجوهر؛ فجالينوس بين أمرين، بأن يأخذ أجناس النسب على طبائعها مخصوصة، فلا تكون قط مضافة أو يأخذها بما هى مضافة، فالكم أيضًا والكيف يدخل فى الإضافة، فتكون الأجناس كلّها جوهر ومضاف، على أنّ الجوهر أيضًا يدخل فى المضاف، فتكون أجناس الأجناس جنسين، أحدهما المضاف،

والآخر الجوهر[٣]. وسنشرح فى المستأنف أنّ مقولات النسب طبيعة كلّ واحدة منها غير طبيعة الأخرى ومباينة لها، ولا يجوز اجتماعها فى طبيعة واحدة، وإنّما تشترك فى اسم النسبة اشتراك اسم حسب لا اشتراك معنى.

أجناس الأجناس تسعة

وطائفة خامسة رئيسها نقوسطريطس[٤] تزعم أنّ أجناس الأجناس ينبغى أن تكون تسعة[٥]، وتحتج بأنّ مقولتى يفعل وينفعل ينبغى أن يدخلا تحت جنس واحد وهو الحركة، لأنّهما جميعا حركة، فيدل ما يقال مقولة يفعل ومقولة ينفعل يجمعان فتقال مقولة الحركة، فيسقط من العشرة واحد مكرر. وليس الأمر على هذا، وذلك أنّ الذى يفعل إنّما يحرك ويؤثر فى غيره. وليس يلزمه من قبل ما هو فاعل أن يتحرك ويتأثر فى نفسه، أو بأن تكون فيه حركة. وبالجملة فحركة الفعل غير حركة الانفعال فى الحدّ، وطبيعتها غير طبيعتها، وذاك أنّ الفعل تاثير، والانفعال تأثر. واسم الحركة يشملهما على سبيل الاشتراك، وحدّ كلّ واحد منهما غير حدّ الآخر. وهذا أيضًا رأى لا يساعد عليه القدماء، أعنى بأنّ حركة الفعل والانفعال حركة واحدة فى الحدّ، إذ كان ليس كلّ ما يحرك يتحرك على مذاهبهم لكنّ الذى يحرك بأن يفعل، وإن تحرك فليس يتحرك من جهة ما يحرك، فلا يكون تحريكه وتحركه واحدا. ولو كانت حركة الفعل والانفعال واحدة، لوجب فى كلّ ما يحرك أن يتحرك، والمحرك على طريق الغاية والشوق، فليس يحرك بأن يتحرك هو، لكنّنا نحن نتحرك إليه من غير أن يتحرك هو، كالفضيلة والناموس والعلة الأولى وسائر المعشوقات على أنّ مقولة يفعل ليس هى حركة الفعل ولا مقولة ينفعل هى حركة الانفعال؛ لكنّ نسبة موجودة بين الفاعل وفعله، وبين المنفعل وانفعاله. وطبائع النسب مختلفة لاختلاف (٥٢ ب) طبائع أطرافها، فليس النسبة التى بين الشئ وبين انفعاله هى النسبة التى بينه وبين فعله، ولا ينبغى أن نتظنّن أنّ الفاعل والمفعول من أجل أنّهما بوجه من الوجوه يدخلان فى المضاف بأن يقال الفاعل فاعل لمفعول والمفعول مفعول لفاعل أنّهما ينبغى أن يسقطا ويجعلا فى جملة المضاف، فإن ليس معناهما من قبل ما هما فاعل ومنفعل معناهما بما هما مضافان. ولو كان الأمر على هذا، لوجب أن تكون المقولات كلّها تدخل فى

---

٣ Cfr. Elias, In Cat. 160, 21

٤ نقوسطريطس: نقرسطريطس

٥ Cfr. Simpl., In Cat. 63, 13

المضاف، إذ كانت كلّها يلزمها معنى الإضافة لأنّها كلّها أجناس ولها أنواع، إلا أنّ طبائعها فى نفوسها غير طبيعتها بما هى مضافة؛ فهذا كاف فى الردّ على من لام ارسطوطالس على تكثيره عدد الأجناس العوالى.

أجناس الأجناس احد عشر

وطائفة سادسة لامته على التقصير فيها، وزعمت أنّها ينبغى أن تكون أحد عشر.

واحتجت بحجة صفتها هذه الصفة: زعمت أنّه كما جعل بأزاء مقولة يفعل مقولة ينفعل كذا يجب أن يجعل بأزاء مقولة يقتنى مقولة يُقتنى. أمّا ذينك الأوّلان فالخلاف بينهما مشهور. وذلك أنّه ليس النسبة التى بين الفاعل والفعل هى النسبة التى بين المنفعل والانفعال. فأمّا يقتنى ويُقتنى، فلا فرق بين معنييهما فى أنّهما قنية ومقتنى. ونسبة بينهما سواء أنّ فى الأوّل نسبت القنية إلى شئ ما وفى الثانى لم يذكر المنسوب إليه القنية، فطبيعة القنية فى كلاهما واحدة وهى النسبة التى بين القانى والقنية؛ فقد أتينا على الارآء التى كانت للقدماء فى كمية أجناس الأجناس وبان أنّ الذى جرها إمّا الألفاظ وما تدل عليه، أو النظر فى الأجناس العوالى لا بحسب ذواتها لكن بحسب نسب توجد لها زائدا على ذواتها وناقصناها بحسب الطاقة. فلنتجرد الآن للرأى الصحيح فى أمر أجناس الأجناس.

المطالب

والمطالب الذى ينبغى أن ننظر فيها فى أمر أجناس الأجناس عددها خمسة. الأوّل منها أن ننظر فى كمية عدد أجناس الأجناس ونبين أنّها عشرة. والثانى أن نحصل طبيعة كلّ واحد من أجناس الأجناس. والثالث أن نبين أنّ أنواعها القريبة[٦] المنقسمة عنها هى هى فصولها. والرابع أن ننظر لِم رتبها هذا الضرب من الترتيب. والخامس تجريد الشكوك التى تلزم وحلّها بحسب الطاقة.

المطلوب الأوّل عدد الأجناس

ولنبدا بالمطلوب الأوّل. ونحن ندعى مع ارسطوطالس أنّ أجناس (٥٣ ا) الأجناس عشرة لا زائدة ولا ناقصة. ونبين ذلك بحجج خمسة:

الحجة الأولى وهى من الوجود، وافهم الوجود العقلى لا الحسى، فالنسب صور عقلية لا حسية. واسم الطبيعة هاهنا نستعمله بمعنى الطبيعة العقلية لا الوجودية، ومثل ذلك يأتى فى الوجود الحسى أيضًا، ولكنّ بما الأمور ذوات لا نسب تجرى على هذه الصفة: الشاهد العدل فى

٦ فى الهامش: القريبة

كلّ حكم يحكم به الوجود ، وانت إذا عدت إلى الوجود وجدت في كلّ واحد من الأشخاص المركبة المحسوسة الموجودة في الوجود عشرة معان، طبيعة كلّ واحدة منها غير طبيعة الآخر. والأشخاص التي طبائعها مختلفة فينبغي أن يكون ارتفاؤها إلى أنواع مختلفة بالطبيعة والأنواع التي بهذه الصفة ترتقي إلى أجناس مختلفة، فأجناس الأجناس إذا ينبغي أن تكون عشرة. فأمّا أنّك إذا عمدت إلى الوجود تجد الأمر على ما قلناه، فإنّ ذلك يسهل الوقوف عليه، وهذا بأن تعمد إلى أكمل أشياء التي تحت فلك القمر وهو الإنسان. وتأخذ شخصا من أشخاصه وتتصفحه، فإذا صادقت فيه هذه العشرة المعاني جعلتها معيارا على جميع الموجودات. وإنّما صار الإنسان أكمل الموجودات التي تحت فلك القمر من قبل أنّ جميع النفوس النباتية والحيوانية والناطقة موجودة له، ولهذا صار جسمه أكمل الآلات وكماله بالقياس إلى المركبات، وإلا فالجوهر الأكمل حقا هو المبدأ الأوّل ، ومن بعده السمائيات الأزلية وعدم التغير. ومثال ذلك أن تأخذ زيدا وتتصفحه، فإنّك إذا تصفحته تجد فيه معنى قائما بنفسه، وهذا المعنى هو الذي يدعى جوهرا ، ومعنى به يقع التقدير عليه لتقدير بمنزلة الطول والعرض والعمق الموجودة فيه ، وهذا هو الكم. ومعنى به يجاب إذا سالت عنه بكيف هو ، بمنزلة الحرارة والبرودة، وهذا هو الكيفية. وتجد مع ذا إمّا ابا أو ابنا أو الجميع فتكون له نسبة الإضافة. وتجده في زمان، فتكون له نسبة متى. وفي مكان فتكون له نسبة أين وتجده فاعلا فتكون له يفعل ومنفعلا فتكون له نسبة ينفعل، ومقتنى فتكون له نسبة القنية. وموضوع ضربا من الوضع، فتكون له نسبة الموضوع. ثم لا تجد فيه معنى آخر البتّة، فتكون الأشخاص المختلفة الطبائع عشرة، فترتقي إلى أنواع مختلفة الطبائع عشرة، إلى أجناس أوّل مختلفة الطبايع عشرة، فتكون الأمور بما هي ذوات نسب ترجع إليها إلى نفوسها أو الى غيرها عموما ترتقي إلى عشرة رؤوس.

وبالجملة من الشخص الواحد يمكنك أن تحصل أجناس الأجناس العشرة التي هي نسب شاملة لجميع الموجودات، فإنّ كلّ ذات من الذوات إذا حصلت في العقل فالعقل ينظر (٥٣ ب) فيها على ضربين، في ذاتها نفسها ، وهذا تعرفه من حدّها وبحسب نسب توجد لها ، فالنسب الموجودة لكلّ شخص عشرة، فإنّ النسبة الموجودة له لا تخلو أن توجد له، وتستخرج من ذاته بقياسها إلى نفسها ، أو بقياسه إلى غيره، ومن ذاته بقياسها إلى نفسها. أمّا من نفس طبيعة جوهره عند

قياسها إلى نفسها، فتوجد له نسبة الاستقلال وهى نسبة الجوهر. ومن ابعاده عند قياسها إلى نفسها، نسبة وقوع التقدير وهى الكمية. ومن أحواله إمّا عموما فنسبة الكيفية، وبها إذا سئل عنه بكيف يقع الجواب بالكيفية، وخصوصا نسبة الموضوع، ومن مقايسته إلى غيره، إمّا إلى ما اتفق موافقا ومباينا، فتحصل مقولة مضاف، أو إلى شئ مخصوص. وهذا إمّا جوهرا أو عرضا. وبالجوهر مقولة القنية، وقد تكون القنية أعراض وبالعرض إمّا كمية أو كيفية، والكمية إمّا متصلة أو منفصلة، فبالنسبة إلى المتصل وهو المكان تحصل مقولة أين وإلى المنفصل وهو الزمان تحصل مقولة متى. وأى الكيفية إمّا الفعلية فتحصل مقولة يفعل أو الانفعالية تحصل مقولة ينفعل؛ فإذا كان فى كلّ شخص توجد عشرة أشخاص من النسب، فإنّها تترقى إلى عشرة أجناس عالية تنحصر فيها كلّ الموجودات.

وأزيد من هذه لا تكون، والأنقص لا يؤثر فى هذا البيان، وإنّما حصر الأمور بحسب النسب لا بما هى ذوات، لأنّها بما هى ذوات لا تنحصر إذ كانت ذوات الموجودات، أعنى جواهر النبات والحيوان لا تنحصر كلّها، فليس كلّها معروفة. ومع هذا فكلّ منها وإن اجتمعت فيه المعانى العشرة طبائعها تختلف فيها، فطباع جوهر الحمار وأعراضه غير طباع جوهر الإنسان وأعراضه، فلهذا ما ترتقى إلى رؤوس هى نسب لا ذوات، فهذه هى الحجة الأولى.

والحجة الثانية من القسمة تجرى على هذه الصفة، كلّ موجود إمّا أن يكون قائما بنفسه أو غير قائم بنفسه. والقائم بنفسه هو الجوهر. وغير القائم بنفسه، إمّا أن تكون ذاته موجودة فى الجوهر القائم بنفسه، أو إنّما هى نسبة بين الجوهر وبين شئ آخر. والصنف الأوّل وهو الغير القائم بنفسه، إمّا أن يكون منقسما أو غير منقسم، فإن كان منقسما كان كما، وإن كان غير منقسم كان كيفا. والموجودة من قبل النسبة إمّا أن توجد من قبل النسبة بين الشئ وبين أحواله الموجودة فيه. وهذه إمّا أن يختلف بها وضع أعضائه أو لا يختلف، فإن اختلف كانت مقولة موضوع، وإن لم يختلف كانت مقولة قنية له، فأعراض الشئ قنية له، أو بين الشئ وبين غيره، وهذه إمّا أن تحدث بالنسبة إلى جوهر أو إلى كمية أو إلى (١٥٤ ا) كيفية، فإنّه ليس لنا فى الوجود سوى هذه الثلاثة. وهى الجوهر والكمية والكيفية، فإن حدثت من قبل النسبة إلى جوهر، فإمّا أن يكون ذلك الجوهر مقتنى أو غير مقتنى، فإن كان مقتنى حدثت مقولة له، وإن كان غير مقتنى حدثت مقولة الإضافة.

ولا تفهم من هذا أنّ كلّ إضافة تتمّ بالنسبة إلى جوهر، ولا أنّ كلّ قنية هى جوهر، بل هذا فرق بينهما وبين المقولات التى بعدهما التى لا تتمّ إلا بالنسبة إلى عرض من دون النسبة إلى جوهر. وإن تولدت من قبل النسبة إلى الكمية، فإمّا أن تكون الكمية متصلة أو منفصلة، فإن كانت متصلة حدثت مقولة أين، وإن كانت منفصلة حدثت مقولة متى. وذلك أنّ الزمان والمكان كميتان، أمّا الزمان فمن الكمية المنفصلة، وأمّا المكان فمن المتصلة، وإن حدثت من قبل النسبة إلى الكيفية، فإمّا أن تكون النسبة بين الشئ وبين كيفية فعلية، فتحدث مقولة يفعل أو انفعالية، فتحدث مقولة ينفعل، فهذه هى الحجة الثانية.

والحجة الثالثة وهى من الأولى والأخرى تجرى على هذه الصفة، إذا ادعى فى أمر ما من الأمور أنّه بحال ما من الأحوال، ثم عوندت تلك الدعوى بعنادات، ظن بها أنّها على غاية الصحة والقوة وابطلت، فأولى بغيرها أن تبطل. وإذا كانت الآراء التى قد شقى فيها أهلها فى أمر أجناس الأجناس، قد بطلت بأهون سعى، فأولى بغيرها لو ادعاها مدع أن تبطل، فيصح من هذا أنّ أجناس الأجناس عشرة لا زائدة ولا ناقصة.

والحجة الرابعة وهى من قبل حكمة الطبيعة، وافهم العقلية تشبهها[٧] بالوجودية وكمال فعلها، تجرى على هذه الصفة. قد علمنا أنّ الجوهر هو الشئ القائم بنفسه الذى تشاهده الحواس الذى جعلته الطبيعة الاس لِما سواه، وجميع الموجودات الباقية، أعنى الأعراض حاصلة فيه، لأنّها توابع له. ونحن ندعى أنّ الأعراض المتعلقة به، يجب أن تكون تسعة لا زائدة ولا ناقصة. وذلك أنّ ما يتعلق به ليس يخلو أن يكون إمّا موجودا فيه أو صائرا إليه من شئ آخر أو ناشئا منه ومن شئ آخر.

أمّا الموجودة فيه فلها معنى الثلاثية، وهى الكم والكيف والموضوع وذلك أنّ هذه بعضها صور موجودة فيه، بمنزلة الكم والكيف، وبعضها نسبة تاتية بحسب قياسه إلى حال وضعه عند تغير أشكاله وتقلب أعضائه بالقعود والقيام وما اشبههما.

وأمّا الصائرة اليه من خارج أىْ من شئ آخر، فهى المكان والزمان والقنية، فإنّ هذه النسب (٥٤ ب) حصلت للجوهر من قبل نسبته إلى هذه الثلاثة، لأنّ هذه الثلاثة ليست لأىّ جوهر أخذته وحده، بل لجميع الأمور التى شأنها أن توجد لها، فليس تتعاكس الطرفان حتى نأخذ

---

٧ تشبهها: تشبها

النسـبة من أيّهما شئت إلى الآخر، فأخذها من الأعم الذى لا يختلف، لأنّ طبيعة سائرها بحسبه واحدة.

وأمّا الثلاثية المتوسـطة فهى النسب التى بين الجوهر وبين شئ آخر، ولىس هى بأن تكون منه أوّلى منها بأن تكون من الشـئ الخارج. وهذه بمنزلـة الإضافة ويفعـل وينفعل. فإنّه ليس النسـبة الحادثة بين الفاعل والفعل الخاص به بأن تكون من الفاعل إلى الفعل أوّلى منها بأن تكون من الفعل إلى الفاعل. وهكذا النسبة التى تحدث بين المنفعل وانفعاله، لأنّ هـذه تختص بما هى موجودة له ولا تتعداه كالمكان والزمان والقنية. فـإنّ فعْل زيـد لا يكون إلا له، وكذلك انفعاله. ودارة تنتقل إلى غيره، واليوم الذى هو فيه يكون له ولغيره، ومكانه ينصرف عنه ويحله غيره. فلهـذا النسـب من هذه تاتى فيهـا إلى الأمور. ومـن الفاعل والمنفعل والمضاف تكون من أيّهما كانت لتعاكسهما واحد على الآخر. فإذا كان الأمر على هذا، وهو أنّ عدد ثلاثيات الأعراض ثلاثة، وكلّ واحدة منها ثلاثة. والجوهر واحد، فالمقولات عشرة لا زائدة ولا ناقصة.

وبالواجب ما اقترن باعراضه معنى الثلاثية وبكلّ واحد من أقسامها، وذلـك أنّ الطبيعـة فعلها الكامل إنّمـا يظهر فى الثلاثيـة، لأنّ كمال الفعل يكون بحصول الغاية. وما له غاية، فلا بُدّ له من مبدأ ووسـط. ففعلها الكامل يكون بالثلاثية. وبالجملة فالكمال فى العدد إنّما هو فى الثلاثـى. ولمّا كان الجوهر الشـخصى لأنّه الحاصـل على الوجود افادته الطبيعة معنى الكمال لأنّها لا تبرز إلى الوجود إلا الكامل، فلا محالة تكون قد استعملت فى ايجادة معنى الثلاثية. وهو أنّها أخذت فيه من مبدأ، ومضت بمتوسـط ووقفت عند غايـة، لأنّ معنى الكمال هو وجود الغايـة. فهكذا وجب أن تفعل بأعراضه ليحصـل له معنى الكمال من جميـع جهاته من ذاته ومن أعراضه، فوجب أن تكون أصناف الأعراض التـى له ثلاثة، وكلّ واحد مـن أصنافها ثلاثة، فيكون عدد الموجودات عشـرا لا زائـدا ولا ناقصا. وعلى سـبيل الايجاز نقـول إنّ الجوهر هو الشـئ الكامل الحاصـل على الوجود. واعراضه إمّـا أن تكون موجودة فيـه، وهـذه إمّا طبيعة أو نسـبة. والأوّل (١٥٥ ا) ينقسـم إلى الكمية والكيفية، والثانى الموضوع. أو نسـبة بينه وبين غيره. وهذا الغير إمّا معاكس أو أعم، فإن كان معاكسا لم تكن النسبة من أحدهما أوّلى من الآخر. وهذا ينقسـم إلى ثلاثة أقسام، إلى المضاف ويفعل وينفعل. وإن كان أعم، فالنسـبة تكون منه لأنّه واحـد لا يختلف، كالأين ومتى وله لا من المختلف.

ويقال فأنتم تقولون إنّ الأعراض غير مقصودة أو لا من الطبيعة، فكيف تقولون الآن إنّ الطبيعة قصدتها فجعلتها بهذا العدة، فنقول إنّ الأعراض إنّما يقال فيها إنّها غير مقصودة أو لا فى شخص شخص، لأنّها تتبع مزاجة؛ فأمّا فى الكلّ فلم يجزْ أن يكون شئ جزفا وكيف اتفق، لكنّ كلّ الأمور جوهرا كانت أو عرضا مقدرة تقديرا بحسب العناية وموجب الحركات الفلكية. وليست واقعة كيف اتفق. وبالجملة فالعقل إذا أخذ من الوجود شخصا طبيعيا، جعله أصلا، وفرع عليه النسب ولطلبه الكمال وهو فى الثلاثية على منهج الطبيعة، ولأنّه أكمل الأعداد فإنّها قرنت الكمال بالثلاثية فى الأزليات والكائنات، ما فرع له نسب ثلاثة بينه وبين نفسه، وبين غيره وبينه، وبينهما. فأمّا بينه وبين غيره لم يصح، لأنّه لا يكون إلا إمّا مساويا أو خاصا، وكلّ من هذه فرعته إلى ثلاثة. فالنسبة بينه وبين نفسه هى نسبة الكمية والكيفية والموضوع. وبين غيره وبينه وهى من الأعم إلى الأخص نسبة متى وأين وله، وبينهما وهذا إذا تساويا فنسبة المضاف ويفعل وينفعل، فصارت النسب عشرة الأصلية وهى الخاصة بالذات المأخوذة من الوجود وهى الاستقلال والمتفرعة عليها وهى تسعة بحسب عدد الأعراض الموجودة فيه، وهذا ينطبق على ما مضى، فهذا مقدار كاف.

والحجة الخامسة تجرى على هذه السبيل: قد علمنا أنّ العدد الشريف أكمل من العدد الذى ليس بشريف، والعدد الكامل هو عدد العشرة، وذلك أنّ تكرار الواحد عنده ينقطع ثم يقع الرجوع منه أبدا إلى ما مضى، فلهذا ما وجب أن تجعل الطبيعة. وافهم الطبيعة هاهنا الأجسام الفلكية أو العناية الصادرة من المبدأ الأوّل الناظمة للكلّ أو الطبيعة العقلية عدد الموجودات بهذا العدد، لكيما تغرس فى الموجودات معنى الكمال، فهذه هى الحجة الخامسة.

وبالجملة تصور العالم شخصا واحدا بالعدد، فبحسب ما يحصل من نسبة يحصل من نسب كلّ واحد من الأشخاص، فلا فرق بينه وبين كلّ شخص عظم أم صغر بما هو شخص؛ فنقول إنّ النسب (٥٥ ب) الموجودة لشخص العالم عشرة، لا يجوز أن تكون ازيد ولا أنقص. وهكذا كلّ شخص. ولأجل هذا صارت أجناس الأجناس عشرة، لا زائدا ولا ناقصا، فشخص العالم إمّا أن تحصل نسبة بالقياس إلى شئ مخصوص، أو إلى مباح، فإن حصلت نسبة إلى شئ مخصوص، فإمّا أن تحصل هذه النسبة بقياسه إلى نفسه أو بقياسه إلى غيره. وبقياسه إلى نفسه، إمّا إلى جوهره فنسبة الاستقلال وتسمى جوهرا، وإلى عظمه نسبة التقدير

ويسمى كمية، وإلى كيفيته بسبب السؤال بكيف والجواب يسمى كيفية. وبقياسه إلى غيره خصوصا إمّا إلى مكانه ويسمى أين، وإمّا إلى زمانه ويسمى متى، وإمّا إلى قنيته وتسمى هذه النسبة قنية، أو إلى وضعه وتسمى هذه النسبة موضوع، وإلى فعله وتسمي يفعل، أو إلى انفعاله وتسمى ينفعل، أو إلى النسب بينه وبين هذه كلّها فتسمى هذه النسبة مضاف.

فنقول الجوهر جوهر بالجوهرية وتعكس، فنقول الجوهرية جوهرية للجوهر. وذو الكمية ذو كمية بالكمية. والكمية كمية لذى الكمية وعلى هذا فى البواقي، فعند نسبة الشئ إلى نفسه مباحا تحدث نسبة المضاف، ونسبة إلى واحد واحد خصوصا بها يكون جوهرا وكما وكيفا واين ومتى وموضوعا وقنية ويفعل وينفعل. فأمّا اذا أخذت شخصا مخصوصا، فإنّك تجد فيه هذه التسعة وتضيفه إمّا إلى تسعة نفسه أو إلى تسعة غيره، فتكون بتسعة نفسه إضافته إضافة موافقة أو مخالفة. وإن إضفته إلى تسعة غيره تكون إضافته إضافة موافقة ومخالفة. فتنقسم نسبة المضاف[٨] إلى الموافقة والمخالفة. وإن اضفته إلى تسعة نفسه بالتبديل بأن تقول ذو الكمية ذو كمية بالقنية كان هذا أيضًا نسبة مخالفة.

فسواء أخذت العالم شخصا واحدا أو أخذت شخصا شخصا من أشخاصه، فإنّ نسبة الإضافة فيه تكون مباحة بالموافقة والمخالفة. وقد يُحصل ذلك على وجه آخر فنقول إنّ الشخص تحصل نسبة إمّا بالقياس إلى جوهر حسب أو إلى عرض حسب أو إلى جوهر وعرض. فبالقياس إلى ذاته تكون مقولة الجوهر. وبالقياس إلى العرض حسب أمّا فيه فتكون مقولة كم وكيف وموضوع، وإلى غيره مقولة يفعل وينفعل ومتى واين، وإلى جوهر وعرض مقولة القنية. وإلى هذه بأسرها مقولة مضاف بالموافقة والمخالفة، إن تضيف الشئ إلى ما يتعلق به وإلى ما لا يتعلق به، إمّا فيه أو فى غيره، فيكون الفرق بين نسب المقولات ونسب الإضافة أنّ (٥٦ ا) نسب المقولات التسع هى نسب موافقة ومخصوصة إلى شئ معين، ونسب الإضافة نسب مخالفة وموافقة إلى شئ مباح، إمّا فى الشئ أو فى غيره، وفى غيره ونسبة موافقة ومخالفة، وفى نفسه نسبة موافقة ومخالفة، فقد تبين من هذه الحجج أنّ أجناس الأجناس عشرة لا زائدة ولا ناقصة.

---

٨ فى الهامش: نسبة المضاف

المطلوب الثانى

فننتقل الآن إلى النظر فى طبيعة كلّ واحد من الأجناس. ولنبدا بالجوهر، فنقول إنّ الجوهر هو صورة كلّية حاصلة فى النفس على غاية العموم، هى نسبة لا فى موضوع، أعنى استقلال الشئ بنفسه يخص الواحد الواحد من أشخاصها أنّه موضوع لقبول الاضداد بتغيره فى نفسه، شاملة للجسم وغير الجسم شمولاً واحداً. وايضاح ذلك يجرى على هذه الصفة: قد علمنا بأنّ الجوهر ينقسم إلى الجسم وغير الجسم، فليس يخلو شموله لهما أن يكون شمول طبيعة أو شمول نسبة، ومحال أن يكون شموله شمول طبيعة. وذلك أنّه لو شملهما شمول طبيعة لوجب أن يوجد ذات واحدة متكرّرة فيهما جميعاً وليس يوجد فيهما جميعاً ذلك، وذلك أنّك إذا حددت الجسم قلت إنّه هيولى لها، صورة الطول والعرض والعمق. وإذا حددت غير الجسم قلت إنّه هو الذى ليس له هيولى، ولا طول ولا عرض ولا عمق، فلو كان جنسهما طبيعة، لوجب أن يوجد فيهما جميعاً على أنّه طبيعة متكررة انتقشت بالفصول، فيكون نوعاه يختلفان بالفصول ويتفقان به على أنّه ذات متكررة فيهما وهما يختلفان بنفوسهما؛ فقد بقى أن يكون ليس بطبيعة فهو إذا نسبة موجودة لكلّ واحد منهما. وذلك أنّك إذا اعتبرت الجسم وجدت له بالنظر فيه نفسه نسبة القيام بنفسه. وكذلك غير الجسم الذى هو جوهر، فالشئ الذى شملهما إنّما هو نسبة وهى نسبة القيام بالنفس. وهذه هى نسبة الجوهر، فالجوهر الذى هو نسبة الاستقلال بالنفس يشملهما جميعاً شمولاً واحداً. ولهذا يكون جنساً لهما لا طبيعة لكن نسبة؛ فقد اتضح أنّ الجوهر الذى هو جنس الجنس إنّما هو نسبة قيام الشئ بنفسه، وهذا المعنى يشمل الجسم وغير الجسم شمولاً واحداً.

والكم هو صورة كلّية حاصلة فى النفس على غاية العموم، هى نسبة وقوع التقدير يخص الواحد الواحد منها من أشخاصها أنّه يقال فيه إنّه مساو ولا مساو، شاملة للمنفصل والمتصل (٥٦ ب) شمولاً واحداً. وايضاح ذلك يجرى على مثال ما يجرى عليه الامر فى الجوهر، وذاك أنّك إذا اعتبرت نوعية القريبين، وجدتهما لا يشتركان فى ذات ما موجودة لهما، لكن فى نسبة. وذلك أنّ كلاهما، أعنى المتفصل والمتصل يشملهما معنى وقوع التقدير عليهما. فإنّ المتفصل شأن التقدير أن يقع عليه فيحصل، وكذلك المتصل. فأمّا طبيعتهما فمتباينة، فمقولة الكم هى نسبة وقوع التقدير شاملة للمتفصل والمتصل شمولاً واحداً.

والكيفية هى صورة كلّية حاصلة فى النفس، هى نسبة السؤال بكيف وحصول الجواب بالكيفية، يخص الواحد الواحد من أشخاصها أنّه يقال

فيه شبيه ولا شبيه، ولك أن تعتبر ذلك على القانون الذى علمناه بأن تقسمها إلى نوعيها القريبين، وهما القوة والصورة، وتعتبرهما، فإنّك لا تجد بينهما اشتراكاً فى طبيعة إذ كانت طبيعة القوة تخالف الصورة، لأنّ القوة تهيؤ والصورة كمال، لكن فى نسبة وقوع السؤال بكيف والجواب بالكيفية، فإنّ كلّ واحد منهما إذا سئل عن الشئ بكيف وقع الجواب به، فيعلم أنّ مقولة الكيفية هى هذه النسبة.

والمضاف هو صورة كلّية حاصلة فى النفس، ذاتها ومعناها أنّها نسبة بين شيئين محصلين، ذات كلّ واحد منهما تقال بالقياس إلى الآخر، والنسبة إليه، ولا يُفهم من دونه.

وأين صورة كلّية هى نسبة موجودة بين شيئين أحد الشيئين الأمور والآخر المكان.

ومتى صورة كلّية هى نسبة موجودة بين شيئين أحدهما الأمور والآخر الزمان.

وله هى صورة كلّية موجودة بين شيئين أحديهما الأمور والآخر ما يقتنيه.

والموضوع هو صورة كلّية هى نسبة تحدث من قياس الجوهر بالوضع، أعنى بوضع اعضائه.

ويفعل هو صورة كلّية، ذاتها ومعناها أنّها نسبة تحدث بين الفاعل وفعله.

ومقولة ينفعل هى صورة كلّية، ذاتها ومعناها أنّها نسبة حادثة بين المنفعل وانفعاله.

وعلى جهة أخرى يجب أن تنبى الامر فى كلّ شئ يفهم من هذه أنّ التسع الأجناس سوى جنس المضاف، إنّما (٥٧ ا) هى نسب بين الشئ وبين ذاته، لا بينه وبين غيره.

فالجوهر بقياس نفسه له نسبة الاستقلال. والكم بقياس نفسه له نسبة التقدير لا بقياس ما هو فيه، وكذلك الكيف نسبة الجواب عند السؤال بكيف. والاين نسبة الاحتواء بقياس المكان إلى نفسه. ونسبة الزمان نسبة الاحتواء الزمانى بقياس الزمان إلى نفسه. والقنية نسبة تحدث بنسبة المقتنيات إلى نفسها. ويفعل هى نسبة التاثير ويحدث بقياس الفعل إلى نفسه. والانفعال نسبة التاثر بقياس الانفعال إلى نفسه. وجميع هذه الأمور بقياس بعضها إلى بعض بالموافقة والمخالفة حدثت نسبة مضاف، فكلّ النسب تحدث بقياس الشئ إلى نفسه ويعتاض بها عن ذات بقياس نفسها. والمضاف يحدث بمقايسة الأمور بعضها إلى

بعض. وإنّما عبرنا عن التسعة الأجناس بقياس الشئ إلى غيره على المذهب الأوّل. والا بقياس الشئ إلى غيره على هذا الوجه لا يكون فى مقولة مضاف حسب. فالمكان بقياس المتمكن مضاف، وبقياس نفسه أين. وكلّها بقياس غيرها مضاف، وبقياس نفسها جوهر وكم وغيره. فعلى هذا افهم العبارات فى التاويلين جميعا وهما قياس الشئ إلى نفسه، وقياسه إلى غيره.

فقد اتينا على الاخبار بطبيعة كلّ واحدة من المقولات:

وينبغى أن تعلم أنّ أجناس الأجناس على ما اوضحنا بأسرها نسب. ولكيما افصح ذلك فى نفسك امثله لك تمثيلا تدركه به فى مقولة مقولة.

تصوّر سقراط، وهذا شخص. والعقل انتزع منه صورة الإنسان، وهى نوع. ومنها صورة الحيوان، ومن الحيوان الجسم، وهذان متوسطان. وإنّه لمّا بلغ إلى الجسم لم يجد ذاتا اعلى منه، بل وجد له نسبة الاستقلال بنفسه، فجعلها صورة عليا هى الجوهر الذى هو جنس الجنس فى هذه المقولة.

وتصوّر هذا العدد الموجود، والنفس حصلت منه صورة العدد المطلق. ومنه ارتقت إلى المتفصل. ومنه إلى نسبة وقوع التقدير عليه الذى هو الجنس العالى فى الكم.

وتصوّر هذا البياض. والنفس حصلت (٥٧ ب) منه البياض الكلّي، وارتقت منه إلى اللون، ومن هذا إلى الملكة، ولأنّ هذه يلزمها أنّه إذا سئل عن الشئ بكيف وقع الجواب بها حصلت هذه النسبة وهى الصورة العليا التى هى الكيفية.

وتصوّر نسبة إضافة بين هذا الاب وهذا الابن، وإنّ العقل حصل منها إضافة الاب إلى الابن مطلقا، وارتقى منها إلى نسبة الإضافة الطبيعة، ومنها إلى نسبة الإضافة على الاطلاق، وهى الجنس العالى.

وتصوّر نسبة هذا الشخص ومكانه الذى هو فوق. وإنّ النفس انتزعت النسبة بين الشخص المطلق والمكان الفوق المطلق، ثم النسبة الموجودة بين الشئ وبين المكان على الاطلاق، وهى جنس جنس يسمى الاين.

ثم تصور نسبة هذا الشخص إلى زمانه الذى هو الحاضر، ونسبة الشئ إلى الزمان الحاضر المطلق، ونسبة الشئ إلى الزمان المطلق، وهذه النسبة هى جنس جنس يسمى متى.

ثم تصوّر نسبة بين هذا الشخص وقنيته التى هى ذاتية، ونسبة بين الشئ وبين قناياه لذاته على الاطلاق، ونسبة بين الشئ وبين المقتنى على

الاطلاق، وتسمى هذه النسبة القنية.

وتصوّر نسبة هذا الشخص واشكال اعضائه إذا كان متكئا، وبين الشئ وبين شكل التكاء على الاطلاق، وبين الشئ وبين اشكال الاعضاء عند تقلبها على الاطلاق، وهذه النسبة هى مقولة موضوع.

وتصوّر نسبة بين هذه النار واحراقها، ونسبة بين النار واحراقها على الاطلاق، ونسبة بين الشئ وفعله على الاطلاق، فهذه هى جنس جنس يفعل.

وتصوّر نسبة بين هذا الجسم واحتراقه، وبين الجسم والاحتراق على الاطلاق، وبين الجسم والانفعال على الاطلاق، وهذه هى مقولة ينفعل.

فسبعة من هذه الأجناس العشرة هى نسب بين الشئ وما خارج أشخاصها وأنواعها ومتوسطاتها وجنس جنسها، وثلاثة ذوات فى الشئ، وهى الجوهر والكم والكيف، فأشخاصها وأنواعها ومتوسطاتها ذوات، والعوالى فيها نسب حسب.

وبالجملة أجناس الأجناس فى الجوهر والكم وسائرها نسب، وتتفرع إلى الأمور بحسب ما لها تلك النسب لا بحسب ذواتها. والفرق بين مقولات النسب السبع التى هى نسب ذوات من خارج الشئ وبين الثلاث المقولات الأوّل التى هى نسب ذوات فى ذات الشئ، أنّ الثلاث المقولات الأوّل جنس الجنس منها حسب نسبة، ومتوسطاتها وأنواع أنواعها وأشخاصها ذوات بتلك النسبة فى الشئ. وهكذا البواقي الا أنّها نسب ذوات خارج الشئ ولا ينبغى أن تفهم فى مقولات النسب أنّ المقولة هى تركيب الطرفين مع النسبة لكنّها النسبة حسب، والا صارت مركبة، واختلطت المقولات بعضها ببعض، إذ كانت الاطراف هى من المقولات التى تقدم (٥٨ ا) ذكرها.

وانت فيجب أن تعلم أنّ الأمور الموجودة الجوهر والكم والكيف حسب، وغير ذلك من الأمور الموجودة فى كلّ شخص. والنسب اشياء يفعلها العقل وليست موجودة، فإنّ الذى فى الوجود هو النار وفعلها، فأمّا نسبة بينها وبين فعلها وبين اختصاصها من دون كلّ شئ بذلك الفعل، فهذا العقل يفعله وليس هو فى الوجود.

وإنّما العقل إذا قاس الأمور بعضها ببعض حصّل هذه النسب التى هى اختصاصات بعضها ببعض لها وليست كعنزايل، فإنّ عنزايل ليس بموجود، ولا يستند إلى وجود وهذه تستند إلى موجود اعان العقل على ايجادها، وذلك أنّ الذى فى الوجود زيدً وايلاده وعمرا الذى اولده، فأمّا نسبة الإضافة فالعقل يحصلها عند ما يقرن احدهما بالآخر. ولا يفهم

احدهما من حيث هو بهذه الصفة الا بالآخر. وكذلك[٩] يجرى الأمر فيما بين الشئ وقنيته وزمانه، فهذه النسب هى اختصاصات الأمور بعضها ببعض، والعقل اوجدها عند ما قاس الأمور بعضها ببعض وليست فى الوجود لأنّها كلّها بين شيئين لا فى احدهما، فلو كانت فى الوجود لوجب أن يوجد عرض قائم بنفسه لا فى شئ. وانت إذا تأملت فعل ارسطوطالىس تجده بالاستقراء لا يعتقد أنّ الموجودات التى فى ذات الشئ الا هذه الثلاثة. فإنّه فى أوّل السماع لمّا ردّ القول بأنّ الموجود واحد وقسم اسم الموجود، قال إمّا أن يدل على كلي أو على شخصي. وهذا إمّا جوهرا أو كم أو كيف ولم يذكر غير ذلك.

وممّا ينبغى أن تعلمه أنّ النسب هى موجودة بين شيئين، احدهما الجوهر مثلا، والآخر زمانه ومكانه وقنيته وفعله وانفعاله وغير ذلك. ولمّا كانت غريبة الوجود، ولم تضع لها اللغة اسما يخصها، احتاج ارسطوطالس إمّا أن يخترع لها اسما أو يستعير، ولو اخترع لها اسما وهى غريبة فى المعنى، صارت غريبة من جهة الاسم والمعنى واستعسر فهمها، فاستعار لها اسم أحد الطرفين، فسمى النسبة التى بين الشئ وبين قنيته قنية باسم الطرف الذى هو قنية، فيكون اسم القنية يقع على النسبة استعارة وعلى الطرف حقيقة.

وكذلك النسبة التى بين الشئ وزمانه سماها متى استعارة من اسم الزمان، فيكون اسم متى يقع على النسبة والطرف.

وكذلك النسبة التى بين الشئ ومكانه سماها أين، استعارة من اسم الطرف. وبين الشئ وبين فعله سماها يفعل استعارة من اسم الطرف وبينه وبين انفعاله ينفعل استعارة من اسم الانفعال. وبينه وبين المضاف إليه إضافة. فتكون اسماء (٥٨ ب) مقولات النسب مستعارة من الطرف الاخص لا من الاعم، لأنّ هذا يشترك فيه ولا يتميز ولم يحسن أن يستعير لها اسما غريبا، لكنّ من شئ للنسبة به تعلق، وهذا هو أحد الطرفين وبالجملة سماها باسم ما اقامها مقامة، وهو الجوهر والبواقي، فقد اتينا فى هذا الباب بما فيه كفاية.

المطلوب الثالث

فلننتقل الآن إلى المطلوب الثالث. ونبين أنّ أنواع أجناس الأجناس القريبة هى هى فصولها باعيانها. ونقول أمّا أنّها أنواع فمن قبل انقسامها عن الجنس، وأمّا أنّها هى الفصول فمن قبل أن ليس بينها طبيعة تشترك فيها، فهى مختلفة بنفوسها، فإنّه ليس بين الجسم ولا

---

٩ فى الهامش: وهكذا

جسم شركة، فهما يختلفان بنفوسهما، فتكون هى هى الفصول لاختلاف الجنس بها، وهى هى الأنواع لانقسام الجنس إليها، فهذا يقنع فى المطلوب الثالث.

المطلوب الرابع

وأمّا المطلوب الرابع وهو النظر فى ترتيبها، فنقول إنّ الجوهر والكم والكيف ينبغى أن تتقدم على البواقي، لأنّها نسب ذوات فى الشئ، والبواقي نسب إلى شئ من خارج. وقدم الجوهر على الكم لأنّ الجوهر هو أقدم الموجودات بالطبع. فأمّا الكم فقدمه على الكيف لأنّه ساعة يوجد هذا الجوهر الجسماني يلزمه الكم أوّلا أعنى الطول والعرض والعمق ليكون جسما، وبهذا يكون تعليميا. ثم الكيف العرضى من بعده فيكون حارّا وباردا وأبيض وأسود، فبهذا يكون طبيعيا، وقدم الكيفية على المضاف من قبل أنّ الكيفية لا شكّ فيها لأنّ الحس يشاهد اكثرها وهى على الوجود. والمضاف فقوم يمارون فى وجوده، وهل له حقيقة أم لا. وقدم المضاف على أين لأنّ المضاف لازم لجميع القاطيغورياس، وليس هكذا المكان، لأنّ المكان إنّما هو لهذه الاجسام الطبيعية التى تحت فلك القمر لا لغيرها. فإنّ جملة العالم لا فى مكان، وكذلك الصور والعقول والعلة الأولى. وقدم أين على متى لأنّ متى تابع للحركة والحركة تتبع الجسم الذى هو فى أين. وأمّا متى فقدمه على له من قبل أنّ للزمان معنى السرمدية وله ليس كذلك. فأمّا القنية فقدمها على الموضوع من قبل أنّ القنية تكون جوهرا والموضوع إنّما يحدث من إضافة الجوهر إلى اشكاله. وأمّا تقدّمته للموضوع على يفعل فمن قبل أنّ الموضوع لا تضاد فيه لأنّه يحدث من تقبل الاشكال والشكل لا تضاد فيه، فأمّا تقدّمته، ليفعل على ينفعل فمن قبل أنّ الفعل اشرف من الانفعال؛ فقد اتينا على ترتيبها.

وبالجملة فالعلة فى ترتيبها أنّه قدّم الجوهر والكم والكيف لأنّها (٥٩ ا) فى ذات الشئ، وآخر يفعل وينفعل لأنّ الغايات يجب أن تكون اخيرا وغاية الشئ فعله وانفعاله، وقدّم المضاف على سائر النسب التى بين الشئ وبين غيره لأنّها نسبة عموم، ولأنّه لمّا قاس بين الأشياء التى فى ذات الشئ إلى نفوسها قاس بين بعضها وبعض حتى لا يبقى له فى ذات الشئ عمل، وتلاها بالمكان والزمان لأنّهما خارج الشئ. وقدّم المكان على الزمان لأنّ الزمان احصاء حركة ما هو فى مكان، وتلاهما بالقنية لأنّها نسبة جميع هذه إذا أخذت فى الشئ وحده تلا هذا بالموضوع. فإنّ الموضوع هو نسبة شئ مركب من كم وكيف وهو الشكل، والبسيط يتقدم المركب، فقد بان وجوب ترتيبها على ما رتبها، فلنأخذ

الآن فى ايراد الشكوك ونحلّها بحسب الطاقة.

المطلوب الخامس الشكوك

فأوّل شـك يطرأ علينا صفته هذه الصفة، كيف يزعم ارسـطوطالس أنّ جميع الموجودات تنحصر فى المقولات العشر، ونحن نرى موجودات كثيرة خارجـة عـن المقولات بمنزلة النقطـة والوحدة والهيولى. فـإنّ النقطة لا يصلـح أن تدخل فى الجوهر من قبل أنّها لا تقوم بنفسـها ولا فى الكم من قبل أنّها لا يقع عليها التقدير ولا فى الكيف، لأنّك إذا سـألت عن الشـئ بكيف هو، لا يجاب بأنّه نقطة، وكذلك يجرى الامر فى الوحدة والهيولـى. فإنّ الهيولى ليسـت بكم ولا كيف ويُظن بها أنّها ليسـت جوهرا من قبل أنّها لا تقوم بنفسها.

وحلّ الشـك يجرى على هذه الصفة، قـد علمتم أنّ الموجودات منها مـا هو بالقـوة ومنها ما هو بالفعـل. والنقطة هى كـم بالقوة، وكذلك الوحدة. والهيولى هى جوهر مركب بالقوة، فإنّ عن جريان النقطة يحدث الخـط الذى هو كم بالفعل وعن تكرار الوحدة يحدث العدد الذى هو كم بالفعـل، وعن انقلاب الهيولـى وانتقالها من العدم إلى الصورة يحدث الجوهـر المركب الذى هو جوهر بالفعل، فهذه إذا كميات وجواهر بالقوة، فهى داخلة تحت الكم والجوهر من قبل أنّ المقولات ليس إنّما تحمل على ما هو بالفعل حسـب، لكن وعلى ما بالقـوة أيضًا على أنّ الهيولى بما هى جزء للمركب هى جوهر بالفعل، وكذلك بقياس نفسها.

والشـك الثاني صفته هذه الصفة، معلوم من مذاهب ارسـطوطالس أنّه يرى أنّ الموجود وإن كان اسما مشتركا فليس هو من الاسماء المتفقة التـى هـى كيف اتفق، لكن من التـى هى برؤية. ومعلوم أنّ الاسماء المشـتركة التى هى برؤية تحتها معنى واحد هو نسبة، فينبغى أن يكون تحت اسم الموجود معنى واحد هو نسبة تعم سائر الموجودات. وتكون تلك النسبة هى جنس الأجناس، فإنّ ارسطوطالس يرى أنّ أجناس (٥٩ ب) الأجناس بأسرها نسب.

وحـلّ الشـك يجرى على هـذه الصفة، إنّ ارسـطوطالس ليس يرى أنّ الأجناس هى نسـب حسـب، لكنّها نسـب تشـمل أنواعها شـمولا واحدا، والنسـبة التى تحت اسم الموجود توجد للأجناس العشرة بالزيادة والنقصان، فلا يصلح أن يكون جنسا، فهذا كاف فى حلّ هذا الشك.

والشك الثالث صفته هذه الصفة، إذا كان فى كلّ مقولة صورة وعدم والصـورة من شـأنها أن تُحمل عليهـا المقولة التى تحتهـا، فإنّ الجوهر يُحمل على الناطق، والكيفية على البياض، افترى العدم فى أىّ مقولة

يدخله ارسطوطالس.

وحلّ الشك يجرى على هذه الصفة، العدم يقال على ضروب كثيرة. أحدها بمعنى السلب، بمنزلة ما نقول إنّ الخط لا يبصر، والبياض ليس بعالم، فإنّ هذه القضايا، أمّا موضوعاتها ومحمولاتها فتدخل فى المقولة التى من شأنها أن تدخل فيها، فأمّا معنى السلب فإنّه لا يدل على صورة موجودة فيرام ادخالها فى مقولة، لكنّه يرفع صورة موجودة. والأجناس العوالى إنّما تحمل على الأشياء الموجودة لا على غير الموجودة. والثاني على التهيؤ الموجود فى الشئ على قبول صورة ما بمنزلة التهيؤ الذى فى الهيولى الأولى على قبول الصور، والتهيؤ الموجود فى الجسم الذى من شأنه أن يقبل الكيفية العرضية، ويفعل وينفعل والقنية والموضوع، فهذه التهيؤات كلّها تدخل فى المقولة التى من شأنها أن تكون فيها بالفعل، إذ كانت المقولة تحمل على الفعل والقوة لأنّ القوة قوة على الفعل. والثالث الصورة الاخس من كلّ ضدين، أمّا فى الجوهر فغير الناطق، وفى الكم المتصل، وفى الكيف السواد والسقيم، وفى المضاف الشمال والاسفل، وهذه تحمل على[١٠] كلّ واحد منها المقولة التى فيها الطرف الاشرف والصورة، لأنّهما جميعا تحت مقولة واحدة، فعلى هذا الوجه تدخل الاعدام تحت المقولات، فهذا يكفى فى حلّ هذا الشك.

وثمرة هذا التعليم هكذا: المطلب النظر فى الألفاظ البسيطة الدالة على الأجناس العوالى العشرة فى الألفاظ حسب نفسها وفى الأجناس العشرة لأجل الألفاظ الدالة عليها.

أمّا أنّ الألفاظ البسيطة الدالة موجودة، فذلك ظاهر. ولِم كانت موجودة: أمّا الألفاظ الدالة على الأمور الشخصية فليتم بها التفاوض، والدالة على الأمور الكلّية ليتم فيها العلم، أعنى علم الحدّ والقياس. وما هى؛ إنّها ألفاظ بسيطة دالة، وكميتها إمّا شخصياتها قبلا نهاية وإمّا أنواعها، فغير متناهية عندنا، لأنّ صورتها فى العدد صورة الأمور، إذ كانت سمات الأمور وأجناس أجناسها منحصرة بحسب انحصار الأمور. والأمور تنحصر فى عشرة أجناس عالية، وكذلك الألفاظ. فأمّا كيفيتها فإنّها ما دامت مفردات، (١٦٠ ا) فإنّها تدل ولا تصدق ولا تكذب. والعلة فى ذلك أنّ الغرض فيها التفاوض، وغرض المفاوضة الدلالة من بعض إلى البعض. فأمّا إذا الفت صدقت وكذبت تصدق إذا انطبقت على الأمور، وتكذب إذا لم تنطبق. فأمّا الأجناس العالية فكونها

---

١٠ فى الهامش: على

موجودة ظاهر؛ ولم كانت، لكيما يحصر العقل الموجودات بأسرها فيها، فيكون العلم في المحصور المتناهي. وما هي؛ فإنّها صور كلّية في غاية العلو هي نسب عامة للموجودات بأسرها. وإنّما اعتاض ارسطوطالس عن الذوات بالنسب لأنّ الذوات طباعها مختلفة ولا تشترك في طبيعة واحدة، وتشترك في نسبة، فجمعها فيما تشترك فيه، فأمّا عددها فعشرة. ووضوح ذلك يبين من الشخص الواحد، فإنّك تجد في كلّ شخص ثمانية معاني: جوهر وكمية وكيفية ووضع ومكان وزمان وفعل وانفعال. وعدد ذلك ثمانية معان، فإذا قِستَ الشخص إليها حتى تعتاض عن الذوات بالنسب يكون قياسه إليها على ضربين، عموما وخصوصا. أمّا عموما فإليها بأسرها، وهي في الشئ وفي غيره، وبهذا حدثت مقولة مضاف، أو هي في الشئ حسب، وبهذا تحدث مقولة القنية. وخصوصا إلى كلّ واحد منها فتحدث ثمانية أجناس، جنس الجوهر والكم والكيف والمكان والزمان والوضع ويفعل وينفعل. فيصير عدد النسب الحاصلة من قياس الشئ إلى المعاني الموجودة فيه عشرة، يجعلها ارسطوطالس أجناسا عالية تعم كلّ واحد من الموجودات.

فالجوهر هو نسبة استقلال الشئ بنفسه، وتعم كلّ الجواهر. والكم نسبة وقوع التقدير عليه، وتعم كلّ كم. والكيفية نسبة السؤال بكيف ووقوع الجواب بالكيفية، وتعم كلّ كيفية. والمضاف نسبة بين الشئ وبين كلّ شئ فيه وفي غيره بالموافقة وبالمخالفة. والاين نسبة بين الشئ وبين مكانه، تعم كلّ الموجودات من حيث هي في مكان. ومتى نسبة بين الشئ وبين زمانه، تعم كلّ الموجودات من حيث هي في زمان. والموضوع نسبة بين الشئ وبين وضعه أعني اشكاله، تعم كلّ ذوات الاشكال والاوضاع. والقنية نسبة بين الشئ وبين جميع ما فيه، تعم سائر الأمور من حيث هي مقتناة. ويفعل نسبة بين الشئ وبين فعله تعم سائر الأمور من حيث تفعل. وينفعل نسبة بين الشئ وبين انفعاله، تعم كلّ الأمور من حيث ينفعل.

وكلّ شخص وكلّ موجود يدخل تحت هذه العشرة أجناس بواحد من هذه الوجوه، من جهة جوهره في الجوهر ومن جهة كميته في الكم. والباقي وسُميت النسب باسماء الذوات التى اعتيض بها عنها ليعلم أنّها قائمة مقامها، فسميت نسبة الجوهر جوهر ونسبة الكم كم والباقي، وكلّ الأجناس تُحمل على ما تحتها من أنواعها وأشخاصها حمْل على، على أنّ ذاتها ذاتها، سوى الجنس العالي فإنّه يحمل على ما تحته حمل على، لا على أنّ ذاته ذاته لكن على أنّ ذاته نسبة قامة مقام الذات لا

هى الذات. وهاهنا تنقطع جملة هذا التعليم.

التفصيل (٦٠ ب) قال ارسطوطالس

1 b 25 • كلّ واحدة من التى تقال بغير تأليف أصلا،

يريد كلّ واحدة من الألفاظ التى تقال مفردات ولا يكون لها معنى التأليف لا بالقوة ولا بالفعل. وإلى هذا اشار بقوله ولا يوجد لها تأليف أصلا.

• فقد تدل إمّا على جوهر وإمّا على كم وإمّا على كيف وإمّا على إضافة وإمّا على أين وإمّا على متى وإمّا على موضوع وإمّا على أن يكون له وإمّا على أن يفعل وإمّا على أن ينفعل.

يريد فقد تدل كلّ واحدة من هذه الألفاظ على صورة فى النفس عالية هى جوهر أو كم أو غيرها مما عدّد.

قال المفسّر

من هاهنا يبتدئ بالكلام فى المقولات العشر وفى الأمور التى تدل عليها بحسبها. وأوّلا يعددها ويعدد الأمور بحسب ما يستدل عليه منها. فأمّا استثناؤها بلفظة أصلا فمن قبل أنّ اللفظة قد يكون ظاهرها ظاهر البساطة وفيها قوة التأليف بمنزلة قولنا يمطر، فقال أصلا ليدلنا على أنّ تعديده إنّما هو الألفاظ البسيطة التى ليس فيها معنى التأليف أصلا لا بالفعل ولا بالقوة.

قال ارسطوطالس

1 b 27 • فالجوهر على طريق المثال كقولك إنسان، فرس؛ والكم كقولك ذو ذراعين وذو ثلاثة اذرع؛ والكيف كقولك أبيض، كاتب؛ والإضافة كقولك ضعف نصف؛ واين كقولك فى لوقيون، فى السوق؛ ومتى كقولك امس، عام أوّل؛ وموضوع كقولك متكن، جالس؛ وأن يكون له كقولك منتعل، متسلح؛ ويفعل كقولك يقطع، يحرق؛ وينفعل كقولك ينقطع، يحترق.

يريد والمثال على الجوهر الذى هو جنس عال شخص من أشخاصه، وهو هذا الإنسان وهذا الفرس، والمثال على الكم ذو ذراعين. وبالجملة فاورد المثال على كلّ واحدة من المقولات بشخص من أشخاصها، ويأخذ أشخاص الأعراض فى الجوهر لأنّها لا تقوم بنفوسها.

قال المفسّر

لّما عدد ارسطوطالس الألفاظ البسيطة الدالة على الأمور الكلّية والأجناس العوالى، أخذ أوّلا يوضحها بالمثال، ثم ثانيا يتكلم فيها كلاما مطنبا بأن يقسمها ويوفى خواصها.

قال ارسطوطالس

• (١٦١) وكلّ واحدة من هذه التى ذكرت، 2 a 4

يريد وكلّ واحدة من هذه الألفاظ البسيطة التى عُددت يعنى ال[عش]رة وما تحتها من الألفاظ البسائط الدالة على الأمور الكلّية التى هى متوسطات وأنواع الأنواع وكلّ واحد من الأجناس.

• إذا قيل مفردا على حياله، فلم يقل بايجاب ولا بسلب أصلا.

يريد إذا نطق به مفردا على حياله من غير أن يركب مع آخر، فليس يكون ايجابا وسلبا أصلا لا بالقوة ولا بالفعل.

• لكن بتأليف بعض هذه إلى بعض تحدث الموجبة والسالبة.

يريد لكنّ إذا الفت بعض هذه الألفاظ إلى بعض يحدث الايجاب والسلب.

• فإنّ كلّ موجبة أو سالبة يظن أنّها إمّا صادقة وإمّا كاذبة.

فإنّ الايجاب والسلب يتحقق من امرهما أنّ الصدق والكذب يخصهما.

• والتى تقال بغير تأليف أصلا فليس منها شئ لا صادقة ولا كاذبة ومثال ذلك إنسان أبيض يحضر يظفر.

يريد والألفاظ المفردات ليس يقال فيها إنّها صادقة ولا كاذبة، بل دالة حسب إذ كان الصدق والكذب إنّما يكون مع التأليف.

قال المفسّر

غرضه فى هذا الفصل أن يفيدنا خواص الألفاظ البسيطة، أعنى القاطيغورياس العشر، فهو يقول إنّ خاصتها أنّها ليست موجبات ولا سوالب، وذلك لأنّها ليست صادقة ولا كاذبة لكنّها دالة حسب، فالتأليف الذى يريده هاهنا هو التأليف الذى يكون معه ايجاب أو

سـلب، فإنّه قد بان أن ليس كلّ قول مؤلف هو قول جازم. والتأليف قد يكـون إمّا من مقولـة واحدة وإمّا من مقولتين. واعتبار هذا يجرى على هـذا الوجه، نعتبر المحمـولات، فإن كانت ذاتية كان التأليف من مقولة واحـدة، وإن كانت عرضية كانت من مقولتين. وعند هذا فلنقطع الكلام فى تفصيل هذا التعليم.

القول فى الجوهر
التعليم العاشر

قال ارسطوطالس
• فأمّا الجوهر الموصوف 2 a 11

قال المفسّر
لمّـــا اســـتوفى ارســـطوطالس النظر فـــى المقولات العشـــر والأجناس العوالـــى التى تدل عليها المقولات (٦١ ب) العشـــر بحســـب الضربين الأولـــين، أعنـــى بان عددهـــا واورد عليها الامثلة، أخـــذ أن ينظر فيها بحســـب الضرب الثالث. وهذا بأن يضع واحـــدة واحدة منها، أعنى من القاطيغوريـــاس والجنس الذى تدل عليه. ويســـتوفى الـــكلام فيه وفى اعطاء خواصه بحســـب الألفاظ الدالة عليها، أىْ بمقدار ما يحتاج إليه فـــى اللفـــظ الدال عليه، لا بمقدار ما يســـتحقه فى نفســـه، فإنّ الجوهر، العلم الطبيعى بأسره يستوفيه، والالهي والكم، فالنظر فيه التعاليمي. وهو يقدّم الكلام فى مقولة الجوهر على الكلام فى ســـائرها يعنى التسع المقولات البواقي.

فأمّـــا نحن فقد تقودنا الضرورة قبل النظر فى كلام الفيلســـوف إلى النظر فى عدة مطالب:

المطلوب الأوّل
الأوّل منهـــا هـــو أنّه لمّا كانت انحاء التعاليـــم اربعة، فأىّ نحو منها يســـلك فى تلخيص ما يلخصه من المقولات العشـــر والأجناس العوالى التـــى تدل عليهـــا التى أحدها الجوهر؛ فنقول إنّه يســـلك فى ايضاح ما يوضحه منها طريقتى القســـمة والرســـم، إذ كان غير ممكن فى الأجناس العوالى وهى فى غاية البســـاطة أن يحدد ولايحلّل ولا يبرهن، لأنّ هذه الطرق الثلاثة إنّما تتم من المبادئ. والأجناس العوالى العشـــرة لا مبادئ لها.

المطلوب الثانى
والثاني هو أن ننظر فى السبب الذى من أجله قدم الكلام فى الجوهر على الكلام فى سائر المقولات، فنقول إنّ ذلك يبين بأربع حجج:

الأولـــى منهـــن صفتها هذه الصفة، المتقدم بالطبع والمرتبة والشـــرف

يتقدم على المتأخر بالطبع والمرتبة والشرف. والجوهر يتقدم على الأجناس العوالى الباقية كلها بالطبع والمرتبة والشرف، فالكلام فيه يجب أن يتقدم عليها بأسرها. فأمّا أنّه يتقدم بالطبع فلأنّه متى وُجد لم يلزم وجودها، ومتى وُجدت لزم وجوده لأنّ الكم والكيف لا توجد فى الوجود بنفوسها. وإن كان العقل يفهمها مفردة وبالشرف لأنّه القائم على الوجود ولأنّ الجواهر الالهية داخلة تحته، وبالمرتبة لأنّه يرتب أوّلا ثم توجد هى فيه فى الوجود. وبالجملة فالجوهر أقدم من الأعراض طبعا، لأنّه لا يلزم من وجوده أن تكون موجودة ويلزم فى وجودها وجوده، أو شرفا، لأنّه بسبب نفسه وهى لأجله. ورتبه لأنّه المرتب أوّلا وهى فيه، فأمّا أنّ الجوهر متقدم بالطبع فقد اوضحنا ذلك فى التعليم المتقدم.

والحجة الثانية بهذه الصفة، الجوهر جنس واحد، والأعراض أجناس كثيرة، وكما أنّ الواحد يتقدم على الكثير كذلك الجوهر يتقدم على باقي المقولات، فالكلام فيه ينبغى أن يتقدم على الكلام فى سائر المقولات.

والحجة الثالثة هكذا: الجوهر موضوع، والأعراض موجودة فيه، فهو مستغنٍ عنها (١٦٢ا) فى وجوده، وهى مفتقرة إليه فى وجودها، والمستغني لهٌ شرط التقدّم، فالجوهر له شرط التقدّم[١] على سائر المقولات، فالكلام فيه يتقدم الكلام في سائر المقولات العشر.

والحجة الرابعة هى هذه: لمّا كانت الأمور السرمدية أشرف من غير السرمدية، فما منه تكون السرمدية أشرف مما لا تكون منه، ووجودها متعلق بالجوهر لا بالعرض، فالجوهر إذا اشرف من العرض، فالكلام فيه ينبغى أن يقدم على الكلام فى العرض. وبالجملة فالعلم يجب أن يكون متبعا للوجود، وفى الوجود الجوهر أوّلا والأعراض فيه.

المطلوب الثالث

والمطلوب الثالث النظر فى أيّ الجواهر ينظر فى هذا الكتاب. فنقول إنّ نظره هاهنا فى الصور الكلّية التى هى أجناس عوالٍ، وفيما تحمل هذه عليه، أعنى المتوسطات، وأنواع الأنواع، وهذه الجواهر الشخصية المحسوسة. ولكيما نبين انّ الامر على ما قلنا، ينبغى أن نرقى[٢]، فنقسم الجوهر على الاطلاق، ليتحصل لنا من القسمة أنّ هذا القسم من أقسامه يريد.

فنقول إنّ الجوهر ليس يخلو أن يكون إمّا بسيطا أو مركبا، والبسيط

١ فى الهامش: فالجوهر له شرط التقدم
٢ نرقى: نرقا

ينقسم إلى ما هو اشرف من المركب، وإلى ما هو دون المركب. أمّا الجوهر المركب، فهو هذا المحسوس الجسماني الذى تشاهده حواسنا كأشخاص النبات والحيوان. وأمّا البسيط الاشرف بمنزلة الجوهر الالهي، وأمّا البسيط الادون فبمنزلة المادّة والصورة. وإنّما صار هذان ادون من المركب واقلّ فى معنى الجوهرية من قبل أنّهما لا يمكن أن يحصلا على انفرادهما فى الوجود دون أن ياتلفا ويتركبا، وإنّما يقال فيهما إنّهما جواهر، من قبل أنّهما جزء للجوهر المركب.

أمّا الجوهر البسيط الالهي الشريف، فالنظر فيه لعلم أعلى مما نحن بسبيله، أعنى علم ما بعد الطبيعة. وأمّا الجوهر البسيط الذى هو ادون، فالناظر فيه العلم الطبيعي. فهذا يستوفى الكلام فى الهيولى والصورة. وأمّا الجواهر الشخصية المحسوسة وأجناسها وأنواعها، فهى التى تصلح لعلم المنطق، ولا تفهم ذلك لأنّ غرض المنطقي أيّاها على القصد الأوّل، لكن غرضه على القصد الأوّل إنّما هو النظر فى الألفاظ البسيطة الدالة. ولأنّ دلالة هذه على الأمور الكلّية قادته الضرورة إلى النظر فى الأمور الكلّية. ولمّا كانت الأمور الكلّية صورا فى النفس، ومثل هذه إنّما يتحقق وجودها بأن يُحكم بها على الأشياء الشخصية، فنظره إذا إنّما هو فى الأمور (٦٢ ب) الشخصية المحسوسة، إذ كانت هذه هى الظاهرة. ومنها استخرجت الأجناس والأنواع وبها يتحقق وجودها لا بالجوهر الالهي، إذ كان بعيدا عن الحس. والأشياء الخفية لا يتوصل بها إلى الوقوف على الأشياء الخفية، ولا بالمادة والصورة، إذ كان هذان[٣] غير قائمين بنفوسهما.

وبالجملة فالكلام هاهنا فى الجنس العالى الشامل لكلّ جوهر ولا يخرج عنها جوهر. وإنّما يأخذ من اصنافه في هذا الكتاب ما ينتفع به فى الحمل وفى استخراج الرسوم، وهذه الكلّيات المركبة والشخصيات المركبة، لا مباديها أعنى موادّها وصورها ولا المبدأ الأوّل. فليس إنّما ذكر هذين القسمين حسب لأنّ الجوهر الذى هو الجنس لا يشمل إلا لهما، لكن لا ينتفع فى حمله واستخراج رسومه إلا بهما، فما الغرض قسمته على الاطلاق لكن قسمه ينتفع فيها بذين.

والمطلوب الرابع هو النظر فى قسمته الجوهر إلى الكلّي والجزئي على أيّ وجه هى، فنقول إنّ ما فعله هاهنا ليس هو قسمة لكنّه تعديد للجوهر الذى كلامه فيه وترتيب، وابتدأ من الظاهر منه ووقف عنه الخفى. المطلوب الرابع

٣ هذان: هذين

وانت تعلم صحة ذلك من قبل اعتبارك الأشياء التى تنقسم، فإنّا قد قلنا إنّ ما ينقسم إنّما ينقسم على احد ثمانية اضرب.

وليس يصلح أن يكون انقسام الجوهر إلى الأوّل والثاني على واحد منها سوى الاسم المشترك؛ فإنّه ليس ينقسم انقسام كلّ إلى متشابه الاجزاء من قبل أنّ معنى الجوهر الشخصي غير معنى الجوهر الكلّي. ولا انقسام كلّ إلى غير متشابه الاجزاء من قبل أنّ اسم الجوهر يعمهما. ولا انقسام جنس إلى أنواع، ولا نوع إلى أشخاص إذ كان الجوهر الشخصي أقدم بالطبع من الكلّي فى الجوهرية. وأيضًا فإنّ الأنواع المنقسمة من جنس واحد شكل انقسامها عرضا أىْ الواحد بازاء الآخر، وهذه شكل انقسامها عمقا أىْ الواحد فوق الآخر. وأيضًا فإنّ الأنواع التى تنقسم من جنس واحد لا يحصر احدها الآخر، وهذان الواحد منهما يحصر الآخر. ولا انقسامه انقسام جوهر إلى أعراض ولا عرض إلى جواهر، ولا عرض إلى أعراض غريبة.

فبقى أن يكون انقسامه إليها انقسام اسم مشترك إلى معانى مختلفة؛ فإنّ معنى الجوهر فى الجوهر الأوّل يخالف معناه فى الجوهر الثاني بالزيادة والنقصان، والجنس لا يوجد فى أنواعه بالزيادة والنقصان، ولا النوع فى أشخاصه؛ فبقى أن يكون اسما مشتركا يعمهما. وهذا هو تعديد للجوهر وترتيب لا قسمة، بمنزلة ما يعدد الإنسان اصناف الهيولى فيرتقى (١٦٣ ا) من القريبة منها إلى البعيدة كما يرتقى من الجسم إلى الاخلاط، ومن الاخلاط إلى الاسطقسات ومن الاسطقسات إلى الهيولى والصورة.

والعلة فى أنّه لم يستعمل القسمة الحقيقية، لأنّها كانت توقفه عند أنواع الأنواع، وهى غير متناهية عندنا، وأيضًا فلأنّ القسمة هاهنا احتج إليها ليستنبط للجنس العالى خواص من تلك الأقسام. وهو يستخرج للجنس العالى الذى هو الجوهر خواص من الأوّل والثاني ومنهما، فلهذا قسمه إلى هذين ولأنّ القسمة بالكلّي والشخصي لائقة بهذا الكتاب.

المطلوب الخامس

والمطلوب الخامس هو النظر فى السبب الذى له صار الجوهر الأوّل أقدم فى الجوهرية من الجواهر الثواني. فنقول إنّ ذلك يتبين بثلاث حجج:

الحجة الأولى تجرى على هذه الصفة، الجوهر الأوّل مستغن فى كونه جوهرا وقائم بنفسه عن الصورة الحاصلة فى النفس. وتلك مفترقة إليه فى هذا المعنى. فإنّ تلك يحكم عليها بأنّها جواهر من قبل حمْلها على

هذه وحكمنا عليها بأنّ ذاتها ذاتها، والمستغنى أقدم من غير المستغنى، فالجوهر الشخصي إذا أقدم فى معنى الجوهرية وأحق من الثواني.

والحجة الثانية: ما هو قائم بنفسه فى الوجود هو أقدم من المثال والخيال الحاصل فى النفس الذى به يحكم عليه بأنّه قائم بنفسه، لأنّه ينطبق على هذا. والشخص هو الحاصل على الوجود قائما بنفسه، والكلّي هو المثال الحاصل فى النفس فالشخص إذا أقدم فى الجوهرية من الكلّي.

والحجة الثالثة تجرى على هذه الصفة، ما قصدته الطبيعة هو أقدم مما تبع قصدها، والذى تبع قصدت الطبيعة إن جعلته قائما بنفسه هو الشخص. فأمّا الصورة الكلّية فإنّما العقل من بعد استنبطها من الأمور وحصل لها هذا المعنى، فالشخص إذا أقدم من الصور الكلّية فى الجوهرية.

ويجب أن تعلم أنّ الجوهر الأوّل ينظر فيه بالقياس إلى الجواهر الثواني على ضربين، من حيث هما جواهر، ومن حيث هما موجودين. فإن نظر فى الجواهر الأول بالقياس إلى الثواني من حيث الوجود، كان الجوهر الثاني أقدم منه بالطبع بما هو ذات، والشخص متاخر عنه بالطبع. وبما هو عام الشخص أقدم بالطبع منه والثاني متاخر بالطبع. وإن نظرت فيهما بما هما جواهر كان الأوّل أقدم فى الجوهرية من الثواني إذ كانت الثواني إنّما حصلت جواهر بسبب الحكم بها على الجوهر الأوّل بأنّ ذاتها ذاته لا لأنّها قائمة بنفوسها.

فأمّا السبب الذى من أجله دعى الشخص جوهرا أوّلا والصور الكلّية (٦٣ ب) جواهر ثوان، فهو أنّ الشخص لمّا كان أوّل ما يلقى حواسنا، وأوّل شئ ندركه من الأمور إنّما هو الشخص، فلهذا صار له رتبة الأوّلية. فأمّا الصور التى تتناولها النفس منه، فإنّما تدركها ثانيا عند ما يفعل العقل فى الأمور فعله؛ ويفصل الأشياء التى ليست مفصلة فى الوجود ويتناول المشابهات الموجودة فيها. ويقرن إليها معنى العموم. والجواهر الثواني هى بمنزلة الحيوان الكلّي والإنسان الكلّي والناطق الكلّي. وقد قلنا، افهم كون هذه فى العقل ككون الصور فى المرايا، فإنّ العقل ينتزع صور الأمور ويحصلها عنده وينطبع بها، واجعل قانونك أن تحكم على الصورة بحسب ما انتزعتها منه، فإن انتزعتها من جوهر قلت جوهرا أىْ مثال جوهر، أو كم، قلت كمية. وبالجملة فبحسب الذات التى فى الوجود تكون التى فى النفس، لا فرق بينهما فى الطبيعة، لكن فى الخصوص والعموم، أعنى التى فى الوجود خاصة ولا تحمل والتى فى

النفس عامة وتحمل على ما منه انتزعت، وعلى جميع ما يشبهه لتحقيق وجودها.

المطلوب السادس

والمطلــوب الســادس هو أن يُنظــر فى تقدّم الجوهر الشــخصي على الثواني على اىْ وجه هو.

فنقــول إنّ طائفــة رئيســها فرفوريوس ادعت أنّ الجوهر الشــخصي هــو متقدّم عندنا لا بالطبــع، وبينت دعواها على هذه الســبيل: قالت إنّ كلامــه فــى هذا الكتاب إنّمــا هو على جهة ســبيل المدخل والتطريق للمتعلمين، والأشــيا ء التى يقصد بها المتعلمون لا العالمون[٤] سبيلها أن تكون من الأشيا ء الظاهرة والمتقدّمة عند خواصهم، فلا محالة أنّ الجوهر الأوّل الــذى قيل فيه إنّه متقدم هو متقدّم عندنا لا عند الطبيعة[٥]. وهذا التاويــل غلط، لأنّ نظر ارســطوطالس هاهنا فى الجوهــر الأوّل والثاني ليس هو بحســب الوجود لكن بحســب الجوهرية، فإنّ ارســطوطالس لم يقــلْ إنّ الجوهــر الأوّل أقدم فى معنى الوجود من الثاني، لكنّ أقدم فى الجوهريــة من الثاني. فنظر فرفوريوس فى التقدّم بحســب الوجود غير صحيح.

وطائفــة أخرى رئيســها الاســكندر واللينــوس ادعــت أنّ تقدّمها بالطبيعــة، وبينت ذلك بحجة صفتها هذه الصفــة، قالت معلوم أنّه إن وُجد الجوهر الكلّي، فالجوهر الشخصي موجود لا محالة، إذ كان الكلّي منه اســتنبط. فأمّا متى وُجد الشــخصي فليس لا محالة يوجد الكلّي، فالجوهر الشــخصي إذا أقدم بالطبع. واوضحوا قولهم، إنّ الشخصي لا يلزم من وجوده وجود الكلّي، بالشــمس والارض والعالم وسائر الأشيا ء التى هى فى الوجود شــخصا شخصا حسب، فقالوا هذه شخصية لأنّها[٦] واحدة بالعــدد. والكلّي يحتاج أن يحمل على أكثر من واحد، فلا كلّي لها[٧].

ونحــن نقول إنّ الجوهر الشــخصي متى وُجــد، فالكلّي من حيث هو ذات موجود، فإنّ الكلّي من حيث هو ذات موجودة هو مبدأ للشــخص، وليــس متى وُجد الكلّي من حيث ذات (١٦٤ ا) يلزم وجود الشــخصي، لأنّ المبــادئ لا يلزم من وجودها وجــود المركب. فإن لم يكن فى الوجود هكــذا، فالنفس تعقله هكــذا. فأمّا إن أخذ الكلّي مــن حيث هو عام،

٤ المتعلمون لا العالمون: المتعلمين لا العالمين

٥ Porph., In Cat. 91, 14 ff.

٦ لأنّها: ولأنّها

٧ Cfr. Elias, In Cat. 166, 35

فالأمر بالضد. فإنّ الشخص متى وُجد لم يلزم وجود العام، والعام متى وُجد لزم وجود الشــخص. فإنّ العام عام لكثرة، والكثرة مجتمع احاد، فالواحــد أقدم مــن الكثرة التى العموم نســبتها. فالقول بأنّ من وجود الشــخص لا يوجد الكلّي محال، لعمري أنّه لا يوجد من حيث هو عام. فأمّا من حيث هو ذات، فلم لا يوجد، فإنّا نحن قد ننتزع صورة الإنسان والحيوان من ســقراط حســب، وكونها عامة تحتاج إلى أن تشــمل كثرة على أنّ ارســطوطاليس ليس نظره هاهنا فى الجوهر الأوّل وأنّه أقدم من الثاني من جهة الوجود، لكنّ من جهة الجوهرية.

والرأى الحق أنّ ارســطوطالس قاس بــين الجواهر الأول والثواني فى الجوهرية، لا فى الوجود، فقال إنّه أقدم منها بالطبع فى الجوهرية وأفضل وأحــق. أمّــا أنّها أقدم لأنّه متى حكمنا على الجوهــر الأوّل بأنّه جوهر، لــم يحتج فى ذلك إلــى الثاني، ومتى قلنا فى الثاني إنّه جوهر، دعتنا الضرورة فى ذلك إلى الأوّل، لأنّ بحمْله عليه والحكم بأنّ ذاته ذاته يصح أنّــه جوهر، فمتى وجــد الأوّل جوهرا، لم يلزم ذلك فيه من وجود الثاني هكــذا. فأمّا متى وجد الثاني جوهرا، فكونه هكذا من جهة الأوّل. فإذا الجوهر الأوّل أقدم فى باب الحوهرية من الثاني وأحق، لأنّه الحاصر على الوجود جوهرا وذاك خياله، وافضل لأنّ الثاني بسبب الأوّل صار جوهرا لا بســبب نفســه، والأوّل بسبب نفســه كان كذلك؛ فقد اتينا على شرح المطالب التى يجب النظر فيها قبل كلام ارســطوطالس، فلنأخذ الآن فى النظر فى كلام ارسطوطالس؛

فنقول إنّ أوّل ما علّمه عند نظره فى مقولة الجوهر، شرع فى أن عدّد الجوهــر الذى كلامه فيه. وافادنا خواص كلّ واحد من أقســامه، وليس هــذه من خواص المقولة، لكن خواص لهذه الأقســام بقياس بعضها إلى بعض.

فقال إنّ الجوهر الذى يليق الكلام فيه بحسب القاطيغورياس هو هذا الجوهر الشــخصي المحسوس بمنزلة هذا الإنسان، وهذا الفرس. والجواهر الثوانــي، أعنى الصور التى اســتنبطتها النفس مــن الأمور، وهذه هى الأجناس والأنواع بمنزلة الحيوان والإنسان.

ونحــن فقد كنا قلنا لــم صار كلامه فى هــذه دون غيرها، وقلنا إنّ غرضــه المحقّق هــو النظَر فى الألفاظ البســيطة الدالة، لأنّها موضوع الصناعة المنطقية، وفى الأمور الكلّية بســببها، وفى الأمور الشخصية لأنّ منها تحقّق الكلّية.

فأمّــا خاصة الجوهر الأوّل، فإنّه أحق وأقدم وافضل فى الجوهرية من

الثوانـي. وأمّا خاصة (٦٤ ب) الجواهـر الثواني، فهى أنّها يُحكم بها على الجواهر الأول ويُحقّق وجودها منها أىْ تُحمل على الجواهر الأول.

الجوهر الثانى

ومـن بعـد تعديد ارسـطوطالس للجوهر الـذى كلامه فيـه، يأخذ فـى تصحيح الدعوى التـى ادعاها فى الجواهر الغير منقسـمة، أعنى الأشـخاص، وهى أنّهـا أقدم بالطبـع وأحق وافضل فـى الجوهرية من الثواني التى هى أجناسـها وأنواعهـا، ويقدم لذلك أصلين: أحدهما أنّ الجواهـر الثواني محتاجة فى تحقيق وجودها لا فى وجودها إلى الجواهر الأول، فـإنّ ذاتهـا هى ذات الجواهر الأول، وتحتـاج إلى تحقيق الوجود لأنّها صور فى النفس. ولهذا ما يحكم بها عليها ليرى بانطباقها عليها وإن ذاتهـا ذاتها أنّ لها وجود. والأصل الثاني هو أنّ الأعراض مفتقرة فـى الوجود إلى الجواهر الأول إذا أخذت جزئية، وذلك أنّه لا طريق إلى وجود أشـخاصها إلا فيها، وفى الحمل لتحمل عليها إذا أخذت كلّية، فـإنّ كلّياتها تحمل على هذه الأشـخاص لتحقيق وجودها من الأعراض الموجودة فيها.

وانت فافهم أنّ كلّ واحد من أجناس الأعراض وما تحتها يحمل على ضربين، من جهة ذواتها ومن حيث هى أعراض. أمّا من حيث هى ذوات إن حملت على أنواعها وأشخاصها كلّ حملها حمْل على واشبهت حمل الجوهر. وإن حملت على أشخاص الجوهر حملت حمْل فى لأنّ أشخاصها فيه، ومن حيث هى أعراض تحمل حمْل فى لأنّها تحمل على أشـخاص الجوهـر الأوّل، لا علـى أنّ ذاتها ذاته، بل علـى أنّ ذاتها موجودة فيه وحمله، فالأعراض تحتاج إلى الجواهر لتوجد فيها. أمّا الشخصية منها فإلى الشـخصية والأعراض الكلّيـة تفتقر إلى أن توجد بما هى أعراض إلـى الجواهـر الكلية، فإنّ العـرض هو الموجود فى شـئ، ويحتاج إلى الجواهر الشخصية إلى الحمل وإلى تحقيق وجودها.

ويعمل بعد ذلك قياسا صفته هذه الصفة، يقول الأمور التى كلامنا فيها هى ثلاثة، الجواهر الشـخصية، والجواهر الكلّية، والأعراض؛ فإذا كانـت الجواهر الكلّية والأعراض كلاهما مفتقران إلى الجوهر الأوّل، أمّا تلك أعنى الجواهر الكلّية فلأنّ منها يحقق وجودها، وأمّا الأعراض فلأن توجـد شـخصياتها فيه، وكلّياتها يحقق وجودها منـه، فإذا كان الامر على هذا، فان ما سوى الجوهر الأوّل محتاج اليه ومفتقر، إمّا فى الوجود أو فـى تحقيق الوجود، أعنـى كلّياتها، وإذا جرت الحال على هذا، كان الجوهر الشـخصي إذا قيس إلى الجواهر الثواني أقدم وأحق وافضل فى الجوهريـة من الجواهر الثواني. أمّا أنّه أقدم فى الجوهرية، فمن قبل أنّه

متـــى وُجد من حيث هــو جوهر لم يلزم وجود الكلّي من حيث هو جوهر، ومتى ارتفع من (١٦٥ ا) الشــخص أن يكون جوهرا ارتفع من الكلّي أن يكون جوهرا، لأنّ هذا يحكم عليه بأنّه جوهر من قبل حمله على الجواهر الأول. ومتى وُجد الكلّي من حيث هو جوهر لزم وجوده لأنّ بحمله عليه يصــح أن يكون جوهرا. ومتى ارتفع من أن يكون جوهرا لم يلزم ارتفاع كون الشخص جوهرا. وأمّا أنّه افضل، فمن قبل أنّه مستغن عن الكلّي فــي باب الجوهريـــة، والكلّي مفتقر إليه فيها، لأنّ بحمْله عليه يصح أن يكــون جوهرا. وأمّا أنّــه أحق فمن قبل أنّه موضوع وقائم على الوجود، والكلّي بسببه يكون جوهرا.

الشكوك

وإذ قــد اســتوفينا الكلام فى معانى هذا التعليـــم، فلنأخذ الآن فى ايراد الشكوك ونحلّها بحسب الطاقة.

فأوّل شكّ يطرأ علينا صورته هذه الصورة: كيف استجاز ارسطوطالس أن يرسم هذه الجواهر الشخصية المحسوسة بأنّها لا فى موضوع ولا على موضوع، مع أنّ هذا الرسم منطبق على الجوهر الالهي؟

وحل الشـــك يجرى على هذه الصفة، هما وإن كانا اتفقان فى الرسم من قبل ما هما أشـــخاص، فقد يقع بينهما فيه اختلاف من وجوه آخر، أعنى من قبل أنّ هذا المحســـوس متحرك ومتغير، وذاك غير متغير ولا متحرك، أعنى الاله تعالى. ومن قبل أنّ هذه اجســـام وذاك غير جســـم، ومن قبل أنّ ذاك سبب وهذه مسبّبات.

ويطرأ شـــكّ ثان صفته هذه الصفة، كيف يزعم ارسطوطالس أنّ هذا الجوهر الشخصي المحسوس أقدم وأفضل وأحق بالجوهرية، مع علمه بأنّ الجوهر الالهي وجوهر العقل والصور، التى يقول بها فلاطن، إن كان لها وجود ينبغى أن يكون أحق وافضل فى الجوهرية منه؟

وحلّ الشـــك يجـــرى على هذه الصفـــة، نظره فى صناعـــة المنطق لا تعلـــق لـــه بهذه الجواهـــر، وتعلقه إنّما هو بهذه الأشـــخاص المحسوســـة، والصور التى انتزعها العقل منها، فهو إنّما حكم على الجوهر الشخصي المحســـوس بذلك من قبل مقايســـته إلى الجواهر التى فى النفس، أعنى الصور الكلّية التى هى أجناس وأنواع له، وعلى أنّ هذه ليســـت افضل منـــه فى الجوهرية إذ كانت كلّها قائمة بنفوســـها، وإنّما تفضل عليه من وجوه آخر.

ويطرأ شـــكّ ثالث صفته هذه الصفة، كيف يجد ارسطوطالس الجوهر الشـــخصي بأنّه لا فى موضوع ولا على موضـــوع مع تعليمه فى كتاب البرهان أنّ الشخص لا حدّ له ولا برهان عليه لأنّه متغير؟

وحلّ الشك يجرى (٦٥ ب) على هذه الصفة، إنّ الأشياء التى توضح وتنبئ عن الشئ ليست لا محالة حدّا، لأنّه قد يوضح عن الأمور بالرسوم، وهذا الذى اوضح عن الشخص إنّما هو رسم اقتضته له من قبل مقايسته إلى الكلّي وإلى الأعراض، على أنّ المتغير هو هذا الشخص لا الشخص على الاطلاق.

ويطرأ علينا شكّ رابع يجرى على هذه الصفة، كيف قالوا إنّ الجوهر الشخصي أقدم بالطبع لأنّه متى ارتفع ارتفع الكلّي، ومتى وُجد لم يلزم وجود الكلّي. وها نحن نرى أنّ الامر بالضد من ذلك، وذلك أنّه متى ارتفع الإنسان ارتفع سقراط، ومتى وُجد لم يلزم وجود سقراط. ومتى ارتفع سقراط لم يرتفع الإنسان، ومتى وُجد لزم وجود الإنسان.

وحلّ الشك يجرى على هذه الصفة، إنّ ارسطوطالس لم يقل إنّ سقراط أقدم بالطبع لكنّ الشخص على الاطلاق أقدم بالطبع. ومعلوم أنّه متى ارتفع الشخص على الاطلاق ارتفع الكلّي من حيث هو ذات ومن حيث هو عام، لأنّ الكلّي هو صورة انتزعها العقل من الأشخاص، وهو عام لها. ومتى وُجد لم يلزم وجود الكلّي من حيث هو عام، وهذا أنّ قدر بقاء شخص واحد، بمنزلة ما يحكى أنّه جرى فى الالغاز وفى ازمان الطوفان، فانّ الشخص يكون باقيا والكلّي من حيث هو ذات والعام مرتفعا. ومتى وُجد الكلّي من حيث هو ذات أو عام، لزم وجود الشخص لأنّ منه انتزع وعليه يحمل. ومتى ارتفع من حيث هو عام لم يلزم ارتفاعه، على أنّ ارسطوطالس لم يقل هاهنا إنّ الجوهر الشخصي أقدم بما هو موجود من الكلّي، لكنّ أقدم فى الجوهرية.

ويطرأ شكّ خامس صفته هذه الصفة، كيف استجاز ارسطوطالس مع ذكائه ولطفه أن يناقض نفسه، فإنّه فى كتابه فى البرهان زعم أنّ الشخص متأخر بالطبع، وهاهنا زعم أنّه متقدّم بالطبع.

وحلّ الشك يجرى على هذه الصفة، فى كتاب البرهان نظر فى الأمور الكلّية من حيث هى ذوات موجودة، ولهذا ما صار الشخص بالقياس إليها متأخرا بالطبع، إذ كانت من حيث هى ذوات مبادئه. وأمّا فى هذا الكتاب فنظره فيها من حيث هى جواهر، وبما هى جواهر هى أقدم فى معنى الجوهرية من الثواني، لأنّ هذه صارت جواهر بحملها عليها. وبالجملة فالجواهر الأول والثواني ينظر فيها بقياس بعضها إلى بعض بما هى موجودة وبما هى جواهر. أمّا بما هى موجودة، فإن نظر فى الكلّيات من حيث عامة، كانت متأخرة بالطبع عن الشخص، وإن نظر

فيهـا^٨ بما هى ذوات (١٦٦ ا) كانت متقدّمة عليه بالطبع، وإن نظر فيها بما هى جواهر كان الشخص أقدم من الكلّي فى الجوهرية.

ويطرأ شكّ سادس صفته هذه الصفة، كيف يزعم ارسطوطالس أنّ وجود العرض ينبغى أن يكون فى الجوهر، والأعراض منها كلّية ومنها شخصية، فإن كانا جميعاً فيه لزم أن يوجد الكلّي فى الشخص، وهذا محال.

وحلّ الشك يجرى على هذه الصفة، الأعراض الشخصية وجودها فى الجوهر الشخصي، فأمّا الكلّية فصورة فى النفس يحقق وجودها من الأعراض التى فى أشخاص الجوهر، وهى موجودة فى النفس، أمّا من حيث هى ذوات فمفردة، وأمّا من حيث هى أعراض فبأن يتصوّرها العقل فى الجواهر الكلّية، فيكون كما أنّ شخص العرض فى شخص المعروض، هكذا كلّي العرض فى كلّي المعروض، لأنّ النفس تتصوّر الأمور على ما هى عليه، فهذا كاف فى حلّ هذا الشك. وعند هذا فلنقطع الكلام فى جملة التعليم.

قال ارسطوطالس التفصيل

• فأمّا الجوهر الموصوف بأنّه أوّلى بالتحقيق والتقديم والتفضيل، 2 a 11 فهو الذى لا يقال على موضوع ما ولا هو فى موضوع ما.

يريد والجوهر الذى يستحق أن يوصف بأنّه أحق الجواهر بالجوهرية وأقدمها فى هذا المعنى وأفضلها فيه، فهو الجوهر الشخصي وهو الذى لا يقال على موضوع ولا فى موضوع.

• مثال ذلك إنسان ما وفرس ما.

[يريد] والمثال على الجوهر الذى بهذه الصفة إنسان ما وفرس ما.

قال المفسّر

ينبغى أن تعلم أنّ لفظة فأمّا من شأنها أن تميز شيًا قد تقدم ذكره، والكلام يتسق ليكون للفظة، فأمّا موقع على هذا الوجه، الجوهر الذى كلامنا فيه من كتاب قاطيغورياس هو هذا الشخص المحسوس. والصور التى انتزعتها النفس منه، وقد قلنا إنّ هذا هو تعديد لا قسمة، وارتقاء من الاظهر إلى الاخفى، فأمّا الجوهر الشخصي المحسوس فهو الذى

---

٨ تحت فيها: اليها

يوصف بهذه الصفات الثلاث. وينبغى أن تعلم أنّ هذه الصفات تتحصّل له بقياســه إلى أجناسه وأنواعه حسب، لا إلى أىّ جوهر كان، إذ كانت الجواهر الالهية صفاتها هذه الصفات، ولكن لا نظر لارسـطوطالس فى قاطيغورياس فى تلك الجواهر، ولا فى المادة والصورة. ومن المثال الذى اورده ارسطوطالس يعلّم أنّ كلامه فى الجوهر الشخصي المحسوس لا فى الجواهر (٦٦ ب) الالهية ولا فى المادة والصورة.

قال ارسطوطالس

2 a 14 • فأمّــا الجواهر الموصوفة بأنّها جواهر ثوان فهى الأنواع التى توجد فيها الجواهر الموصوفة بأنّها أوّل.

يريــد فأمّا الجواهــر الثواني وهــى الصور الحاصلة فــى النفس من الجواهر الأول.

• ومع هذه أجناس هذه الأنواع أيضًا

يريد ومع هذه الأنواع الأجناس الحاوية لها.

• ومثال ذلك إنســان ما هو فى نوع أىْ فى الإنســان وجنس هذا النوع الحىّ،

يريــد ومثــال الجواهر الثواني الإنســان المطلق الذى هــو صورة فى النفس، فإنّ هذا يحوى إنسانا ما وجنس هذا النوع الحىّ.

• فهذه الجواهر توصف بأنّها ثوان كالإنسان والحىّ.

يريــد فهذه الجواهر الحاصلة فى النفس توصف بأنّها ثوان لأنّ العقل حصّلها ثانيا من بعد ادراك الحس للجوهر الأوّل.

قال المفسّر

هذا هو القســم الثاني، كأنّه قال أمّا الجوهر الأوّل فصفته كذا، فأمّا الجواهــر الثوانــي فهى التى تكــون الأوّل موجودة فيهــا. ومعنى قوله موجودة فيها، هو أنّها موضوعة لها، ليُحكم بها عليها ويُحقق وجودها منها. وما احســن اســتثناؤه وقولــه، التى توجد فيهــا الجواهر الأول، فلو لم يســتثن بهذا الاســتثناء حتى يطلق القول بأنّ الأجناس والأنواع جواهر ثــوان وكانت الأجناس والأنواع بعضها جواهر وبعضها أعراض، لــكان يُظن بأجناس وأنواع الأعراض أنّها جواهر ثوان. وقد كنا قلنا إنّ

السبب فى تسميته الصور التى فى النفس جواهر ثوان، هو أنّ العقل حصّلها ثانيا بعض ادراك الحس للأشخاص. فالجواهر الثواني تُرسم بأنّها مشابهات تناولها العقل من الأمور الطبيعية. وبالجملة الأمور الموجودة وفعل فيها فعله، وهو أنّه حصّل لها معنى العموم. وهذه تنقسم، فمنها قريبة، ومنها بعيدة، ومنها متوسطة، فالقريبة بمنزلة نوع الأنواع، وهذه يجب أن تدعى جوهرا ثانيا. والمتوسطة بمنزلة المتوسطات، وهذه يجب أن تدعى جواهر ثوالث. والبعيدة بمنزلة جنس الأجناس، وهذه يجب أن تدعى جوهرا رابعا. وجنس الجنس هو ابعد صورة توجد فى النفس وابسطها. وانت فاعلم أنّ الجواهر الثواني هى مثل الجواهر الأول، ومنزلتها فيها منزلة صورة المرايا من الأشخاص الكائنة عنها.

(١٦٧ ا) قال ارسطوطالس

2 a 19 • وظاهر ممّا قيل أنّ التى تقال على موضوع،

يريد فظاهر ممّا قلناه فى امر المحمولات الجوهرية أنّ المحمولات التى تحمل حمْل علـى وحمْلا جوهريا، فقد يجب أن تحمل على موضوعها باسمها وحدّها لأنّ طبيعة المحمول والموضوع طبيعة واحدة.

• فقد يجب ضرورة أن يُحمل اسمها وقولها يقال على ذلك الموضوع.

يريد لأنّ طبيعة المحمول والموضوع طبيعة واحدة.

• ومثال ذلك أنّ الإنسان يقال على موضوع اىْ على إنسان ما،

يريد ومثال ما يُحمل حمُلا جوهريا الإنسان فإنّه يُحمل على شخص من أشخاصه باسمه وحدّه.

• فاسمه يُحمل عليه فإنّك تحمل الإنسان على إنسان ما.

يريد فإنّك تسمى إنسانا ما باسم الإنسان المطلق.

• وقول الإنسان أيضًا يُحمل على إنسان ما،

يريد وحدّ الإنسان المطلق يُحمل على إنسان ما.

• فإنّ إنسانا[٩] ما هو إنسان وهو حيّ،

---

٩ إنسانا: إنسان

يريد فإنّ إنســانا ما يسمى باسم الإنســان المطلق، وهو نوعه وباسم الحيوان وهو جنسه ويحدّ بحديهما.

• فيكون الاسم والقول يُحملان على الموضوع.

يريد فيكون الاسم والحدّ يُحملان على الموضوع.

قال المفسّر

قد كان ارســطوطالس ادعى للجوهر الشــخصيّ صفات ثلاثا، فهو يأخــذ فى تبيين صحة ما ادعاه. وقبــل ذلك يوطئ أصلين، أحدهما هو هذا: وهو أنّ الجواهر الثواني مفتقرة إلى الجواهر الأول لا فى الوجود لكنّ فــى حمْلها عليها وتحقيق وجودها منها. ويعمل القياس هكذا، الجواهر الثوانــي تُحمل على الجواهر الأول باســمها وحدّهــا. وكلّ ما حُمل على الشــئ على هذه السبيل، فإنّما يُحمل لتحقيق وجوده، فالجواهر الثواني إنّما تُحمل على الجواهر الأول لكيما يُحقق وجودها. وارسطوطالس يلغى صغرى القياس والنتيجة ويورد الكبرى ويستقريها.

قال ارسطوطالس

• فأمّا التى فى موضوع، 2 a 27

يريد فأمّا المحمولات التى تحمل حمْل فى وحملا عرضيا، موضوعها لا يســمى باســمها ولا (٦٧ ب) يحدّ بحدّها لأنّ طبائعها تباين طبيعة موضوعها.

• ففى اكثرها لا يحمل على الموضوع لا اسمها ولا حدّها.

يريــد بقوله فى الاكثــر لأنّ فى بعض الاوقات قد يســمى الموضوع للمحمول العرضي باسم محموله، فأمّا حدّه فلا يجوز أن يحدّ به.

• وفــى بعضها ليس يمنع مانع أن يُحمل[١٠] اســمها على الموضوع، فأمّا قولها، فلا يمكن.

يريد فأمّا حدّ المحمولات العرضية فلا يمكن أن يحدّ به موضوعها.

---

١٠ فى الهامش: يحمل

• مثال ذلك أنّ الأبيض هو فى موضوع اىْ فى الجســم وقد يُحمل على الموضوع.

يريــد أنّ اللون الأبيض هو فى جســم ويُحمل الأبيــض الكلّي على الجسم الذى هو موضوعه.

• وذلك أنّ الجســم قــد يوصف بأنّه أبيض، فأمّا قــول الأبيض، فليس يُحمل فى حال من الاحوال على الجسم.

يريد ويسمى الجسم باسم الأبيض، فأمّا حدّ اللون الأبيض، فلا يجوز أن يُحدّ به الجسم فى وقت من الاوقات.

قال المفسّر

هذا هو الأصل الثاني: وهو الذى يقرر أنّ الأعراض الجزئية محتاجة فــى وجودهــا إلى الجواهر الأول لا فى تحقيــق وجودها. ويعمل القياس هكذا، الذى فى موضوع بمنزلة ســائر الأعــراض الجزئية، لا يُحمل على الموضوع حدّها، بل اســمها فى بعض الاوقات. وكلّما هذه صفته، فذاته غير ذات الشئ الموجود فيه، فجميع الأعراض إذا ذاتها غير ذات ما هى فيــه. وإذا كانت هكذا، فهى محتاجة فى وجودها من حيث هى جزئية، وتحقيــق وجودهــا من حيث هى كلّية إليه، فهى تُحمل عليه وتوجد فيه. وينبغــى أن تعلم أنّ الحامل للأعراض يســمى منها على ثلاثة اضرب، على طريق المشتقة كما يسمى الكاتب من الكتابة، وعلى طريق المتفقة كما يسمى الأبيض من اللون الأبيض، وعلى طريق المتباينة كما يسمى اليونانيــون الحريص من الفضيلــة. فأمّا على طريق المتواطئة فلا يمكن، لأنّ طبيعة العرض غير طبيعة الشئ الذى هو فيه.

قال ارسطوطالس

• وكلّ ما سواها، 2 a 34

يريــد وجميع ما ســوى الجواهر الأول ويشــير إلى الجواهــر الثواني والأعراض.

• فإمّا أن تكون على موضوعات[١١]

يريــد فإمّــا أن تُحمل على الجواهــر الأول وبهذا يشــير إلى الجواهر

---

١١ - : أي يقال على الجواهر الاوّل

الثواني إذ كانت هذه إنّما تفتقر (١٦٨ ا) إلى الجواهر الأول فى تحقيق الوجود حسب.

• وإمّا أن تكون فى موضوعات،

يريد وإمّا أن توجد فى موضوعات، وبهذا يشير إلى الأعراض إذ كانت هذه تفتقر فى نفس وجودها إلى الجواهر الأول.

• وذلك ظاهر من قبل التصفح للجزئيات.

يريد وحقيقة ما قيل يتبين من تصفح الجواهر الثواني فى الأعراض.

• مثال ذلك أنّ الحىّ يُحمل على الإنسان، فهو أيضًا على إنسان ما،

يريد ومثال ذلك أنّ الحىّ وهو جنس يُحمل على الإنسان وهو نوعه، ولأنّ الإنسان يحمل على أشخاصه حمْل على، فضرورة يحمل الحيوان على كلّ واحد منها حمْل على.

• فإنّه إن لم يكن ولا على واحد من أشخاص الناس، فليس هو ولا على الإنسان أصلا.

يريد فإنّ الحيوان إن لم يحمل على أشخاص الإنسان، فولا على الإنسان يحمل، إذ كان الإنسان فى الوجود ليس هو هو التى من أشخاصه.

• وأيضًا إنّ[١٢] اللون فى الجسم فهو أيضًا فى جسم ما،

يريد وأيضًا فإنّ اللون وهو عرض يوجد فى جسم ما، فإنّ الجسم المطلق فى الوجود ليس هو اكثر من أشخاصه فيه.

• فإنّه إن لم يكن ولا فى واحد من الجزئيات فليس هو ولا فى الجسم أصلا،

يريد فإنّ اللون إن لم يوجد فى واحد من جزئيات الجسم فإنّه ولا فى الجسم إذ كان الجسم فى الوجود ليس هو باكثر من أشخاصه.

---

١٢ إنّ: فى

• فيجب أن يكون كلّ ما سـواها إمّا أن تكون على موضوعات[١٣] وإمّا أن تكون فى موضوعات،

يريـد فيجب أن تكون جميع الموجودات سـوى الجواهر الأول إمّا أن يحكم به عليه أو يوجد فيها.

• فيجب إذا إن لم تكن الجواهر الأول أن لا يكون سـبيل إلى أن يوجد شئ من تلك الآخر.

يريـد فيجـب إن لم توجد الجواهـر الأول أن لا تُجـد لا الثواني ولا الأعراض، لأنّ جميع ما سـوى الجواهر الأول مفتقر إليها إمّا فى الحمل وإمّا فى الوجود.

• وذلك أنّ كلّ ما سـواها، فإمّا أن يكـون على موضوعات[١٤] وإمّا فى موضوعات[١٥].

يريد إذا كان ما سـوى الجوهر الأوّل محتاج إلى الجوهر الأوّل، وإذا قسته إلى الجواهر الثواني يكون (٦٨ ب) أحق بالجوهرية منها وأفضل وأقـدم فـى الطبع فـى الجوهرية، لأنّـه لا يحتاج فى كونـه جوهرا إلى الثوانـي، وهى تحتـاج إليه فى كونها جواهر، فإنّـا نحكم عليها بأنّها جواهر لا نحملها عليها.

قال المفسّر

مـن بعد توطئـه الأصلين يبيّن ما كان ادعاه من صفات الجوهر الأوّل على هذه الصفة، نقول الجوهر الأوّل جميع ما عداه من الأمور مفتقر إليه، إمّا فى تحقيق وجوده كالجواهر الثواني، أو فى وجوده كالأعراض. وإذا كانت الجواهر الأول عند الثواني بهذه الصفة، فهى أحق بالجوهرية منها وأفضل وأقدم بالطبع فى الجوهرية. فأمّا ارسطوطالس فإنّه يورد صغرى القياس وما يلزم عن النتيجة، فهذا كاف فى تفصيل هذا التعليم.

---

١٣ – : أى تقال على الجواهر الاوّل
١٤ – : أى يقال عليها
١٥ 2b6 b-c : –

التعليم الحادى عشر

قال ارسطوطالس

2b7 • والنوع من الجواهر الثواني أوّلى بأن يوصف جوهرا من الجنس.

قال المفسّر

قد علمتم أنّ ارسطوطالس أوّل ما بدأ بالكلام فى الجوهر عدّد الجوهر الذى كلامه فيه، وزعم أنّه الشخصي المحسوس والصور الكلّية التى فى النفس المنتزعة منه، التى هى أجناســه وأنواعه. ومن بعد تعديده يأخذ المقايســة بين الجواهر التى كلامه فيها وهــى الأوّل والثواني. ولمّا كانت المقايســة بينها تكون على ضربين، عمقا وهو أن يأخذ الواحد مع ما هو اعلى منه؛ وعرضا، وهو أن يأخذ الواحد مع واحد مســاو له فى الرتبة، فبدأ بمقايسة العمق منها، فقايس بين الجواهر الأول وبين الثواني. وحكم بــأنّ الجوهر الأوّل أحق وأقدم وأفضل فى الجوهرية من الجواهر الثواني. وبيّن صحة ما ادعاه من ذلك. وبقى عليه أن يقايس بين الجواهر الثواني بعضها مع بعض، أعنى النوع منها بالجنس، فهو فى هذا التعليم يشرع فــى ذلــك ويدعى أنّ النوع أحــق فى الجوهرية من الجنــس. ويبيّن ذلك بقياسين، أحدهما جزميّ والآخر شرطيّ.

المقايسة بين النوع والجنس

أمّا القياس الجزميّ فصورته هذه الصورة، النوع اقرب الى الشخص الــذى هو أحق بالوجــود والجوهرية[1]، أعنى القيــام بالنفس من الجنس. وكلّمــا كانت صفته هذه الصفة، فهو أحق بالجوهرية من الجنس، فالنوع إذا أحــق بالجوهرية من الجنس. وهو يظهر المقدّمة الصغرى بالاســتقراء علــى هــذا الوجه، يقول متى التمســنا الوقوف علــى الجوهر الأوّل كان وقوفنا عليه من النوع اكثر، من قبل أنّ النوع اقرب إلى الشــخص من الجنــس، إذ كان أوّل صــورة منتزعــة منه. وفيه من معانيــه اكثر، فإنّ وقوفنــا (١٦٩ ا) علــى زيد مــن نوعه، وهو أنّه حيّ ناطــق مائت، اكثر من وقوفنا على طبيعته من جنســه، وهو أنّه حيوان. ووقوفنا على هذه

١ فى الهامش: والجوهرية

الشـجرة من نوعها اكثر من وقوفنا عليها من جنسـها. وإذا كان الامر على هذا، وكان الجوهر الأوّل أحق بالجوهرية من الثواني، فما كان اقرب إليـه من الثواني، فهـو أحق مما بعد، فإنّ النوع والجنس وإن كان يحكم عليهمـا بالجوهرية، لأنّهما يحملان على الجوهر الأوّل وذاتهما ذاته، إلا أن يحقق النوع به أكثر، فيجب أن يكون مشاركا له فى معنى الجوهرية اكثر، فهذا هو القياس الجزمي.

فأمّا القياس الشـرطي فصورته هذه الصورة، إن كان الشخص صار أحق بالجوهرية من النوع والجنس من قبل أنّه موطأ لغيره، أعنى للجواهر الثواني، لتحمل عليه والأعراض لتوجد فيه. فما كانت صفته هذه الصفة بالقياس إلى شـئ ما، فهو أحق بالجوهرية من ذلك الشئ. ونسبة النوع عند الجنس والأعراض فى أنّه موضوع لهما هذه النسبة. أمّا الجنس فلأن يحمـل عليه، لأنّ الجنس من النوع يحقق وجـوده، وأمّا الأعراض فلأن توجد فيه بتوسط الشخص، فإنّه كما أنّ الأعراض الشخصية توجد فى الجواهر الشخصية، هكذا الأعراض الكلّية توجد فى الجواهر الكلّية، لأنّ العرض لا يوجد بنفسه ولا يفهم بنفسه من دون موضوع يكون فيه، فهو إذا أحق بالجوهرية من الجنس، فهذا هو القياس الشرطي.

وارسـطوطالس من بعد أن قاس بين الجواهر الأول والثواني المقايسة العمقيـة، أخـذ أن يقايـس بينها المقايسـة التى بالعـرض. وهى التى يسـتعمل فيها الجوهر مع جوهر من طبقته، أعنى شـخصا مع شـخص ونوعا مع نوع ومتوسطا مع متوسط. وهو يدعى أنّ بحسب هذه المقايسة ليـس يوجد فيهـا ما هو أوّلى بالجوهرية وأحق مـن الآخر. ويظهر ذلك بالاسـتقراء، ويقول إنّ هذا الإنسـان إذا قيس بشخص آخر من نوعه أو من غير نوعه، لم يكن أحدهما أحق بالجوهرية من الآخر. فإنّه ليس هذا الشـخص فى معنى قيامه بنفسـه بأوّلى من شـخص آخر بهذا المعنى، ولا هـو موطأ لأن يُحكـم بنوعه عليه ويُحقق وجـوده منه أو توجد فيه الأعراض أوّلى من شخص آخر. فإذا كانا بهذه الصفة، لم يكن لأحدهما مزيـة على الآخر فى بـاب الجوهرية، لا ولا أنواع الأنواع أيضًا إذا أخذ الواحد منها مع آخر من طبقته، فإنّه ليس نوع الإنسان بأن يحمل على شـخصه حمـلا جوهريا، أعنى بـأن يحكم بأنّ ذاته ذاتـه أوّلى من نوع الحمار على شخصه. وكذلك يجرى الامر فى المتوسطات.

وهاهنا يقطع ارسـطوطالس الكلام فى المقايسـة بـين الجواهر الأول والثوانـي، إلا أنّـه لمّـا كان قد تبين أنّ النوع مـن الجواهر الثواني أحق (٦٩ ب) بالجوهرية من الجنس، وكان من شـأن مَنْ يبيّن أنّ أحد شـيئين

افضل من الآخر فى معنى من المعانى، يحتاج أوّلا أن يبيّن أنّ ذلك المعنى موجود لهما من قبل، ثم يفضّل أحدهما على الآخر فيه، فهو يعود لئلا يلزمه مثل هذه الشناعة، فيبيّن أنّ الجواهر الثواني التى هى أجناس وأنواع الجواهر الأول جواهر. وهو يبيّن ذلك بقياسين، أحدهما جزمي، والآخر شرطي.

أمّا الجزمي فصورته هذه الصورة: أجناس وأنواع الجواهر الأول تحمل عليها حمْل على، اىْ يُحكم عليها بأنّ ذاتها ذاتها، وكلّما كان بهذه الصفة، فذاته ذات الجواهر الأول، فذات الجواهر الثواني ذات الجواهر الأول. والجواهر الأول جواهر، فالجواهر إذا الثواني هى جواهر.

وهو يوضح من القياس المقدّمة القائلة إنّ الجواهر الثواني تحمل على الجواهر الأول حمْل على بالاستقراء، ويقول إنّ الحيوان هو جنس وهو جوهر ثان، والإنسان هو نوع، وهو جوهر ثان. وهذان يحملان على أشخاصهما حمْل على باسمهما وحدّهما، أعنى بأنّه يحكم بهما عليه بأنّ ذاتهما ذاته. وانت فافهم هاهنا معنى دقيق، وهو أنّ الأمور الكلّية التى هى جواهر يُحكم بها علي الجواهر الأول بأنّ ذاتها ذاتها من الوجه الذى تشارك به الشخصية الكلّية، فإنّا إذا حكمنا على زيد بأنّه حيوان، وقلنا إنّ ذات الحيوان هى ذات زيد، لسنا نريد أنّها ذاته من حيث هو زيد، لكن من حيث هو حيوان. وكذلك إذا حكمنا بالإنسان، فالجواهر الثواني يحكم بها على الأوّل بأنّ ذاتها ذاتها، لا بما هى أشخاص ولا بما هى أوّل، لكن من الوجه الذى يقع بينهما مشاركة، أعنى من حيث الأوّل حيوان أو إنسان أو سقراط أو غير ذلك، لا بما هو سقراط.

وقد قلت دفعات إنّه يجب أن تتصوّر الأمور الكلّية كالمثل والخيالات والصور الموجودة فى المرايا. والأمور هى هذه الموجودة، فتلك الصور والأشياء التى هى صور لها واحدة، لا فى العدد لكن فى الحدّ، فإنّك تحد الذى فى النفس بأنّه جسم ذو نفس حساس متحرك بارادة، اىْ خيال جسم بهذه الصفة، وبأنّه حيوان ناطق مائت اىْ خيال حيوان بهذه الصفة، فالجواهر الثواني على هذا الوجه، يقال إنّ ذاتها وذات الجواهر الأول واحدا؛ فأمّا الأعراض فليس ذاتها ذات الجواهر الأول، لكنّها نحمل عليها على أنّ ذاتها موجودة فيها، اىْ فيها ذوات يحقق وجود الأعراض الكلّية منها وتحمل عليها لا على أنّ (١٧٠) ذاتها ذاتها، فإنّني إذا اردت تحقيق وجود البياض الكلّي الموجود فى نفسى أحققه من البياض الموجود فى زيد، لا من طبيعة زيد نفسها، فالمحمولات الجوهرية تحمل على أنّ ذاتها وذات الموضوع واحد فى الحدّ، لا فى

العدد. والمحمولات العرضية تحمل على أنّ ذاتها وذات ما فى الموضوع لا الموضوع واحدة فى الحدّ لا فى العدد، ولهذا تسمى تلك محمولات على، وهذه محمولات فى. فإنّ زيدا يسمى باسم الحيوان ويُحدّ بحدّه، ويسمى باسم الإنسان ويحدّ بحدّه.

وأمّا القياس الشرطي، فصفته هذه الصفة، إن كانت الجواهر الأول يحكم عليها بأنّها جواهر من قبل أنّها مع استقلالها بنفسها موضوعة لغيرها، إمّا للثواني فإن يُحكم بها عليها، وإمّا للأعراض فإن توجد فيها، فما كان مشبها لها، فصفته هذه الصفة. والجواهر الثواني فهى موضوعة لحمل سائر الأعراض الكلّية، فهى إذا جواهر. وأمّا أنّها موضوعة لحمل سائر الأعراض الكلّية، فذلك ظاهر، من قبل أنّا نحكم على زيد بأنّه أبيض ما وكاتب ما، ومعلوم أنّ زيدا هو إنسان وهو حيوان، فالكتابة والبياض على الاطلاق موجودان أيضًا للإنسان والحيوان، فإنّ العرض هو الموجود فى شئ، فإن كان شخصا ففى جوهر شخصي، فإن كان كلّيا ففى جوهر كلّي، لكنّهما لزيد على القصد الأوّل وفى الحقيقة، ولنوعه وجنسه على القصد الثاني وبمتوسطة. والعلة فى ذلك أنّ زيدا واعراضه هما على الوجود والجوهر الثاني يحصل ثانيا من الجوهر الأوّل، فاعراضه وجد له ثانيا من قبل نقلها من الجواهر الأول.

الشكوك

وقد يطرأ علينا شكّ صفته هذه الصفة، كيف تزعم يا ارسطوطالس أنّ النوع أحق بالجوهرية من الجنس، وانت تحكم بأنّ البسيط أقدم بالطبع من المركب، والجنس بسيط والنوع مركب؟

وحلّ الشك يجرى على هذه الصفة، ليس معنى كون الشئ أقدم بالطبع فى الوجود من شئ هو معنى كونه أحق بالجوهرية منه، فإنّ الجنس لعمري من حيث هو ذات هو أقدم بالطبع من النوع، فأمّا أحق بالجوهرية فلا. وذاك أنّ معنى كون الشئ جوهرا هو أن يكون قائما بنفسه، فما كان بهذه الصفة أو قريبا ممّا له هذه الصفة، فهو أحق ممّا ليس هو بهذه الصفة ولا قريبا منه. ومعلوم أنّ القائم بنفسه فى الحقيقة هو الشخص. ولمّا كان النوع اقرب إلى الشخص (٧٠ ب) من الجنس لأنّ منه استنبط أوّلا وفيه من معانيه اكثر، وجب أن يكون له من هذا المعنى اكثر من الجنس، فهذا كاف فى حلّ هذا الشك.

ويطرأ شكّ ثان صفته هذه الصفة، كيف[٢] استجاز ارسطوطالس أن يقول إنّ جوهرا اكثر من جوهر وأحق فى باب الجوهرية، وهو بعد قليل

---

٢ كيف: كاف

يزعم أنّ الجوهر لا يوجد فيه الاكثر والاقلّ؟

وحلّ الشك يجرى على هذه الصفة، الجوهر توجد له مناسبتان احداهما بينه وبين ما هو اعلى منه، والأخرى بينه وبين ما هو من طبقته، فإن ناسبت بينه وبين جوهر فى طبقته، لم يكن أحدهما ازيد ولا انقص فى باب الجوهرية؛ فإن ناسبت بينه وبين ما هو اعلى منه كان ما هو اعلى اقل فى باب الجوهرية، إذ كان ابعد فى الوجود. وارسطوطالس يستعمل هاهنا النسبة العمقية وبحسبها حكم أنّ جوهرا اكثر من جوهر. ومن بعد يستعمل النسبة التى يدعوها المفسّرون العرضية، وبحسبها لا يكون جوهرا أحق من جوهر فى باب الجوهرية.

وشك ثالث على هذه الصورة، كيف يزعم أنّ الجوهر إذا أخذته مع جوهر آخر من طبقته، أعنى شخصا مع شخص يكونان غير مختلفين، ومعلوم فى فطر العقول أنّا نحكم بالتفضيل لشخص الإنسان على شخص الحمار.

وحلّ الشك يجرى على هذه الصفة، شخص الإنسان ليس يفضل على شخص الحمار فى باب الجوهرية، فإنّه ليس أحدهما فى معنى القيام بنفسه أولّى من الآخر، وإنّما اختلافهما فى الشرف من قبل أنّ صورة الإنسان اشرف من صورة الحمار، ولم يكن نظر ارسطوطالس فى أنّهما اشرف فى الذات، بل فيهما من حيث هما جوهران، فهذا كاف فى حلّ هذا الشك.

وشكّ رابع صفته هذه الصفة، إذا كان ما عدا الجوهر الأوّل الذى هو قائم بنفسه فى الحقيقة مفتقرا إلى الجواهر الأول، فلم قسمت الأشياء المحتاجة إليه وحكم بأنّ بعضها جواهر وبعضها أعراض؟

وحلّ الشك يجرى على هذه الصفة، الأشياء المفتقرة إلى الجواهر الأول، إمّا أن تفتقر إليه فى الحُكم وفى تحقيق وجودها منه حسب، وهذه تُدعى جواهر ثوان لأنّ ذاتها ذاته؛ وإمّا أن تفتقر إليه فى الوجود، وهذه هى محتاجة إليه فى أن توجد فيه لا فى أن يحقق وجودها حسب منه. وطبيعتها غير طبيعته، وهذا الصنف يسمى عرضا، فبالواجب (١٧١) ما قسمت الأشياء المحتاجة إلى الجواهر الأول إلى الجواهر الثواني والأعراض.

وشك خامس صورته هذه الصورة، كيف تزعم يا ارسطوطالس أنّ الجواهر الثواني من قبل أنّها تحمل على الجواهر الأول حمْل على يجب أن تكون ذاتها ذاتها، فإنّ الحيوان يحمل على الإنسان حمْل على وليس ذاته ذاته، فإن كانت ذات الإنسان هى ذات الحيوان وذات الحيوان هى

ذات الفرس لأنّه يُحمل عليه، فذات الإنسان هى ذات الفرس وهذا محال.

وحلّ الشك يجرى على هذه الصفة، ليس يقول ارسطوطالس فى الجواهر الثواني إذا حملها على الجواهر الأول أنّ ذاتها ذاتها بمعنى أنّ حدّ الأوّل هو حدّ الثاني ولا أنّ طبيعة الأوّل هى طبيعة الثاني على الاطلاق، لكن يقول أنّ المحمول الجوهري طبيعته وطبيعة الموضوع من الوجه الذى يشارك به الموضوع للمحمول واحدة، لأنّه يقول إنّ الحيوان والإنسان واحد فى الطبيعة من الوجه الذى به الإنسان حيوان، فمن هذا الوجه يتفقان فى الاسم ويشتركان فى الحدّ، لا بما الإنسان إنسان. وإذا كان الامر على هذا، لم يلزم لأنّ الإنسان حيوان والكلب حيوان أن يكون الكلب هو الإنسان إلا بما هو حيوان وهذا ليس بمستحيل[٣].

وشك سادس صفته هذه الصفة، كيف زعم ارسطوطالس أنّ ذات الجواهر الثواني هى ذات الجواهر الأول، فإنّه قد يلزمه بحسب ذلك أن يكون الجنس شخصا والشخص جنسا، وهذا محال.

وحلّ الشك يجرى على هذا الوجه، ليس معنى الجنسية فى الحيوان ذاتية له، ولا معنى الأوّلية فى زيد ذاتية له، لكنّهما أعراض لهما ونسب زائدة على ذواتهما. وليس يلزم من قبل أنّ الجواهر الثواني والجواهر الأول فى الطبيعة واحد أن يشتركا فى العرض واللوازم والنسب[٤] أيضًا، فهذا كاف فى حلّ هذا الشك. وعند هذا فلنقطع الكلام فى جملة هذا التعليم، ولنأخذ فى تفصيله.

التفصيل

قال ارسطوطالس

2 b 7 • والنوع من الجواهر الثواني أوّلىّ بأن يوصف جوهرا من الجنس، يريد والنوع من الجواهر الثواني إذا قيس بالجنس كان أحق بالجوهرية منه.

(٧١ ب) • لأنّه اقرب من الجوهر الأوّل.

يريد والعلة فى أنّه أحق بالجوهرية منه أنّه اقرب إلى الجوهر الأوّل لأنّه أوّل صورة استنبطت منه والجنس بعيد عنه لأنّه من النوع استنبط.

---

٣ فى الهامش: وهذا ليس بمستحيل

٤ فى الهامش: والنسب

• وذلــك أنّ موفيــا إن وفى° فى الجوهر الأوّل ما هو، كان اعطاؤه النوع واعطاؤه الجنس ملائما فى ذلك.

يريد وذلك أنّ مجيبا إن اجاب عن الجوهر الأوّل إذا سئل عنه ما هو بالنوع، كانت توفيته لطبيعته أوّلى من توفيته إذا اجاب بالجنس.

• إلا أنّ اعطائــه النوع اشــد ملائمة وابْين فــى الدلالة عليه من اعطائه الجنس.

يريد لأنّ فى النوع من معانى الشخص اكثر مما فى الجنس.

• مثــال ذلــك أنّه إن وفى موفيا فى إنســان ما ما هو، كان اعطاؤه أنّه إنسان ابْين فى الدلالة عليه من اعطائه أنّه حىّ.

يريد لأنّ الإنسان يتضمن من معانيه الحىّ فى الناطق والمائت والحىّ لا يتضمن ذلك، فهو ابلغ فى الدلالة عليه.

• فإنّ ذلك اخص بانسان ما،

يريد فإنّ النوع اخص بانسان ما لأنّ فيه من معانيه اكثر.

• وهذا اعم.

يريد والجنس اكثر عموما وفيه من معانيه اقلّ.

• وإن وفى فى شجرة ما ما هى، كان اعطاؤه أنّها شجرة ابْين فى الدلالة عليها من اعطائه أنّها نبت.

يريد كان توفيته بحدّ النوع وهو حدّ الشــجرة أوّلى من توفيته بحدّ الجنس الذى هو النبات، لأنّ فى حدّ الشــجرة من معنى شــجرة ما اكثر مما فى النبت.

قال المفسّر

لمّا عدد الجوهر الذى كلامه فيه وزعم أنّه الشــخص والصور الحاصلة فى النفس منه، وقسم هذه إلى الأنواع والأجناس، وقايس بين الشخص والأجناس والأنواع، أخذ بعد ذلك أن يقايس بين الأنواع والأجناس. وهو يدعــى أنّ النوع أحق فــى الجوهرية من الجنس ويبيّن ذلك فى هذا الباب

---

٥ وفى: وفا

بقياس جزمي صورته هذه الصورة: النوع ادلّ على طبيعة الجوهر الأوّل واقرب إليه من الجنس، لأنّه يتضمن من معانيه اكثر لكان بهذه الصفة، فهو أحق (١٧٢) من الجنس، فالنوع إذا أحق من الجنس بالجوهرية. وارسطوطالس يستقرئ المقدّمة القائلة إنّ النوع ادلّ على ذات الشخص بالإنسان والشجرة، ويزعم أنّ الإنسان اكثر فى الدلالة على أشخاصه من الحيوان الذى هو جنسها، والشجرة اكثر فى الدلالة على أشخاصها من النبت الذى هو جنسها.

قال ارسطوطالس

2 b 15 • **وأيضًا**

يريد وبيان آخر يستدل به على أنّ النوع من الجواهر الثواني أحق بالجوهرية من الجنس.

• **فإنّ الجواهر الأول لمّا كانت موضوعة**

يريد فإنّ الجواهر الأول إنّما صارت أحق بمعنى الجوهرية لأنّها موضوعة لسائر ما سواها من الجواهر الثواني والأعراض. ونسبة النوع إلى الجنس هذه النسبة، وذاك أنّه موضوع له ليُحكم به عليه، فهو مفتقر إليه، فيكون أحق بالجوهرية منه.

• **لسائر الأمور كلّها**

يريد الجواهر الثواني والأعراض.

• **وسائر الأمور كلّها محمولة عليها أو موجودة فيها،**

يريد وسائر ما سواها مفتقر إليها إمّا فى الحمل كالجواهر الثواني أو فى الوجود بمنزلة الأعراض.

• **فلذلك صارت أحق وأوّلى بأن توصف جواهر.**

يريد لذلك صارت أحق بمعنى الجوهرية من الجواهر الثواني.

• **وقياس الجواهر الأول عند سائر الأمور كلّها هو قياس النوع عند الجنس،**

يريد وكمثل قياس الجواهر الأول إلى الثواني والأعراض يكون قياس النوع عند الجنس، إذ كان النوع موطأ لحمل الجنس عليه وتحقيق وجوده

منه كما أنّ الشخص موطأ لحمل الجواهر الثواني وجود الأعراض، وبهذا استحق أن يكون أقدم فى الجوهرية.

• إذ كان النوع موضوعا للجنس لأنّ الأجناس تُحمل على الأنواع وليس تنعكس الأنواع فتُحمل على الأجناس،

يريد وليس ينعكس الامر حتى تُحمل الأنواع على الأجناس لأنّ الاخص لا يُحمل على الاعم.

• فيجب من ذلك أن يكون النوع أوّلىّ وأحق بأن يوصف جوهرا من الجنس.

يريد ممّا قلنا واوضحنا.

قال المفسّر

(٧٢ ب) لمّا بيّن بقياس جزمي أنّ النوع أحق بالجوهرية من الجنس، أخذ أن يبين ذلك بقياس شرطي، صورتة هذه الصورة: إذا كان الجوهر الأوّل صار أحق فى الجوهرية لأنّه موضوع لغيره، فما كان بهذه الصفة، فصورته هذه الصورة، والنوع صورته عند الجنس هذه الصورة، فهو أحق بالجوهرية منه.

قال ارسطوطالس

• وأمّا ما كان من الأنواع 2 b 22

يريد والأنواع التى ليست متوسطات ولا بعضها تحت بعض لكنّها أنواع أنواع إذا قيس بعضها ببعض لم يكن الواحد منها أحق بالجوهرية من الآخر.

• ليس هو جنسا،

يريد ليس هو من المتوسطات التى يُحكم عليها بأنّها أجناس وأنواع.

• فليس الواحد منها أوّلىّ من الآخر بأن يوصف جوهرا.

يريد فليس الواحد منها أحق بالجوهرية من الآخر.

• إذ كان ليس توفيتك فى إنسان ما أنّه إنسان اشد ملائمة من توفيتك

فى فرس ما أنّه فرس.

يريد إذ كان حمْل الإنسان وهو نوع نوع على أشخاصه مثل حمْل الفرس وهو نوع نوع على أشخاصه.

• وكذلك ليس الواحد من الجواهر الأول أوّلىّ من الآخر بأن يوصف جوهرا، إذ كان ليس إنسان ما أوّلىّ بأن يوصف جوهرا من فرس ما.

يريد وكذلك الجواهر الأول إذا قيس بعضها ببعض، فليس الواحد منها أحق بالجوهرية من الآخر، إذ كانت كلّها موضوعة لأجناسها وأنواعها على وتيرة واحدة وللأعراض.

قال المفسّر

لمّا استتمّ ارسطوطالس المقايسة التي بين الجواهر بالعمق، أخذ أن يقايس بينها بالعرض، فيقايس بين كلّ واحد منها وآخر من طبقته بين شخص وشخص ونوع ونوع ومتوسط ومتوسط. ويقول أمّا الصور الكلّية إذا أخذتها على هذا الترتيب ليس يكون أحدها أوّلىّ من الآخر فى معنى الجوهرية، لأنّه ليس أحدها بأن يُحكم به على ما تحته ويُحقق وجوده منه بأن يحمل عليه حمْل على أوّلىّ من الآخر؛ فأمّا الأشخاص فليس أحدها فى معنى الاستقلال بنفسه أوّلىّ من الآخر. ولا هو أيضًا أوّلىّ من نفسه إذا قيس بينه وبين نفسه فى ازمنة مختلفة. فأمّا تقديمه المقايسة بين الجواهر الثواني بالعرض على الأوّل، فمن قبل أنّها بالقرب منها.

قال ارسطوطالس

2 b 29 • وبالواجب صارت الأنواع والأجناس وحْدها دون غيرها تقال بعد الجواهر الأول جواهر ثواني،

(١٧٣ ا) يريد وبالواجب صارت أنواع وأجناس الجواهر الأول جواهر من قبل أنّها تحمل عليها حمْل على.

• لأنّها وحْدها تدل على الجوهر الأوّل من بين ما يحمل عليه.

يريد لأنّها وحْدها من بين ما يحمل على الجواهر الأول يُحكم عليها بأنّ ذاتها ذاته، فإنّ الأعراض وإن كانت تحمل عليه وتوجد فيه إلا أنّ طبيعتها مباينة لطبيعته.

• فإنّ موفيا إن وفى إنسانا ماً ما هو،

يريد فإنّ مجيبا أو محدّدا إن اجاب عن شـخص ماً ما هو بجنسه ونوعه، كان جوابه سديدا لأنّ هذين يحملان على أشخاصهما حمْل على وذاتهما ذاته.

• فوفاه بنوعه أو بجنسه كانت توفيته له ملائمة،

يريد لأنّ طبيعتهما وطبيعة أشخاصهما واحدة.

• فإذا وفاه بأنّه إنسان، كان ذلك ابْين فى الدلالة عليه من توفيته بأنّه حيّ.

يريد وإذا اجاب عنه بنوعه، كان الجواب اسدّ[٦] ملائمة لأنّ فى النوع من معانى الشخص اكثر ممّا فى الجنس لأنّ النوع يفضل على الجنس بالفصل.

• وإن وفاه بشئ ممّا سوى ذلك أىّ شئ كان، كانت توفيته له غريبة مستنكرة كما إذا وفى بأنّه أبيض أو أنّه يحضر أو بشئ من اشباه ذلك أىّ شئ كان،

يريد وإن اجاب عنه عند السؤال بما هو بشئ سوى هذين، بمنزلة ما يجيب بشئ من أعراضه، كان جوابه غير لائق، لأنّ طبيعة العرض غير طبيعة المعروض.

• فبالواجب قيلت هذه دون غيرها جواهر.

يريد فبالواجب صارت أنواع وأجناس الجواهر الأول من دون غيرها، يعنى الأعراض جواهر إذ كانت تحمل على ما تحتها حمْل على وذاتها ذاته.

قال المفسّر

لمّا بيّن أنّ الجوهر الأوّل أحق وأقدم فى باب الجوهرية من الجواهر الثواني، وأنّ النوع أحق فى باب الجوهرية من الجنس، احس بقائل يقول له، هبنا سلمنا لك أنّ الشخص جوهر لأنّه قائم فى الوجود أجناسه وأنواعه، من أين حكمتَ بأنّها جواهر؟ فهو يبيّن ذلك بقياسين، أحدهما

---

٦ اسد: اشد

جزمي والآخر شــرطي. أمّا الجزمي فصورته هذه الصورة، أجناس وأنواع الجواهر يُحكم بها على الجواهر الأول من طريق ما هى بأنّ ذاتها ذاتها. وكلّ مــا كانت هذه صفته، فذاته ذات (٧٣ ب) الجوهر الأوّل، فأجناس وأنــواع الجواهر الأول ذاتهــا ذات الجوهر الأوّل. وذات هذه أنّها جواهر، فــذات تلك أنّها جواهــر. وهو يصحح المقدّمة القائلــة بأنّ ذات الجواهر الثواني يحكم بها على الجواهر الأول، بأنّها هي هي بالاستقراء.

قال ارسطوطالس

2 b 37 • وأيضًا لأنّ الجواهر الأول

يريد وكما أنّ الجواهر الأول اســتحقت معنــى الجوهرية لأنّها موطأة لقبول الأعراض، هكذا الجواهر الثواني تستحق هذا المعنى من قبل أنّها موطــأة للأعراض، إلا أنّ وجود الأعراض فيهــا على القصد الأوّل، اىْ وذاك لأنّ وجودها متوهما وحصل فى النفس ثانيا، هكذا الأعراض فيها متوهما وعلى القصد الثاني، وذاك انّني احكم على الإنسان بأنّه أبيض لأنّ زيدا بهذه الصفة.

• موضوعة لسائر الأمور كلّها.

يريد لسائر الأعراض وأجناسها وأنواعها.

• وساير الأمور كلّها محمولة عليها،

يشير إلى الجواهر الثواني.

• أو موجودة فيها،

ويشير بهذا إلى الأعراض.

• لذلك صارت أوّلى وأحق بأن توصف جواهر.

يريــد والثواني إذ كانــت هذه يُحكم عليها بأنّهــا جواهر لأنّ ذاتها ذاتها.

• وقياس الجواهر الأول عند سائر الأمور،

يريد عند الأعراض الموجودة فيها.

• هــو قياس أنــواع الجواهر الأول وأجناســها عند ســائر الأمور الأخر كلّها.

يريد عند سائر الأعراض الموجودة فيها.

• وذلك أنّ سائر الأمور كلّها على هذه تحمل، فإنّك تقول فى إنسان ما إنّه نحوي،ّ فانت إذا تقول نحويا على الإنسان والحيّ.

يريــد وذلك أنّ ســائر الأعراض موجــودة فيها ولكــن على القصد الثانــي. وذاك لأنّهــا فى الجواهر الأول والجواهر الثواني مســتنبطة من الجواهر الأول ما ينقل أعراضها إليها ويحكم بها عليها.

• وكذلك يجرى الأمر فى سائر ما اشبهه.

يريد وكذلك يجرى الأمر فى سائر الأعراض.

قال المفسّر

يبيّن بقياس شــرطي أنّ الجواهر الثواني هى جواهر، ويقول إن كانت الجواهــر الأول حُكم عليها بأنّهــا جواهر من قبل أنّها موضوعة لغيرها، فما كان أيضًا مشــبها لها، ينبغى أن يُحكم عليه بأنّه جوهر، فالجواهر الثواني هى موضوعة لأنّ توجد فيها ســائر الأعراض، لكنّ على القصد الثانــي، فهــى إذا جواهــر، وهاهنــا فلنقطــع الكلام فــى تفصيل هذا التعليم.

(١٧٤) التعليم الثانى عشر

قال ارسطوطالس

• وقد يعمّ كلّ جوهر 3 a 7

قال المفسّر

قد علمتم أنّ غرضَه فى هذا الكتاب إنّما هو النظر فى الألفاظ البسيطة الدالّة والأجناس العوالى التى الألفاظ دالّة عليها. ولمّا كانت الأجناس العوالى لا مبدأ لها، لم يجد طريقا إلى انقادنا عليها، لا بالبرهان ولا بالحدّ ولا بالتحليل، من قبل أنّ هذه الطرق الثلاثة إنّما تتمّ من المبادئ، ولم يبق طريق يوقفنا بتوسطها على الأجناس العوالى سوى القسمة والرسم، فابتدأ أوّلاً فقسم بل عدّد الجوهر الذى كلامه فيه. وأخذ من بعد تعديده له بأن يرسمه، وهو يفيدنا له خواص ست، الاخيرة منها هى الخاصة الحقيقية لأنّها للجوهر وحْده. والسبب الذى من أجله قدم قسمته على استيفاء الكلام فى خواصه، فمن قبل أنّه عازم على أن يفيدنا خواصه من أقسامه التى هى متوسطات وأنواع أنواع وأشخاص، فإنّ الرسوم التى يفيدناها هى منتزعة مما يخص واحدا واحدا من هذه، فهذا هو السبب الذى من أجله قدم القسمة على الخواص.

خواص الجوهر

والخاصة الأولى التى يفيدناها للجوهر هى أنّه لا فى موضوع أىْ مستقل بنفسه. وهذه الخاصة ليست للجوهر وحْده لكنّ للفصول أيضًا والمادّة والصورة والجواهر الالهية. ولمّا كان الجوهر الذى كلامه فيه ينقسم إلى الجوهر الأوّل الذى هو الشخص والصور الكلّية، أعنى الجواهر الثواني التي هي أجناس وأنواع الجواهر الأول، أخذ أن يطبق هذه الخاصة على كلّ واحد من القسمين، ويقول أمّا شخص الجوهر، فظاهر من أمره أنّه لا فى موضوع إذ كان مستقلا فى الوجود قائما بنفسه، فأمّا الجواهر الثواني فيتبين أنّها لا فى موضوع بست حجج:

الحجة الأولى صفتها هذه الصفة، الجواهر الثواني تحمل على الجواهر الأول حمْل على، وكلّما يُحمل على الشئ على هذه الصفة فذاته ذاته، فذات الجواهر الثواني هى ذات الجواهر الأول، والجواهر الأول لا فى

موضــوع، فالجواهر الثوانــي لا فى موضوع؛ فأمّــا أنّ الجواهر الثواني تحمل على الجواهر الأول حمْل على فذلك ظاهر، فإنّ الحيوان والإنســان كلاهما يُحملان على زيد باســمهما وحدّهما. وكلّما حُمل باسمه وحدّه، فذات المحمول والموضوع واحدة بعينها بالحدّ.

والحجــة الثانيــة تجرى على هــذه الصفة، الاعــراض لا يحمل على موضوعاتها اسمها وحدّها معا، والجواهر الثواني يحمل على (٧٤ ب) موضوعاتها اســمها وحدّها معا، فالجواهر الثواني ليست اعراضا، وما ليــس بعرض وهو موجود، فهو لا فى موضوع، فالجواهر الثواني لا فى موضوع.

وهاتان الحجتان هما لارســطوطالس، فالحجة الثالثة تجرى على هذه الصفــة، الجواهر الثواني ليس يخلو حمْلهــا على ما تحمل عليه إمّا أن يكــون حمْل فى أو حمْــل على. وإن حُملت حمْل فى فليس يخلو حمْلها أن يكــون علــى جوهــر أوّل أو على عرض. ومن الظاهــر أنّها لا تحمل علــى الجواهر الأول حمْل فى، إذ كانت طبيعتها طبيعتها، فقد بقى أن تحمل على الاعراض حمْل فى، إلا أنّ هذا القول يلزمه أن تكون الجواهر موجــودة فى الاعــراض. والوجود ضد ذلك، فقد بقــى أن يكون حمْلها حمْل على. ومحال أن يكون حمْلها على الاعراض حمْل على، لئلا تكون طبيعة الجوهر والعرض واحدة، فبقى أن يكون حمْلها على الجواهر الأول حمْل على، والشــئ الذى يحمل حمْل على يجب أن يكون المحمول فيه والموضــوع من طبيعة واحدة، فيجب أن تكون طبيعتها وطبيعة الجواهر الأول واحدة.

وافهــم كما بينــت دفعات من الوجه الذى تشــاركها الجواهر الأول، وهــذه لا فى موضــوع فالجواهر الثوانــي لا فى موضــوع، فهذه الحجة الثالثة.

والحجــة الرابعة تجرى على هــذه الصفة، الجواهر الثواني هى أجناس وأنــواع الجواهر الأول، وجنس الشــئ ونوعه من حيث هو ذات موفق له فى الطبيعــة، فطبيعتاهما إذا واحدة، والجواهــر الأول لا فى موضوع، فجنسها ونوعها لا فى موضوع.

والحجة الخامســة تجرى على هذه الصفــة، إن كانت الجواهر الثواني تحمــل حمْــل فى، فقد ناقض الفيلســوف نفســه. وذلك أنّــه يلزمه أن تكــون الجواهــر الأول التى مدحها وشــرفها وزعم أنّهــا لا فى موضوع فى موضوع. وذلك أنّ الجواهــر الثواني طبيعتها وطبيعة الجواهر الأول واحدة، فإن كانــت الجواهر الثواني فى موضوع، فالجواهر الأول كذلك.

وليس يشهد الوجود بهذا، فقد بقى أن تحمل على الجواهر الأول حمْل على. وإذا كان ذلك كذلك، فذاتاهما واحدة، والجواهر الأول لا فى موضوع، فالجواهر الثواني لا فى موضوع.

والحجة السادسة تجرى على هذه الصفة، الأشياء الموجودة فى موضوع على ضربين، إمّا أن ترتفع فى الوجود والوهم جميعا، أو ترتفع فى الوهم حسب. وذات الشئ باقية، وأجناس وأنواع الجواهر الأول متى توهم ارتفاعها من حيث هى ذوات، بطلت ذات الشئ، فليست إذا فى موضوع، فهى تحمل على الجواهر الأول حمْل على، فذاتها ذاتها. والجواهر الأول لا فى موضوع، فهى إذا لا فى موضوع.

(١٧٥) وهاهنا يفهّمك علما شريفا، وهو أنّ هذه الصور الموجودة فى النفس هى خيالات وامثلة الموجودة من خارج، فمهما فهمته منها من حيث يقع بينهما مشاركة، فهو منطبق على تلك الأوّل التى من خارج، فإذا ما قلتَ إنّ فى النفس ذات إنسان وذات حيوان، فافهم أنّك تريد خيال ومثال ذات إنسان لا ذات الإنسان فى الحقيقة. وإذا قلتَ إنّهما واحد فى الطبيعة، فافهم أنّك تريد أنّ طبيعة الخيال هى مثلت طبيعة المتخيل. وكذلك إذا حددت صورة الإنسان التى فى النفس بأنّها حيوان ناطق مائت، فافهم أنّك تريد خيال ومثال وصورة حيوان ناطق مائت. والذى فى النفس لا يحس ولا يروى. وإنّما هو مثال حساس مروى.

وارسطوطالس يزعم أنّ هذه الخاصة ليست للجوهر حسب، لكنّها للفصول أيضًا، وافهم لفصول الجواهر الثواني التى هى فصول الأنواع لا أىّ فصول كانت، فإنّ الفصول أيضًا لا فى موضوع. ويبيّن هذه الدعوى بحجتين:

الأولى منهما تجرى على هذه الصفة، الفصول الموجودة للجواهر الثواني تحمل على الأنواع التى فى جواهر والأشخاص التى هى جواهر حمْل على. وما هذه صفته، فذاته ذات الموضوع، وذات الجوهر الأوّل إنّها لا فى موضوع، فذات الفصول أمّا أنّها لا فى موضوع، فأمّا أنّها تحمل حمْل على فظاهر. وذلك أنّ الناطق يُحمل على الإنسان باسمه وحدّه، وكلّ ما حُمل بهذه الصفة فذاته ذات الموضوع فى الحد. وافهم من الوجه الذى شارك الموضوع للمحمول، وهذا شئ لا ينبغى أن تفعله ابداً، والا لزمك الشكّ الماضى، وهو أن تكون ذات الكلب ذات الإنسان لأنّهما حيوان.

والحجة الثانية تجرى على هذه الصفة، العرض لا يعطى ما هو فيه اسمه وحدّه معا، والفصول تعطى أنواعها وأشخاصها اسمائها

وحدودها، فليست إذا اعراضا. وهى موجودة فهى إذا جواهر، والجواهر لا فى موضوع، فالفصول لا فى موضوع.

الشكوك

وارسطوطالس من بعد ايراده للخاصة الأولى من خواص الجوهر يثير عليها شكّا صفته هذه الصفة، القول بأنّ الأجناس والفصول التى هى أجزاء للجواهر هى جواهر شنع، من قبل أنّ كلّ ما هو فى شئ هو عرض، والأجناس والفصول هى فى الأنواع، فهى إذا اعراض، فيلزم إذا فى أجزاء الجواهر أنّها جواهر واعراض، وهذا محال.

وحلّ الشكّ يجرى على هذه الصفة، ليس كلّ ما هو (٧٥ ب) فى شئ هو عرض، إذ كنا قد عددنا فى ما سلف أنّ وجود الشئ فى الشئ على أحد عشر ضروب. وقلنا إنّ وجود الشئ فى الشئ على أنّه عرض إنّما هو الا يكون جزءًا منه، ولا قائما بنفسه. والجنس والفصل هما أجزاء للشئ الذى هما فيه، وقائمان بنفوسهما لأنّها أجزاء القائم بنفسه، فليس هما إذا اعراضا.

وقد يطرأ شكّ ثان صفته هذه الصفة، كيف إستجاز ارسطوطالس أن يقول، وقد يعمّ كلّ جوهر، وهو غرضه أن يفيدنا خاصة الجوهر، والخاصة هى تخص ولا تعمّ.

وحلّ الشكّ يجرى على هذه الصفة، لم يقل ارسطوطالس إنّ هذه الخاصة تعمّ سائر الموجودات، لكنّه قال إنّها تعمّ كلّ جوهر، فيتحصل تقدير الكلام على هذا، هذه الخاصة تخص الجوهر وحْده، ومع أنّها تخصه وحده من سائر الأمور تعمّ أقسامه.

وقد يطرأ شكّ ثالث، صفته هذه الصفة، كيف يزعم ارسطوطالس أنّ الفصل جوهر. وهو يقول إنّ هذه الخاصة ليست للجوهر وحْده لكنّها للفصل أيضًا، فمفهوم هذا الكلام أن ليس الفصل جوهرا.

وحلّ الشكّ يجرى على هذه الصفة، تقدير كلام ارسطوطالس يجرى على هذه الصفة، هذه الخاصة ليست للجوهر الذى كلامنا فيه فى قاطيغورياس حسب، وهو الأشخاص والجواهر الثواني التى هى أجناس وأنواع الجواهر الأول، لكنّ للفصول أيضًا التى لا مدخل لها فى هذا الكتاب، لأنّه قد بأن أنّ غرضه فى هذا الكتاب إنّما هو النظر فى الأمور الشخصية وأنواعها وأجناسها، لا فى الفصول ولا فى المادّة والصورة ولا فى الجواهر الالهية.

وقد يطرأ شكّ رابع صورته هذه الصورة، ما السبب الذى من أجله أرى ارسطوطالس أنّ هذه الخاصة ليست للجوهر وحْده بأن اورد المثال من الفصول ولِم يورده من المادّة والصورة ولا من الجواهر الالهية؟

وحلّ الشكّ يجرى على هذه الصفة، لمّا كان نظره فى الأجناس والأنواع فى هذا الكتاب، وكانت الفصول تناسبها، اورد المثال من الشئ المناسب لا من غير المناسب، إذ المادة والصورة الكلام فيهما للطبيعي، والجواهر الالهية للالهي، والفصل يليق بالمنطقي.

وقد يطرأ شكّ خامس صفته هذه الصفة، كيف استجاز ارسطوطالس أن يقول إنّ الفصول تحمل على الأنواع والأشخاص، فإنها ليس يخلو أن تحمل. وهى بلا مادّة أو مع مادّة، فإن حملت بلا مادّة لزم من ذلك أن تحمل الحال على أىّ الحال، وهذا محال. وإن أخذت معها المادة ليصح حملها صارت نوعا، فيكون الحمل للنوع لا للفصل.

وحلّ الشكّ يجرى على هذه الصفة، (١٧٦) الفصول عند الحمل تقرن إليها المادّة ولا تكون نوعا، وذلك أنّ النوع تركيبه من الجنس والفصل بالذات، لأنّ طبيعته مؤتلفة من هاتين. فأمّا الفصل فالجنس فيه مستعار ليصح حمله وليس هو له بالذات من حيث هو فصل، فشتان بين وجود الجنس مع الفصل ووجوده مع النوع، إذ كان ذاتيا النوع ومستعارا مع الفصل، ليصح حمله، ومتى اسقط بقى الفصل فصلا. ومتى اسقط من النوع لم يبق النوع نوعا.

وقد يطرأ شكّ سادس صفته هذه الصفة، كيف يزعم ارسطوطالس أنّ الفصول جواهر، ومعلوم أنّ الفصول وجودها فى الأجناس لا على أنّها مقومة لها، لكن على أنّها دخيلة عليها، وما هو بهذه الصفة، فظاهر أنّه عرض لا جوهر.

وحلّ الشكّ يجرى على هذه الصفة، فصول الجواهر هى جواهر واعراض. عرض بالقياس إلى الجنس إذ كانت دخيلة عليه، وجوهر بالقياس إلى النوع إذ كان منها تقوم.

وشك سابع صفته هذه الصفة، كيف يستجيز ارسطوطالس أن يقول إنّ الاعراض لا تُحمل باسمائها وحدودها، ونحن نحمل الضاحك على الإنسان باسمه وحدّه؟

وحلّ الشكّ يجرى على هذه الصفة، العرض فى الحقيقة لا ينطبق حده على المعروض، لكنّ نهاية ما يكون منه أن يسمى منه الشئ الذى هو فيه، من قبل أنّ طبيعته مباينة لطبيعة الشئ. لكن إذا أخذ مع المادّة جعل كالرسم وحمل باسمه وحدّه على المعروض، لا من حيث ذاته معروضة، فإنّا نحد الإنسان بحد الضحك، لا من حيث هو إنسان، لكن من حيث هو إنسان ضاحك. وجميع الأشياء الجوهرية للشئ تحمل عليه على أنّ ذاتها ذاته، فأمّا الضاحك فيحمل عليه ويسمى باسمه من حيث

هو بالضحك معروض لا من حيث ذاته، ومن جهة ذاته يُسمى بالضاحك ولا يُحد بحدّه. وبالجملة كلّ فصل وصورة تحمل على موضوع، إن حملت عليه بما له ذلك الفصل حملت عليه حمْل على بالاسم والحد. وإن حملت عليه لا بما له ذلك الفصل حملت حمْل الاعراض بالاسم حسب. وهكذا الضاحك بقياس الإنسان عرضا، وبقياس الإنسان الضاحك فصلا جوهريا. وافهم أنّ كلّ ذات من الذوات شأن الصور أن تحلها، ينظر فيها العقل على ثلاثة اضرب: الأوّل منها أن يأخذها مجردة من غير صورة حالة فيها، والثاني أن يأخذ الصورة دخيلة عليها وبهذا الوجه تكون عرضا فيها وتحمل عليها بالاسم. والثالث أن يجمع العقل الصورة والهيولى فيركب منهما المركب ويسمى بالصورة ويحد بحدها، فهذا (٧٦ ب) كاف وعنده فلنقطع الكلام فى هذه الخاصة.

الخاصة الثانية

والخاصة الثانية هي أنّ الجوهر تخصه أنّه يحمل حمل على، وهذه الخاصة ليست للجوهر كلّه، لكنّها للثواني منه. فإنّ الشخص لا يحمل، إذ كان هو الحاصل على الوجود. وليست له وحْده، فإنّ الفصول تحمل أيضًا حمل على. وافهم فصول الجواهر، وتحمل على الجواهر التى هى فصول لها بأنّ ذاتها ذاتها، كالناطق على الإنسان. والاعراض تحمل أيضًا على أنواعها وأشخاصها هذا الضرب من الحمْل، فإنّ الكم يحمل على أنواعه وأشخاصه هذا الضرب من الحمْل. وكذلك الكيف، فالحيوان هو جنس يحمل على زيد حمل على، وكذلك الناطق أعنى بأنّ ذاتهما ذاته. وكذلك الإنسان يحمل على أشخاصه باسمه وحدّه. وهذه الخاصة للجوهر بقياسه إلى العرض، فإنّ العرض يحمل على الجوهر باسمه لا بحده. وبالجملة فثواني التسع مقولات حمل على ضربين، حمل على وحمل فى. الحمل الأوّل على أشخاصها، والثاني على أشخاص الجوهر، فهذه الخاصة للجوهر، أعنى حمل التوالى والمطلق، تميزه من ثواني جميع المقولات سواه إذ كانت تحمل الحملين جميعا، وهو فلا يحمل إلا حملا واحدا أعنى حمْل على.

وقد يطرأ على هذه الخاصة شكّ صفته هذه الصفة، إذا كانت الجواهر والاعراض تحمل حمل على، وكلّ الموجودات هى إمّا جواهر أو اعراض فلا يبقى شئ يحمل حمل فى، فإنّه إذا كان الجوهر يحمل على ما تحته حمْل على، وكذلك الكم والكيف وباقى مقولات الاعراض، فلا يبقى شئ يحمل حمْل فى.

وحلّ الشكّ يجرى على هذه الصفة، الاعراض تحمل على ضربين، إمّا على أشخاصها وأنواعها، وإمّا على الجواهر، فإن حملت على

أشخاصها وأنواعها حملت حمْل على لأنّ ذاتها ذاتها ، وإن حملت على الجواهر حملت حمْل فى لأنّ ذاتها فيه لا ذاتها ذاته، فهذا كاف فى حلّ هذا الشكّ وعند هذا فلنقطع الكلام فى جملة هذا التعليم.

قال ارسطوطالس التفصيل

3a7 • وقد يعمّ كلّ جوهر أنّه ليس فى موضوع،

يريد وكلّ جوهر أوّلا كان أو ثانيا أو غيرهما يخصه أنّه قائم بنفسه وغير مفتقر إلى أن يوجد فى غيره.

• فإنّ الجوهر الأوّل ليس يقال على موضوع ولا هو فى موضوع.

يريد فأمّا الجواهر الأول بمنزلة سائر الأشخاص المحسوسة، فظاهر من أمرها أنّها (١٧٧ ا) قائمة بنفوسها وليس تحمل على غيرها ولا توجد فى غيرها.

• والجواهر الثواني قد يظهر بهذا الوجه أنّه ليس شئ منها فى موضوع.

يريد والجواهر الثواني ليس ظهور أمرها مثل ظهور أمر الجواهر الأول إذ كانت صورا فى النفس وتظهر بالوجه الذى نذكره أنّها لا فى موضوع.

• فإنّ الإنسان يقال على موضوع اىْ على إنسان ما

يريد فإن الإنسان وهو جوهر كلّي يُحمل على إنسان ما حمْل على فذاته ذاته، وهذه لا فى موضوع، فهو لا فى موضوع.

• وليس هو فى موضوع.

يريد وليس يوجد فى إنسان ما كما يوجد شئ فى شئ.

• وذلك أنّ الإنسان ليس هو فى إنسان ما ،

يريد على مثل وجود العرض فى المعروض لكنّ على أنّ ذاته ذاته.

• وكذلك أيضًا الحىّ يقال على موضوع اىْ على إنسان ما ،

يريد والحىّ يُحمل على إنسان ما على أنّ ذاته ذاته وهو لا فى موضوع فالحي لا فى موضوع.

• وليس الحيّ فى إنسان ما .
يريد وليس هو موجودا فيه.

قال المفسّر

من هاهنا يأخذ فى افادتنا خواص الجواهر التى الاخيرة منها هى الحقيقية، فأمّا هذه فليست حقيقية، لأنّها للجوهر كلّه، وليست له وحْده، لكنّ للفصول أيضًا والمادّة والصورة والجواهر الالهية. وهذه الخاصة الأولى هى أنّه لا فى موضوع. ولمّا كان الجوهر منه أوّل ومنه ثان، أمّا الأوّل فذلك ظاهر فيه، وأمّا الثاني فارسطوطالس يبيّن أنّه لا فى موضوع ببيانين: الأوّل منهما على هذه الصفة، الجواهر الثواني يُحكم بها على الجواهر الأول حكم على، وكلّ ما حُمل على هذه الصفة فذاته ذات الجوهر الأوّل، والجوهر الأوّل لا فى موضوع، فالجواهر الثواني لا فى موضوع. وارسطوطالس يستقرئ الصغرى بالحيوان والإنسان إذ كانا يحملان على زيد باسمهما وحدّهما فذاتهما ذاته.

قال ارسطوطالس

• وأيضًا 3 a 15
يريد وبيان آخر يبيّن أنّ الجواهر الثواني لا فى موضوع.

(٧٧ ب) • التى فى موضوع فليس مانع يمنع أن يكون اسمها فى حال من الاحوال يحمل على الموضوع،
يريد إنّ الأشياء التى توجد فى الموضوع كالاعراض فى بعض الاوقات يسمى الموضوع منها كما يسمى الموضوع الذى فيه اللون الأبيض أيضًا. فأمّا حدّ ما فى الموضوع فغير حدّ الموضوع إذ كان حدّ البياض غير حدّ القابل البياض.

• فأمّا قولها ولا سبيل إلى أن يحمل عليه،
يريد فأمّا حدّ ما فى الموضوع ولا سبيل إلى أن يحمل على الموضوع.

• فأمّا الجواهر الثواني فإنّه يحمل على الموضوع حدّها واسمها،
يريد والجواهر الثواني تحمل على الموضوع لها باسمها وحدّها فليست إذا فى موضوع.

• فإنّك تحمل على إنسان ما قول الإنسان وقول الحيّ، فيجب من ذلك أن يكون الجوهر الثاني ليس هو مما فى موضوع.

يريد فإنّك تحمل على الشخص الواحد من أشخاص الناس نوعه وجنسه باسمهما وحدّهما.

قال المفسّر

يبيّن ببيان آخر أنّ الجواهر الثواني ليست فى موضوع بقياس من الضرب الأوّل من الشكل الثاني، يجرى على هذه الصفة، الاعراض لا تحمل على موضوعها اسمها وحدّها، والجواهر الثواني تحمل على موضوعاتها اسمها وحدّها، فالجواهر الثواني ليست اعراضا، وما ليس بعرض وهو موجود، فهو لا فى موضوع، لانّ العرض هو الذى فى موضوع، فالجواهر الثواني لا فى موضوع.

قال ارسطوطالس

• إلا أنّ هذا ليس بخاصة للجوهر، 3 a 21

يريد سوى أنّ هذه الخاصة المذكورة للجوهر، وهى أنّه لا فى موضوع، ليست للجوهر الذى كلامنا فى قاطيغورياس فيه حسب، بل وللفصول الجوهرية أيضًا وللمادة والصورة والجواهر الالهية.

• لكنّ الفصل أيضًا هو مما ليس هو فى موضوع،

يريد إنّ الفصول الجوهرية أيضًا مع الجواهر الأول والثواني هى لا فى موضوع.

• فإنّ الماشى وذا الرجلين يقالان على موضوع اىْ على إنسان وليسا فى موضوع. وذلك أنّ ذا (١٧٨) الرجلين ليس هو فى الإنسان ولا الماشى.

يريد فإنّ فصل الماشى وذا الرجلين وهما فصلان جوهريان يحملان على موضوعهما وهو الإنسان حملا جوهريا وليسا موجودين فيه لكنّ ذاتهما ذاته.

• وقول الفصل أيضًا محمول على الذى يقال عليه الفصل.

يريد وهذه الفصول تحمل باسمائها وحدودها، وما فى موضوع لا يحمل باسمه وحدّه لكنّ باسمه فى بعض الاوقات.

• مثال ذلك أنّ المشّـــاء إن كان يقال على الإنســـان فإنّ قول المشّـــاء محمول على الإنسان وذلك أنّ الإنسان مشّاء.

يريـد والمثال على أنّ الفصـول الجوهرية تحمل باسـمائها وحدودها المشّـاء فإنّه يحمل على الإنســان باسـمه وحدّه وما فى الموضوع ليس كذلك.

قال المفسّر

لمّا بيّن أنّ هذه الخاصة هى لسـائر الجواهر أعنى الأوّل والثواني، أخذ أن يبيـن أنّ هذه الخاصة ليسـت له وحْده لكنّهـا لجواهر آخر غيره، وبيّن ذلـك من الفصول لأنّهـا لا فى موضوع بقياس، صورتـه هذه الصورة: الفصـول تحمـل على الجواهر الأول حمْل علـى، وكلّما كان بهذه الصفة فذاته ذات الجوهر الأوّل، وهذه لا فى موضوع، فالفصول لا فى موضوع. وأيضًا فإنّ الفصل يحمل باسـمه وحدّه، والعرض يحمل باسـمه فقط، فليس الفصل عرضا، وهو موجود فهو إذا جوهر.

قال ارسطوطالس

3 a 29 • ولا تغلطنـا أجزاء الجواهر فتوهمنـا أنّها موجودة فى موضوعات ايْ فى[1] كلّياتها،

هذا مثل شـكّ يقول فيه إنّ أجزاء الجواهر كالجنس والفصل وقد قلنا فىهمـا إنّهمـا جواهر لا ينبغى أن تغلطنا لأنّا نجدها فى الجواهر المركبة منها حتى نظر أنّها اعراض.

• حتى يضطرنا الأمر إلى أن نقول إنّها ليست جواهر،

يريد لأنّها فى شئ.

• لأنّه لم يكن

هـذا الحـلّ يقول إنّه ليس العرض هو الموجود فى شـئ حسـب لكنّ الموجـود فى (٧٨ ب) شـئ لا كجزء منه وهـذه موجودة فى ما هى فيه على أنّها جزء منه.

• قـول مـا يقال فى موضوع على هذا الطريق على أنّه فى شـئ كجزء

---

١ -: فى

منه.

يريد لأنّه لم يكن رسم العرض على أنّه الموجود فى شئ وهو جزء منه، لكن لا كجزء منه.

قال المفسّر

اتصال هذا الشكّ فيما نحن بسببيله يجرى على هذا الوجه، لمّا خبّر بأنّ هذه الخاصة للجواهر الجزئية والكلّية، وبيّن أنّها ليست للجوهر حسب، لكنّها للفصول أيضًا، وكانت الفصول هى أجزاء للجواهر، ما نشأ الشكّ فى أجزاء الجواهر، قال الأجناس والفصول التى هى أجزاء للجوهر وهى جواهر يلزم أن تكون أعراضا، لأنّها فى شئ اىْ فى كلاتها، وكلّ ما هو فى شئ فهو عرض، فهى إذا جواهر واعراض.

وارسطوطالس يردّ كبرى القياس ويقول، ليس كلّما هو فى شئ هو عرض لكنّ ما هو فى شئ لا كجزء منه هو عرض؛ فأمّا أجزاء الجواهر كالمادة والصورة فهى جواهر، لأنّها موجودة فى الجوهر كجزء منه، وجزء الجوهر جوهر على ما بان فى السماع، وهى أيضًا قائمة بنفوسها، لأنّها جزء للقائم بنفسه؛ فأمّا لفظة فتوهمنا إن شكلتها بنقطة التاء رددتها إلى الأجزاء وإن شكلتها بنقطة الياء رددتها إلى قياسنا.

قال ارسطوطالس

3 a 33 • ومما يوجد للجواهر والفصول أنّ جميع ما يحمل منها إنّما يقال على طريق المتواطئة اسماؤها،

يريد مما يخص الجواهر الثوانى والفصول أنّها تحمل حمْل على أعنى باسمائها وحدودها ولهذا ما يكون حمْلها على طريق المتواطئة اسماؤها.

• فإنّ كلّ ما يحمل منها فهو إمّا أن يحمل على الأشخاص وإمّا على الأنواع؛

يريد فإنّ جميع ما يحمل ليس يخلو أن يحمل إمّا على الشخص إن كان نوعا أو على النوع إن كان جنسا.

• فإنّه ليس من الجواهر الأول حمْل أصلا إذ كان ليس تقال على موضوع ما البتة،

يريد فأمّا الجواهر الأول فلا تحمل أصلا إذ كانت هى الحاصلة على الوجود ولا شئ بعدها فتحمل عليه.

(١٧٩ ا) • فأمّـا الجواهر الثواني فالنوع يحمل على الشـخص والجنس على النوع وعلى الشـخص، وكذلك الفصـول تحمل على الأنواع وعلى الأشخاص.

يريد فتكون هذه الخاصة للجواهر الثواني والفصول الجوهرية.

قال المفسّر

هـذه خاصـة ثانيـة للجوهر وهى له ولغيره وليسـت لـه كلّه لكنّها للثواني حسب وهى أنّها تحمل على طريق المتواطئة اسماؤها.

قال ارسطوطالس

• والجواهر الأول تقبل قول أجناسها وأنواعها. 3 b 2

يريد والجواهر الأول تُحدّ بحدود أنواعها وأجناسها.

• والنـوع يقبل قول جنسـه إذ كان كلّ ما قيـل على المحمول فإنّه يقال أيضًا على الموضوع.

يريد فالنوع يقبل حد جنسه ويصدق عليه من قبل أنّ جميع ما يحمل حمْل على، فما يحمل عليه يحمل على ما تحته.

•وكذلك تقبل الأنواع والأشخاص قول فصولها أيضًا.

يريد والأنواع والأشـخاص إذا حملت فصولها عليها قبلت حدودها وصدقت عليها.

• وقد كانت المتواطئة اسـماؤها هى التى الاسـم عام لها والقول واحد بعينه أيضًا،

يريد وقد كانت المتواطئة اسماؤها حدّت بأنّها التى الاسم والحد عام لها.

• فيجـب أن يكـون جميع ما يقال من الجواهر ومـن الفصول فإنّما يقال على طريق المتواطئة اسماؤها.

يريد فيجب أن يكون كلّ ما يحمل من الجواهر وهى الثواني والفصول الجوهرية يكون حملها على طريق المتواطئة اسماؤها.

قال المفسّر

لمّا حكم بأنّ الأنواع والأجناس والفصول تحمل على طريق المتواطئة،

أخذ فى تاكيد ذلك بأن أرى أنّ أشخاصها تقبل اسمها وحدّها، ليتاكد له بذلك أنّها تحمل على طريق التواطؤ، (٧٩ ب) وذلك أنّه ليس يكفى فى المتواطئة اسماؤها أن تحمل باسمها وحدّها، دون أن يقبل المحمول عليه ذلك. وعند هذا فلنقطع الكلام فى تفصيل هذا التعليم.

التعليم الثالث عشر

قال ارسطوطالس

3 b 10 • وقد يُظن بكلّ جوهر أنّه يدل على مقصود إليه بالاشارة.

قال المفسّر

قد قلنا فى ما تقدّم إنّ عدد الخواص التى يفيدناها ارسطوطالس للجوهر ست. وقد استوفينا الكلام فى اثنين منها فى التعليم المتقدّم. ونحن فى هذا التعليم بمشيئة الله نستوفى الكلام فى الاربع البواقي. ولنبدا بالثالثة منها.

الخاصة الثالثة

وهى أنّ كلّ جوهر يُظن به أنّه مقصود إليه بالاشارة، اىْ مومأ بالاصبع. ولمّا كانت الجواهر التى كلامه فيها شخصية وكلّية، أمّا الشخصية فلا ريب أنّها بهذه الصفة؛ وذلك أنّ ما يشار إليه يحتاج أن يكون مخصصا منفرزا فى الوجود، واحدا بالعدد، محسوس، بمنزلة زيد وهذا الأبيض. فأمّا الثواني فهذه الخاصة لا تليق بها، إذ كانت صورا فى النفس، والاشارة لا تقع إليها بالاصبع ولا تدرك بالحس. ووجودها من خارج فى كثيرين، والكثيرون لا يمكن أن تقع الاشارة إليهم بالاصبع. ولهذا ما قال ارسطوطالس إنّه قد يُظن بكلّ جوهر، من قبل أن ليس هذا الحكم بالحقيقة لكلّ جوهر، لكنّه للأوّل؛ فأمّا الثاني فإنّه قد يشتبه هذا الأمر فيه، وذلك أنّه بسبب أنّ مخرج اسمه مثل مخرج اسم الجوهر الأوّل، لأنّ كلاهما معنى التوحد فى اسمهما. ويُظن بالثاني أنّه مقصود إليه بالاشارة بسبب أنّ اسمه واحدا، كما ظن بالأوّل. وليس الأمر على هذا، من قبل أنّ الجوهر الثاني بمنزلة الجنس والنوع صورة موجودة فى النفس، تخصها أنها مكيفة بكيفية جوهرية، وجودها إنّما هو فى كثيرين مختلفين بالنوع أو بالشخص. والفرق بين الكيفية الجوهرية وبين العرضية أنّ الكيفية الجوهرية لا تتعدى ما هى فيه، فإنّ معنى الناطق لا يوجد إلا للناطقين.

وبالجملة الفصول الجوهرية للأنواع لا توجد إلا لأنواعها حسب، وبهذا التمييز صار للثواني اشارة عقلية بفصولها الجوهرية، وبالعرضية

تسقط منها الاشارة العقلية لأنّها فى كثرة. ولم يصلح أن يكون التمييز الأوّل خاصة للجوهر من ثوانيه لأنّه للمقولات بأسرها من ثوانيها. والخاصة ما خصت ولزمت شيئا واحدا؛ فأمّا الكيفية العرضية، فإنّها توجد لأكثر من نوع واحد، لأنّها ليست مقومة بل دخيلة، فإنّ البياض موجود للإنسان والحمار وغيرهما. وهذه الخاصة ليست للجوهر كلّه لكنّها للأوّل حسب.

ويجب أن تعلم أنّ ارسطوطالس وفلاطن لا يتفقان فى ذلك، (١٨٠ ا) أعنى فى أنّ الجواهر الأول هى المحدودة المحصورة المشار إليها، وأنّ الجواهر الثواني هي الغير محصورة، فإنّ فلاطن يعتقد بالقلب من ذلك. وذاك أنّه يعتقد أنّ الجواهر الثواني أعنى الصور التى يظن وجودها، هى الثابتة الكلّية المشار إليها، فأمّا هذا الشخص فإنّه غير ثابت، وغير مشار إليه. ونحن فقد يمكنا أن نخرج للتضاد الظاهر بينهما وفقا، فنقول إنّ معنى المشار إليه هو المحدود، والذى لا يشار إليه هو الغير محدود. وارسطوطالس كان يعتقد أنّ الشخص هو الشئ المحدود والواحد بالعدد، لأنّه منفرز على الوجود بنفسه، فأمّا الصور التى فى النفس فليست محدودة، لكنّ وجودها معلق بالكثرة. وفلاطن كان يعتقد أنّ الأشخاص غير محدودة من قبل استحالتها وتغيرها، وكان يعتقد فى الصور أنّها محدودة لأنّها ثابتة، فهذه هى الخاصة الثالثة.

الخاصة الرابعة

والخاصة الرابعة هى أنّ الجوهر لا يوجد فيه التضاد، وذلك أنّه ليس يوجد شخصان من أشخاصه كسقراط وفلاطن. ولا نوعان من أنواعه كالإنسان والحمار، ولا متوسطان كالحيوان والنبات، يضادد احدهما الآخر، فإنّ المتضادين هما اللذان الموضوع لهما واحد، ولا يجتمعان معا فيه. والجوهر ليس فى موضوع، فليس له إذا ضد.

وقد يطرأ على هذه الخاصة شكّ صفته هذه الصفة، كيف تقول يا ارسطوطالس إنّ الجوهر لا ضد له، وانت عن قليل فى كتابك فى السماع الكياني تبيّن أنّ الصورة ضدها العدم. والصورة هى على رائك جوهر، فكيف تزعم أنّ الجوهر لا ضد له؟

وحلّ الشكّ يجرى على هذه الصفة، قد قلنا فى ما تقدّم إنّه ليس ينظر ارسطوطالس فى هذا الكتاب فى المادة والصورة ولا الجواهر الالهية، لكنّ نظره فى الأشخاص المحسوسة وأنواعها ومتوسطاتها التى هى جواهر مركبة، فارسطوطالس إنّما يحكم بأنّ الجواهر المركبة لا ضد لها لا البسيطة.

ويطرأ شكّ ثان صفته هذه الصفة، زعم بلوطينس أنّ الضدين هما

المتنافــران فى الغاية واللذان العــداوة بينهما لا تزول. وزعم أنّ الجواهر تنافسها ومحاربتها على الامكنة التى من شأنها أن تكون فيها عظيمة جــدّا. وكذلك فــى الآراء أو المعامــلات[١]. وإذا كان الأمر على هذا فى كونهــا متنافرة فى غاية فهى متضادة، فكيف يزعم ارســطوطالس أنّ الجوهر لا تضاد فيه.

وحلّ الشكّ يجرى على هذه الصفة، ليس الضدان هما المتنافران فى الغاية حسب، لكن واللذين موضوعهما واحد. والجواهر لا فى موضوع، فليــس لهــا إذا ضد. وأيضًا فإنّ الأضداد من شــأن بعضها أن يفســد بعضا، ولا يواد بعضها بعضا، والمتنافران من أشخاص الناس قد يجوز أن يصطلحــا ويقع بينهما الســلم؛ فهذه هى الخاصــة الرابعة، على أنّ الشــكّ وقع فى التصرفات، والتصرفــات تتضاد (٨٠ ب) ولا تجتمع. وأصل الخاصة افيدت فى الجوهر لا فى تصرفاته.

ويطــرأ شــكّ ثالث على هذه الصفــة، كيف يزعم ارســطوطالس أنّ الجوهــر لا تضــاد فيــه، ومعلوم أنّ النــار وهى جوهر ضدهــا الماء وهو جوهر. وكذلك نسبة الأرض عند الهواء بحسب ما زعم فى كتاب الكون والفساد.

وحلّ الشــكّ أنّه ليس يعتقد ارســطوطالس أنّ النار بجملتها تضاد المــاء بجملته، لكنّ التضاد بينهما من قبل كيفياتهما التى هى الحرارة والبرودة والرطوبة واليبوسة. وقد بينا دفعات أنّ كلامه فى هذا الكتاب إنّما هو فى الجواهر المركبة، والصور التى انتزعتها النفس منها، لا الذى على طريق المادة والصورة.

وهــذه الخاصــة ليســت للجوهر وحْــده، لكنّها للكــم أيضًا ولبعض الكيف. فإنّ الشــكل من الكيفية لا ضد له، والمتوســطات منها بمنزلة الادكــن والفاتر لا ضد لهمــا، لكنّ التضاد إنّما يوجد من الاطراف التى فى الكيفية بمنزلة الحرارة والبرودة، وذلك أنّ التضاد يوجد فى الأشــياء المتباعــدة فى الغاية. والكم أيضًا لا تضــاد فيه. ولمّا كان الكم منه ما هــو منفصل محدود بمنزلة الذراعــين والثلاثة، ومنه ما هو مضاف؛ أمّا الصنف الأوّل فلا شــبهة فيه أنّه لا ضد له، وذلك أنّه إن كان للذراعين ضــد، فليكن إمّا الثلاثــة الاذرع أو غيرها، وعلى هــذا يلزم أن يكون الضــد موجــودا فى ضده، وهذا محال، وسنشــرح هــذا عند الكلام فى الكم؛ وأمّا الصنف الآخر فنحن نســتوفى الكلام فيه أيضًا عند الكلام

---

١ Enn. II, 4, 6 sq.; III 6, 18. Cfr. Elias, In Cat. 179, 7

فــي الكمية، ونبـيّن أن ليس تتقابل التضاد، لكــنّ تقابله إنّما هو على طريق المضاف.

الخاصة الخامسة

والخاصة الخامسة هي أنّ الجوهر لا يقبل الأقلّ والأكثر. وافهم الجوهر إذا أخذ مع جوهر آخر من طبقته، أعني شــخصا مع شــخص ونوعا مع نوع، فإنّا قد قلنا في ما سـلف إنّ الجوهر الشخصي احق بالجوهرية من الجواهر الثواني. وذلك أن ليس هذا الشخص احق بالجوهرية أعني بمعنى القيام بالنفس من شــخص آخر، ولا احق من نفســه إذا قيس بينه وبين نفســه في أزمنة مختلفة، فتكون هذه الخاصة للجواهر إذا قيس الواحد منها بآخر من طبقته.

وينبغي أن تعلم أنّ الأقلّ والأكثر هي خاصة للشــئ من قبل إضافة بعضه إلى بعض، وهذه الخاصة لا توجد في المتباينة في الغاية كالجوهر والكم، إذ كانت هذه لا تشــترك في شــئ واحد يوجد لها بسببه الأكثر والأقلّ، ولا في المتفقة في الغاية كشــخص من أشخاص الجواهر بما هي جواهر، بل في الأشياء التي يكون بينها مشاركة في معنى ما، ومباينة بالزيــادة (١٨١ ا) والنقصان. وهذه الخاصة[٢] تحدث بالاضافة لا في نفس ذوات الأشياء، وهذه الخاصة تتبع تارة وجود الأضداد وتارة لا، فالمقولة التي فيها تضاد، فالأكثر فيها والأقلّ يتبع الأضداد كالكيفية، فإنّ هذه فيها تضاد، ولكنّ للاطراف، وفيها أكثر وأقلّ ولكن في المتوســطات، فإنّ الطرف إذا اســتحال إلى الطرف وجدت بينهما المتوســطات، فكان منها الأكثر والأقلّ، فإنّ بياضا متوسطا أكثر من بياض متوسط، ودكنه أكثر من دكنه؛ فأمّا ما لا تضاد فيه، فالأكثر والأقلّ فيه إنّما يكون من قبل اضافة بعضه إلى بعض حسب، في معنى يقع به الاشتراك بينهما، بمنزلــة الجوهر، فــإنّ الأوّل منه إذا اضيــف إلى الثاني، قيــل إنّه أكثر جوهرية، لأنّهما يشــتركان في الجوهــر، فتكون هذه الخاصة للجوهر من قياس الأوّل بالثاني. والكم بقياس بعضه إلى بعض لا في نفسه وبما هو كــم، فتكون خاصة الأكثر والأقلّ توجد في عدة أجناس، إلا أنّها تكون خاصــة لــكلّ واحد منها على وجه ما. فإنّ الأكثــر والأقلّ يكون خاصة للكيف بقياس المتوسطات إلى الاطراف، فإنّ الاطراف لا أكثر فيها ولا أقــلّ، والأكثر والأقلّ يوجد في المتوســطات. فأمّا بالقياس إلى الجوهر فلا، ولا إلى الكم. وتكون هذه خاصة للكم عند اضافة بعضه إلى بعض لا في نفســه، وللجوهــر بقياس الأوّل منه إلى الثانــي لا بالقياس إلى

٢ هذه الخاصة: هذه خاصة

مقولة أخرى.

وبالجملة فتكون هذه الخاصة تاتي من قبل مقايسة الأمور المشتركة في معنى ما، وتتفاضل فيه بقياس بعضها إلى بعض، وتتبع الأضداد في المقولات التى فيها أضداد كالكيفية ويفعل وينفعل. وما لا ضد فيه فتحدث من قبل مقايسة أمور بينها شركة فى معنى ما بالزيادة والنقصان.

ويجب أن تعلم أنّ الأكثر والأقلّ يوجد الشخصين أو النوعين أو المتوسطين إذا أخذتهما من مقولة واحدة، كسقراط وفلاطن والإنسان والحمار. فإنّ هذين قد يوجد فيهما الأكثر والأقلّ، لا فى الأشياء الجوهرية لها، أعنى جنسها وفصولها، لكن افعالها واعراضها، فانّ حمارا يكون أبيض من حمار وانهق من حمار؛ فأمّا فى شخصي مقولتين أو نوعي مقولتين، فلا يوجد الأكثر والأقلّ، لأنّهما لا (٨١ ب) يشتركان فى الجوهرية ولا فى الافعال ولا فى الاعراض، اللهمّ إلا أن يكون فى الاضاف؛ فإنّ الجنسية والنوعية والفصلية فيها كلّها، فقد نقول فى متوسط من متوسطات الجوهر إنّه احق بالجنسية من متوسط من متوسطات الكيف، إذا كان الأوّل اعلى كالجسم والآخر اسفل بمنزلة اللون، فذاك يحصر الأنواع أكثر، لأنّه اعلى والآخر يحصر أقلّ على أنّ هذه بما هى مضافة فى مقولة واحدة وهى المضاف؛ فلا يكون وصف الشيئين بالأكثر والأقلّ إذا جمعتهما مقولة واحدة، فإن كانا فى طبقة واحدة منها سقط الأكثر والأقلّ فى الطبع وبقى فى الافعال والاعراض، وإن لم يكونا كان ذلك فى الجميع. وإذا ما قلنا إنّ خصب البدن أكثر من الصحة فاعلم أنّ هذا استعارة ويراد بالأكثر الآثر اىْ إن خصب البدن اثر من الصحة.

ويجب أن تعلم أنّ الفائدة فى اعطاء الخواص للمقولات لتقام لها مقام الرسوم فتفصح عن طبيعتها، فهذا هو غرضها الأوّل، فيكون من خاصة الجوهر أنّه يقبل الأكثر والأقلّ، ولا يقبله بقياس الأوّل منه إلى الثاني ولا يقبله بقياس الأوّل إلى الأوّل؛ فإنّما لم يورد ارسطوطالس هذه الخاصة. وإن كانت لازمة أعنى وجود الأكثر والأقلّ لأنّها فى اللفظ تقابل الأولى مقابلة تصريح، فقبيح أن يورد فى الخواص لفظ الايجاب والسلب مصرحا، فتركه ليفهم من ضمنه. وعند القسمة ومقايسة الجواهر بعضها إلى بعض عرضا وعمقا قد ذكر ذلك مصرحا، وكذلك الكم يصحه أنّه يقبل الأكثر والأقلّ ولا يقبله[٣] بما هو كم ويقبله عند

٣ ولا يقبله: ولا يقبله لا يقبله

اضافــة بعضه إلى بعض. وكذلك الكيف يخصانه جميعا الأكثر والأقلّ بقياس المتوسطات إلى الاطراف، ولا يقبله بقياس الاطراف بعضها إلى بعض. وهذه الرســوم بها تنفصل المقولات بعضها من بعض، ســوى أنّ الذى تنفصل به كلّ واحدة من المقولات من الجميع هو خاصتها الحقيقية الأخيــرة. فأمّا باقي الخواص فيجوز أن يشــارك بهــا الجنس جنس آخر وينفصــل بهــا من بعض الأجنــاس، فلا يخرجها هذا الاشــتراك من أن تكون رســما ومن أن تكون خاصة، إذ ليســت الحقيقية، فإنّ هذا شــئ يخص الحقيقية حسب.

وانــت فافهم أنّ الصور الموجودة فى الشــئ يُنظر فيها على ضربين، بقياس الشــئ إلى نفسه وبقياسه إلى غيره. بقياسه إلى نفسه إن كانت جوهريــة قومته وتألف منها حدّه، وإن كانــت دخيلة كانت موجودة فيه وقومت رسمه، فالشئ (١٨٢) يُفهم على طريق الحد والرسم من الصور الموجــودة فيه؛ فإن نُظر فيها بقياس الشــئ إلى غيره، كانت مميزة. أمّا صــورة الشــئ الجوهرية فتميزه مــن جهة الحد من جميع الأمور ســواه. والصور العرضية تميزه، إن كانت خاصية به فى الحقيقة من جميع الأمور على جهة الرسم. وأمّا إن كانت غير حقيقية فتميزه من بعض الأشياء، فإنّ ســواد الغراب يميزه بعض الأمور، وكذلك بياض الققنس، إذ كانت هذه ليســت خاصية به وحده؛ فبالنظر الأوّل يفقه بها الشــئ ويُعلم، إمّا علما حديا أو رسميا، وبالثاني يُميز بينه وبين غيره.

وقــد يطرأ على هــذه الخاصة شــكّ صفته هذه الصفــة، كيف يقول ارســطوطالس إنّ الجواهر لا تقبل الأكثر والأقــلّ، ونحن نرى أنّ الهواء إذا استحال إلى النار تصير النار أكثر والهواء أقلّ.

وحلّ الشــكّ يجرى على هذه الصفة، ليس غرض ارســطوطالس فى هذا الموضع الأكثر والأقلّ الذى هو فى العظم، لكنّ الذى هو فى الجوهر، فإنّا نحن نعلم أنّ النار إذا استحال إليها قطعة من الهواء صارت أكثر مما كانت وصار الهواء أقلّ. ولكنّ ارسطوطالس فى هذا الموضع إنّما يريد الأكثــر والأقلّ فــى الجوهرية. وتقدير الــكلام أنّ الجواهر لا يوجد فيها أقلّ وأكثر فى الجوهرية وفى معنى قيامها بنفوســها على أنّ الهواء إذا استحال إليه الماء يقال فيه إنّه اعظم وفى الماء إنّه اصغر لا أكثر وأقلّ، فهذا كاف فى حلّ هذا الشك.

وهذه الخاصة ليســت للجوهر وحْده، لكنّهــا للكم أيضًا وللكيفيات التى هى بمنزلة الاطراف مثل السواد والبياض.

ومن بعد فراغ ارسطوطالس من النظر فى الخواص الخمس التى ليست بحقيقية للجوهر من قبل أنّ بعضها ليس هو له وحْده وبعضها ليس لكلّه، أخذ فى افادتنا الخاصة الحقيقية التى هى السادسة. والسبب الذى من أجله جعلها اخيرة هو أنّكم قد علمتم أنّ آخر صورة يقطع عندها الفاعل فعله هى اشرف سائر الصور التى تقدمتها فى المراتب. وأيضًا فإنّه لو قدّم الخاصة الحقيقية أوّلا، لكان الناظر يقنع بها ويعاف نفسه للنظر فى البواقي.

الخاصة السادسة

وهو يزعم أنّ الخاصة الحقيقية هى للجوهر الذى نظره فى قاطيغورياس فيه، وهو الجنس العالى وما تحته من المتوسطات وأنواع الأنواع والأشخاص من دون الفصول والمادة والصورة والجواهر الالهية. وانت فيجب أن تعلم أنّ خاصة الجوهر (٨٢ ب) الحقيقية إذا أخذتَه على الاطلاق كانت لا فى موضوع، إذ كانت سائر أقسام الجوهر لها هذه الخاصة الأوّل والثواني والفصول والصور والمواد؛ فإنّ الصورة والمادة يقال فيها ذلك، لأنّها جزء للذى لا فى موضوع، وقد بان فى السماع أنّ جزء الجوهر جوهر. والثواني تحمل حمل على، فذاتها ذات الأوّل. وهى لا فى موضوع، فالثواني لا فى موضوع، سوى أنّ ارسطوطالس لم يفيدها خاصية حقيقية للجوهر الذى كلامه فيه فى قاطيغورياس، لأنّها تفضل عليه بالفصول والمادة والصورة.

وافاد الخاصة الحقيقية للجوهر الذى كلامه فيه، وهى أنّ الواحد منه بالعدد يقبل الأضداد بتغيره فى نفسه؛ ولا تفهم ذلك معا، لكنّ الواحد منها بعد الآخر. وسوف إذا امعن فى الكلام قليلا يتمم هذه الخاصة ويقول إنّ اخص الخواص بالجوهر هو أنّ الشخص الواحد منه بالعدد يقبل المتضادات بتغيره فى نفسه. وبيان ذلك يتضح من تصفحك لسائر المقولات، فإنّك لا تجد شخصا من أشخاص المقولات موضوعا بعينه فى الوجود لقبول الأضداد بتغيره فى نفسه، فإنّ اللون ليس يلبث قائما مفردا فى الوجود حتى يقبل صورة البياض ويخلعها ويلبس صورة السواد، لكنّ اللون الأسود تاثيره غير الأبيض. ولا الفعل الواحد يثبت حتى يكون هو بعينه محمودا، ثم يخلع هذه الصورة ويصير مذموما، لكنّ الفعل المحمود ينصرف، وياتي بعده الفعل المذموم؛ فأمّا شخص الجوهر فإنّه يثبت واحدا بالعدد كسقراط، فيلبس صورة الأضداد واحدة بعد الأخرى، وهو واحد غير متغير فى نفسه، أعنى فى جوهره. والسبب الذى من أجله جعل ارسطوطالس الاستقراء من مقولة الكيفية ومقولة يفعل من قبل أنّ هاتين المقولتين يلزمهما معنى التضاد، فربما ظنّ بها

أنّ التضـاد يحلّ الموضوع الواحد منهما وهـو ثابت بعينه كما كان فى الجوهر.

الشكوك

فأمّـا نحن فإنّا نفصح هذه الخاصة ونقول إنّ الجوهر الذى كلامنا فى قاطيغورياس فيه يخصه أنّ الشـخص الواحد منه بالعدد يقبل الأضداد العرضية واحد بعد الآخر بالفعل بتغيره فى نفسه. وقلنا بالفعل لأنّهما جميعا فيه بالقوة معا. وارسطوطالس بعد ايراده لهذه الخاصة يأخذ فى اثارة شكّ عليها، صورته هذه الصورة: كيف تكون هذه الخاصة للجوهر وحْـده ونحن نرى الكمية والكيفية يشـركانه فيها، فـإنّ القول الواحد بالعـدد وهو من الكم يتعاقب عليه الصدق والكذب وهذان ضدان، فإنّ الحكـم بأنّ زيدا جالس إذا كان زيد بهـذه الصفة حكم صادق، فإذا قام صار كاذبا. والصدق والكذب ضدان فيتعاقب على القول الواحد بالعدد (١٨٣ ا) الأضداد. والظن وهو كيفية فى النفس قد يكون صادقا ويصير كاذبـا إذا تغير المظنون عن حاله، فإذا ليسـت هذه الخاصة لجوهر وحْده لكنّ للكمية والكيفية أيضًا.

وارسـطوطالس يحلّ هذا الشـكّ على ضربين: الضرب الأوّل يسمى طريق المسـامحة، والثاني طريق المعاندة. وطريق المسامحة هى أن يسلم الإنسان لخصمه ما قاله، إلا أنّه يريه أنّه لا يلزم منه ما الزمه. والمعاندة هى أن يريه أن ما قاله هو كذب.

والحلّ الذى على طريق المسامحة يجرى على هذه الصفة، هبنا سلمنا أنّ القول الواحد والظن الواحد يتعاقب عليهما التضاد واحد بعد الآخر، إلا أنّ جهة التضاد فيهما غير جهة التضاد فى الجوهر؛ فإنّ الجوهر يقبل الأضداد بتغيره فى نفســه، بأن يكون هو صحيحا فيصير مريضا؛ فأمّا هذه فقبولهما للتضاد من قبل تغير الأمر المدلول عليه بالقول والمظنون، فإنّه عند ما يكون زيد قاعدا يصدق الحكم عليه بأنّه قاعد، فالصدق إنّما حصل للقول من قبل الأمر لا أنّه صورة موجودة فيه. وكذلك الكذب من قبـل لا مطابقته الأمر لأنّ زيد اقـام، وعلى هذا يجرى الأمر فى الظن؛ فالقول لم يزل عن حاله ولا تغير، وإنّما الأمر الذى دل عليه تغير فحصل لأجل هذا صادقا وكاذبا، لا لتغيره فى نفسه.

والحـلّ الذى على طريـق المعاندة يجرى على هـذه الصفة، بئس ما زعمتم أنّهما يقبلان التضاد، فإنّ القابل للتضاد يحتاج أن يكون واحد بالعدد يقبل صورة التضاد فى نفسـه بأن ينتقل من الواحد إلى الآخر. وليس القول والظن بهذه الصفة، فإنّ القول الواحد الدال على الشـئ لا يلبث حتى يكـون صادقا وينصرف الصدق عنه ويحله الكذب، بل حين

يلفظ به اللافظ ينصرف، وكذلك الظن، فليس يحلهما إذا التضاد. وهكذا يقول الاسكندر، إنّ قابل الأضداد يحتاج أن يكون ثابتا قابلا للضدين احدهما بعد الآخر. والقول الواحد بالعدد إذا لفظ به تقضى. وكذلك الظن الواحد بالعدد فلا يصلح أن يكون هذان ثابتان لقبول الأضداد.

ويطرأ شكّ ثان صفته هذه الصفة، كيف يزعم ارسطوطالس أنّ هذه الخاصة هى اخص الخواص للجوهر لأنّها له وحْده؟ ونحن نعلم أنّ قبول الاشارة هي للجوهر وحْده لأنّه ليس شئ من أشخاص المقولات يكون قائما بنفسه مفردا يشار إليه بالاصبع البتة، وإن اشير إليه كما يشير إلى الأبيض، فإنّما ذلك فى شخص الجوهر، فلم تكن تلك هى اخص الخواص.

وحلّ الشكّ يجرى على هذه الصفة، إنّ الأمر وإن كان على هذا، فقبول الاشارة هى (٨٣ ب) خاصة دخيلة من خارج، وقبول الأضداد له فى نفسه. والشئ الذى فى ذات الشئ احق بما هو له من خارج.

ويطرأ شكّ ثالث صفته هذه الصفة، كيف يقول ارسطوطالس إنّ قبول التضاد هو للجوهر وحْده، ونحن نعلم أنّ الكم يخصه معنى التساوى ولا تساوى والكيف معنى الشبيه ولا شبيه، وهذه أضداد.

وحلّ الشكّ يجرى على هذه الصفة، ليس هذه أضدادا، لأنّ الأضداد صورة وهذه نسب، فهذه تتقابل تقابل المضاف لا تقابل التضاد، وهذه تجتمع والأضداد لا تجتمع.

ويطرأ شكّ رابع صفته هذه الصفة، كيف يزعم ارسطوطالس أنّ هذه الخاصة هى اخص الخواص بالجوهر، واحق الخواص يجب أن تكون لكلّ الشئ، وقد علمنا أنّ كلامه فى هذا الكتاب إنّما هو فى الأشخاص الموجودة والصور الحاصلة فى النفس منها، أعنى أجناسها وأنواعها. وتلك لا تتغير وتتقبل عليها الأضداد بأن تكون صحيحة فتصير سقيمة أو سوداء فتصير بيضاء.

وحلّ الشكّ أنّه إذا تأمل كلام ارسطوطالس عُلم أنّ الخاصة التى افادها هى لجميع الجوهر الذى كلامه فيه فى قاطيغورياس، فإنّه قال، إنّ الجوهر الذى كلامي فى قاطيغورياس فيه هو الذى الواحد منه بالعدد يقبل الأضداد بتغيره فى نفسه، وهذا منه أوّل ومنه ثان والجوهر الثاني جنسا كان أو نوعا هو الذى الواحد منه بالعدد، أعنى أىّ شئ أخذتَ من أشخاصه، يقبل الأضداد بتغيره فى نفسه؛ فتكون هذه الخاصة لجميع الجوهر الذى كلامه فى قاطيغورياس فيه الأوّل والثاني. والغرض

هــو افادة خاصة للجنس العالى. وهذا هو الذى الواحد منه بالعدد يقبل الأضداد بتغيره فى نفسه، فهذه الخاصة هى لجميع هذا الجنس فما تحته إلى أنواع الأنواع ولكلّه ودائما. وقد قلنا إنّ خاصة الجوهر على الاطلاق هــى أنّه لا فى موضــوع إذ كانت هذه لكلّ جوهر وله وحْده، ســوى أنّه لّمــا كان فى هذا الكتاب ليس كلامه فــى كلّ جوهر، افاد خاصة تنطبق عليــه وحده حقيقية، وصارت تلك الأولى. وهــى أنّه لا فى موضوع له ولغيره من الجواهر مما ليس كلامه فيه فى هذا الكتاب، كالفصول والمادة والصورة، والعلة الأولى تقدّست. والخاصة الحقيقية لكلّ جوهر وهى أنّه لا فى موضوع، هى النســبة التى يفرضها جنسا عاليا تشمل الجسم ولا جســم علــى أنّ الثواني هى مثل الأوّل، فإذا تغيــرت الأوّل وُجد التغير فيهــا أيضًا على جهــة المثال؛ فكمــا أنّ زيدا ينتقل مــن البياض إلى الســواد هكذا الإنســان (١٨٤) الذى فى النفس بتصوره العقل منتقلا من السواد إلي البياض لأجل شخصه.

ويطرأ شــكّ خامس صفته هذه الصفة، ليس يجب أن يقال إنّ الجوهر وحْده يقبل الاضداد، وذلك أنّ جميع المتوسطات التى من الكيفية بمنزلة الادكــن والفاتر يُحكم عليها بالطرفين جميعا، وهما أضداد وليس هما جواهر.

وحــلّ الشــكّ يجرى على هــذه الصفة، الاطراف التــى فى الكيفية تســتعمل على ضربين، على أنّها صور فتكون متضادة ولا تجتمع معا فى الشــئ الواحــد، أو على أنّها نســب فتتقابل مع الاطــراف تتقابل المضاف؛ فإنّا نقول فى المتوســط إنّه أســود بالقياس بالطرف الذى هو الأبيــض، وبهذا الوجه لا يكون أســود فى الحقيقة لكــن فى الاضافة، فتكون مقابلته له مقابلة المضاف. والمتوسطات توجد لها الاطراف على أنّها نسب لا على أنّها ذوات، إذ كانت توصف بصفة الطرفين بالقياس إلى كلّ واحد منهما. ويقابل كلّ واحد من الطرفين مقابلة مضاف فليس تقبــل إذا الاضداد، بل إنّما توجد لها نســب اضافة. ويجب أن تعلم أنّ المتوســطات لها فى نفوسها طبائع تخصها، وبحسبها يسمى هذا ادكن وهذا اصفر إلا انّا إذا قســناها إلــى الطرفين قلنا فىهما إنّهما الطرفان جميعــا بالقياس إلــى كلّ واحد منهما، فتكــون الطرفان لها على وجه نســبة لا على وجه طبيعة من طريــق الاضافة. ومع هذا فالكيفيات إذا وصفــت بالتضــاد وضح ذلك فيها، يكون هى نفوســها اضداد لا قابلة للاضــداد. والجوهر يوصف بالتضاد على أنّــه قابل الأضداد لا هو فى نفسه مضاد.

ويطرأ شكّ سادس صفته هذه الصفة، كيف يزعم ارسطوطالس أنّ الجوهر الواحد بالعدد تتقلب عليه الاضداد، ونحن نرى جواهر كثيرة لا تقبل إلا طرفا واحدا من الاضداد بمنزلة النار، فإنّ الحرارة ابدا موجودة لها ولا تطرأ عليها البرودة، وكذلك السواد الموجود فى الغراب والبياض الموجود فى الققنس.

وحلّ الشكّ يجرى على هذه الصفة، الاضداد إمّا أن تكون طبيعية أو عرضية، والطبيعية لا يمكن زوالها وذات الشئ باقية، فإذا لا يمكن أن تنصرف ويحدث بعدها ضدها وذات الأمر باقية؛ فأمّا العرضية فأنّها دخيلة يجوز ذلك فيها، والحرارة فى النار جوهرية، والسواد فى القار والبياض فى الققنس خاصيتان، فليس لهذه علقة بهذه الخاصة لكنّ هذه الخاصة تتعلق (٨٤ ب) بالكيفيات العرضية؛ فإنّ الشخص الواحد بالعدد يقبل الكيفيات العرضية بتغيره فى نفسه لا الجوهرية إذ كانت هذه لا تزول.

ويطرأ شكّ سابع صفته هذه الصفة، كيف يقول ارسطوطالس إنّ الجوهر يخصه أنّ الواحد منه بالعدد يقبل الأضداد بتغيره فى نفسه، ونحن نعلم أنّ الاجرام السماوية[٤] لا تقبل الأضداد.

وحلّ الشكّ يجرى على هذه الصفة، إنّما زعم ارسطوطالس أنّ الواحد بالعدد يقبل التضاد فى الأشياء التى يمكن ذلك فيها. فأمّا التى لا يدخلها التضاد أصلا، فكيف يمكن أن يتوهم ذلك فيها، فتكون خاصة الجوهر الحقيقية هى أنّ أىّ واحد أخذته بالعدد منه، يقبل الأضداد بتغيره فى نفسه إذا كان ذلك ممكنا فيه؛ فالقبول يحتاج أن يتقدّمه امكان الهيولى على أنّه قد زعم قوم إنّ الاجرام السماوية[٥] ليست داخلة فى علم هذا الكتاب وذاك أنّ الغرض فى هذا الكتاب من أشخاص الجواهر، ما يحقق منه وجود أجناسها وأنواعها، وهذه المحسوسة بالذات احق بهذا المعنى من المحسوسة بطريق العرض.

وجملة الكلام فى جنس الجوهر بحسب ما يقتضيه كتاب القاطيغورياس يجرى على هذا الوجه، تصنع الجوهر الذى هو جنس الجنس مطلوبا، وهذا هو صورة فى النفس بسيطة. وانظر فيه على عادتك فى المطالب كلّها، أوّلا فى وجوده. ووجوده ظاهر من وجود الحيوان والنبات والسمآء وغير ذلك. ولِم كان الجوهر موجودا: حتى لا

---

٤ السماوية: السمائية
٥ السماوية: السمائية

يلـزم المضى إلى ما لا نهايــة، فإنّه لو كان كلّ موجود يفتقر فى وجوده إلــى حامل يحملــه أو فاعل يفعله، لامتدّ هذا مــن الطرفين من القابل والفاعــل إلى ما لا نهاية. وطبيعة غير المتناهى عزيز وجودها؛ فأمّا ما هو، فلأنّه لا مبادئ له ولا لوازم مبادئ إذ كان فى غاية البساطة، تقوده الضرورة إلى النظر فى لوازمه ليســتخرج رســمه منها. ولوازمه كميته وكيفيتــه. وكميته اثنان، أوّل وهو الــذى على الوجود، وثان وهو الذى فى النفس. ولهذا قســمه ارسطوطالس بهذه القسمة. ولمْ يقسمه بجسم وغير جســم، لأنّ تلك القســمة تخص كلّ الجواهر وهذه تمر فى الثوانى. و القســمة القانونيــة إذا بلغــت نوع الأنواع كفت، فيســقط ذكر الأوّل واخص خواص الجوهر من الأوّل تســتخرج. ومن ذين القسمين يستخرج ارسطوطالس ستة رسوم، أنّه لا فى موضوع، وأنّه يحمل بالتواطؤ، وأنّه يشار اليه بالاصبع، وأنّه لا تضاد فيه، وأنّه لا يوجد فيه الأكثر والأقلّ، وأنّ الواحد منه بالعدد قابل للمتضادات بتغيره فى نفســه. والعلة فى كونها ســتة أنّ رسم الجوهر لا يخلو أن يؤخذ من القسمين جميعا أو من احدهما، (١٨٥ ا) ومن القسمين إمّا باضافة البعض إلى البعض أو بغير اضافة. أمّا الذى يؤخذ من القســمين جميعا من طباعهما فهى الخاصة الأولــى، و هى أنّ الجوهر لا فى موضوع. وبقياس البعض إلى البعض، إمّا بقياس ما اتفق إلى ما اتفق، ثانى إلى ثانى وأوّل إلى أوّل وثان إلى أوّل وأوّل إلى ثان، أو بقياس الواحد إلى شــئ مما فى طبقته، فالمقايسة الأولى تســتخرج خاصية عدم وجود التضاد والثانية عدم وحود الأكثر والأقــلّ. والانفراد من كلّ واحــد منهما إمّا من الثوانى، فخاصة الحمل بالتواطؤ ومن الأوّل إمّا منا أو من الأمر، ومنا بالاشــارة ومن الأمر أنّ الواحد بالعدد يقبل التضاد بتغيره فى نفسه.

وأمّــا ترتيبها فعلته أمّا الاخيــرة فبالواجب كانت اخيرة لأنّها تجرى مجــرى الغاية إذ كانت هى الخاصة الحقيقية. والخمس البواقى بالواجب تقدّمــت واخــرت خاصة التضــاد والأكثــر والأقلّ منهــا، لأنّهما تولدا بالمقايســة والاضافة لا من الأمر نفســه. والثلاثة تقدّمت خاصة لا فى موضوع منها لأنّها اخص خواص الجوهر بالجوهر ولأنّها لأمرين، وتقدّمت خاصة التواطؤ على الاشارة لأنّ الاشارة منا حسب والحمل يقتضيه طبع الأمــر لتحقيق وجوده. ومــن الواجب إن كانت الخاصــة الحقيقية تكون أنّهــا لا فــى موضوع ولكــنّ لمّا كان هــذا الكتاب نظرُه ليس هو فى جميــع الجواهر لكن فيمــا يخص قاطيغورياس، وهــو الثانى والأوّل لا فــى المواد والصــور ولا فى الفصــول ولا فى المبــدا الاول، فضلت هذه

الخاصة على جوهر قاطيغورياس، فصارت غير حقيقية لا بالقياس إلى الجوهر فى نفسه لكنّ بالقياس إلى ما يُنظر فيه فى قاطيغورياس منه. وصارت خاصة التضاد والأكثر والأقلّ غير حقيقيتين لأنّهما يوافقان مقولات آخر كالكم. وصار التواطؤ أيضًا غير حقيقى لأنّه يوافق جميع المقولات. والاشارة وإن كانت تختص بالجوهر فقبول التضاد احق منها لأنّ الاشارة منا وقبول التضاد من الأمر نفسه، وأيضًا قد تكون الاشارة إلى الاعراض بما هى فى الجواهر والاعراض لا تقبل التضاد بتغيرها فى نفسها؛ فأمّا الكيفية فتنقسم إلى الأمر وكيفية بيانه. وكيفية البيان أنّها تكون بالقسمة والرسم. وكيفية الأمر أنّ الأوّل منه احق بالجوهرية واقدم وافضل طبعا وشرفا وزمانا ومرتبة.

وأمّا العلة فى تقديم الجواهر (٨٥ ب) على البواقي، فلأنّ الجوهر وجوده وفعله بسبب نفسه، والبواقي وجودها وفعلها بسببه. والعلة فى أنّه لمْ يستعمل فى هذا الكتاب من الجواهر إلاَ الأوّل والثواني لا المادة والصورة ولا الجواهر الالهية ولا الفصول، لأنّ غرضه الألفاظ البسيطة الدالة على الأجناس العوالى وفى الأجناس العوالى بسببها، وفى ما تحت الأجناس العوالى بسبب الأجناس العوالى، ليحقق منها وجودها. وتحقيق وجودها مما تحمل عليه، وهى تحمل على المتوسطات والأنواع والأشخاص. والحمل حقّا إنّما هو على الشخص، ولا يقع الحمل الذى يراد به تحقيق الوجود على المادة والصورة والفصول، لأنّها ليست مفردة قائمة بنفسها. وإن كان الحمل يصح عليها إلا أنّه لا يفيد فى تحقيق الوجود كبير فائدة لأنّ التحقيق يكون من الشئ الظاهر الوجود الظاهر استقلالة بنفسه، فهذه جملة تغنى فى الكلام فى الجوهر.

وبالجملة فالخاصة الأولى مأخوذة للجوهر من الأوّل منه ومن الثاني، والخاصة الثانية مأخوذة من الثواني حسب، والثالثة من الأوّل حسب، والرابعة من الأوّل والثاني، والخامسة من الأوّل والثاني، والسادسة من الأوّل حسب. ويجوز أن توخذ من الأوّل والثواني، فقولنا إنّه لا فى موضوع للأوّل والثاني وإنّه يحمل بالتواطؤ للثاني حسب، وإنّه يشار إليه بالاصبع للأوّل حسب، وإنّه لا يوجد فيه التضاد للأوّل والثاني، وإنّه لا يوجد فيه الأكثر والأقلّ للأوّل والثاني إذا أخذ اعراضا، وإنّه موضوع لقبول الأضداد بتغيره فى نفسه للأوّل حسب، وقد ينقل إلى الثاني.

والعلة فيكون هذه الخواص ستا من قبل أنّ الجوهر تنتزع له الخواص من أقسامه لأنّه بسيط؛ فأمّا أن توخذ له الخواص من أقسامه نفوسها

أو بالمقايسة، وبالمقايسة إمّا بمقايسة بعضها إلى بعض أو بمقايسة إلى غريب، وهذا إمّا أن توجد هى فيه أو يوجد هو فيها. ومن نفوسها ينتزع له ثلاث خواص من كلّ منهما، أعنى الأوّل والثاني مفردا أو منهما مجموعين. وبمقايسة بعضها إلى بعض، إمّا عمقا أو عرضا. والعمق لمّا قلنا وبمقايسة إلى غريب، أمّا بما يوجد فيه فالأضداد وهو فلا يوجد فيها لأنّه لا ضد له، إذ كان لا فى موضوع.

وعلة أخرى فى أنّ خواص الجوهر ست لا زائدة ولا ناقصة، من قبل أنّ خواص الجوهر تستنبط له من أقسامه وأقسامه الثواني والأوّل؛ فأمّا أن تستنبط له من الثواني والأوّل جميعا أو من كلّ واحد منهما مفردا، فإن استنبط منهما. فأمّا أن تستنبط منهما بقياس الوجود، فتتحصل خاصة لا فى موضوع، أو بقياس بعضها إلى بعض، إمّا ما اتفق إلى ما اتفق (١٨٦ ا) فعدم التضاد، أو الواحد إلى واحد معين من طبقته فعدم وجود الأكثر والأقلّ، أو من الثواني حسب، فتجى خاصة التواطؤ، أو من الأوّل حسب، أمّا منّا فقبول الاشارة، ومنها قبول الأضداد.

والعلة فى أنّ خواص الجوهر وسائر المقولات الجارية لها مجرى الرسوم توخذ من اضافتها إلى متوسطاتها وأشخاصها، من قبل أنّ الأجناس العوالى لا حدّ لها لأنّه لا مبادئ لها، فبقى أن تفهم من رسومها ورسوم الشئ إنّما توخذ من خواصه واعراضه. وقبيح أن توجد للأجناس العالية خواص فى نفوسها هى ذوات، لأنّ الذات لا توجد للنسبة، فبقى أن توجد باضافتها إلى شئ. ومحال أن يضاف الجنس لتستنبط له خاصة إلى جنس غيره، لأنّ طبيعة غيره مباينة لطبيعته، فكيف تستنبط له الخاصة منه، فبقى أن يكون استنباطها مما يتعلق به. وهذه هى متوسطاته وأنواعه وأشخاصه، فرسومه إذا توخذ من اضافته إلى متوسطاته وأنواعه وأشخاصه. وليس نسبة تستمرّ فى المقولات كلّها سوى نسبة الاضافة، فمنها إذا تستنبط الرسوم للمقولات كلّها وتنقضى الجملة.

قال ارسطوطالس

•وقد يُظن بكلّ جوهر أنّه يدل على مقصود إليه بالاشارة؛ 3 b 10

يريد ويتخيل من اسمٍ الجوهر أنّه يدل على كلّ ما يدل عليه بأنّه مقصود إليه بالاشارة وموما إليه بالاصبع. وليس الأمر على هذا، وإنّما هذا شئ يخص الجوهر الأوّل لأنّه واحد متحيز منفرد.

• فأمّـا الجوهر الأوّل فالحق الذى لا مُرية فيه أنّه يدل على مقصود إليه بالاشارة لأنّ ما يستدل عليه فيها شخص وواحد بالعدد.

يريـد فأمّـا الجواهر الأول فاسماؤها لا خلاف فيهـا أنّها تدل على مقصود إليه بالاشارة لأنّها تدل على شخص واحد ينفرد ومتحيز.

• وأمّا الجواهر الثواني فقد يوهم اشـتباه شـكل اللقب[٦] منها أنّها تدل على مقصود إليه بالاشارة كقولك الإنسان الحيوان.

يريـد والجواهر الثوانـي يُظن بها ذلك ظنّا والعلة فى هذه مشـابهة اسـمائها لأسـماء الجوهر الأوّل، وذلك أنّه يدل على الجوهر الثاني باسم واحـد كما يـدل على الجوهر الأوّل باسـم واحد فيظنّ كمـا أنّ هذا يدل بالاشارة كذلك ذاك.

(٨٦ ب) • وليس ذلك حقّا،

يريد وليس هذا الظن حقّا أعنى أنّ أسماء الجواهر البواقي تدل على مقصود إليه بالاشارة.

• بل الأولى إنّها تدل على أىّ شئ،

يريد أنّها تدل على صورة موجودة فى النفس مكيفة بكيفية جوهرية تحـمل على كثيريـن مختلفين بالنـوع أو بالعدد، وما هـذه صفته ولا تفصله إليه بالاشارة.

• لأنّ الموضوع ليس بواحد كالجوهر الأوّل،

يريد لأنّ الموضوع الذى يدل عليه باسـماء الجواهر الثواني ليس هو واحدا معينا عليه كالجواهر الأول متحازا منفردا.

• لكنّ الإنسان يقال على كثير والحيوان؛

يريـد الإنسـان والحيوان وهما جوهـران ثانيان يحمـلان على كثرة والكثرة لا يقصد إليها بالاشارة لأنّها لا تنضبط.

• إلا أنّها ليست تدل على أيّ شئ على الاطلاق بمنزلة الأبيض،

يريد إلا أنّها يعنى أنّ أسـماء الجواهر ليس تدل على جوهر مكيف

[٦] اللقب: اللقلب

بأيّ كيفية جوهرية كالناطق والمائت لا عرضية كالأبيض.

• فإنّ الأبيض ليس يدل على شـئ غير[٧] أيّ شـئ، فأمّا النوع والجنس فإنّهما يقرران أيّ شئ فى الجوهر.

يريد فإنّ اسم الأبيض يدل على جوهر مكيف بكيفية ولكنّ عرضية.

• وذلك أنّهما يدلان على جوهر ثاني ماً؛

يريد فأمّا اسم النوع والجنس كالإنسان والحيوان فإنّهما يدلان على جواهر مكيفة ولكنّ بكيفيات جوهرية.

• إلا أنّ الاقرار بالجنس يكون أكثر من حصر الاقرار بالنوع،

يريد إلا أنّ اسم الجنس يدل على جوهر مكيف بكيفية جوهرية يُحمل على أكثر مما يُحمل عليه النوع، إذ كان الحيوان يشمل الإنسان وغيره والإنسان إنّما يشمل أشخاص الناس حسب.

• فإنّ القائل حيوان قد جمع بقوله أكثر مما يجمع القائل إنسان.

يريد وذلك أنّهما يدلان على جوهر مكيف بكيفية جوهرية.

قال المفسّر

(١٨٧١) هذه الخاصة الثالثة للجوهر، وهى أنّ اسمه يدل على مقصود إليه بالاشارة، اىْ موما بالاصبع نحوه، ولمّا كانت الجواهر شخصية وعامية، فهذه الخاصة هى للشخصية منها؛ فأمّا العلمية فقد توهم اسمها لمشابهته لاسم الجواهر الأول أنّها يشار إليها. وليس الأمر على هذا بل أسماء الجواهر الثواني تدل على صورة فى النفس مكيفة بكيفيات جوهرية من شأنها أن تحمل على أكثر من واحد، إلا أنّ الجنس منها اعم من النوع. والفرق بين الكيفية الجوهرية وبين العرضية أنّ الجوهرية تخص نوعا واحدا، والعرضية توجد فى أكثر من نوع واحد؛ فأمّا لفظة يظن، يريد بها التخيل لا التحقيق، لأنّ لفظة يظن تقال على ضربين، بمعنى التحقيق وبمعنى التخيل، فبمعنى التحقيق إذا كان صادقا، وبمعنى التخيل إذا كان مشكوكا فيه.

---

٧ -: غير

قال ارسطوطالس

3 b 24 • وممّا للجواهر أيضًا أنّه لا مضاد لها،

يريد ومما يخص الجوهر الذى كلامنا فيه فى هذا الكتاب أنّه لا ضد له وذلك أنّه لا يوجد فيه شخصان ولا نوعان ولا متوسطان يضاد أحدهما الآخر.

• وإلا فماذا يضاد الجوهر الأوّل كإنسان ما فإنّه لا مضاد له ولا الإنسان أيضًا ولا الحيوان يضاد،

يريد والا فماذا يضاد زيدا مثلا وهو لا فى موضوع والأضداد فى موضوع.

• إلا أنّ ذلك ليس خاصيا بالجوهر لكنّه أيضًا فى اشياء كثيرة غيره ومثال ذلك فى الكم، فإنّه ليس لذي الذراعين مضاد ولا للعشرة ولا لشئ مما يجرى هذا المجرى.

يريد إلا أنّ هذه الخاصة ليست للجوهر وحْده لكنّها توجد لأشياء كثيرة كالكمية.

• إلا أن يقول قائل إنّ القليل ضد الكثير والكبير ضد الصغير،

يريد اللهمّ إلا أن يدعى مدعى ويقول إنّ فى الكم تضادا فإنّ الكثير يضاد القليل وسوف يتبين أنّ هذه تتقابل تقابل المضاف لا تقابل التضاد.

• لكنّ الكم المتفصل لا مضاد له.

يريد سوى أنّ الكم المنفرز الذى ليس بمضاف لا خلاف فى أمره أنّه لا تضاد فيه.

قال المفسّر

(٨٧ ب) هذه الخاصة الرابعة للجوهر، وهو أنّه لا يوجد فيه شخصان متضادان ولا نوعان ولا متوسطان، إلا أنّ هذه الخاصة ليست للجوهر وحْده، لكنّها للكم. أمّا المنفصل منه، أعنى الذى تفهمه النفس مفردا بمنزلة الذراعين والثلاث، فلا شكّ فيه، وأمّا المضاف منه فسيبين ارسطوطالس أنّه لا تضاد فيه.

قال ارسطوطالس

• وقد يُظن بالجوهر أنّه لا يقبل الأكثر والأقلّ. 3 b 33

يريد وقد يتحقق من أمر الجوهر أنّه لا يقبل الأكثر والأقلّ وذلك أنّه لا يوجد جوهر آخر من طبقته فى باب ما هو جوهر وقائم بنفسه.

• ولستُ اقول إنّه ليس جوهرا بأكثر من جوهر فى أنّه جوهر،

يريد وليس أعنى أنّه لا يوجد جوهر هو أكثر من جوهر آخر فى باب ما هو جوهر، فإنّه الشخص أكثر فى باب الجوهرية من النوع والنوع أكثر فى باب الجوهرية من الجنس.

• فإنّ ذلك شئ قد قلنا به لكنّي اقول إنّ ما هو فى جوهر جوهر ليس يقال إنّه أكثر ولا أقلّ.

يريد أنّ هذا الحكم هو فى باب الجواهر التى من طبيعة واحدة وذلك أنّه لا يوجد جوهر أوّل احق فى باب الجوهرية من الجواهر الأول.

• مثال ذلك أنّ هذا الجوهر إن كان إنسانا فليس يكون إنسانا والأكثر والأقلّ،

يريد مثال ذلك أنّ هذا الشخص من أشخاص الناس لا يكون احق فى باب الجوهرية من هذا الشخص.

• لا إذا قيس بنفسه ولا إذا قيس بغيره؛

يريد لا إذا قيس بنفسه فى ازمنة مختلفة بمنزلة الصباء والشخوخة ولا إذا قيس بغيره، فإنّه ليس يكون شخص من أشخاص الناس قائما بنفسه بأكثر من غيره.

• فإنّه ليس احد من الناس إنسانا بأكثر من إنسان غيره كما أنّ الأبيض أبيض أكثر مما غيره أبيض، والخير خير بأكثر مما غيره خير، وكما أنّ الشئ إذا قيس بنفسه أيضًا قيل إنّه أكثر وأقلّ، مثال ذلك أنّ (١٨٨ ا) الجسم إذا كان أبيض قد يقال إنّه فى هذا الوقت أبيض بأكثر مما كان قبل، وإذا كان حارا فقد يقال إنّه حارا بأكثر مما كان أو أقلّ؛

يريد فإنّه ليس احد من الناس أكثر فى باب الجوهرية من إنسان آخر أو فى الإنسانية كما أنّ الأبيض أبيض بأكثر من غيره والخير خير بأكثر من غيره خيرا، والاعراض توجد فيها الزيادة والنقصان إذا قيس الشئ

إلى نفسه فى اوقات مختلفة أو إلى شخص آخر فى الوقت الواحد.

• فأمّا الجوهر فليس يقال أكثر ولا أقلّ فإنّه ليس يقال فى الإنسان إنّه فى هذا الوقت إنسان بأكثر ممّا كان فى ما تقدم ولا فى غيره من سائر الجواهر،

يريد إذا قيس بواحد من طبقته ولا بنفسه فى ازمنة مختلفة.

• فتكون الجواهر لا تقبل الأكثر والأقلّ.

يريد إذا قيس بواحد من طبقته.

قال المفسّر

هذه الخاصة الخامسة وهى أنّ الجوهر إذا قيس بنفسه أو بآخر من طبقته، أعنى شخصا مع شخص ونوعا مع نوع، لا يكون أحدهما أكثر فى باب الجوهرية من الآخر.

قال ارسطوطالس

• وقد يُظن أنّ أوّلى الخواص بالجوهر أنّ الواحد منه بالعدد هو بعينه 4 a 10
قابل للمتضادات.

يريد وقد يتحقق بأنّ اخص الخواص بالجوهر إنّك إذا أخذت شخصا من أشخاصه وجدته يقبل المتضادات بتغيره فى نفسه.

• والدليل على ذلك أنّه ليس يقدر أحد أن يأتي لشئ مما ليس هو جوهرا أنّ الواحد منه يقبل المتضادات.

يريد والدليل على أنّ هذه الخاصة هى أخصّ الخواص أنّه لا يقدر احد أن يأتي شخص من أشخاص مقولة أخرى غير الجوهر يكون قابلا للمتضادات بتغيره فى نفسه.

(٨٨ ب) • مثال ذلك أنّ اللون الواحد بالعدد وهو بعينه أن يكون أبيض وأسود ولا الفعل الواحد بالعدد هو بعينه يكون محمودا أو مذموما[٨].

يريد مثال ذلك اللون الواحد وهو من الكيفية لا يمكنه أن يثبت واحد

---

٨ محمودا أو مذموما: محمودا مذموما

بالعدد فيكون تارةً أبيض وتارةً أســود ولا الفعل الواحد وهو من مقولة يفعل يثبت واحدا بالعدد وينقلب عليه الحمد والذم.

• وكذلك يجرى الأمر فى سائر الأشياء مما ليس بجوهر.

يريد وكذلك يجرى الأمر فى ســائر أشــخاص المقولات سوى مقولة الجوهر.

• وأمّــا الجوهر فإنّ الواحد منه بالعدد هو بعينه قابل للمتضادات مثال ذلك إنســان ما، فإنّ هذا الواحد بعينه يكون أبيض حينا وأســود حينا وحارا وباردا وصالحا وطالحا؛

يريــد فأمّــا مقولــة الجوهر فإنّ الواحــد منها بالعدد شــأنه أن يقبل المتضادات وهو ثابت لغيره فى نفسه، فإنّ الشخص الواحد من أشخاص الناس يكون أسود ثم يصير أبيض ويكون صالحا ثم يصير طالحا.

• ولن يوجد ما يجرى هذا المجرى فى شئ مما سوى الجوهر أصلا.

يريد ولن يوجد شــخص من أشــخاص مقولة أخرى يثبت فى الوجود واحدا بالعدد ويقبل الأضداد بتغيره فى نفسه.

قال المفسّر

هذه الخاصة السادســة وهــى الحقيقية من قبل أنّهــا للجوهر وحْده، وهــى أنّ الواحــد منه بالعدد يقبــل المتضادات بتغيره فى نفســه، وهو يوضح ذلك من اســتقرائها فى المقولات ويجعل الاستقراء من المقولات التــى فيها تضاد، فإنّ فى مثلها تدخل الشــبهة والظــن يريد به هاهنا التحقيق.

قال ارسطوطالس

4 a 22 • اللهمّ إلا ان يردّ ذلك رادّ

يريــد اللهمّ إلا أن يعترض معترض فى هــذه الخاصة ويقول إنّها قد توجــد لأشــخاص مقولات أخر كالقول وهو مــن الكمية والظن وهو من الكيفية.

• بان يقول إنّ القول والظن مما يجرى هذا المجرى لأنّ القول بعينه مظنون صدقا وكذبا.

(١٨٩) يريـد وهـو أنّ الواحد منه بالعدد يقبـل المتضادات بتغيره فى نفسه.

• مثـال ذلك أنّ القول إنّ صدق فى جلوس جالس فإنّه بعينه يكذب إذا قام وكذلك القول فى الظن؛

يريد مثال قبول القول للأضداد أنّ القول فى الجالس إذا كان جالسـا بأنّه جالس يكون صادقا، فإذا قام يكون القول بأنّه جالس كذبا.

• فـإنّ الظنّ إن صدق فى جلوس جالـس، كذب إذا قام، متى كان ظنّه به ذلك الظنّ بعينه.

يريد أنّه جالس.

قال المفسّر

صورة هذا القول صورة شـكّ يطرأ على الخاصة الحقيقية صفته هذه الصفـة، كيف يزعم أنّ هذه الخاصة للجوهـر، والقول وهو من الكمية، والظن وهو من الكيفية، يدخلهما الصدق والكذب وهما ضدان.

قال ارسطوطالس

4 a 28 • فنقول إنّ الإنسان وإن اعترف بذلك،

يريـد فنقـول إنّ الإنسـان وإن اعتـرف أنّ القول والظـن يدخلهما الأضداد.

• فإنّ بين الجهتين اختلافا.

يريـد فإنّ بين جهـة دخول الأضداد فـى الجوهر وبـين القول والظن خلاف.

• وذلـك أنّ الأشـيا ء فى الجواهر إنّما هى قابلـة للمتضادات بأن تتغير انفسـها لأنّ الشئ إذا كان حارا فصار باردا فقد تغير. وإذا كان أبيضا فصار أسودا وإذا كان مذموما فصار محمودا.

يريد وذلك أنّ الجوهر يقبل المتضادات بأن يتغير فى نفسه وذاك بأن يكون أسودا فيزول السواد عنه ويصير أبيضا.

• وكذلك فى سـائر الأشـيا ء كلّ واحد منها قابـل للمتضادات بأن

يقبل هو نفسه التغير.

يريد وكذلك فى سائر أشخاص الجوهر، فإنّ وجه قبولها للمتضادات بأن تتغير فى نفوسها.

(٨٩ ب) • فأمّا القول والظن فإنّهما ثابتين غير زائلين لا بنحو من الانحاء ولا بوجه من الوجوه. وإنّما تحدث المضادة فيهما بزوال الأمر.

يريد فأمّا القول والظن فإنّهما ثابتين غير زائلين ولا متغيرين عند تقلب الأضداد عليهما والمتغير هو الأمر نفسه الذى يدل عليه بالقول ويظنّه الظان.

• فلأنّ القول فى جلوس جالس ثابت لا محالة وإنّما يصير صادقا حينا وكاذبا حينا بزوال الأمر وكذلك القول فى الظن أيضًا؛

يريد واحدا بعينه وهو أنّه جالس ويصدق إذا كان الإنسان مثلا جالسا ويكذب إذا قام، فيكون التغير إنّما ورد من قبل الأمر نفسه.

• فتكون الجهة التى تخص الجوهر أنّه قابل للمتضادات بتغيره فى نفسه.

يريد فيكون الوجه الذى يقبل شخص الجوهر المتضادات غير الوجه الذى يقبله القول والظن وهو أنّ الجوهر يقبل المتضادات بتغيره فى نفسه.

قال المفسّر

هذا هو الحلّ الذى على طريق المسامحة وصورته هذه الصورة، هبْنا سلمنا أنّ القول والظن فيهما تضاد إلا أنّ جهة كونه فيهما غير جهة كونه فى الجوهر لأنّ الجوهر يقبل الأضداد فى نفسه، وهذه من قبل نسبتها إلى المدلول عليه بالقول والمظنة.

قال ارسطوطالس

• هذا إن اعترف الإنسان بذلك أعنى أنّ القول والظن قابلان 4 b 4
للمتضادات

يريد هذا إن اعترف الإنسان بأنّ القول الواحد يقبل المتضادات ويثبت حتى يكون صادقا أو كاذبا وكذلك الظن.

• إلا أنّ ذلك ليس بحقّ،
يريـد إلا أنّ هـذا ليس له حقيقة وذاك أنّ القول والظن ينقضيان ولا يثبتان حتى يقبلان الصدق والكذب.

• لأنّ القول والظن ليس إنّما يقال فيهما إنّهما قابلان للأضداد من طريق أنّهما فى انفسهما يقبلان شيئًا،
يريد لأنّ القول والظن ليس يقال فيهما إنّهما يقبلان الأضداد لأنّهما فى انفسهما يثبتان ويقبلانه بل الشئ الذى يدلان عليه هو الذى يتغير. ولا يثبـت القول الأوّل حتى يكون صادقا وكاذبا بل ينقضى مع التلفظ به.

(١٩٠) • بل من طريق أنّ حادثا يحدث فى شئ غيرهما.
يريد وهو الذى يدلان عليه فإنّ بتغيره ما يتغيران.

• وذلـك أنّ القـول إنّما يقال فيه إنّه صادق أو كاذب من طريق أنّ الأمر موجود أو غير موجود لا من قبل أنّه فى نفسه قابل للأضداد؛
يريد لا لأنّه يثبت حتى يتغير هذا التغير فى نفسه.

• فإنّ القول بالجملة لا يقبل الزوال من شئ أصلا ولا الظن،
يريد فإنّ القول لا يثبت حتى يقبل التغير من شئ.

• فيجب أن لا يكونا قابلين للأضداد،
يريد فيجب أن لا يكونا القول والظن قابلين للأضداد.

• إذ كان ليس يحدث فيهما ضد أصلا؛
يريد إذ كانت الأضداد لا تنقلب عليهما.

• فأمّا الجوهر فيقال فيه[٩] إنّه قابل للمتضادات من طريق أنّه نفسه قابل للأضداد.
يريد فأمّا الجوهر فإنّه يقبل الأضداد بأن تغير فى نفسـه، وذاك بأن

---

٩ -: فيه

يكون أسـودا فيصير أبيضا ولا يحدث به ذلك لأجل أنّ شـيئا نفسـه تغير.

• وذلـك أنّه يقبل المرض والصحة والبياض والسـواد وإنّما يقال فيه إنّه قابل للأضداد من طريق أنّه نفسه يقبل كلّ واحد من هذه وما يجرى مجراها،

يريد وهو ثابت واحد بالعدد.

• فيجب من ذلك أن تكون خاصة الجوهر أنّ الواحد منه بالعدد بعينه قابل للمتضادات بتغيره فى نفسه،

أفهم وهو ثابت واحد بالعدد.

• فهـذا فليكـن مبلغ ما نقوله فى الجوهر وقـد ينبغى أن نتبع ذلك بالقول فى الكم.

يريـد فهذا مبلغ مـا يقال فى الجوهر ويتكلم فيه ومن بعده لمّا نذكره من الاسباب للاتصال نتكلم فى الكم.

(٩٠ ب) قال المفسّر

هـذا هو الردّ الذى على طريق العناد، يقـول بئس ما قلتم انّ القول والظـن يقبلان الأضـداد، فإنّه لا القول ولا الظن يقبـلان ذلك، لأنّهما يثبتـان حتى يقبـلان، بل ينقضيان. والجوهر يكون فى نفسـه بحال ثم يخلعها ويقبل ضدها. وهاهنا فلنقطع كما قطع ارسطوطالس الكلام فى الجوهر، ونقطع مع ذلك الكلام فى هذا التعليم.

القول فى الكم
التعليم الرابع عشر

قال ارسطوطالس

4 b 20 • وأمّا الكم فمنه متفصل ومنه متصل.

قال المفسّر

لمّا استوفى ارسطوطالس النظر فى مقولة الجوهر ولخّصها بحسب اللفظة الدالة عليها، أخذ الآن على الولاء[1] فى النظر فى مقولة الكم. ونحن فيجب علينا قبل أن ننظر فى كلام ارسطوطالس أن نبحث عن خمس مباحث.

الأوّل منها فى السبب الذى من أجله جعل الكلام فى الكم تاليا للكلام فى الجوهر.

والثاني أن نحصل عدد أنواع الكمية، ونعطى السبب الذى من أجله صارت بهذا العدد ونحدد كلّ واحد منها.

والثالث أن ننظر فى العلة التى من أجلها قدم المتفصل والمتصل على ما له وضع وعلى ما لا وضع له، ثم تتصفح كلّ واحد من هذين القسمين. وننظر لِم قدّم فى القسم الأوّل المتفصل على المتصل، وفى القسم الثاني ما له وضع على ما لا وضع له. وبالجملة نستوفى الكلام فى مراتبها.

والرابع أن ننظر فى العلة التى من أجلها قسم هذه المقولة على وجهين مختلفين إلى قسمين مختلفين، ولِم يفعل ذلك لا فى الجوهر ولا فى الكيف، فإنّه يقسمها تارةً إلى المتفصل والمتصل، وتارةً إلى ما له وضع وإلى ما لا وضع له.

والخامس أن ننظر فى السبب الذى من أجله قسم هذه المقولة واستعمل فيها طريق القسمة القانونية، ولم يفعل ذلك فى الجوهر؛ فإنّه فى الجوهر عدد الجوهر حسب، فقال منه أوّل ومنه ثانى، ولم يقسمه قانونية؛ فأمّا

---

١ الولاء: الولى

الكم فإنّه يقســـمه ويقول إنّ منه متفصل ومنه (١٩١) متصل، ويقســـم هذين إلى أنواعهما؛

المطلوب الأوّل

فلنبـــدأ بالمطلوب الأوّل وهو اعطاء الســـبب الذى من أجله رتب هذه المقولة بعد الجوهر، فنقول إنّ ذلك يتضح بسبع حجج:

الحجة الأولى صورتها هذه الصورة، ترتيب الأمور المعقولة هو كترتيب الأمور الموجودة، وســاعة توجد الهيولى الأولى يلزمها أن تقبل الكمية أوّلا، فتكون ذات كمية. وحينئذ تقبل الكيفيات العرضية، فإنّ الهيولى إنّمـا تنتقش أوّلا بالعباد الثلاثة، ومن بعدها تقبل الكيفيات العرضية، أعنى الحار والبارد والرطب واليابس، فهذه هى الحجة الأولى.

والحجة الثانية وهى من قبل ملازمة الكم للجوهر ولا ملازمة الكيف العرضـي، وتجرى على هـذه الصفة: قد يمكن العقـل أن يفهم الهيولى خالية من ســائر الكيفيات، فإنّ العقل يســتطيع إذا حلل الموجودات أن يفرق بين الصورة وموضوعها، وإذا كان ذلك فى اقتداره، فلا محالة أنّه سوف يقف عند الموضوع الاخير الذى هو الهيولى الأولى، وهذا لا كيفية له فى نفسه لا جوهرية ولا عرضية. فأمّا خالية من الكم فلا يمكنه فهْمها مـن قبـل أنّ الهيولى التى تبقى لا يخلو أن تكون إمّا واحدة أو كثيرة، والواحد والكثير من الكم، فهذه هى الحجة الثانية.

والحجة الثالثة تجرى على هذه الصفة، قبل كلامنا فى سائر المقولات يجـب أن نتصفح ايّهـا ينبغى أن نضع أوّلا وايّها ثانيا، والأوّل والثاني من الكم المتفصل، فإذا الكم يلزم سائر المقولات، والاحسن بنا أن نقدمه قبل الكلام فى جميع المقولات إذ كان لازما لسائرها وكلّها مفتقرة إليه، ســوى أنّ تقديم الجوهر عليها واجب، من قبل أنّ جميع الموجودات سواه إنّما وجودها فيه، فيجب على هذا أن نجعل الكم تاليا للجوهر.

والحجة الرابعة صورتها هذه الصورة، الشئ الذى يعمّ سائر الموجودات احق بالتقديم على الشئ الذى لا يعمّ سائر الموجودات، والكمية المتفصلة تعمّ ســائر الموجودات، والكيفية العرضية ليست كذلك، فالكمية اوجب بـأن تقدم فى النظر من الكيفية؛ فأمّا أنّ الكمية تعم ســائر الموجودات فهـو ظاهر غيــر مرتاب فيه، وذلك أنّ كلّ موجـود يلزمه أن يكون إمّا واحـدا أو كثيـرا أو الجميع بوجهين اثنين؛ فأمّـا الكيفية العرضية فقد يخلو منها كثير من الموجودات بمنزلة السماء والاجسام التعاليمية.

والحجــة الخامســة تجرى علــى هذه الصفــة، قد علمتم بحســب ما (٩١ ب) مضــى أنّ الأمــر اســتقربنا على أنّ كلامه فــى هذا الكتاب إنّما هو فى الجوهر الجســماني المحســوس والصور التى انتزعتها النفس

منه. ومعلوم أنّ مع موجود هذا الجوهر أعنى المحسوس الجسماني، قد يلزمه كِلا نوعى الكم أعنى المتفصل والمتصل. أمّا المتفصل فمن قبل أنّ الواحد والكثير يلزمانه، وأمّا المتصل فمن قبل أنّ الطول والعرض والعمق تلزمه، فلهذا ما جعلت هذه المقولة تالية لمقولة الجوهر.

والحجة السادسة تجرى على هذا الوجه، لمّا كان كثيرا قد ذكر الكم فى الكلام فى الجوهر، وذاك لمّا افادنا الخاصتين الرابعة والخامسة للجوهر، فإنّه قال الجوهر لا تضاد فيه وكذلك الكم، ولا أكثر فيه ولا أقلّ وكذلك الكم، فلئلا يبقى غير مفهوم تلاه بالنظر فى الكم.

والحجة السابعة تجرى على هذه الصفة، الأشياء التى تشترك أوّلى بأن يربط بعضها ببعض من الأشياء التى تتنافر. والجوهر يشارك الكم من قبل أنّهما لا تضاد فيهما ولا يقبلان الأكثر والأقل؛ فأمّا الكيف والمضاف فيعاندانه، وذلك أنّ فيهما معنى التضاد والأكثر والأقل، فالكلام فى الكم يجب أن يجعل بعد الجوهر، فهذا يكفى فى المطلوب الأوّل.

المطلوب الثانى

وأمّا المطلوب الثانى وهو النظر فى عدد أنواع الكمية وتحديد كلّ واحد منها، فنقول إنّ الكم جنس عالٍ، وهو نسبة وقوع التقدير شامل لأنواعه بالسواء على ما مضى. وهو ينقسم إلى نوعين، وهما المتفصل والمتصل. وعلى وجه آخر إلى ما له وضع، وإلى ما لا وضع له. فالمتفصل ينقسم إلى العدد والقول، والمتصل ينقسم إلى الخط والسطح والجسم والزمان والمكان، فيتحصل أنّ أنواع أنواع الكم سبعة لا زائدة ولا ناقصة، وبيان ذلك يتضح بحجتين:

الحجة الأولى لارسطوطالس زعم أنّ الدليل على ذلك هو أنّك أىّ شئ ظننت به بعد هذه أنّه كم وحدّدته، وجدته إنّما صار كما بسبب تعلّقه بواحد من هذه، إمّا لأنّها موجودة له، أو لأنّه موجود لها، فكان معنى الكمية له بطريق العرض لا بالذات، لأنّها غير مأخوذة فى حدّه؛ فأمّا هذه فمعنى الكمية لها بالذات، إذ كانت مأخوذة فى حدّها، وإذا كان الأمر على هذا، كانت هذه وحْدها أنواع أنواع الكم لا غيرها.

والحجة الثانية تجرى على هذه الصفة، معلوم أنّ الكم لا يخلو أن يكون إمّا متصلا أو متفصلا. وكلّ واحد من هذين إمّا أن يكون موجودا فى الأمور أو خارجا عنها مطيفا بها. أمّا المتصلة الموجودة فى الأمور، فهى ثلاثة، الخط والسطح والجسم، لأنّه قد بان فى عدة مواضع أنّ الابعاد ثلاثة لا زائدة ولا (١٩٢) ناقصة. والكم المتصل إنّما هو معلق من الأمور بابعادها، إذ كانت هذه هى التى يمكن وقوع التقدير عليها.

وأمّا الابعاد الخارجة، فهى الخط والسطح فقط، لأنّ ارسطوطالس قد بيّن فى الرابعة من السماع أنّه ليس عمق خارج عن الأمور، لأنّه بابطاله الخلاء ابطل أن يكون عمقا خارجا عن الاجسام الطبيعية، فالخط الخارج هو الزمان، واشبه الخط لأنّه يقدر فى جهة واحدة، والسطح الخارج هو المكان، فقد بأن أنّ أنواع المتصل خمسة؛ فأمّا المتفصل، فإمّا أن يكون فى الأمور أو خارجا عنها. وإن كان فى الأمور سُمى عددا، إذ كان العدد هو صورة فى النفس. وبالجملة هو احصاء ما فى الشئ. وإن كان خارجا عنها، سُمى قولا، إذ كان هو ما يصدر عن الشئ.

وإذ قد خبّرنا بكميتها، فلننتقل إلى تحديد واحد واحد منها، فنقول إنّ المتفصل هو كم متقوم من أجزاء متفصلة متفرقة، ليس منها حد واحد مشترك يربط بين بعضها وبعض يكون نهاية لأحدها ومبدأ للآخر. وقولنا كم تجرى مجرى الجنس، والبواقي فصول تفصله من المتصل.

والمتصل، فهو كم متقوّم من أجزاء عقلية لا وجودية، متحد بعضها ببعض كائن عنها شئ واحد له نهايات بالفعل، يمكن أن يتوهم بين كلّ جزئين متتاليين منه حدّ واحد مشترك يكون نهاية لأحدهما ومبدأ للآخر. والكم يجرى مجرى الجنس والبواقي فصول تفصله من المتفصل. ولا ينبغى أن يُستهان بلفظة يتوهم، إذ لو كان الحدّ فى المتصل بالفعل لما امكن أن يكون واحدا، ولا المتصل متصلا بل متفصلا. والعلة فى أنّ أجزاء المتفصل لا تتصل، لأنّها غير منقسمة، وغير المنقسم إن اتصل اقسم، وأجزاء المتصل تتصل لأنّها تنقسم. فأمّا العدد فهو كم متفصل مؤلف من وحدات ومن شأنه أن يقدر بالوحدة بالذات، فقولنا فيه كم يجرى مجرى الجنس، ومتفصل ليفصل بينه وبين المتصل. ومؤلف من وحدات ومقدر بالوحدة للفصل بينه وبين القول الذى هو مؤلف من مقاطع، ومن شأنه أن يقدر بالمقطع بالذات.

والفرق بين الواحد والوحدة، أنّ الوحدة مبدأ العدد ومنها ومن امثالها ياتالف. والواحد مبدأ المعدود وقولنا فى العدد إنّه يقدر بالوحدة بالذات، وفى القول إنّه يقدر بالمقطع بالذات للفرق بينهما وبين ما يقدر بطريق العرض؛ فإنّ المعدودات تقدر بالعدد بطريق العرض، (٩٢ ب) فالهواء المقروع مثلا يقدر بالمقطع بطريق العرض لأنّ القروع الذى تالف منها المقاطع تقدر بالمقطع بطريق العرض.

وهكذا يجرى الأمر فى المتصلة، فإنّ الخط يقدر بالذراع بالذات، والشقة بطريق العرض لأنّ الخط موجود لها، والسطح يقدر بالذراع طولا وعرضا بالذات، والأرض المسطحة بطريق العرض، والجسم يقدر

بالذات بالطول والعرض والعمق، والنحاس بطريق العرض. وبالجملة الكمية فى الجوهر ولا تقوم بنفسها، فمتى قدرتها فى نفسها وإن كانت فى جوهر فى الوجود والنفس، كان التقدير لها فى نفسها بجزء منها، ومتى قدرت موضوعها بها وهو الجوهر أو ما فيه من الكيفيات، كان التقدير بالعرض لهذه.

والقول هو كم متفصل مؤلف من مقاطع يقدر بالمقطع الطويل أو القصير، فقولنا كم يجرى مجرى الجنس، ومتفصل لنفصله من المتصل. ومؤلف من مقاطع والباقي لنفصله من العدد.

والخط هو كم متصل، يقدر بالذراع طولا، فقولنا فيه كم يجرى مجرى الجنس، ومتصل لنفصله من المتفصل، ويقدر بالذراع لنفصله من الزمان الذى يقدر بالساعة واليوم، وطولا لنفصله من السطح والجسم والمكان المقدرة فى أكثر من بعد واحد.

والسطح هو كم متصل يقدر بالذراع طولا وعرضا، فقولنا فيه كم يجرى مجرى الجنس، وقولنا فيه متصل لنفصله من المتفصل ويقدر طولا وعرضا لنفصله من الخط والجسم؛ فأمّا الجسم فإنّه كم متصل يقدر بالذراع طولا وعرضا وعمقا.

والمكان كم متصل يقدر بالذراع طولا وعرضا وهو خارج من الشئ، وبهذا ينفصل من السطح.

والزمان فهو كم متصل يقدر بالساعة واليوم والشهر، وبهذا ينفصل من جميع أنواع الكم المتصل.

وبالجملة فالكم هو نسبة وقوع التقدير على الشئ، والتقدير يكون لما له أجزاء. وما له أجزاء لا يخلو أن يرتبط بحدّ مشترك أو لا يرتبط، فإن لم يرتبط سُمى متفصلا. وإنّما لا ترتبط أجزاؤه لأنّها غير متقسمة ولو ارتبطت انقسمت، وإن ارتبطت سُمى متصلا، والمتصل إن كان داخل الشئ سُمى عظما. وهذا هو الخط والسطح والجسم، لأنّ الابعاد ثلاثة، طول وعرض وعمق، وإن كان خارج الشئ سُمى مكانا وزمانا، والمتفصل إن كان احصاء للأمر سُمى عددا، وإن كان احصاء للفظ سُمى قولا، فتكون هذه هى الكم (٩٣ ا) بالذات حسب؛ فأمّا التسع المقولات الأخر لأنّ الكم مواصل لها، فتوصف بصفته إلا أنّ ذلك لها لا من نفسها، لكنّ بالعرض من قبل ما وأصلها كالجواهر والكيفيات التى نصفها بالعدد والعظم لا من قبل نفسها، لكنّ من قبل الكم المتصل والمتفصل المقدر لها، فهذا هو المطلوب الثاني.

المطلوب الثالث

والمطلوب الثالث هو النظر فى ترتيبها، فنقول إنّه قدم المتصل

والمتفصل على ما له وضع وعلى ما لا وضع له، ووجوب ذلك يتبين بحجتين.

الأولى منهما تجرى على هذه الصفة، المتصل والمتفصل إذا قايست بينهما وبين ما له وضع وما لا وضع له، وجدت لهما معنى البساطة من قبل أنّ ذينك القسمين هما للكم بحسب نسبته إلى الشئ الذى هو فيه. والمتصل والمتفصل لا بحسب نسبته إلى شئ ولأنّ البسيط أقدم من المركب ما وجب أن يقدم القسمة الأولى على الثانية.

والحجة الثانية تجرى على هذه الصفة، القسمة الأولى بالذات لأنّها قسمة أنواع عن جنس. والثانية بالعرض لأنّها قسمة أنواع عن جنس بحسب نسبتها إلى ما هى فيه، وما من جنس ينقسم على هذه الصفة. ولأنّ ما بالذات أقدم مما بالعرض ما وجب أن تتقدم القسمة الأولى على الثانية؛ فأمّا تقديم المتفصل على المتصل، فيتضح بحجتين:

الأولى منهما، الظاهر يتقدم على الخفى، وإذا كان الأمر على هذا، وكان المتفصل اظهر من المتصل من قبل أنّه هو المركوز فى عقول الناس، وذلك أنّ الذى يعرف الناس من الكم هوالعدد، فبالواجب قدم المتفصل على المتصل.

والحجة الثانية تجرى على هذه الصفة، المتفصل إنما هو متقوم من أجزاء لا رباط فيها، والمتصل من أجزاء مربوطة، فالمتفصل ابسط. والمتصل له معنى التركيب لأنّه من الأجزاء ومعنى الرباط، فإذا كان البسيط أقدم من المركب، فبالواجب قدم المتفصل على المتصل؛ فأمّا تقدمته ما له وضع على ما لا وضع له فيتبين بحجة واحدة:

صفات ما له وضع تجرى على طريق الايجاب، وذلك أنّه هو الذى أجزاؤه ثابتة ويقبل كل واحد منها الاشارة، ويمكن ربطها بحدّ مشترك؛ فأمّا الذى لا وضع له، فصفاته على سبيل السلب. ولأن الايجاب أقدم من السلب على ما بيّنه فى كتاب العبارة ما يجب أن يتقدم ما له وضع على ما لا وضع له؛ فأمّا تقديمه العدد على القول فيتبين بحجتين.

الأولى منهما تجرى على هذه الصفة، العدد اظهر فى معنى الكم من القول، وذلك أنّه هو المشهور (٩٣ ب) عند الناس انّه كم. وإذا كان بهذه الصفة وجب تقديمه على القول.

والحجة الثانية، إنّ الألفاظ الخارجة بالصوت هى عبارة للنفس عما تحصل فيها من المعانى، وإذا كان الأمر على هذا، فالصور الحاصلة أقدم من الألفاظ المعبرة عنها، فمرتبتها أن تكون قبلها. والعدد هو من الصور الحاصلة فى النفس. وبالجملة احصاء ما فى الشئ، والقول من

الأشياء الخارجة بالصوت، فيجب إذا أن يكون العدد أقدم من القول؛ فأمّا تقديمه الخط على السطح والجسم فيتبين بثلاث حجج:

الأولى، قد علمتم أنّ البسيط أقدم من المركب، والخط لأنّ له بعد واحد فله معنى البساطة؛ فأمّا السطح والجسم فإنّ لهما أكثر من بعد واحد، وبهذا يتحصل لهما معنى التركيب، فهذه هى الحجة الولى.

والثانية، الخط هو احد المبادئ التى منها تقوم حد السطح والجسم. ومبادئ الشئ أقدم منه، فالخط أقدم من السطح والجسم؛ فأمّا أنّ الخط مبدأ لحديهما فظاهر، وذلك أنّ السطح هو ما له طول وعرض والجسم هو ما له طول وعرض وعمق. وإنّما استثنيت بأنّه مأخوذ فى حديهما من قبل أنّ السطح لا يأتلف من الخطوط، ولا الجسم من السطوح. وإنّما الخط موجود لهما من قبل أنّه نهاية لهما، وذلك أنّ نهاية السطح خط، ونهاية الجسم أيضًا سطح والسطح فنهايته خط، فهذه هى الحجة الثانية.

ويجب أن تعلم أنّ النهايات كلّها بما هى نهايات لا تنقسم، فالنقطة بما هى نهاية الخط لا تنقسم لا فى نفسها ولا بما هى نهاية. والخط لا ينقسم بما هو نهاية سطح لأنّه لا عرض له، بل بما هو خط لأنّه ذو طول. والسطح لا ينقسم بما هو نهاية جسم لأنّه لا عمق له لكنّ بما هو سطح لأنّ له عرض والجسم، فينقسم من جميع الوجوه أعني فى جميع الابعاد، إذ كان ليس بنهاية لغيره، لأنّه اكمل الاعظام كلّها. والخط والسطح والجسم حدودها فى نفوسها هى أن تأخذ هيولاها وتضيف اليها الصورة فيتم الحد، فتقول إنّ الخط هو الذى له طول، والسطح هو الذى له طول وعرض، والجسم هو الذى له طول وعرض وعمق؛ فأمّا إذا حددتها بالقياس إلى نهاياتها لا يكون ذلك حد بل رسم، فنقول إنّ الخط هو الذى نهايته نقطة، والسطح هو الذى نهايته خط، والجسم هو الذى نهايته سطح. ولا واحد من هذه مؤلف مما هو نهاية له، إذ كان ما ينقسم لا يأتلف مما لا ينقسم. ومبادئ وجود هذه الهيولى والصورة؛ فأمّا النهايات فمبادئ اعظامها لا مبادئ وجودها، وإنّما صارت النهايات بما هى نهايات لا (١٩٤ ا) ينقسم لأنّها لو انقسمت لكان لها نهايةً وللنهاية نهاية ويمضى على هذا ابداً.

والحجة الثالثة، متى وُجد الخط لم يلزم وجود السطح والجسم، ومتى وُجدا لزم وجوده، فهو أقدم منهما بالطبع؛ فأمّا أنّه متى وُجد الخط لم يلزم وجود السطح والجسم، فإنّ ذلك يتمّ بأن تتصور فى ذهنك نقطة قد جرت فى الهيولى، فلا محالة أنّه يحدث عن جرياتها خط، ولا

يلزم من وجوده وجود سطح ولا جسم؛ فأمّا تقديمه السطح على الجسم، فلهذه الاسباب بعينها، وذلك أنّه ابسط منه ومأخوذ فى حده ومتقدم له بالطبع؛ فأمّا تقديمه الخط والسطح والجسم على الزمان والمكان فى‌تبين بثلاث حجج:

الأولى تجرى على هذه الصفة، الزمان والمكان صارا كما من قبل مشابهتهما للخط والسطح. أمّا الزمان فللخط، وأمّا المكان فللسطح. والشئ المشبه به أوّلى بالتقديم من الشئ المشبه، لأنّه يجرى مجرى الأصل والمشبه يجرى مجرى الفرع، فبالواجب قدّم الخط والسطح والجسم على الزمان والمكان.

والحجة الثانية، الأشياء الموجودة فى ذات الشئ احق بالتقديم من الأشياء اللازمة له من خارج، والخط والسطح والجسم موجودة فى ذوات الأمور، والزمان والمكان من خارج، فلهذا قدمت تلك على هذين.

والحجة الثالثة، قد بأن فى السماع الكيانى أنّ الزمان إنّما صار متصلا وكما من قبل العظم الذى جرى عليه. والمكان صار متصلا من قبل احتوائه على الجسم، فالعظم هو السبب، فيكون هذين كمّا. وهذان[٢] يجريان فى هذا المعنى مجرى المسبب، فالعظم إذا اوجب بالتقديم من المكان والزمان؛ فأمّا تقديمه الزمان على المكان فيتبين بثلاث حجج:

الأولى منهن، الزمان يشبه الخط لأنّه يقدر فى بعد واحد، والمكان يشبه السطح. ولأنّ الخط يتقدم على السطح ما وجب أن يتقدم الزمان على المكان.

والحجة الثانية، نوع الزمان لا ارتياب فيه أنّه ذو بعد واحد، ونوع المكان ففيه مماراة هل هو بعدان أو ثلاثة. والشئ الذى لا مرية فيه أوّلى بالتقديم من الشئ الذى فيه شبهة.

والحجة الثالثة، الزمان تعلقه بالأمور الالهية، وذلك أنّه احصاء لحركتها، فأمّا المكان فلا علقة له بها، إذ كانت السماء ليست فى مكان. وما يتعلق بالأشياء الالهية فهو (٩٤ ب) أولى بالتقديم، فالزمان أوّلى بالتقديم من المكان.

المطلوب الرابع

والمطلوب الرابع هو النظر فى السبب الذى من أجله قسم هذه المقولة إلى قسمين مختلفتين بحسب جهتين مختلفين. وإن كان من شأنها أن ينقسم إلى ذلك، فنقول إنّ الذى دعاه إلى ذلك نوع الزمان وذاك أنّه لمّا كان الزمان من حيث له امتداد مع الحركة يدخل فى عدد المتصل،

٢ هذان: هذا

ومـن حيث هو احصاء للحركـة وعدد لها يدخل فى عداد المتفصل، لأنّ الزمـان عدد هو السـاعات وبينه الانات، وليس الانـات جزء للزمان، فإن أخذت السـاعات والآن يربطها أخذت الزمان متصلا، وإن اسقطت الانات وبقيت الساعات كان الزمان متفصلا.

ويجـب أن تعلـم أنّ كلّ شـئ تفرضـه كمّا منفصلا إنّمـا يكون غير العـدد بـأن تجده مركبا من أجـزاء تخصه، كالقول مـن المقاطع وتقدره بالمقطع، والزمان من السـاعت، وتقدره بالساعت ويلزم هذين أن يكونا كمّا بالعرض من قبل أنّ نوع العدد يعرض لهما.

وبالجملة فنوع العدد هو كم بالذات من المنفصل يعرض لجميع الأمور سـواه، فهـى كـم بالعرض من جهته لأنّـه عارض لها. وقـد تكون فى نفوسها كما بالذات، والقول والزمان، وقد لا تكون كما بالذات كالصور والكيفيـات، فمتى قلنا فى القول إنّه من خمسـة مقاطع كان بهذا كما بالذات. ومتى قلنا إنّه من خمسـة اعداد كان كمّا بالعرض. وهكذا فى الزمان، إن قلنا إنّه من خمس سـاعات كان كما بالذات. وإن قلنا إنّ له خمس اعداد، كان كما بالعرض. وبالجملة الأجناس التسـعة إذا وصفت بصفـات الكم كانت كما بالعرض؛ فأمّـا مقولة الكم وأنواعها فهى كم بالـذات، اللهمّ إلا أن يوصف بعضها ببعض، كما نصفها كلّها بالعدد، فتكـون كما بالذات من جهة نفوسـها، وبالعرض من جهة العدد. وكان من القبيح الشـنع أن يكون الزمان بحسب قسمة واحدة داخلا فى جنس المتفصل والمتصل، فلهذا ما قسم الكم بقسمين، ففى القسم الأوّل الذى قسمها فيه إلى المتصل والمتفصل ادخله فى جنس المتصل، ولهذا صارت أنواع المتصل خمسـة. وفى القسم الثاني ادخله فى ما لا وضع له، وهو المنفصل، ولهذا جعل أنواع ما لا وضع له ثلاثة، وقد كانت فى القسمة الأولـى اثنـين بأن زاد فيها الزمـان وجعل أنواع ما لـه وضع الذى هو المتصل بعد اسـقاط الزمان اربعة. ولو كان الزمان باقيا لما جاز أن يقال إنّ المتصـل هو الـذى له وضع، لأنّ الزمان لا يكـون قط له وضع، وقد كانت فى القسمة الأولى خمسة، فهذا مقدار (١٩٥) ما يحتاج إليه فى إيضاح المطلوب الرابع.

المطلوب الخامس

فلنأخـذ الآن فى النظـر فى المطلوب الخامس، وهـو النظر فى العلة التى من أجلها اسـتعمل فى هذه المقولة طريق القسـمة والقانون الذى بحسبها، ولم يستعمل ذلك فى الجوهر، فنقول إنّ السبب فى ذلك يتبين بحجتين:

الأولى منهما هى هذه، الأشـياء التى يوجد فيها ظاهر وخاف ليس

ينبغــى أن يعدل فيها عن التســلق من الاظهر إلى الاخفى، لكن ينبغى أن يفعــل ذلك فيها . ولمّا كان الجوهر الذى كلامه فى قاطيغورياس فيه منه ظاهر، أعنى من شأن الحواس أن تدركه، ومنه خاف، عدل عن طريقة القسمة فيه، وإن كانت بممكنة إلى الترقى من الظاهر منه إلى الاخفى؛ فأمّا الكم، فليس كذلك. وذلك أنّه ليس فيه أشــخاص قائمة بنفوســها ظاهــرة للحواس يُترقى منها إلــى الصور الحاصلة فى النفس، كما فعل ذلك فى الجوهر، إذ كانت أشــخاصه موجــودة فى الجوهر. ولمّا عدم فيه ذلــك، وكانت أنــواع أنواعه منحصرة، عاد إلــى الطريقة القانونية فى القسمة، فهذه هى الحجة الأولى.

والحجــة الثانيــة تجرى على هذه الصفة، قد علمتــم أنّ فائدة طريقة القســمة هى أن يعلم بها الشــئ، فلو قســم ارســطوطالس الجوهر على الطريق القانونية، لكان ينبغى أن يبدأ من جنس الجنس ويقسمه بفصول علــى طريــق التقابل. ولا يكــف إلا عند أنواع الأنــواع، إلا أنّ هذا لا فائــدة فيــه، إذ كانت أنواع أنواع الجوهــر لا نهاية لها عندنا، ومع هذا فكانــت الخواص المأخوذة من الجوهر الأوّل تعوزه. فأمّا الكم فلمّا كانت شروط القسمة موجودة فيه، وذلك أنّه يبدأ فيه من جنس الجنس ويقسم بالفصول المتقابلة ويمرّ بالمتوســطات ويكــف عند أنواع الأنواع، وتكون معلومة لأنّها متناهية فى نفوســها وعندنا لهذا ما قسمه ارسطوطالس بقسمة قانونية، والخواص المفادة من الأوّل مثلها من الثواني، فهذا مقنع فى مطلوبنا.

قسمة الكم

وقد ينبغى أن نعدل الآن إلى كلام ارسطوطالس، فنقول، أوّل ما بدأ ارســطوطالس قسم الكم بحسب قســمين مختلفين إلى أقسام مختلفة، فقسمه بحسب أنواعه إلى المنفصل والمتصل وبحسب أنواعه إذا نوسب بينها وبين الشــئ الــذى هى فيه إلى ما له وضــع والى ما لا وضع له.

وليس بشــنع أن يقسم شئ واحد إلى أقســام مختلفة بحسب معان فيه مختلفة؛ فإنّ الحيوان قد يقسم بحسب صورة إلى الناطق وغير الناطق، وبحسب امكنه إلى ساكن البحر وساكن (٩٥ ب) البرّ وغير ذلك، فهذا مقدار ما ينظر ارســطوطالس فــى هذا التعليم، فلنأخــذ الآن فى اثارة الشكوك ونحلها.

الشكوك

وأوّل شكّ يطرأ علينا صفته هذه الصفة، كيف عبّر ارسطوطالس عن نوعــى الكم بألفاظ لا تجرى على طريق التناقض، وهو يزعم أنّ الأنواع القريبة من الجنس ينبغى أن تكون قسمتها على طريق التناقض وكذلك العبارة عنها بمنزلة جسم وغير جسم.

فنقول إنّ ارسطوطالس لم يخالف عادته وذلك أنّ هذه المقولة يجب أن تقسم هكذا؛ الكم منه منفصل ومنه غير منفصل، إلا أنّه لمّا كان لغير المنفصل اسم لائق بمعناه، خلى ارسطوطالس عن عبارة النقيض وعبّر به عنه ليفهم منه معناه. ومع هذا فإنّ المنفصل وإن كان ليس بنقيض المتصل، فهو ضد له. وكأنّه لم يبعد البعد الشديد لكنّه انتقل من متنافرين إلى متنافرين، إلا أنّه وإن كان ضد له فهما من الاضداد التى لا وسط بينهما؛ ولهذا عبّر عنهما بعبارة الضد، على أنّ الجنس حقيقة حاله إذا قسم إلى نوعين ففصلاهما متضادان لأنّهما صورتين. وإنّما يعبّر عن الواحدة منهما بسلب الاخرى، ليعلّم أن ليس بينهما متوسط. فتثق النفس إلى أنّ جميع المقسوم داخل تحت القسمين وما شذ شئ عنهما، وسنبين فى غير هذا الموضع أنّ النوعين المنقسمين عن الجنس العالى هما مختلفان لا ضدان.

وشكّ ثان صفته هذه الصفة، كيف زعم ارسطوطالس أنّ المنفصل والمتصل نوعان، وكثيرون يزعمون أنّهما فصلان؟

وحلّ الشكّ يجرى على هذه الصفة، ليس يرى ارسطوطالس أنّ المنفصل والمتصل نوعان حسب، لكن وفصلان أيضًا، فإنّه يرى أنّ جميع الأنواع القريبة من الجنس العالى هى هى الأنواع، وهى هى الفصول، أمّا أنواع فمن قبل انقسامها عن الجنس، وأمّا فصول فمن قبل اختلافها بنفوسها. وقد كنا نحن شرحنا ذلك قبل هذا التعليم.

وشكّ ثالث صفته هذه الصفة، زعم ارسطوطالس أنّ الكم ينقسم إلى نوعين أوّليين[٣] وهما المنفصل والمتصل، وليس الأمر على هذا، وذلك أنّ الأنواع المنقسمة عن جنس واحد لا يفتقر بعضها إلى بعض، ونحن نجد المتصل يفتقر إلى المنفصل. وذلك أنّ الخط هو ما له بعد واحد والسطح هو ما له بعدان، وظاهر أنّ الواحد والاثنين وكلّ عدد هو من الكم المنفصل؛ فإذا الكم المتصل مفتقر إلى المتفصل.

وحلّ الشكّ يجرى على هذه الصفة، الشئ الموجود للشئ إمّا أن يكون ذاتيا (١٩٦) له أو عرضيا له. وهذا إمّا لازم أو غير لازم. ومعنى الواحد والكثير ليست من الأشياء الذاتية للكم المتصل لكنّها عرض فيه، لازم إذ كان كلّ موجود يلزمه أن يكون له إمّا معنى الواحد أو معنى الكثير، لأنّه محال أن يكون شئ واحد بالذات لجميع الأشياء المختلفة الطبائع من قبل أنّه كان يلزم من هذا أن تكون مقولة الكيف

---

٣ اوّليين: اولين

مشـاركة للكم إذ كان معنى الواحد يلزمها. وليس بمحال أن يعرض أمر واحد لجميع المقولات، فليس الكم المتصل مفتقر فى الأشيـاء الذاتية له إلـى الكم المتفصل. وبالجملة فنوع العدد من[٤] الكم المتفصل لازم لجميع الموجودات سـوى نفسه، وكذلك المضاف، لكن لا من قبل ذواتها، لكن من قبل لوازمها.

وشـكّ رابع صفته هذه الصفة، كيف قسـم ارسـطوطالس الكم إلى نوعين حسـب، وفلاطن يقسـمه إلى ثلاثة، فإنّه يقسـمه إلى المتفصل والمتصل والميل الذى هو الثقل والخفة.

وقد حلّ قوم هذا الشـكّ حلا ليس بمرضـى. وقالوا ليس أنواع الكم ثلاثة لكنّها اثنان على ما قال ارسـطوطالس، المتفصل والمتصل. وذلك أنّ الميل والمتصل واحد من قبل أنّ الخفة والثقل هى فى المتصل فيلزم أن تكـون متصلة، إلا انّا نحـن نعارض هذا الحلّ على هذه الصفة، لو كان الميل والمتصل واحد، لوجب حيث وجدنا المتصل نجد الميل وحيث وجدنا المتصـل أكثر وجدنا الميل أكثر، وحيث وجدناه أقل وجدناه أقل، إلا أنّ الأمر ليس هو على هذا، فإنّ القصبة الطويلة اعظم من القطعة الصغيرة من الرصاص، إلا ان ثقل تلك دون ثقل هذه. وأيضًا فان موضوع بعض العلـوم التعاليمية هو المتصل إلا أنّه لا ميل له، من قبل أنّه صورة فى النفس. والاجسام السماوية متصلة ولا ميل لها، من قبل أنّ الميل تفتقر إليه الاجسـام الطبيعيـة التى تحت فلك القمر المتحركة على اسـتقامة لتتحرك به إذا كانت خارجة عن مواضعها الطبيعية إليها. والسـماء لا تزول عن موضعها، لأنّها لا تتحرك على استقامة، لكنّ حركتها إنّما هى على الاستدارة باجزائها لا بكلّياتها.

وأمّـا الحلّ المرضى فيجرى على هذه الصفـة، الميول كيفيات وقوى تتحرك بها الاجسـام الطبيعية. والكم فليس هو كيفية ولا قوة تتحرك بها الأمور، إلا أنّه إن لم يكن فما بالنا نطلق على الميل أنّه أكثر وأقل واكبـر واصغر، وهذه من صفات الكم. والجـواب هو انا إنّما نطلق عليه ذلك من قبل موضوعه الذى هو فيه، فتكون هذه الصفات للموضوع أوّلا وللميل بالقصد الثاني وبطريق العرض. وبالجملة كلّما واصل احد أنواع الكم السـبعة التى هى كم بالذات، نصفـه بالكم[٥] بالعرض؛ (٩٦ ب) فيكون الجوهر والكيـف ابدا كميات بالعرض والميول توصف بالكم من

---

٤ فى الهامش: العدد من
٥ فى الهامش: بالكم

جهة موضوعها وزمان فعلها. والميل اسم مشترك يقع على القوة التى فى الاسطقسات على الحركة فى المكان ويقع على الحركة في المكان. والشكّ إنّما هو فيها بما هى قوة، فهذا يكفى فى حلّ هذا الشكّ.

وشكّ خامس، كيف زعم ارسطوطالس أنّ الكمية تتقدم الكيفية، والأمر يجب أن يكون بالضد. وذلك أنّ أوّل ما تنتقش الهيولى إنّما تنتقش بالكيفيات، أعنى بالابعاد الثلاثة، فإنّ الابعاد الثلاثة هى كيفيات، وإنّما يتحصل كلّ واحد منها كم بعد وقوع التقدير عليه، والتقدير يقع عليها من بعد وجودها، وإذا كان الأمر على هذا، فلا محالة أنّ الكم هو التابع للكيف لا الكيف للكم.

وحلّ الشكّ يجرى على هذا، الكيفية اسم مشترك، يقع على معنيين، على الكيفية الجوهرية وعلى الكيفية العرضية، والكم فارسطوطالس يزعم أنّه يتقدّم على الكيفية العرضية لا الجوهرية. والابعاد هى من الكيفيات الجوهرية لا العرضية، فإذا تقدم الكم على الكيفيات العرضية واجب من الاضطرار، فهذا يكفى فى حلّ هذا الشكّ. وعنده فلنقطع الكلام فى جملة هذا التعليم.

التفصيل قال ارسطوطالس

4 b 20 • وأمّا الكم فمنه منفصل ومنه متصل.

قال المفسّر

ادخل الواو أوّلاً ليجعل هذه المقولة منعطفة على التى قبلها، فكأنّه قال، أمّا الجوهر فقد تكلمنا فيه، وأمّا الكم فمن حاله كذا وكذا، وأوّل ما فعل هو أنّه قسم هذه المقولة التى نوعيها القريبين. وقد حددنا فيما تقدم هذين النوعين واستقصينا الكلام فى ترتيبهما.

قال ارسطوطالس

4 b 21 • وأيضًا منه ما هو قائم من أجزاء فيه لها وضع بعضها عند بعض ومنه من أجزاء ليس لها وضع.

يريد وقد يقسم الكم بقسمة اخرى فيقال إنّ منه ما هو مؤلف من أجزاء لها وضع ومنه ما هو مؤلف من أجزاء لا وضع لها.

قال المفسّر

(١٩٧ ا) كأنّه يقول، ولنقسم الكم قسمة اخرى، وينبغى أن تعلم أنّ

هذه القسمة ليست أكثر من قسمة الكم إلى المنفصل والمتصل، إلا أنّه أوّلاً قسمه إلى المنفصل والمتصل، لا بحسب نسبته إلى الشئ الذى هو فيه. وهاهنا قسمه بحسب نسبته إلى الشئ الذى هو فيه، ولم يعبّر عنه بالعبارة الأولى لئلا يقع فيه اشتباه، فسماه باسماء أخر ملائمة له بحسب نسبته إلى الشئ الذي هو فيه. وقد كنا فيما تقدم قلنا لِم قسمه بقسمين مختلفين، وحددنا كلّ واحد من هذه الأقسام، وعند هذا فلنقطع الكلام فى تفصيل هذا التعليم[٦].

فأمّا معنى قوله إنّ لها وضع بعضها عند بعض، أىْ إذا ناسبت بين بعضها وبعض وجدت لها شروطا ثلاثة، وهى أنّها كلّها ثابتة. وكلّ واحد من اجزائها مشار إليه، ويمكن أن يتوهم فيها أجزاء بين كلّ جزئين متتاليين منها حد مشترك يكون نهاية لأحدهما ومبدأ للآخر.

٦ فى الهامش: تعليق

التعليم الخامس عشر

قال ارسطوطالس

• والمنفصل هو العدد والقول. 4 b 22

قال المفسّر

قد علمتم أنّ كلّ تعليم نشرع فى الكلام فيه، ينبغى أن نقدم امامه النظر فى غرضه واتصاله بما تقدمه ليكون مفهوما.

وغرض ارسطوطالس فى هذا التعليم أن يعدد أنواع الكم المتفصل والكم المتصل التى هى أنواع أنواع، ويستوفى فى الكلام فى كلّ واحد منها ويبين ما يدعيه فيه أنّه كم، وأنّه متفصل أو متصل.

فأمّا نحن فى التعليم الذى قبل هذا، فقد تكلمنا فى ترتيبها وفى طبيعة كلّ واحد منها.

فأمّا اتصال التعليم بما تقدمه، فيجرى على هذا الوجه، لمّا قسم ارسطوطالس الكم إلى نوعيه القريبين اللذين هما المتفصل والمتصل، انتقل إلى قسمة كلّ واحد منهما إلى الأنواع التى ينقسم إليها، فهذا غرض تعليمنا واتصاله.

وارسطوطالس يذكر أنّ أنواع أنواع الكم سبعة، اثنان متفصلان، وخمسة متصلة. ونحن فقد اوضحنا حقيقة هذه الدعوى فى التعليم الذى قبل هذا.

ومن بعد ذكره لها يشرع فى أن يبين فى كلّ واحد منها أنّه كم وأنّه متفصل أو متصل. ويقدّم المتفصل على المتصل ومن جملة نوعى المتفصل يقدّم العدد على القول.

العدد

فأمّا أنّ العدد كم فيتبين على هذا الوجه: العدد يقدر بالوحدة بالذات وعلى القصد الأوّل، وكلّما يقع عليه التقدير بالوحدة بالذات وعلى القصد الأوّل (٩٧ ب) فهو كم، فالعدد كم.

فأمّا أنّ العدد يقع عليه التقدير بالوحدة فمن قبل أنّ أىّ عدد فرضته، إنّما يكون بحسب ما فرضته بأن يعتبره العقل بتكرار الوحدة. وفائدة استثنائنا بالذات وعلى القصد الأوّل من قبل ما يقدر بطريق

العــرض، وذاك أنّ الجوهر والكيفية وغيرهما يقــع عليهم التقدير لكنّ وقوعه بالعرض لا بالذات. وسبب مواصلتهما العدد وجود معنى العدد لهما، فأمّا العدد فيقدر بالوحدة بالذات لأنّه من وحدات مؤلفة.

وبالجملة كون الشــئ المقدر مقدرا بالــذات هو أن يكون طبع المقدور والمقــدر واحدا، وإن اختلفــا كان المقدر مقدرا بالعــرض كتقدير الجوهر والكيفية بالعدد والذراع، فعلى هذا يتبين فى العدد أنّه كم.

فأمّــا أنّه متفصــل فيتبين على هذا الوجه: العــدد لا يوجد بين كلّ جزئــين متتالين منه حد مشــترك يكون نهاية لأحدهمــا ومبدأً للآخر، ولا يرتبــط بعض اجزائه ببعض، لكنّها ابداً متفرقة، وكلّ ما كانت هذه صفته، فهو من المتفصلة فالعدد إذا من المتفصلة.

فأمّا ارســطوطالس فإنّه يورد صغــرى هذا القياس ونتيجته و يلغى الكبرى على عادته فى الاختصار.

وصغرى هذا القياس تتضح بثلاث حجج:

الأولى منهن تجرى على هذه الصفة، يفرض العدد العشــرة ويفصلها أىْ الخمســة والخمســة أو الثلاثة والســبعة. ومن الظاهر أنّ الخمسة لا تتصل بالخمســة، ولا الثلاثة بالســبعة، إذ كانــت ذواتها وطبائعها أن تكون متفرقة بعضها عن بعض، ولا يجوز فيها الاتصال لأنّ ما يتصل يحتاج أن يكون متقسما حتى يتصل بغيره، والوحدة لا تنقسم فتتفصل بوحدة أخرى غيرها.

والحجــة الثانيــة، إن فرض بين جزئى العشــرة أو أىّ عدد فرض حد مشــترك فيه، بطلت ذات العشــرة أو أىّ عدد كان سواها. وذاك أنّا إذا أخذنا آخر عدد الخمســة الأولى هو بعينه أوّل عدد الخمسة الثانية سقط من عدد العشــرة واحد؛ فيبقى تســعة، وإن ارتبت آخر الخمســة الأولى بأوّل الخمسة الثانية بآخر يدخل بينهما، صارت العشرة احد عشر، وهذا يتبعه بطلان ذاتها أعنى ذات العشرة، ومع هذا فتبقى متفصلة.

والحجــة الثالثــة، إن كان العدد يتصل بحد مشــترك، فالمعدودات أيضًا ســبيلها هــذه الســبيل، لأنّ العدد الذى فى النفــس ينطبق على معــدود من خارج، وليس المعــدودات بهذه الصفة، فليــس العدد بهذه الصفة. والمعدودات بمنزلة الخمســة الافراس والخمســة الجوزات، وهاهنا (١٩٨ ا) نختم الكلام فى العدد.

القول

وننتقل من بعده إلى الكلام فى القول:

فأمّــا أنّ القول كم، فيجــرى على هذه الصفة، القــول يقدر بالمقطع الممــدود أو المقصور بالذات، وكلّما يقع عليــه التقدير على هذه الصفة

فهــو كم، فالقول إذا كم. والقضية الصغرى تتبين هكذا، كلّ مقدار إنّما يقدر بما يناســبه، ولأنّ القول مؤلف من مقاطع ما ينبغى أن يقع التقدير له بالمقطع.

فأمّــا أنّه من المتفصلة فيتضح على هــذا الوجه، القول لا يوجد بين اجزائه حد مشترك تتصل به جزئان متتاليان منه، فيكون نهاية لأحدهما ومبــدأ للآخــر، وكلّما صفته هذه الصفة فهو مــن المتفصلة، فالقول من المتفصلة. وصغرى القياس تتبين بحجتين:

الأولى منهما تجرى على هذا الوجه: إن وُجد بين المقاطع حد مشترك كحــرف من الحروف، بطلــت ذات ذلك القول. والشــئ الذى يؤدى إلى بطــلان ذوات الأمور فرضه محال؛ فلنضع اسـم سـقراط ولنفصله إلى مقطعين هما ســو قــرط[١]، فإن جعلنــا بينهما حرف النــون مثلا ليصل احدهما بالآخر زال اسم سقراط عن حاله، ومع هذا فالقول يكون بعد من المتفصلة، فهذه هى الحجة الأولى.

والحجــة الثانية تجــرى على هذا الوجه، قد نجد النحويين عند نظرهم فى القول يلتمســون الحروف، الأوّل منه والا وآخر والمتوسطة، وما يمكن أن يحصــل مبــدؤه ومنتهاه عند قســمته لا يصلح أن يكــون من الكم المتصــل، لأنّ الكم المتصل انقســامه فى كلّى طرقيــه يجرى إلى ما لا نهاية، فهذه هى الحجة الثانية.

ومع هذا فلأنّ المقاطع غير متقسمة إن اتصل بعضها ببعض انقسمت. وعنــد هذا ينقطع الكلام فى القول وفى أنواع المتفصل، فلنأخذ الآن من بعد ذلك فى النظر فى أنواع المتصل.

الخط

ولنبدأ بالخط، فأمّا أنّ الخط كم فيتضح على هذا الوجه، الخط يقدر بالــذات بالذراع طولا، وكلّما وقع عليه التقدير وهذه الصفة فهو الكم، فالخط إذا كم.

فأمّــا أنّه متصل فيتبين على هذا الوجــه، الخط يمكن أن يتوهم فيه أجزاء بين كلّ جزئين متتاليين منها بالقوة نقطة هى نهاية لأحدهما ومبــدأ للآخر. وكلّما هو بهذه الصفــة، فهو متصل؛ فالخط إذا متصل. وصغــرى هــذا القيــاس تتبين على هــذا الوجه، الخط علــى ما بان فى السادسة من السماع الطبيعي، ينقسم إلى (٩٨ ب) خطوط وما صفته هذه الصفة، فأجزاؤه متشابهة. وللعقل أن يفرقها وإن لم تكن مفرقة فى الوجــود ويتوهم بين كلّ جزئيين متتاليين منها نقطة هى نهاية لأحدهما

---

١ كذا!

ومبدأ للآخر. والنقطة تكون بهذه الصفة ما دامت بالقوة، والأجزاء أيضًا بالقوة؛ فمتى حصلت بالفعل صارت نهاية احدهما غير مبدأ الآخر، وذلك أنّهما إن كانا أعنى النهاية والمبدأ نقطة واحدة، لزم أن تنقسم بينهما جميعا، فيحصل بعضها فى هذا وبعضها فى هذا فينقسم ما لا ينقسم، وهذا محال؛ فهذا مقدار كاف فى الكلام فى الخط.

وقبل أن ننتقل إلى الكلام فى السطح، فلنفد السبب فى استثنائنا عند قولنا جزئين، وقولنا نقطة بقولنا بالقوة. ونحن نوضح ذلك بحجة صورتها هذه الصورة، جزء العظم إنّما يكون جزءا ما دام مقارنا للكلّ. فأمّا إذا فارق الكلّ بالفعل خرج من أن يكون جزءا، وصار كلا لنفسه، فجزء الخط إنّما يكون جزء ما دام مقارنا للخط، وهو منفصل عنه بالقوة.

فلنأخذ الآن فى الكلام فى السطح، فأمّا أنّ السطح كم فيجرى على السطح هذه الصفة، السطح يقدر بالذراع طولا وعرضا، وتقديره هكذا بالذات وعلى القصد الأوّل. وكلّما يقع عليه التقدير أوّلا، فهو كم، فالسطح كم.

فأمّا أنّه متصل فيتبين على هذه الصفة، السطح يمكن أن يتوهم فيه أجزاء، أعنى سطوحا بين كلّ جزئين متتاليين منها حد مشترك، أعنى خطا يكون نهاية لأحدهما ومبدأ للآخر. وكلّما صفته هذه الصفة، فهو من المتصل.

والجسم أيضًا كم من قبل أنّ التقدير يقع عليه بالذات فى الابعاد الزمان الثلاثة. وهو متصل من قبل أنّا نتمكن أن نتوهم فيه أجزاء بين كلّ جزئين متتاليين منها حد مشترك، هو نهاية لأحدهما ومبدأ للآخر، أعنى سطحا، فلنقطع الكلام فى الجسم.

ومن بعده نأخذ فى الكلام فى الزمان، فأمّا أنّ الزمان كم، فمن قبل أنّ التقدير يقع عليه بالساعة واليوم.

وأمّا أنّه متصل، فمن قبل أنّا نتمكن أن نتوهم فيه أجزاء بين كلّ جزئين متتاليين منها حد مشترك هو أن يكون نهاية لأحدهما ومبدأ للآخر؛ فإن لم يكن بهذه الصفة، أعنى الآن حتى تكون نهاية الماضى غير مبدأ المستقبل، لزم لأنّهما آنان أن يكون بينهما زمان على ما بان فى السادسة من السماع، فهذا الزمان لأنّه قبل المستقبل لا يكون مستقبلا، ولأنّه بعد الماضى لا يكون بعد ماضيا، معلوم من ذلك أن يكون زمان واحد بعينه، لا ماضيا ولا مستقبلا، وهذا محال. والآن يقال على ضربين، على الغير منقسم الذى هو مبدأ ونهاية للزمان وهو نقطة

وجزء لا ينقســم يصل بين اطراف الزمان بعضهــا ببعض، وعلى الزمان القريب من هذا الآن ماضيا كان أو مســتقبلا كما يقول الآن اقوم والآن قمت.

المكان

وإذ قـد فرغنا من الكلام فى (١٩٩ ا) الزمان فلنأخذ فى الكلام فى المكان. أمّا أنّ المكان كم، فمن قبل أنّه يقدر بالذراع طولا وعرضا. وأمّا أنّــه متصل فيتبين بحجتين: الأولى منهما، المكان يحتوى على الجســم وسائر أجزائه والجسم وأجزاؤه من المتصل، فالمكان من المتصل.

فأمّا أنّ المكان يحتوى على الجسم، فيتبين على هذا، إن لم يكن كلّ واحد من الاماكن محتويا على الجســم الذى هو مكان له باسره، فلتنزل أنّ جزءاً من جســم أىّ جســم كان لا مكان له، فمعلوم أنّ ذلك الجزء من ذلك الجسم لا يحيط به جسم، فيكون خارجا خلاء.

والحجــة الثانيــة، حد المتصل ينطبــق على المــكان، وذاك أنّه الذى يمكن أن يتوهم فيه أجزاء بين كلّ جزئين متتالين منها حد مشــترك هو نهاية لأحدهما ومبدأ للآخر، والأشــيا ء المتفقة حدودها طبائعها متفقة، فالمــكان إذا من المتصل، فهــذه هى الحجة الثانية وعندها ينقطع الكلام فيما نحن بسبيله.

ولنجر على عادتنا فى ايراد الشــكوك وحلّهــا ونقطع بالفراغ منها تعليمنا.

وانــا ارى لانى قد ذكــرت، الوحدة والمقطع والنقطة والآن أن ارســم كلّ واحد منها واشرح رسمه. والعام لها أنّها غير منقسمة، فهذا يجرى الجنس لها.

الوحدة

فالوحدة هى شــئ غير منقسم أصلا لا بالقوة ولا بالفعل. وهى مبدأ لنوع العدد من الكم المتفصل، فقولنا فيها غير منقســمة يجرى مجرى الجنس، لأنّ المقطــع والآن والنقطة بهذه الصورة. وقولنا فيها لا بالفعل ولا بالقوة للفرق بينها وبين النقطة والآن اللذين هما منقسمين بالقوة لا بالفعــل. وقولنا فيها إنّها مبدأ للعدد، للفرق بينها وبين المقطع إذ كان المقطــع مبدأ للقول. وينبغى أن تعلــم أنّ الوحدة عن جزئيانها وتكثرها يتولد نوع العدد.

المقطع

والمقطع يرســم بأنّه شئ ما غير منقسم لا بالفعل ولا بالقوة على أنّه مبــدأ لنوع القول من الكــم المتفصل، وهو أقلّ مــا يمكن أن يصوت به وعن جزئيانه وتكثره يتولد القول. وانت تتمكن أن تقسم هذا الرسم إلى الشــئ الذى فيه يجرى مجرى الجنــس، والى ما يجرى مجرى الفصول، وتقف على فائدة كلّ فصل منه، وبماذا انفصل به المقطع من غيره.

النقطة

والنقطة هى شىء ما لا ينقسم بالفعل لكنّ بالقوة على أنّها مبدأ لبعض أنواع المتصل أعنى الخط والسطح والجسم. وذاك أنّك إذا توهمت فى ذهنك نقطة واجريتها، ولدت بجريانها خطا واحدثت بعدا واحدا ذا طول حسب، تفرزه نقطتان، وماتان نقطتان إذا جرتا عرضا وعلى خلاف وضعهما ولدتا السطح، فيصير للسطح مثلا اربع نقط، وهذه إذا جرت عمقا وعلى (٩٩ ب) خلاف وضعها ولدت الجسم ولا يحدث عن جريانها سوى هذه الثلاثة. ولهذا قيل إنّ الابعاد أمّا من جهة صورتها فهى غير منقسة، وذاك أنّ حدوثها عن جريان النقطة وهى غير منقسمة، وأمّا من قبل مادتها فهى منقسمة، وذاك أنّ كلّ تكثر سببه المادة. وقد شرحنا ذلك فى غير هذا الموضع، وقلنا إنّ التكثر جاء من قبل المادة لما فيها من العدم والتهيؤ، فإنّها ليست متهيئة نحو هذا دون هذا، فإذا جاءت الصورة احّدت وخصصت، مثال ذلك أنّ هذه الخشبة ليست بأن يكون منها كرسى أوّلى من أن يكون منها سفينة، ولا الإنسان بأن يكون زيدا أوّلى من أن يكون عمرو، ولا الحيوان بأن يكون إنسانا أوّلى من أن يكون حماراً، فإذا تخصصت الهيولى بصورة أو الجنس بفصل أو النوع بفصول شخص تخصصت وزال عنها معنى التكثر.

الآن

والآن هو شىء ما لا ينقسم بالفعل وبالقوة ينقسم على أنّه مبدأ ونهاية لبعض أنواع المتصل أعنى نوع الزمان، والسبب الذى من أجله قلنا فيه إنّه مبدأ وغاية ولم نقل ذلك لا فى النقطة ولا فى الوحدة ولا فى المقطع، هو أنّه لمّا كان الزمان سرمدا، لم نجد انا هو أوّل حسب، ولا أنّه غاية حسب بل أىّ أن أخذناه كأنّ غاية للماضى ومبدأ للمستقبل ووصلة بينهما؛ فأمّا الخط والقول والعدد فكلّها لها مبادئ هى مبادئ حسب لا مبادئ وغايات بمنزلة أوّل هذا الخط وأوّل هذا القول. وهذا هو قانون إذا أخذت النقطة فى الخط بالفعل فإنّ على هذا الوجه يكون المبدأ غير الغاية. فأمّا إذا أخذتها بالقوة فإنّها تكون واحدة بعينها مبدأ لما بعدها وغاية لما قبلها، وهكذا الخط فى السطح والسطح فى الجسم.

وهذه المبادئ كلّها هى بقوة ما يكون عنها فإن كان عنها متصل كانت متصلة بالقوة، ولهذا تكون منقسمة بالقوة. وإن كان عنها متفصل، فهى متفصلة بالقوة وغير منقسمة أصلا، فإنّ مبادئ الأمور هى الأمور بالقوة بمنزلة الهيولى والعدم، فكلّ هذه المبادئ المفروضة بالقوة كمية ومتصلة أو متفصلة. وانت فافهم أنّ النقطة والوحدة والآن والمقطع هى اعدام الكمية، أعنى امكانها، وعنها تحدث الكمية المتصلة والمتفصلة بتكرار الوحدة والمقطع وجريان النقطة والآن. ووجه حدوث الكمية عنها

بهـذه الصفة، تصور الهيولى فى ذهنك وفيهـا تهيؤ على قبول البعد، وهـذا صورة البعد، ولأنّ البعد منقسـم بالفعل ما تكون هى منقسـمة بالقـوة، فالنقطـة هى التهيـؤ على صورة البعد. وهـذه إذا انتقلت فى الهيولى حـدث (١٠٠ ا) الطول، ومنه ومن الهيولى يكون الخط. وإذا جرت نقطتا الخط بالفعل حدث العرض ومنه ومن الخط يحدث السطح. وإذا جـرت اربع نقطة التى بالفعل حدث الجسـم بانضياف العمق إليه، فهذه الثلاثة الأنواع هى أنواع المتصل الأوّل؛ فأمّا الخط فهو الطول مع الهيولى، والسـطح هو الطول والعرض مع الهيولى. والجسـم هو الطول والعرض والعمق مع الهيولى.

وبهـذا الوجه أعنى بأحد الأبعاد مع الهيولى يكون كما والا فمفردة تكـون صورة الكم، وذاك أنّ الكم أمّا المتصل فهو الذى فيه تهيؤ على الأقسام، والمتفصل فيه تهيؤ على التكرار. والتهيؤ يكون فى الهيولى لا فـى الصـورة فمبدأ الكم المتصل كلّه هـو الهيولى الأولى مع التهيؤ علـى البعد. وإذا انقلبـت حدث الكم المتصل. والزمـان هو خط مبدأه الآن، والمـكان سـطح من خارج. فأمّا المتفصل فمبـداه الوحدة والمقطع، وبتكـرار الوحدة يحدث العدد، وبتكـرار المقطع يحدث القول؛ فالوحدة والمقطع والنقطة والآن كلّها توجد فى هيولى حتى يتم فيها الكم، لأنّ مع كلّ كمية تهيؤ على الانقسـام إن كانت متصلة أو على التزيد إن كانت متفصلة. ورسـوم هذه هكذا، الوحدة يخصها عدم الانقسام أصلا بالقوة والفعل، ويتم بها احصاء الأمور غير المنقسمة على الاطلاق، وبتكرارها يحدث العدد. والمقطع يخصه عدم الانقسام أصلا بالقوة والفعل، ويتم به احصاء القول وعن تكراره يحدث القول. والنقطة يخصها عدم الانقسام بالفعل من دون القوة، وعن انتقالها فى الهيولى من وضع واحد يحدث الخط، وعن وضعين يحدث السـطح، وعن اربعة يحدث الجسـم. والآن يخصه عدم الانقسام بالفعل دون القوة وعن جريانه يحدث الزمان.

ولمّا كان انقسـام المتصل بلا نهاية صـارت اعدامه التى هى النقطة بلا نهاية، فلهذا صار تزيد العدد بازاء انقسام العظم. والنقطة والوحدة والمقطع والآن كلّها يخصها أنّها غير منقسمة لأنّها اعدام الانقسام، إلا أنّ النقطة والآن يخصهما عدم الانقسام بالفعل من دون القوة، والوحدة والمقطع يخصهما اعدام الانقسـام أصـلا بالقوة والفعل. ولهذا صار ما يأتلـف من هـذه مفرق الأجزاء كالعدد والقول لأنّه لو اتصل لانقسـمت وصـار ما يأتلف ممـا يكون عن النقطـة يتصل، ولأنّه منقسـم بالفعل حـدث عن منقسـم بالقوة، فهذه كلّها اعـدام على صور الكم، وهى فى

(١٠٠ ب) الهيولى. والصور التى تحدث عنها لا تحدث مفردة بل فى هيولى وهى الأولى فتكون الكمية ابداً مع الهيولى. وسنشرح ذلك الخص فى المواضع اللائقة به، فهذا كاف فيما نحن بسبيله.

ومن بعده فلنأخذ فى ايراد الشكوك.

الشكوك وأوّل شكّ يثور علينا صورته هذه الصورة، كيف استجاز ارسطوطالس أن يقول إنّ العدد والقول من الكم، وهو يزعم أنّهما مؤلفان من الوحدة والمقطع، والوحدة والمقطع عنده ليسا بكم، لأنّه لا يعتقد كما الا ما وقع عليه التقدير، والمؤلف مما ليس بكم لا يكون كما، فالقول والعدد ليسا بكم.

وحلّ الشكّ يجرى على هذه الصفة، الكم يقال على ما هو كم بالقوة وعلى ما هو كم بالفعل. والمقطع والوحدة وإن لم يكونا بالفعل فهما بالقوة وإذا كانا بالقوة حدث عنها الكم بالفعل لأنّ جميع ما حدث بالفعل إنّما يحدث عما هو ذلك الشئ بالقوة، سوى أنّ لمعترض أن يعترض ويقول، ليس الأمر على ذلك، وذلك أنّ الشئ الذى يكون بالقوة ثم يصير بالفعل يحتاج أن يتغير عن حاله، بمنزلة الهيولى التى لمّا صارت جسما بالفعل تغيرت وانقلبت فى نفسها من العدم إلى الصورة، وليس هكذا الوحدة والمقطع، وذلك أنّهما لا يتغيران عن حالهما فى أنّهما غير منقسمين.

وحلّ الاعتراض يجرى على هذا الوجه، بئس ما قلت إنّ الوحدة والمقطع لا يتغيران من القوة إلى الفعل، فإنّ تكرارهما هو انتقالهما من العدم إلى الصورة، أعنى من القوة على الكم إلى الصورة الكم، فإنّه عند تكرار الوحدة والمقطع تحدث صورة العدد وصورة القول بالفعل، والهيولى إذا انتقلت من العدم إلى الصورة لا تبطل ذاتها، لأنّ ذاتها جزء للمركب لكنّ الباطل منها هو العدم حسب. والوحدة والمقطع لا تبطل ذاتيهما عند حضور العدد والقول لكنّ الذى يبطل منهما هو القوة، والقوة التى فيهما إنّما هى قوة على التكرار، فإذا حصل التكرار بالفعل بطل ما بالقوة، فهذا كاف فى حلّ هذا الشكّ.

وقد يشار علينا شكّ ثان صفته هذه الصفة، المقطع والوحدة غير منقسمين ومنهما يأتلف العدد والقول. والمؤلف من غير المنقسم هو غير منقسم، فالعدد والقول ليسا بمنقسمين، إلا أنّ القول يمكن أن يفصل إلى المقاطع والعدد إلى الاحاد.

وحلّ الشكّ يجرى على هذه الصفة، الوحدة والمقطع وإن كان معنى الانقسام بالقوة (١٠١ ا) والفعل لا يوجد لهما إذ كان يخصهما عدم

الانقسام أصلا، ففيهما قوة على الاجتماع إذ كان ما يحدث عنهما له الاجتماع بالفعل، وهو القول والعدد. وإذ كان لهما معنى الاجتماع بالفعل فلهما معنى الاقتران بالفعل، فليس تفرق أجزاء العدد والقول تفرق قسمة، لكن تفرق اجتماع، فهما إذا متفرقين غير منقسمين فهذا مقدار كاف ينحل به هذا الشكّ.

وقد يطرأ شكّ ثالث صفته هذه الصفة، انت يا ارسطوطاليس[٢] زعمت أنّ الموجودات بأسرها تدخل تحت المقولات العشر، ونحن نريك أنّ النقطة والوحدة والمقطع والآن بخلاف ما زعمت، وذلك لأنّها ليست قائمة بنفوسها لا تكون جوهرا، ولأنّها لا تقدر ليست كما، ولانّها لا تقع في الجواب عند السؤال بكيف، لا تكون كيفا ولا هى نسبة، فتدخل فى مقولات النسب بهذا ينخرم قانونك أنّ الموجودات كلّها تدخل تحت الأجناس العوالى. وقد حلّ قوم هذا الشكّ بأن قالوا، الوحدة والمقطع والنقطة والآن ليست أشياء موجودة، وإنّما هى اعدام. وذاك أنّ الوحدة هى عدم العدد والنقطة هى عدم الخط والمقطع عدم القول. وارسطوطالس إنّما قال إنّ الأجناس العوالى تحمل على الأشياء الموجودة.

وبئس ما ظنّ هؤلاء فى النقطة والوحدة والمقطع فى كونها اعداما بمعنى السلب وليست بموجودة أصلا من قبل أنّ ما ليس بموجود أصلا لا يكون عنه شئ موجود، وعن جريان النقطة يحدث الخط وعن جريان الوحدة والمقطع والآن وتكرارها يحدث العدد والقول والزمان.

والحلّ المرضى يجرى على هذه الصفة، هذه كميات بالقوة عنها تكون الكمية بالفعل، والمقولات تحمل على ما بالقوة وما بالفعل جميعا، فهذا كاف فى حلّ هذا الشكّ.

فقد يطرأ شكّ رابع صورته هذه الصورة، المقاطع ممدودة ومقصورة، وللمقصور إلى الممدود نسبة، إمّا نسبة المثل أو نسبة المثل والنصف. وما هو بهذه الصفة هو منقسم والمنقسم متصل، فالمقاطع متصلة. والمؤلف من المتصل متصل، فالقول إذا متصل، فكيف زعم ارسطوطالس أنّه من المتفصلة؟

وقد حلّ قوم هذا الشكّ على هذه الصفة، قالوا ليس كلّما هو مؤلف من المتصل متصل، فإنّ انبار الحنطة هو متفصلة وأجزاؤه متصلة.

وقد رُدّ هذا الحلّ بحجتين:

الأولى منهما تجرى على هذه الصفة، المقابل لا يفعل مقابله، بل

٢ يا ارسطوطاليس: يارسطو

يفسده بمنزلة السواد عند البياض، وإذا كانت الصورة هكذا لم يفعل المتصل المتفصل.

والحجة الثانية هكذا، انبار الحنطة هو معدود لا عدد، وإذا جردت معنى العدد والوجودات منه كانت غير منقسمة، وإنّما توهم فيها معنى الانقسام لمقارنتها مادة وكونها مع شئ متصل.

والحلّ المرضى صورته هذه الصورة، المقاطع (١٠١ ب) اتصالها بطريق العرض لا بالذات، وذاك أنّها فى نفوسها غير منقسمة ولأنّ التصويت بها يقع فى زمان والزمان متصل ومنقسم ما يقال فيها إنّها متصلة ومنقسمة. والمقطع الممدود هو الذى يقع التصويت به فى زمان طويل. والمقصور هو الذى يقع به التصويت فى زمان قصير. وإذا كان الأمر على هذا لم يكن القول وهو من المتفصلة مؤلف من المتصلة بالذات.

وقد يتشكّك شكّ خامس، زعم ارسطوطالس أنّ المقدر يجب تقديره باصغر شئ فيه، كالزمان باليوم والخط بالذراع. والقول لأنّه مقدر كان ينبغى أن يقدر باصغر شئ فيه وهو المقطع المقصور، لأنّ المقطع الممدود يقدر بالمقصور، فقول ارسطوطالس إنّه يقدر بمقطع ممدود أو مقصور فضل لا يحتاج إليه، وهو بمنزلة إنسان يقول إنّ الخط يقدر بالذراع أو بالذراعين.

وحلّ الشكّ يجرى على هذه الصفة، قول المتشكّك إنّ الشئ يقدر باصغر ما فيه، قول صحيح. وقوله إنّ اصغر ما فى القول المقطع المقصور وإنّ الممدود مركب من مقصورين كذب، فإن كنتم ذاكرين لحد المقطع وهو أنّه أقل شئ يمكن التصويت به، فليس مقطع اعظم من مقطع بما هو مقطع، لكنّ العظم والصغر يأتى المقطع من قبل الزمان، وذاك لأنّ بعضها يصوت به فى زمان اطول، وبعضها فى زمان اقصر. ولا ينبغى أن يلتفت إلى قول القائل إنّ حد المقطع أنّه الغير منقسم غلط. وذلك أنّه ينقسم إلى الحروف، فإنّ ارسطوطالس لم يقل إنّ المقطع لا ينقسم أصلا، وإنّما قال إنّه لا ينقسم إلى مقاطع وإلى ما يصوت به. والحروف لا يقع التصويت بها، اللهمّ إلا أن تكسب اسماء مؤلفة من مقاطع فيعبر بها عنها. والحروف هى مادة المقاطع فلا شئ يلزم ارسطوطالس فى قوله إنّ القول يقدر بمقطع ممدود أو مقصور. وكان القول يجرى على هذه الصفة، القول يقدر بالمقطع، والمقطع يعرض له أن يكون ممدودا أو مقصورا من قبل الزمان، فعلى هذا فليجر حلّ هذا الشكّ.

وقد يطرأ شكّ سادس صفته هذه الصفة، القول فى نفسه ليس كما

وإنّما صار كذلك لأنّه يعد بالمقاطع، وما هذه صفته يكون كما بطريق العرض لأنّ معنى الكم إنّما صار له من قبل نوع العدد، بمنزلة جزئى القول أعنى المقطع الممدود والمقصور اللذين صارا كما من قبل الزمان، فبئس ما صنع ارسطوطالس فى تعديده القول فى أنواع الكم بالذات.

وحلّ الشكّ يجرى على هذه الصفة، لم يصر القول كما من قبل أنّه عدد ولا من قبل أنّه يقدر بالوحدة، وإنّما صار كما من قبل أنّه مؤلف من المقاطع ومقدر بالمقطع والشئ الذى بهذه الصفة كم بذاته لا (١٠٢ ا) بالعرض. وإن قدر بالعدد كان كم بطريق العرض، فقد قلنا إنّ العدد والمضاف يمران في جميع الأشياء ولا يخلو شيئاً منهما.

وقد يثار شكّ سابع صورته هذه الصورة، كيف زعم ارسطوطالس أنّ الثلاثة جزء للعشرة، والجزء هو ما قدر الشئ وافناه؟

وحلّ الشكّ يجرى على هذه الصفة، ليس رسم الجزء أنّه يقدر الشئ ويفنيه لكنّ الجزء هو الذى منه ومن أجزاء غيره يأتلف الكلّ، سواء كانت تلك الأجزاء أجزاء للحدّ بمنزلة الجنس والفصول، أو أجزاء للعظم بمنزلة اليد أو الرجل، أو أجزاء الجوهر بمنزلة المادة والصورة. فأمّا أنّه يقدر الشئ فهذا شئ يخص جزء العظم. وقد يجوز فى جزء العظم أن يقدر كلّ العظم ويفنيه أو يبقى منه بقية. وبالجملة فالجزء سواء كان للعدد أو للعظم إن كان جزءا بالطبع كالواحد قدر الشئ وافناه، وإن كان جزءا بالعرض كالثلاثة فى العدد والذراع فى الخط جاز أن يفنى أو لا يفنى، فهذا كاف في حلّ هذا الشكّ.

وقد يُؤتى شكّ ثامن صفته هذه الصفة، العدد والقول هما اللذان طبائعهما أنّ اجزائهما مفترق بعضها من بعض بالفعل، وإذا كان الأمر على هذا، كيف يقول إنّ العدد ينقسم حتى تنتهى القسمة فيه إلى الوحدة والقول إلى المقطع، فإنّ الشئ الذى يقسم يحتاج أن يكون قبل قسمته غير منقسم.

وحلّ الشكّ يجرى على هذا، ليس انقسام العدد من قبل ما هو عدد، فإنّ العدد أجزاؤه متفرقة، لكنّ انقسامه من قبل معنى الاجتماع الحاصل للوحدات التى بها صارت عشرا، فقسمة العدد هى تفريق لاجتماعه حتى تنتهى التفرقة إلى مبدئه الذى لا ينقسم وهو الواحد وكذلك القول.

وقد ينبغى أن نعدل عما نحن بسبيله قليلا، ونورد سؤالا وجوابه، ونعود على رسلنا إلى تمام الشكوك.

والسؤال يجرى على هذه الصفة، لِم قسم ارسطوطالس المتصل إلى

قسمين احدهما الخط والسطح والجسم والآخر الزمان والمكان، ولِم يعددها كلّها من غير قسمة، ولِم قدم القسم الأوّل على الثانى؟

والجواب صورته هذه الصورة، السبب الذى من أجله قسمها إلى قسمين وجعلها صنفين، أنّه لمّا كانت أنواع المتصل بعضها مشبه به وبعضها لا[٣] مشبه وبعضها فى ذات الشئ وبعضها خارجه، فلذلك ما اورد كلّ واحد منهما على خياله، أمّا الخط والسطح والجسم فلأنّها مشبهة[٤] بها وهى فى ذات الشئ، وأمّا الزمان والمكان فلأنّهما مشبهان وخارج الشئ.

وتقديمه القسم الأوّل على الثانى يتضح بثلاث حجج:

الحجة الأولى، من قبل أنّ الثلاثة مشبه بها والاثنان مشبهان فتلك تجرى مجرى الاصول وهذه تجرى مجرى الفروع.

والحجة الثانية أنّ الخط والسطح والجسم فى ذات الشئ والزمان والمكان يلزمان من خارج، فتلك بالتقدم احق.

والحجة الثالثة قد بان فى السماع الكيانى أنّ اتصال الزمان من قبل اتصال البعد واتصال المكان (١٠٢ ب) من قبل احتوائه على الجسم، فالبعد هو السبب فى كون هذين كما، والسبب له رتبة التقدم، فالخط والسطح والجسم احق بمعنى التقدم، فلنعد إلى سُنننا ونورد تمام الشكوك.

وقد يطرأ شكّ تاسع صفته هذه الصفة، كيف زعم ارسطوطالس أنّ الخط هو الذى يتوهم فيه أجزاء بين كلّ جزئين متتاليين منها حد مشترك يكون نهاية لأحدهما ومبدأ للآخر. وكذلك فى السطح خطا وفى الجسم سطحا فلنسأله، هل نحن مسلطون على توهم ذلك فى الخط والسطح والجسم باسرها وفى مواضع معينة منه، فإن كان فى مواضع معينة بطل القول بأنّ الخط والسطح والجسم من المتشابهة الأجزاء، وإن كان فيها باسرها لزم أن يكون الخط مؤلف من نقط، والزمان من الآن، والسطح من الخطوط، والجسم من السطوح، فيكون ما ينقسم مؤلفا مما لا ينقسم، وهذا قد بان محالة.

وحلّ الشكّ يجرى على هذه الصفة، ليس يلزم وإن كان الخط وغيره مما عدد من المتشابهة الأجزاء والانقسام فى أىّ موضع، اثر القاسم ان يقسمه أن يكون عليه باسره نقط، إذ كان ما لا ينقسم لا يتصل بما لا

٣ وبعضها لا مشبه: وبعضها مشبه
٤ فوق مشبهة: مشبه

ينقسـم على ما بان فى السـماع الكيانى، لكن يتوهم المتوهم نقطة فى ذهنه وخطا وسطحا حيث شاء من الخط وضعها وقسمة عليها، ومع هذا ففرض الخطوط على السـطوح ولو أنّها ما كانت عددا لا تسـتوعبه ولا تاتى على شـئ مـن عرضه لأنّه لا عرض لها. ولا يجوز فى سـطح أن يتركـب من خطوط، لأنّ الخطوط لا عرض لهـا، وما لا عرض له كيف يصيـر منـه ما له عرض وهو باقى على طبعـه. وهكذا يجرى الأمر فى النقط على الخط والسـطوح فى الجسم، فألوف سطوح لا تؤثر فى عمق الجسـم، ولا ألوف النقط تؤثر فى طول الخط، ومع هذا فلو فرضت على الخط ما فرضته من النقط لم تسـتوعبه لأنّه منقسـم بلا نهاية، وكذلك السطح والجسم، فهذا كاف فى حلّ هذا الشكّ.

وقد يؤتى شكّ عاشـر صفته هذه الصفة، زعم ارسطوطالس أنّ الحد الـذى يتوهـم فى الخط يجب أن يكون مبـدأ ونهاية، وكذلك الحد الذى فى السـطح. ونحن نقول هبنا سـلمنا لك أنّ الحد الذى فى الخط لأنّه لا ينقسم من قبل أنّه نقطة ينبغى أن يكون مبدا وغاية وهو واحد بالعدد، الحد الذى فى السطح وفى الجسم فرضك اياه واحدا وهو منقسم لا معنى له.

وحلّ الشـكّ يجرى على هذه الصفة، الخط والسطح ينقسمان لا شكّ فيه، لكنّ انقسـامهما أقـلّ من مقدار الكلّ، إلا أنّ السـطحين اللذين يتوهمـا ويتوهم الخط نهايـة ومبدأ لهما متسـاويين. ونهاية المقدار لا يمكن أن يكون أقلّ منه بل مثله، فإن قسـمنا الخط أو السـطح اللذين نتوهمهمـا حـدودا، لزم أن تكون نهاية الشـئ أقل منه (١٠٣ا) وهذا محال. وبالجملة أخذ الخط فى السـطح لا يخلو أن يكون بما هو خط أو بما هو نهاية، فإن أخذ بما هو خط انقسـم لأنّ كلّ متصل متقسـم. وإن أخذ بما هو نهاية لم ينقسم لأنّ نهاية الشئ هى أخر التحليل، فيجب أن تكون بما هى نهاية هى هى المبدأ بعينها، فيكون الخط القاسـم للسـطح هو النهاية والمبدأ فى الموضوع وفى الحد يختلفان. ومع هذا فالخط وهو نهاية السـطح قسـمته بما هو نهاية لا يصح، لأنّه إن قسـم بما هو نهاية حتـى يجعل النهاية نهايتين وجـب أن يكون له عرض، وللنهاية نهاية. وهـذا لا يقف، وقسـمته تتم بما هـو خط فى طوله بأن يقسـم بنصفين والنصف بنصفين ابداً، وهكذا فى السطح بقياس الجسم.

وقـد يؤتى شـكّ حادى عشـر صورتـه هـذه الصورة، كيـف زعم ارسـطوطالس أنّ الخط والسطح والجسـم أنواعا للمتصل، والأنواع معا فى طبيعة جنسـها، وهو نفسـه يقدم الخط على السـطح والسطح على

الجسم، فإن زيدنا الشناعة قلنا إنه يقدم بعضها على بعض بالطبع.

وحلّ الشــكّ يجرى على هذه الصفة، للأنواع مقايســتان بين بعضها وبعض وبينها وبين جنســها. أمّا بالمقايســة بــين بعضها وبعض فيجوز فيهــا التقدّم والتاخر. وأمّا بمقايســتها إلى جنســها فــلا يجوز، وهذه باســرها بقياسها إلى الكم والى المتصل يجرى على وتيرة واحدة. وذلك أنّها باسرها تقدر على وتيرة واحدة وتقبل حد المتصل قبولا واحدا، فهذا كاف فى حلّ هذا الشكّ.

وقد يطرأ شــكّ ثاني عشــر صفته هذه الصفة، انت يارســطوطالس° كيف زعمت أنّ حد الخط والســطح والجســم والزمان والمكان أنّها التى يتوهم فيها أجزاء بين كلّ جزئين متتاليين منها حد مشترك، وكيف قلت إنّ العدد والقول هما اللذان لا ترتبط أجزاؤهما، فإنّك إن كنت ذاكرا ما علمتناه فى علومك فى غيره هذا الكتاب، شــاهدت بعينك ما يخالف قولك، وذلك أنّك حددت الخط أنّه ذو بعد واحد والسطح بأنّه ذو بعدين، والجســم ذو ثلاثة ابعاد، والمكان بأنّه نهاية الجسم الحاوي، والزمان بأنّه عدد حركة الســماء، والعدد بأنّه كيفية موجودة فى النفس، والقول بأنّه كيفية ملفوظ بها، فهذا هو الشكّ.

وحلّــه يجــرى على هذه الصفــة، جميع أنــواع الكميــة ينظر فيها علــى ضربين: من حيث ذواتها، وبهــذا الوجه لا تكون كما لكنّ جواهر وكيفيــات، فإنّ الابعاد الثلاثة جوهر جســم إذ كانت صورة له، والمكان يحيــط به إذ كان نهاية خارجة؛ وبمــا التقدير يقع عليهما، وبهذا الوجه يكون كما، والشئ المقدر له أجزاء، فما احسن ما رسمها ارسطوطالس بما هى كم أنّها التى لها أجزاء. وينبغى أن تعلم أنّ الشــئ الذى يكون كما بالذات هو الذى من شــأن التقدير أن يقع عليه فى نفســه. والذراع الواحد يســمى عظم وخط ومقدار وبعد. أمّا عظم فمن (١٠٣ب) قبل امتــداده. وأمّــا بعد فمن قبل ما هو جوهر فى هيولى، وذلك أنّ الابعاد هــى جواهر. وأمّا مقدار فمن حيث هو كم وشــأن التقدير أن يقع عليه. وأمّا خط فمن قبل ما هو صورة فى النفس مجردة من الهيولى وتعليمية. وبالجملة بما هو نوع العظم، فهذا كاف فى حلّ هذا الشكّ.

وقد يطرأ شكّ ثالث عشر صفته هذه الصفة، كيف زعم ارسطوطالس أنّ أنــواع الكم ســبعة، وما باله يخرج الحركــة من أنواع الكم، وهو فى الســماع الكيانى يوجب لها معنى الاتصــال قبل الزمان، وكيف يدخل

٥ كذا!

الزمان فى الكم ويخرجها ؟

وحلّ الشكّ يجرى على هذه الصفة، ارسطوطالس لا يخرجها من أن تكون كما متصلا بما هى متصلة، لكنّه يلغيها لأنّها والخط واحد، وذاك أنّهما جميعا بما هما كم لا من حيث ذاتهما يُحدّان بأنّهما كم يقدر بالذراع طولا وهما فى ذات الشئ، فلو حتى تكرر ذكرها بما هى كم، لكان قد كرر ذكر نوع واحد دفعتين. فأمّا الزمان والمكان فإنّهما وإن كانا يشبهان الخط والسطح إلا أنّهما خارج الشئ، فكونها كم بالعرض من قبل ما هى حركة ولأنّها فى زمان، فالزمان يوجب لها معنى الطول والقصر فتكون لأجله داخلة فى الكم لا بسبب نفسها، فهذا كاف فى حلّ هذا الشكّ. والحركة كم بالعرض من قبل ما هى حركة، وأمّا بما هى مقدرة فهى كم بالذات.

وهاهنا ينقطع الكلام فى جملة هذا التعليم، فلنأخذ الآن فى تفصيله.

التفصيل

قال ارسطوطالس

4 b 22 • فالمتفصل هو العدد والقول، والمتصل هو الخط والبسيط والجسم وأيضًا مما يطيف بهذه الزمان والمكان.

قال المفسّر

لمّا قسم الكم إلى المتوسطات أخذ أن يقسم المتوسطات إلى أنواع الأنواع، ويزعم أنّ أنواع المتفصل نوعان، العدد والقول. وأنواع المتصل هى الخمسة الباقية، وانت فينبغى أن تعلم أنّ هذه السبعة أمّا من قبل طبائعها فليست كميات، وأمّا من قبل أنّ التقدير يقع عليها هى كميات. فأمّا افراده الزمان والمكان من باقى أنواع المتصل، فلأنّ تلك موجودة فى الجسم، وذينك خارج منه، وأيضًا لأنّ الخط والسطح والجسم هى موضوعة للمهندس، والزمان والمكان للمنجم، فإنّ المنجم يراعى أنّه إذا كان الزمان الفلانى كان المشترى فى الثور، وإذا كان المشترى فى الثور كان الزمان الفلانى. ومعنى قوله يطيف بها أىْ بالخط والسطح والجسم أىْ شابهها، لأنّ الزمان يشبه الخط والمكان يشبه السطح، أو يكون يريد بقوله يطيف بها أىْ يحتوى عليها، إذ كان المكان والزمان يحيطان بالجسم، وفيه سائر أنواع المتفصل والمتصل.

(١٠٤ ا) قال ارسطوطالس

4 b 25 • فإنّ أجزاء العدد لا يوجد لها حد مشترك أصلا يلتئم عنده بعض اجزائه ببعض.

يريد وأجزاء العدد لا يوجد بين كلّ جزئين متتاليين منها حد مشترك يربط احدهما بالآخر.

• مثال ذلك أنّ الخمسة إذ هى جزء من العشرة فليس يصل بحد مشترك الخمسة منها بالخمسة،

يريد إنّ الخمسة والخمسة جزئين للعشرة وليس يتصلان بحد مشترك يربط احدهما بالآخر.

• لكنّها متفصلة،

يريد لكنّها متفصلة متفرقة الأجزاء.

• والثلاثة والسبعة أيضًا ليس يتصلان بحد مشترك.

يريد لكنّ بعضها مفرق من بعض.

• وبالجملة لست[٦] تقدّر الاعداد على أخذ حد مشترك بين اجزائها لكنّها دائمة متفصلة فيكون العدد من المتفصلة.

يريد وبالجملة ليس يمكن فى العدد أن يوجد فيه جزئين يرتبط احدهما بالآخر بحد مشترك.

قال المفسّر

من هاهنا يشرع ارسطوطالس فى أن يبيّن فى كلّ واحد من أنواع الكم أنّه كم وأنّه من المتفصلة أو المتصلة. وبدأ بالعدد، والكلام ناقص. ويتم على هذه الصفة، العدد من الكم المتفصل، والدليل على ذلك أنّ اجزائه لا يوجد لها حد مشترك، وارسطوطالس يورد صغرى القياس ويستقرّ بها والنتيجة ويلغى الكبرى.

فأمّا استثناؤه فى الخمسة وقوله إذ هى جزء من العشرة، فلأنّها قد يجوز أن تكون جزءا للعشرين. وأمّا قوله انّ العشرة إذا لم تكن متصلة فهى متفصلة، من قبل أنّ السلب يمرّ أكثر مما مرّ الايجاب، فليس كلّ ما هو غير متصل يجب أن يكون متفصلا، فإنّ البياض غير متصل، ولا

٦ لست: ليست

يجب أن يكون كمية متفصلة. وهاهنا اراد أن يوجب لها مقابل المتصل، لا أن يسلب المتصل منها. واورد أكثر من مثال واحد، لأنّ الاستقراء يحتاج أن يكون لجميع الجزئيات؛ فأمّا أنّ العدد كم، فلأنّ التقدير يقع عليه، ولظهور الكمية فيه، (١٠٤ ب) ما الغى ارسطوطالس أن يبيّن فيه أنّه كم، فأمّا أنّه متفصل فمن قبل أنّ اجزائه لا تلتئم عند حد مشترك.

قال ارسطوطالس

• وكذلك أيضًا القول من المتفصلة، 4 b 32

يريد وكما أنّ العدد من المتفصلة كذلك القول من المتفصلة.

• فأمّا أنّ القول كم فظاهر لأنّه يقدر بمقطع ممدود أو مقصور.

يريد يبيّن أنّه كم من قبل أنّه يقدر بمقطع ممدود أو مقصور وكلّ مقدر كم.

• وإنّما أعنى بذلك القول الذى يخرج بالصوت،

يريد وأعنى بالقول الذى هو كم الخارج بالصوت لا المركوز فى النفس ولا غيره من اصناف القول المعدودة فى أوّل هذا الكتاب.

• وأجزاؤه ليست تتصل بحد مشترك، وذلك أنّه لن يوجد حد مشترك تتصل به المقاطع، لكن كلّ مقطع منفصل على حياله.

يريد وأجزاء القول لا تصل بحد مشترك وذاك أنّ المقاطع لا تتصل بحد مشترك يتصل به بعضها مع بعض.

قال المفسّر

أمّا أنّ القول كم فلأنّه يقدر بالمقطع، وأمّا أنّه متفصل فمن قبل أنّ اجزائه لا ترتبط بحد مشترك، ولفظة أيضًا تربط الكلام فى القول بالكلام فى العدد. وارسطوطالس يورد صغرى القياس ويستقر بها، ويغلى الكبرى والنتيجة؛ فأمّا تخصيصه القول الذى يخرج بالصوت، لأنّ القول اسم مشترك يقع على عدة معانٍ، لا يقدر واحد منها ولا هو كم إلا الخارج بالصوت.

5 a 1 قال ارسطوطالس

• وأمّا الخط فمتصل لأنّه يتهيأ أن يوجد حد مشترك تتصل به أجزاؤه كالنقطة وفى البسيط الخط، فإنّ أجزاء السطح قد تتصل بحد مشترك.

يريد يبيّن أنّ الخط من المتصل من قبل أنّه يمكن أن يتوهم فيه أجزاء بين كلّ جزئين متتاليين منها حد مشترك هو نهاية لأحدهما ومبدأ للآخر. والنهاية هى النقطة، وكذلك السطح من المتصل، وذاك أنّه يمكن أن يتوهم فيه أجزاء بين كلّ جزئين متتاليين منها حد مشترك هو نهاية لأحدهما ومبدأ للآخر والحد للخط.

• وكذلك أيضًا فى الجسم قد تقدر أن تأخذ حدا مشتركا (١٠٥ ا) وهو الخط أو البسيط تتصل به أجزاء الجسم.

يريد وكذلك أيضًا الجسم من المتصل وذلك أنّه يمكن أن يتوهم فيه أجزاء بين كلّ جزئين متتاليين حد مشترك هو نهاية لأحدهما ومبدأ للآخر.

قال المفسّر

يأخذ فى النظر فى أنواع المتصل، ويفرد الخط والسطح والجسم ويبيّن فيها أنّها كم من قبل أنّها تقدر، وانّها متصلة من قبل أنّه يمكن أن يتوهم فيها أجزاء بين كلّ جزئين متتاليين منها حد مشترك، هو نهاية لأحدهما ومبدأ للآخر. وارسطوطالس يورد صغرى القياس، ويستقر بها ويلغى الكبرى والنتيجة. وقوله يتوهم فى الجسم خط على سبيل المجاز، والا فنهاية الجسم سطح، وقال يتهيأ من قبل أنّ ذلك بالوهم لا فى الوجود.

5 a 6 قال ارسطوطالس

• وممّا يجرى هذا المجرى أيضًا الزمان والمكان،

يريد وممّا يجرى مجرى الخط والسطح والجسم.

• فإنّ الآن من الزمان يصل ما بين الماضى منه وبين المستانف.

يريد فإنّ الزمان من المتصل وذاك أنّه يمكن أن يتوهم فيه أجزاء بين كلّ جزئين متتاليين منها حد مشترك هو الآن يربطهما ويكون نهاية لأحدهما ومبدأ للآخر.

• والمكان أيضًا من المتصلة لأنّ أجزاء الجسم تشغل مكانا وهى تتصل بحد ما مشترك، فتكون أجزاء المكان أيضًا التى يشغلها واحد واحد من أجزاء الجسم تتصل بالحد بعينه الذى تتصل به أجزاء الجسم، فيجب أن يكون المكان أيضًا متصلا إذ كانت أجزاؤه قد تتصل بحد ما مشترك.

يريد والمكان أيضًا من المتصلة وذاك أنّ أجزاء المكان تساوى أجزاء الجسم وأجزاء الجسم تتصل بحد مشترك، فهكذا أجزاء المكان تتصل[٧] بالحد[٨] الذى تتصل به أجزاء الجسم.

قال المفسّر

يبيّن فى النوعين الباقيين من المتصل أنّهما كم وأنّهما متصلان، أمّا كم فلأنّ التقدير يقع عليهما، أمّا الزمان بالساعة واليوم، وأمّا المكان فبالذراع. وأمّا أنّهما متصلان، فمن قبل أنّه يمكن أن يتوهم فيهما أجزاء بين كلّ جزئين متتاليين منها حد مشترك. أمّا فى الزمان فالآن، وأمّا فى (١٠٥ ب) المكان الخط. وارسطوطالس يلغى كبرى القياس والنتيجة، ويورد الصغرى ويستقر بها. وقوله مما يجرى هذا المجرى، يعنى بمجرى الثلاثة الأنواع المتصلة، والآن هاهنا يريد به الآن المحقق لا العريض. وهاهنا ينقطع الكلام فى تفصيل هذا التعليم.

---

٧ فى الهامش: يتصل
٨ تحت بالحد: بالحيث

التعليم السادس عشر

قال ارسطوطالس

• وأيضًا منه ما هو قائم من أجزاء فيه لها وضع بعضها عند بعض 5 a 15

قال المفسّر

قد كنا فيما سلف ادينا العلة التى من أجلها قسم ارسطوطالس الكم بقسمين مختلفين، وقلنا إنّ نوع الزمان اضطره إلى ذلك من قبل دخوله بوجه فى المتصل وبوجه فى المتفصل. ولهذا ما يشبه بالحيوان الساكن فى مكانين برّاً وبحراً.

وعند فراغ ارسطوطالس من الكلام فى القسمة الأولى التى قسم بها الكم إلى المتفصل والمتصل، انتقل إلى النظر فى القسمة الثانية، وهى التى يقسم بها الكم إلى ما له وضع والى ما لا وضع له.

الكم: القسمة الثانية

وهو يجرى على العادة فى قسمة كلّ واحد من هذين القسمين إلى الأنواع التى ينقسم إليها، ويبيّن فى كلّ واحد منها أنّه إمّا ذا وضع أو ليس بذي وضع. فأنواع ما له وضع هى الخط والسطح والجسم والمكان، وما له وضع هو المتصل، وانظر كيف حذف منه الزمان لأنه يريد أن يدخله فى المتفصل.

وأنواع ما لا وضع له هى العدد والقول والزمان، وما لا وضع له هو المتفصل، وانظر كيف زاد فيه نوعا وهو الزمان.

ومن قبل أن يبيّن فى كلّ واحد منها أنّه بهذه الصفة، ينبغى لنا أن نعدد الشروط التى بها يكون للشئ وضعا. وهذه الشروط عددها ثلاثة، الأوّل منها أن تكون أجزاؤه ثابتة مستقرة فى الشئ الذى هى فيه. والثاني أن تكون الاشارة إلى كلّ واحد منها ممكنة فى الشئ الذى هى فيه. والثالث أن يتوهم فيه أجزاء بين كلّ جزئين متتاليين منها حد مشترك يكون نهاية لأحدهما ومبدأ للآخر. والتى لا وضع لها فهى العادمة لهذه الشروط إمّا كلّها أو بعضها.

فأمّا أنّ الخط والسطح والجسم والمكان لها وضع فمن قبل أنّ اجزائها ثابتة، أمّا أجزاء الخط ففى السطح وأجزاء السطح فى الجسم، وأجزاء

الجسم فى كلّية الجسم أو فى مكان الجسم. ويمكن الاشارة إلى كلّ واحد منهـا فى الشـئ الذى هى فيـه وأن يتوهم فيها أجزاء بـين كلّ جزئين متتالين منها حد مشترك هو نهاية لأحدهما ومبدأ للآخر. وهذا الاخير لأنّها متصلة (١٠٦ ا) والا ولأنّ مما لها وضع.

وأمّـا أنّ العـدد والقول والزمان هـى مما لا وضع لـه، فمن قبل أنّ اجزائها غير ثابتة، سـوى العدد فإنّ اجزائـه ثابتة فى النفس، إلا أنّها لا ترتبـط ولا يشـار إليهـا بالاصبع لأنّها ليسـت فـى الوجود بل فى النفس، وذلـك أنّ الزمان والقول وجودهما فى التكون، وحتى ما يوفى الجزء الثاني قد تقضى الأوّل. ولهذا ما لا يمكن الاشـارة إلى كلّ واحد منهـا، لأنّها تنصرف. ولا يمكن أن يتوهم فيها أجزاء بين كلّ جزئين حد مشـترك، إذ كانـت ذواتها متفصلة غير مرتبطـة. وافهم أنّ الزمان إذا أخذ متصلا فإنّما يمكن ذلك فيه بالآن الجامع بين جزئين، وليس الآن جزءا من الزمان لكنّه حد له كالنقطة فى الخط، وإذا أخذ متفصلا اسـقط منه الآن ولهذا لا ترتبط أجزاؤه.

وانـت فينبغـى أن تعلـم أنّ الكم الذى له وضع هـو المتصل، ولكن ينظر فيه بما هو موجود فى شـئ، فتجد أجزاءه ثابتة ويشار إليها. وما لا وضع له هو المتفصل ويُنظر فيه بما هو موجود فى شـئ غير ثابت فى ذلك الشئ، ولا يمكن الاشارة إليه منه.

وعنـد فـراغ ارسـطوطالس من الكلام فى أقسـام الكميـة الثانية وتحصيلـه أن أنواع أنواع الكم سـبعة، يأخذ فى البيـان على أنّها هذه السبعة سبعة، لا زائدة ولا ناقصة.

ويقـول، الكـم بالذات لا يحمـل إلا على هـذه، وذاك أنّه أيّ واحد واحـد حددته منها، أخذت فى حده أنّه كم، فيكون الكم له بالذات لأنّه داخل فى حدّه؛ فأمّا ما عداها مما يقال فيه إنّه كم، فإنّما يقال ذلك عليه بطريق العرض، لأنّه لا يكون له بما هو ذلك الشئ، بل لأنّه موجود لبعض أنـواع الكـم أو بعض أنواع الكم موجود لـه، بمنزلة ما نقول فى الحركة إنّها طويلة، ونحن نشـير بالطول إلى السطح الذى مضت عليه، ونقول فى العمل إنّه طويل، ونحن نشـير إلى أنّ زمانه طويل. والشئ الموجود للشئ بالعرض هو غير موجود له فى الحقيقة، لكنّه له بتوسط شئ آخر هو لذلك الشـئ أوّلا ولهذا من أجله إمّا للمحمول بتوسط الموضوع كما يقال فى الأبيض إنّه متحرك؛ فإنّ الحركة فى الحقيقة هى للجسـم الذى البياض فيه، فننسـبها إلى الأبيض لأنّه موجود فى الجسم المتحرك، أو تكون موجودة للموضوع بتوسـط المحمول كما يقال فى زيد إنّه يشـبه

عمرو. والشبيه ولا شبيه إنّما يُحمل أو لا على الكيفية، ولأنّ الكيفية فى جسمه ما نقول ذلك فى الجسم.

ما بالذات

وبالجملة فهاهنا خمسة أشياء يحتاج أن يُنظر فيها، وهى ما بالذات وما بالعرض وما بطريق العرض وما على القصد الأوّل وما على القصد الثاني؛ فالشئ الموجود للشئ بالذات هو الداخل فى حد الشئ. وهذا هو مبادئه (١٠٦ ب) التى انبنت منها ذاته، أو الشئ داخل فى حدّه وهذا بمنزلة سائر الأعراض الذاتية، المأخوذة موضوعاتها فى حدودها. وهذه الأعراض لا يمكن أن تتخطى موضوعاتها ولا تفهم من دون موضوعاتها. ومثال الأوّل كالحيوان للإنسان، والثاني كالفرد والزوج للعدد فإنّ هذين لا يتخطيان طبيعة العدد[1] ولا يفهمان من دون طيّ العدد فى حديهما.

ما بالعرض

وما بالعرض هو الشئ الموجود للشئ فى الحقيقة إلا أنّه دخيل عليه كالبياض للجسم والحركة.

ما بطريق العرض

وما بطريق العرض هو الذى ليس بموجود للشئ إلا أنّه ينسب وجوده إليه بتوسط شئ آخر موجود للشئ ذلك الأمر موجود له كما نقول فى الأبيض إنّه متحرك لأنّ الأبيض فى زيد والحركة فى زيد، فتنسب الحركة إلى الأبيض بسبب أنّ الأبيض موجود فى زيد.

على القصد الأول

وما على القصد الأوّل، هو الموجود للشئ بلا توسط، وهذا قد يكون بالذات وبالعرض فيكون كلّما هو بالذات على القصد الأوّل. وليس كلّما هو على القصد الأوّل بالذات.

على القصد الثاني

وما على القصد الثاني، هو الموجود للشئ بمتوسط، والفرق بين ما بالعرض وما على القصد الثاني، صحيح أنّ[2] الذى على القصد الثاني غير مقصود من الفاعل أوّلا، وما بالعرض مقصود وإن لم يكن من أجل نفسه.

وهاهنا ينطقع الكلام فى قسمة الكمية.

الشكوك

وقد يطرأ شكّ صفته هذه الصفة، إن كان الشئ الذى له وضع هو الذى أجزاؤه ثابتة مستقرة فى مكان، وكان المكان من الأشياء التى لها وضع، فإنّه يلزم أن يكون المكان فى مكان، وعلى هذا تجرى القصة إلى ما لا نهاية له.

وحلّ الشكّ يجرى على هذه الصفة، لم يقل ارسطوطالس إنّ الأشياء

---

١ فى الهامش: طبيعة العدد
٢ فى الهامش: هو الموجود..صحيح أن

التى لها وضع هى التى أجزاؤها ثابتة فى المكان، بل إنّما قال إنّها ثابتة حسب في الشئ الذى هى فيه، وليس لا محالة هذا مكان، فعلى هذا الوجه ينحلّ الشكّ.

وقد يطرأ شكّ ثان صفته هذه الصفة، كيف استجاز ارسطوطالس أن يقدّم فى القسمة ما له وضع على ما لا وضع له، وأنواع ما له وضع هى المتصل وما لا وضع له هى المتفصل، وفيما سلف قدم المتفصل على المتصل.

وحلّ الشكّ يجرى على هذه الصفة، إنّما قدم أوّلا المتفصل على المتصل لأنّه ابسط. وهاهنا قدم ما له وضع، لأنّ صفاته بالايجاب. وصفات ما لا وضع له على طريق السلب. والايجاب يتقدم السلب، فهذا كاف فى حلّ هذا الشكّ.

وعند فراغ ارسطوطالس من النظر فى قسمة الكم ينتقل إلى تعليمنا خواص الكم، إذ كان لا طريق إلى تحديده لأنّه جنس عالٍ ولا مبدأ له فيعتاض فى افهامنا عنه بالرسوم و الخواص.

خواص الكم

وهو يفيدنا (١٠٧ ا) له ثلاث خواص.

الخاصة الأولى

الخاصة الأولى هى أنّه لا يقبل التضاد، ومعنى هذا هو أنّه لا يوجد فيه شخصين متضادين، أىْ يضاد احدهما الآخر، بمنزلة هذين الذراعين وهذين الذراعين ولا نوعين متضادين أىْ يضاد احدهما الآخر، بمنزلة نوع العدد ونوع الخط.

فأمّا نحن فإنّا نبيّن ذلك بحجتين:

الحجة الأولى تجرى على هذه الصفة، إن وُجد للكم مضاد أعنى إن وُجد لشخص من أشخاص الكم شخص يضاده، أو لنوع من أنواعه نوع يضاده، لزم أن يكون للشئ الواحد اضداد كثيرة وهذا محال، لأنّ الواحد ضده واحد. وذاك أنّ الثلاثة مثلا ليس الاربعة بأن تضادها أوّلى من الخمسة أو الستة، فيصير للعدد الواحد اعداد بلا نهاية تضاده فى المكان الواحد والزمان الواحد.

فأمّا أنّ الواحد ينبغى أن يكون ضده الواحد فيتبين بحجتين:

الأولى منهما صورتها هذه الصورة، إن وجد للشئ الواحد ضدان[٣]، فليس يخلو لثاني منهما أن يضاده بالمعنى الذى ضاده به الأوّل أو بمعنى آخر، فإن ضاده بالمعنى الأوّل كان الضدان فى هذا المعنى واحدا، وإن ضاده بمعنى آخر لزم من ذلك أن يكون للضد الواحد ضد واحد، وذاك

---

٣ ضدان: ضدين

أنّه يكون فى الأوّل معنيين بهما يضاد الشيئين اللذين ضاداه.

والحجة الثانية تجرى على هذه الصفة، لو كان للشئ الواحد ضدان لكانت الطبيعة ظالمة، لأنّ الواحد لا يفى بمقاومه الاثنين، فيكون الغالب يقهر ابداً على الهيولى ويمنع الآخر ويبطل وجوده. وليس ينبغى لمعترض أن يعترض بافعال النفس ويقول إنّ الافراط والتقصير يضادان الاعتدال وهما اثنان، فإنّ هذين إنّما يضادانه بما هما شر وعلى هذه الجهة يجريان مجرى الشئ الواحد.

والحجة الثانية تجرى على هذه الصفة، إن وُجد فى الكم تضاد أعنى أن يكون شخصين من أشخاصه يضاد احدهما الآخر أو نوعين من أنواعه، لزم أن يكون الضد موجود فى ضده، وذاك أنّ الثلاثة وهى شخص من أشخاص العدد إذا أخذتها هذه الثلاثة أو نوعا إذا أخذتها على الاطلاق، ليس يخلو أن يضادها عدد هو اعلى منها أو مساوٍ لها أو دونها وهى موجودة، فما هو اعلى منها وما دونها فيها، والضدّ لا يكون فى ضده، وقبيح أن تضاد ما يساويها والا ضادت نفسها. فهذه هى الحجة الثانية.

وهذه الخاصة لجميع الكم إلا أنّها ليست له وحْده، من قبل أنّ الجوهر بهذه الصفة، وذاك أنّه لا يوجد فيه شخصان أو نوعان[٤] يضاد احدهما (١٠٧ ب) الآخر.

وقد يطرأ شكّ عليها صفته هذه الصفة، كيف يقول ارسطوطالس إنّ الكم لا تضاد فيه، والكبير يضاد الصغير، والكثير يضاد القليل، وهذه من الكم؟

وارسطوطالس يحلّ هذا الشكّ على ضربين، على طريق المعاندة وعلى طريق المسامحة. وحلّ العناد هو أن يدفع كون ذلك الشئ على ما أدعى. وحلّ المسامحة هو أن اقرّ الشئ على ما أدعى منه، لم يلزم المحال. وانت فينبغى أن تعلم أنّ الكثير أمّا من جهة مادته فهو من الكم، وأمّا من جهة صورته فهو من المضاف؛ فإنّ الكبير والصغير إنّما هما نسبة تحصل للشئ عند قياسه إلى غيره.

والحلّ الذى على طريق المعاندة يكون على هذه الصفة، بئس ما زعمتم فى أنّ الكثير والقليل والكبير والصغير من الكم، وذاك أنّ الكثير والقليل والكبير والصغير تقال بالقياس إلى غيرها وذاتها وطبيعتها ومعناها بما هى كذلك إنّما تنسب إلى غيرها. وكلّ ما كان

---

٤ شخصان او نوعان: شخصين او نوعين

بهذه الصفة فهو من المضاف لا من الكم، فهذه إذاً من المضاف.

وارسطوطالس يبيّن صغرى القياس وهى القائلة إنّ هذه تقال بالقياس إلى غيرها بحجتين من اللفظ والمعنى. أمّا من المعنى فعلى هذه الصفة، لو كان الكبير والصغير والكثير والقليل معانى فى ذوات الأمور لا من قبل قياسها إلى غيرها لما ساغ أن يقال فى الجبل إنّه صغير، وفى السمسمة إنّها كبيرة، وفى الناس اللذين فى الملعب إنّهم كثيرون واللذين فى المدينة إنّهم قليلون، لكن كان الكبر بالجبل احق والكثرة باهل المدينة اوجب، لكنّ كلّ واحد من هذه يوصف بذلك بقياسه إلى شئ من جنسه بمنزلة الجبل إلى جبل آخر اكبر منه والسمسمة إلى سمسمة أخرى اصغر منها، فيكون معنى كون هذه كبيرة وصغيرة وكثيرة وقليلة غير معنى ذواتها وإنّها تفهم بالقياس إلى غيرها.

والتى من اللفظ تجرى على هذه الصفة، اسماء الكم تدل على أشياء محدودة محصلة مفهومة بنفوسها لأنّ الكم إنّما يدل من الشئ على ما يقع عليه التقدير، فيفهم منه أنّه اثنان أو ثلاثة أو أربعة محصلة محدودة. والكبير والصغير ليس تدل اسماؤها على أشياء محدودة محصلة مفهومة بانفرادها لكنّ على أمور مضافة إلى غيرها، وتفهم بالقياس إليها فالكبير والصغير ليسا من الكم لكنّ من المضاف.

والحلّ الذى على طريق المسامحة يجرى على هذه الصفة، إن وقعت المسامحة بأنّ الكبير والصغير والقليل والكثير من (١٠٨ ا) الكم، فليست تتقابل الاضداد لكن تقابل المضاف، فلا يكون فى الكم تضاد. وبيان ذلك يتضح باربع حجج:

الأولى منهن تجرى على هذه الصفة، الاضداد يُفهم كلّ واحد منها بالقياس إلى ضده، لا على أنّه مأخوذ فى حدّه ولا أنّ به يتم وجوده، ولكنّ حتى يُعلم أنّه مباين له، والمضافات يُفهم كلّ واحد منها بالقياس إلى الآخر، ليتم وجوده به ويدخل فى حدّ؛ فإنّ الحار يُفهم ضد البارد إذا قسته إلى البارد، فوجدت مبدأ فعله غير مبدأ فعل البارد وغايته غير غايته، فإنّ مبدأ فعل الحار أن يفرق واخره أن يجمع المتجانسة، وابتداء فعل البارد الجمع وآخره جمع المتجانسة وغير المتجانسة، فلا يتم وجود احدهما بالآخر ولا يدخل فى حدّه. فأمّا المضافات فبكلّ واحد منها يتم وجود الآخر ويدخل فى حدّه كالاب والابن. وبالجملة فالمضافان والضدان[٥] يكونان هكذا بقياس احدهما إلى الآخر، فالضد يكون ضدا

---

٥ فالمضفان والضدان: فالمضفين والضدين

بقياسه إلى ضده وهكذا المضاف. والفرق أنّ الضدين لا يجتمعان البتة فى موضوع والمضافان يجتمعان ولكنّ بالقياس إلى شيئين.

والحجة الثانية تجرى على هذه الصفة، إن كانت هذه أعنى الكبير والصغير تتقابل تقابل التضاد، لزم أن يوجد فى الشئ الواحد الضدان معاً فى وقت واحد وهذا محال. وذاك أنّ الجوهر وقد استقرّ فيما تقدم أنّ الاضداد تحله، لا يمكن أن يجتمعا فيه معاً بمنزلة الصحة والسقم؛ فأمّا كيف يلزم ذلك فمن قبل أنّ المقدار الواحد يجتمع فيه معنى الكبير والصغير، وهذان ضدان على رأى من اعتقدهما فالضدان إذا مجتمعان فى شئ واحد معاً.

والحجة الثالثة تجرى على هذه الصفة، إن كان الكبير والصغير والكثير والقليل اضداد، لزم أن يضاد الشئ نفسه، والطبيعة لا تقدم على ايجاد ما هذه صورته، فإنّ الشئ الذى يضاد نفسه يكون هو السبب فى هلاك ذاته؛ فأمّا كيف يلزم ذلك، فعلى هذا الوجه: إن كان المقدار الواحد يجتمع فيه أن يكون كبيرا وصغيرا وهذان ضدان وقد اجتمعا فيه، لزم أن يضاد الشئ نفسه.

والحجة الرابعة تجرى على هذه الصفة، إن كان الصغير يضاد الكبير والصغير جزء للكبير وحدّ الجزء يضاد الكلّ، فكلّ منهما يفسد الآخر، ولا يتم به وجوده، إلا أن ثبات الجزء بالكلّ، والكلّ قوامه بالأجزاء، فهذا محال.

وقد يطرأ شكّ، إنّ صفته هذه الصفة، (١٠٨ ب) المكان من الكم والمكان فيه تضاد، فالكم فيه تضاد، وذلك أنّ المكان منه فوق ومنه اسفل، وهذان احدهما يضاد الآخر.

ونحن نردّ مقدمتى القياس كما رددنا للصغرى القائلة، المكان من الكم فمن قبل أنّ المكان بما هو مكان ليس هو من الكم لكنّ بما التقدير واقع عليه، فإنّ المكان نهاية. والنهاية نهاية للمتناهى. وهذه حال له، وإنّما يتحصل كما بما التقدير واقع عليه. وإذا كان الأمر على هذا ومعنى الفوق والاسفل ليس هو له بما هو كم، لم يكن فى الكم تضاد. وأمّا ردنا الكبرى القائلة، إنّ المكان فيه تضاد لأنّ الفوق يضاد الاسفل، فمن قبل أنّ المكان من حيث هو مكان إنّما هو نهاية للحاوى أعنى سطحه المماس للمحوى وليس يلزمه فى نفس طبيعته معنى الفوق والاسفل، لكنّ هذان حالان له يتخصر بهما من قبل الشئ الذى يكون نهاية له؛ فإنّه إن كان نهاية مقعر القمر سميناه فوقاً، وإن كان نهاية كرة الماء سميناه اسفل، فيكون التضاد إن كان فى المكان إنّما يكون فى احواله لا فى

ذاته، فتكون حالتاه وهما الفوقية والسفلية متضادتان. وهاتان كيفيتان تاتيه من قبل نسبته إلى الشئ الذى هو نهاية له، فيكون التضاد فى الكيفية لا فى المكان.

الفوق والأسفل

والفوق والاسفل يقال على ضربين، إمّا فى الحقيقة وبالطبع أو على طريق الإضافة. والفوق فى الحقيقة هو مقعر فلك القمر أعنى نهاية كرة القمر، وهذا لا يصلح أن يكون إلا فوقا حسب لأنّه لا يتغير ولا توجد نهاية قبله، يصلح أن تتحرك إليها الاجسام الخفيفة بالطبع. والاسفل فى الحقيقة هو نهاية كرة الماء المحتوى على الأرض، وهذا لا يصلح أن يكون إلا اسفل فقط لأنّه لا يتغير ولا يصلح أن يتحرك إليه إلا الاجسام الثقيلة بالطبع. والفوق والاسفل اللذان بالإضافة بمنزلة السقف المسامت لرؤوسنا، فإنّ هذا بالقياس إلى من تحت فوق وبالقياس إلى من فوق اسفل، والمتشكّك إنّما اراد المعنى الأوّل.

فأمّا المفيوذوروس فإنّه يقول إنّ مكانى الفوق والاسفل صار فيهما تضاد من قبل أنّ الاجسام التى فيها تتضاد بمنزلة الماء والنار، ولأجل هذا صار البعد بينهما فى الغاية، لأنّ هاتين النهايتين هما اطراف العالم ويجمعهما جنس واحد وهو المكان[٦]. وانت فلا تفهم أنّ من قبل أنّ البعد بينهما فى الغاية حسب صارا ضدين، فإنّ السماء والأرض والجوهر والعرض البعد بينهما فى الغاية و ليست اضداد ولكنّ من قبل أنّ البعد بينهما فى الغاية ويجمعهما جنس واحد وهو المكان، وليس ينبغى أن تلتفت إلى من يقول، إنّ الفوق (١٠٩ ا) نصف نهاية كرة القمر الذى هو فوق رؤوسنا. والأسفل هو النصف الآخر حتى تكون هذه الكرة تنقسم بقسمين نصفها فوقا، ونصفها أسفل، فعلى رأى هذا يلزم أن يكون الفوق بالطبع أسفل لأنّ نصف الكرة من القمر الذى تحت يصير فوقا فى كلّ يوم، والذى فوق يصير تحت. ويتضاعف الفوق والاسفل، لأنّ كلّ واحد من النصفين يكون فوقا وأسفل. وبالجملة فمَن فرض نصف سطح الكرة فوقا ونصفها أسفل وجعل علامة الفوق ما يسامت الرأس، لا يخلو أن يفرض ذين هكذا بالطبع أو بالقياس، فإن فرضهما بالقياس كان المكان الفوق والأسفل هو منا وباضافتنا وليس له فى حقيقة الأمر وجود، إلا أنّ المكان الفوق والأسفل موجودين. وإن فرضهما بالطبع، يلزم ثلاث شناعات؛ الأولى انقسام الكرة واختلاف طبيعتها وهى متشابهة وغير منقسمة. والثانية أن يكون الفوق المفروض بالطبع فوقا يصير أسفل،

---

٦ Olymp., In Cat. 95, 5

إذا ما تحركت الكرة وتقلب نصفيها كلّ واحد مكان الآخر. والثالثة أنّه إن فرضت الكرة ثابتة حتى نتصَور نحن أنفسنا تارة على هذا الجانب من سطح الأرض وتارة على الجانب المقابل، لزم لأنّ الفوق علامته سمت رؤوسنا أن يصير الفوق بالطبع أسفل بالطبع، وهذا محال.

وقد يطرأ شكّ ثالث صفته هذه الصفة، انت يا ارسطوطالس كيف زعمت أنّ الاضداد لا تجتمع معا فى الموضوع الواحد، وانت علّمتنا أنّ الفاتر يقال فيه إنّه حار وبارد معا، واللون الادكن يُحكم عليه بأنّه أسود وأبيض معا؟

وحلّ الشكّ يجرى على هذه الصفة، الاضداد تقال على ضربين: إمّا على أنّها صور وذوات أو على أنّها نسب وتُفهم بالقياس إلى غيرها. وإذا كانت معنى النسب ساغ اجتماعها فى شئ واحد بالقياس إلى شيئين لأنّ النسب ليست ذوات فى الأمور، لكنّ العقل يفعلها ويحدثها إذا قاس الأمور بعضها ببعض، ولو كانت معانى فى الوجود لاجتمع المتقابلان بالفعل معا فى الوجود فى الشئ الواحد وإذا لم يكن نسب لم يمنع اجتماعها، لأنّ الذوات المتقابلة الموجودة لا تجتمع معا فى موضوعها. والحار والبارد يحكم بهما على الفاتر على أنّهما نسب، فإنّ طبيعة الفاتر أنّه فاتر. ويقال فيه هذين بقياس العقل ايّاه إلى الطرفين، أعنى الحار والبارد. ولهذا لم يلزم المحال؛ فأمّا الكبير والصغير على رأى المتشكّك، هما صور وذوات واضداد، وبهذا (١٠٩ ب) الوجه لزمهما المحال أعنى من قبل كونهما ذاتين مجتمعتين فى الوجود معا، وهما متضادان، فهذا كاف فى حلّ هذا الشكّ.

ويطرأ شكّ رابع صورته هذه الصورة، كيف يقول ارسطوطالس إنّ الاضداد ليس تقابلهما تقابل المضاف. وكلّ واحد منهما لا يفهم مفردا على حياله بل بالقياس إلى ضده وفهمه إنّما يتم بنسبته إليه.

وحلّ الشكّ يجرى على هذه الصفة، الضدان أمّا من حيث هما اضداد فكلّ واحد منهما يُفهم بالقياس إلى ضده على جهة ليس هى جهة المضاف، فإنّ المضافات ذات كلّ واحد منهما لا تُفهم إلا بالقياس إلى الآخر، ولا يتم وجودها من حيث هى مضافة إلا بالآخر. وكلّ واحد منهما داخل فى حد صاحبه، فأمّا المتضادان فكلّ واحد منهما يفهم بالقياس الى الآخر، ليبين أنّه مباين له لا أنّه مأخوذ فى حدّه كما تقدمنا فقلنا، اللهمّ إلا أن يؤخذ الضدان من حيث هما مضافان، فيكون كلّ واحد منهما لا يفهم إلا بالقياس إلى الآخر. وكلام ارسطوطالس فيهما من حيث هما اضداد لا من حيث هما مضافين. وسوف يبيّن فيما بعد

أنّ المتقابلة على طريق التضاد غير المتقابلة على طريق المضاف؛ فإنّ ذات كلّ واحد من المتقابلين على طريق المضاف تؤخذ فى حد الآخر. والمتضادان ليس كذلك فإنّ الضد لا يؤخذ فى حدّ ضده وإن كان، يفهم بالقياس إليه أنّه ضد.

ويطرأ شكّ خامس صفته هذه الصفة، كيف استجاز ارسطوطالس أن يقدم هذه الخاصة على الخاصة القائلة إنّ الكم هو الذى شأنه أن يقع عليه التقدير، وهذا المعنى أخص بالكم إذ كان الكم بما هو كذلك هو الذى شأن التقدير أن يقع عليه.

وحلّ الشكّ يجرى على هذا الوجه، لمّا بين ارسطوطالس فى كلّ واحد من أنواع الكم أنّه بهذه الصفة، بيّنه بهذا المعنى، أعنى بأنّ التقدير يقع عليه، فكأنّه قد افاده هذه الخاصة فيما تقدّم، وتكرارها الآن عنا على أنّ هذا هو طبيعة الكم والخاصة توجد للطبيعة.

ويعرض شكّ سادس صفته هذه الصفة، الخط يلزمه الاستقامة والانحناء وهذان ضدان فالكم فيه تضاد.

وحلّ الشكّ هكذا، هذان لعمرى ضدان إلا أنّهما كيفيتان عارضتان للخط، فيكون التضاد فى الكيفية لا فى الكمية. ونحن نريد أن نبين أنّه لا يوجد شخصان من أشخاص الكم ولا نوعان يضاد احدهما صاحبه، فهذا كاف فى حلّ هذا الشكّ.

وإنّما قدم هذه الخاصة من قبل ذكره لها فى الجوهر والمفيودوروس يعتقد (١١٠ ا) أنّ الصغير والكبير إذا أخذا كذلك فى الغاية أعنى كبيرا لا اكبر منه وصغيرا لا اصغر منه كانا اضداد، وإذا حكم بهما على المتوسط بين ذينك كانا من المضاف لأنّ هذا هو الذى يستحق أن يجتمع الأمران فيه[٧].

وهذا الرأى ليس بحقّ بل هذه كيف تصرفت الحال هى من المضاف، فإنّ الكبير فى الغاية ليس طبيعته أنّه كبير، وإنّما حكم بذلك عليه من قبل أنّه نسب إلى جميع ما فى العالم من المقادير، فوجد اكبر منها، فهذا يكون من المضاف على أنّه وإن لم يوجد فى الوجود ما هو اعظم منه فالوهم يقدر على تصور ذلك، وهكذا يجرى الأمر فى الصغير.

وهاهنا ينقطع الكلام فى الخاصة الأولى التى ليست للكم وحْده لكنّ للجوهر معه.

الخاصة الثانية

الخاصة الثانية هى أنّ الكم لا يقبل الأكثر والأقلّ، وذاك أنه لا يوجد

٧ Olymp., In Cat. 94, 20

نوع من أنواعه ولا شخص من أشخاصه بما هو كم يقبل الأكثر والأقل، فإنّ الثلاثة ليست أكثر من الخمسة بما هى كم ولا قول أكثر من قول[٨] بما هو كم ولا خط أكثر من خط ولا سطح أكثر من سطح، فإنّه ليس فى هذه ما وقوع التقدير عليه احق من وقوعه على غيره، وهذا هو معنى الكم وهذه الخاصة ليست للكم وحْده لكنّ للجوهر أيضًا.

ويطرأ شكّ صفته هذه الصفة، كيف يقال إنّ الأكثر والأقل يتبعان ابداً الاضداد، والجوهر يوجد فيه الأكثر والأقل، فإنّ الشخص أكثر فى معنى الجوهرية من النوع ولا تضاد فيه والكم يوجد فيه الأكثر والأقل إذ كان يوجد فيه معنى التساوى ولا تساوى ولا تضاد فيه.

وحلّ الشكّ يجرى على هذه الصفة، ليس أىّ أكثر وأقل فرض يكون تابعا للاضداد لكنّ الأكثر والأقل فى الكيفية حسب، فإنّ متوسطات هذه يكون فيها الأكثر والأقل وهى غير الاضداد، فأمّا الجوهر والكم فليس هذا يواجب فيها إذ كان لا تضاد فيهما، فبهذا يتحلّ هذا الشكّ.

الخاصة الثالثة

والخاصة الثالثة وهى أخص الخواص بالكم والخاصة الحقيقية له لأنّها لا توجد لسواه: هى أنّ الكم يقال فيه مساوٍ ولا مساوٍ، ومعنى هذا هو أنّك إذا عمدت إلى أىّ شخص أخذته من أشخاصه وجدت له نسبة المساواة بالقياس إلى شئ وغير المساواة بالقياس إلى شئ آخر بمنزلة الذراعين؛ فإنّها بالقياس إلى ذراعين مثلها لها معنى المساواة، وبالقياس إلى الثانية الاذرع يكون لها عدم التساوى. وهذا المكان بالقياس إلى هذا المكان مساوٍ والى غيره غير مساوٍ. وهكذا هذا الزمان وهذا العدد وهذا السطح.

وقد يطرأ شكّ على هذه الخاصة صفته هذه الصفة، انت يا ارسطوطالس افدتنا (١١٠ ب) فيما تقدم فى الخاصة الثانية من خواص الكم أنّه لا يقبل الأقل ولا الأكثر. وهاهنا تزعم[٩] أنّه يقبل التساوى ولا تساوى، وغير المساواة ليست أكثر من أن يكون للشئ معنى الأكثر والأقل.

وحلّ الشكّ يجرى على هذه الصفة، أنواع الكم وأشخاصه يُنظر فيها على ضربين، إمّا فى نفوسها وبما هى كم، أو بقياسها إلى غيرها وبما هى مضافة. وبحسب المعنى الأوّل لا يلزمها معنى الأكثر والأقل فإنّها باسرها فى معنى الكمية وفى معنى وقوع التقدير على وتيرة واحدة،

٨ فى الهامش: اكثر من قول
٩ تزعم: يزعم

فإنّه ليس الخمسة بأن تقدر بالواحد أكثر من المئة. وأمّا بحسب المعنى الثاني وبما هي مضافة بعضها إلى بعض يلزمها الأكثر والأقل، وبهذا ينحلّ هذا الشك.

ويطرأ شكّ ثان صفته هذه الصفة، كيف يزعم ارسطوطالس أنّ هذه الخاصة أعنى خاصة التساوى ولا تساوى هى للكم وحْده، والكيفيات قد تشركه فيها، فإنّا نقول فى هذه الحمى إنّها[١٠] مساوية لهذه الحمى وفى هذا العلم إنّه مساوٍ لهذا العلم.

وحلّ الشكّ يجرى علَى هذا الوجه، العلم والحمى كيفيات، وخاصة الكيفية أنّه يقال فيها شبيه ولا شبيه، فمن الواجب أن يقال إنّ هذه الحمى تشبه هذه الحمى لأنّ حدوثها عن اخلاط مثل الاخلاط التى حدثت عنها تلك وأعراضها مثل أعراضها؛ فأمّا أن قيل فيها مساوٍ ولا مساوٍ فإنّما ذلك بطريق العرض ومن قبل الزمان الذى وجدت فيه، فإنّا إذا قلناً إنّ هذه الحمى مساوية لهذه الحمى فإنّما نريد أنّ زمانيهما متساويان، فهذا يكفى فى حلّ هذا الشكّ.

وقد يعرض شكّ ثالث على هذه الصفة، كيف استجاز ارسطوطالس أن يقول إنّ خواص الكم ثلاثة وخلى عن افادتنا احق الخواص بالكم وهى معنى الانقسام إذ كان للكم وحْده.

وحلّ الشك يجرى على هذه الصفة، لعمرى إنّ هذا مما يخص الكم أعنى الانقسام بلا نهاية ولكنّ المنطقى لا يحسن به افادته ذلك خاصة للكمية بحسب نظره فى المنطق. وذاك أنّ التكثر والانقسام بلا نهاية إنّما يكونان للكمية من قبل الهيولى، والمنطقى إنّما ينظر فى قاطيغورياس فى صور مجردة من الهيولى، أعنى أنّه يجرد الأمور التى فى النفس وهذه الموجودة ويحصلها صورا عنده ويتناول الكمية من دون موضوعها ويفهمها طبيعة مفردة، ولا يأخذها كما يفعل الطبيعى مع مادة بل يجعل الكمية جنسا مفردا عن الجوهر، فلا يحمل به افادة هذه الخاصة بما هو منطقى بل هى بالطبيعى أليق لأنه يأخذ الكم مع الهيولى. وهى سبب التكثر (١١١ ا) ولهذا ما افادناها ارسطوطالس للكم فى المقالة السادسة من كتابه فى السماع الكيانى لأنّ نظره فى الطبيعيات فى الابعاد مع الهيولى لا بأن يفردها منها، ولهذا ما افاد فى هذا الكتاب حد المتصل لائق بالصورة؛ وهو الذى يمكن أن يتوهم فيه أجزاء بين كلّ جزئين متتاليين منها حد مشترك هو نهاية لأحدهما ومبدأ للآخر، فافاد

---

١٠ فى الهامش:انها

الحد[١١] من الجمع به كما يليق بالصورة لا بالتكثر كما يليق من الهيولى. وبالجملة فهذا الكتاب نظر فيه فى الأمور بما جمعها فى أجناس عشرة، فالخواص المفادة يجب أن تليق بالجمع لا بالتكثر والانقسام تكثير. ويستعمله الطبيعى لأنّ الطبيعة ابداً فى التكثير والايجاد وأيضًا فالخواص المفادة يجب أن تكون عامة لقسمى الكم والانقسام يختص بالمتصل. ومع هذا فالانقسام هو طباع الكمية المتصلة. وخاصة الشئ غير طبيعته.

وشكّ رابع صورته هذه الصورة، الميل يلزمه معنى التساوى ولا تساوى، فإنا نقول إنّ ثقلا يساوى ثقلا آخر، وخفة تساوى خفة ولا تساوى خفة اخرى وهذه خاصة للكم، فالميل من الكم.

وحلّ الشكّ يجرى على هذه الصفة، الميول صور وكيفيات موجودة فى الأمور التى شأنها أن توجد فيها لتتحرك بها. ولأنّ الأمور التى هى فيها أعنى موضوعاتها يلزمها هذا المعنى بالذات، أعنى التساوى ولا تساوى، ما يلزمها هى ذلك بطريق العرض، وهى وإن كانت بهذا الوجه توهم أنّ التساوى ولا تساوى يلزمها، فمن قبل أنّ التضاد يلزمها وتخرج من أن تكون كما، وذاك أنّ الميل المحرك إلى فوق وهو الخفة مضاد الميل المحرك إلى أسفل وهو الثقل.

ويعرض شكّ خامس على هذه الصفة، إن كانت الميول لأنّها كيفيات موجودة فى الأمور لا تكون كما، فالطول والعرض والعمق أيضًا كيفيات للهيولى وبها يتجوهر الجسم، فيجب أن لا تكون كما، وإنّما الفرق بينهما أنّ هذه فى الهيولى الأولى وتلك فى الثانية.

وحلّ الشكّ يجرى على هذا، الطول والعرض والعمق وإن كانت كيفيات جوهرية بوجه، فالتقدير يقع عليها بالذات وفى نفوسها بما هى فى هيولى، ومن أجلها يقع التقدير على ما هى فيه، وبهذا الوجه تكون كما. والميول فلا تقدر بالذات بل بالعرض، وذاك أنّ تقديرها يكون بسبب ما هى فيه، وتلك يقدر ما هى فيه بسببها، فإنّ الجسم لو ارتفعت (١١١ ب) الابعاد منه سقط تقديره ولو قدرت بقاء الميول معه.

ويطرأ شكّ سادس على هذه الصورة، إن كانت الميول ليست كميات فما بال التعاليمى وموضوعه الكم يستعملها.

وحلّ الشكّ يجرى على هذا الوجه، العلوم التعاليمية وإن كان موضوعها مجرد من المادة، أعنى الاعداد والاعظام المجردة سوى أنّ

---

١١ فى الهامش:الحد

بعضها يستعمله مقرنا مع المادة القريبة لأنّه يخصص الموضوع بمنزلة المنجم، والعلم الذى بهذه الصفة يستعمل الميل بطريق العرض، كما يفعل فى الهيولى، فهذا هو الفرق بين المنجم والطبيعى. وإن كانا يستعملان الجسم الطبيعى، فإنّ المنجم يستعمله بما هو هذا الجسم من غير أن يراعى هيولاه وهل هى، وهيولى الكائنات واحدة أم لا، فإنّ الهيولى مستعارة عنده، وغرضه علم مقداره ومقدار حركته. والطبيعى بما هو هذا الجسم الطبيعى.

وقد يتتبع شكّ سابع صفته هذه الصفة، كيف يقول ارسطوطالس إنّ خاصة التساوى ولا تساوى هى للكم وحْده، والوحدة وليست كما تساوى وحدة غيرها.

وحلّ الشكّ أنّ الوحدة وإن لم تكن كما بالفعل فهى بالقوة، وإذا كانت هكذا لزمها معنى التساوى ولا تساوى بالقوة، فأمّا بالفعل فلا يجوز، لأن ليس لها مقدار، فتقاس به إلى غيرها ولا عدد. وهاهنا ينقطع الكلام فى جملة هذا التعليم.

التفصيل قال ارسطوطالس

5 a 15 • وأيضًا منه ما هو قائم من أجزاء فيه لها وضع بعضها عند بعض ومنه من أجزاء ليس لها وضع.

يريد وأيضًا فالكم منه مؤلف من أجزاء لها وضع بعضها عند بعض وهى أن تكون ثابتة ومشار إليها ومتصلة، ومنه ما ليس لاجزائه وضع وهذا بأن تعدم هذه الشروط باسرها أو بعضها.

• مثال ذلك أنّ أجزاء الخط لها وضع بعضها عند بعض،

يريد والمثال على الكم الذى له وضع الخط، فإنّ هذا له وضع لأنّ اجزائه ثابتة، ويمكنك أن تشير إلى كلّ واحد منها وهى متصلة.

• لأنّ كلّ واحد منها موضوع بحيث هو،

يريد اى ثابت.

• وقد يمكنك أن تدل وترشد أين كلّ واحد منها موضوع من السطح،

يريد ويمكنك أن تشير إلى كلّ واحد من الأجزاء.

(١١٢ ا) • وبأيّ جزء من سائر الأجزاء يتصل.
يريد وإنّ كلّ جزئين متتاليين لها حد مشترك هو نهاية لأحدهما ومبدأ للآخر.

• وكذلك أيضًا أجزاء السطح لها وضع ماً وذلك أنّه قد يمكن على هذا المثال فى كلّ واحد أن يُدل عليه أين هو موضوع وأىّ الأجزاء يصل ما بينها.
يريد وصورة أجزاء السطح فى أنّها ثابتة ومرتبطة صورة أجزاء الخط.

• وكذلك أجزاء المصمت وأجزاء المكان.
يريد وكذلك أجزاء الجسم وأجزاء المكان تكون ثابتة ويشار إلى كلّ واحد منها ويتصل بحد مشترك.

• فأمّا العدد فلن يقدر احد أن يرى فيه أنّ اجزائه لها وضع ما بعضها عند بعض ولا أنّها موضوعة بحيث ما ولا أنّ أجزاء ما من اجزائه يصل بعضها ببعض ولا أجزاء الزمان، فإنّه لا ثبات لشئ من أجزاء الزمان وما لم يكن ثابتا فلا سبيل إلى أن يكون له وضع ما؛
يريد فأمّا العدد والزمان فلا وضع لهما لأنّ الزمان على التقضى ولا يثبت أجزاؤه والعدد فلا يمكن الاشارة إليه.

• بل الأولى أن يقال إنّ لها ترتيب ما لأنّ بعض الزمان متقدّم وبعضه متأخر. وكذلك العدد لأنّ الواحد فى العدد قبل الاثنين والاثنين قبل الثلاثة فيكون لها بذلك ترتيب ما.
يريد وذاك أنّ اليوم متقدم لليوم التالى له والواحد يتقدم الاثنين.

• فأمّا وضع[١٢] فيكاد الا تقدر أن تأخذ لها.
يريد لأنّه ليس يمكن أن يشار إلى اجزائه ولا ترتبط بحد مشترك.

• والقول أيضًا كذلك لأنّه لا ثبات لشئ من اجزائه، فإنّه إذا نطق به مضى، فلم يكن إلى أخذه فيما بعد سبيل، (١١٢ ب) فيجب الا يكون

١٢ وضع: وضعا

لاجزائه وضعا إذ كان لا ثبات[١٣] لشئ منها؛

يريد وما كان بهذه الصفة فلا وضع له.

• فمنه إذا ما يقوم من أجزاء لها وضع ومنه ما يقوم من أجزاء ليس لها وضع.

يريد من الكم.

قال المفسّر

يقسّم الكم إلى ما له وضع والى ما لا وضع له، ويعدد كلّ واحد من هذين، ويزعم أنّ أنواع ما له وضع اربعة: الخط، والسطح، والجسم، والمكان. وما لا وضع له ثلاثة: العدد، والقول، والزمان. ويبيّن فى كلّ واحد من هذه التى عددها أنّ له وضع بانطباق شروط ما له وضع عليه. أو لا وضع له باخلال تلك الشروط أو بعضها. وقوله وأيضًا، يريد وعلى وجه آخر يقسم الكم. وأجزاء الخط لا تفهمها بالفعل لكنّ بالقوة. وقوله لأنّ كلّ واحد منها موضوع بحيث هو، يريد فى البسيط. وقوله بأىّ جزء من سائر الأجزاء يتصل، يريد أنّ كلّ جزئين متتاليين منها تتصل بحد مشترك. وقوله فى أجزاء السطح أنّ لها وضع ما، يريد فى الجسم لا فى البسيط. وقوله على هذا المثال، يريد على مثال الخط. والمصمة، يريد به الجسم. ومتى بن يونس يقرن إلى الجسم شريطة، وهى أن يكون ثابتا، وصارت أجزاء الزمان غير ثابتة لأنّها فى التكون.

قال ارسطوطالس

5 a 38 • فهذه فقط التى ذكرت يقال لها بالتحقيق كم،

يريد هذه الأنواع السبعة.

• فأمّا كلّ ما سواها فبالعرض يقال ذلك فيها.

يريد فهو كم بالعرض.

• فإنّا إنّما نقول فيما سوى ذلك إنّها كم ونحن نقصد قصد هذه.

يريد فإنّا نقول فيما سوى هذه إنّه كم لأنّ هذه موجودة له أو هو موجود لها.

---

١٣ ثبات: ثباب

• مثـال ذلـك أنّا نقـول فى البياض إنّـه ماد كبير وإنّما نشـير إلى أنّ البسيط كبير،

(١١١٣ ا) يريـد فإنّـا نقـول فى البياض وهو كيفيـة إنّه ماد طويل والاشارة بذلك إلى بسيطة أعنى سطح الجسم الذى هو فيه.

• ونقول فى العمل إنّه طويل وإنّما نشير إلى أنّ زمانه طويل.

افهم فيكون الكم عائد إلى الزمان لا إليه.

• ونقول أيضًا فى الحركة إنّها كثيرة،

يريد ونحن نشير إلى الزمان.

• فكلّ واحد من هذه ليس يقال له كم بذاته.

يريد لا يقال فيه إنّه كم لأنّ حد الكم ليس بمأخوذ فى حدّه.

• والمثـال فى ذلك أنّ موفيا إن وفى كم هذا العمل فإنّما يحدّه بالزمان، فيقول عمل سنة وما اشبه ذلك.

يريد فليدخله فى الكم من قبل الزمان.

• وإن وفى كم هذا الأبيض فإنّما يحدّه بما البسيط فإنّه إنّما يقول فى مبلغ البياض بمبلغ البسيط،

يريد بمقدار السطح الذى هو موجود فيه.

• فتكون هذه فقط التى ذكرت يقال لها بالتحقيق وبذاتها كم؛ فأمّا ما سواها فليس منها شئ هو بذاته كم بل إن كان ولا بُدّ فبالعرض.

يريد فأمّا سـوى هذه الأنواع السـبعة فليس هو كمية بنفسـه لكنّ بطريق العرض، أعنى لأنّه منسوب إلى واحد من هذه الأنواع السبعة.

قال المفسّر

يبيّن أنّ السـبعة الأنواع التى عددها كم هى بالذات حسب، فأمّا ما سـواها مما يظن به أنّه كم، فإنّه كم بالعرض لأنّه موجود لواحد منها أو واحد منها موجود له، وقد شـرحنا ذلك فى صدر التعليم. وقوله فهذه، اشـارة إلى الأنواع السـبعة. وقوله ونحن نقصد قصد (١١٣ ب) هذه، اشـارة إلى الأنواع السـبعة. وقوله ونقول أيضًا فى الحركة إنّها كثيرة،

يحتاج إلى تمام، وهو ونحن نشير إلى زمانها.

قال ارسطوطالس

5 b 11 • والكم أيضًا لا مضاد له أصلا.

يريد والكم مع الجوهر لا يوجد فيه التضاد أصلاً.

• فأمّا في المتفصلة فظاهر أنّه ليس له مضاد أصلا كأنّك قلتَ لذي ذراعين أو لذي ثلاثة اذرع أو للسطح

يريد فأمّا الكمية التى يفهمها الذهن منفردة على خيالها ولا يحتاج فى فهمها إلى التعلق بشئ آخر، فلا ضد فيها كالذراعين وما يجرى مجراها.

• أو بشئ مما اشبه ذلك فإنّه ليس لها ضد أصلا.

يريد أو بشئ مما يشبه هذه الكميات التى يفهمها الذهن منفردة على خيالها.

قال المفسّر

هذه هى الخاصة الأولى، وهى أنّه لا يوجد فى الكم تضاد، أعنى أنّه لا يوجد فيه نوعان متضادان ولا شخصان متضادان[١٤] بمنزلة الذراعين أو غيرهما من أشخاص الكم. ولفظة أيضًا عطف للكم على الجوهر. ولفظة أصلا نائبة مناب السلب الكلّى. ويعنى بقوله منفصلة الكميات المفهومة بنفوسها ولا يتعلق وجودها بغيرها بمنزلة هذا الخط وهذا السطح. وإنّما استثنى بقوله أنّ هذه الخاصة فى المنفصلة ليس من قبل أنّ من الكم ما يقبل التضاد لكنّ من قبل أنّ الكثير والقليل والكبير والصغير يُظن بها أنّها كميات وأنّها اضداد.

قال ارسطوطالس

5 b 14 • إلا أن يقول قائل إنّ الكثير مضاد للقليل أو الكبير للصغير.

يريد إلا أن يدعى مدعى ويقول إنّ الكمية فيها تضاد لأنّ فيها الكثير والقليل والكبير والصغير وهذه فيها تضاد.

---

١٤ نوعان متضادان ولا شخصان متضادان: نوعين متضادين ولا شخصين متضادين

• وليس شئ من هذه البتة كما لكنّها من المضاف، وذاك أنّه ليس يقال فى شئ من الأشياء البتة بنفسه إنّه كبير أو صغير،

يريد وهذه ليست كميات لكنّها من المضاف إذ كانت لا تفهم بنفوسها لكنّ بالقياس إلى غيرها.

(١١٤ ا) • بل بقياسه إلى غيره.

يريد إنّ هذه ليست توصف بهذه الصفة بنفوسها لكنّ عند مقايسة بعضها إلى بعض.

• مثال ذلك أنّ الجبل قد يوصف صغيرا أو السمسمة كبيرة فإنّ هذه اكبر مما هو فى جنسها،

يريد السمسمة.

• وذاك اصغر مما هو فى جنسه،

يريد الجبل.

• فيكون القياس إنّما هو إلى شئ غيره.

يريد فتكون هذه إنّما وصفت بهذه الصفات عند قياسها إلى غيرها.

• فإنّه لو وصف شيئا صغيرا أو كبيرا بنفسه لما وصف الجبل فى حال من الاحوال صغيرا والسمسمة كبيرة.

يريد فإنّ هذه لو وصفت بهذه الصفات بنفوسها لكان وصف الجبل بالكبر احق والسمسمة بالصغر احق.

• وأيضًا قد نقول إنّ فى القرية اناسا كثيرا وفى مدينة اثينية اناسا قليلا على أنّهم اضعاف اولئك.

يريد على أنّهم اضعاف اللذين فى القرية.

• ونقول إنّ فى البيت اناسا كثيرا وفى الملعب اناسا قليلا على أنّهم أكثر منهم كثيرا.

يريد وهذه الصفات ليس يوصفون بها فى نفوسهم لكنّ بالقياس.

قال المفسّر

هذا الشكّ الأوّل الطارئ على الخاصة الأولى. وصورته هذه الصورة: الكثير والقليل والكبير والصغير من الكم وهذه اضداد ، فالكم فيه تضاد .

وحلّ الشكّ على ضربين، على طريق المعاندة وعلى طريق المسامحة. أمّا على طريق المعاندة فعلى هذه الصفة، ليس ما ظننت أنّ هذه من الكم، وذاك أنّها تقال بالقياس إلى غيرها ، وما هو بهذه الصفة ليس من الكم، بل من المضاف. فهذه إذا ليست من الكم، بل من المضاف. وارسطوطالس (١١٤ ب) يستقرء الصغرى من الصغير والكبير بالجبل الصغير والسمسمة الكبيرة، ومن الكثير والقليل باناس اثينية وباناس الملعب.

قال ارسطوطالس

5 b 26 • وأيضًا ذو الذراعين وذو الثلاثة الاذرع وكلّ واحد مما اشبههما يدل على كم.

يريد واسم ذي الذرعاين واسم ذي الثلاثة الاذرع يدل على الكمية المحدودة المفهومة بنفسها .

• وأمّا الصغير والكبير فلا يدلان على كم بل على مضاف، فإنّ الكبير والصغير إنّما يعقلان بالقياس إلى شئ آخر ،

يريد والصغير والكبير لا تدل على أشياء محدودة مفهومة بنفوسها بل تدل على أشياء تفهم بالقياس إلى غيرها ، وما هو بهذه الصفة، فهو من المضاف.

• فيكون من البين أنّ هذين من المضاف.

يريد لأنّها تدل على أشياء تقال بالقياس إلى غيرها .

قال المفسّر

لمّا بيّن من معنى المضاف أنّ الكبير والصغير والكثير والقليل ليست من الكم وأنّها من المضاف، أخذ أن يبيّن ذلك من اسمائها ، يقول إنّ هذه الاسماء لا تدل على شئ محصّل مفهوم بنفسه، واسماء الكم تدل على شئ منفرد محدود ، إذ كان الكم هو ما يقع عليه التقدير ويحصّل،

فليست إذا كما. ولأنّ اسمائها تدل على شئ يقال بالقياس إلى غيره تكون من المضاف.

قال ارسطوطالس

• وأيضًا إن وضعت أنّها كم أو وضعت أنّها ليست بكم فليس لها مضاد البتة. 5 b 30

يريد وإن شاء إنسان أن يدعى فيها أنّها كم أو أنّها ليست بكم، فالأمر إليه فتقابلها ليس تقابل التضاد لكن تقابل المضاف.

• وذلك أنّ الشئ الذى لا يمكن أخذه بنفسه وإنّما يمكن أخذه بقياسه إلى غيره، كيف يمكن أن يكون لهذا مضاد،

(١١٥ ا) يريد وذلك أنّ الذى لا يُفهم بنفسه وإنّما يُفهم بقياسه إلى غيره، لا طريق إلى أن يكون له ضد لأنّ الاضداد هى صور مفهومة بنفوسها.

• وأيضًا إن كان الكبير والصغير متضادين وُجد الشئ بعينه قابلا للمتضادات معا،

يريد وإن كان الكبير يضاد الصغير وكان الموضوع الواحد يوصف بهما جميعا، لزم اجتماع الضدين معا فى شئ واحد.

• وأن يكون كلّ واحد منها مضادا لذاته لأنّ الشئ بعينه قد يوجد كبيرا وصغيرا معا،

يريد أن يكون الكبير يضاد نفسه لأنّه هو الصغير وكذلك الصغير.

• إذ كان عند هذا صغيرا وهو بعينه عند غيره كبيرا؛

يريد إذ كان يقال بالقياس إلى شئ صغيرا والى آخر كبيرا إلا أنّ هاتين الصورتين هما فيه على ما يعتقد متضادتان.

• فيكون قد يوجد الشئ بعينه كبيرا وصغيرا فى زمان واحد بعينه حتى يكون قد يقبل الضدين معا، إلا أنّه من المتفق عليه أنّه ليس شئ واحد يقبل الضدين معا. مثال ذلك فى الجوهر، فإنّ الجوهر من المتفق عليه أنّه قابل للمتضادات إلا أنّه لن يصح ويسقم ولا يكون اسود وأبيض معا.

يريد وهذه على مذاهبهم اضداد فتجتمع الاضداد معا فى شئ واحد.

• ولا شئ من سائر الأشياء البتة يقبل الضدين[١٥] معا،

يريد ولا شئ من سائر الأشياء التى شأنها أن تقبل الاضداد يقبلها معا.

• ويوجد أيضًا كلّ واحد منهما مضادا لذاته، وذلك أنّه إن كان الكبير مضادا للصغير وكان الشئ الواحد بعينه كبيرا وصغيرا معا،

يريد كلّ واحد من الكبر والصغر يضاد ذاته.

• فالشئ يكون مضادا لذاته.

يريد لأنّ الكبير هو الصغير فهو إذا يضاد نفسه.

(١١٥ ب) • إلا أنّه من المحال أن يكون شئ واحد بعينه مضاد لذاته، فليس الكبير إذا مضاد للصغير ولا الكثير للقليل؛

يريد لأنّه إن كان بهذه الصفة كان العلة فى بطلان ذاته والطبيعة لا توجد ما هذه صفته.

• فتكون هذه وإن قال الإنسان إنّها ليست من المضاف بل من الكم ليس فيها تضاد.

يريد بل يكون تقابلها تقابل المضاف.

قال المفسّر

هذا هو الردّ الذى على طريق المسامحة. وهو يجرى على هذه الصفة، يفرض الكبير والصغير والكثير والقليل من الكم سوى أنّ هذه لا تكون متضادة. ويبيّن ذلك بثلاث حجج:

الأولى منهن تجرى على هذا، الاضداد يُفهم كلّ واحد منهما بنفسه، وهذه ليست بهذه الصفة.

والحجة الثانية، إن كانت هذه اضداد، لزم أن يكون الضدان فى شئ واحد بالفعل وهذا محال. وذلك أنّ الجوهر الذى قد صحّ أنّه يقبل

١٥ الضدين: الاضداد (فى الهامش: الضدين)

الضديــن لا يمكــن أن يقبلهما معا ، فأمّا كيف يلــزم ذلك، فمن قبل أنّ المقدار الواحد يكون كبيرا وصغيرا.

والحجــة الثالثة تجرى على هذا الوجــه، إن كان الصغير ضد الكبير افســد الشــئ ذاته والطبيعة لا توجد ما هذه ســبيله، وذلك أنّ الكبير والصغير يجتمعان فى موضوع واحد، وأحدهما ضد الآخر، فهو يفســده لا محالة.

قال ارسطوطالس

6 a 11 • وأكثــر ما ظنــت المضادة فى الكم موجودة فــى المكان لأنّ المكان الأعلى يضعون أنّه مضاد للمكان الأسفل.

يريــد والوجه القوى الــذى به ظن فى الكم المضــادة المكان لأنّ فيه معنى الفوق والأسفل بالطبع.

• ويعنون بالمكان الأسفل المكان الذى يلقى الوسط.

يريد ويعنون بالمكان الأســفل الذى عند المركز وبالفوق مقعر القمر، فإنّ هذين هما المتعاندين لا اللذين بالقياس.

• وإنّمــا ذهبوا إلى ذلك لأنّ البعد بين الوســط وبــين اطراف العالم ابعد البعد؛

(١١٦ ا) يريد بالوسط المركز وباطراف العالم مقعر فلك القمر.

• فيشــبه أن يكونوا إنّما اجتلبوا الحد لســائر المتضادات من هذه لأنّهم إنّمــا يحدّون المتضادات بأنّها التى بعدهــا بعضها من بعض غاية البعد ويجمعها جنس واحد.

يريد فتكون هذه الامكنة كأنّها الأصل فى اســتخراج حدّ المتضادات والقول بأنّها المتباينة فى الغاية والموضوع لها واحد.

قال المفسّر

هذا شكّ ثانى على الخاصة الأولى وصورته هذه الصورة: المكان فيه تضاد لأنه ينقســم إلى الفوق والأســفل، والمكان مــن الكم، فالكم فيه تضــاد. وصغــرى القياس تكذب من قبل أنّه ليــس المكان بما هو مكان مــن الكم، بل بمــا التقدير واقع عليه. وتكذب أيضًــا كبراه من قبل أنّ المــكان من حيــث هو مكان لا يلزمه تضاد لكــنّ من حيث فيه صورتى

الفوق والأسفل، وهاتان حالتان للمكان وكيفيات لا كميات. والمكان الفوق بالطبع هو مقعر كرة القمر، والأسفل بالطبع هو مقعر كرة الماء، وطرف العالم يريد به مقعر كرة القمر. وحدّ الاضداد على التمام هو أنّ البعد بينهما فى الغاية ولا يجتمعان معا ويفسد أحدهما الآخر ويكون الموضوع لهما واحد.

قال ارسطوطالس

• وليس بمظنون بالكم أنّه قابل للأكثر والأقلّ. 6 a 19

يريد والكم لا يوصف بالأكثر والأقلّ.

• مثال ذلك ذو الذراعين فإنّه ليس هذا ذا ذراعين بأكثر من هذا.

يريد مثال ذلك ذو الذراعين فإنّه ليس هو بمعنى الكم احق واوّلى من ذي الخمسة الاذرع ولا الخمسة أكثر من العشرة فى معنى الكم.

• وكذلك فى العدد مثال ذلك الثلاثة والخمسة فإنّه ليس يقال إنّ هذه خمسة بأكثر مما هذه ثلاثة أو إنّ هذه ثلاثة بأكثر مما هذه ثلاثة.

يريد فى معنى الكمية وفى معنى وقوع التقدير عليها.

• ولا يقال أيضًا فى زمان إنّه بأكثر من غيره،

يريد ولا يقال فى اليوم بأنّه أكثر من الشهر أو من السنة فى معنى الكمية.

(١١٦ ب) • ولا يقال بالجملة فى شئ مما ذُكر الأكثر والأقل،

يريد ولا يقال فى شئ من سائر الكميات إنّها أكثر وأقل فى معنى الكمية.

• فيكون إذا الكم غير قابل للأكثر والأقل.

فافهم بما هو كم.

قال المفسّر

هذه هى الخاصة الثانية للكم، وهو أنّه لا يوجد فيه شخصين أو نوعين أحدهما أكثر من الآخر فى معنى الكم، اىْ بما التقدير واقع

عليهما ، فإنّه ليس المئة بأنّها تقدر بالواحد بأكثر من الثلاثة فى هذا المعنى.

قال ارسطوطالس

• وأخص الخواص بالكم أنّه يقال مساويا وغير مساو. 6 a 26

يريد والخاصة الحقيقية بالكم هى أنّ كلّ واحد من أشخاصه يقال فيه مساوٍ وغير مساوٍ.

• ومثال ذلك الجثة[16] تقال مساوية وغير مساوية،

يريد إذا قيست إلى ما هو مثلها قيل فيها إنّها مساوية والى ما هو اكبر أو اصغر منها قيل فيها إنّها غير مساوية.

• وكلّ واحد من سائر ما ذكر على هذا المثال يقال مساوٍ وغير مساوٍ[17].

يريد وكلّ واحد من أشخاص الكم هذا حكمه.

• فأمّا سائر ما لم يكن كما فليس يكاد أن يظن به أنّه يقال مساويا وغير مساو.

يريد فأمّا أشخاص المقولات الآخر فلا توصف بهذه الصفة لكنّ بغيرها اللهمّ بطريق العرض ولهذا قال ليس يكاد.

• ومثال ذلك الحال ليس يكاد أن تقال مساوية أو غير مساوية،

يريد والمثال على ذلك الكيفية فإنّها لا توصف بهذه الصفة إلا من طريق زمانها.

• بل الاحرى أن تقال شبيهة.

يريد أنّ الحالات يقال فيها شبيه ولا شبيه.

• والأبيض ليس يكاد أن يقال مساويا وغير مساو بل شبيه،

يريد لأنّه كيفية فيوصف بالشبيه ولا شبيه ولاً يوصف بالمساوى وغير المساوى.

---

١٦ الجثة: الخشبة

١٧ 6a28 a :-

(١١١٧ ا) • فتكون أخص خواص الكم أنّه يقال مساوٍ وغير مساوٍ.
يريد أن يقال فى كلّ واحد من أشخاصه إنّه مساوٍ وغير مساوٍ.

قال المفسّر

هــذه هى الخاصة الثالثة للكم وهــى الاخيرة والحقيقية. وهى أنّ كلّ واحد من أشــخاصه يقال فيه مســاوٍ وغير مســاوٍ بالقياس إلى شــيئين مختلفــين. وقولــه ليس يكاد ولم يقطّع من قبــل أنّ الحالات يقال فيها ذلك بطريق العرض كالحمى وغيرها. وقال فى الحال إنّ الاخرى أن يقال فيها شــبيهة ولا شــبيهة من قبل أنّ هذا لم يتبين بعد. وعند الكلام فى الكيفية يذكره، ولأنّه يوصف بصفة الكم بالعرض. وهاهنا ينقطع الكلام فى تفصيل هذا التعليم، وبانقطاعه ينقطع الكلام فى الكم.

القول فى المضاف
التعليم السابع عشر

قال ارسطوطالس

• يقال فى الأشياء إنّها من المضاف متى كانت ماهيتها إنّما تقال 6 a 36 بالقياس إلى غيرها.

قال المفسّر

من بعد فراغ ارسطوطالس من الكلام فى الكم انتقل إلى النظر فى مقولة المضاف. وقبل أن نشرع فى النظر فى الفاظه ينبغى لنا أن نبحث عن عدة مطالب.

الاوّل منها النظر فى ترتيب هذه المقولة، والسبب الذى من اجله جعل المطلب الاوّل الكلام فيها تاليا للكلام فى الكم.

ونحن نبين ذلك بخمس حجج: الحجة الأولى تجرى على هذه الصفة، لمّا كان قد افادنا عند نظره فى الكم خاصته الحقيقية وهى معنى التساوى ولا تساوى، وكان هذان للكم من قبل المضاف لا بما هو كم، وجب عند فراغه من الكم أن يتكلم فى المضاف.

والحجة الثانية صورتها هذه الصورة، كثير ما ذكر المضاف فى الكم، وذلك أنّه قال إنّ الكبير والصغير والقليل والكثير تتقابل تقابل المضاف. وهو وإن كان قد استعمله فى الجوهر فلم يصرح باسمه، فهذه هى الحجة الثانية.

والحجة الثالثة، لمّا كان المضاف يلزم المقولات باسرها، فلئلا يقع اشتباه، فيظن أنّ طبيعتها طبيعة المضاف، كما ظن بالكبير والصغير (١١٧ ب) أنّهما من الكم وهما من المضاف. ويظن بما هو أكثر حرارة وأكثر برودة أنّ طبيعته بما هو حار وبارد من المضاف، لا من الكيف لهذا ما تكلم فى مقولة مضاف قبل سائر المقولات، سوى مقولتى الجوهر والكم. واعلمنا أنّ معنى الإضافة زائد على ذات الشئ، وذات الشئ غيرها. وإنّ الشئ الواحد بعينه يكون بوجه واحد من المضاف وبوجه آخر من مقولة اخرى.

والحجة الرابعة، لمّا كان قد يظن بعض الناس بالكيفية أنّها من المضاف، وليست ذات لها فى نفسها وجود بمنزلة كيفية العسل التى ظنوا بها أنّها حلوة ومرّة، حلوة بالقياس إلى الاصحاء ومرّة بالقياس إلى المرضى، وخاصة من غلب على ابد أنّهم اليرقان وبمنزلة كيفية النار وأنّها بالقياس إلى الحطب حارة، وبالقياس إلى سالمنذرا غير حارة، إذ كانت تقطعها ولا تحرقها؛ فلهذا قدم الكلام فى المضاف على الكلام فى الكيفية، ليرى أنّ طبيعة المضاف غير طبيعة الكيفية. وإنّ ليس إضافة الشئ تجعل له كيفية، لكنّ الكيفية معنى موجود فيه، والإضافة نسبته إلى غيره.

والحجة الخامسة، قبل نظرنا فى المقولات يقتضى نظرنا فى ترتيبها وايّها تجعل اوّلا وايّها ثانيا. والترتيب من المضاف، فمقولة المضاف على هذا الوجه ينبغى أن تتقدمها كلّها. ومقولة الكم مع لزومها للمقولات باسرها لأنّ كلّ موجود لا يخلو أن يكون إمّا واحد أو كثير، تدخل فى مقولة مضاف. وليس من الموجودات ما يخرج بوجه من الوجوه من أن يكون مضافا؛ فهذه الحجج كافية فى توفيه السبب الذى من اجله صارت مقولة مضاف بعد مقولة الكم.

المطلب الثانى

والثانى النظر فى قسمة هذه المقولة، فنقول إنّ ارسطوطالس يقسم هذه المقولة على وجهين اثنين. الاوّل بحسب وجود حرف الوصل وعدمه. والثاني بحسب معناها من الاسماء الدالة عليها. والقسمة التى بحسب حرف الوصل هى التى بها انقسم المضاف إلى المضافات التى لا حرف وصل معها، لكنّ ذات كلّ واحد منهما تقال بالقياس إلى غيره، بمنزلة الأكبر والأصغر؛ فإنّ الاكبر يقال فيه إنّه اكبر ممّا هو اصغر منه، ولا يدخل فيهما لا لام و لا با. وإلى المضافات التى فيها حرف وصل. وقدم الاوّل على الثاني لبساطته، إذ كان لا حرف وصل فيه. ويقسم المضافات التى بحرف وصل إلى المضافات التى يثبت فيها عند التعاكس (١١٨ ا) حرف الوصل، بمنزلة قولنا الاب اب للابن والابن ابن للاب. والى التى لا يرجع فيها حرف الوصل ويكون واحدا عند التعاكس، بمنزلة قولنا الملكة ملكة للمالك والمالك مالك بالملكة. فأمّا أنواع أنواع المضاف فلا تنحصر، لأنّ المقولات كلّها تدخل فى المضاف وأنواعها بالوجه الذى تكون به مضافة. والقسمة التى بحسب اللفظة هى التى يقسم بها المضاف، إلى المضافات المتفقة اسماؤها بمنزلة قولنا الشبيه شبيه لشبيهه، والى المتباينة اسماؤها بمنزلة قولنا الكبير كبير بالقياس إلى الصغير، والصغير صغير بالقياس إلى الكبير. وبهذا انبا

أنّ نسب المضاف نسبتان موافقة ومخالفة.

وبالجملة فالمضاف وهو نسبة الوفاق والخلاف ينقسم بحسب الأمور المضافة. وكلّ الأمور مضافات، وبحسب الالفاظ وبحسب وصلة الإضافة. أمّا بحسب الأمور فإنّك تقسم المضاف إلى المضافات التى هى جواهر حسب، وإلى التى هى أعراض حسب، وإلى التى هى جواهر وأعراض. وبحسب الالفاظ إلى المتفقة اسماؤها، والى المتباينة اسماؤها. وبحسب الوصلة إلى التي بينها حرف وصل أو ليس بينها، والتى بينها إمّا يثبت أو لا يثبت، وإنّما قدم القسمة من حرف الوصل على التى من الاسماء، لأنّها أخص بالإضافة؛ فهذا كاف فى المطلوب الثاني.

المطلب الثالث

والمطلوب الثالث يتضمن النظر فى النسب التى إذا وجدت للأمور كانت بها من المضاف، فنقول إنّ عدد هذه النسب عشر.

الأولى منهن نسبة الصادقة والمودة، التى بهما نقول إنّ الصديق صديق لصديقه.

والثانية نسبة عدم التساوى التى بها يقال فى الضعف إنّه ضعف للنصف.

والثالثة نسبة الوضع، كما نقول إنّ اليمين يمين بالقياس إلى الشمال.

والرابعة نسبة الادراك، كما نقول إنّ العلم علم بالمعلوم، والحس حس بالمحسوس.

والخامسة النسبة الطبيعية بمنزلة الاب والابن.

والسادسة النسبة القهرية، كنسبة العبد والمولى.

والسابعة نسبة الانفعال، كنسبة المنفعل إلى الفاعل.

والثامنة نسبة الأخذ والعطاء، كنسبة الاخذ إلى (١١٨ ب) المعطى.

والتاسعة نسبة الاعتدال، كنسبة البصر إلى المبصر إذا كان على ما ينبغي.

والعاشرة نسبة الجنس، بمنزلة نسبة النوع إلى النحو إلى العلم. وبالجملة نسبة الشئ إلى جنسه.

وهذه الأقسام عددناها تخريجا للمتعلم، وليس من الاضطرار أن تكون المضافات داخلة فيها حتى لا يوجد أمر يزيد عليها إلا أنّ هذه هى نسب المضاف على الأكثر.

والنسب الحاصرة للمضاف ثلاثة: ونسبة جوهر إلى جوهر، وعرض إلى عرض، وجوهر إلى عرض. وكلّها تجتمع فى نسبة الوفاق والخلاف.

المطلب الرابع

والمطلـوب الرابـع النظر فى طبيعة الإضافة، هـل لها وجود طبيعى كالسـواد والبياض أو إنّما هى وهم ووجود عقلى حسـب؛ فقوم قالوا إنّ لها وجود طبيعى. وادعوا مع هذا أنّ جميع الموجودات هى من المضاف، بمنزلة فروطاغورس الذى كان يقول إنّ سـائر الموجودات هى بحسـب ما ترى وبحسب ما يظنه الإنسان فيها، وذاك أنّ الإنسان هو المعيار لجميع الأمور، وبحسـب نسبة الأمور إليه تكون طبائعها، حتى أنّه إن ادركها حلوة كانت كذلك فى نفسـها، وإن ادركها مرّة كانت كذلك فى نفسها، لا لأنّ لها فى نفسها وجود؛ فإنّه لم يعتقد حلاوة ولا مرارة، ولا كيفيات بتة، وإنّما كان ينسـب الشئ إليها بحسب ادراك المدرك له، فإذا ادركه علـى حال ما حكم فيه بأنّه حلـو أو أبيض، وإذا ادركه على حال اخرى حكم فيه بأنّه اسـود أو مرّ. وقوم قالوا إنّ جميع الأمور من المضاف لأنّ الإضافة تلزم سائر القاطيغورياس.

وطائفـة اخرى زعمت أنّ للمضاف وجـودا طبيعيا، واحتجت بوجود الاعضاء اليمنى واليسـرى من بدن الحيوان. وقالت إنّ اليمين واليسـار مـن المضاف، فالمضاف موجود وطائفة كذّبت هذه الطوائف وهى المحقة، وزعمـت أنّ اطـراف الاضافات من حيـث هى ذوات لها وجـود؛ فأمّا الإضافة نفسـها فإنّها نسـبة حسـب، يفعلها العقل وليسـت موجودة كالجوهر والكمية والكيفية. وجنس المضاف نسـبة حسب، وسائر أنواعه وأشـخاصه هى ذوات نسـب يفعلها العقل ولا وجود لها بما هى مضافة إلا مع النسبة، وهذا يتبين بعدة حجج:

الحجـة الأولى منهـن: لو كانت الإضافة أعنى النسـبة الموجودة بين المتضايفين معنى موجود كالكمية والكيفية، لوجب (١١٩ ا) أن تكون قائمة بنفسـها وهى عرض لأنّها ليسـت فى واحد مـن المضافين لكنّها بينهما.

والحجـة الثانية، لو كانت الإضافة طبيعى موجودة، لوجب أن تكون إمّـا هيولـى أو صورة لما هـى له. والإضافة ليسـت الهيولى، فبقى أن تكـون صورة. وهذه إمّا جوهرية أو عرضية، فإنْ كانت جوهرية، فيجب أن تحـدث بطريق الكـون وبانقلاب ذات الشـئ. وإن كانـت عرضية، وجب أن يتغير مزاج الشـئ لتحدث، كما يجرى الأمر فى سائر الاحوال العرضية التى هى ذوات.

والحجة الثالثة، لو كانت الإضافة صورة طبيعية لا عقلية، لوجب أن يقع بها إمّا فعل أو انفعال، والشئ لا يفعل بنسبة الإضافة ولا ينفعل، لأنّ النسبة لا تنفعل، والانفعال إنّما يتم بتغير المزاج.

والحجــة الرابعة، لو كانت الإضافــة ذات موجودة لم يجب أن يكون حدوثها وبطلانها لا فى زمان ولأنّ الطبيعة تأخذ من مبدأ وتمضى بوسط وتقف عند غاية.

والحجة الخامســة، لو كانت الإضافة معنى موجود، لما جاز أن تكون الأشيــاء التعاليميــة أعنى الابعــاد التى فى النفــس، لأنّ هذه مجردة مــن كلّ مادة وكيفية طبيعية والعقل يمكنــه أن يفرض هذه من المضاف بقياسها بعضها إلى بعض.

والحجة السادســة، لو كانت الإضافة معنى موجود ولم تكن نســبة يفعلهــا العقل لِما جــاز أن توجد للمقولات بأســرها، لأنّه من المحال أن يكون شــئ واحد يتبــع وجوده الكم ثم يتبع الكيــف وهما يتباينان فى الغاية.

ولا تظــن بســبب أنّنى قلت إنّها فــى العقل مــن دون الوجود أنّها تجــرى مجرى عنزايــل، إذ كان عنزايل إنّما هو وهم باطل على الاطلاق. وهذه العقل يتناوّل أمورا قد فعلت وانفعلت يتعلق بعضها ببعض بفعل وانفعال أو غيرهما من أصناف التعلق، فيحصّل للواحد منها نسبة إلى الآخر بســبب ذلك، وهذه النســبة هى اختصاص أحدهما بالآخر من دون سائر الموجودات.

وجملة هذه الحجج فى الردّ على من قال إنّ الإضافة هى ذات موجودة فى الجوهر على أنّها كالبياض والسواد، وإذا حققت الأمر وجدتها نسبة لا ذاتا، فلهذا ما يقول إنّها ليســت موجودة وموجودة، موجودة نســبة، وغير موجودة ذات. وبالجملة (١١٩ ب) هى نســبة موافقة ومخالفة لا ذات وجوديــة. وينظــر فيها بما هى موجودة فيرفــع عنها وجود الذات، وبقى لها وجود النسبة وبما هى معلومة، والعقل يتولى علمها على هذه الجهة بأن يعلمها بما هى نسبة لا بما هى ذات.

المطلب الخامس

والمطلوب الخامس هــو النظر فى مقولة الإضافة، فيقول إنّ الإضافة هى نســبة توجد بين شــيئين محصلين ذات كلّ واحد منهما من حيث هو كذلــك تقال بالقياس إلى الآخــر. والمضاف هو الذى له صورة الإضافة، وإن كان من بعض المقولات بمنزلة الكبير، فإنّ موضوعه من الكم وصورته نسبة الإضافة وهى الكبر، وذاك أنّ مقولة المضاف إنّما هى نسبة حدوثها بين شــيئين. وتحدث فى جميع المقولات والمقولة هى النســبة حســب لا النسبة مع الطرفين، إذ كان الطرفان هما من بعض المقولات، بل الطرفان يجريان لها مجرى النهايتين كالنقطتين للخط؛ فإنّ الخط ليس هو جملة البعد مع النقطة لكنّ الخط هو البعد حسب والنقطتان نهايتاه.

المطلب السادس

والمطلوب السادس هو النظر فى السبب الذى من أجله ترجم هذه المقولة من اطرافها وقال، النظر فى مقولة مضاف ورسمها أيضًا من اطرافها وقال، إنّ المضاف هو الذى من صفته كذا.

فنقول إنّ هذه المقولة لمّا كانت على غاية الخفاء إذ كانت نسبة لا ذات على مثال المقولات كلّها، وفهمها يتمّ من فهم اطرافها الظاهرة، وهى الذوات التى بنسبة ترجمها من اطرافها ورسمها منها لتفهم وتتحصل للعقل. وهكذا أيضًا فعل فى كلّ المقولات، فإنّه رسمها من أقسامها ومما يتعلق بها لا من نفسها إذ كانت بسيطة.

وبالجملة فالفرق بين المضافات والإضافة أنّ المضافات هى الأمور كلّها بنسبة الوفاق والخلاف التى فيها بعضها عند بعض. والإضافة مقايسة العقل للأمرين لاظهارها، فهذه المقولة هى مقولة مضاف. ويدل المضاف الذى هو الجنس على نسبة الوفاق والخلاف، لأنّ الأمور المتفقة والمختلفة لم يتمكن من حصرها بما هى ذوات. والإضافة هى المقايسة نفسها فالمضاف هو اسم يدل على النسبة الجنسية وعلى الأمور نفوسها المضافة.

المطلب السابع

والمطلوب السابع هو النظر فى العلة التى من أجلها رسم مقولة المضاف قبل قسمته لها وليس هكذا فعل فى مقولتى الجوهر والكم، لكنّه ابتدأ بالقسمة واردف القسمة باعطاء الخواص؛ فنقول إنّ السبب فى ذلك هو أنّ الإضافة لمّا كانت نسبة بين شيئين وهى خفية عن الحس، ولم تجر مجرى الجوهر والكم فى الظهور، احتاج اوّلا (١٢٠ ا) أن يعرفنا ذاتها واسمها على ماذا يدل، ثم حينئذ يقسمها ويفيد خواصها إذ كانت القسمة وافادة الخواص إنّما يكونا لذات قد استقرّ وجودها وعرفت ذاتها. وتشخص ذاتها فى العقل يكون من رسمها. وأيضًا اشير بتمييز هذه المقولة من بين سائر المقولات، إذ كانت هذه وحدها تكون من مقايسة الشئ إلى غيره.

وارسطوطالس يرسمها اوّلا رسم لا يرتضيه كان فلاطن يرسمها به، وبحسبه تدخل الملكات كلّها بما هى ملكات فى المضاف.

والرسم الذى يورده اوّلا هو أنّ المضافات ذات كلّ واحد منها موجود للآخر، وبحسب هذا تكون سائر الملكات الموجودة للأمور من المضاف، وكلّما هو موجود للشئ هو من المضاف إليه بما هو موجود له.

ويثير على هذا الرسم شكا تلزم منه شناعة صعبة تلزم بحسب هذا الرسم. وهى أن يكون جوهرا من الجواهر بما هو جوهر من المضاف، فإنّ أجزاء الجواهر موجودة لكلاتها، فتكون من المضاف لأنّها موجودة

لكلاتهـا ، فيكون جوهرا من الجواهر من المضاف بما هو جوهر. وبالجملة فأجزاء الجوهر بما هى أجزاء جوهر موجودة لكلاتها ، وبما هى أجزاء جوهر هى جوهر ، فإن كان الموجود الشـئ بما هو موجود للشئ مضاف، فأجزاء الجوهر بما هى جوهر تكون مضاف، وهذا عرض. ويرسم المضاف رسم ثان تزول معه جميع الشكوك.

المطلب الثامن

والمطلوب الثامن يتضمن النظر فى العلة التى من اجلها رسم المضاف بالكثرة وقال المضافات، ولم يرسـمه بالوحدة ويقول المضاف، لكن قال المضافـات؛ فنقول إنّ العلة فى التـى قادته إلى ذلك، وإن كانت مقولة مضاف واحدة أعنى النسـبة الحادثة من مقايسة الأمور بعضها ببعض، هـى غموض هذه المقولة وظهور طرفيها اللذين هما لها كالعضين، وهى ناشئة بينهما ؛ فأمّا رسمها من اطرافها التماسا للايضاح، وأقل اطرافها اثنـان عبّـر عنها بالكثـرة. وأيضًا يجرى على العادة من رسـم الجنس العالى من أقسامه إذا كان بسيطا.

وهاهنا ينقطع النظر فى المطالب التى دعت الضرورة إلى النظر فيها قبل كلام ارسطوطالس، ونشرع من بعد ذلك فى النظر فى كلامه.

رسم المضاف

واوّل ما يعمد ارسـطوطالس عند الكلام فى المضاف، يرسمه للسبب الـذى قدمنا ذكره والرسـم الـذى ياتى به اوّلا هـو لفلاطن (١٢٠ ب) ويلزمه شكّ عظيم.

ومن بعد ايراد الشكّ يرسمه بالرسم الصحيح الدال على ذات المضاف الحالّ لجميع الشكوك.

والرسـم هو هذا : الأشـيا ء التى من المضاف هى التى ذات كلّ واحد منها يقال فيه أنّه موجود لغيره. وبحسـب هذا الرسـم تدخل المقتنيات بمنزلة الدار والضيعة التى هى موجودة لغيرها بما هى موجودة لغيرها فى المضاف، وبالجملة كلّما هو موجود للشئ بما هو موجود للشئ.

قسمة المضاف

ومن بعد رسـمه للمضاف يقسـمه، وهو يقسـمه اوّلا بحسب حرف الوصـل إلى المضافات التى ذاتهـا وطبيعتها تقال بالقياس إلى غيرها من غير حرف وصل يكون بينها ، بمنزلة الاصغر والاكبر. والى المضافات التى هى بحرف وصل. وهذه تنقسـم إلـى التى حرف الوصل فيها عند التعاكـس يرجع ويثبـت، بمنزلة الضعف والنصـف. والى التى لا يثبت حـرف الوصل عنـد التعاكس فيها لكـن يتغير ويتبـدل، بمنزلة الملكة والمالك والعلم والمعلوم والوضع والموضوع والحس والمحسوس.

ويقسمها ثانيا بحسـب معناها إلى المضافات التى تتفق فى الاسم بمنزلة قولنا الشـبيه شـبيه لشـبيهه، والصديق صديـق لصديقه. وإلى

المتباينة اسماؤها، بمنزلة الأشياء المقدم ذكرها فى القسمة الأولى. واستغنى عن ذكر القسمة من الأمور لتضمن الرسم لها.

الشكوك

وقد يطرأ شكّ صفته هذه الصفة، لما كان الرسم الاوّل ليس بصحيح والشكوك تلزمه ما فائدة ايراد ارسطوطالس له.

وحلّ الشكّ يجرى على هذه الصفة، ايراده اياه لعلتين، احداهما لئلا يكون قد اطرح رسما اورده فلاطن وألغاه، فيبقى ويتمسك به ويظن أنّه صحيح. والثاني[١] ليخرج العقل بايراده والزامه ما يلزمه من الشكوك.

وقد يطرأ شكّ ثان صفته هذه الصفة، ما السبب الذى من أجله عند ما شرع ارسطوطالس فى تعديد المقولات والأجناس العوالى جعل الكيفية متقدمة للمضاف، وهاهنا علم عن المضاف من قبلها.

وحلّ الشكّ يجرى على هذه الصفة، الكيفية تتقدم على المضاف لأنها ذات موجودة فى الشئ والإضافة تحدث من مقاسية بين شيئين، فرتبها قبل المضاف مع الجوهر والكم. والمضاف يتقدم عليها بحسب اتصال التعليم، لأنّ الضرورة قادت عند الكلام فى الكم الذى هو متقدّم للكيفية أن يذكر فيه المضاف، ولهذا ما وجب أن يجعل الكلام فيه بعد الكلام (١٢١ ا) فى الكم، لئلا يكون قد ذكر فيه ما هو غير مفهوم وخلى عن ايضاحه.

وشكّ ثالث صورته هذه الصورة، الأشياء التى هى أعلى تحمل على ما تحت، وبحسب هذا يحمل المضاف على العلم لأنّه اورده فى امثلة المضاف. والعلم يحمل على النحو، فالنحو إذاً من المضاف، وهو من الكيفية، فيكون شئ واحد بعينه من الكيفية والمضاف، وهذا محال.

وحلّ الشكّ، ليس بمنكر أن يكون شئ واحد بعينه من الكيفية والمضاف بوجهين اثنين، إمّا من حيث يسال عنه بكيف ويقع الجواب به يكون من الكيفية. وإمّا من حيث يقال بالقياس إلى غيره يكون من المضاف. وهذا ينحل هذا الشكّ.

ويطرأ شكّ رابع صفته هذه الصفة، طبيعة المضاف هى ناشئة بين المقولات كلّها، وكأنّها غصّ يتبع بين شيئين شيئين منها، فكيف استجاز ارسطوطالس أن يجعلها جنسا مفردا ويفردها من المقولات.

وحلّ الشكّ يجرى على هذه الصفة، الإضافة وإن كانت تنشأ على هذا الوجه، فلها طبيعة مفردة غير طبيعة المقولات، ولها أشخاص وأنواع ومتوسطات وجنس عالٍ هى كلّها مضافات. وما هو بهذه الصفة

---

١ فى الهامش: والثانى

جميل بارسطوطالس أن جعله احد المقولات، فإنّه ليس يلزم فيما ينشأ بين شيئين أن تكون طبيعته وطبيعة الشيئين شئ واحد، فهذا كاف فى حلّ هذا الشكّ. وهاهنا ينقطع الكلام فى جملة هذا التعليم، فلنشرع الآن فى تفصيله على الرسم.

التفصيل

قال ارسطوطالس

6 a 36 • يقال فى الأشياء إنّها من المضاف متى كانت ماهيتها إنّما تقال بالقياس إلى غيرها،

يريد الأشياء توصف بأنّها من المضاف إذا كانت ذواتها تقال بالقياس إلى غيرها بغير حرف وصل ولا تفهم من دون ذلك.

• أو على نحو آخر من انحاء النسبة إلى غيرها ايّ نحو كان.

يريد أو بحرف وصل إمّا أن يرجع عند التعاكس أو لا يرجع، وهذا معنى قوله على نحو آخر ايّ نحو كان.

• مثال ذلك أنّ الاكبر ماهيته إنّما تقال بالقياس إلى غيره وذلك أنّه إنّما يقال اكبر من شئ والضعف ماهيته إنّما تقال بالقياس إلى غيره، وذلك أنّه إنّما يقال ضعف لشئ وكذلك كلّما يجرى هذا المجرى.

(١٢١ ب) يريد والمثال على المضافات الاكبر فإنّ ذاته ومعناه تقال بالقياس إلى غيره وهو الاصغر، وكذلك الضعف يقال فيه إنّه كذلك بالقياس إلى النصف.

• ومن المضاف أيضًا هذه الأشياء مثال ذلك الملكة والحال والحس والعلم والوضع،

يريد التى يذكرها.

• فإنّ جميع ما ذكر من ذلك فماهيته إنّما تقال بالقياس إلى غيره لا غير.

يريد فذاته وطبيعته إنّه يقال بالقياس إلى غيره.

• وذلك أنّ الملكة إنّما هى ملكة لشئ.

يريد المالك.

• والعلم علم بشئ،
يريد بالمعلوم.

• والوضع وضع لشئ،
يريد للموضوع.

• والحس حس بشئ،
يريد بالمحسوس.

• وسائر ما ذكرنا[٢] يجرى هذا المجرى.
يريد من المضافات صورته هذه الصورة.

قال المفسّر

يرسم المضاف ويقسمه، وقد قلنا إنّ هذا الرسم ليس هو له، وإنّما هو لفلاطن، وسوف يلزمه شكّاً عظيماً، ويورد من بعده الرسم الصحيح وبه ينحل الشكّ.

أمّا رسمه فيجرى على هذه الصفة، الأمور يقال فيها إنّها من المضاف إذا كانت ذواتها موجودة لغيرها. وبهذا تدخل الاملاك فى المضاف بما هى املاك وقنايا فتكون القنية هى المضاف.

وأمّا قسمته فتجرى على هذا الوجه، المضاف ينقسم إلى المضافات التى لا حرف وصل فيها ومثالها الاكبر والاصغر، والى المضافات التى فيها حرف وصل، وهذه تنقسم إلى التى يثبت فيها حرف الوصل عند التعاكس بمنزلة الضعف والنصف. والى التى لا يثبت فيها لكن يبتدل بمنزلة الملكة، والحس، والعلم، والوضع، فإنّ الحس حس بالمحسوس، والمحسوس محسوس للحس. وافهم قوله ايّ نحو كان، لا على أنّ الإضافة تحدث من ايّ نسبة كانت لكنّ بعد أن تحفظ الشرط الاوّل. وهو أنّ ذات كلّ واحد منهما معلقة بذات الآخر، ويكون قوله ايّ نحو كان، إمّا بحرف وصل أو بغير حرف وصل. والاوّل إمّا أن يرجع عند التعاكس أو لا يرجع.

فأمّا اسحق فنقل هذا الفصل على سهو، والسرياني يشهد بصحة ما نقول. والأمر (١٢٢ ا) أيضًا فى نفسه، ونقله له كان على هذا الوجه:

---

٢ فى الهامش: ذكرنا

الأشـيا ء التى مـن المضاف هى التـى ماهيتها إنّما تقـال بالقياس إلى غيرها. وهذا الرسـم هو الرسم الصحيح الذى يورده ارسطوطالس اخيرا وبحسبه لا تدخل الاملاك فى المضاف.

والوضع هو اسـم يـدل على الجلوس والقعـود وغيرهما من الاحوال التى تحدث عند تغير نسـبة الاعضاء، وتسـمى به من حيث هى اطراف إضافة لا أنّه اسم دال على ذواتها.

قال ارسطوطالس

6b6 • فالأشـيا ء إذا التى من المضاف هى كلّما كانت ماهيتها إنّما تقال بالقياس الى غيرهـا أو علـى نحو آخر من انحاء النسـبة إلـى غيرها، اىّ نحو كان.

افهم أنّ هذا اعادة لرسـم المضاف لنفهمه ثانيا، ويقول إنّ المضافات هى التى ذاتها بعضها تنسب إلى بعض، إمّا بغير حرف وصل أو بحرف وصل. وهذا عند التعاكس إمّا أن يرجع أو لا يرجع.

• مثال ذلك الجبل يقال كبير بالقياس إلى غيره،
يريد والمثال على المضافات المتباينة اسماؤها الكبير والصغير.

• فإنّه إنّما يقال جبل كبير باضافته إلى شئ.
يريد وهو الصغير.

• والشبيه إنّما يقال شبيه بشئ.
يريد والشبيه يقال شبيه لشبيهه والصديق صديق لصديقه.

• وسائر ما يجرى هذا المجرى على هذا المثال يقال بالإضافة.
يريد وسائر المضافات المتفقة اسماؤها.

قال المفسّر

لمّـا قسـم مقولة المضاف إلى أنواعها بحسـب وجـود حرف الوصل وعدمه، أخذ أن يقسـمها بحسب المعنى من الاسماء الدالة عليها؛ فهو يقول إنّ المضافات تنقسم إلى المتفقة اسماؤها، والى المتباينة اسماؤها. والمتفقة اسـماؤها بمنزلة الشـبيه والصديق، فإنّ الشـبيه يقال إنّه شبيه

لشــبيهه والصديق صديــق لصديقه. والمتباينة اســماؤها هى التى اورد المثال عليها بالجبل الكبير والصغير.

قال ارسطوطالس

6 b 11 • والاضطجاع والقيام والجلوس هى من الوضع،

(١٢٢ ب) يريد والاضطجاع والقيام والجلوس وهى كيفيات تتحصل للجسم عند تقلّبه، وتقلب اعضائه تسمى وضع.

• والوضع من المضاف.

يريد وهذا الاسم يتحصل لها من قبل ما هى مضافة أيضًا.

• فأمّا أن يضطجع ويقوم أو يجلس فليست من الوضع،

يريــد فأمّــا القول بأنّه يضطجع ويقوم فليســت مــن الوضع إذ كان الوضع حال وهذه ذو حال، بل من مقولة موضوع. وذاك أنّها حال تحدث بين الجســم وبين هذه الاحوال الحاصلة له عند تقلب اعضائه، فيشــتق له الاسم منها.

• بل من الأشياء المشتق لها الاسم من الوضع الذى ذكر.

يريد بل هى نســبة شــئ حدث بين الجســم وبين هذه الاحوال، اشتق اسماء من الوضع للقابل لها وهو الموضوع.

قال المفسّر

لّما ذكر ارســطوطالس فــى الامثلة التى اوردها ليســتقرئ بها أحد أنواع المضاف الوضع، وكان هذا الاســم لا يفهم إلى ماذا يشار به، أخذ أن يكشــف عن المعانى التى يدل عليها، فقال هى الاضطجاع والجلوس والقيام، وهذه الاسماء تدل على ذوات هذه الاحوال، وهذه تسمى أيضًا كيفيــات وأعراض ومضافات. واســمها من حيــث هى طرف إضافة هو الوضــع، وعند حصول هذه الاحوال الحادثة عن تقلب الاعضاء للجســم تحصل له حال يدعى بها موضوع. ويشــتق له الاســم من اســم الوضع. والفرق بينها وبين الوضع هو أنّ الوضع هو حال وكيفية موجودة للجسم، أعنى القعود والتكاء والقيام. والموضوع هو ذو الوضع، ويكون الشــئ موضوعا عند حصول الوضع له، واســم الحال الاضطجاع اســم ذى الحال وهو الموضوع يضطجع.

ومقولة موضوع وهى النسبة الحادثة للشئ من وضعه، يُنظر فيها على ثلاثة اضرب، من حيث ذاتها ومعناها وهى أنّها نسبة تحدث عند حصول الوضع للجسم، وهى نسبة بينه وبين احواله التى تحدث عند تقلب اعضائه، وبالجملة بينه وبين اشكاله؛ ومن حيث يشتق لها اسماء من الوضع إذ كانت لا اسم لها فيسميها موضوع اشتقاقا من الوضع؛ ومن حيث تقال بالقياس إلى الوضع وتضاف إليه، وبهذا الوجه تكون من المضاف. وهاهنا ينقطع الكلام فى تفصيل هذا التعليم.

التعليم الثامن عشر

قال ارسطوطالس

6 b 15 • (١٢٣ ا) وقد توجد أيضًا المضادة فى المضاف.

قال المفسّر

إنّ كنتم ذاكرين لمّا قلنا فيما تقدم أنّ الأجناس[١] العوالى لا طريق إلى الافصاح عنها ولا إلى فهمها لا بالحد ولا بالبرهان ولا بالتحليل، وإنّه لا طريق إلى فهمها إلا بطريق القسمة، والاعتياض عن الحدود بالرسوم والخواص. وبالجملة الجنس العالى لا يصح تحديده لأنّه لا مبادئ له، ولا رسمه من معنى فيه إذ كان بسيطا ولا معنى فيه، فبقى أن تستخرج له الرسوم من مقايسته، ومن مقايسته إلى غيره من المقولات بالايجاب والسلب لا يصح، لأنّ ذاك المعنى يوجد لباقى المقولات بالقياس إلى ذلك الشئ، فبقى أن يتم استخراج رسومه بمقايسته إلى ما يتعلق به، وهذه أقسامه. والخاصة المشتركة أن يشاركه فيها جنس آخر تكون الخاصة غير حقيقية، وإن لم يشاركه كانت خاصة حقيقية، وكنا قد قسمنا المضاف إلى أنواعه التى انقسم إليها؛ فواجب أن نشرع فى افادة خواصه، ومبلغها أربع[٢].

الأولى منهن كاذبة وهى التى اوردها عن فلاطن، وهى أنّ المضافات هى التى ذات بعضها موجود لبعض، والبواقى صوادق، إلا أنّ الحقيقية منها هى الاخيرة حسب[٣].

وانت فينبغى أن تعلم أنّ هذه الخواص ليست للإضافة، لكنّها لاطرافها لأنّ اطراف الإضافة هى الظاهرة والإضافة خفية، وكلّما تفصحت اطرافها تفصحت هى وبانت.

خواص المضاف — والخاصة الأولى هى وجود التضاد فى المضاف، أعنى أنّ المضافات

---

١ أنّ الأجناس: من أنّ الأجناس
٢ أربع: سبع
٣ Cfr. Philop., In Cat. 109, 26

يوجد بعضها ضد بعض. وانت فلا تفهم أنّ التضاد لطبيعة الإضافة، إذ كانت الإضافة على ما قلنا فيما تقدم هى نسبة موجودة بين طرفين محصلين، طبيعة كلّ واحد منهما لا تفهم إلا بالقياس إلى الآخر، لا ولا هذه الخاصة لطرفى مضاف واحد إذا كان احدهما حال والآخر ذو حال كالفضيلة والفاضل؛ لأنّ الأمر لو كان على هذا لكان الضد من حيث هو ضد يفهم بالقياس إلى ضده ويوجد فيه ولا يتم حده إلا به، لكنّ التضاد إنّما يكون فى طرفى مضافين اثنين، كالفضيلة التى هى احد طرفين، هما الفضيلة والفاضل، والخسيسة التى هى احد طرفين، هما الخسيسة والخسيس. ولمّا كانت الإضافة هى ناشئة فى المقولات، وكان من المقولات ما يوجد فيه التضاد كالكيفية ومقولة يفعل، ومنها ما لا يوجد فيه كمقولة الكم والجوهر وغيرهما، صارت هذه الخاصة هى للمضاف وليست لكلّه، لأنّ المقولات التى ليست فيها تضاد ليس فى مضافاتها تضاد ولا له وحده إذ كانت للكيفية، فإنّ الحار يضاد البارد ومقولة يفعل، فإن يسخن مضاد ليبرد، فهذه هى الخاصة الأولى.

والخاصة (١٢٣ ب) الثانية هى قبول الأكثر والأقل، بمنزلة الشبيه وغير المساوى. فإنّ الشبيه هو من المضاف وذاك أنّ الشبيه هو شبيه لشبيهه، ويوجد فيه الأكثر والأقل، بمنزلة هذا البياض؛ فإنّه يقال فيه إنّه يشبه بياضا آخر أكثر مما يشبه غيره، وغير المساوى، بمنزلة السبعة فهى أقلّ فى غيرية المساواة للعشرة من الاثنين عندها. والصورة فى هذه الخاصة كالصورة فى الأولى، فإنّ المقولات التى يدخلها الأكثر والأقل يلزم هذا المعنى فى المضافات التى فيها، وما لا يدخل فيها الأكثر والأقل فلا يلزم هذا المعنى فى المضافات التى فيها؛ فلأنّ الكم يدخله الأكثر والأقل إذ كانت خاصته أنّه يقال فيه مساوى ولا مساوى، ولا مساوى يقال أكثر وأقل ما يقال فى مضافاته الأكثر والأقل. وكذلك الكيف، لأنّ الشبيه ولا شبيه فيه، والشبيه إمّا أن يكون أكثر شبها أو أقل شبها، فتكون هذه الخاصة هى للمضاف وليست له كلّه، ولا له وحْده، فهذه هى الخاصة الثانية.

والخاصة الثالثة هى انعكاس المضافات بالقول بعضها على بعض بالتكافؤ، أعنى أن يقلب الموضوع فيها فيجعل محمولا، والمحمول موضوعا ولا يزيد احدهما على الآخر بمنزلة المولى والعبد والضعف والنصف. وانت فينبغى لك أن تعلم أنّ ما ينعكس بعضه على بعض اعم ما ينعكس على جهة المضاف. وذاك أنّ العكس يكون إمّا فى الحدود أو فى المضاف، أو فى الخواص، أو فى المقدمات، بمنزلة القول بأنّه إذا

كانت آ ولا على شئ من ب وب ولا على شئ من ا، وكانعكاس الحد على المحدود والخاصة على المخصوص من حيث هى ذوات.

والفرق بين عكس المضاف وعكس هذه الأشياء التى ذكرت يتضح بحجتين:

الأولى منهما تجرى على هذه الضفة، المضافات ذات كلّ واحد منهما يقال بالقياس إلى الآخر ولا يُفهم إلا بالآخر، والحد والمحدود والخاصة والمخصوص كلّ واحد منهما يفهم بنفسه، اللهمّ إلا أن يؤخذا من حيث هما متضايفان.

والحجة الثانية، المضافات عند العكس لا يسلم العكس بأسره الذى كان محمولا فيها فيصير موضوعا، ولا الذى كان موضوعا بأسره فيصير محمولا. والحد والمحدود والخاصة والمخصوص ليس هكذا يجرى الأمر فيها عند عكسها، لكنّ الموضوع فيها بأسره يصير محمولا والمحمول بأسره يصير موضوعا.

وارسطوطالس يشعر بسهو يتعلق بهذه الخاصة، وهو أن يكون احد طرفى الإضافة إمّا لا اسم له أو له اسم إلا أنّه غير معروف فيضل المضيف، فيضيف الشئ إلى ما هو اعم (١٢٤ ا) منه أو أخص، فلا تنعكس الإضافة كإضافة الجناح إلى ذي الريش والسكان إلى الزورق، فلا تنعكس الإضافة، لأنّ الزورق اعم من السكان إذ كنا نجد زواريق كثيرة لا سكان لها بمنزلة التى مدار أمرها على المجاذيف. وذو الريش أخص من الجناح، إذ كانت اشياء كثيرة لها جناح ولا ريش لها، بمنزلة الجراد والزنابير وغيرها. ويقول إنّ هذا السهو ينصلح بأن ينخرع لطرف الإضافة الذى لا اسم له أو الذى له اسم إلا أنّه غير معروف عندنا اسماء من اسم الطرف الآخر، حتى نضيف السكان إلى ذي السكان، والجناح إلى ذي الجناح، فينعكس حينئذ بعضها على بعض، وتتعدل الإضافة. ولا يفضل احد طرفيها على الآخر.

وهو يفيدنا قانونا ومعيارا نعتبر به الشئ الذى إليه وقعت الإضافة. وهو طرفها الآخر ويقول إنّ الشئ الذى تقع إليه الإضافة هو الذى إذا رفعت سائر الأشياء واثبته، بقيت طبيعة الإضافة. وإن بقيت سائر الأشياء ورفعته بطلت الإضافة، بمنزلة المولى الذى هو إنسان وابيض وموسيقار، فإنّ هذا إن رفعت منه هذه المعانى وبقيته مولى، بقيت ذات الإضافة. وإن بقيت هذه ورفعت منه أنّه مولى، ارتفعت ذات الإضافة، لأنّ إضافة العبد من جملة هذه المعانى إنّما هى إلى المولى؛ سوى أنّ لمعترض أن يعترض ويقول انت يا ارسطوطالس كيف تقول إنّ الشئ

الـذى إليه وقعت الإضافة هو الذى إذا ارتفعت سـائر الأشـيا ء وبقى، بقيت الإضافة. وها نحن متى رفعنا جميع لوازم المولى ارتفع هو أيضًا، فإنّـا إذا رفعنا منه أنّه إنسـان ارتفع هو أيضًا، فارسـطوطالس يقول، إنّـه وإن كان الأمر على هذا وهو أنّ عند ارتفاع اللوازم يرتفع المضاف، فـإنّ الإضافة لا تكون إلا إليه من دون تلك. والدليل على ذلك أنّك إن اثبتها أو اىّ شـئ كان منها ورفعته، بطلت الإضافة على أنّه قد يمكن، وإن كان الذى إليه الإضافة فى شـئ وارتفع ذلك الشـئ فى الوجود أن يبقـى الذى إليه الإضافة فى الوهم مفردا علـى حياله، فإنّا نتمكن أن نتوهم عبدا من دون فهم إنسان.

وبالجملـة فالإضافـة حقًّا هى إلى المولى والمولـى هو ذو حال، أعنى الإنسان بمعنى المولية، فهذا هو الذى لا يمكن أن يرفع وجوداً ولا وهْماً، فهو جـزء مما منه تقومت الإضافة. ويجرى مجرى احد مبادئ الإضافة، فأمّـا أجزاء المولى التى هى الحال مفـردة أو الموضوع مفردا، فلا تصح إضافة إليهما لأنّ المولى مجتمعهما، اللهمّ إلا أن تضيف الحال إلى الحال أعنـى العبديـة إلى المولية فتصـح. (١٢٤ ب) وكلّ أمر يضاف على ضربين، خصوصـا وعموما، فالعموم إلى كلّ شـئ بالموافقة والمخالفة. وفى مثل ذلك لا يحتاج إلى تطلب الطرف الذى إليه خصوصا لأنّه كلّ شـئ. وبالخصوص إلى شـئ مخصوص، وفى مثل هـذا يتطلب الطرف الآخر، وفيه افاد القانون.

والأمور قد تكون لها اسماء مضاف مع اسماء ذواتها وقد لا يكون لها، فتسـتعمل اسـما ء الذوات اسـما ء المضاف وفى مثل هذه للتمييز ينبغى أن نذكر الموافقة والمخالفة ليعلم أنّه اسـتعملت اسـما ء الإضافة، فهذه هى الخاصة الثالثة.

والخاصة الرابعة هى أنّ كون المضافين معا بالطبع أعنى أنّه متى وجد احدهمـا وجد الآخر، ومتى ارتفع احدهما ارتفـع الآخر، فهذا هو معنى قولنا فى الأشـيا ء أنّها معـا بالطبع. وهو أنّه متـى وجد احدهما وجد الآخر، ومتى ارتفع احدهما ارتفع الآخر. وهذه الخاصة ليسـت للمضاف وحْـده لكـن وللخاصة والمخصـوص، والحد والمحدود، فهـذه كلّها معا بالطبع. وهاهنا ينقطع الكلام فى هذه الخاصة.

ونحن نجرى على العادة فى ايراد الشكوك. الشكوك

واوّل شكّ يطرأ علينا صورته هذه الصورة، كيف استجاز ارسطوطالس أن يقول إنّ الشئ الذى إليه الإضافة إذا لم يكن له اسما يخترع له اسم من الشـئ الذى منـه وقعت الإضافة، وهو فى كتابـه المعروف بطوبيقا

يأمرنا بأن نستعمل الاسماء التى جرت بها العادة ونتجنب الغريب منها.

وحلّ الشكّ يجرى على هذه الصفة، تعديل الإضافة دعته إلى اختراع الاسم للشئ الذى إليه وقعت الإضافة. والشئ الذى تقود إليه الضرورة فى تقويم معنى من المعانى، استعماله واجب على أنّ الاختراع ليس هو من اسم غريب، لكنّ من اسم معروف وهو طرف الإضافة الآخر، فبهذا ينحلّ الشكّ.

وشكّ ثان صفته هذه الصفة، يزعم ارسطوطالس أنّ المضاف يلزم جميع المقولات. ومن جملة المقولات مقولة الجوهر، فهو إذاً يلزمها فيكون الجوهر من المضاف والمضاف عرض، فيصير الجوهر عرض، وهذا محال.

وحلّ الشكّ يجرى على هذا، المضاف وإن كان يلزم الجوهر وهو عرض، فإنّه لا يجعل الجوهر عرضا بل يجعله جوهرا معروضا من قبل مادته يدخل فى مقولة الجوهر، ومن قبل صورته يدخل فى مقولة مضاف. وهاهنا ينقطع الكلام فى جملة هذا التعليم فلناخذ الآن فى تفصيله.

التفصيل قال ارسطوطالس

6 b 15 • وقد توجد أيضًا المضادة فى المضاف.

يريد وخاصة التضاد توجد فى المضاف كما توجد فى الكيفية.

• مثال ذلك الفضيلة والخسيسة كلّ واحدة (١٢٥ ا) منهما مضادة لقرينتها وهما من المضاف؛ والعلم والجهل،

يريد وذاك أنّ هذه تضاد هذه وهما من المضاف.

• إلا أنّ المضادة ليست موجودة فى كلّ المضاف فإنّه ليس للضعفين ضد ولا للثلاثة الاضعاف،

يريد أنّه ليس جميع المضافات يوجد فيها التضاد بل التضاد إنّما يوجد فى المضافات التى تكون فى مقولة فيها التضاد.

• ولا لشئ مما كان مثله.

يريد بما هو داخل فى مقولة الكم لأنّ الكم لا تضاد فيه.

قال المفسّر

هذه الخاصة هي للمضاف وليست له وحْده إذ كانت للكيفية ويفعل وينفعل. ولا له كلّه ولأنّ المضاف مار فى المقولات كلّها بأسرها، فالمقولة التى لا تضاد فيها كالكم ليس فى مضافاتها تضاد. وانت فلا تفهم أنّ المضاف يضاد ما هو مضاف إليه، لكنّ طرف مضاف كالفضيلة يضاد طرف مضاف آخر كالرذيلة، ولفظة أيضًا اوردها من قبل أنّ هذه الخاصة هى للكيفية أيضًا.

قال ارسطوطالس

• وقد يظن بالمضاف أنّه يقبل الأكثر والأقل، 6 b 19

يريد والمضافات يخصها أنّها تقبل الأكثر والأقل.

• لأنّ الشبيه يقال فيه أكثر شبها وأقل.

يريد لأنّ هذا البياض يقال فيه إنّه أكثر شبها ببياض آخر من بياض آخر به أو أقل شبها.

• وغير المساوى يقال أكثر وأقل،

يريد وكذلك غير المساوى يقال إنّه أكثر فى غيرية المساواة، فإنّ الاثنين أكثر فى غيرية المساواة للعشرة من السبعة.

• وكلّ واحد منهما من المضاف؛

يريد من الشبيه وغير المساوى.

• فإنّ الشبيه إنّما يقال شبيه بشئ وغير المساوى غير مساوٍ لشئ،

يريد فلأنّهما يقالان بالقياس إلى غيرهما يكونان من المضاف.

• ولكن ليس كلّه يقبل الأكثر والأقل،

(١٢٥ ب) يريد وليس جميع المضافات تقبل الأكثر والأقل.

• فإنّ الضعف ليس يقال ضعف أكثر ولا أقل ولا شيئا مما كان مثله.

يريد فإنّه ليس المئة فى أنّها نصف للمئتين باوّلى من الواحد للاثنين.

قال المفسّر

هذه الخاصة ليست للمضاف وحْده ولا به كلّه. وانت فينبغى أن تفهم أنّ هـذه الخاصة والتى قبلها ليسـت لنفس ذات الإضافة لكنّ لاطرافها ولا لاطرافهـا مـن حيث هى اطـراف إضافة إلى ما هـى مضافة إليه، لكـنّ باضافتها بعضها إلى بعـض، بمنزلة الفضيلة والرذيلة لا الفضيلة والفاضل. والظن استعمله هاهنا بمعنى التحقيق. والكثرة والقلة فى غير التساوى بمنزلة الاثنين والسبعة بالقياس إلى العشرة. والكثرة والقلة فى الشبيه بمنزلة نسبة بياض إلى بياضين احدهما يقاربه والآخر يبعد منه.

قال ارسطوطالس

6 b 28 • والمضافات كلّها ترجع بالتكافؤ بعضها على بعض فى القول.

يريد والمضافات كلّها ينعكس بعضها على بعض بالتساوى من غير أن يزيد الواحد على الآخر فى اللفظ بل كما أنّ الاب مثلا يسـاوى فى الإضافة للابن ولا يضاف إلى سواه، كذلك الابن بالقياس إليه.

• مثال ذلك العبد يقال عبد للمولى و المولى يقال مولى للعبد.

يريد وينعكس كلّ واحد منهما على الآخر ويساويه.

• والضعـف ضعف للنصف والنصف نصف للضعـف والاكبر اكبر من الاصغر والاصغر اصغر من الاكبر،

يريد فإنّ كلّ واحد من هذه يساوى صاحبه وينعكس عليه.

• وكذلك أيضًا فى سائرها.

يريد فى سائر المضافات كلّ واحد منها ينعكس على رفيقه ويساويه ولا يفضل عليه ولا يقصر عنه.

قال المفسّر

هذه الخاصة للمضافات باسرها وليست لها وحدها، إذ كانت الحدود والمحـدودات والخواص والمخصوصات هذه صفتها والمقدمة وعكسـها. والفـرق بين رجوع المضاف ورجوع هذه، هـو أنّ هذه عند العكس يصير المحمول فيها باسـره موضوعا، والموضوع بأسـره محمولا، وليس هكذا فى المضاف. ومعنى قولنا ترجع بالتكافؤ اىْ ترجع بالمسـاواة (١٢٦ ا) فتجعل ايهما شـئت محمولا وايهما شئت موضوعا، ولا يفضل احدهما

على الآخر. وجعل السبار والاعتبار من جهة العبارة والقول لأنّ المضافين وإن كانا فى الأمور، ذات كلّ واحد منهما تتعلق بذات الآخر سوى أنّهما لما لم يكونا من الأشياء التى للحس فيها محال لم يوقف عليهما من الأمور، فجعل سبارهما من القول، لأنّهما فيه اظهر، فإذا تعاكست الالفاظ الدالة عليها وتكافت علم أنّها هى بهذه الصورة.

قال ارسطوطالس

6 b 33 • ما خلا أنّهما فى مخرج اللفظ ربما اختلف تصريفهما.

يريد ما سوى أنّ المضافين إذا عكس احدهما على الآخر ربما اختلف حرف الوصل الذى بينهما يكون بآء فيصير لامًا.

• مثال ذلك العلم يقال علم بمعلوم والمعلوم معلوم للعلم والحس حس بالمحسوس والمحسوس محسوس للحس.

يريد فإنّ حرف الوصل فى هذه يختلف عند التصريف وتقليب احد المضافين على الآخر.

قال المفسّر

فائدة هذا الاستثناء هو أنّه لمّا حكم بأنّ كلّ مضافين ينعكس احدهما على الآخر بالسوية وكانت المضافات التى بينها حرف وصل، إنّما اختلف تصريفهما أعنى حرف الوصل عند قلب احدهما على الآخر، احس بقائل يقول له، كيف تقول إنّهما عند التعاكس بالسواء وها هما يختلفان باختلاف تصريفهما، فهو يقول، إنّي إنّما حكمت بالمساواة فى الرجوع للمضافين حسب، فأمّا تصريفهما فقد يجوز أن يتغير. والمضاف مثلا بمنزلة علم معلوم، فأمّا الحرف فقد يجوز أن يتغير بأن يكون تارة ب مثلا وتارة ل ولهذا خلا أن يورد امثال هذه فى المثال من أجل الشكّ الذى يطرأ عليها.

قال ارسطوطالس

6 b 36 • لكن ربما ظنا غير متكافئين،

يريد لكن ربما قدر فى المضافين أنّهما غير متعاكسين لغلط يدخل على الإنسان فى أمرهما.

• متى لم يضف إلى الشئ الذى إليه يضاف إضافة معادلة،

يريد متى لم تقع الإضافة من شئ إلى شئ شأنه أن يضاف إليه حتى تتعدل الإضافة وتتساوى المضافات.

(١٢٦ ب) • بل فرط المضيف.
يريد بل فرط المضيف بأن اضاف الشئ إلى ما ليس من شأنه أن يضيفه إليه ويكون إمّا ازيد منه أو انقص منه.

• مثال ذلك الجناح إن اضيف إلى ذي الريش لم يرجع بالتكافؤ ذو الريش على الجناح،
يريد حتى يقال إنّ الجناح جناح لذي الريش لم تتعكس الإضافة لأنّه لا يصلح أن يقال إنّ ذا الريش ذو ريش بالجناح إذ كانت اشياء كثيرة لها اجنحة ولا ريش لها.

• لأنّ الاوّل لم تكن اضافته معادلة أعنى الجناح إلى ذي الريش.
يريد لأنّ الاوّل الذى هو الجناح لم تكن اضافته إلى ذي الريش على استقامة لأنّ ذا الجناح اعم من ذي الريش.

• وذلك أنّه ليس من طريق أنّ ذا الريش ذو ريش اضيف إليه فى القول الجناح لكن من طريق أنّه ذو جناح،
يريد وذلك أنّه ليس من قبل أنّ ذا الريش ذو ريش اضيف إليه الجناح لكنّ من قبل أنّه ذو جناح.

• إذ كان كثيرا غيره من ذوى الاجنحة لا ريش له.
يريد فيكون ذا الريش أخص من ذي الجناح فلا تتعدل الإضافة.

قال المفسّر
لمّا كان اعتبار هذه الخاصة هو من قبل اللفظ الدال على المضافات فمن تعاكسها تعاكس المضاف، وكان الذى تكون إليه الإضافة ربما كان من الأشياء العادمة لاسم يدل عليه، فلأنّ المضيف لا يجد له اسما يدل عليه أو يكون له وهو لا يعرفه، يعرض له الخطأ بأن يضيفه إلى ما هو اعم أو أخص من لوازم المضاف إليه، فلا تنعكس الإضافة وتنكسر الخاصة يقفنا ارسطوطالس على أنّ الخطأ فى ذلك لم يرد من قبل الإضافة لكن من قبل المضيف. ويعلّمنا الطريق التى نسلكها حتى نعدل

الإضافة، ويقول إنّه يجب أن تخترع له أعنى الذى إليه الإضافة اسما من الاوّل، لتصح الإضافة. ونضيف الجناح إلى ذي الجناح لا إلى ذي الريش، فإنّ ما له ريش أخص مما له جناح، إذ كانت اشياء لها اجنحة ولا ريش لها كالخفاش والجراد.

قال ارسطوطالس

• فإن جعلت الإضافة معادلة رجع أيضًا بالتكافؤ مثال ذلك 7 a 3
(١٢٧ ا) الجناح جناح لذي الجناح وذو الجناح بالجناح هو ذو جناح.

يريد فإن عدلت الإضافة واضيف الشئ إلى ما من شأنه أن يضاف إليه انعكس احدهما على الآخر حتى يقال الجناح جناح لذي الجناح وذو الجناح ذو الجناح بالجناح.

• وخليق أن يكون ربما يضطر إلى اختراع الاسم متى لم نجد اسما موضوعا إليه تقع الإضافة معادلة.

يريد وربما دعت الضرورة إلى اختراع اسم للذى إليه تكون الإضافة لأنّه لا اسم له أو له ولا يعرفه فيخترع له من الشئ الذى منه الإضافة حتى يتعدل.

• مثال ذلك أنّ السكان إن اضيف إلى الزورق[٤] لم تكن اضافته معادلة،

يريد لأنّ الزورق اعم من السكان والسكان أخص منه إذ كانت زواريق كثيرة لها مجاديف، لا سكان لها.

• لأنّه ليس من طريق أنّ الزورق زورق اضيف إليه فى القول السكان إذ كان قد توجد زواريق لا سكان لها.

يريد لأنّه ليس إضافة السكان إلى الزورق من قبل ما هو زورق لكن من قبل ما هو ذو سكان.

• ولذلك لا يرجع بالتكافؤ،

يريد ولذلك لا يرجع احد المضافين على الآخر بالتكافؤ لأنّ احدهما انقص من الآخر وهو الذى منه وقعت الإضافة.

---

٤ الزورق: الزوق

• لأنّه ليس يقال إنّ الزورق زورق بالسكان لكنّ خليق أن تكون الإضافة اعدل إن قيلت على هذا النحو السكان سكان لذي السكان،

يريد فيرجع احد المتضايفين على الآخر عند اختراع الاسم.

• أو على نحو ذلك،

يريد بما يشبه هذا الاختراع بعد أن تقع الإضافة معادلة.

• إذ ليس يوجد اسم موضوع فيرجع حينئذ متكافئا إذ كانت الإضافة معادلة، فإنّ ذا السكان إنّما هو ذو سكان بالسكان،

يريد إذ ليس يوجد اسم الموضوع الذى إليه تقع الإضافة فتتعدل به الإضافة.

• وكذلك أيضًا فى سائرها.

يريد وكذلك يجب أن يجرى الأمر فى سائر المضافات التى أحدها ازيد والآخر انقص.

(١٢٧ ب) • مثال ذلك أنّ الرأس تكون اضافته إلى ذي الرأس اعدل من إضافته إلى الحىّ فإنّه ليس الحىّ من طريق ما هو حىّ له رأس، إذ كان كثير من الحيوان لا رأس له.

يريد لأنّ الحىّ اعم من الرأس.

• وهكذا أسهل ما لعله يتهيأ لك به اخذ الاسماء فيما لم يكن لها اسماء موضوعة ان تضع الاسماء من الاوّل التى عليها ترجع بالتكافؤ، على مثال ما فعل فى الذى ذكرت انفا من الجناح وذي الجناح، ومن السكان وذي السكان.

يريد وأسهل طريق تتعدل به الإضافة، هو هذا وهو الذى يخترع به للمضاف إليه اسما من المضاف منه إذا عدم الاسم.

• فكلّ المضافات إن اضيفت على المعادلة قيل إنّها ترجع بعضها على بعض بالتكافؤ.

يريد فالمضافات كلّها إذا لم يقع فيها تحريف ولا تخليط ولا سهو تعدلت وساوى الواحد منها الآخر.

قال المفسّر

هــذا هو اصلاح الغلط، وهو أن يخترع للشــئ الــذى إليه الإضافة إذا كان لا اســم له أو له اسـم ولا نعرفه اسما من الاوّل الذى منه وقعت الإضافة، حتى تتعدل وترجع بالتســاوى، والزواريق التى لا سكان لها، هى التى مبنى أمرها على المجاديف. وقال اسهل لأنّه ربما يجد الإنسان طريقا غير هذه، ولكنّ هذه المذكورة ابْين.

قال ارسطوطالس

7 a 23 • فإنّ الإضافة إن وقعت جزافا

يريــد فإنّ المضافــين وإن كان لهما اســمان معروفان اضاف المضيف احدهمــا إلــى آخر، كيف اتفق لا إلى الذى شــأنه أن يضاف إليه، فإنّ الإضافة لا تتعدل.

• ولم تقع إلى الشئ الذى إليه تقال النسبة، لمْ ترجع بالتكافؤ،

يريد لم يرجع المضافين احدهما على الآخر بالتعاكس.

• أعنى أنّه لا يرجع بالتكافؤ شئ البتّة من المتفق فيها أنّها ممّا يقال إنّها ترجع بالتكافؤ ولها اسماء موضوعة فضلا عن غيرها،

(١٢٨ ا) يريد فضلا عن أن يكون لأحدهما اســم والآخر لا اسم له، فإنّه إذا كان الاشــتباه يقع والطرفين اســمان، فكم اوّلــى أن يقع واحد الطرفين لا اسم له.

• متى وقعت الإضافة إلى شــئ من اللوازم لا إلى الشئ الذى إليه تقع النسبة فى القول،

يريد متى وقعت إضافة الذى منه إلى شــئ من لوازم الذى إليه إمّا أخص منه أو اعم ولم تقع إليه فى الحقيقة.

• مثال ذلك أنّ العبد إن لم يضف إلى المولى لكن إلى الإنســان أو إلى ذى الرجلين،

يريد إلى الإنسان الذى هو لازم للمولى، فإنّ نسبة المولىية يجب أن تكون فى إنسان إلا أنّ الإنسان اعم منها.

• أو إلى شئ مما اشبه ذلك،
يريد مما هو لازم للمولى إمّا أخص منه أو اعم.

• لم يرجع بالتكافؤ،
يريد لم يرجع المتضايفين بالتكافؤ ولم يعاكس احدهما الآخر.

• لأنّ الإضافة لم تكن معادلة.
يريد لأنّ احد طرفيها وقع إلى ما هو أخص منه أو اعم.

قال المفسّر
صورة هذا الكلام صورة جواب قائل قال له ما الفائدة فى تعديل الإضافة حتى يتحرز فيه هذا التحرز، فهو يقول إنّه إن اغفل ذلك خرج المضافان اللذان هما على التحقيق مضافان، وهما اللذان لهما اسمان من أن يكونا مضافين فضلا عن غيرهما، أعنى اللذين لا يعرف أحدهما. وقد يجوز أن يكون هذا برهان خلف، يبين به أنّ ما ادعاه من تعديل الإضافة واجب.

قال ارسطوطالس
7 a 31 • وأيضًا متى اضيف شئ إلى شئ الذى إليه ينسب بالقول إضافة معادلة،
يريد ومتى اضيف مضاف إلى مضاف آخر هو فى الحقيقة مضاف إليه، وكان هذا الثاني يلزمه لوازم كثيرة، فإنّه متى تصور العقل ارتفاعها بأسرها والمضاف إليه باق، فالإضافة باقية.

• فإنّه إن ارتفع سائر الأشياء كلّها
يريد فإنّه متى ارتفعت سائر الأمور العارضة لذلك الشئ الذى إليه وقعت الإضافة وكان هذا باقيا، فإنّ الإضافة تكون باقية لبقاء الشئ الذى هى مضافة إليه.

• العارضة لذلك بعد أن يبقى ذلك الشئ وحْده الذى إليه الإضافة،
(١٢٨ ب) يريد لذلك الذى وقعت إليه الإضافة.

• فإنّه ينسب إليه بالقول ابدا نسبة معادلة.

يريد فإنّ المضافين يضاف احدهما إلى الآخر إضافة صحيحة وينعكس احدهما على الآخر.

• مثال ذلك العبد إنّما يقال بالإضافة إلى المولى، وإن ارتفعت سائر الأشياء العارضة للمولى مثال ذلك أنّه ذو رجلين وأنّه قبول للعلم وأنّه إنسان وبقى أنّه مولى فقط،

يريد وبقى فى العقل معنى المولى حسب إذ كان فى الوجود لا يجوز أن ترتفع هذه والمولى باق.

• قيل ابدا العبد بالإضافة إليه،

يريد اضاف العقل كلّ واحد منهما إلى الآخر إضافة معادلة، فيكون العبد عبد للمولى و المولى مولى للعبد.

• فإنّه يقال إنّ العبد عبد للمولى.

يريد لأنّ إضافته إنّما هى إليه.

قال المفسّر

هذا هو القانون الذى يعتبر به الشئ الذى إليه تقع الإضافة، يقول إنّ الشئ الذى إذا ارتفعت سائر الأشياء فى الوجود أو فى الذهن وبقيت ببقائه الإضافة، فذلك الشئ هو الذى إليه تقع الإضافة. وهذا إن كان معروفا فقد زال المرء°، وإن لم يكن له اسم معروفا فلنخترع له الاسم من الذى منه كانت الإضافة، والعارضة للمولى اراد بها الأشياء اللازمة له.

قال ارسطوطالس

7 b 1 • ومتى اضيف شئ

يريد ومتى اضيف شئ إلى شئ على غير تعادل ولا تعاكس ولا إلى ما من شأنه أن يضاف إليه ورفعت سائر الأمور فى الوهم سواه وبقى وحْده، لم تكن الإضافة موجودة بل تفقد لأنّها وقعت إلى ما ليس من شأنه أن تقع إليه.

---

٥ المرء: المرى

• إلى الشئ الذى تنسب إليه بالقول
يريد إلى الشئ الذى تضاف إليه.

• على غير معادلة،
يريد بأن لا تكون اضافته وقعت إلى ما من شأنه أن يضاف إليه.

• ثم ارتفع سائر الأشياء وبقى ذلك الشئ وحْده الذى إليه وقعت الإضافة،
(١٢٩ ا) يريد الذى وقعت إليه الإضافة بغير اعتدال.

• لم ينسب إليه بالقول.
يريد لم يضف الاوّل إلى الثانى.

• فلننزل أنّ العبد اضيف إلى الإنسان والجناح إلى ذي الريش ولنرفع من الإنسان أنّه مولى، فإنّه ليس يقال حينئذ العبد بالقياس إلى الإنسان.
يريد لأنّه قد يوجد اناس كثيرون ليس لهم عبيد.

• وذلك أنّه إذا لم يكن المولى لم يكن ولا العبد.
يريد لأنّ إضافة العبد إليه، فإذا لم يكن المولى لم يكن العبد.

• وكذلك فلنرفع من ذي الريش أنّه ذو جناح، فإنّه لا يكون حينئذ الجناح من المضاف.
يريد لأنّ الجناح جناح لذي الجناح لا لذي الريش.

• وذاك أنّه إذا لم يكن ذو جناح لم يكن الجناح لشئ،
يريد أنّه إن لم يوجد فى ذي الريش أنّه ذو جناح ارتفعت إضافة الجناح إليه.

• فقد يجب أن تكون الإضافة إلى الشئ الذى إليه تقال معادلة.
يريد فقد يجب أن تكون الإضافة إلى الشئ الذى شأنه أن يضاف إليه وتكون اضافته إليه معادلة وينعكس احدهما على الآخر.

• وإن كان يوجد اسم موضوع فإنّ الإضافة تكون سهلة،

يريد وإن كان الذى إليه تقع الإضافة اسم ظاهر، فإنّ الإضافة تسهل لأنّ الذى منه تكون الإضافة يضاف إلى شئ، اضافته إليه ظاهرة.

• وإن لم يوجد فخليق أن يكون يضطرّ إلى اختراع الاسم،

يريد وإن لم يوجد اسم للذى إليه تقع الإضافة، فيجب أن يخترع له اسم من الذى منه وقعت.

• وإذا وقعت الإضافة على هذا النحو فمن البين أنّ المضافات كلّها ترجع بعضها على بعض فى القول بالتكافؤ.

يريد وهو أن يضاف الشئ إلى ما من شأنه أن يضاف إليه، وإن لم يكن له اسم اخترع له من الذى منه.

قال المفسّر

(١٢٩ ب) صورة هذا القول صورة شكّ يطرأ على القانون، والشكّ صفته هذه الصفة، كيف تقول يا ارسطوطالس إنّ الذى إليه إضافة هو الذى إذا ارتفعت سائر الأشياء وبقى، بقيت الإضافة ببقائه، وها نحن متى رفعنا سائر لوازمه ارتفع هو لا يبقى. وارسطوطالس يقول إنّه وإن كان الأمر على هذا، فإنّ مع اثباتك اللوازم حسب واسقاط طرف الإضافة تسقط الإضافة، وقد يمكن وإن كان الشئ الذى إليه الإضافة فى شئ، وإن ارتفع فى الوجود بارتفاعه، أن يبقى فى الوهم وتصح الإضافة.

قال ارسطوطالس

• وقد يُظن أنّ كلّ مضافين فهما معا فى الطبع، 7 b 15

يريد وأكثر المضافات بهذه الصفة وما يبقى مما يعترضه الشكّ، إذا زالت الشبهة فيه صار أيضًا معا.

• وذلك حقّ فى أكثرها؛

يريد وكلّ مضافين يظن من أمرهما أنّهما معا بالطبع أعنى أنّه متى وُجد احدهما وُجد الآخر، ومتى ارتفع احدهما ارتفع الآخر.

• فإنّ الضعف موجود والنصف معا ، وإن كان الضعف موجودا فالنصف موجود ، وإن كان العبد موجودا فالمولى موجود.

يريد فتكون هذه بأسرها وجودها معا .

• وكذلك يجرى الأمر فى سائرها ،

يريد وكذلك يجرى الأمر فى سائر المضافات، فإنّه متى وُجد احدهما وُجد الآخر ومتى ارتفع احدهما ارتفع الآخر.

• فقد يفقد كلّ واحد منهما الآخر مع فقده، وذلك أنّه إذا لم يوجد الضعف لم يوجد النصف، وإذا لم يوجد النصف لم يوجد الضعف.

يريد والمضافات مع أنّ بوجود احدها يوجد الآخر فبارتفاع احدها يرتفع الآخر.

• وعلى هذا المثال يجرى الأمر فيما اشبهها.

يريد فى سائر المضافات التى لا شبهة فيها فى أنّها معا بالطبع.

قال المفسّر

هذه هى الخاصة الرابعة للمضاف، وليست له وحْده إذ كانت للأنواع المنقسمة عن (١١٣٠) جنس واحد وللخواص وللمخصوصات. ومعنى قولنا معا بالطبع، هو أنّه متى وُجد احدهما وُجد الآخر، ومتى فقد فقد الآخر. وقوله فى أكثرها يعنى به المضافات التى لا اشكال فيها أنّها بهذه الصفة. ولم يقل هذا من قبل أنّ هذه الخاصة ليست لجميع المضافات لكن من قبل أنّ فى بعضها شكّ يأخذ فى حلّه، وإذا حلّه حصلت هذه الخاصة لجميع المضاف.

قال ارسطوطالس

• وقد يُظن أنّه ليس يصحّ فى كلّ مضافين أنّهما معا فى الطبع، 7 b 22

يريد وقد يتخيل الإنسان فى بعض المضافات أنّها ليست معا فى الطبع.

• وذلك أنّ المعلوم مظنون بأنّه أقدم من العلم،

يريد إنّ المعلوم يقدر أنّه اسبق من العلم به لأنّه يحتاج أن يكون موجودا ثم يعلمه العالم.

• لأنّ أكثر تناول العلم الأشياء من بعد وجودها.
يريد فيحتاج أن يتقدم العلم بها.

• وأقل ذلك أو لا شئ البتة يوجد من العلم والمعلوم جاريين معا.
يريد وجود احدهما بوجود الآخر.

• وأيضًا المعلوم إن فقد فقد معه العلم به،
يريد لأنّ العلم إنّما يكون بمعلوم.

• فأمّا العلم فليس يفقد معه المعلوم،
يريد فأمّا العلم متى فقد فليس يفقد معه المعلوم، لأنه قد يجوز الا يعلم العالم أنّ الاسطقسات اربعة وتكون هذه موجودة.

• وذلك أنّ المعلوم إن لم يوجد لم يوجد العلم لأنّه لا يكون علما بشئ البتة، فأمّا إن لم يوجد العلم فلا شئ مانع من أن يكون المعلوم.
يريد لأنّ كثيرا من المعلومات تتقدم عليها.

• مثال ذلك تربيع الدائرة إن كان معلوما فعلمه لم يوجد بعد، (١٣٠ ب) فأمّا هذا المعلوم نفسه فانيته قائمة.
يريد إن كان شأنه أن يعلم فسوف يعلم الا أنّ العلم به لم يقع بعد وهو موجود، فإذا المعلوم موجود والعلم ليس هو.

• وأيضًا الحىّ إذا فقد لم يوجد العلم.
يريد لأنّ ما ليس بحىّ لا يُعلم.

• فأمّا المعلوم، فقد يمكن أن يكون كثيرا منه موجودا.
يريد بمنزلة الاسطقسات الاربعة التى منها تركب.

• وكذلك يجرى الأمر فى باب الحس أيضًا،
يريد فى أنّ المحسوس أقدم منه.

• وذلك أنّه قد يظن أنّ المحسوس أقدم من الحس،
يريد فإنّ زيدا موجودا قبل أن يدركه عمرو.

• لأنّ المحسوس إذا فقد فقد معه الحس به.
يريد لأنّ الحس وجوده فى الجسم المحسوس.

• فأمّا الحس فليس يفقد معه[٦] المحسوس،
يريد اىْ فلا يفقد بفقده المحسوس.

• وذلك أنّ الحواس إنّما وجودها بالجسم،
يريد بالجسم الطبيعى المركب.

• وفى الجسم.
يريد الطبيعى المركب.

• وإذا فقد المحسوس فقد أيضًا الجسم،
يريد فقد الجسم الطبيعى على الاطلاق.

• إذ كان الجسم شيئا من المحسوسات.
يريد إذ كان الجسم الطبيعى محسوسا.

• وإذا لم يوجد الجسم،
يريد الطبيعى.

• فقد الحس أيضًا،
يريد لأنّه فيه.

• فيكون المحسوس يفقد معه الحس. وأمّا الحس فليس يفقد معه المحسوس فإنّ الحىّ إذا فقد فقد معه الحس.
يريد إذ كان الحس لا يوجد إلا فى الجسم الحىّ.

(١٣١ ا) • وكان المحسوس موجودا،
يريد بعد فقد الحس كالجسم الطبيعى البسيط مثل الماء والهواء والحار والحلو.

---

٦ فى الهامش: معه

• مثل الجسم والحار والحلو والمرّ وسائر المحسوسات الاخر كلّها وأيضًا فإنّ الحس إنّما يكون مع الحاس،

يريد أنّ الحس إنّما يوجد بوجود الحاس والحاس لا يكون إلا مع الحيّ.

• وذلك أنّ معا يكون الحيّ والحس[٧].

يريد أنّ وجود الحس إنّما يكون فى الحيّ.

• فأمّا المحسوس فموجود من قبل وجود الحيّ والحس، فإنّ النار والماء وما يجرى مجراهما مما منه قوام الحيوان موجودة من قبل أن يوجد الحيوان بالجملة أو الحس؛

يريد فإنّ الاسطقسات وهى محسوسة موجودة قبل وجود الحيّ الذى شأنه أن يحسها.

• فلذلك قد يظن أنّ المحسوس أقدم وجودا من الحس.

يريد إذ كانت الأشياء التى منها تركب الحيوان الذى الحس موجودا فيه أقدم من الحيوان.

قال المفسّر

هذا هو الشكّ على هذه الخاصة، وبحلّه تصير هذه الخاصة لجميع المضاف. والشكّ صورته هذه الصورة، المعلوم والمحسوس من المضاف، وهما أقدم من العلم والحس. وإذا كان الأمر على هذا لم تكن المضافات بأسرها معا بالطبع.

فأمّا أنّ المعلوم والمحسوس هما أقدم من العلم والحس، فيتضحان بخمس حجج، ثلاث تخص بالمعلوم، واثنتان بالمحسوس.

الحجة الأولى تجرى على هذه الصفة، الأشياء التى تعلم تحتاج أن تكون اوّلا موجودة ثم تدركها القوة العالمة بأن تحصل صورتها وتنطبع بها، وإذا كان الأمر على هذا بان أنّ المعلوم أقدم من العلم.

والحجة الثانية تجرى على هذا الوجه، متى فقد المعلوم فقد العلم، إذ كان العلم إنّما هو علم بمعلوم، فأمّا متى فقد العلم لم يفقد المعلوم بمنزلة تربيع الدائرة وهو من المعلومات، فإنّه موجود، فأمّا علمه لم يوجد

---

٧ فى الهامش: والحس

بعد. واستثنى ارسطوطالس بهذه اللفظة (١٣١ ب) أعنى لفظة بعد، من قبل أنّ ارشميذس استخرج ذلك بالتقريب، وزعم أنّ محيط الدائرة ثلاثة امثال وسبع مثل القطر من المربع، فقال فيما هذه سبيله أنّه موجود ولكنه يحتاج أن يحقق[٨].

والحجة الثالثة تجرى على هذه الصفة، العلم متعلق بالحيوان، ومن جملة الحيوان بالحيوان الإنسانى، فمتى بطل الإنسان بطل العلم. فأمّا باقى الأمور المعلومة فتكون موجودة فى الوجود كالحيوان والاسطقسات وغير ذلك.

والحجة الرابعة تجرى على هذا، الحس وجوده فى الجسم المحسوس، فمتى فقد المحسوس بطل الحس؛ فأمّا متى بطل الجسم لم يبطل المحسوس، وذاك أنّ الحس إنّما يتعلق بالاجسام الحيوانية ويكون موجودا فيها وهذه متى بطلت، بقيت الاجسام التى ليست بحيّة بمنزلة الاسطقسات وغيرها وهذه محسوسة فيكون المحسوس باقيا والحس قد بطل لبطلان الشئ الذى هو فيه.

والحجة الخامسة صورتها هذه الصورة، الحس موجود فى الحىّ والحىّ مركب من الاسطقسات، فهى أقدم منه وهى بعض محسوساته، فالمحسوس إذا أقدم من الاسطقسات الحس، وارسطوطالس يلغى حلّ هذا الشكّ يفوض أمره الينا إمّا لكيما نرتاض بذلك وإمّا للاستهانة به.

فأمّا نحن فنحلّه بأن نظهر مغالطة المغالط التى بها تمّ له ما تمّ، أعنى البيان بأنّ المحسوس أقدم من الحس. والمعلوم أقدم من العلم وهى اخذه الشئ الذى من شأنه أن يكون معلوما ومحسوسا من حيث هو موجود ومن قبل ذاته بهذه الصفة. وليس الأمر على هذا ولكنّ كون هذه أقدم هو من حيث هى موجودة؛ فأمّا من حيث هى محسوسة ومعلومة، فإنّما صارت كذلك بادراك القوة الحاسة لها والقوة العالمة، وعلى هذا الوجه لا يكون المحسوس والمعلوم بما هما كذلك متقدمين للحس والعلم، بل مضافين إليهما غيرمتقدمين عليهما ولا متأخرين عنهما، وإنّما التقدم بما هى موجودة. وهاهنا ينقطع الكلام فى تفصيل هذا التعليم.

---

٨ Cfr. Ammon., In Cat. 75, 14; Philopon., In Cat. 121, 2; Simpl., In Cat. 192, 20.

التعليم التاسع عشر

قال ارسطوطالس

• وممّـا فيه موضع شـك، هل الجواهـر ليس جوهر منهـا يقال من باب المضاف، على حسب ما يظن. 8 a 13

قال المفسّر

لمّا اراد ارسـطوطالس أن ينتقل من الضد إلى الضد من رسم فلاطن السقيم إلى رسمه الصحيح (١٣٢ ا) قبح به أن يفعل ذلك بلا متوسط يكشـف عوار الاوّل، ولاجلـه ما وقع الانتقال إلـى الثاني، فجعل فى الوسـط شـكّا صعبا به ينتقل من الرسـم الغلط بتزييفه اياه إلى الرسم الصحيح باحماده اياه، وهو فى أجزاء الجواهر فقط. فالشـكّ ابدا يجب أن يؤخذ من الموضع الذى يستتب اخْذه، ولا يلزم لأنّ الشئ يلزمه الشكّ من جهة ما أن يلزمه من كلّ الجهات؛ فرسم فلاطن للمضاف يلزمه الشكّ من جهة الجواهر وأجزائها، وربما لا يلزم من غير الجواهر وأجزائها إلا أنّ الاحكام المطلقة يفسدها الواحد المناقض لها والمضاد. ولا يجب لأنّ شيئا عاندها أن يكون كلّ شئ يعاندها فليس جميع الأشياء موجودة بعضها فى بعض حتى يقع العاند بها، كما وقع العاند فى الأجزاء والكلّ. رسم المضاف

والشـكّ صورته هذه الصورة، الرسـم الاوّل القائل إنّ المضافات هى التـى ذات بعضها موجود لبعض، يوجب أن يكون جوهر من الجواهر بما هـو جوهر من المضاف والمضاف عرض، فيكون جوهرا من الجواهر بما هو جوهر عرض. وهذا شـنع، واسـتثنينا بما هو جوهر لأنّه ليس من المحال أن يكون الشـئ الواحد جوهرا وعرضا. فأمّا كيف يلزم ذلك فعلى هذا الوجه، الجوهر الجسمانى منه محسوس وهو هذا القائم فى الوجود كجسم سـقراط وما جرى مجراه، ومنه معقول وهو الصورة الحاصلة فى النفس منه والمحسـوس، فيلزمه معنى الكلّ ومعنى الجزء. أمّا الكلّ فجملته، وأمّـا الجزء فكيده ورجله وكذلك المعقول لأنّه مثال المحسـوس. والكلّ بمنزلة جملة الجسـم الكلّى أعنى كلّى جسـم الإنسان مثلا أو هذا الجسم المشـار إليه، أعنى جسم هذا الإنسـان والجزء بمنزلة الرأس. أمّا الكلّى

فللجسم الكلّى، وهذا المشار إليه أعنى هذا الرأس؛ أمّا الشخص فكلّه وجزءه كلّ منهما مفرد منحاز بنفسه عند الحس. ولا يلزم فيهما أن يكونا موجودين لشئ. وأمّا الجسم الكلّى فجملته مفردة منحازة فى العقل غير موجودة لشئ، فأمّا جزءه بمنزلة الرأس الكلّى فهو موجود له. وكلّما هو موجود لشئ بحسب الرسم الاوّل، فهو من المضاف، لأنّه إذا كانت كلّ المضافات هى التى ذات بعضها موجود لبعض، والرسم ينعكس على المرسوم، فيجب أن يكون كلّما هو موجود فى شئ من المضاف، فيكون الرأس الكلّى وهو جوهر لأنّه جزء موجود للجوهر من المضاف، لأنّه موجود لشئ بحسب الرسم الاوّل القائل إنّ المضافات هى التى بعضها موجود لبعض؛ والمضاف عرض، فيكون جوهر من الجواهر (١٣٢ ب) بما هو جوهر عرض. وبالجملة أجزاء الجوهر بما هى موجودة للجوهر الذى هو كلّها تكون جوهر إذ كانت أجزاء جوهر وبما هى موجودة له وبحسب رسم المضاف تكون مضافة، فتكون من جهة وجودها للجواهر جواهر ومضاف. والمضاف عرض، فتكون بما هى جوهر عرض وهذا محال.

فهذا هو الشكّ الصعب اللازم للرسم الاوّل. وصورة القياس فيه هذه الصورة: أجزاء الجواهر بما هى أجزاء للجواهر تكون جواهر موجودة لشئ. وكلّ موجود لشئ فهو من المضاف بحسب الرسم الاوّل، فتكون أجزاء الجواهر بما هى أجزاء جواهر، وبهذا تكون جواهر مضافة. والمضاف بما هو مضاف عرض، فتكون بما هى جوهر عرض. وتفصح هذا الكلام، إذا كانت المضافات هى التى بعضها موجود لبعض، فيكون معنى كون الشئ مضافا هو معنى وجوده فى آخر أو لآخر. وهذا رسم للمضاف، والرسم ينقلب على المرسوم فيكون كلّ شيئين اثنين احدهما فى الآخر أو لآخر من المضاف، فتكون أصناف وجود الشئ فى الشئ أو للشئ كلّها من المضاف، والمضاف عرض، إلا أنّ ارسطوطالس اعتمد على أن جعل الشكّ فى أجزاء الاعظام والهيولات القريبة من دون كلّ موجود فى شئ. وإن كان الشكّ لازما فى الكلّ من قبل أنّ ما سوى هذه يمكن أن يؤخذ الموجود فى الشئ بوجه جوهرا وبوجه عرضا، فلا يتصفى الشكّ ويكون مهذبا. وأجزاء الاعظام والهيولات القريبة من دون كلّ موجود فى شئ موجودة فى كلاتها على أنّها جواهر حسب، ولا تصلح أن تكون عرضا فيها، بل إن اخذت فى حيز الأعراض إنّما تؤخذ فى الأعراض المنسوبة إلى الشئ لا الموجودة فيه لأنّ أجزاء الجوهر جوهرا. وأمّا أنّها لا تكون عرض لأنّ الهيولى لا تكون فى شئ، فإذا كانت هذه

من جهة وجودها فى كلاتها جواهر، ولا تصلح أن تكون عرض، وقال قائل إنّها مضاف، والمضاف عرض، لزم فيها أن تكون من جهة وجودها فى كلاتها، ولا يصلح أن تكون قط بهذا الوجه إلا جوهر عرض، فيلزم شناعتان احديهما أن يوصف بالعرض ما لا يصلح البتة وصفه بالعرض، على أنّه موجود فى شئ بل على انّه منسوب، وأن يكون من الجهة التى بها كان جوهرا عرضا على انّه موجود فى شئ، وأن يكون الجملة لأنّها مركبة من العرض عرض وهى جوهر لا محالة؛ فأمّا باقى الموجودات فى شئ كالصور وغيرها فإنّها وإن كان هذا الشكّ يستتب فيها الا أنّها من جهة اخذها تارة جوهر وتارة عرض موجود فى شئ يضمحل الشكّ ويضعف بسبب تشتت الانظار فيها.

وبالجملة كلّ موجود فى شئ لا يخلو وجوده (١٣٣ ا) أن يكون فى مركب وهذا هى أجزاء المركبات أعنى هيولى وصورتها أو فى بسيط، والبسيط إمّا هيولى فى صورة وهذا لا يجوز، أو صورة فى هيولى. وأجزاء المركب جوهرية فيه لا محالة لأنّ أجزاء الجوهر جوهر، وما منه تقوم الشئ جوهرى له، فيكون بحسب هذا الهيولى والصورة جوهرا.

فأمّا اخذ الصورة فى الهيولى وبالجملة كلّ موجود فى شئ كالموضوع له، فهو من جهة جوهر له ومن جهة عرض فيه، فيصير للصور ولكل موجود فى هيولى بوجه نسبة الجوهرية وبوجه نسبة العرضية، فخلى ارسطوطالس عن استعمال الشكّ فى الصور لهذه العلة واستعمله فى الهيولى واستعمل من أصناف الهيولى القريبة المركبة لتكون اوضح، فهذه من جميع الوجوه وجودها فى الشئ جوهر، فارى فيها، ولا يصلح أن تكون إلا جوهرا[١]، إنّها بحسب رسم فلاطن يلزمها أن تكون عرضا، فالرسم باطل والاسباب الموجبة لهذا الشكّ سببان، احدهما كالمادة وهو الجوهر والآخر كالفاعل وهو الرسم الاوّل على ما يزعم المفيوذوروس.

وارسطوطالس ينتقل إلى افادتنا للمضاف رسما صحيحا ينحل معه هذا الشكّ ويقول إنّ المضافات هى التى ذات كلّ واحد منها تقال بالقياس إلى غيره، ولا تفهم من دون نسبته إليه، وليس معنى المضاف أنّه موجود لآخر، لكن الذى يقال بالقياس إلى آخر اىْ ينسب إليه، ولا يُفهم من دونه. ومن هذا يستخرج رسم الإضافة ويقول إنّها نسبة موجودة بين طرفين محصلين ذات كلّ واحد منهما من حيث هو كذلك يقال بالقياس إلى الآخر. ولا يفهم إلا بنسبته إليه، وبهذا الرسم ينحل

---

١ إلا جوهرا: إلا جوهر

الشكّ الذى فى الجوهر وذاك أنّ الرأس الكلّى وإن كان موجودا للجسم الكلّى فليس طبيعته وذاته تقال بالقياس إليه ولا يفهم إلا به، إذ كان قد يفهم على حدته من غير فهم الجسم الكلّى، فلا يكون إذا من المضاف، وإذا لم يكن من المضاف ثم يلزمه الشكّ وبطلت الشناعة.

وبالجملة فأجزاء الجواهر من حيث هى أجزاء لها يجب أن تكون موجودة فيها وبهذا الوجه تكون جواهر أعنى من حيث هى أجزاء موجودة للكلّ، لأنّها متى توهم ارتفاعها ارتفع الكلّ، فلا يجوز من هذه الجهة أن يُظنّ بها (١٣٣ ب) أنّها مضافا، لانّ المضافات أعراض، فلو كانت أجزاء الجواهر بما هى موجودة لكلاتها هى مضافات، للزم بهذا الوجه أن تكون جواهر ومضافات. والمضافات أعراض غير أنّها بما هى أجزاء موجودة للكلّ تكون جواهر لأنّ بارتفاعها يرتفع الكلّ وبما لا يُفهم احدهما إلا بالقياس إلى صاحبه تكون من المضاف؛ فتكون بهذا الوجه أعراض وبالوجه الاوّل جواهر، نعم ولو كان معنى المضاف هو معنى أنّه موجود للشئ، خرجت أكثر المضافات من أن تكون مضافات لأنّ أكثرها متباعدة بعضها عن بعض كالمالك وملكة. والابن والاب فإنّه ليس احدهما موجود للآخر بل كلّ واحد منهما لا يُفهم إلا بالقياس إلى الآخر ويوجد له بمعنى أنّه يوجد فى حده. وليس معنى الوجود فى الحد هو معنى الوجود فى الذات، فإنّ ذاك يتعلق بالفهم وهذا يتعلق بالوجود، فيكون معنى المضافين هما اللذين احدهما منسوب إلى الآخر وموجود فى حدّه بما هو مضاف لا موجود فيه.

ولأنّ المضافات على الاطلاق تكون بين الموافقات والمخالفات ما يجب أن يراعى فى الطرف من ايهما هو حتى تمكن اضافته، فإنّ المخالف مضاف إلى المخالف والموافق إلى الموافق، فلهذا زاد فى خاصة المضاف أنّه مَن عرف احد المضافين محصلا، عرف الآخر محصلا، فإن لم يعرف أنّ الواحد مخالف، من أين يعلم أنّ الآخر مخالف. ولا يحتاج فى اطراف باقى المقولات إلى مثل هذا الاستثناء بل يقال إنّ مَن عرف احد الطرفين عرف الآخر، فإنّ مَن عرف القانى عرف قنيته لأنّه صار قانيا بالقنية. وكذلك فى البواقى، ولا يحتاج أن يقال فيها مَن عرف احدهما محصلا فيكون الشكّ بحسب هذا الرسم لا يلزم، لأنّ أجزاء الجوهر يصح أن تؤخذ بوجه، فتكون من المضاف بما هو جزء وكلّ اىْ بقياس الواحد إلى الآخر وبوجه تكون جواهر بما هى موجودة فى الشئ، فلا يلزم أن تكون بما هى جوهر عرض. ولا يكون معنى العرض فيها على أنّها موجودة فى شئ لكنّ منسوبة إلى شئ. وبالجملة فالعلة التى

من اجلها الزم الشناعة فى الهيولى ولم يلزمها فى الصورة، لأنّ الصور فـى الهيولى بوجه جوهـر وبوجه عرض، جوهر فـى المركب، عرض فى الهيولى، وإن كان الشكّ يلزمها من قبل ما هى جواهر أن تكون أعراض إلا أنّـه يضعف لأجـل أنّها بوجه تكون عرضا؛ (١٣٤ ا) فأمّا الهيولى فـلا تكون فى غيرها بل هى الموضوعة فى المركب وهى فيه، فلا يصلح أن تكون بوجه عرضا فى شـئ البتة، فإذا كان المضاف أنّه الموجود فى شئ وهى فى المركب صارت عرضا وهى لا تصلح بوجه أن تكون عرضا فى شـئ، بل عرض منسـوب يجوز. ولم يكن الرسم الاوّل من جهة كون المضاف منسوب، لكن من أجل أنّه موجود فى شئ لا منسوب إلى شئ، فاخذ الشكّ فى موضع لا يزعزعه شئ وجعله فى الهيولى القريبة ليكون اظهر، وهى أجزاء الجسم الكلّى والجزئى ولأنّها ذات أجزاء.

وارسطوطالس يستخرج من اثناء هذا الرسم خاصة حقيقية للمضافات وهى الخامسـة، ويقول إنّ المضافين مَن عـرف احدهما على التحصيل، ومعنـى قولنـا على التحصيل هـو أن يكون قد عرف إلى اىّ شـئ هو مضـاف، فيلزم أن يكون عارفـا بالآخر الذى هو مضاف إليه. وذاك أنّ ذات كلّ واحد منهما ماخوذة فى حد الآخر، ولا تفهم إلا بالقياس إليه. والأشياء التى تؤخذ فى حد شئ تحتاج أن تكون محصلة مفهومة.

والمفسّرون يعددون للإضافة شروطا ستة:

الاوّل منهـا أنّها لا توجد إلا فى كثرة، وذاك أنّ الإضافة نسـبة بين شيئين على الأقل، ولا يجوز أن تكون فى شئ واحد.

والثانـي أنّ اطرافهـا بما هى اطراف لها صورتهـا الإضافة ومادّتها بعض المقولات، فإنّ سـقراط وفلاطن جوهرين وهما يدخلان فى المضاف بما احدهما منسوب إلى الآخر نسبة ابوة وبنوة. وهذان المقداران من الكم وهما يدخلان فى المضاف من حيث هما متساويان وغير متساويين.

والثالـث أنّ الإضافـة طبيعتهـا غير طبيعة الموضوعـات لها، فإنّ الإضافة هى نسبة بين طرفين والطرفان ذاتان لا نسبة.

والرابـع هو أنّهـا تحدث بلا فعـل وانفعال، وهذا الشـرط يبين فى السماع الطبيعى، فإنّ نسبة الإضافة تحدث بغتة وفى آن، فإنّك إذا كنت عن يمينى وانتقلت إلى يسارى فحركتك فى المكان ونسبة الإضافة تحدث عنـد قطع الحركة، فإنّه لا يقال فيك إنّـك عن يمينى وانت بعد تتحرك، ومن هاهنا يعلم أنّها ليسـت موجودة فـى الوجود لكن فى العقل، فلو كانت موجودة لفعلتها (١٣٤ ب) الطبيعة وانفعلت بها الهيولى، وهذا احتاج إلى زمان.

والخامس هو أن يكون لها اسما زائدا على اسماء اطرافها، فإنّ شخص سقراط تسمى ذاته سقراط وبما هو مضاف اب.

والسادس أن تكون بين شيئين لا فى شئ كالكم والكيف، اىْ لا يكون موضوعها واحد، لكنّ أكثر من واحد وهى بينهما لا فيهما.

وهذه الشرائط تطرد فى مقولات النسب كلّها إذا اخذتها بين طرفين سوى أنّها فى المضاف بين طرفين مباحين وفى البواقى مخصوصين.

وقد يطرأ شكّ صفته هذه الصفة، كيف زعم ارسطوطالس أنّ الرأس الكلّى من المضاف لأنّه موجود فى الجسم الكلّى، وإنّ الرأس الجزئى ليس من المضاف وهو موجود فى الجسم الجزئى.

وحلّ الشكّ يجرى هكذا، الرأس الجزئى يُنظر فيه على وجهين، إمّا وهو مفرد منحاز بنفسه عن الجسم الذى هو جزء له، وبهذا الوجه لا يلزم أن يكون من المضاف، أو وهو موجود فى الجسم الجزئى، وبهذا الوجه يكون من المضاف بحسب الرسم الاوّل القائل إنّ المضافات هى التى بعضها موجود لبعض. وارسطوطالس نظر فيه من حيث هو مفرد بنفسه، ولهذا لم ياخذه من المضاف. والرأس الكلّى على هذا الوجه يُنظر فيه أعنى على الضربين المذكورين، سوى أنّ ارسطوطالس نظر فيه من حيث هو موجود فى شئ. ولهذا ما لزمه الشكّ وإنّما فعل ارسطوطالس هذا الفعل ليريك أنّ بوجه لا يلزم فى أجزاء الجوهر الشكّ أعنى إذا اخذت بنفسها، وبوجه يلزمها وهو إذا اخذت موجودة فى غيرها. وبالجملة فأجزاء الجواهر ينظر فيها على ثلاثة اضرب، وهى مفردة فتكون كلات وجواهر لنفسها، وبما هى موجودة وأجزاء لكلاتها فتكون أجزاء جواهر، وبما بعضها يُفهم بالقياس إلى بعض، فتكون بهذا الوجه من المضاف.

ويقال كيف قال ارسطوطالس إنّ أخص الخواص بالمضاف أنّ مَن عرف احد الطرفين محصلا فقد عرف الطرف الآخر محصلا، فهذه ليست بخاصة للمضاف وحْده لكنّ لسائر مقولات النسب، إذ كان مَن عرف احد الطرفين فيها محصلا فقد عرف الآخر محصلا، فإنّه مَن عرف أنّ هذا قانى فقد عرف أنّ هذا مقتنى، ومَن (١٣٥ ا) عرف أنّ هذا متمكن عرف أنّ هذا مكان، وهكذا فى البواقى، فكيف تكون هذه الخاصة للمضاف وحْده؟

وحلّ الشكّ يجرى على هذا الوجه، هذه الخاصة هى للمضاف وحْده، وذاك أنّه ولا واحد من باقى اطراف المقولات ينعكس الواحد على الآخر حتى تكون منزلة واحد منهما عند الآخر منزلة صاحبه عنده، فتكون مَن

عـرف منها احد الطرفين محصلا أنّه بحال عند الآخر، رجع فعرف الآخر محصــلا أنّه بتلك الحال عند الاوّل، فطرفــى المضاف من عرف احدهما محصلا أنّه بحال، عرف الآخر محصلا أنّه بتلك الحال عند الاوّل، فكلّ منهمــا عند الآخر فى أنّه مضاف إليه كمنزلــة الآخر إليه. وليس هكذا باقى اطراف المقولات البواقى، فإنّه ليس إذا عرف احدهما محصلا بحال عند الآخر، عرف الآخر محصلا بتلك الحال عنده، لكن يعرفان محصلين احدهما عند الآخر، ولكنّ بمعنيين مختلفين هذا قانى وهذا مقتنى، وهذا مــكان وهذا متمكن، وعلى هذا البواقى؛ فمعنى قوله إنّ أخص خواص المضــاف أنّه من عــرف احد الطرفين محصلا عرف الآخر محصلا اىْ من عرف احد الطرفين محصلا أنّه بحال ما عند الطرف الآخر، عرف الطرف الآخر محصلا أنّه بتلك الحال عند الاوّل، فنسبة الإضافة من هذا الطرف إلى هذا الطرف، كنسبتها من هذا إلى هذا. وليس هكذا باقى المقولات، فإنّ الطرفين وإن كانا محصلين، فحال هذا فى النســبة إلى هذا بخلاف حال هذا فى النســبة إلى هذا، فتكون نســبة الإضافة إلى طبيعتها غير طبيعة النسب البواقى.

وبالجملة فالمضاف وســائر النســب هى نسبة بين شــيئين محصلين، ســوى أنّ الإضافة تكون بين شيئين، كيف اتفق مختلفين ومتفقين، وفى باقى النسب تكون بين مخصوصين متفقين، فتكون الأجناس العشرة إن اخذت أنّها حدثت بنسبة بين شيئين، بأن اخذت شخصا فقست بينه وبين جوهــره وكميتــه وكيفيته والبواقى، يكون الفرق بين التســعة الأجناس وبين المضاف أنّ التســعة حدثت من قياس الشــئ إلــى أمر مخصوص أعنى جوهره حســب أو كميته حســب أو كيفيته أو مكانه أو زمانه أو فعلــه أو انفعالــه أو وضعه أو قنيته. والمضاف حدث من قياس الشــئ إلى هذه بأسرها وهذه بأسرها بعضها إلى بعض بالاباحة، أعنى الموافقة والمخالفــة، (١٣٥ ب) والاوّل بقياس متمكن ومكان وقانى وقنية وذو كم وكم، فيكون هذا هو الفرق بينهما. وهو أنّ الأجناس التســعة حدثت من قياس الشــئ إلى نفســه لا إلى غيره كما قد شرحنا دفعات، يكون الفرق بينهما أنّ المضاف نسبة حدثت من قياس الشئ إلى غيره والبواقى من قياس الشــئ إلى نفســه، فيكون بالتاويل الاوّل نســبة المكان إلى المتمكن بما هو مكان ومتمكن نســبة أين، وبما هما متفقان أو مختلفان نسبة إضافة. وهكذا فى البواقى، فيكون لكلّ منها مقايسة تختص به بها كان أينا أو غيره. ومقايسة يشركه فيها غيره هى الموافقة والمخالفة وبها يكون من المضاف، فيكون بحســب التاويل الاوّل اســم النسبة بين

شيئين اسم مشترك، يقع على النسبة بين شيئين مباحين أو مخصوصين. وبحسب التاويل الثاني يقع على معنى واحد وهو نسبة المضاف، وكلّ مضافين إن وجدت لهما اسماء من حيث هما مضافين زائدة على اسماء ذواتهما استغنيت عن ذكر الوفاق والخلاف الذى به صارا مضافين فى عبارتهما، لأنّ من اسماء المضاف يظهر الوفاق والخلاف. وإن لم تجد لهما اسماء واضفتهما باسماء ذواتهما فرد لعلامة المضاف ذكر الوفاق والخلاف، فقُلْ الخشبة موافقة لهذه الخشبة ومخالفة للأخرى.

وهكذا اعتمد قانوننا فى كلّ مضافين تعبّر عنهما بما هما مضافين باسماء ذواتهما بأن تردف لفظة خلاف ووفاق. وإن كان لهما اسماء من قبل ما هما مضافين غير اسماء ذواتهما استغنيت عن ذلك، ونفس تسمية المضافين تلك، هل النسبة نسبة وفاق أو نسبة خلاف، فإنّ الاسمين إن اختلفا فالنسبة نسبة خلاف. وإن اتفقا فالنسبة نسبة وفاق، وكلّ شئ فاضافته على ضربين، عموما وخصوصا. أمّا بالعموم فإن تقول إنّه مضاف، وبالخصوص إن تقول اضافته موافقة أو مخالفة. وبالاوّل يضاف إلى كلّ شئ، وبالثاني الموافق إلى الموافق والمخالف إلى المخالف، ثم تخصص من بعد هذا الموافق إلى هذا الموافق، وهذا المخالف إلى هذا المخالف، فلهذا قال ارسطوطالس إنّ مَن عرف احد الطرفين محصلا إلى اىّ شئ هو مضاف، فقد عرف الطرف الآخر، فالمضاف المطلق يعرف طرفه الآخر وهو المضاف المطلق والموافق للموافق (١٣٦ ا) والمخالف للمخالف، وموافق ما إلى موافقه، ومخالف ما إلى مخالفه والخصوص إلى الخصوص والعموم إلى العموم. فلهذا قال مَن عرف احد الطرفين محصلا، فقد عرف الآخر محصلا، وعند هذا فلنقطع الكلام فى جملة هذا التعليم.

قال ارسطوطالس

8 a 13 • وممّا فيه موضع شكّ، هل الجواهر ليس جوهر منها يقال من باب المضاف على حسب ما يظن،

يريد وممّا قد يشكّ فيه، هل جوهر من الجواهر بما هو جوهر يكون من المضاف أم لا يصحّ ذلك فى صنف من أصناف الجواهر.

• أو ذلك ممكن فى جوهر ما من الجواهر الثواني؛

يريد أن يكون بما هو جوهر من المضاف.

• فأمّا فى الجواهر الاوّل فإنّ ذلك حق، وذلك أنّه ليس يقال من المضاف لا كلاتها ولا أجزاؤها،

يريد فأمّا فى الجواهر كهذه الاجسام الاوّل وأجزاؤها، لا يصح أن يقال إنّها من المضاف إذ كانت ليست بموجودة.

• فإنّه ليس يقال فى إنسان ما إنّه إنسان ما لشئ،

يريد فإنّه ليس يقال فى هذا الشخص من أشخاص الناس إنّه من المضاف لأنّه ليس بموجود لغيره.

• ولا فى ثور ما إنّه ثور ما لشئ،

يريد لأنّه ليس بموجود لغيره فيقال إنّه لشئ.

• وكذلك أجزاؤها أيضًا.

يريد كهذه اليد وهذه الرجل، إذا اخذت مفردة من اجسامها فإنّها لا تكون موجودة لشئ ولا يقال فيها إنّها موجودة لشئ.

• فإنّه ليس يقال فى يد ما إنّها يد ما لإنسان لكن إنّها يد لإنسان.

يريد فإنّه ليس يقال فى هذه اليد إنّها يد ما لإنسان اىْ موجودة لإنسان حتى تكون من المضاف لكنّها مفردة تسمى يد إنسان لا يد لإنسان وكذلك الرأس.

(١٣٦ ب) • ولا يقال فى رأس ما إنّه رأس ما لشئ،

يريد ولا يقال فى رأس ثور ما إنّه موجود لشئ إذا كان الرأس مفردا حتى يلزم أن يكون من المضاف بل يقال فيه ويسمى أنّه رأس شئ.

• بل رأس لشئ.

يريد بل يسمى رأس شئ إذا كان مفردا.

• وكذلك فى الجواهر الثانية

يريد والجواهر الثواني كالاجسام الكلّية الموجودة فى النفس لا يقال فيها إنّها من المضاف لأنّها غير موجودة فى شئ آخر.

• أكثرها،
يريد الكلات منها.

• فإنّه ليس يقال إنّ الإنسان إنسان لشئ ولا الثور ثور لشئ ولا الخشبة خشبة لشئ،
يريد فإنّه ليس يقال فى شخص جسم الإنسان على الاطلاق الذى فى النفس إنّه موجود لآخر ولا شخص جسم الثور على الاطلاق ولا فى شخص الخشبة على الاطلاق.

• بل يقال إنّها ملك لشئ.
يريد بل توصف أنّها ملك لشئ ولأنّها موجودة فى شئ فإنّا نقول إنّ هذا الثور ملك للإنسان لا موجود للإنسان ولا يلزم من كونه ملكا أن يكون مضافا، لأنّ الملك داخل فى مقولة القنية بما هو ملك، وفى المضاف بما هو مضاف إلى المالك بالموافقة والمخالفة.

• فأمّا فى هذه،
يريد فى الكلات.

• فإنّ الأمر ظاهر أنّها ليست من المضاف.
يريد لأنّها ليست بموجودة لشئ.

• وأمّا فى بعض الجواهر الثواني فقد يدخل الشكّ في أمرها،
يريد وأمّا فى أجزاء الجواهر الثواني كاليد الكلّية والرأس الكلّى لأنّها موجودة فى اجسامها، يقال فيها إنّها من المضاف، فتكون هذه بما هى جواهر من المضاف.

• مثال ذلك أنّ الرأس يقال إنّه رأس لشئ.
(١٣٧ ا) يريد أنّ الرأس الكلّى يقال إنّه للبدن الكلّى وكذلك اليد الكلّية وجميع الاعضاء التى هى مثل هذه.

• واليد يقال إنّها يد لشئ وكلّ واحد مما اشبه ذلك،
يريد وكلّ واحد من الأجزاء الكلّية الموجودة لشئ.

• فيكون قد يُظن أنّ هذه من المضاف.

يريد بحسب الرسم الاوّل للمضاف لأنّها موجودة فى شئ.

قال المفسّر

هذا هو الشكّ الذى يثيره ويفسد به الرسم الاوّل. وقصده فيه أن يُرى أنّ جوهرا ما من الجواهر بما هو جوهر هو من المضاف.

والشكّ صورته هذه الصورة، الجوهر منه معقول ومحسوس، وكلاهما يلزمهما معنى الجزء والكلّ، أمّا الشخص فجزءه وكلّه لأنّهما مفردين عند الحس لا يلزم أن يوجد احدهما للآخر. وأمّا المعقول فكلّه مفرد عند العقل ليس بموجود لغيره. و لهذا لا يلزم أن يكون من المضاف، فأمّا جزءه بمنزلة الرأس الكلّى واليد الكلّية، فلأنّها موجودة لغيرها تكون من المضاف، والمضاف عرض فيكون جوهر ما بما هو جوهر عرض. فأمّا استثناؤه فى الجواهر الثواني أنّها ملك لشئ حتى لا يعترضه معترض ويوجب عليه بهذا الوجه أن تكون من المضاف.

قال ارسطوطالس

• فإن كان تحديد التى من المضاف، 8 a 28

يريد فإن كان حد المتضايفين على ما مضى وهو أنّ ذات كلّ واحد منهما موجودة للآخر، صعب حلّ الشكّ الموجب، لأن يكون جوهرا بما هو جوهر عرض.

• قد وفى على الكفاية،

يريد قد يجرى على الوجه الصواب.

• فحلّ الشكّ الواقع فى أنّه ليس جوهر من الجواهر يقال من المضاف إمّا ممّا يصعب جدّا أو إمّا ممّا لا يمكن.

يريد لأنّه لا طريق بحسب الحد الاوّل إلى الخلاص من الشكّ.

• وإن لم يكن على الكفاية لكن كانت الأشياء التى من المضاف الوجود لها هو أنّها مضافة

(١٣٧ ب) يريد وإن لم يكن الحد قد جرى على الصواب لكن كان تحديد المضافات هو أنّ ذاتها ومعناها تقال بالقياس إلى غيرها لا أنّها موجودة لغيرها.

• على نحو من الانحاء،

يريد إمّا بحرف وصل أو بغير حرف وصل.

• فلعله يتهيأ أن يقال شئ فى فسخ ذلك.

يريد بقوله لعله اىْ أنّ هذا شئ بعد ما اتضح.

• فأمّا التحديد المتقدم فإنّه يلحق كلّما كان من المضاف،

يريد والحد الاوّل وإن لم يكن جدا صحيحا فهو لازم من لوازم المضاف، وذاك أنّه يلزم فى كلّ واحد من المتضايفين أن يوجد كلّ واحد منهما فى حد الآخر لا للآخر.

• إلا أنّه ليس معنى القول إنّ الموجود لها هو أنّها مضافة هو معنى القول إنّ ماهيتها تقال بالقياس إلى غيرها.

يريد إلا أنّه ليس معنى القول فى المضافات أنّ ذاتها ومعناها تقال بالقياس إلى غيرها، هو معنى القول أنّ كلّ واحد منها يوجد للآخر. والنقل فيه سهو ويجب أن ينقل على هذا، وذاك أنّه ليس معنى أنّ المضافات ذاتها تقال بالقياس إلى غيرها هو أنّها توجد لغيرها.

قال المفسّر

هذا هو الرسم الحقّ وهو أنّ المضافات طبيعة كلّ واحد منها وذاته تقال بالقياس إلى الآخر، إمّا بغير حرف وصل أو بحرف وصل. وهذا إمّا يرجع عند التعاكس أو لا يرجع.

قال ارسطوطالس

8 a 35 • ويبين من ذلك أنّه مَن عرف احد المضافين محصلا عرف أيضًا الذى إليه يضاف محصلا.

يريد ويستخرج من اثناء هذا الرسم الثاني للمضاف أنّ مَن عرف احد المضافين على التحصيل فقد عرف الآخر محصلا.

• وذلك ظاهر من هذا،

يريد من الاستقراء الذى يستقرئه.

• فإنّ الإنسان متى علم أنّ هذا الشئ من المضاف،

يريد إنّ الإنســـان متى علم أنّ هذا الشئ من المضاف، وكان المضاف طبيعتـــه وذاتـــه أنّه (١٣٨ ا) يقال بالقياس إلـــى آخر، فقد عرف الآخر الذى إليه يضاف لا محالة.

• وكان الوجود للمضاف هو أنّه مضاف على نحو من الانحاء،

يريد وكان طبيعة المضاف أنّه يقال بالقياس إلى شـــئ آخر إمّا بغير حرف وصل أو بحرف وصل عند التعاكس يرجع أو لا يرجع.

• فقد علم أيضًا ذلك الشئ الذى هذا عنده بحال من الاحوال؛

يريد فقد علم ذلك الشئ الذى هو مضاف إليه.

• فإنّه إن لم يعلم أصلا ذلك الشئ الذى هذا عنده بحال من الاحوال،

يريد فإنّه إن لم يعلم الشئ الذى هذا مضاف إليه لم يعلمه هو، لأنّ عِلمه شئ بالقياس إلى الذى هو مضاف إليه.

• لم يعلم ولا أنّه عند شئ بحال من الاحوال.

يريد ولا أنّه مضاف على اىّ صنف كان من أصناف المضاف.

• وذلك بيّن أيضًا فى الجزئيات.

يريد واستقراء الجزئيات من المضاف.

• مثال ذلك الضعف، فإنّ من علم الضعف على التحصيل،

يريد بأن يحصل طبيعته ومعناه.

• فإنّه على المكان يعلم أيضًا ذلك الشئ الذى هذا ضعفه محصلا؛

يريد إذ كان الاوّل إنّما هو مضاف إليه.

• فـــإن لـــم يعلمه ضعفا لشـــئ واحد محصـــلا، لم يعلمه ضعفا لشـــئ أصلا.

يريد إذ كان ليس بضعف لكلّ أمر على الاطلاق لكنّه ضعف لشـــئ محصّل.

• وكذلك أيضًا إن كان يعلم أنّ هذا المشار إليه احسن،

يريد وكذلك إن علم أنّ هذا الشخص المشار إليه احسن، فضرورة يعلم الذى هو احسن منه على التحصيل لأنّه إن علمه هكذا منهما، قد يتفق الا يكون شئ هو احسن منه.

• فقد يجب لذلك ضرورة أن يكون يعلم أيضًا ذلك الشئ الذى هذا احسن منه محصلا، فإنّه ليس يجوز أن يكون إنّما يعلم أنّ هذا احسن ممّا دونه فى الحسن؛

يريد منهما مطلقا لا معينا معلوما.

(١٣٨ ب) • فإنّ ذلك إنّما يكون توهّما لا عِلما، وذلك أنّه ليس يعلم يقينا أنّه احسن مما دونه،

يريد إن علم هذا أنّه احسن ولا يعلم أنّ له دون فى الحسن هو توهم لا عِلم.

• فإنّه ربّما اتفق أنّ لا يكون شيئا دونه،

يريد فى الحسن فيكون وصفه بأنّه احسن كاذب.

• فيكون قد ظهر أنّه واجب ضرورة متى علم الإنسان احد المضافين محصلا، أن يكون أيضًا يعلم ذلك الآخر الذى إليه اضيف محصلا.

يريد اىّ يفهم طبيعة المضاف الآخر إن كان فهم طبيعة الاوّل.

قال المفسّر

يفيدنا خاصة خامسة للمضافات حقيقية، وهى منتزعة من الرسم الثانى. ويقول إنّ المضافات يخصها أنّ مَن عرف احد طرفى المضاف محصلا، أن يكون قد عرف الطرف الآخر محصلا، إذ كان كلّ واحد منهما ماخوذا فى حد الآخر. ويبين ذلك بقياس شرطى وبالاستقراء.

قال ارسطوطالس

8 b 15 • فأمّا الرأس واليد فكلّ واحد ممّا يجرى مجراهما ممّا هى جواهر، فإنّ ماهيتها انفسها قد تعرف محصلة.

يريد فأمّا الرأس الكلّى واليد الكلّية وما جرى مجراهما فقد تعرف

من غير حاجة إلى قياسها إلى شئ بل بنفوسها ، فلا تكون إذا بحسب الرسم الثانى من المضاف.

• فأمّا ما تضاف إليه فليس واجبا أن يعرف.

يريد فأمّا ما هى موجودة له فليس يجب عند معرفتها أن يعرف.

• وذلك أنّه لا سبيل إلى أن يعلم على التحصيل رأس من هذا وبد من هذه ،

يريد وذلك أنّه ليس هاهنا ضرورة تدعو فى فهم هذه إلى أن تفهم بالقياس إلى شئ.

• فيجب من ذلك أنّ هذه ليست من المضاف.

يريد فلا تكون اليد الكلّية والرأس الكلّى من المضاف، لأنّها تفهم من دون قياسها إلى غيرها.

• وإذا لم تكن هذه من المضاف فقد يصح القول إنّه ليس جوهر من الجواهر من المضاف.

يريد لأنّ هذا وجب بحسب الرسم الاوّل، فأمّا بحسب الثانى فلا يجب.

(١٣٩ ا) • إلا أنّه خليق أن يكون قد يصعب التقحم على اثبات الحكم على امثال هذه الأمور ،

يريد إلا أنّ الاقدام على القول بأنّ هذه ليست من المضاف، صعب لأنّ الفرق بين الرسمين خفى ولهذا قال هذا القول.

• ما لم يُتدبر مرارا كثيرة،

يريد فإنّ الإنسان إذا تدبر ذلك وعرف الفرق بين الرسمين، صحّ عنده ما قيل.

• فأمّا التشكّك فيها فليس ممّا لا درك فيه.

يريد فأمّا التشكّك فى مثل ما مضى حتى ظن أنّ جوهرا بما هو جوهر من المضاف، فليس مما لا درك عليه بل من شأن الناس أن يتشككوه.

قال المفسّر

هذا هو حلّ الشكّ بحسب الخاصة الثانية، وذلك أنّ أجزاء الجواهر الثوانى وإن كانت موجودة لكلاتها ، فليس ذاتها ومعناها أنّها تقال بالقياس إليها . ولهذا ما يلزم بحسب الرسم الاوّل لن يكون من المضاف، وبحسب الرسم الثانى أن تخرج من المضاف، وتزول الشناعة منها . وهاهنا ينقطع الكلام فى تفصيل هذا التعليم.

القول فى الكيف والكيفية
التعليم العشرين

قال ارسطوطالس

• واسمى بالكيفية تلك التى بها يقال فى الأشخاص كيف هى. 8 b 25

قال المفسّر

من بعد فراغ ارسطوطالس من النظر فى مقولة مضاف، ينتقل إلى النظر فى مقولة الكيفية. ونحن فقبل أن ننظر فى كلام ارسطوطالس يجب علينا أن نبحث عن عدة مطالب.

الأول منها اعطاء السبب الذى من أجله جعل الكلام فى هذه المقولة بعد الكلام فى مقولة مضاف. ونحن نوضح ذلك بثلاث حجج: المطلب الأول

الحجة الأولى: الجوهر الجسمانى الذى كلامه فى هذا الكتاب فيه وفى أنواعه وأجناس أجناسه، أول ما يلزمه إذا أخذ موجودا معنى (١٣٩ ب) الكم، إذ كان مصورا بالأبعاد الثلاثة، ولهذا جعل الكلام فى الكم تِلو الكلام فى الجوهر، فإنّك إذا تصورت الهيولى موجودة، فأول ما ننتقش بالأبعاد الثلاثة ويكون منها جسما، وتعرض له الكيفيات العرضية. ولأنّ الكم يلزمه معنى المضاف، ما جعل الكلام فى المضاف بعد الكلام فى الكم. ولمّا كان الجوهر الجسمانى الذى كلامه فيه لأنّه عليه تُحمل الأجناس العوالى ويُحقّق وجودها منه، أمّا الجوهر فحمل على، وأمّا الأعراض فحمل فى، يلزمه بعد الكمية الكيفية العرضية، جعل الكلام فيها بعد الكلام فى المضاف.

والحجة الثانية صورتها هذه الصورة، الأشياء التى فى الوجود فى الشئ هى الجوهر والكمية والكيفية، وباقى المقولات نسب يفعلها العقل بين الشئ وما خارج. والجوهر لأنّه أس الموجودات كلّها سواه إذ كانت كلّها إنّما توجد فيه، قدم الكلام فيه. ولأنّ الكمية تتقدّم على الكيفية العرضية، إذ كان وجودها إنّما هو فى جسم بالفعل، ما جعل الكلام فى الكم بعد الكلام فى الجوهر، وتكلّم من بعده فى الكيفية العرضية.

والحجة الثالثة صورتها هذه الصورة، كثيرا ما ذكر الكيفية العرضية

فى المضاف، بمنزلة الملكة والعلم والحس. ولهذا ما جعل النظر فيها بعد النظر فى المضاف.

المطلب الثاني

والثانــي النظر فى العلة التى من اجلها رسـم هــذه المقولة بالكيف والكيفية ولم يرسم مقولة الكم بالكم والكمية.

وطائفة زعمت أنّ ارسـطوطالس لم يرسم هذه المقولات ولا ترجمها، لكنّ المفسّـرون فعلوا ذلك، وهؤلاء ليس لا محالة معهم دليل يقطع بأنّ ارسـطوطالس ما فعل ذلك، فإن كانت الترجمة له على ما يقوله غيرهم وعلى ما ذكره المفسّـرون، فمـا العلة فى ترجمته هـذه المقولة بالكيف والكيفيــة. وذاك أنّه يلزمهم إمّا أن يقطعـوا بدليل بأنّه لم يترجمها أو يتاولوا للترجمة، إذ كانت مجوزة على أنّ النسخ القديمة تكذب قولهم، فما فيها الا ما هذه الترجمة فيه.

وطائفة رئيســها فرفوريوس تسـلم أنّ هذه الترجمة صحيحة، وتقول إنّــه يعنى بالكيف ذوات الكيفية، أعنى الأشـيا ء القابلة للكيفية، إذ كان سـوف يتكلم فيهـا، ويبين أنّها تسـمى من الكيفيـة على طريق المشتقة، وأنّها تسمى منها على طريق المتفقة. ولو كان الأمر على هذا، لقد كان ارسـطوطالس يقـدم الكيفية على الكيــف، ويقول الكلام فى الكيفيـة والكيف لأنّ ذوات الكيفية يتكلم فيها بعد (١٤٠ ا) الكلام فى الكيفية[١].

وطائفـة ثالثـة محققـة زعمـت أنّ الكيف اسـم مشـترك يقع على الكيفية وعلى ذوات الكيفية أعنى الأشـيا ء القابلة للكيفية. ولمّا ترجم ارسـطوطالس المقولة بالكيف، وكان الكيف اسـما مشـتركا، خصّص المعنــى الذى يريده من معانيه وهو الكيفيــة. وكان الكلام يجرى على هذا الكلام فى الكيف ومن جملة أقسـام الكيف الكيفية. وهكذا فعل ارسـطوطالس عند ترجمته لكتاب السـما ء والعالم، فإنّه لمّا كان اسـم السما ء يقع على معانى كثيرة على فلك الكواكب الثابتة وعلى الافلاك بأسـرها وعلى العالم بجملته، وكان المعنى الاخير يريد من هذه المعانى فــى ذلك الكتاب، أعنى الكلام فى جملة العالم، اردف بقوله السـما ء قوله والعالم حتى يكون تقدير الكلام كتاب السما ء، ومن جملة معانى السما ء العالم.

المطلب الثالث

والثالث النظر فى العلة التى من أجلها رسـم هذه المقولة أولا، ومن بعـد قسـمها إلى أنواعها، ولم يفعل ذلك فى الجوهـر والكم، فإنّه بدأ

---

١ Porph., In Cat. 127, 10; 128

فقسمهما إلى أنواعهما ، ثم رسمهما.

فنقول إنّ السبب فى ذلك هو أنّ الكيفية اسم مشترك يقع على الجوهرية وهى فصول الأنواع التى تقوّمت منها ، والعرضية وهى الدخيلة عليها ، فلئلا يقع اشتباه ما خصّص القسم الذى كلامه فيه، وقال إنّه الكيفية العرضية أعنى الدخيلة على الأنواع لا الجوهرية، إذ كانت تلك تدخل فى مقولة الجوهر كفصل الناطق والمائت والحساس والمتحرك بارادة. ورسمها ليُفهم من رسمها أنّه يريد الكيفية العرضية. ورسمها الذى رسمها به يجرى على هذه الصفة: الكيفية هى الأمور التى إذا سُئل عن الواحد من الأشخاص الموجودة بكيف هو، وقع الجواب بها. ومعنى ذلك أنّ الكيفية العرضية التى الكلام فيها هى التى إذا سألنا عن شخص شخص من أشخاص الجواهر الموجودة بكيف هو، حسن وقوع الجواب بها، فيقال إنّه أبيض أو كاتب. وجعل السؤال متعلقا بالشخص لأنّ أس الأعراض الأشخاص، والجواب باىّ فى الأشخاص إنّما يجب أن يقع بالأعراض، فأمّا الفصول الجوهرية، فإذا سئل باىّ فى الأنواع وقع الجواب بها.

المطلب الرابع والرابع النظر فى قسمة أنواع الكيفية العرضية، والسبب فى تقديم بعضها على بعض. أمّا الكيفية فإنّها تنقسم إلى نوعين قريبين، وهما الصورة، أعنى الحال والملكة، والقوة على الصورة، وهى التهيؤ أعنى القوة ولا قوة. (١٤٠ ب) وبالواجب أن تكون الكيفية تنقسم هذه القسمة لأنّ الكيفية إمّا أن تكون تهيؤا وصورة بالفعل، وذاك أنّ الشئ إمّا أن يكون بالقوة أو بالفعل، وبالقوة يكون متهيئا، وبالفعل تكون الصورة قد تحصلت له. وكلّ واحد من هذين أعنى الملكة والحال والقوة ولا قوة، ينقسم إلى الكيفيات الانفعالية والانفعالات والشكل والخلقة. وذاك أنّ الصورة العرضية الموجودة فى الشئ لا يخلو أن تكون مما يصلح أن يوجد للنفس والجسم جميعا. وهذا هو الكيفيات الانفعالية والانفعالات، كالعلوم والفضائل. وهذان يخصّان النفس والبياض والسواد والحلاوة، وهذه تخصّ الجسم أو تختصّ بالجسم حسب من دون النفس كالاشكال والخلقة. ولا يوجد ما يختصّ بالنفس وحْدها من الكيفيات العرضية من دون الجسم إذ كانت كيفيات النفس العرضية تحتاج إلى أن ينفعل معها الجسم ضربا من الانفعال. وبالجملة انفعال النفس الناطقة وغير الناطقة يسخن معها الجسم أو يبرد، ويتغير ضربا ما من التغير.

فأمّا تقديمه الملكة والحال على القوة ولا قوة، فلأنّ تلك يعبّر عنها بالايجاب المحض وهى صورة بالفعل والكمال، وهذه يستعمل فى اثناء

العبارة عنها السلب، وهى قوة على الصورة وناقصة. وتقديمه الكيفيات الانفعالية على الشكل والخلقة لأنّ تلك فى الجسم والنفس جميعا وهذه فى الجسم حسب.

وهاهنا ينقطع الكلام فى الأشياء التى دعت الحاجة إليها قبل النظر فى الكيفية؛ فهلمّوا لنأخذ الآن فى فهم كلام ارسطوطالس.

الرسم

واوّل ما ابتدأ ارسطوطالس رسم الكيفية العرضية إذ كان فيها كلامه، وقال إنّ الكيفية العرضية هى التى إذا سئل عن واحد واحد من الأشخاص الموجودة بكيف هو، وقع الجواب بها، ورسمها بقياسها إلى الشخص لأنّ الشخص هو أس الأعراض، وهى فيه على ما مضى على القصد الاوّل.

القسمة

ومن بعد الرسم يقسمها إلى النوعين القريبين، وهما الملكة والحال وقوة ولا قوة.

والمثال على الملكة والحال، وهى صورة موجودة فى الشئ من الملكات والحالات النفسية العلمية والعملية. العلوم والفضائل والصنائع والعدل والعفة، فإنّ هذه تسمى ملكات وحالات للنفس، فإنّا نقول إنّ ملكة العالم علمه، وملكة النجار صناعة النجارة، وملكة العفيف العفة. والفضائل هاهنا هى التى تكون بحسب النطق والرؤية وتقسيطات العقل، وأن يكون فاعلها فعلها باثاره لا طبعا. وهى اعتدال النفوس الثلاث، أعنى العفة والشجاعة والحكمة لا بمنزلة الشجاعة فى الاسد، فإنّها ليست فضيلة لكنّ جبلة وخلقة.

والمثال على الحالات والملكات الجسمية، الحارات والبرودة والمرض والصحة. والحال هى صورة موجودة فى الشئ نفسا كان أو جسما قليلة البقاء يسيرة الزمان. والملكة (١٤١ ا) هى صورة موجودة فى الشئ جسما كان أو نفسا، كثيرة البقاء متكادة الوجود طويلة الزمان.

والمثال على قوة ولا قوة، بمنزلة التهيؤ الموجود فى النفس لقبول العلم وفعل الخير، وبمنزلة التهيؤ الموجود فى الجسم على المصارعة والصحة والمرض. والقوة هى تهيؤ نحو أمر طبيعى، ولا قوة هى تهيؤ نحو أمر غير طبيعى كالمرض، وكلاهما تهيؤ، سوى أنّه قال فيهما قوة ولا قوة، ليفرق بين التهيؤ الطبيعى والخارج عن الطبع، وهاهنا ينقطع كلام ارسطوطالس.

الشكوك

وإن كنتم ذاكرين لما جرت به العادة فى ايراد الشكوك فى اثر كلّ تعليم، فانصتوا لما نورده منها.

والشكّ الاوّل صورته هذه الصورة، انت يا ارسطوطالس كيف زعمت

أنّ النــوع الاوّل من الكيفية حال وملكــة، والنوع إنّما هو طبيعة واحدة، والملكة والحال شيئان اثنان؟

وحلّ الشــكّ يجرى علــى هذه الصفة، الحال والملكة ليســا طبيعتين بل طبيعة واحدة وصورة موجودة فى الشــئ، لكنّها إذا قيســت ونوسب بينهــا وبين الزمان والوجــود، إن كان وجودها قصير الزمان غير متاكد ســريع الزوال سُــميت حالا، وإن كانت طويلة الزمان وكانت ذات ثبات وعســرة الانقلاع ومتاكدة الوجود سُــميت ملكة. وليس صورتها صورة نوعين ولا شــخصين ولا فصلين، إذ كانت الأنواع والأشخاص والفصول لا تنتقل فتصير بعضها بعضا، فإنّ سقراط لا يصير فلاطن، ولا الناطق غيــر الناطق، ولا الحمار إنســانا. والحال فقد تنتقــل فتصير ملكة إذا تاكد وجودها، لكنّها بمنزلة شخص واحد منتقل الاحوال كأنّه كان صبيا فصار شــيخا متاكد الوجود، فإنّ الصورة التى تتحصل للمتعلم ما دام فــى الأخــذ تكون حالا، فإذا تاكدت صارت ملكــة، فهذا كاف فى حلّ هذا الشكّ.

ويطرأ شــكّ ثان صفته هذه الصفة، كيف زعم ارسطوطالس أنّ القوة ولا قــوة نوع واحد، ولا قوة هو عدم القوة، فكيف يكون الشــئ وعدمه طبيعة واحدة، والنوع يحتاج أن يكون طبيعة واحدة؟

وحلّ الشــكّ يجــرى على هذا، ليس لا قوة هو عــدم القوة، لكنّهما جميعا تهيؤ موجود فى النفس والجسم، فإن كان التهيؤ نحو أمر طبيعي بمنزلــة الصحة سُــمي قــوة، وإن كان نحو أمر خارج عــن الطبيعة بمنزلة المرض سُــمي لا قوة، لأنّ الإنســان يكون غير مقتدر على دفع المؤذى، فهذا هو كاف فى حلّ هذا الشكّ.

ويطرأ شكّ ثالث صفته هذه الصفة، إن كانت الملكة هى حال، والحال ليست بملكة، فالملكة ليست ملكة، وهذا شنع.

وحــلّ الشــكّ (١٤١ ب) يجــرى على هذه الصفة، الوســط اســم مشــترك، وذلك أنّ الحــال تقال على الحال المتاكدة والحال التى ليســت بمتاكــدة، وصغــرى القياس محمولها الحال المتاكــدة، وكبراه موضوعها حال غير متاكدة، فتقدير القياس الملكة حال متاكدة صحّ، والحال[٢] الغير متاكدة ليســت ملكة، فلا يلتئم من ذلك قياس، فهذا كاف فى حلّ هذا الشكّ.

وشــكّ رابع صورته هذه الصورة، إن كانت الكيفية تكسبنا أن يسأل

---

٢ فى الهامش: فتقدير...والحال

عنا بكيف هو، فينبغى أن يكون هذا المعنى ايضا موجودا لها، كما أنّ الشئ الذى يكسبنا حرارة أو برودة هذا المعنى أو لا موجود له.

وحلّ الشكّ يجرى على هذا، ليس كلّما يكسب الشئ أمرا ما ينبغى أن يكون ذلك الشئ موجودا له، فإنّ الاجسام السماوية تسخنا، والحركة أيضًا تسخنا والغيظ والغضب، وليس الحرارة موجودة لها، والحرارة تسخنا وليس للحرارة حرارة، كذلك ليس وإن كانت الكيفية تكسبنا أن يسأل عنا بكيف، ينبغى أن يكون هذا المعنى موجودا لها، أعنى أن يسأل عنها بكيف هى.

واللينس يبين أنّ أنواع الكيفية صارت اربعة لأنّها إمّا أن تكون مقتناة أو طبيعية، والمقتناة هى الحال والملكة، والطبيعية إمّا أن تكون بالقوة أو بالفعل، والتى بالقوة هى النوع الثانى من الكيفية، والتى بالفعل، إمّا أن تكون فى عمق الشئ فتكون كيفيات انفعالية وانفعالات، وهذه هى النوع الثالث، أو فى ظاهر الشئ، وهذه هى النوع الرابع.

وهذا القول إذا تامل يبين غلطه، فإنّ البياض من الكيفيات الانفعالية، وليس هو فى عمق الشئ، والجمال حال لنا وملكة، والبياض للققنس، والسواد للغراب، وليس ذلك بمقتنى بل بالطبع.

ونحن فقد اتينا على قسمة الكيفية على اوضح الوجوه واحسنها. وهاهنا ينقطع الكلام فى جملة هذا التعليم ولنأخذ الآن فى تفصيله.

التفصيل

قال ارسطوطالس

8 b 25 • وأسمى بالكيفية تلك التى بها يقال فى الأشخاص كيف هى.

يريد وأسمى كيفية عرضية الحال الموجودة للشئ التى إذا سئل عن شخص شخص بكيف هو، وقع الجواب بها.

قال المفسّر

هذا رسم الكيفية العرضية، وذلك أنّ الأعراض أُسّها الشخص، فرسمها بقياسها إليه. وفائدة رسمه ايّاها ليعلمنا أنّ نظره إنّما هو فى الكيفية العرضية لا الجوهرية.

وقوله وأسمى ليس (١٤٢ ا) لأنّه لا اسم كان لها، وإنّما اقام قوله أسمى الكيفية مقام قوله والكيفية هى التى من حالها كذا.

قال ارسطوطالس

8 b 25 • والكيفية ممّا تقال على أنحاء شتى،

يريد واسم الكيفية يقال على أنحاء شتى، على الكيفية الجوهرية وعلى الكيفية العرضية. والكلام هاهنا فى العرضية وهى التى قال فلنسم نوعا واحدا منها ملكة وحال.

• فلنسم نوع واحد من الكيفية ملكة وحالا وتخالف الملكة الحال فى أنّها أبقى وأطول زمانا.

يريد فى أنّ الملكة ثابتة الوجود طولية الزمان والحال ليست كذلك.

قال المفسّر

كان سائلا سأله لِم حددت ورسمت الكيفية، وهذا شئ لم تفعله فى باقى المقولات، فهو يقول، فعلتُ ذلك لأنّ الكيفية تقال على انحاء شتى، اىْ هى اسم مشترك يقع على الجوهرية والعرضية، وهاهنا كلامى فى العرضية ونوع واحد منها أعني من العرضية الحال والملكة. وقد كنا قلنا إنّ الحال والملكة اختلافهما إنّما هو بالقياس إلى الزمان وإن كانا فى الموضوع واحد، وذاك أنّ الملكة تبثت فى الشئ زمان طويل والحال زمان قصير.

قال ارسطوطالس

8 b 29 • وما يجرى هذا المجرى العلوم والفضائل،

يريد ومما يجرى مجرى الملكة والمثال عليها.

• فإنّ العلم مظنون به أنّه من الأشياء الباقية التى تعسر حركتها.

يريد إذا كان قد طال زمانه وتاكد وجوده.

• وإن كان الإنسان إنّما شدا من العلم ما لم يحدث عليه تغير فادح من مرض أو غيره مما اشبهه[٣].

يريد لأنّ الأمراض الصعبة ينسى الإنسان معها اسمه.

• وكذلك أيضًا الفضيلة مثل العدل والعفة وكلّ واحد مما اشبه ذلك قد

---

٣ فى الهامش: كما قد حدث على القوم الذين نسوا اسماؤهم (فى نسخة فص)

يظن بها أنّها ليست سهلة الحركة ولا سهلة التغير.

يريد إذ كانت قد تاكدت وطال زمانها وصارت قنية للإنسان.

(١٤٢ ب) قال المفسّر

اورد امثلة على الملكة من الملكات النفسية العلمية والعملية. والملكة ترسم بأنّها صورة موجودة للشئ نفسا كان أو جسما عسر انصرافها عنه طويل مكثها فيه. والفضائل هاهنا يريد بها الفضائل التى تكون بحسب النطق والرؤية وتقسيطات العقل، لا التى هى كالجبلة بمنزلة الشجاعة فى الأسد والعفة فى الثور.

والملكات العملية ليس يريد بها التى تجرى على طريق التلقين والتشبيه كما نرى خلقا من المتنسكين يتعففون لأنّهم راوا غيرهم بهذه الصفة لا لأنّهم عرفوا طبيعة العفة وأنّه واجب استعمالها، لكنّ للتى يرتبها العقل ويفهمها[٤] ويقضى بالعمل بها.

واستثناؤه ما لم يحدث تغير فادح، لأنّ كثيرا من العلماء مرضوا أمراضا خرجوا منها وقد انسوا اسمائهم فضلا عن علومهم.

قال ارسطوطالس

• وأمّا الحالات فتسمى بها الأشياء السهلة الحركة السريعة التغير مثل الحرارة والبرودة والمرض والصحة. 8 b 35

يريد فأمّا الحالات فهى توجد للشئ ويسهل انصرافها عنه من الكيفيات وتغيره منها.

• وسائر ما اشبه ذلك،

يريد إذا كانت مدة لبثه مدة قريبة.

• فإنّ الإنسان قد قبل بهذه حالا على ضرب من الضروب.

يريد لأنّه قد تغير بها ضربا من التغير وإذا سئل عنه بكيف وقع الجواب بها.

• إلا أنّه قد يتغير بسرعة،

يريد أنّها قد تتغير عنه بسرعة وتنصرف.

---

٤ فى الهامش: ويفهمها

• فيصير باردا بعد أن كان حارا وينتقل من الصحة الى المرض،
يريد وكلّ ذلك فى مدة يسيرة قريبة.

• وكذلك الأمر فى سائرها؛
يريد فى جميع الأشياء التى تحدث فى الشئ فإنّه يكون بها بحال ما إذا كان زمان لبثها فيه سريع.

• إلا أن يكون الإنسان
(١٤٣ ا) يريد اللهمّ إلا أن تطول مدة هذه الاحوال ويعسر زوالها فتصير ملكات فى الموضوع الذى تكون فيه إنسانا كان أو غيره.

• قد صارت هذه الأشياء أيضًا له على طول المدة حالا طبيعية لا شفاء لها أو عسرت حركتها جدا،
يريد حالا متاكدة يعسر زوالها وانصرافها من موضوعها الذى هى فيه.

•فلعله يكون للإنسان أن يسمى هذه حينئذ ملكة.
يريد لاجل تاكد وجودها.

قال المفسّر
يورد امثلة على الحالات من الحالات الجسمية لأنّها اظهر. والحال ترسم بأنّها صورة موجودة للشئ نفسا كان ذلك الشئ أو جسما سريع زوالها يسير زمانها.
وفائدة استثنائه بطول الزمان وتاكد الوجود، وإن كان قد ذكر فيما تقدم الملكات، ليورد امثلة عليها من الأشياء الموجودة للجسم، لأنّ الامثلة المتقدمة كانت من الملكات الموجودة للنفس.
وفائدة قوله ولعله من قبل أنّ امثال هذه تعرض فى الاحايين بمنزلة سوء المزاج وحمى الدق.

قال ارسطوطالس
• ومن البين أنّه إنّما يقتضى اسم الملكة الأشياء التى هى اطول زمانا واعسر حركة، 9 a 4
يريد واعسر تغير وزوال من الموضوع الذى هى فيه.

• فإنّهم لا يقولون فيمن كان غير متمسك بالعلوم تمسكا يعتد به لكنّه سريع التنقل إن له ملكة،

يريد سريع الانتقال والعود إلى جهلها إن له ملكتها.

• علـى أنّ لمـن كان بهـذه الصفـة حال ما فـى العلم[٥] إمّـا اخس وإمّا افضل،

يريد إذ كان قد تاثر ضربا ما من التاثر.

• فيكون الفرق بين الملكة والحال أنّ هذه سهلة الحركة وتلك اطول زمانا واعسر تحركا.

(١٤٣ ب) يريـد فيصير الفرق بين الملكـة والحال تاكد الوجود ولا تاكده وطول الزمان وقصره.

قال المفسّر

لمّا رسم الملكة والحال واوضح رسم بهما من الاستقراء، أخذ أن يوضح أنّ الملكة على ما رسمها وكذلك الحال من اللغة وآراء الجمهور.

قال ارسطوطالس

• والملكات هى أيضًا حالات وليس الحالات ضرورة ملكات. 9 a 10

يريد والملكات توصف بأنّها حالات لأنّها قبل أن تتاكد كانت حالات ولا يجـوز أن توصف الحال بالملكة لأنّ زمـان الحال قصير وزمان الملكة طويل.

• فإنّ من كانت له ملكة فهو بها بحال ما أيضًا من الاحوال،

يريد مع أنّ له ملكة فهو بتلك الملكة بحال من الاحوال.

• فأمّا من كان بحال من الاحوال فليست له لا محالة ملكة.

يريد لأنّ الملكة تحتاج أن يقرن بها طول الزمان وتاكد الوجود.

قال المفسّر

يفـرق بين الحال والملكة وإن كانا فى الموضوع واحد، واختلافهما فى

---

٥ فى الهامش: فى العلم

النســبة، ويقول إنّ الملكة تكون حالا اوّلا، ثم يتاكد فتصير ملكة، فأمّا الحال فلا تكون اوّلا ملكة.

قال ارسطوطالس

• وجنس آخر من الكيفية قوة ولا قوة، 9 a 14

يريد غير الملكة والحال.

• هو الذى به نقول ملاكزين أو محاضرين أو مصححين أو ممراضين،

يريد وهو الذى به نقول إنّ فى الشــئ تهيؤ واســتعداد نحو الملاكزة والمحاضرة والصحة والمرض.

• وبالجملة ما قيل بقوة طبيعية أو لا قوة.

يريد وبالجملة التهيؤ نحو الأمر الطبيعي كالصحة وهو الذى ســماه قوة ونحو الأمر الخارج عن الطبع كالمرض وهو الذى سماه لا قوة.

قال المفسّر

قوله جنس افهمه جنســا متوســطا، وهذا الجنس هو تهيؤ واستعداد موجــود، إمّا (١٤٤ ا) للنفس أو للجســم، نحو أمر من الأمور وصورة من الصور، إمّا يفعلان بها أو ينفعلان.

وقوله لا قوة لا تفهمه بمعنى الســلب لكــنّ دالا على صورة وتهيؤ، نحو أمر غير طبيعي بمنزلة المرض مثلا.

قال ارسطوطالس

• وذلك أنّه ليس يقال لكلّ واحد من اشباه هذه ان له حالا ما، 9 a 16

يريد أنّ كلّ واحد من الأشــيا ء المعــددة وهى التى نقول فيها إنّ لها تهيؤ ليست بحال من الاحوال لكنّ فيها استعداد لقبول الحال.

• لكنّ من قبل أنّ له قوة طبيعية أو لا قوة فى أن يفعل شــيئا بســهولة أو لا ينفعل شيئا.

يريد لكنّ من قبل أنّ فيه تهيؤ واستعداد نحو أمر طبيعي أو خارج عــن الطبع وهو الذى به يقال إنّ فيه قــوة ولا قوة نحو الفعل والانفعال بسهولة.

قال المفسّر

يفـرق فى هذا الباب بـين النوع الثانى والنـوع الاوّل. ويقول النوع الاوّل هـو صورة بالفعل. وهذا هو تهيؤ، إمّا نحو أمر طبيعي فيُسـمى قـوة، أو نحو الصور غير الطبيعية فيُسـمى لا قـوة، إذ كان ذلك عدم القوة على الأمر الطبيعي.

قال ارسطوطالس

• مثال ذلك أنّه يقال ملاكزيون أو محاضريون ليس من قبل أنّ لهم 9 a 19
حالا ما،

يريد أنّ فيهم قوة على الملاكزة أو المحاضرة لا لأنّ فيهم هذه الاحوال لكنّ على أنّ فيهم هذه القوة عليها.

•لكنّ من قبل أنّ لهم قوة طبيعية على أن يفعلوا شيئا بسهولة.

يريد على أن يسارعوا نحو هذه الافعال بسهولة.

• ويقال مصححون من قبل أنّ لهم قوة طبيعية على أن لا ينفعلوا شيئا بسهولة من الافات العارضة.

(١٤٤ ب) يريـد مـن قبـل أنّ فيهم تهيؤ نحـو مكافحة الأمراض ومدافعتها.

• ويقـال ممراضـون من قبـل أنّ لا قوة لهم طبيعية علـى أنّ لا ينفعلوا شيئا.

يريد من قبل أنّه ليس فيهم استعداد طبيعي على الامتناع من قبول المرض بل يقبلونه بسهولة.

قال المفسّر

يورد المثال على القوة ولا قوة.

ونحـن فقد قلنـا إنّه لا ينبغى أن يفهم لا قوة كالسـلب، لكنّ على التهيؤ نحو الأمر غير الطبيعي.

قال ارسطوطالس

• وكذلك الأمر أيضًا فى الصلب واللين؛ 9 a 24

يريـد وكمثل القول فى الملاكزيـين القول فى الصلب واللين، فإنّ فى

الصلب قوة على الا ينفعل بســهولة على أن يصير صلبا وفى اللين قوة على الانفعال بسهولة ليس على أن يصير لينا.

• فإنّه يقال صلب[٦] من قبل أنّه له قوة على أن لا ينقطع بسهولة، يريد أنّ فيه قوة على الا ينفعل بها بسهولة.

• ويقال لين من قبل أن لا قوة له على هذا المعنى بعينه. يريد بل انقطاعه وتفرقه بسهولة.

قال المفسّر

صورة هذا صورة شــكّ بهذه الصفة، الصلابــة واللين احوال بالفعل، والصلــب واللين هما اللذان لهما قــوة على المدافعة ولا مدافعة، فبعض الاحوال قوة.

وحلّ الشــكّ يجرى على هذا، الصلب واللين، الصلابة واللين فيهما بالفعل. والتهيؤ ليس هو نحو هذين، لكنّ نحو الانفعال وعدم الانفعال، ولهذا افرد الكلام فيهما للشــكّ الطارئ عليهما، لأنّهما بالفعل، ويظن بهما أنّهما بالقوة. والقوة والتهيؤ فيهما ليس هى على الصلابة واللين، لكــن[٧] على الانفعــال وعدم الانفعــال، فإنّ الخشــبة لصلابتها يصعب قطعها، والثوب للينه يسهل تخريقه. وهاهنا ينقطع الكلام فى تفصيل هذا التعليم.

٦ فى الهامش: صلب
٧ فى الهامش: نكن

التعليم الحادى والعشرين

قال ارسطوطالس

9 a 28 • وجنس ثالث من الكيفية كيفيات انفعالية وانفعالات.

(١٤٥ ا) قال المفسّر

لمّا استوفى ارسطوطالس الكلام فى النوعين الاوّلين من أنواع الكيفية وهما الملكة والحال وقوة ولا قوة، انتقل إلى الكلام فى النوعين الآخرين وهما الكيفيات الانفعالية والانفعالات والشكل والخلقة. وقدّم الكيفيات الانفعالية على الشكل والخلقة، لأنّ الكيفيات الانفعالية توجد للنفس والجسم معا جميعا، والشكل والخلقة توجد للجسم فقط.

وأمّا على رأى المفيودوروس واللينوس فمن قبل أنّ الكيفيات الانفعالية كيفيات عمقية أعنى أنّها تكون فى عمق الجسم، والشكل والخلقة من الكيفيات الموجودة فى سطوح الاجسام وليتهما لمّا وقفا على مثال ارسطوطالس على الكيفيات الانفعالية بالبياض والسواد، وهما فى سطح الجسم لم يقدما على مثل فعلاه[1].

فلنبدأ بالكلام فى الكيفيات الانفعالية والانفعالات. وهذه بمنزلة الحلاوة والمرارة والبياض والسواد.

الحدّ والقسمة

ونحن نشرع فى أن نحدّد هذا النوع ونقسمه. ونذكر الفرق بين الكيفية الانفعالية والانفعالات، فنقول إنّ الكيفية الانفعالية هى صورة موجودة فى الشئ يلزمها معنى الانفعال، إمّا لأنّ الشئ الذى هى فيه ينفعل بها عند وجودها فيه، أو لأنّ المدرك لها ينفعل بها أو لهما جميعا. وإذا سئل عن الشئ بكيف هو، وقع الجواب بها، وهذه تنقسم إلى ما من شأنه أن يدرك بانفعال، ولا تحدث فيما تكون فيه بانفعال منه. ومنها ما تحدث فى الشئ الذى هى موجودة فيه بانفعال منه، ولا تدرك بانفعال، أعنى أنّ المدرك لها لا يدركها بأن ينفعل. ومنها ما تحدث فى الشئ الذى هو موجود فيه بانفعاله، ويدركه المدرك له

---

١ Cfr. Olymp., In Cat. 115, 24 ff.

بانفعال.

القسم الاوّل

أمّا القسم الاوّل فالمثال عليه سائر الكيفيات الملموسة والمشمومة والمذوقة والمبصورة مما هو موجود فى الشئ منذ اوّل أمره وعند جبلته والذى لم يوجد الا وذلك له بمنزلة الحلاوة فى العسل، فإنّ الحلاوة لم تحدث فى العسل بعد وجوده والفراغ من كونه، لكنّها فيه منذ اوّل أمره. وخاصة له لازمة لم يتمّ وجوده إلا بها، لكنّها تدرك بانفعال. وذلك أنّ حاسة الذوق إنّما تدركها بأن تنفعل بها هى، والتها التى تدركها بتوسطها أعنى اللسان. أمّا هى فتنفعل انفعالا روحانيا بأن تدرك معنى الحلاوة وصورتها. وأمّا التها فانفعالا هيولانيا بأن تصير حلوة. وبمنزلة بياض الثلج والققنس، فإنّ البياض موجود للثلج والققنس من غير انفعال، أعنى من غير أن يكمل وجودهما ثم انفعلا حتى حصلا بهذه (١٤٥ ب) الصفة، لأنّه فيهما منذ اوّل أمرهما، لكنّه يدرك بانفعال، فإن حس البصر يدركه بأن ينفعل به. وانفعاله انفعال روحانيا لا هيولانيا. وهذا بأن ينطبع بصورته، ولهذا ما يقال فى هذه الكيفيات إنّها تدرك بانفعال، لأنّ الشئ الذى هى موجودة فيه لا يتغير بها كما يتغير من الحرارة العرضية الطارئة عليه إلى البرودة العرضية الطارئة عليه، لكنّها له من اوّل وجوده لازمة له. ولا المدرك لها يتغير عند ادراكه لها تغيرا هيولانيا، لكنّ روحانيا، والحق هو أنّها تدرك بانفعال روحانى أعنى بأن يتحصل مثلها فى المدرك. ولا تدرك بانفعال هيولانى بأن يتحصل فى المدرك لها كيفية طبيعية مثلها.

القسم الثاني

والقسم الثاني أعنى الذى يتولّد بانفعال ولا يدرك بانفعال بمنزلة سائر الكيفيات اللازمة للنفس، كالحقد وتيه العقل والعشق، وهذه تتولّد بتغير ما للمزاج، فإنّ عند الغضب يتغير مزاج القلب بالحرارة، وكذلك عند الحقد وعند اللذة، يبرد يسيرا جسم القلب لانتشار الحرارة فى البدن بأسره. وبالجملة لا بُدّ أن يكون للجسم عند حدوث هذه الكيفيات النفسانية تغير، والعقل يدرك هذه لا الحس لأنّ الحس يدرك الكيفيات المحسوسة؛ فأمّا هذه فليست بمحسوسة أعنى نفس طبيعة الغضب والحقد والتيه والعشق واللذة، فالعقل إذا يدركها. والعقل لا ينفعل أعنى لا يدرك ما يدركه بأن ينفعل، إذ كانت مدركاته تتحصّل له لا فى زمان، والانفعال هو فى زمان لكنّه يفهم معنى الشئ فهْما. ويحصل صورته تحصيلا روحانيا، ولهذا ما يدرك الضدين معا. واعلم أنّ العقل لا ينفعل انفعالا هيولانيا بأن توجد فيه صورة الغضب الطبيعية، فأمّا روحانيا فينفعل، لأنّه ينطبع فيه مثال صورة الغضب.

وكذلك الحس ينفعل انفعالا روحانيا من محسوساته سوى أنّ العقل يعلم مدركه، والحس لا يعلم مدركه، فيقول ارسطوطالس إنّ الكيفيات التى فى القسم الاوّل[٢] تدرك بانفعال يريد بانفعال روحانى إذ كان الحس يدرك محسوسه بأن ينفعل انفعالا روحانيا. وفى هذا القسم قال إنّ العقل يدرك بغير انفعال، يريد بغير انفعال[٣] طبيعى وهيولانى، والا فهما جميعا فى أنّهما يدركان ادراكا روحانيا ولا يدركان ادراكا طبيعيا واحدا.

القسم الثالث

والقسم الثالث بمنزلة سائر الكيفيات المذوقة والمشمومة والملموسة والمدركة بالبصر الموجودة للشئ لا فى اوّل أمره بمنزلة ملوحة ما البحر، فإنّه يحدث بالانفعال جسم البحر انفعالا هيولانيا، (١٤٦ ا) وذلك أنّه يحدث بسبب مخالطة البخار الدخانى له، وهو جسم أرضى محترق وانفعاله به. ويدرك بانفعال، وذلك أنّ حس الذوق ينفعل منه ولكن انفعالا روحانيا، وهكذا صورة سائر الكيفيات المشمومة إذا لم تكن للشئ من اوّل أمره، كالأشياء المطيبة بالمسك، والمبصرة كالأشياء المبيضة، والملموسة كالأشياء التى تجعل خشبة أو ملسا، فإنّ هذه تنفعل بهذه الكيفيات انفعالا جسمانيا، ويدركها المدرك على جهة روحانية.

الفرق

فأمّا الفرق بين الكيفيات الانفعالية والانفعالات فليس هو من قبل اختلاف طبيعتيهما أعنى من قبل أنّ طبيعة الانفعالات غير طبيعة الكيفيات الانفعالية، وكيف يكون نوع واحد مؤلف من طبيعتين مختلفتين: وهما صورة واحدة، لكنّ هذه الصورة إذا نوسب بينها وبين الزمان إن وُجدت يسيرة اللبث بمقدار ما، لا يمكن أن تقع فى الجواب عند السؤال عن الشئ[٤] بكيف، سميت انفعالات كحمرة الوجه عند الخجل وصفرته عند الفزع؛ فإنّ هذا التغير لا يلبث. وإن كان لبثها فى الزمان طويلا سُميت كيفية انفعالية، لأنّ الشئ يسأل عنه بكيف، ويقع الجواب بها. فإنّا نقول كيف هو فيقال احمر وطيب الرائحة وخشن وتائه العقل. ونسبة الكيفية الانفعالية إلى الانفعالات كنسبة الملكة إلى الحال، وذاك أنّ الزمان بطوله وقصره يفعل الفروق بين هذه. وهى فى الموضوع واحد وفى الطبيعة ويختلف تحديدهما من قبل الزمان، فهذا كاف فى النظر فى النوع الثالث.

٢ فى الهامش: الاول
٣ فى الهامش: يريد بغير انفعال
٤ فى الهامش: عن الشئ

الشكل والخلقة

والنوع الرابع هو الشكل والخلقة. والشكل هو صورة موجودة فى الشئ بها يقال فيه إنّه مربع أو مستدير أو مثلث أو غير ذلك. وبالجملة فالشكل هو صورة التثليث والتربيع وغيرهما مما يشبههما، ويوجد فى الاجسام المتنفسة كالحيوان والنبات، وغير المتنفسة كالمنحوتة والمصورة.

والمفيذوروس يحدّده بأنّه الذى يحيط به حد أو حدود، أمّا المستدير فيحيط به حد واحد أعنى خطا واحد، والمستقيم أكثر من حد واحد.

والخلقة هى صورة موجودة للشئ بها يقال فيه إنّه متناسب الاعضاء أو غير متناسب، أو إنّه قبيح الصورة أو حسنها. وبالجملة هى صور تناسب اعضائه، وتوجد فى المتنفسة حسب، وبالجملة فيما له اعضاء إليه مؤلف بعضها إلى بعض.

والمفسّرون يقولون إنّها بالحيوان احق من النبات، إذ كان الحيوان أشدّ تفصيحا وأكثر تركيبا واعضاء، وبالإنسان احق من الحيوان. (١٤٦ ب) وبالجملة كلّما كان الشئ أكثر تركيبا كان هذا المعنى فيه احق لاجل تناسب اعضاء التركيب والدقة فى تركيبها.

والشكل يقال على الخلقة، والخلقة لا تقال على الشكل، كما تقال الحال على الملكة ولا ينعكس الأمر حتى تقال الملكة عليها، لأنّ الملكة والحال طبيعة واحدة وموضوع واحد يختلفان بتاكد الوجود وطول الزمان. فأمّا هذه فطبائعها تختلف. وأيضًا فالشكل يستعمله المهندس والطبيعى، فإنّ الطبيعى يبين أنّ شكل السماء كرى، ويبين أنّ الاشكال الكرية اعسر انفعالا من الاشكال المستقيمة الخطوط. والمهندس يبين لوازم الاشكال وخواصها.

والخلقة إنّما يستعملها الرجل الطبيعى حسب، لأنّها لا تكون إلا فى الاجسام الطبيعية حسب، وفيما هو مؤلف من الآلات. وهذا النوع وإن كان رابعا فهو مقدم عند الفلاسفة، إذ كان فلاطن يجعل اشكال الاجسام التى منها تركب العالم خمسة، وسيتضح ذلك فى كتاب السماء والعالم.

وارسطوطالس فى السابعة من السماع الطبيعي يزعم أنّ التغير فى الشكل ليس باستحالة لكنّ كونا أو تابعا للكون، ولا ينزله منازل الأعراض، إذ كان الشئ الواحد لا ينتقل من التربيع إلى التثليث، ولا من الاستقامة إلى الانحناء وهو باقى على مجرى طبيعته كما ينتقل من السواد إلى البياض. وصناعة الحيل شديدة الانتفاع به، فإنّها تجعل

الأشياء السريعة الحركة كرية. وصناعة الخطابة والشعر تجعل للقول شكلا ولا تخرجه ساذجا.

وبالجملة فالكيفية تنقسم إلى الصورة التى بالفعل، وهى التى يسميها ملكة، والى التهيؤ، وهى التى يسميها قوة ولا قوة. والصورة يقسمها إلى الموجودة فى النفس، وهى جميع الكيفيات الموجودة لها، العلمية كالعلوم وما جرى مجراها، والاخلاقية كالفضائل والرذائل، وتسمى كيفيات انفعالية وانفعالات. والى الموجودة فى الجسم، وهذه تنقسم إلى الكيفيات المشبهة لكيفيات النفس، أعنى أنّها انفعالية وانفعالات، كالحرارة والبرودة والحلاوة، وبالجملة الملموسات والمذوقات وغيرها. والى الكيفيات التى لا تشبه كيفيات النفس وإنّما تختص بالجسم حسب، وتسمى شكلا وخلقة. ولم تخرج هذه من الكيفيات الانفعالية (١٤٧ ا) لأنّ الشئ لا ينفعل بها ولا تدرك بانفعال، لكن سميناها من الاخاص، ولهذا ما تنقبض هذه الثلاثة الأقسام إلى قسمين، إلى الكيفيات الانفعالية والانفعالات، والى الشكل والخلقة، فتكون أنواع الصورة نوعين. وكذلك القوة، والكيفيات الانفعالية والانفعالات سواء كانت للنفس كالفضائل والعلوم والاخلاق، كتيه العقل والغضب أو للجسم كالكيفيات الجسمية، لا تخلو أن تكون للشئ من اوّل أمره، فلا يقال فيها إنّها تتولد عن انفعال لكن تدرك بانفعال. وافهم روحانى سواء كان المدرك العقل أو الحس، وقد يجوز أن يقال فيها إنّها لا تدرك بانفعال يعنى طبيعيا، فإنّ العقل لا تتحصل فيه صورة الغضب الطبيعية ولا الحس اللون الطبيعي، أو لا تكون للشئ من اوّل أمره، فتتولد بانفعال النفسانية منها والجسمانية؛ فإنّ عند حدوث الغضب وعلم العقل لما يعلمه يتغير الجسم ضربا من التغير، وكذلك عند ما يسخن ويبرد. والمدرك لها يدركها بانفعال روحانى لا هيولانى.

وارسطوطالس يجعل هذين القسمين ثلاثة أقسام، ويقول إنّ من الكيفيات الانفعالية ما لا يتولد بانفعال ويدرك بانفعال ويعنى روحانيا، ومنها ما يتولد بانفعال، يدرك بغير انفعال يعنى طبيعيا كتيه العقل والغضب. فإنّ العقل يدركه لا بأن تتحصل فيه صورته الطبيعية، ومنها ما تتولد بانفعال وتدرك بانفعال كسائر كيفيات الأشياء المركبة إمّا بالاتفاق أو بالصناعات كملوحة ماء البحر وما يحدث عند صناعة الطبيخ وما يجرى ذلك المجرى[٥]. وبالجملة فالكيفيات العرضية النفسية

---

٥ فى الهامش: ومنها...وما يجرى ذلك المجرى

والجسمية، إمّا أن تكون للشئ منذ اوّل أمره، فلا تتولد بانفعال طبيعى وتــدرك بانفعال روحانى، فإنّ الحـس والعقل يدركها ادراكا روحانيا أو تكون له بعد وجوده، وهذه إمّا أن تثبت أو لا تثبت، فإن لم تثبت سُميت انفعالات حسـب، ويكون تولّدها بانفعال طبيعى وادراكها روحانى؛ أو تثبت فتُسـمى كيفية روحانية انفعالية، وتحدث بانفعال طبيعى وتدرك بانفعــال روحانــى. وقد يمكن فى هذه كلّها أن يقــال فيها إنّها لا تدرك بانفعال ويعنى به طبيعى.

وبالجملة فالكيفيات كلّها النفسية والجسمية، لا تخلو أن يُنظر فيها بحسب القابل أو المدرك، و القابل يقبلها قبولا طبيعيا والمدرك روحانيا، فــإن كانــت فى القابل من اوّل أمرها قيل فيهــا إنّها لم تتولّد بانفعال. وإن كانــت من بعد قيل إنّها تولدت بانفعال جســمانى. وإن أخذت فى المدرك ســوا ء كان المدرك حسا أو عقلا، فكلّها تدرك بانفعال ولا تدرك بانفعــال، تدرك بانفعال روحانى ولا تدرك بانفعال طبيعى. (١٤٧ ب) وإذا زاوجت بين هذه حدثت بينها اربع مزاوجات، فالكيفيات الجســمية والنفســية، إمّا أن تتولد بانفعال وتــدرك بانفعال، أو لا تتولد بانفعال ولا تدرك بانفعال وهذا قسم باطل، أو تتولد بانفعال ولا تدرك بانفعال، وافهــم لا تــدرك بانفعال طبيعى، أو لا تتولد بانفعــال وتدرك بانفعال وهذه هى الموجودة للشئ من اوّل أمره.

وتحقيق الكلام فى الكيفية يجرى على هذا، الكيفية هى نسبة الحال الدخيلة، وإنّما عدل ارسطوطالس إلى تصييرها هى نسبة السؤال بكيف والجواب به لأنّ هذه النسبة اظهر فى الكيف وتلك احق، لأنّ الثانية من سؤال السائل، وتلك من نفسها. وهو يقسمها إلى القوة والصورة.

والعلة التى من اجلها لم يقسم باقى المقولات هكذا وإن كان واجبا، لأنّ الجنس يُحمل على مــا بالقوة والفعل، لأنّه وُجــد فيما بالفعل من تلك طبيعتين مختلفتين، فقســم ما بالفعل وخلى عن قســمة ما بالقوة لظهورها. وهاهنا دعته الحاجة إلى ذلك لأنّه لم يجد فيما بالفعل مقابلا، فقســمه بحســب القوة والصورة. والصورة ســماها ملكة وحالا، ملكة بقياس طول الزمان وتاكــد الوجود، وحالا بقياس قصر الزمان وانحلال الوجــود. وســمى التهيؤ قوة ولا قــوة وإن كان الجميــع تهيوا بالقياس إلى ما هو تهيؤ عليه، فســمى التهيؤ نحــو الأمر الطبيعى قوة، ونحو الخارج عن الطبع لا قوة. وقســم الملكة والحال إلى الكيفيات الانفعالية والانفعالات والى الشــكل والخلقة، لأنّ الكيفية العرضية إمّا أن توجد للنفس والجســم جميعا، أو للجســم حســب، فإن كانت للنفس والجسم

جميعا سميت كيفية انفعالية، وإن كانت للجسم حسب سميت شكلا وخلقة. والكيفية لا تنفعل، وإنّما سميت بهذا الاسم من قبل القابل لها والمدرك، فالقابل يقبلها بانفعال ولكن طبيعى والمدرك يدركها بانفعال ولكن روحانى لا طبيعى، فلهذا سُميت كيفية انفعالية.

ويجب أن تعلم أنّ كلّ الكيفيات العرضية توجد بانفعال القابل وتدرك بانفعال المدرك، وافهم القابل الهيولى البعيدة والمدرك الحس العقل، وافهم الهيولى البعيدة فى هذه ما فيه تهيؤ، والقريبة ما قد قبلت، فكلّها على هذا الوجه تحدث بانفعال (١٤٨ا) طبيعى بقياس هيولاها التى فيها التهيؤ، ولا تحدث بانفعال طبيعى بقياس ما هى فيه بالفعل. ولهذا قسمها ارسطوطالس إلى التى تحدث بانفعال ولا تحدث بانفعال وتدرك بانفعال ولا تدرك بانفعال. وكلّها يلزمها هذا بنسب مختلفة، وإنّما اورده فيها مبعّضا ليريك أنّ الأقسام تمرّ فيها كلّها. وإنّما افرد الشكل والخلقة وإن كانت أيضًا كيفية انفعالية، لأنّها تختص بالجسم وتجعل له وضعا والبواقى ليس كذلك ولأنّها مركبة من البعد والحال، والمثلث موضوعه البعد، والكيفية فيه التثليث، وبالتثليث يدخل فى الكيفيات الانفعالية، وبالتركيب يختص فيكون نوعا مفردا. والفرق بين الشكل والخلقة، إنّ الخلقة هى مجتمع اشكال كثيرة، والشكل شئ بسيط مفرد، فالخلقة هى اجتماع اشكال اعضاء آلية نفسية تحدث لها بحسبها يحكم عليها بالقبح والحسن.

والعلة فى أنّه لم يقسم هذه المقولة إلى أنواع أنواع ولا الجوهر كما فعل فى الكم، لأنّ كلّ مقولة طبائع ما فيها يجب عن مزاج فأنواع أنواعها لا تنحصر. ولهذا إذا بلغ إليها كف عن التعديد وما تكون عن نضد لا عن مزج تنحصر أنواع أنواعها، وهذه الكمية، فأنواع أنواعها تنحصر؛ فمقولتى الجوهر والكيف ويفعل وينفعل والمضاف أنواع أنواعها لا تنحصر، فأمّا الكم والزمان والمكان والقنية فأنواع أنواعها تنحصر. والوضع فمن جهة مادّته ينحصر، ومن جهة صورته لا ينحصر لأنّ الخلق والاشكال تختلف بحسب الامزجة. والعلة فى أنّه جعل الشكل فى مقولة الكيف وإن كان من الكم والكيف ولمْ يجعل فى مقولة الكم، لأنّ الشئ بصورته احق منه بمادّته.

المتخلخل، المتكاثف، الخشن،

ومن بعد فراغ ارسطوطالس من الكلام فى اربعة أنواع الكيفية يعرض بذكر المتخلخل والمتكاثف والخشن والأملس. ويزعم أنّها احق بمقولة موضوع من الكيفية لأنّك إذا حددتها وجدت مقولة الموضوع احق بها من الكيفية، والحدّ دال على

الأملس

طبيعة الشئ، فإنّ المتخلخل هو جسم أجزاؤه بعيد وضع بعضها من بعض، والمتكاثف هو جسم أجزاؤه متقاربة أعنى متقارب وضع بعضها من بعض. والخشن هو جسم أجزاؤه تاتى بعضها من بعض. والأملس جسم أجزاؤه سطحها واحد مستوى، فيكون الوضع داخلا فى حد هذه، فتكون بمقولة موضوع احق.

فأمّا نحن فنقول إنّ هذه وإن كانت (١٤٨ ب) أخصّ بمقولة موضوع إلا أنّها كيفيات وداخلة فى الكيفية وذاك أنّ الجواب يقع بها عند السؤال عن الشئ بكيف هو، فإنّا إذا سئلنا عن الشئ بكيف هو، فإنّا نجيب بأنّه خشن أو أملس أو غير ذلك. وهذه فى الحقيقة كيفيات وصور موجودة فى الشئ لا نسب. وارسطوطالس يدخلها فى الموضوع ويجعلها اطرافا لهذه المقولة للسبب الذى ذكرنا.

وبالجملة الخشونة والملاسة والتخلخل والتكاثف بالكيفية احق من الموضوع، وهذه كيفيات شكلية، والخشن والأملس والمتخلخل والمتكاثف بالموضوع احق لأنّ الشئ بها على نصبه.

وارسطوطالس يعلّم بعد الفراغ من الكيفية عن ذوات الكيفية أعنى الأشياء القابلة للكيفية لسببين، أحدهما من قبل أنّه ترجم هذه المقولة بالكيف والكيفية. وكان الكيف اسما مشتركا يقع على الكيفية وذوات الكيفية، فلمّا علّم عن الكيفية يعلّم الآن عن ذى الكيفية. والثانى من قبل أنّ الكيفية موجودة فى شئ أعنى فى جسم موضوع لها والشئ الذى توجد فيه يُسمى منها على ضروب كثيرة مختلفة، فواجب أن يعلّمنا كيف يُسمى القابل للكيفية من الكيفية.

ويجب أن تعلم أنّ القابل للكيفية هو الجوهر، والكيفية عرض، وشتان بين طبيعتيهما سوى أنّه لمّا اشتركا فى أنّ أحدهما قابل والآخر مقبول اتفقا بسبب ذلك فى الاسم حسب، فهو يقول إنّ ذوات الكيفية أعنى الاجسام القابلة للكيفية العرضية تُسمى من الكيفية العرضية على ثلاثة ضروب، على طريق المشتقة اسماؤها كالكاتب من الكتابة والشجاع من الشجاعة، وهذا هو الأكثر وما سواه شاذّ ونادر. وعلى طريق المتفقة اسماؤها بمنزلة الشئ الذى لونه يُسمى أبيض يُسمى هو أبيض أيضًا، فيتفقان فى اسم الأبيض. وعلى طريق المتباينة اسماؤها، كالحريص من الفضيلة كما من عادة اليونانيين أن يفعلوا، فإنّهم لا يسمّون الشئ من الفضيلة فضلا لكنّ حريصا، وهذا اصطلاح وعادة. وهاهنا ينقطع الكلام، وعلى العادة نجرى فى ايراد الشكوك وحلولها.

الشكوك

واوّل شك يطرأ صفته هذه الصفة، كيف يزعم ارسطوطالس أنّ

الكيفيات الانفعالية (١٤٩ ا) الكائنة للشئ من اوّل أمره بمنزلة الحلاوة فى العسل كيفيات عرضية، ومنها تقوم جوهر العسل إذ كان العسل لا يوجد إلا بأن يكون حلوا؟

وحلّ الشك يجرى على هذا، الحلاوة فى العسل ليست صورته الحقيقية، لأنّ الكيفيات المذوقة لا تكون صورة لشئ من الأشياء الطبيعية جوهرية له، بل صورة الأشياء الطبيعية المركبة هى الكيفيات الملموسة. والعلة فى ذلك أنّ تركيبها من الاسطقسات الاربعة، وهذه صورة الحار والبارد والرطب واليابس، فإذا فعل بعضها فى بعض لكون الشئ المركب، انحطت صوراتها ووقفت عند صورة متوسطة فيها، فتلك هى صورة للشئ وتتبعها الآن باقى الكيفيات المذوقة والمشمومة وغيرها، فتكون هذه خواصا له لازمة. والملموسة هى الجوهرية، فتكون صورة العسل الحرارة الموجودة له؛ فأمّا الحلاوة فخاصة تابعة له، إلا أنّها متى توهم ارتفاعها ارتفع العسل، لا لاجلها، لكنّ لارتفاع المزاج الذى وجبت عنه، أعنى الحار، فيكون ارتفاع الشئ لاجل ارتفاع صورته الجوهرية. وهكذا افهم فى سائر الخواص التى بحسب صورة الشئ أنّها متى توهم ارتفاعها ارتفع الشئ الذى هى فيه، فلم يكن ارتفاعه لارتفاعها لكنّ لارتفاع الصورة التى هى خاصة به. وهذا الحلّ تنحلّ جميع الشكوك فى امثال هذه الكيفيات، فهذا كاف فى حلّ هذا الشك.

وقد يطرأ شكّ ثان صفته هذه الصفة، كيف يقول ارسطوطالس إنّ التخلخل والتكاثف ليسا من الكيفيات لكنّ من الموضوع. وفى السماع الطبيعى فى المقالة الأولى يجعلهما التضاد الاوّل فى الكيفية، ويرقى جميع الكيفيات إليهما ويصدرهما وينزلهما فى الأعالى.

وحلّ الشكّ يجرى على هذه الصفة: فى السماع الطبيعى نظره فى هذين بقياسهما إلى الهيولى الأولى. وبحسب هذا النظر يكونان كيفيتين تنتقش بهما الهيولى فتكثف تارة وتتخلخل تارة، فإنّ الهيولى إذا لبست صورة الحرارة فتخلخلت عملت نارا. وإذا لبست صورة البرودة فتكاثفت، عملت أرضا. وفى هذه الصناعة ينظر فيهما أعنى فى التكاثف والتخلخل بقياسهما إلى هذه الاجسام المحسوسة ذوات الأجزاء (١٤٩ ب) التى هى اجسام، وبحسب هذا النظر يدخلان فى مقولة موضوع لأنّ الاجسام إمّا أن تكون أجزاؤها مفرقا بعضها من بعض، فتكون متخلخلة أو متصلا بعضها ببعض، فتكون متكاثفة. والشئ الذى بهذه الصفة دخوله فى الموضوع احق من دخوله فى الكيفية بسبب الحد، فإنّ حدّهما يدخلهما فى الموضوع لا فى الكيفية.

وبالجملة فهاهنا ادخل الخشـن والأملـس والمتكاثف والمتخلخل فى الموضوع لا التخلخـل والتكاثف، فهذان بالكيفية احق، فهذا كاف فى حلّ هذا الشـك. وعنده ينقطع الكلام فى جملة هذا التعليم، فلنأخذ فى تفصيله.

التفصيل

قال ارسطوطالس

• وجنس ثالث من الكيفية كيفيات انفعالية وانفعالات، 9 a 28

يريد وجنس ثالث متوسـط من الكيفية وهـو الكيفيات الانفعالية والانفعـالات. والكيفية الانفعالية هى التـى بانفعال إمّا من القابل أو المدرك أو منهما جميعا.

• ومثال ذلك هذه الحلاوة والمرارة وكلّ ما كان مجانسا لهذين،

يريد بكلّ ما كان مجانسا لهذين سائر الكيفيات المطعومة.

• وايضا الحرارة والبرودة والبياض والسواد.

يريد هذه بأسرها هى من الكيفيات الانفعالية.

قال المفسّر

قوله جنس يريد به جنسا متوسطا، والكيفيات الانفعالية والانفعالات واحدة فى الموضوع كثيرة فى الحد. واختلافهما بحسـب نسـبتهما إلى الزمان.

والكيفيـات الانفعاليـة إمّا أن تتولد بانفعـال أو تدرك بانفعال أو يلزمها الصفتان جميعا.

قال ارسطوطالس

• وظاهر أنّ هذه كيفيات، 9 a 31

يريد الكيفيات الانفعالية.

• لأنّ ما قبلها قيل فيه بها كيف هو،

(١١٥٠) يريد لأنّ ما هى فيه إذا سُئل عنه كيف هو، وقع الجواب بها.

• مثال ذلك العسل يقال حلو لأنّه قبل الحلاوة.

يريد مثال ذلك إن سُئل عن شئ كيف هو، فيجاب ويقال حلو أو أبيض.

• والجسم يقال أبيض لأنّه قبل البياض،

يريد لأنّ فيه صورة البياض فإذا سُئل عنه بكيف وقع الجواب بالبياض.

• وكذلك يجرى الأمر فى سائرها.

يريد فى سائر الكيفيات الانفعالية.

قال المفسّر

يبيّن أنّ هذا النوع من أنواع الكيفية على ما ادعى بأن يرى أنّ رسم الكيفية ينطبق عليه.

قال ارسطوطالس

• ويقال كيفيات انفعالية ليس من قبل أنّ تلك الأشياء انفسها التى قبلت هذه الكيفيات انفعلت شيئا، 9 a 35

يريد ويقال إنّ فى الشئ كيفيات انفعالية ليس من قبل أنّ الأشياء القابلة لها انفعلت حتى قبلتها كالعسل، فإنّه لم يقبل صورة الحلاوة بأن انفعل وتغير فصار حلوا، إذ كانت هذه له فى أصل وجوده.

• فإنّ العسل ليس يقال حلو من قبل أنّه انفعل شيئا ولا واحد من سائر ما اشبهه.

يريد ولا الشئ من الأشياء التى للكيفية الملموسة والمذوقة لها من اوّل وجودها.

• وعلى مثال هذه أيضًا الحرارة والبرودة يقالان كيفيتين انفعاليتين،

يريد ومثل الحلاوة والحرارة والبرودة الموجودتان فى الشئ من اوّل أمره.

• ليس من قبل أنّ تلك الأشياء انفسها التى قبلتها انفعلت شيئا،

(١٥٠ ب) يريد لم يقل فيهما إنّهما كيفيتان انفعاليتان من قبل أنّ الأشياء القابلة لهما انفعلت شيئا ما حتى قبلتهما.

• بل إنّما يقال لكلّ واحدة من هذه الكيفيات التى ذكرناها كيفيات انفعالية من قبل أنّها تحدث انفعالا فى الحواس.

يريد من قبل أنّ المدرك لها ينفعل بها عند ادراكها لها بالانطباعها فيها.

• لأنّ الحلاوة تحدث انفعالا ما فى المذاق والحرارة فى اللمس،
يريد بطباعها فيها.

• وعلى هذا المثال فى سائرها ايضا.
يريد فى سائر الكيفيات المذوقة والملموسة التى هى للشئ منذ اوّل أمره.

قال المفسّر
هذا القسم الاوّل من الكيفية الانفعالية وهو الذى يُدرك بانفعال ولا يتولد عن انفعال. وهذا بمنزلة سائر الكيفيات المذوقة والملموسة وغيرها الموجودة للشئ من اوّل أمره.

قال ارسطوطالس
9 b 9 • فأمّا البياض والسواد وسائر الالوان فليس إنّما تقال كيفيات انفعالية بهذه الجهة التى بها قيلت هذه التى تقدم ذكره،
يريد فأمّا البياض والسواد وسائر الالوان الحادثة فى الشئ بعد كونه وهو فى الرحم أو غيره فى مدة بقائه، فإنّها تحدث بانفعال وتدرك بانفعال الشئ الذى توجد فيه.

• لكنّ من قبل أنّها انفسها إنّما تولدت من انفعال.
يريد أنّه ليس يقال فيها إنّها كيفيات انفعالية من قبل أنّها تدرك بانفعال لكنّ من قبل أنّها تدرك بانفعال وتتولد بانفعال.

قال المفسّر
هذا صنف ثان من الكيفيات الانفعالية وهو ما يدرك بانفعال ويتولد بانفعال. (١٥١ ا) وهذا هو سائر الكيفيات المحسوسة التى ليست للشئ من اوّل أمره. وارسطوطالس خلى عن الصنف الاوّل وإن كان ظاهرا فيه أنّه يحدث عن انفعال، لأنّه يحدث بتغير ذات الشئ ويدرك كذاك، وخصّص البيان فى الالوان حتى إذا بان فى هذه بأنّ فى الكلّ.

قال ارسطوطالس

9 b 11 • ومن البيّن أنّه قد تحدث عن الانفعال تغايير كثيرة فى الالوان.

يريد وظاهر أنّه عند ما ينفعل الإنسان تحدث له الوان إن لم تكن له ويتغير فى الالوان الموجودة له.

• من ذلك أنّ المرء إذا خجل احمر وإذا فزع اصفر وكلّ واحد مما اشبه ذلك،

يريد ويتغير اللون فى جميع ما يشبه هذه لسبب من الاسباب إمّا لغوور الحرارة إلى داخل أو لبروزها إلى خارج.

• فيجب من ذلك إن كان أيضًا إنسان قد ناله بالطبع بعض هذه الانفعالات من عوارض ما طبيعية،

يريد قد تغير تغيرا فى أصل الجبلة من أعراض عرضت بعد وجوده وهو فى الرحم أو لمادّته التى كان منها.

• فلازم أن يكون لونه مثل ذلك اللون.

يريد فلازم أن يحدث له لون يشبه اللون الحادث من بعد.

• وذلك أنّه إن حدث الآن حال ما عند الخجل لشئ مما للبدن، فقد يمكن أيضًا أن تحدث تلك الحال بعينها فى الجبلة الطبيعية،

يريد وذلك أنّه إن حدثت حال ما عند الخجل أعنى لونا يتغير ويصير اصفر احمر، وهذا بسبب الحار وهربه إلى داخل أو بروزه إلى خارج، وقد يمكن أن يحدث مثل ذلك والإنسان بعد فى الرحم وفى وقت الجبلة أو يكون يريد فى وقت أنّ المادّة التى منها تكون يتغير هذا التغير عند مزجها، فيكون اللون الحادث له هذا اللون لا أنّ الشئ وجد وتغير يحدث له لون طبيعى بهذه الصفة، إذ كان مع وجوده يكون ذا لون.

• فيكون اللون أيضًا بالطبع مثله.

يريد فى أصل الجبلة مثل الحادث عند الخجل.

قال المفسّر

(١٥١ ب) يبيّن من النظائر أنّ الالوان الكائنة فى الجبلة يحدث عن انفعال، ولا تفهم انفعال الشئ نفسه لكنّ انفعال مادّته، فإنّ الشئ لا

يوجد ثم ينفعل ثم يصير ذا لون. وقوله بالطبع يريد به من اوّل الأمر.

والقياس صورته هذه الصورة، الالوان الحادثة اخيرا والكائنة اوّلاهما فى الصورة واحدة الحادثة اخيرا إنّما تحدث عن تغيير الموضوع وانفعاله، فالالوان الاوّل التى هى موجودة للشئ عند وجوده صورتها هذه الصورة.

قال ارسطوطالس

9 b 19 • فما كان من هذه العوارض كان ابتداؤه عن انفعالات ما عسرة حركتها وكانت ذات ثبات فإنّه يقال لها كيفيات؛

يريد فما كان من هذه الأشياء الحادثة كالحمرة والصفرة وحدوثه هو عن سبب ثابت يبقى و يعسر زواله، فإنّه يدعى كيفية لأنّ الشئ الذى هو فيه إذا سُئل عنه بكيف يوقع الجواب به.

• فإنّ الصفرة والسواد إذا كان تولدهما فى الجبلة الطبيعية فإنّها تدعى كيفية إذ كنا قد يقال فينا به كيف نحن، وإن كانت إنّما عرضت الصفرة أو السواد من مرض مزمن أو من احراق الشمس، فلم تسهل عودته الى الصلاح أو بقى ببقائنا قيلت هذه أيضًا كيفيات. وذلك أنّه قد يقال فينا بها على ذلك المثال كيف نحن.

يريد لأنّ هذه تثبت فيسأل عنا بها بكيف ويقع الجواب.

• فأمّا ما كان حدوثه عما يسهل انحلاله ووشيك عودته إلى الصلاح قيل انفعالات، وذلك أنّه لا يقال به فى احد كيف هو،

يريد فأمّا الأشياء التى تحدث ويسهل زوالها، فإنّها تدعى انفعالات لأنّ ما هى فيه قد انفعل بها ولا يقال لها كيفيات لأنّها لا تثبت حتى يسأل عن الشئ بها بكيف ويجاب بها.

• فإنّه ليس يقال لِمن أحمر من الخجل احمرى،

يريد لأنّ الحمرة تزول بسرعة ولا تثبت بمقدار ما يسأل عن الشئ بكيف ويجاب بها، وكذلك الصفرة لكنّ الشئ يكون قد انفعل بذلك ضربا من الانفعال.

• ولا لِمن أصفر من الفزع مُصفرّ لكنّ إنّه انفعل شيئا، فيجب (١١٥٢) أن تقال هذه وما اشبهها انفعالات ولا تقال كيفيات.

يريد أنّ هذه لأنّ الشئ انفعل بها يقال لها انفعالات ولأنّ الشئ إذا سئل عنه بكيف لا يقع الجواب بها، لا يقال لها كيفيات.

قال المفسّر

يأخذ الآن فى الفرق بين الكيفية الانفعالية والانفعالات. وهو أنّ الكيفية الانفعالية هى التى تعسر حركتها ويطول مكنها حتى إذا سُئل عن الشئ بكيف هو، وقع الجواب بها. فأمّا الانفعالات فزوالها سريع ولا تثبت حتى إذا سُئل عن الشئ بكيف هو، وقع الجواب بها. وجعل الفرق فى هذا القسم من أقسام هذا النوع لأنّ فيه تجتمع الانفعالات والكيفيات الانفعالية، لا فى الأشياء الثابتة من اوّل الجبلة أو العسرة الزوال، فإنّ هذه هى كيفيات ابدًا.

قال ارسطوطالس

9 b 33 • وعلى هذا المثال يقال فى النفس أيضًا كيفيات انفعالية وانفعالات.

يريد على مثال ما قلنا إنّ فى الجسم كيفيات انفعالية وانفعالات، هكذا نقول إنّ فى النفس.

• فإنّ ما كان تولده فيها منذ اوّل التكوّن عن انفعالات ما فإنّها يقال لها أيضًا كيفيات لأنّها إذا سُئل عنها بكيف اجيب بها.

يريد فإنّ ما حصوله فى النفس فى الجبلة ويعسر زواله يقال فيه كيفيات للعلة التى قلنا، وهذا المزاج يوجبه بأنّ القلب الحار غضوب ابدًا وبالجملة لكلّ واحد من هذه مزاج يوجبه.

• ومثال ذلك تيه العقل والغضب وما جرى مجراهما،

يريد فإنّ هذه كيفيات نفسية توجد لمّا هى له من اوّل وجوده إذا كان مزاجه يوجبه.

• فإنّه يقال فيهم بها كيف هم، فيقال غضوب وتائه العقل.

يريد إنّ الأشياء التى هذه موجودة لها لاستحكام وجودها وثباتها إذا سئل عما هى فيه بكيف، وقع الجواب بها.

• وكذلك أيضًا سائر أصناف تيه العقل إذا لم تكن طبيعية لكن كان

تولدهـا عن عـوارض ما اخر يعسـر (١٥٢ ب) التخلص منها أو غير زائلة أصلا تقال كيفيات، وذلك أنّه يقال فيهم بها كيف هم.

يريد لكن حدثت بعد الجبلة إلا أنّها عسرة الزوال لمزاج حدث اوجبها لا يتخلص منها البتة.

• وما كان حدوثه فيها عن اشـياء سهلة وَشـيكة العودة إلى الصلاح، فإنّها تقال انفعالات، مثال ذلك الإنسـان إن اغتم فاسـرع غضبه، فإنّه ليس يقال غضوب من اسرع غضبه بمثل هذا الانفعال، بل أحرى أن يقال إنّه انفعل شيئا،

يريد لأنّه إلى حين اشـتق له الاسـم من هذه الحال قد بطلت إذ كانت سهلة الوجود سريعة الزوال، فلا يقال لهذه الحال كيفية لكنّ انفعال.

• فتكون هذه إنّما تقال انفعالات لا كيفيات.

يريد تُسمى انفعالات لأنّ الشئ انفعل بها ولا تُسمى كيفيات لأنّها لا تثبت حتى يسأل عن الشئ بكيف.

قال المفسّر

قولـه على هذا المثـال يعنى به على مثال الكيفيـة الانفعالية التى فـى الجسـم كذلك فى النفس، ولا تفهم أنّ النفـس تنفعل، بل الكيفية التـى تدركها تتولـد بانفعال ولا تدرك بانفعـال، اىْ تتولد عن انفعال الجسم والمزاج، والنفس تنطبع بصورتها من غير انفعال، إذ كانت النفس الناطقة تدرك ما تدركه بغير انفعالات، لأنّها تدركه لا فى زمان، وهذا شـئ يتبـيّن فى كتاب النفس، وافهم أنّهـا لا تنفعل انفعالا طبيعيا بل روحانيا.

قال ارسطوطالس

10 a 11 • وجنـس رابـع من الكيفيات الشـكل والخلقة الموجـودة فى واحد واحد،

يريد وجنس متوسط من أجناس الكيفية رابع.

• ومع هذين أيضًا الاستقامة والانحناء وشئ آخر إن كان يشبه هذه،

يريد ومع الشكل والخلقة الاسـتقامة والانحناء والالتفات والتدوير وغير ذلك فهذه تدخل فى الشكل.

• وبكلّ واحد من هذه يقال كيف الشئ،

يريد وفى جميع هذه إذا سُئل عن الشئ بكيف هو، وقع الجواب به فتكون بهذا الوجه كيفيات.

(١١٥٣) • فإنّه قد يقال فى الشئ بأنّه مثلث أو مربع كيف هو وبأنّه مستقيم أو منحنى.

يريد فإنّه إذا سُئل عن الشئ بكيف هو، يقع الجواب بأنّه مثلث أو مربع.

• ويقال أيضًا فى كلّ واحد بالخلقة كيف هو.

يريد وذلك أنّه إذا سئل عن الشئ بكيف هو، اجيب بأنّه حسن الخلقة او قبيحها.

قال المفسّر

قوله جنس يريد به جنسا متوسطا، والشكل بمنزلة المربع والمستدير، والخلقة هى تناسب وضع الاعضاء أو غير تناسبها، وافراده للاستقامة والانحناء لأنّهما يصلحان أن يدخلا فى كلى القسمين المتقدمين بوجهين. وقوله وما اشبه هذه، فيعنى به الانعطاف والالتفات والتدوير.

قال ارسطوطالس

10 a 16 • فأمّا المتخلخل والمتكاثف والخشن والأملس فقد يظن أنّها تدل على كيف ما.

يريد فقد يظن بهذه الأشياء أنّها تدل على الكيفية إذ كان الشئ إذا سئل عنه بكيف هو، وقع الجواب بها.

• الا أنّه قد يشبه أن تكون هذه وما اشبهها مباينة للقسمة التى فى الكيف.

يريد لأنّ هذه إذا تصفح أمرها وجدت من قبل حدودها غير داخلة فى أنواع الكيف التى عددت.

• وذلك أنّه قد ظهر أنّ كلّ واحد منها احرى بأن يكون إنّما يدل على وضع ما للأجزاء،

يريد من الخشن والأملس والمتكاثف والمتخلخل.

• فإنّه إنّما يقال كثيف بأنّ اجزائه متقارب بعضها من بعض.
يريد ويظهر من أمرها أنّه اوّلى بها أن تدخل فى مقولة موضوع.

• ويقال متخلخل بأنّ اجزائه متباعد بعضها عن بعض.
يريد بأنّ اجزائه بعضها إلى حيث بعض وغير مفرقة بعضها عن بعض.

• ويقال أملس بأنّ اجزائه موضوعة على استقامة،
يريد لا ينتؤا بعضها عن بعض بل كلّها كأنّها فى سطح واحد.

(١٥٣ ب) • ويقال خشن بأنّ اجزائه بعضها تفضل وبعضها تقصر.
يريد ينتؤا بعضها عن بعض ولا تكون فى سطح واحد.

قال المفسّر

بيّن من حدود هذه الاربعة أنّها من الموضوع لا من الكيف، وقد تدخل فى الكيف بوجه قد شرحناه فى جملة هذا التعليم. والمفيودورس يعتقد أنّ الاستقامة والانحناء بمقولة موضوع احق[٦].

قال ارسطوطالس

• ولعلّه قد يظهر للكيفية ضرب ما آخر، 10 a 25
يريد ولعلّه قد يظهر للكيفية على الاطلاق صنف آخر إلا أنّ ما يحتاج إلى ذكره هاهنا من أصنافها، هو ما ذكر وهو أقسام الكيفية العرضية.

• الا أنّ ما نذكره خاصة من ضروبها، فهذا مبلغه.

قال المفسّر

قال ذلك بسبب أن ليس كلامه فى كلّ الكيفيات لكنّ فى العرضية والدخلية. فأمّا فى الكيفيات الجوهرية وهو الصورة والفصل وعلى ما يظن العدم، فإنّ التهيؤ على الصورة تُسمى أيضًا صورة، فليس يتكلم فيها هاهنا، بل فيما بعد الطبيعة.

---

٦ Olymp., In Cat. 125, 3 ff.

قال ارسطوطالس

• فالكيفيات هى هذه التى ذكرتْ. 10 a 27

يريد فأنواع الكيفية العرضية هى التى ذكرتْ.

• وذوات الكيفية

يريد الأشـيا ء القابلة للكيفية هى التى تسـمى بها إمّا على طريق المشتقة أو على طريق المتفقة أو على طريق المتباينة.

• هى التى تقال بها على طريق المشتقة اسماؤها ،

يريد هى التى تسمى منها على طريق المشتقة.

• أو على طريق آخر منها كيف كان.

يريد إمّا على طريق المشتقة[٧] أو على طريق المتباينة.

(١٥٤ ا) • فأمّا فى أكثرها أو فى جميعها الا الشاذّ منها ، فإنّها تقال على طريق المشتقة اسماؤها.

يريد وأكثر ذوات الكيفيات تسمى من الكيفيات الموجودة لها على طريق المشتقة.

• مثـال ذلك مـن البياض أبيض ومن البلاغة بليـغ ومن العدالة عادل وكذلك فى سائرها.

يريد فى سـائر الكيفيات المشـابهة له، فإنّ الشـئ يسمى بها على طريق المشتقة.

• وأمّا الشاذّ منها ،

يريد وأمّا الشاذّ من الكيفيات وهذا اشارة إلى جنس قوة ولا قوة.

• فلأنّه لم يوضع للكيفيات اسما ء ،

يريد فلأنّ الكيفيات لا اسما ء لها ، فليس يمكن أن يخترع لِما هى فيه اسـما ء منها ، فإنّ جنس القوة ولا قوة ليس لأنواعه واشـتخاصه اسما ء يسمى بها غير اسم الجنس بل كلّها تسمى تهيؤا.

---

٧ تحت المشتقة: المتفقة

• فليس يمكن أن يكون يقال منها على طريق المشتقة اسماؤها.

يريد فليس يمكن أن تسمى منها على طريق المشتقة اسماؤها، فإنّ الذى فيه تهيؤ على المحاضرة وتهيؤ على الملاكزة ليس لها اسماء تخص بها يشتق لها منها.

• مثال ذلك المحاضرى او الملاكزى الذى يقال بقوة طبيعية، فليس يقال فى اللسان اليونانى من كيفية من الكيفيات على طريق المشتقة اسماؤها.

يريد أنّ الذى فيه قوة على المحاضرة أو الملاكزة ليس لهذه التهيؤات فيه اسماء خاصة تشتق للشئ اسم منها، بل إنّما ينسب إلى ما هو تهيؤ عليه.

• وذلك أنّه لم يوضع للقوى فى اللسان اليونانى اسماء فيقال بها هو لا كيف هم،

يريد أنّه ليس للقوة ولا قوة اسماء خاصة بها فى اللسان اليونانى، بل كلّها تسمى باسم (١٥٤ ب) الجنس، حتى إذا سُئل عن الأشياء التى هى فيها بكيف هى، يجاب بها على طريق المشتقة، اللهمّ إلا أن يقال فى الشئ من التهيؤ متهيئ إلا أنّ هذا ليس هو اشتقاقا من اسم القوة الخاصة، إذ كان لا اسم يفهم لها وإنّما بنسبتها إلى الصورة التى هى تهيؤ عليها.

• كما وضع للعلوم وهى التى بها يقال ملاكزيون أو مناضليون

يريد كما وضع للعلوم والصنائع التى هذه التهيؤات عليها بمنزلة علم الملاكزة والمناضلة التى يشتق لما هى فيه اسم منها، فيقال ملاكزى ومناضلى.

• من طريق الحال، فإنّه يقال علم ملاكزى اىْ علم الملاكزة وعلم مناضلى اىْ علم المناضلة.

يريد من طريق أنّه اشتق لهم اسماء من اسماء احوالهم فيقال ملاكزى ومحاضرى.

• ويقال فى حالهم من هذه على طريقة لمشتقة اسماؤها كيف هى.

يريد اىْ وتشتق الاسماء التى هذه احوال منها اسماء منها وإذا سئل عنها بكيف اجيب بها.

• وربّما كان لها اسم موضوع ولا يقال المكيف بها على طريق المشتقة اسماؤها.

يريد وربّما كان للاحوال اسماء موضوعة ولا يشتق للكيف اسماء منها لأنّ العادة لم تجر بذلك.

• مثال ذلك من الفضيلة مجتهد.

يريد مثال ذلك مَن له فضيلة يقال له مجتهد فى اللسان اليونانى ولا يقال له فاضل.

• فإنّ الذى له فضيلة فإنّما يقال له مجتهد ولا يقال فى اللسان اليونانى من الفضيلة على طريق المشتقة اسماؤها كيف هم.

يريد لا يشتق له اسم من اسم الفضيلة لكن يُسمى مجتهد.

• وليس ذلك فى الكثير،

يريد وليس يجرى هذا كثيرا بل فى يسير وشاذ جرت به العادة.

• فذوات الكيفية تقال التى تدعى من الكيفيات التى ذكرتْ على طريق المشتقة اسماؤها أو على طريق آخر منها كيف كان.

(١١٥٥) يريد فذوات الكيفية هى التى تسمى من الكيفية الموجودة لها على طريق المشتقة أو على وجه آخر كيف.

قال المفسّر

يعلّمنا عن ذوات الكيفيات ويقول إنّها تتمّ تسميتها من الكيفيات على ثلاثة اضرب، إمّا على طريق المشتقة كالفصيح من الفصاحة، وإمّا على طريق المتفقة كما يُسمى ذو اللون الأبيض أبيض، وعلى طريق المتباينة كما يُسمى الحريص من الفضيلة.

والقوة ولا قوة وهى التهيؤات يشتق لها الاسماء من الاسماء الصورة والاحوال التى التهيؤ نحوها، لأنّ القوى لا اسم لها خاص لكنّها كلّها تسمى باسم عام وهو التهيؤ، فلو اشتق لما هى فيه اسم منها سُمى متهيئا، فكان هذا اشتاقا من الاسم العام لا الخاص. واسماء الأشياء التى التهيؤ موجود لها هى بالقياس إلى اسم القوة من المتباينة اسماؤها، فالملاكزى وهو الذى له قوة على الملاكزة مشتق من الملاكزة لا من القوة عليها، فيكون هذا الاسم بالقياس إلى القوة من المتباينة اسماؤها. وهاهنا ينقطع تفصيل هذا التعليم.

التعليم الثانى والعشرين

قال ارسطوطالس

• وقد توجد أيضًا فى الكيف مضادة. 10 b 12

قال المفسّر

لمّا عدد ارسطوطالس أنواع الكيفية، وعلّمنا عن ذوات الكيفية، أعنى الأشياء القابلة لها، وكيف يشتق لها الاسم من الكيفية، وبالجملة كيف تسمى منها، جرى على رسمه فى افادتنا خواص الكيفية التى تجرى لها مجرى الرسوم.

وهو يزعم أنّ خواص الكيفية اربع:

الخاصة الأولى

الأولى منهن وهى تختص باطرافها لا بالمتوسطات هى وجود التضاد فيها، بمنزلة السواد والبياض والحرارة والبرودة؛ فإنّ السواد ضد البياض، والحرارة ضد البرودة. ويجب أن تعلم أن ليس وجود التضاد فى الكيفية على مثال الجوهر بأن (١٥٥ ب) يكون الواحد منها يقبل الاضداد وهو ثابت، لكنّ هى الاضداد نفوسها.

وهذه الخاصة ليست للكيفية وحْدها، إذ كانت للمضاف؛ فإنّ اطراف المضاف يوجد فيها التضاد. ويفعل وينفعل أيضًا يوجد فيهما التضاد، فإن يسخن مضاد ليبرد، ويتسخن مضاد ليتبرد. ولا لها كلّها، أعنى أن ليس كلّ كيفية يوجد لها ضد، لكنّ للاطراف منها، فإنّ السواد يضاد البياض. فأمّا المتوسطات فلا تضاد فيها.

وبالجملة التضاد إنّما يكون فى اطراف الكيفية، كالبياض فى الغاية والسواد فى الغاية، فإنّ هذين الواحد منهما يضاد الآخر. فأمّا المتوسطات فلمشاركتها للطرفين جميعا لا يكون فيها تضاد للطرفين بما هى متوسطات، فإنّ الادكن لا يضاد معنى الاسود لما فيه منه، ولا للأبيض لما فيه منه؛ لا ولا النوع الاخير من الكيفية وهو الشكل والخلقة يوجد فيه تضاد، فإنّ المثلث لا يضاد مثلثا آخر ولا مربع.

وبالجملة إنّ ضاد شكل شكلا، فإمّا أن يضاد شكلا يشبهه وهذا محال؛ أو غيره، وغيره بلا نهاية، فيلزم أن يكون للضد الواحد اضداد

بــلا نهايــة. ويوجد أيضًا الضد فى ضده، فــإنّ المثلث موجود فى المربع وغيره. فأمّا ذيموقريطس فيعتقد أنّ فى الشكل تضادا وذلك أنّه يعتقد أنّ الشــكل الكثير الزوايا كالمربع والمثلث مضاد للشكل العديم الزوايا كالمستدير. وليس هذا بصحيح، فهذه هى الخاصة الأولى للكيفية.

والمفيــودوروس واللينوس يعتقدان هذه الخاصة للكيفية وحْدها، وإن وجدت للمضاف ويفعل وينفعل، فإنّها توجد لها من أجل الكيفية. وذاك أنّ الكيفيــة فى أصل الفعل والانفعال، فالتضاد ياتى الفعل والانفعال بسببها، فإنّ الاسخان يضاد التبريد لأنّ الحرارة تضاد البرودة[١].

الخاصة الثانية

والخاصــة الثانية للكيفية وهى تختص بالاطراف، هى أنّه متى وُجد احــد المضادين كيفا لزم أن يكون الآخر كيفــا، ولا يجوز أن يكون احد الطرفين كيفا والآخر لا، بمنزلة الســواد، فإنّه إن كان من الكيفية لزم أن يكون البياض من الكيفية ايضا.

وهــذه الخاصة تتضح بحجتين: الأولى منهما تجرى على هذه الصفة، متــى كان احد المتضادين كيفا، فالآخــر يلزم فيه أن يكون أيضًا كيفا. والدليل على ذلك أنّك إن عرضته على المقولات بأســرها ورمت ادخاله فيها، لم (١٥٦ ا) تجده يدخل إلا فى مقولة الكيف. فإنّ السواد الذى هو عديل البياض ليس بجوهر، لأنّه ليس بقائم بنفسه، ولا بكم لأنّه لا يقدر، ولا غير ذلك من المقولات، فبقى أن يكون كيفية، فإنّك إذا سألت عن الشئ بكيف، وقع الجواب به. وبالواجب كان الطرف والآخر كيفية، لأنّ الضدين يجمعهما جنس واحد، ويقبلهما موضوع واحد.

والحجــة الثانية إن كانت الافعال الصادرة عن الكيفيات تدخل تحت مقولــة واحدة، فإنّه يلزم أيضًــا فى الكيفيات مثل ذلك، والافعال بهذه الصفة، فإن يستخن وتبرد كلاهما داخلان فى مقولة يفعل. والكيفيات أيضًا كذلك، أعنى داخلة فى مقولة الكيفية.

وهذه الخاصة ليســت للكيفية كلّها، إذ كانت للاضداد منها حســب التى هى اطراف وليســت للمتوســطات. واللينــوس يدخلها فى ضمن الخاصة الأولى، ويجعلها شيئا واحدا، وهذا هو الصحيح.

الخاصة الثالثة

والخاصــة الثالثة هــى أنّ الكيفية تقبل الأكثر والأقل. وهذه الخاصة إنّما هى للمتوســطات حســب، لا للاطــراف؛ فإنّ المتوســطات لمّا كانت تكون من اختلاط الطرفين وانحدار احدهما إلى الآخر، جاء فيها الزيادة والنقصان، فقد يوجد ادكن أكثر فى معنى الدكنة من ادكن آخر، وكذلك

---

١ Olymp., In Cat. 127, 30

اصفر. فأمّا الاطراف فلأنّها فى الغاية لا توجد فيها زيادة ولأنّه نقصان بالقياس إلى نفسـها، فإنّه لا يوجد اسـود فى الغاية أكثر من اسود فى الغاية.

ولا للشكل والخلقة، فإنّ الشكل والخلقة لا يوجد فيهما أكثر وأقلّ، فإنّـه لا يوجـد مثلث فى معنى مثلث أكثر مـن مثلث آخر، إذ كانا فى حـد المثلث واحدا. ولا خلقة فى معنى خلقـة أكثر من خلقة أخرى، فإنّ ليـس احد من الناس فـى الصورة التخطيطية بأكثر من آخر، فإنّه ليس لأحـد من الناس انف بأكثر مما لآخر فى معنى الانف. وإنّما يختلفان فى الحسـن والقبح لا فى نفس معنـى الانف، فبالجملة الأكثـر والأقلّ فى الكيفيـة يكون فى امتزاج الطرفين. والاشـكال لا تمتـزج لأنّ الامتزاج حيـث التضاد، فلهـذا لا يكون فيها أكثر وأقـلّ، ولا فى الخلقة لأنّها شكل ما.

وبالجملـة فالكيفيـات ليس يخلـو أن تكون إمّا اطرافـا فى الغاية وإمّـا متوسـطات، والاطـراف (١٥٦ ب) لا تقبل زيـادة و لا نقصانا لأنّها فى الغاية. والمتوسـطات لمّا كان حدوثها من اختلاط الطرفين جاز فيها الزيادة والنقصان لما قلنا. وصورة ذوات الكيفيات، أعنى الأشياء القابلة للكيفيات فى الاختلاف وعدم الاختلاف كصورة الكيفيات؛ فإنّه إن كان القابـل قبل اطرافا لا زيادة فيهـا ولا نقصان، كان كذلك. وإن كان قبل ما فيه زيادة ونقصان، كان هو كذلك.

فأمّـا أنّ الشـكل والخلقة لا يقبلان الزيـادة والنقصان، فظاهر فيها ذلـك. وذاك أن ليـس مثلث بما هو مثلث أكثر من مثلث، ولا بأكثر من مربـع. وأيضًا فإنّ المثلثات حدّها واحد، ينطبـق عليها انطباقا واحدا. والمثلـث والمربـع بما هما كذلك متباينان فى الغايـة، ولا ينطبق عليهما حـدّ واحد، لا حدّ المثلث ولا حدّ المربع. وما يدخله الأكثر والأقلّ يحتاج أن يكـون متفقا فى معنى ما ومختلفا فيه بالزيادة والنقصان. والأكثر والأقـلّ على سـبيل القانون إنّما يوجد أنّ فى الأشـاء التـى تقبل حدّا واحدا، كبياضين أو سوادين، إلا أنّه لاحدهما أكثر وللآخر أقلّ.

وبالجملـة فالأكثر والأقلّ يوجد فى الأمـور التى تتفق فى معنى ما بالزيـادة والنقصان، لا فى الأمور التى تتفـق فى الغاية، ولا فى التى تختلـف فـى الغاية، وليس كذا صورة المثلثـين، ولا المثلث والمربع كما شرحنا.

وهذه الخاصة ليست للكيفية وحْدها، لكنّ للمضاف ويفعل وينفعل. فإنّ الاثنين أكثر فى غيرية المساواة للعشرة من السبعة؛ وهذا التسخين

أكثر من هذا التسخين؛ وهذا التسخن أكثر من هذا التسخن أو أقلّ. ولا لها كلّها، لكنّ للمتوسطات حسب. فإنّ هذه الخاصة توجد فيما هو لا فى الغاية من الاشتراك والاختلاف.

الخاصة الرابعة

والخاصة الرابعة للكيفية هى وجود الشبيه ولا شبيه، ومعنى هذا هو أن اىّ واحد واحد أخذته من الكيفية وجدته شبيها ولا شبيها، وذلك أنّك اىّ شخص عمدت إليه من أشخاص الكيفية، وجدت له هاتين النسبتين بالقياس إلى شيئين مختلفين.

وارسطوطالس يوضح هذه الخاصة بالاستقراء بياض ما وسواد ما وحمى ما، فإنّ كلّ واحد من هذه بالقياس إلى شئ من جنسه تكون له نسبة الشبيه، وبالقياس إلى آخر ليس من جنسه تكون له نسبة غير الشبيه. فإنّ السواد شبيه سواد آخر مثله ولا شبيه البياض. وهذه الحمى التى هى حمى الغبّ تشبه حمى أخرى مثلها ولا تشبه حمى الربع.

وهذه هى الخاصة الحقيقية الكيفية، إذ كانت لها وحْدها دون سائر المقولات. فإنّ تلك لا يتم فيها أن يكون أىّ (١٥٧ ا) واحد واحد أخذته من أشخاصها يقال فيه شبيه ولا شبيه، بل مساو ولا مساو فى الكم، وغير ذلك مما مضى. وهذه الخاصة هى لجميع الكيفية، فإنّ أشخاص الكيفية الواحد الواحد منها بهذه الصفة، ومتوسطاتها وأنواعها الواحد الواحد من اشخاصها بهذه الصفة.

والمفيوذوروس يقول، إنّها خاصية بالكيفية العرضية، وصدق لأنّ كلام ارسطوطالس فى الكيفية العرضية. ويتمّ فى الجوهرية لأنّ هذا النطق يقال فيه إنّه شبيه بهذا النطق وغير شبيه بنطق آخر[٢].

وانت فاعلم أنّ الأكثر والأقلّ يعودان فى الكيفيات الجوهرية إلى الافعال لا إلى الذوات. فإنّ الأمور الجوهرية التى انبنت منها ذوات الأمور لا تزيد ولا تنقص فى معنى كونها ذواتها. وإنّما تختلف افعالها بحسب اختلاف الآلات التى تستعملها. والعلة فى ذلك أنّها مقصودة من الطبيعة، وهى تفعل افعالها على مجرى الطباع لا على مجرى الرؤية، فتزيد وتنقص. فأمّا الكيفيات العرضية، فإنّها تختلف بالزيادة والنقصان فى نفسها، إذ كانت تتبع مزاجا، وليست مقصودة من الطبيعة اوّلا. وافهم هذا هكذا بالقياس إلى الطبيعة الجزئية، والا فالطبيعة الكلّية كلّ شئ عندها مقدر تقديرا.

والعلة فى أنّ خواص الكيفية ثلث والثانية داخلة فى الأولى، لأنّ

---

٢ Olymp., In Cat. 129, 23 ff.

الكيفيات لها اطراف ومتوسطات، فالخاصة إمّا أن توخذ من الاطراف وهى الأولى، أو من المتوسطات، وهى الثانية، أو منهما جميعا، وهى الثالثة الحقيقية.

وارسطوطالس يثير شكّا قويا بعد افادته الخواص التى تلزم الكيفية و يحلّه بحلّين: أحدهما لا بحسب رأيه، والآخر بحسب رأيه، وعنده يقطع الكلام فى مقولة الكيفية.

شكّ والشكّ صفته هذه الصفة، كيف زعمت أنّ الملكة والحال والعلم والحس من الكيفية، وعند كلامك فى المضاف عددتها فى أنواعه. وهذا يلزم منه أن يكون كلّ واحد منها من المضاف و الكيف، وكذلك فصولها تكون من المضاف والكيف، وانت قديما بينت أنّ فصول الأجناس المختلفة التى ليس بعضها مرتبا تحت بعض ولا لها شئ يشملها مختلفة بالصورة، لأنّ الأجناس المختلفة التى بهذه الصفة مختلفة فى الغاية، فكيف تتفق الآن أنواعها ومتوسطاتها وفصولها.

والحلّ الاوّل يجرى على هذه الصفة، أجناس هذه أعنى الملكة والحال والعلم من المضاف، لأنّها تقال الإضافة إلى آخر، فالملكة إلى المالك، والعلم إلى العالم. فأمّا أشخاصها، فمن الكيفية، (١٥٧ ب) مثال ذلك العلم هو من المضاف لأنّه يقال بالقياس إلى المعلوم. فأمّا هذا النحو الموجود لزيد، فمن الكيفية، والدليل على ذلك أنّه لا يقال بالقياس إلى شئ ولا يضاف إلى زيد، بل إذا سُئل عنه بكيف ووقع الجواب به، فيقال إنّه نحوى.

وهذا الحلّ غير مرضى، وإنّما اتى به لأنّ قوما كانوا يحلونه به. والا فطبيعة الشخص والنوع والجنس طبيعة واحدة، إذ كانت الكلّيات صورا انتزعتها النفس من الأمور المحسوسة. وجنس الشئ و نوعه وفصله تحمل عليه على طريق المتواطئة اسماؤها، فالطبيعة واحدة، فكيف يكون شخص شئ من الكيفية وجنسه من المضاف.

والحلّ الثانى وهو المرضى يجرى على هذا، ليس بعيب أن يكون شئ واحد يدخل فى مقولتين، بنسبتين اثنتين. والعلم أمّا من حيث يقع فى الجواب بكيف، يكون من الكيفية، ويرتقى الى مقولة الكيفية لا إلى المضاف، ومن حيث يقال بالقياس إلى المعلوم يكون من المضاف، ويرتقى إلى مقولة المضاف.

وقد قلنا دفعات إنّ الأمور الموجودة فى النفس التى انتزعتها من الأمور الخارجة، إذا نظر العقل فيها بنفوسها تُسمى ذوات، وبحسب ذلك ترتقى إلى صور غير متناهية، فإنّ هذا البياض وهذا البياض

يرتقيان إلى البياض الكلّى، وكذلك جميع الأمور. ولنسب توجد لها بقياسها إلى ذاتها أو الى غيرها، ترتقى إلى عشرة مباد فى نفوسها لا إلى غيرها، كنسبة استقلال بعضها بنفسه، ووقوع التقدير على بعضها، والجواب عند السؤال بكيف، وإضافة بعضها إلى بعض؛ فإنّ هذه الذوات كالنار والهواء والنطق والبياض وغير ذلك الموجودة فى النفس، منها ما توجد له نسبة الاستقلال بالنفس، فيجمع ما هذه النسبة له ويجعله جنسا واحدا هو الجوهر، ومنها ما توجد له نسبة التقدير، فيجمع ما هذه سبيله تحت هذه النسبة وهى الكم، ومنها ما توجد له نسبة الجواب عند السؤال بكيف ويرتقى إلى هذه النسبة. وكذلك باقى المقولات، فإذا نظر فى هذه الأمور بحسب نسب توجد لها فى ذواتها وبقياس بعضها إلى بعض ترتقى إلى عشرة. وإذا نظر فى هذه العشرة بقياس بعضها إلى بعض فى العموم والخصوص ترتقى إلى خمس وتارة إلى اثنين بحسب نسبة الاستقلال بالنفس ولا استقلال. وبهذه القسمة تنقسم الأمور إلى الجوهر والعرض، فترقيه الأمور إلى عشرة رؤوس فى هذا الكتاب هو بحسب (١٥٨ ا) نسب تعود إلى نفوسها وغيرها لا إضافة. ولهذه العلة صارت أجناس الأجناس نسبا كلّها، لأن ترقيه الأمور بحسب اشتراكها فى نسبة، فتلك النسبة عالية تعمّها كلّها، وهاهنا تنقضى جملة تعليمنا.

قال ارسطوطالس

10 b 12 • وقد توجد أيضًا فى الكيف مضادة.

يريد والمضادة أيضًا توجد فى مقولة الكيف.

• مثال ذلك أنّ العدل ضد الجور وكذلك البياض والسواد وما اشبه ذلك.

يريد أنّ العدل وهو من الكيفية ضد الجور وكذلك من اشبهه من الاطراف.

• وأيضًا ذوات الكيفية بها.

يريد تتضاد بسبب الكيفيات وذاك أنّ الاسود يضاد الأبيض بسبب البياض والسواد الموجودين لهما لا بما هما جواهر.

• مثال ذلك الجائر للعادل والأبيض للاسود إلا أنّ ذلك ليس فيها كلّها،

يريد إلا أنّ المضادة ليست فى جميع الكيفيات ولا فى جميع القابلة

لها لكن فى الاطراف والقابلة لها حسب، فأمّا الاوساط فلا تضاد فيها ولا فى القابلة لها.

• فإنّــه ليــس للاشــقر ولا للاصفر ولا لِما اشـبه ذلك مــن الالوان ضدا أصلا،

يريد من الالوان المتوسطة والقابلة للالوان المتوسطة.

• وهى ذوات الكيفية[٣].

يريد وهى قابلة للكيفية.

قال المفسّر

هذه هى الخاصة الأولى للكيفية، وليست لها كلّها ولا لها وحْدها، إذ كانت للمضاف وليســت للمتوسطات ولا للشكل. وذاك أنّ هذه الخاصة هى للاطراف حسب ولفظة أيضًا عطف لهذه الخاصة على المضاف.

قال ارسطوطالس

10 b 18 • وأيضًــا إن كان احد المتضاديــن ايهما كان كيفا، فإنّ الآخر أيضًا يكون كيفا.

يريد كما أنّ الاوّل أصل فى مقولة الكيفية كذلك الثانى.

(١٥٨ ب) • وذاك بيّن لمن تصفح سائر النعوت،

يريد ســائر المقولات فإنّه لا يجد الطرف الآخر يدخل فى شــئ منها سوى الكيفية.

• مثال ذلك إن كان العدل ضد الجور وكان العدل كيفا، فإنّ الجور أيضًا كيف، فإنّه لا يطابق الجور ولا واحدا من سائر النعوت.

يريــد أنّه لا يدخل ولا فى واحدة من المقولات ولا تنطبق واحدة منها عليه سوى الكيفية.

• لا الكم مثلا ولا المضاف ولا أين ولا واحد من سائر ما يجرى مجراها

---

٣ فى الهامش: فإنّ جميع الالوان المتوســطة ليس فيها شئ يضاد الآخر إذ كانت مختلطة من الضدين اللذين هما الأبيض والاسود.

البتة ما خلا الكيف.

يريد ولا غير ذلك من باقى المقولات ما سوى الكيفية.

• وكذلك فى سائر المتضادات التى فى الكيف.

يريد فإنّه إذا كان هذا الطرف منها كيفا فالآخر كيف.

قال المفسّر

هذه الخاصة الثانية للكيفية، وليست لها كلّها لكنّ للاطراف، واللينس لا يجعل هذه الخاصة مفردة، لكنّه يصلها بالأولى ويجعلها جزءا منها.

قال ارسطوطالس

10 b 26 • وقد يقبل أيضًا الكيف الأكثر والأقلّ، فإنّه يقال إنّ هذا أبيض بأكثر من غيره أو بأقلّ وهذا عادل بأكثر من غيره أو بأقلّ.

يريد ويخص الكيفية أنّه يوجد فيها الأكثر والأقلّ إلا أنّ هذا أمر يخص المتوسطات لا الاطراف.

• وهى انفسها تحتمل أيضًا الزيادة، فإنّ الشئ الأبيض يمكن أن يزيد بياضه فيصير أشد بياضا.

يريد والكيفيات أيضًا بنفوسها من دون الأشياء القابلة لها يوجد لها مثل ذلك، فإنّ البياض إذا كان من المتوسطات يكون أكثر وأقلّ.

قال المفسّر

هذه الخاصة الثالثة وليست للكيف وحْده، لكنّ للمضاف ويفعل وينفعل. (١٥٩ ا) ولا له كلّه، لكنّ للمتوسطات حسب، ولا للشكل والخلقة، وبحسب ما يقال فى الكيفيات من الزيادة والنقصان، كذلك يقال فى ذوات الكيفيات.

قال ارسطوطالس

10 b 29 • وليس كلّها ولكن أكثرها فإنّه مما يشكّ فيه هل تقال عدالة أكثر أو أقلّ من عدالة،

يريد وليس جميع الكيفيات تقبل الأكثر والأقلّ لكنّ أكثرها ويعنى المتوسطات، فأمّا الاطراف ولا تقبل الأكثر والأقلّ.

• وكذلك فى سائر الحالات،
يريد هل يقال فيها أكثر وأقلّ يعنى نفوس الكيفيات.

• فإنّ قوما٤ يمارون فى اشباه هذه،
يريد فى الكيفيات نفوسها فيقولون إنّها لا تقبل الأكثر والأقلّ.

• فيقولون إنّه لا يكاد أن يقال عدالة أكثر ولا أقلّ من عدالة ولا صحة أكثر ولا أقلّ من صحة، ولكنّهم يقولون إنّ لهذا صحة أقلّ مما لغيره ولهذا عدالة أقلّ مما لغيره، وعلى هذا المثال لهذا كتابة أقلّ من كتابة غيره
يريد أنّهم يقولون الآن الأشياء القابلة لها يقال فيها الأقلّ والأكثر، فأمّا هى نفوسها فلا تقبل الأكثر والأقلّ.

• وسائر الحالات.
يريد يقال فى الأشياء القابلة لها الأكثر والأقلّ وأمّا هى فلا.

• فأمّا ما يُسمى بها، فإنّها تقبل الأكثر والأقلّ بلا شك، فإنّه يقال إنّ هذا ابلغ من غيره واعدل واصح وكذلك الأمر فى سائرها.
يريد يقال فى القابلة لها الأكثر والأقلّ وفيها لا.

قال المفسّر
الشكّ مفهوم، وهو أنّ الحالات لا تقبل زيادة ولا نقصا، وذوات الحالات هى القابلة للزيادة والنقصان. وارسطوطالس خلى عن هذا الشكّ، لأنّ حلّه منطو فيه، وذاك أنّه لمّا كانت (١٥٩ ب) ذوات الكيفيات إنّما هى ذوات كيفيات بالكيفيات، وكانت بما هى ذوات كيفيات تزيد وتنقص، فلا ريب أنّ الكيفيات قد تلحقها الزيادة والنقصان. ولكنّ لما كانت الكيفيات منها اطراف فى الغاية وهذه لا تزيد ولا تنقص، ومنها متوسطات مختلطة من الاطراف وهذه يلحقها الزيادة والنقصان، كانت صورة ذوات الكيفيات كصورة الكيفيات الموجودة فيها.

---

٤ قوما: قوم

قال ارسطوطالس

11 a 5 • وأمّا المثلث والمربع فلن يظن أنّهما يقبلان الأكثر والأقلّ ولا شئ من سائر الاشكال البتة.

يريد والمثلث والمربع وجميع الاشكال لا يقال فيها إنّها تقبل الأكثر والأقلّ فإنّه لا يوجد مثلث أكثر من مثلث بما هو مثلث، إذ كان معنى المثلث فيها كلّها على وتيرة واحدة.

• فإنّ ما يقبل قول المثلث أو قول الدائرة فكلّه على مثال واحد مثلثات ودوائر.

يريد فإنّ جميع المثلثات التى تقبل حد المثلث وجميع الدوائر التى تقبل حد الدايرة قبولها لذلك على وجه واحد.

• وما لم يقبله فليس يقال إنّ هذا أكثر من غيره فيه،

يريد وما لم يقبل حد المثلث مثلا فليس يقال إنّه أقلّ أو أكثر من المثلث كالمربع.

• فإنّه ليس المربع فى أنّه دائرة أكثر من المستطيل إذ كان لا يقبل ولا واحد منهما حد الدائرة.

يريد فإنّه لا يقال فى المربع بأنّه فى معنى الدائرة أكثر واحق من المستطيل لأنّهما جميعا لا يحدّان بحدّ الدائرة فيكونان فى هذا المعنى بالزيادة والنقصان.

قال المفسّر

لمّا ذكر أشياء يمارى قوم فيها أنّها لا تقبل الأكثر والأقلّ، وكان رأيه بخلاف ذلك، أخذ أن يرينا انّما هى الكيفيات فى الحقيقة التى لا تقبل الأكثر والأقلّ، فهو يقول، إنّ جميع (١٦٠ ا) الاشكال والخلق وبالجملة جميع ما يحويه الجنس الرابع من الكيفية ليس فيه أكثر وأقلّ؛ فإنّك إذا أخذت مثلثين ومربعين أو غيرهما لا يصلح أن تقول إنّ احدهما أكثر من الآخر فى معنى المثلث، إذ كان حد المثلث ينطبق عليهما بالسواء، وذلك أنّ كلّ واحد منهما يُحدّ بأنّه شكل يحيط به ثلاثة خطوط مستقيمة. ولا إذا أخذت مربعا ومخمسا وجدتهما فى معنى المثلث أكثر ولا أقلّ، إذ كانا لا يناسبانه ولا يقبلان حدّه.

وأنت ينبغى أن تعلم أنّ الاطراف أيضًا مع الشكل والخلقة لا تقبل

الأكثر والأقلّ. ولا تفهم من هذا أنّ الاشكال لا يوجد فيها الأكثر والأقلّ علــى الاطلاق، لكن لا يوجد فيها ذلــك فى طباعها وذواتها؛ فأمّا فى مقاديرهــا فقــد يوجد ذلك، فإنّ مثلثا أقلّ من مثلث آخر وأكثر منه فى مقداره.

قال ارسطوطالس

• وبالجملة إنّما يوجد احد الشيئين أكثر من الآخر، 11 a 12

يريد ويقال فى احد الشــيئين إنّه أكثر من الآخر إذا كانت طبيعتهما واحدة والحد المنطبق عليهما حدّا واحدا، إلا أنّهما يتفاضلان فيه بالزيادة والنقصان كبياضين أحدهما اشرق من الآخر.

• إذا كانا جميعا يقبلان قول الشئ الذى يقصد إليه،

يريد إذا كان الحد المنطبق عليهما حدّا واحدا.

• فليس إذا كلّ الكيف يقبل الأكثر والأقلّ،

يريد فليس جميع الكيفيات تقبل الأكثر والأقلّ، فإنّ الشكل والخلقة لا يقبلانه ولا الاطراف.

• فهذه التى ذكرت ليس منها شئ هو خاصة للكيفية.

يريد حقيقية.

قال المفسّر

يفيد القانون فى الأشــيا ء التى يقال فيها إنّهــا أكثر وأقلّ، ويقول إنّها التى تقبل حدّا واحدا بالزيادة والنقصان، كســوادين أحدهما اشبع مــن الآخر. وقوله ليســت خواص للكيفية يعنى به أنّها ليســت خواص حقيقية.

قال ارسطوطالس

(١٦٠ ب) • فأمّا الشــبيه وغير الشبيه فإنّهما يقالان فى الكيفية وحْدها؛ 11 a 15

يريد والشــبيه وغير الشــبيه هما خاصة حقيقيــة للكيفية، فإنّ كلّ واحد من أشخاص الكيف يقال فيه شبيه ولا شبيه.

• فإنّه ليس يكون هذا شبيها بغيره بشئ غير ما هو به كيف،

يريد فإنّه لا يجوز أن يقال فى هذا الشئ إنّه يشبه هذا الشئ لا بمعنى الكيفية حسب.

• فتكون خاصة الكيفية أنّ بها يقال شبيه وغير شبيه.

يريد فتكون الخاصة الحقيقية للكيفية أنّ كلّ واحد من أشخاصها يقال فيه شبيه ولا شبيه.

قال المفسّر

هذه هى الخاصة الحقيقية للكيفية، وهى أنّ كلّ واحد من أشخاصها يقال فيه شبيه ولا شبيه. وهذا يتضح من الاستقراء، فإنّه لا يقال فى شئ شبيه ولا شبيه إلا فى الكيفية حسب.

قال ارسطوطالس

11 a 20 • وليس ينبغى أن يتداخلك الشكّ فتقول إنّا قصدنا للكلام فى الكيفية فعددنا كثيرا من المضاف إذ الملكات والحالات من المضاف.

يريد وليس ينبغى أن تظن أنّا قد خلطنا الكلام فى المضاف بالكلام فى الكيفية لذكرنا الملكات والاحوال وهى مضافات، فعددناها أنواعا للكيفيات.

قال المفسّر

بهذا الشكّ يختم ارسطوطالس الكلام فى الكيفية، والشكّ صفته هذه الصفة، الملكات والحالات من المضاف، والملكات والحالات من الكيفيات، فيلزم من هذا أن تكون أنواع واحدة باعيانها من مقولتين مختلفتين، وهذا محال.

قال ارسطوطالس

11 a 23 • فإنّه يكاد أن تكون أجناس هذه كلّها وما اشبهها مما تقال من المضاف،

يريد أنّ أجناس هذه أعنى الملكات والحالات تقال من المضاف.

• فأمّا الجزئيات فلا شئ منها البتة؛

يريد فأمّا أشخاص هذه فمن الكيفية لا من المضاف.

(١٦١١) • فـإنّ العلـم وهو جنس ماهيته أنّه يقال بالقياس إلى غيره، وذلك أنّه يقال علم بشئ؛

[يريـد] فـإنّ العلـم وهو جنس العلـوم يقال من المضـاف لأنّه علم بمعلوم.

• فأمّا الجزئيات فليس شئ منها ماهيته تقال بالقياس إلى غيره.

يريد فأمّا أشخاص العلم فليس شئ منها من المضاف.

• مثـال ذلك النحو ليس يقال نحو لشـئ ولا الموسـيقى هو موسـيقى لشئ.

يريد مثال ذلك نحو زيد لا يقال بالقياس إليه لكنّ إذا سُئل عنه بكيف وقع الجواب به.

• اللهمّ إلا أن تكون هذه أيضًا قد تقال من المضاف من طريق الجنس.

يريد أنّ هذه تقال من المضاف من قبل أنّ جنسها من المضاف.

• مثال ذلك النحو يقال علم بشـئ لا نحو لشئ والموسيقى علم بشئ لا موسيقى لشئ،

يريـد أنّ النحـو يقال من المضاف من قبـل ما هو علم لا من قبل ما هو نحو وكذلك الموسيقى.

• فيجب أن تكون الجزئيات ليست من المضاف.

يريد بل من الكيفية لأنّ الشئ إذا سُئل عنه بكيف اجيب بها.

• ويقال لنا ذوى كيفية بالجزئيات،

يريد إذا سـئل عنا بكيف اجيب بهـا فتكون الجزئيات كيفيات لأنّه يجاب بها عند السؤال بكيف.

• وذلـك أنّـه إنّمـا لنا هذه، فإنّا إنّمـا يقال لنا علما بأنّ لنـا من العلوم الجزئية،

يريد وذلك أنّا إذا سـئل عنا بكيف واجيب بأنّا علما إنّما يتانى هذا الجواب بما لنا من العلوم الجزئية.

• فيجب من ذلك أن تكون هذه أيضًا أعنى الجزئيات كيفيات.
يريد أنّ أشخاص هذه كيفيات.

• وهى التى بها تدعى ذوى كيفية،
يريد وهى التى بها تكون ذوات كيفيات.

• وليس هذه من المضاف.
يريد أشخاص الكيفية بل أجناسها.

(١٦١ ب) قال المفسّر

هـذا هـو الحلّ الغير مرضـى. ولعلّه إنّما اتى بـه لأنّ هكذا كان قوم يحلّونه، والا فطبيعة الشـخص والجنس والنـوع واحدة. والخلاف بينهم فى الخصوص والعموم، وإنّ الشـخص فـى الوجود، والجنس والنوع فى النفس. وارسـطوطالس يستدل على أنّ أشخاصها كيفيات من قبل أنه إذا سئل عنا بكيف هو، وقع الجواب بها.

قال ارسطوطالس

11 a 37 • وايضا متى الفى شئ واحد بعينه كيفية ومضافا، فليس بمنكر أن يعد فى الجنس جميعا.

قال المفسّر

افهـم من قوله واحدا ما واحدا بالعـدد أو بالنوع أو بالجنس، وافهم أنّه يوجد فى الجنسـين بوجهين اثنين فتكون الملكة، إمّا من حيث يسـأل عن الشئ بكيف ويجاب بها من الكيفية وإمّا من حيث هى مضافة من المضاف، وهذا هو الحلّ المرضى. وينقضى التعليم.

القول فى باقى المقولات
التعليم الثالث والعشرين

قال ارسطوطالس

• وقد يقبل يفعل وينفعل المضادة والأكثر والأقلّ. 11 b 1

قال المفسّر

لمّا فرغ ارسطوطالس من الكلام فى المقولات التى تحدث بقياس الشئ إلى ما فيه، أعنى الجوهر والكم والكيف، لأنّ المضاف تكلّم فيه لضرورة دعت، والتى من شأن التغير أن يكون فيها، انتقل إلى الكلام فى المقولات الحادثة بين شيئين، أعنى بقياس الشئ إلى ما خارج، كمكانه وزمانه وفعله وانفعاله.

وليس ينبغى أن تصدق قول اللذين قالوا، إنّه لمّا فرغ من الكلام فى المقولات البسيطة انتقل إلى الكلام فى المقولات المركبة، فإنّ المقولات كلّها بسائط، إذ كانت صورا عالية بسيطة فى الغاية. ولا تغير باطرافها، (١٦٢ ا) فالاطراف لا وصلة لها بالمقولات لكنّ المقولة هى النسبة الحادثة بين الشيئين.

يفعل وينفعل وبدأ بالكلام فى مقولتى يفعل وينفعل. وقرنهما معا من قبل أنّهما يلزمان النوع الثالث من الكيفية وهو الكيفيات الفعلية والانفعالية إذ كان الفعل عنها يصدر والانفعالات بها تتمّ. وأيضًا لأنّ الكيفية ويفعل وينفعل تشترك فى خواص واحدة بعينها، بمنزلة قبول التضاد ووجود الأكثر والأقلّ.

ومقولة يفعل هى صورة ونسبة تحدث عند العقل بين الفاعل وفعله، وهى نسبة الفاعل عند فعله، فإنّ الذات الفاعلة جوهر، والفعل كيفية، والنسبة الحادثة عنهما هى مقولة يفعل. ولا نظن أنّ المقولة هى تركيب النسبة مع الطرفين، لكنّ النسبة حسب التى بين الطرفين الحادثة عنهما.

ومقولة ينفعل هى نسبة تحدث بين المنفعل وانفعاله على الوجه الذى قلنا.

وهذه النسبة تحدث عند العقل، وحدوثها على هذه الجهة، إذا تصفح مثلا العقل الأمور، ووجد ذاتا وفعلا صدر عنها وفهم هذين، ورأى أنّ ذلك الفعل لتلك الذات ولا يجوز أن ينسب إلى غيرها، حصل عنده من نفس هذا التصفح اختصاص نسبة أحدهما بالآخر؛ فالوجود ليس فيه معنى يزيد على ذات الفاعل وفعله. وإنّما النسبة يحصلها العقل عند تصفحه، ومقايسته الأمور بعضها ببعض، فالنسب هى صور عقلية توجد بين الأمور عند مقايسة العقل بعضها مع بعض. ولأنّ هذه النسب أشياء تحدث فى العقل، وليست مما خصتها اللغة باسماء ما دعت الضرورة إلى اختراع اسماء لها أو استعارتها، ولم يجز أن يستعار لها الاسم من غريب، فاستعير من أحد الطرفين اللذين هى بينهما واستعير من الطرف الخاص لا العام. وذلك أنّ أحد الطرفين خاص، كالقنية فى المقتنى والزمان فى الأشياء التى فى الزمان، فإنّ الإنسان الذى يقتنى القنية هو الذى يكون فى الزمان والمكان، فتصير القنية يسمى بها شيئان، الطرف وهو الأمر المقتنى، والنسبة وهى الموجودة بين المقتنى والقانى. وكذلك متى يسمى به الزمان، والنسبة التى بين الزمان وبين الأمور. وأين يسمى به المكان، والنسبة الموجودة بينه وبين الأمور.

وبالجملة هذه المقولات كلّها هى نسب يحصلها العقل بين الأمور التى بعضها موجود لبعض عند مقايسته بعضها ببعض، وتسمى النسبة باسم الطرف الأخص من طرفى النسبة. وكلى هاتين المقولتين يلزمهما خاصة التضاد، وخاصة الأكثر والأقلّ. وافهم أنّ هاتين (١٦٢ ب) الخاصتين يلزمان اطرافها لا لها، فإنّ النسبة لا يوجد لها الأكثر والأقلّ ولا التضاد، فإن يسخن مضاد ليبرد، ويتسخن مضاد ليتبرد. وتسخين العاقر قرحا أكثر من تسخين العسل، وتسخن الماء أكثر من سخونة الهواء. وارسطوطالس يستوفى الكلام فى الفاعل والمنفعل فى كتابه فى الكون والفساد لا فى النسبة لكنّ فى الفاعل الذى النسبة حادثة بينه وبين فعله.

الموضوع

وبعد هاتين المقولتين يتكلّم ارسطوطالس فى مقولة موضوع. ومقولة موضوع هى نسبة تحدث فى الشئ عند حصول الوضع له، وذاك أنّ الوضع الذى هو القعود والقيام له نسبة إلى الموضوع الذى هو فيه، فتلك النسبة هى مقولة موضوع. ومقولة موضوع على الاطلاق هى النسبة الموجودة بين الجسم وبين احواله التى يتقلب عليها ويتشكل باشكال مختلفة فى اعضائه.

والموضوع ينقسم إلى ما هو موضوع على استقامة أو على تحديب.

وينقسم أيضًا إلى المتكئ و الجالس والقائم والى غير ذلك ما اشبهه.

متى — ومقولة متى هى نسبة تحدث بين الأمور وبين الزمان، أعنى نسبة تحدث بين الشئ وزمانه. ومتى اسم مشترك يقع على هذه النسبة على ما ذكر فى هذا الكتاب، وعلى قطعة من الزمان على ما ذكر فى السماع الطبيعى. ومتى ينقسم إلى الماضى والحاضر والمستانف.

أين — وأين هى نسبة تحدث بين الأمور وبين المكان. وينقسم إلى الفوق والاسفل واليمين واليسار والقدّام والخلف. وكلّ جهتين متقابلتين من هذه يجمعها تقابل واحد.

له — ومقولة له هى نسبة تحدث بين الأشياء المقتنية والمقتنيات، وهى النسبة الموجودة عنهما، وسوف يعدد ارسطوطالس أصناف القنية فى آخر هذا الكتاب.

وممّا يجب أن تعلمه أنّ جميع هذه المقولات أجناس الأجناس فيها نسب يعملها العقل وتنقسم إلى ذوات بتلك النسبة. وليس اختراع العقل بهذه كاختراعه لعنزايل، إذ كان لا محصول له أصلا ولا يساعد عليه الوجود. وهذه النسب وإن لم تكن بنفوسها موجودة، فالأمور الموجودة ساعدت العقل واعطته الطريق إلى ايجادها.

وأنت لا ينبغى أن تغلط غلط جالينوس الذى ظنّ أنّ النسبة جنس يقع على النسب كلّها باسمها وحدّها[١] بل ينبغى أن تعتقدها اسما مشتركا يقع على (١٦٣ ا) مقولات النسبة، كاسم الموجود الشامل للمقولات العشر؛ فإنّ حد النسبة الموجودة بين الشئ ومكانه غير حد النسبة الموجودة بين الشئ وزمانه. ولو كانت النسبة طبيعة واحدة لوجب أن ينطبق عليها حدّ واحد.

وأشدها مباينة نسبة الإضافة، فإنّ هذه نسبة توجد بين شيئين مباحين، فتكون نسبة كلّ واحد منهما إلى الآخر كمثل نسبة الآخر إليه. والبواقى بين شيئين خاصيين، ولا تكون نسبة الواحد إلى الآخر كنسبة الآخر إليه.

والدليل على ذلك هو أنّه لمّا كانت كلّ واحدة من المقولات إنّما هى بين موضوعين وكانت طبيعتها إنّما هى جزئيان ينشؤا بينهما فهى مشاكلة لهما. ولأنّ موضوعاتها تختلف فى الطبيعة، فهى إذا تختلف فى الطبيعة، والاسم يشملها، وطبيعة كلّ واحدة منها غير طبيعة الأخرى.

والأجناس السبع البواقى تشترك كلّها فى أنّها نسبة، ولكنّ اشتراك

---

١ Cfr. Elias, In Cat. 160, 21

اسم مشترك برؤية، ويختص كلّ واحد منها بطبيعة تخصه مناسبة للطرفين اللذين هى بينهما، ولكلّ منها خاصة حقيقية تخصه مع اشتراكها كلّها فى عموم هذه الخاصة.

والإضافة نسبة موجودة بين شيئين مباحين متفقين ومختلفين.

وأين نسبة موجودة بين شيئين مخصوصين هما متمكن ومكان، وهما متفقان اىْ وجود احدهما معلق بوجود الآخر.

ومتى نسبة موجودة بين شيئين مخصوصين متفقين هما ما فى الزمان والزمان، ووجود احدهما يتعلق بوجود الآخر من حيث هما كذلك. ولهذا جاز فى طرف كلّ مضاف أن يكون شبيها ولا شبيها أو مساويا ولا مساويا، لأنّه بقياس متفق ومختلف. وفى هذه لا يجوز ذلك، لأنّها مع شبيه حسب.

والقنية نسبة موجودة بين شيئين مخصوصين هما قانى و قنية، ووجود احدهما من حيث هو كذلك متعلق بوجود الآخر.

والموضوع نسبة موجودة بين شيئين مخصوصين احدهما الموضوع والآخر الوضع. ووجود احدهما يتعلق بوجود الآخر.

ومقولة يفعل نسبة موجودة بين شيئين مخصوصين فاعل وفعله، ووجود احدهما من حيث هو كذلك يتعلق بوجود الآخر.

ومقولة ينفعل هى نسبة موجودة بين شيئين مخصوصين هما المنفعل وانفعاله، ووجود احدهما من حيث هو كذلك يتعلق بوجود الآخر؛ فقد عرفت من حدودها الفرق بين طبع المضاف وبينها باجمعها، وهو أنّ المضافين مباحان، واطراف هذه مخصوصان. وعرفت الفرق بين بعضها وبعض بخصوص اطرافها، ويجمعها كلّها خاصة، وهى أنّ مَن عرف احد الطرفين منها على التحصيل، عرف الآخر على التحصيل، سوى أنّ فى (١٦٣ ب) المضاف يقول إنّ مَن عرف احد المضافين على التحصيل، عرف الآخر على التحصيل يكونان متفقين ومختلفين. وبالجملة مباحين وما سوى هذه يقول فيه إنّ مَن عرف احد الطرفين على التحصيل عرف الآخر على التحصيل. ولكن على جهة ما يختص الطرفان بها من قنية وقانى وغير ذلك. وتكون الاطراف فى هذه متفقة، أعنى وجود احدهما معلق بوجود الآخر. وليس الأمر كما فى المضاف أنّه يجوز أن يتعلق احدهما بالآخر ويجوز أن يباينه.

ويجب أن نستفيد قانونا حسنا، وهو أنّ الأجناس العشرة نسب كلّها بسائط فى الغاية لا مبادئ لها ولا احوال ولا أعراض، فلهذا لا حدّ لها. وتوخذ خواصها ممّا يتعلق بها باضافتها إليها. أمّا الأجناس

الثلاثة الاوّل فمن متوسطاتها وأنواعها وأشخاصها. والأجناس البواقى فمن اطرافها. ولأنّ هذه تشترك كلّها فى أنّها نسبة بين شيئين ما تكون خاصتها الحقيقية واحدة، وهى أنّ الذى يعرف احد الطرفين محصلا يعرف الآخر كذلك، سوى أنّ هذا فى المضاف مباحا بين طرفين متفقين ومختلفين. وفى كلّ واحد من الأجناس الآخر تكون هذه الخاصة بين شيئين مخصوصين، احدهما مكان مثلا ومتمكن أو فعل وفاعل أو انفعال ومنفعل، فتكون هذه خواصها الحقيقية. ولهذا لم يذكرها ارسطوطالس مكررة فى كلّ واحدة منها، لأنّه قد ذكرها فى المضاف. واكتفى بأن نخصصها نحن.

وعلى جهة أخرى الأجناس كلّها نسب يعتاض بها عن الذوات سوى أنّ التسعة نسبة بين الشئ و بين نفسه لا بينه وبين غيره، والجوهر يناسب بينه وبين نفسه فتوجد له نسبة الاستقلال. والكم بينه وبين نفسه فتوجد له نسبة وقوع التقدير. والكيف الجواب عن السؤال بكيف. والقنية إذا نوسب بينها وبين نفسها تحصلت عنها نسبة القنية، والنسبة المكانية فبقياس المكان إلى نفسه. ومتى بقياس الزمان إلى نفسه، وهكذا فى الموضوع ويفعل وينفعل.

وقد قلنا لم اعتاض عن الذوات بالنسب، والمضاف وحْده يتم بقياس الشئ الى غيره بالموافقة والمخالفة، فبهذا الوجه تكون نسبة المكان إلى المتمكن نسبة مضاف، والى نفسه نسبة أين، والجوهر إلى الجوهر نسبة مضاف، وهكذا الكم إلى الكم والكيف إلى الكيف والفعل إلى الفاعل وغير ذلك. وبقياسها إلى انفسها تكون النسب التسع وتسمى باسماء ما هى نسب له، والعشرة نسب يقسمها إلى الذوات بالنسبة، فالجوهر إلى الجسم وغير جسم، والكم إلى المتفصل والمتصل، والكيف إلى القوة والصورة، والمضاف إلى جوهرين وعرضين وجوهر (١٦٤ ا) وعرض. والأين إلى الفوق والاسفل، والزمان إلى الماضى والحاضر والمستقبل، والقنية إلى جوهر وعرض. والفعل إلى الارادى و الطبيعى. وكذلك الانفعال، والموضوع إلى المستدير والمستقيم والمركب.

وبلغ بالقسمة إلى أنواع الأنواع هكذا يقول إنّ الأجناس العوالى عشرة.

الجوهر وهو نسبة الاستقلال بالنفس وينقسم إلى جسم وغير جسم. والجسم ينقسم إلى الكائن وغير الكائن. وغير الجسم ينقسم إلى الهيولى والصورة، والصورة تنقسم إلى صورة مع هيولى والى صورة مجردة من هيولى. وغير الكائن كالازليات والكائن ينقسم إلى المتنفس

وغيرالمتنفس. وغير المتنفس كالاسطقسات والمعدتيات. والمتنفس إلى الحساس المتحرك، وإلى غير الحساس غير المتحرك، وهذا هو النبات. والحساس المتحرك ينقسم إلى الناطق وغير الناطق. وأنواع الأنواع لا تنحصر فلا تعد. وخاصة هذه المقولة أنّ الواحد منها بالعدد يقبل الاضداد بتغيره فى نفسه أعنى فى أعراضه.

والكم هو نسبة وقوع التقدير. وينقسم إلى المتفصل والمتصل. والمتفصل ينقسم إلى العدد والقول. والمتصل إلى الخط والسطح والجسم والزمان والمكان. وخاصته أنّ الواحد منه بالعدد يقال مساوٍ ولا مساوٍ.

والمضاف هو نسبة بين شيئين مطلقين بالموافقة والمخالفة. وينقسم إلى نسبة بين جوهرين أو عرضين أو جوهر وعرض. ومن قبل الاسماء ينقسم إلى المتفقة اسماؤها والى المتباينة اسماؤها، وأنواع أنواعه لا تنحصر لأنّه يمرّ فى المقولات كلّها. وأخص خواصه أنّ مَن عرف احد الطرفين محصلا بالموافقة والمخالفة عرف الطرف الآخر أيضًا الذى إضافة إليه.

والكيفية نسبة السؤال بكيف ووقوع الجواب. وينقسم إلى القوة والصورة. والصورة هى الملكة والحال، والقوة هى قوة ولا قوة. وكلّ واحد من هذين ينقسم إلى الكيفيات الانفعالية والانفعالات والشكل والخلقة. وأخص خواصه أنّه يقال فى كلّ واحد من أشخاصه شبيه ولا شبيه.

وأين هى نسبة مكانية وتنقسم إلى الحيث والمكان. والمكان ينقسم إلى الفوق والاسفل والقدّام والخلقة واليمين والشمال. وخاصته أنّه حاوٍ لغيره.

ومتى هى نسبة زمانية، وتنقسم إلى الماضى والحاضر والمستقبل، وخاصته أنّه يقدر وجود كلّ واحد مما يوجد له.

وله نسبة القنية، وينقسم إلى القنية من خارج والى القنية من داخل، وأقسام ذين يستوفيهما آخر الكتاب. وخاصته أنّه وُجد لما هو له وحده.

والموضوع (١٦٤ ب) نسبة وضع الشئ، وينقسم بحسب انقسام اشكال الشئ، وتقلبات اعضائه بالمستدير والمستقيم. والمستقيم ينقسم إلى المثلث والمربع والمنحنى وغير ذلك. ويخص هذه المقولة كون الشئ على نصبة تتم من كم وكيف.

وجنس يفعل هى نسبة الفعل، وينقسم إلى الفعل الطبيعى والارادى. ويخصه معنى تاثير الشئ فى غيره.

وينفعل هى نسبة الانفعال وينقسم إلى الانفعال[٢] الطبيعى و الانفعال الارادى. ويخصه تاثر الشـئ من غيره، وهاهنا ينقضى التعليم، ولنبدأ فى تفصيله.

قال ارسطوطالس التفصيل

• وقد يقبل يفعل وينفعل المضادة والأكثر والأقلّ، 11 b 1

يريد ومقولة يفعل وينفعل يوجد فيهما تضاد وخاصة الأكثر والأقلّ.

• فإنّ يسخن مضاد ليبرد ويتسخن مضاد ليتبرد ويلذّ مضاد ليتاذى، فيكونان قد يقبلان المضادة.

يريد فتكون مقولتا يفعل وينفعل يدخلهما التضاد وافهم فى الاطراف لا فى نفس النسبة.

• وقد يقبلان أيضًا الأكثر والأقلّ، فان يسخن قد يكون أكثر وأقلّ ويُسخن أكثر وأقلّ ويتاذى أكثر وأقلّ، فقد يقبل إذا يفعل وينفعل الأكثر والأقلّ، فهذا مبلغ ما نقول فى هذه.

يريد أنّ هاتين المقولتين يوجد فى اطرافها الأكثر والأقلّ لا فى نفس النسبة.

قال المفسّر

هاتان هما خاصتا يفعل وينفعل. وهذه الخاصة ليست لازمة لنفس المقولة، لكنّ لاطرافها التى هى ذوات كيفيات انفعالية.

قال ارسطوطالس

• وقد قيل فى الموضوع أيضًا فى باب المضاف إنّه إنّما يقال من الوضع على طريق المشتقة اسماؤها. 11 b 10

يريد أنّ الموضوع قد مضى الكلام فيه فى مقولة مضاف وأنّه نسبة تحدث بين الوضع والجسم الذى له الوضع واسمه مستعار من الوضع.

• فأمّا فى الباقية أعنى فى متى وفى أين وفى له، فإنّها إذ كانت

---

٢ فى الهامش: وينقسم إلى الانفعال

واضحة (١٦٥ ا) لم يقل فيها شيئا سوى ما قلناه بديئا من أنّه يدل إمّا على له كمنتعل متسـلح وإمّا على أين فمثل قولك فى لوقيون وسـائر ما قلناه فيها؛

يريـد عند ايراده الامثلة عليها أو لا، فـإنّ من الامثلة عليها تفهم أنّها ليست نسب موجودة بين الأمور على ما شرح.

• فهذا ما نكتفى به من القول فى الأجناس التى ايّاها قصدنا.

يريد فى المقولات العشر وهى الغرض فى هذا الكتاب.

قال المفسّر

يجمع ما بقى من المقولات فى موضع واحد ويتكلّم فيها على طريق الايجاز، وهى مقولة موضوع ومتى وأين وله، وأنت فلا ينبغى أن تظن أنّ مقولة موضوع اشتق لها اسم من الوضع، لكن اختراع ذاك اختراعا، وهاهنا ينقضى تفصيل هذا التعليم.

التعليم الرابع والعشرين

قال ارسطوطالس

• وقــد ينبغــى أن نقــول فــى المتقابلات علــى كم جهة من شــأنها أن تتقابل. 11 b 16

قال المفسّر

لمّـا فرغ ارســطوطالس مــن الكلام فــى الجزئين الاوّلــين من كتاب القاطيغورياس، وهما التوطئة التى وطأها قبل الكلام فى القاطيغورياس، والكلام فى القاطيغورياس العشر، أخذ الآن فى النظر فى القسم الثالث. وهو فى الأشياء التى أجرى ذكرها فى القاطيغورياس. وعند العوامّ من معانيها الشئ[1] اليسير اكتفى به فى الاستعمال. ولهذا لمْ يشرح أمرها أوّلا، واخّرها اخيرا حتى لا يتركها على المفهوم الساذج منها. وهذه هى المتقابلات والمتقدم والمتأخر ومعا وأصناف الحركة وأقسام القنية.

ومفسّــرو كتبــه اختلفــوا، فطائفــة يؤمّهــا اندرونيقــوس يزعم أنّ ارســطوطالس[2] لم يتكلم فى هــذه، وجعل دليله على هذا أنّ جماعة من المفسّــرين لمّا فسّــروا هذا الكتاب لم يتكلموا فيها. وبئس هذا الدليل، لأنّه لا يلزم من أنّ جماعة لم يفسّروها أن لا تكون لارسطوطالس، وليس مثله ممن يجرى ذكر اشــياء غير مشــروحة فيتركها على المفهوم الساذج منها ولا (١٦٥ ب) يشرحها.

وطائفة أخرى وهى جمهور المفسّــرين فيحققون أنّها له، ويقولون إنّه ليس مثل ارســطوطالس من يذكر اشــياء فى بياناته وهى غير مفهومة على التحقيق فيتركها من غير بيان وافهام.

المتقابلات

وارسطوطالس يقدّم الكلام فى المتقابلات على الاربعة البواقى لأنّها تدخــل فــى المتقابــلات. وذاك أنّ المتقدم متقدم لتأخــر، والحركة حركة لمتحرك، والقنية قنية لمقتنى، فكلّها تدخل فى أنواع المتقابلات.

---

١ فى الهامش: الشئ

٢ ارسطوطالس: ارسطاطولس

ونحن فقبل أن ننظر فى كلام ارسطوطالس فى المتقابلات ينبغى لنا أن ننظر فى عدة مطالب.

المطلب الاوّل

الاوّل منها فى حدّ المتقابلات، فنقول إنّ المتقابلين هما الشيئان اللذان الموضوع لهما واحد ولا يجمعان جميعا فيه. والمتقابلان هما حالاتان موجودان للشئ لا معا، وصارا بهذه الصفة بمعنى التقابل الموجود فيهما، وهو نسبة لا اجتماعهما فى موضوع واحد كالسواد والبياض والابوة والبنوة والعمى والبصر والايجاب والسلب. فالتقابل هو نسبة لا اجتماع حالتين فى موضوع واحد، وهذه النسبة هى إضافة.

المطلب الثانى

والثانى فى قسمة المتقابلات، فنقول إنّ المتقابلات تنقسم إلى اربعة أنواع، إلى المتقابلين على طريق المضاف كالاب والابن، وعلى طريق التضاد كالأبيض والاسود، وعلى طريق العدم والملكة كالاعمى والبصير، وعلى طريق الايجاب والسلب كقولك يمشى، ليس يمشى.

والمتقابلان فى الحقيقة هما الصور والمعانى لا الموضوعات، فإنّ السواد هو الذى يقابل البياض والعمى للبصر والايجاب للسلب والابوة للنبوة. فأمّا قوابل هذه وحواملها فتتقابل بسببها لا بسبب ذاتها، فإنّ الاسود والأبيض لهما موضوع واحد يتقلبان عليه ويقابل نفسه بسببهما لا بسبب نفسه، واستعملها ارسطوطالس مع الموضوعات ليكون الكلام اظهر.

والمتقابلة على طريق المضاف هى التى الموضوع لها واحد ولا يجتمعان فيه، وذات كلّ واحد منهما تقال بالقياس إلى الآخر. وذاك أنّه لا يجتمع فى الموضوع الواحد أن يكون ابا وابنا بالقياس إلى شئ واحد لكنّ بالقياس إلى شيئين، فلا يجتمعان معا بالقياس إلى شئ واحد والموضوع واحد، والذى يوصف بأنّه اب هو الذى يوصف بأنّه ابن.

والمتقابلة على طريق التضاد هى التى الموضوع لها واحد ولا يجتمعان فيه جميعا، وينتقل الموضوع من أحدهما إلى الآخر كالسواد والبياض فموضوعهما الجسم ولا يجتمان فيه، وينتقل من أحدهما إلى الآخر، إلا أن يكون الواحد طبيعيا أو لازما.

والمتقابلة (١٦٦ ا) على طريق العدم والملكة هى التى الموضوع لها واحد ولا يجتمعان فيه ولا يمكن أن ينسب، وهو العدم الا بعد تقدّم وجود الملكة أو بلوغ وقت وجودها، فلا توجد كالبصر والعمى، فموضوعهما العين. ولا يجتمعان فيها، ولا يمكن وجود العمى إلا بعد تقدّم وجود البصر أو بلوغ وقت وجوده. والمتقابلة على طريق الايجاب والسلب هى التى الموضوع لها واحد ولا يجتمعان فيه، ويلزمهما معنى

الصدق والكذب، كقولنا جالس ليس بجالس، فإنّ الموضوع لهذين الحكمين زيد مثلا، ولا يصدقان عليه معا.

المطلب الثالث

والثالث فى ترتيبها، فنقول إنّ تقديمه المضاف لعمومه، وذاك أنّ المضاف يمرّ فى المقولات كلّها. وتقديمه التضاد على العدم والملكة لأنّ الضدين صورتان، والعدم والملكة صورة وعدم. وتقديمه الثلاثة على الايجاب والسلب لأنّ المعانى أقدم من الافلاظ، فتقابل تلك أقدم من تقابل هذه. وبوجه قد كان يجب أن يقرن هذا القسم بالمضاف، لأنّه عام للأمور كعموم المضاف، إلا أنّه اخّره للعلة المذكورة. وترتيبها يوجد على ثلاثة اضرب، على جهة تعليمية، وهى التى مضت. وبحسب الأمور، إمّا بما هى ذوات، أو بحسب العموم. وبما هى ذوات يتقدم التضاد، لأنّه بين ذاتين، والعدم والملكة لأنّ احد اطرافه ذات، والمضاف لأنّه أمر، والايجاب والسلب اخيرا لأنّه لفظ. وبحسب العموم يتقدم المضاف والايجاب والسلب، لأنّهما يمران فى كلّ شئ، ومن بعد هذه التضاد والعدم والملكة، ويقدّم المضاف على الايجاب والسلب لأنّه أمر.

المطلب الرابع

والرابع فى العلة التى لها حصلت أنواع المتقابلات اربعة لا زائدة ولا ناقصة، فنقول إنّ التقابل ليس يخلو أن يكون إمّا فى الالفاظ أو فى الأمور. وتقابل الالفاظ يُسمى سلبا وايجابا. والتقابل فى الأمور لا يخلو أن يكون فى جملة الأمور المركبة حتى يقابل أمر مركب كزيد مثلا لأمر آخر كعمر أو كهذا الأبيض بجملته لهذا الاسود بجملته، وهذا لا يسوغ، لأنّ المتقابلة توجد فى موضوع. وهذه لا فى موضوع فبقى أن يكون التقابل إمّا فى الهيولى او الصور والهيولى واحدة، فيكون إذا فى الصور. والصور على ضربين: ذوات ونسب، فيكون التقابل إمّا فى صورتين هما ذاتان وهذا تقابل التضاد، أو فى صورتين هما نسبتان وهذا تقابل المضاف، أو فى صورتين احداهما ذات والأخرى نسبة، وهذا تقابل العدم والملكة. ويبيّن ذلك بحجة أخرى هكذا: التقابل إمّا أن يكون فى الالفاظ أو فى الأمور، فإن كان فى الأمور إمّا أن يكون فى (١٦٦ ب) الأمور التى يتغير بعضها إلى بعض، أو فى الأمور التى لا يتغير بعضها إلى بعض بل يحفظ بعضها بعضا، والأمور التى يتغير بعضها إلى بعض، إمّا أن يكون كلّ واحد من الطرفين يتغير إلى الآخر، أو يكون أحدهما يتغير حسب إلى الآخر والآخر لا يتغير إليه. والاوّل هو تقابل الايجاب والسلب، والثانى تقابل المضاف، فإنّ المضافين ذات كلّ واحد منهما حافظة لذات الآخر وموجودة فى حدّه. والثالث تقابل التضاد، فالضدان ينتقل كلّ واحد منهما إلى الآخر بعد أن لا يكون

أحدهما طبيعيا على أنّهما إذا كانا بهذه الصفة، كان الموضوع لهما الهيولى الأولى وانتقلت من أحدهما إلى الآخر. والرابع تقابل العدم والملكة، وهذا التقابل تنتقل فيه الملكة إلى العدم والعدم لا يرجع إلى الملكة إلا بقوة الهية.

المطلب الخامس

والمطلب الخامس النظر فى المتقابلات، هل هى جنس يعمّ الأقسام الاربعة ام اسم مشترك؛ فطائفة زعمت أنّها اسم مشترك و ثبتت دعواها بحجتين: الأولى منهما تجرى على هذه الصفة، يقول ارسطوطالس إنّه ينبغى له أن يتكلم فى المتقابلات على كم جهة تتقابل علمنا أنّ التقابل اسم مشترك، ونحن نقول إنّ هذا القول لا دليل فيه، فإنّ معنى كلام ارسطوطالس هو أنّ المتقابلات إلى كم قسمة تنقسم وليس إذا انقسم الشئ إلى أقسام، يجب أن يكون الشامل لها اسما مشتركا. والحجة الثانية: الجنس يعطى اسمه وحدّه لأنواعه، والمتقابلة هى التى الموضوع لها واحد ولا يجتمعان فيه معا والمضافان الموضوعان لهما اثنان، ونحن نقول إنّ هذا القول غلط، فإنّ المضافين الموضوع لهما واحد، فإنّ الموضوع لأن يوصف لأنّه اب هو الموضوع لأن يوصف بأنّه ابن، ولكنّ بالقياس إلى شئ واحد لا إلى شيئين، فبهذا الوجه يقع التقابل بينهما. فليس الموضوعان اثنين لكنّ الموضوع واحد، ولكن يوجد بالقياس إلى شيئين والى شئ واحد، وبهذا الوجه يتم التقابل. وافهم أنّهم من حيث راموا أن يبيّنوا أنّ التقابل اسم مشترك لا جنس، اخرجوا المضاف من أن يكون متقابلا بقولهم، إنّ المتقابلة الموضوع لهما واحد، وإنّ المضافين الموضوع لهما اثنان. وطائفة زعمت أنّ التقابل جنس ومن هذه الطائفة المفيوذورس، وقالت إنّ الشئ الذى يعطى لأنواعه التى تحته اسمه وحدّه هو جنس، وأنواع المتقابلات تُسمى متقابلات وتُحدّ بأسرها بأنّها التى الموضوع لها واحد ولا تجتمع فيه معا. وأنا ارى أنّ المتقابلات وإن كان بهذا الوجه تستتب أن تكون جنسا، فإنّها بوجه آخر تكون اسما مشتركا، ولكنّ من الاسماء المشتركة (١٦٧ ا) التى برؤية، وذاك أنّ الأنواع المنقسمة عن جنس واحد لا يصلح أن يكون فيها ما هو اوّلى من الآخر فى ذلك الجنس. واحق الأقسام المذكورة بمعنى التقابل المتقابلة على سبيل التضاد، لأنّ ضد القسم هو المشهور فى معنى التقابل، فهذه هى التوطئة المنتفع بها قبل الكلام فى المتقابلات؛ فلنأخذ الآن فى النظر فى كلام ارسطوطالس، فنقول إنّه اوّل ما يبتدئ، يعدد أنواع المتقابلات ويقول إنّها اربعة: المتقابلة على طريق المضاف، كالاب للابن؛ والمتقابلة على طريق التضاد، كالحار للبارد والشرّ للخير؛ والمتقابلة على طريق

العدم والملكة، كالعمى للبصر؛ والمتقابلة على طريق الايجاب والسلب، مثل قولنا جالس ليس بجالس.

الفروق بينهما

ولأنّها اربعتها تجتمع فى معنى التقابل يأخذ فى ايراد الفروق بينها، ليصح ما ادعاه فيها أنّها اربعة. والفروق بينها بحسب قانون الازدواج ستة، ثلاثة بين المضاف وما بعده، واثنان بين الاضداد وما بعدها، وواحد بين العدم والملكة والسلب والايجاب، سوى أنّ ارسطوطالس يقبضها الى اربعة على سبيل الاختصار. وذاك أنّه يفرق بين المضاف وبين الاضداد، وبين الاضداد وبين العدم والملكة، وبين المضاف والعدم والملكة، وبين الايجاب والسلب وبين ثلاثتها. وبجمعه ذلك سقط اثنان وهو الفرق بين الايجاب والسلب وبين الثلاثة تفصيلا وصارت واحدا كالجملة.

واوّلا يفرق بين المضاف والاضداد ويقول إنّ المتقابلة على طريق المضاف هى التى ذات كلّ واحد منها تقال بالقياس إلى الآخر ولا تُفهم إلا بالقياس إليه، إمّا بحرف وصل أو بغير حرف وصل. والمتقابلة على طريق التضاد هى التى ليس ذات كلّ واحد منها تقال بالقياس إلى الآخر، لكنّها مفهومة على حدتها كالأبيض والاسود، فإنّ كلّ واحد منهما يُفهم على انفراده ولا يحتاج فى فهمه إلى فهم قرينه من حيث هو ذات، ومن حيث هو ضد يحتاج أن يُفهم ضده قبله لا معه كالمضاف.

ومن بعد هذا يأخذ ارسطوطالس فى أن يفرق بين المتقابلة على طريق التضاد وبين المتقابلة على طريق العدم والملكة.

وقبل هذا يورد أقسام المتضادات ويرسمها، إذ كان بكلّ واحد من أقسامها تقابل العدم والملكة بوجه غير الوجه الذى به يقابل الآخر. وهو يقسم المتضادات إلى المتضادات التى ليس بينها وسط كالصحة على الاطلاق وهى صورة الاعتدال فى البدن بأسره، والمرض على الاطلاق وهو صورة الخروج عن الاعتدال على الاطلاق فى البدن بأسره، ولا تأخذ هاهنا الصحة والمرض الطرفين اللذين فى الغاية، لكنّ من الطرف (١٦٧ ب) إلى الوسط، ولهذا يصير أنّ لا وسط بينهما. والا فلو أخذتهما طرفين لصار بينهما وسط وبمنزلة الفرد والزوج، وهذان حقّا لا وسط بينهما.

وبالجملة إن كانت الاضداد عقلية فلا وسط بينهما، لأنّ الأمور العقلية معراة من الهيولى، فلا يتغير الواحد من الضدين إلى الآخر. والاوساط تكون من تغير احد الضدين إلى الآخر، فالاضداد الطبيعية لا محالة بينها متوسطات، اللهمّ إلا أن تأخذ الطرف إلى الوسط فيصير لا وسط

بينهما والى التى بينها وسـط. والتى بينها وسـط، إمّا أن يكون بينها اوسـاط كثيرة كالأبيض والاسـود فبين هذين الاحمر والادكن[٣] والاصفر والاخضر وغير ذلك، أو يكون بينها وسط واحد، وهذا إمّا أن يكون له اسـم أو لا يكون له اسـم فيسمى بسلب الطرفين بمنزلة ما نسمى الصبى لا محمودا ولا مذموما، فحال الصبى بهذا توصف بأنّها لا مذمومة ولا محمودة، لأنّ افعاله بغير رؤية. والمتضادات التى ليس بينها وسـط لا يخلو الموضوع من أحدهما، لأنّ الهيولى لا تخلو من الصورة التى شأنها قبولها، والتى بينها اوسـاط قد يخلو الموضوع منهما جميعا، لأنّه ربّما كان المتوسـط موجـودا، اللهمّ إلا أن يكون احدهمـا طبيعيا للموضوع كالحرارة فى النار، فلا يخلو الموضوع من ذلك الواحد، ولا يتعاقب عليه الآخر من حيث هو ذلك الشئ، لكن على هيولاه.

ومن بعد ذلك يرسـم العدم والملكة[٤] لأنّ مـن حدودهما يفرق بينهما وبـين المتقابلة على طريق التضاد. ويقول إنّ العـدم والملكة هما اللذان الموضـوع فيهما واحـد ولا يجتمعان جميعا فيـه، ولا يوصف الموضوع بالعـدم الا بعـد أن يتقدم وجود الملكة فيه أو يقدر وجودها لجواز وقته، لأنّ العدم هو فقد الصورة. ومحال أن يوصف الشـئ بأنّه فاقد لشئ من غيـر أن يكـون ذلك الشـئ قد تقدم وجوده فيه، أو قد كان من سـبيله أن يوجـد فيه، لأنّ وقته بلغ؛ فإنّـا لا نقول إنّ الحيوانات التى تولد بلا سـنّ ولا بصـر لا درد ولا عمـى، الا بعد وجود الملـكات فيها أو بلوغ وقت وجودها. ولا نقول فى الحائط إنّه عادم للبصر لأنّه ليس من شـأنه قبول ذلك، بل نسلب منه الابصار، وشتان بين السلب والعدم. وذاك أنّ السـلب يمرّ مطلقا فى كلّ شئ، والعدم هو سلب من الموضوع الذى شأنه قبول الصورة حسب. والفرق بين العدم والملكة، وبين القابلين لهما هو أنّ العدم والملكة صور واعدام للصور، والقابلات ذوات قابلة لتلك الصور. وتقابل العادم والمالك كتقابل العدم والملكة.

ومـن بعد ذلك يـورد (١٦٨ ا) الفرق بين المتقابلة على طريق العدم والملكة وبـين المتقابلة على طريق المضاف، وهذا الفرق يتضح بحجتين: الأولى منهما أنّ المتقابلة على طريق المضاف ذات كلّ واحد منهما تقال بالقيـاس إلـى الآخر. وليس هكـذا العدم والملكة، فـإنّ البصر لا يُفهم بالقياس إلى العمى، ولا يؤخذ العمى فى حدّه. ولا العمى بالقياس إلى

٣ فى الهامش: والادكن
٤ فى الهامش: والملكة

البصـــر وإن كان يوجد بعده، بل يقال إنّه فقد البصر، لا أنّ البصر متمّم لوجوده كما يتمّــم كلّ واحد من المتضائفين وجود الآخر. والحجة الثانية هى أنّ المضافات يرجع بعضها على بعض بالتكافؤ فى القول، فإنّه كما أنّ الاب اب للابــن كذلــك الابن ابن للاب، فأمّا الملكة والعدم فلا يرجع بعضهـا على بعض بالتكافـؤ، فإنّه ليس كمـا أنّ العمى عمى للبصر كذلك البصر بصر للعمى. والفرق بين المتقابلة على طريق العدم والملكة وبين المتقابلة على طريق التضاد، أمّا التى لا وســط بينها فمن قبل أنّ هــذه لا يخلو الموضــوع من احدهما، والعدم والملكة مـا لمْ يحن للقابل أن يقبــل فهو خال منهما جميعا. وأمّا الفرق بينهما وبين الاضداد التى بينها متوسط وليس احدهما طبيعيا من قبل أنّ هذه يجوز خلو الموضوع منهمـا جميعا فى ایّ وقت فرضت ذلك. والعدم والملكة إذا حان للقابل أن يقبــل لمْ يخل الموضوع من احدهما. وأمّا التى بينها وســط واحدها طبيعــى للموضوع فمن قبل أنّ هذا الواحد دائما موجود لما هو له، فأمّا العدم والملكة قبل أن يحين للقابل أن يقبل لا يوجد فيه احدهما.

وبعــد أن فرق بين العدم والملكة وبين الاضداد على طريق التفصيل، يفــرق بينهما على طريق الاجمال، ويقــول إنّ الاضداد يتغير كلّ واحد منهمــا إلى الآخر. وينقلب موضوعهما من احدهما إلى الآخر بعد أن لا يكــون احدهما طبيعيا وعقليا. وأمّا العــدم والملكة، أمّا الملكة فتنتقل إلى العدم، وأمّا العدم فلا ينتقل إلى الملكة على قانون الطبيعة، اللهمّ إلا أن يقهر بقوة الهية. وتغير الاضداد بعضها إلى بعض بمنزلة الصحة والمــرض والصلاح والطلاح، فإنّ الطالح ينتقل فيصير صالحا، وهذا بعد مشقة عظيمة ورياضات كثيرة ولقاء العلماء والتخلق بالاخلاق الجميلة الانصراف عن الميل إلى الشهوات. والصالح ينتقل فيصير طالحا، وهذا يكون باهون ســعى لمجاذبات البدن وقواه، وهــى كثيرة للعقل وهو قوة واحــدة والأمّها روحانية والأمّ (١٦٨ ب) البــدن ارضية هيولانية قوية الحس.

والفرق بين تقابل الموجبة والســالبة وبين الثلاثة الأنواع الآخر يتضح بثــلاث حجــج: الحجة الأولــى أنّ تلك أمور أعنــى المتقابلة على طريق المضــاف وعلى طريق العدم والملكة وعلــى طريق الاضداد، وهذه الفاظ أعنى الموجبة والسالبة.

والحجــة الثانية هى أنّ الالفاظ الدالة على العدم والملكة والمضافات والاضداد بســائط، كلفظة عمى وبصر واب وابن واسود وأبيض، ولهذا لا تصدق ولا تكذب. والموجبة والسالبة الفاظ مركبة، كقولنا زيد جالس

زيد ليس بجالس، وتصدق وتكذب.

والحجة الثالثة: التناقض يلزم الموجودات وغير الموجودات، فإنّ احد جزئى النقيض يصدق، الآخر يكذب فى الموجود وغير الموجود، ويستمرّ وجود جزئى النقيض على الموجود وغير الموجود، وباقى أنواع المتقابلات إنّما تكون فى الموجودات حسب، فإنّ الاضداد توجد والعدم والملكة والمضافات فيما هو موجود. فأمّا ما ليس بموجود فلا توجد له الاضداد ولا العدم والملكة ولا المضاف.

وارسطوطالس يثير هاهنا شكّا صورته هذه الصورة، الالفاظ الدالة على الاضداد وعلى العدم والملكة بمجردها أعنى بما هى دالة على الاضداد وصورة بسيطة، إذ كانت الفاظ مفردة لا تصدق ولا تكذب، لكن لمّا كانت هذه الأمور أعنى الاضداد والعدم والملكة معلقة بموضوعات لأنّها موجودة فيها، تكون الالفاظ الدالة عليها معلقة بالالفاظ الدالة على موضوعاتها، وإذا اجتمعت الفاظها والفاظ موضوعاتها تركبت، وإذا تركبت صدقت وكذبت.

وحلّ الشكّ يجرى هكذا، كلامنا فى المتقابلات لا فى موضوعاتها، وهذه لا يلزم الالفاظ الدالة عليها معنى الصدق والكذب، وإن أخذناها مع الموضوعات لا يلزم أن تقتسم الصدق والكذب دائما مثل الموجبة والسالبة لكن ما دام الموضوع موجودا، فإنّ زيدا إذا كان موجودا صدق عليه إمّا أنّه اسود أو أبيض، والا فإذا لم يكن موجودا كذبا جميعا، فإنّ ما قد هلك من الحيوان مثلا كذب أن يقال فيه إنّه اسود أو أبيض؛ فأمّا الايجاب والسلب فيقتسمان الصدق والكذب، كان الموضوع موجودا أو لم يكن موجودا.

ولمّا كان ارسطوطالس قد امعن فى الكلام فى المضافات لأنّها احد المقولات العشر وفى العدم والملكة عند كلامه فى الكيفية لأنّ الملكة احد أنواع الكيفية، وفى الايجاب والسلب (١٦٩ ا) فى كتابه فى العبارة، وكان ما تكلّم به فى الاضداد كلاما يسيرا، أخذ الآن أن يفيدنا فيها عدة قوانين.

القانون الاوّل

الاوّل منها أنّ الضد الواحد إنّما يضاده الضد الواحد كالخير للشرّ والمرض للصحة والجور للعدل والجبن للشجاعة.

ونحن فقد بيّنّا هذا واوضحناه عند كلامنا فى الكمية، واعادته لا فائدة فيها.

ويطرأ على ارسطوطالس على هذا القانون شكّ صفته هذه الصفة، كيف تقول إنّ الضد الواحد إنّما له ضد واحد، هبْ هذا تمّ لك فى

الأمور التى الخير فيها فى أحد الطرفين، بمنزلة البياض والسواد والعدل والجور، فإنّ الاضداد أحد طرفيها خير وهو الصورة، والآخر شرّ وهو العدم، فالبياض والعدل خير، وضداهما شرّ، وأحد طرفى كلّ مضاد يسمى صورة، وهو الذى يكون ادخل فى باب الفعل لأنّ الموجود وُجد بسبب فعله، فما كان أكثر فعلا، كان ادخل فى باب الوجود، وما كان أقلّ دخولا فى باب الفعل يسمى عدم والحرارة ادخل فى باب الفعل، لأنّها تجمع وتفرق. والبرودة تجمع حسب، وكذلك البياض بالقياس إلى السواد، والعدل بالقياس[٥] إلى الجور، لأنّ ذاك ينظم وهذا يبطل النظام. وبالجملة فكلّ ضدين إذا اعتبرتهما وجدتهما بهذه الصفة، وهذا ماض هكذا فى الأمور التى الخير فيها فى أحد الطرفين؛ فأمّا الأمور التى الخير فيها فى المتوسط بمنزلة مزاج الجسم، فإنّ الخير فيه فى الاعتدال لا فى الخروج إلى الطرفين. وافعال النفس التى الخير فيها فى المتوسط لا فى الطرفين، فكلّ واحد من اطرافها يضاده المتوسط ويضاده الطرف الاخير، وإذا كان الأمر على هذا، كان للضد الواحد أكثر من ضد واحد.

وحلّ الشكّ، إنّهما أعنى الطرفين وإن ضاد كلّ واحد منهما للمتوسط والطرف الاخير، فهما يضاد أنّه لا بمعنى واحد لكنّ بمعنيين اثنين؛ فإنّ المتوسط يضاد الطرف مضادة الخير للشرّ، والطرف يضاد الطرف لا مضادة الخير للشرّ لكنّ مضادة التفريط للتقصير فيه، فيكون الضد الواحد إنّما له ضد واحد، فهذا كاف فى حلّ هذا الشكّ.

والقانون الثانى هو أنّ المتضادات ليس يجب متى كان أحدهما موجودا[٦] فى الموضوع القابل أن يكون الآخر فيه، لأنّ الضدين لا يجوز اجتماعهما فى الموضوع القابل لهما. وارسطوطالس اورد هذا ليؤكد البيان على أنّ الاضداد غير المضافات، إذ كانت المضافات متى وُجد أحدهما وُجد الآخر لا محالة ولا يُفهم أحدهما إلا بالآخر، فأمّا الاضداد فمتى وُجد أحدهما فلا (١٦٩ ب) يجوز وجود الآخر بتة. القانون الثانى

والقانون الثالث هو أنّ المتضادين هما اللذان الموضوع لهما واحد ولا يجتمعان جميعا فيه، وينتقل الموضوع من أحدهما إلى الآخر، وهما فى غاية البعد ويجمعهما جنس واحد. واستغنى ارسطوطالس عن أن يقول إنّهما لا يجتمعان بقوله إنّ الموضوع ينتقل من احدهما إلى الآخر وهما القانون الثالث

---

٥ فى الهامش: بالقياس
٦ موجودا: موجود

فى غاية البعد. وهاهنا ينقطع الكلام فى جملة هذا التعليم، فلنأخذ الآن فى تفصيله.

قال ارسطوطالس

11 b 16 • وقد ينبغى أن نقول فى المتقابلات على كم جهة من شأنها أن تتقابل،

يريد ومن الواجب بعد فراغنا من الكلام فى المقولات العشر أن نتكلم فى أصناف المتقابلات ونعدد ضروبها.

• فنقول إنّ الشئ يقابل غيره على اربعة اوجه، إمّا على طريق المضاف وإمّا على طريق المضادة وإمّا على طريق العدم والملكة وإمّا على طريق الموجبة والسالبة؛

يريد أنّ ضروب المتقابلات اربعة.

• فتقابل واحد واحد من هذه، إذا قيل على طريق الرسم إمّا على طريق المضاف فمثل الضعف للنصف، وإمّا على طريق المضادة فمثل الشرير للخير، وإمّا على طريق العدم والملكة فمثل العمى والبصر.

يريد والمثال على كلّ واحد من هذه الأصناف الاربعة.

• وأمّا على طريق الموجبة والسالبة فمثل جالس ليس بجالس.

يريد فمثل قولنا فى الإنسان الجالس إنّه ليس بجالس.

قال المفسّر

يعدد أنواع المتقابلات، ويورد الامثلة عليها.

قال ارسطوطالس

• فما كان يقابل على طريق المضاف فإنّ ماهيته تقال بالقياس إلى الذى اياه يقابل، 11 b 24

يريد فالمتقابلة على طريق المضاف هى التى ذات كلّ واحد منها تقال بالقياس إلى الشئ الذى يضاف إليه.

• أو على نحو آخر من انحاء النسبة إليه.

(١٧٠ ا) يريد إمّا بحرف وصل أو بغير حرف وصل، وبحرف وصل

إمّا عند التعاكس يرجع أو لا يرجع.

• مثـال ذلك الضعف عند النصف، فـإنّ ماهيته إنّما تقال بالقياس إلى غيره.

يريد فإنّ ماهية الضعف إنّما تقال بالقياس إلى النصف.

• وذلك أنّه إنّما هو ضعف لشئ.

يريد للنصف.

• والعلـم أيضًا يقابل المعلوم على طريق المضاف وماهية العلم إنّما تقال بالقيـاس إلـى المعلوم والمعلوم ايضـا ، فماهيته إنّما تقال بالنسـبة إلى مقابلة اىْ إلى العلم، فإنّ المعلوم إنّما يقال إنّه معلوم عند شـئ اىْ عند العلم؛

يريد والعلم أيضًا من المضاف إلى المعلوم.

• فما كان إذا يقابل على طريق المضاف، فإنّ ماهيته إنّما تقال بالقياس إلى غيره أو يقال بعضها عند بعض على نحو آخر.

يريد فالمتقابلة على طريق المضاف هى التى ذات كلّ واحد منها تقال بالقيـاس إلى الآخر إمّا بغير حرف وصل أو بحرف وصل عند التعاكس يرجع أو لا يرجع.

• فأمّا على طريق المتضادة فإنّ ماهيتها لا تقال اصلا بعضها عند بعض بل إنّما يقال إنّ بعضها مضاد لبعض؛

يريد فأمّا المتقابلة على طريق التضاد فهى التى ذات بعضها لا تقال بالقيـاس إلـى البعض بل كلّ واحد منها يقال فيه، إنّه مضاد لغيره ولا يجتمع واياه فى موضوع واحد.

• فإنّه ليس يقال إنّ الخير هو خير للشرير،

يريـد أنّ طبيعـة الخير ليسـت معلقة بفهم طبيعة الشـرير ولا ذات احدهما تقال بالقياس إلى الآخر.

• بل مضاد له.

يريد وهو أنّه لا يجتمع واياه فى موضوع واحد.

• ولا الأبيض أبيض للاسود بل هو مضاد له،
يريد أن ليس طبيعته وذاته تقال بالقياس إلى الاسود.

• فتكون هاتان المقابلتان مختلفتين.
يريد أنّ المضافات ذات بعضها تقال بالقياس إلى بعض والمتقابلة على طريق التضاد (١٧٠ ب) ليست بهذه الصفة، بل الواحد منها مضاد للآخر ويُفهم من دونه.

قال المفسّر
يفرق بين المتقابلة على طريق المضاف، وبين المتقابلة على طريق التضاد، ويقول إنّ المتقابلة على طريق المضاف هى التى ذات كلّ واحد منها تقال بالقياس إلى الآخر. والمتقابلة على طريق التضاد، ففهم كلّ واحد منهما يتم من دون فهم الآخر، إلا أنّه لا يجتمع واياه فى موضوع واحد.

قال ارسطوطالس
• وما كان من المتضادة هذه حالها، 11 b 38
يريد التى يذكرها.

• أعنى أنّ الأشياء التى من شأنها،
يريد التى موضوعاتها التى شأنها أن توجد فيها وتوصف بها واجب ضرورة أن يكون احد الضدين فى الموضوع لا محالة، فذانك الضدان لا وسط بينها.

• أن يكون وجودها فيها
يريد وجود الضدين.

• والأشياء التى تنعت بها، يجب ضرورة أن يكون احد المتضادين موجودا فيها، فليس فيما بينها متوسط اصلا.
يريد الموضوعات.

• وما كان ليس واجبا أن يكون احدهما موجودا فيها، فتلك فيما بينها متوسط ما لا محالة.

يريـد وما كان من الاضـداد ليس من الاضطـرار أن يكون أحدهما موجـودا فـي الموضوع، فتلك بينها متوسـط من الاضطـرار، وذاك أنّ لوجوده يجوز أن يخلو الموضوع من الطرفين جميعا.

• مثال ذلك الصحة والمرض من شأنهما أن يكونا فى بدن الحيوان.
يريد أنّ الموضوع لهما بدن الحيوان.

• ويجـب ضرورة أن يكون احدهما ايّهما كان موجودا فى بدن الحيوان، إمّا المرض وإمّا الصحة
يريد إذا كانا لا وسط بينهما.

• والفرد والزوج ينعت بهما العدد ويجب ضرورة أن يوجد احدهما ايّهما كان فـي العدد، إمّا الفرد وإمّا الـزوج، وليس فيما بين هذه (١٧١ ا) متوسط البتة لا بين الصحة وبين المرض ولا بين الفرد وبين الزوج.
يريد الصحة والمرض والفرد والزوج فى العدد.

• فأمّـا مـا لم يكـن واجبا أن يوجـد فيها احدهما، فتلـك فيما بينها متوسط مثال ذلك السواد والبياض من شأنهما أن يكونا فى الجسم.
يريـد فأمّـا مـا لم يكـن من الاضـداد واجـب وجـود احدهما فى الموضوع.

• وليس واجب أن يكون احدهما موجودا فى الجسم، فإنّه ليس كلّ جسم فهو إمّا أبيض وإمّا اسود والمحمود والمذموم قد ينعت بهما الإنسان.
يريد لأنّه لا يجوز أن يوجد المتوسط.

• وتنعت بهما أيضًا اشياء كثيرة غيره،
يريد كالصناعات والافعال وغير ذلك.

• إلا أنّه ليس واجب ضرورة أن يكون احدهما موجودا فى تلك الأشياء التى تنعت بها، وذلك أنّه ليس كلّ شئ فهو إمّا محمود وإمّا مذموم،
يريـد أنّه ليس الموضوع الموصوف بهذين يجب أن يكون احدهما فيه ايّهما كان دائما، بل يجوز أن يكون المتوسـط وهو ما ليس بمحمود ولا مذموم.

• فبين هذه المتوسـطات ما مثال ذلك أنّ بين الاسود والأبيض إلا دكن والاصفر
يريد بين الاسود والأبيض والمحمود والمذموم.

• وسائر الالوان.
يريد المتوسطة.

• وبـين المحمود والمذموم مـا ليس بمحمود ولا مذمـوم، فإنّ فى بعض الأمور قد وضعت اسماء للاوساط.
يريد أنّ بعض الاضداد لاوساطها اسماء وبعضها ليس لاوساطها اسماء.

• مثـال ذلك أنّ بين الأبيض والاسـود الادكن والاصفر وفى بعضها لا يمكن العبارة عن الاوساط باسم، بل إنّما يُحدّ الاوسط بسلب الطرفين.
يريد يسمى بسلب الطرفين.

(١٧١ ب) • مثال ذلك لا جيد ولا ردى و لا عدل ولا جور.
يريد والمثال على الأشيـاء التى توجد فيها اوسـاط لا اسـماء لها الصبى مثلا، فإنّه يوجد بحال متوسـطة بين الجيد والردى ويسمى سلب الطرفين. وذلك يقال فيه إنّه لا محمود ولا مذموم.

قال المفسّر
يقسـم الاضداد قبل أن يفرق بينها وبين العدم والملكة، والحاجة إلى ذلك شـرحناها فى صدر التعليم. وهو يقسمها إلى التى لا وسط بينها كالصحة والمرض والفرد والزوج، والى التى بينها وسـط، وهذه يقسمها إلى التى بينها اوساط كثيرة كالاسود والأبيض، والى التى بينها وسط واحد، وهذا إمّا أن يكون له اسـم أو لا يكون كالعادل والجائر والمحمود والمذموم التى لا اسـم للوسـط بينها، لكنّه يسمى بسلب الطرفين بمنزلة قولنا لا محمود ولا مذموم.
ومـن العجب لارسـطوطالس الطبيعـى الذى يعتقـد أنّ الحركة فى الاضـداد لا تتم إلا بمتوسـط، كيف قـال إنّ الصحة والمرض لا وسـط بينهما، وهو يعلّم أنّ بينهما الحال التى ليست لا صحة ولا مرض.
وارسطوطالس إنّما قال ذلك وهو يأخذ ما بعد المرض الذى هو الطرف

إلــى حدّ المتوســط وقبــل الصحة التى هــى الطرف والى حدّ المتوســط ويعدهمــا فى المرض والصحة. وقوم من المفسّــرين زعمــوا أنّ هذا قاله بحسب رأى العامة.

قال ارسطوطالس

• فأمّا العدم والملكة فإنّهما يقالان فى شئ واحد بعينه. 12 a 26

يريد فأمّا العدم والملكة فإنّ الموضوع لهما واحد.

• مثال ذلك البصر والعمى فى العين.

يريد الموضوع لهما العين.

• وعلى جملة من القول كلّما كان من شأن الملكة أن تكون فيه،

يريــد وبالجملة فالموضوع إذا كانت فيه الملكــة وزالت اوحان لها أن توجد فيه ولم توجد، فذاك هو الذى يوصف بالعدم؛ فأمّا غيره مما ليس شأن الملكة أن تكون فيه فلا يوصف بالعدم.

• ففيه يقال كلّ واحد منهما.

يريد فإنّه يوصف بكلّ واحد منهما.

(١٧٢ ا) • وعند ذلك نقول فى كلّ واحد مما هو قابل للملكة إنّه عادم عند ما لا تكون موجودة للشــئ، الذى من شــأنها أن تكون موجودة له وفى الحين الذى من شأنها أن تكون له؛

يريد عند ما تكون الملكة موجودة وتزول وعند ما يحين لها أن توجد فلا توجد فيه.

• فإنّا إنّما نقول ادرد لا لمن لم تكن له اسنان،

يريد لا لمن ليس من شأنه أن تكون له اسنان.

• ونقول اعمى لا لمن لم يكن له بصر بل إنّما نقول ذلك فيما لم يكونا له

يريد اىْ لا لمن شأن البصر أن لا يوجد له.

• فى الوقت الذى من شأنهما أن يكونا له فيه.

يريد لا يوصف بذلك الشــئ الذى من شأنهما أن يوجدا له إلا أنّهما

لم يوجدا لأنّه لم يبلغ الوقت الذى شأنهما أن يوجدا فيه.

• فإنّ البعض ليس له حين يولد لا بصر ولا اسنان،
يريد بالبعض بعض الحيوانات.

• ولا يقال فيه إنّه ادرد ولا اعمى.
يريد لأن ليس من شأن الاسنان والبصر أن يكونا له من اوّل وجوده فلا يوصف بالعدم لأن ليس من شأن الملكة بعد أن توجد فيه.

قال المفسّر
يحدّد العدم والملكة كما فعل فى الاضداد ، لأنّ الفرق بينهما من حدودها يتبين. ويقول إنّ الموضوع لهما واحد ، وليس من شأن العدم أن يحله إلا من بعد وجود الملكة قبله، أو بلوغ الوقت الذى فيه من شأنها أن توجد إلا أنّها لم توجد.

قال ارسطوطالس
• وليس أن تعدم الملكة وأن توجد الملكة هما العدم والملكة من ذلك أنّ البصر ملكة والعمى عدم. 12 a 35
يريد وليس القابل للعدم والملكة هما العدم والملكة.

(١٧٢ ب) • وليس أن يوجد البصر هو البصر،
يريد وليس الذى يوجد له البصر هو البصر ولا الذى يوجد له العمى هو العمى.

• ولا أن يوجد العمى هو العمى فإنّ العمى هو عدم ما؛
يريد والقابل له العين.

• فأمّا أن يكون الحيوان اعمى فهو أن يعدم البصر وليس هو العدم،
يريد والاعمى من الحيوان العادم للبصر وليس هو عدم البصر.

• فإنّه لو كان العمى وأن يوجد العمى شيئا واحدا بعينه، لقد كانا جميعا ينعت بهما شئ واحد بعينه،
يريد العمى والقابل للعمى.

• غيــر انا نجد الإنســـان يقال له اعمى ولا يقــال له عمى على وجه من الوجوه

يريد فإنّ ذوات الاحوال لا توصف بأنّها احوال.

• ومظنون أنّ هذين أيضًا متقابلين،

يريــد والقابــل للبصــر والقابــل للعمى يتقابــلان كتقابــل العمى والبصر.

• أعنى أن تعدم الملكة أن توجد الملكة كتقابل العدم والملكة.

يريد العادم للملكة والقابل لها.

• وذاك أنّ جهة المضادة واحدة بعينها.

يريد لأنّ متقابل الموضوع هو لأجل هذين فى نفوسهما.

• فإنّه كما أنّ العمى يقابل البصر كذلك الاعمى يقابل البصير.

يريد بسبب الاحوال الموجودة لهما.

قال المفسّر

يبيّن أنّ ذوات الاحوال تتقابل كتقابل الاحوال، ويفرق اوّلا بين الحال وذى الحــال، ويقــول إنّ الحال صــورة وذا الحال ذات لهــا تلك الصورة، وتقابل ذوات الاحوال إنّما هو من قبل الاحوال.

قال ارسطوطالس

(١٧٣ ا) • وليــس أيضًا ما تقع عليه الموجبة والســالبة موجبة ولا 12 b 5
سالبة فإنّ الموجبة قول موجب والسالبة قول سالب.

يريد وليس ما تدل عليه الموجبة والسالبة هو الايجاب والسلب.

• فأمّا ما تقع عليه الموجبة والسالبة فليس منها شئ هو قول.

يريد بل هى أمور يدل عليهما القول الموجب والسالب.

• ويقال فى هذه أيضًا إنّه يقابل بعضها بعضا مثل الموجبة والسالبة،

يريد فى الأشياء التى تدل عليها الموجبة والسالبة.

• فإنّ فى هذه أيضًا جهة المقابلة واحدة بعينها.

يريد فى الموضوعين جهة المقابلة فيها مثل مقابلة الايجاب والسلب.

• وذاك أنّه كما أنّ الموجبة تقابل السالبة مثال ذلك قولك إنّه جالس لقولك إنّه ليس بجالس، كذلك تتقابل أيضًا الأمران اللذان يقع عليهما كلّ واحد من القولين،

يريد اللذان يدلان عليهما الموجبة والسالبة.

• أعنى الجلوس لغير الجلوس.

يريد معنى الجالس لغير جالس.

قال المفسّر

يفرق بين الايجاب والسلب، وبين الذى يدل عليه الايجاب والسلب من قبل أنّهما لفظ وهو أمر، ويظهر أن تقابل الموضوعات من قبل تقابلها هى، كما فعل فى العدم والملكة.

قال ارسطوطالس

12 b 16 • فأمّا أنّ العدم والملكة ليسا متقابلين كتقابل المضاف، فذلك ظاهر، فإنّه ليس ماهيته تقال بالقياس إلى مقابلة.

يريد ليس العدم والملكة ذات كلّ واحد منهما تقال بالقياس إلى الآخر.

• وذلك أنّ البصر ليس هو بصرا بالقياس إلى العمى،

يريد أنّه ليس طبيعة البصر وذاته أنّه يقال بالقياس إلى العمى ولا يُفهم من دون نسبته إلى العمى.

• ولا ينسب إليه على جهة أخرى اصلا.

يريد بحرف وصل عند التقابل يرجع أو عند التقابل لا يرجع.

(١٧٣ ب) • وكذلك أيضًا ليس يقال العمى عمى للبصر من قبل إنّما يقال العمى عدم للبصر فأمّا عمى للبصر فلا يقال.

يريد فأمّا أن يقال بالقياس اليه فلا.

قال المفسّر

يفـرق بـين المضاف والعـدم والملكة من قبل حدّ المضـاف. وذلك أنّ حـدّ المضافين أنّ أحدهمـا يقال بالقياس إلى الآخر، وهذان ليسـا بهذه الصورة.

قال ارسطوطالس

• وايضـا فـإنّ كلّ مضافين فكلّ واحد منهما يرجع على صاحبه فى القول بالتكافؤ، 12 b 21

يريد إن كان كلّ واحد منهما يقال بالقياس إلى الآخر.

• فقد كان يجب فى العمى أيضًا لو كان من المضاف أن يرجع بالتكافؤ على ذلك الشئ الذى إليه يضاف بالقول،

يريد وهو البصر فيقال إنّ البصر بصر للعمى.

• لكنّـه ليس يرجع بالتكافؤ، وذلـك أنّه ليس يقال أيضًا إنّ البصر هو بصر للعمى.

يريد فإنّ البصر قد تُفهم طبيعته وذاته من دون العمى.

قال المفسّر

يـورد فرق ثانيا بـين العدم والملكة وبين المضـاف منتزع من خاصة المضاف.

قال ارسطوطالس

• ومن هذه الأشياء 12 b 26

يريد التى ذكرناها.

• يتبيّن أيضًا أنّ التى تقال على طريق العدم والملكة ليست متقابلة تقابل الاضداد، فإنّ المتضادين اللذين ليس بينهما متوسـط، قد يجب ضرورة أن يكون احدهما موجودا دائما فى الشئ الذى فيه من شأنها أن تكون وفى الأشياء التى تنعت بها.

يريـد أنّه يجب من الاضطـرار أن يكون أحدهما فى الموضوع القابل لهما.

• فإنّ الأشياء التى ليس بينها متوسط اصلا
يريد فإنّ الاضداد التى لا وسط لها.

• كانت هى الأشياء التى يجب ضرورة أن يكون احد الشيئين منها موجودا فى القابل.
يريد كان أمرها قد استقر بأنّها إلى أحد المتضادين موجود فى القابل من الاضطرار.

• مثال ذلك فى المرض والصحة والفرد والزوج.
(١٧٤ ا) يريد فإنّ أحد هذه يوجد فى الموضوع القابل من الاضطرار.

• وأمّا اللذان بينهما متوسط ما،
يريد وأمّا الضدان اللذان بينهما متوسط.

• فليس واجبا ضرورة فى حين من الزمان
يريد فى ايّ وقت من الزمان.

• أن يكون احدهما موجودا فى كلّ شئ،
يريد فى الموضوع القابل لهما.

• فإنّه ليس كلّ قابل فواجب ضرورة أن يكون إمّا اسود وإمّا أبيض وإمّا حار وإمّا بارد.
يريد للسواد والبياض وغيرهما.

• وذلك أنّه ليس مانع يمنع من أن يكون إنّما يوجد فيه شئ مما فى الوسط.
يريد أن يكون فى الموضوع احد المتوسطات.

• وأيضا فإنّه قد كانت الأشياء التى فيما بينها متوسط ما هى الأشياء التى ليس واجبا ضرورة أن يكون احد الشيئين موجودا[٧] فى القابل ما

---

٧ موجودا: موجود

لم يكن احدهما موجودا بالطبع مثل أنّ للنار أنّها حارة والثلج أنّه أبيض.

يريد المتضادات.

• وفى هذه وجود احد الشيئين محصلا واجب لا ايهما اتفق، فإنّه ليس يمكن أن تكون النار باردة ولا الثلج اسود،

يريد وهو الطرف الخاص بالشئ الذى يوصف به.

• فيكون ليس يجب وجود احد الشيئين ايّهما كان فى كلّ قابل، بل لكنّ وجود الواحد منهما فيما له بالطبع دون غيره ووجود الواحد فى هذه محصلا لا ايّهما اتفق.

يريد وهو الشئ الذى هو بالطبع للشئ.

قال المفسّر

احضر حدود المتضادات ليفرق بين العدم والملكة وبينها من حدودها.

قال ارسطوطالس

• فأمّا العدم والملكة فليس يصح ولا واحد من الأمرين اللذين 13 a 2
ذكرا.

يريد ولا يصح فى العدم والملكة ما صح فى أحد صنفى المتضادات.

(١٧٤ ب) • وذلك أنّه ليس يجب ضرورة أن يوجد دائما فى القابل احدهما ايّهما كان،

يريد اىْ ليس يجب فى القابل للعدم والملكة أن يوجد فيه أحدهما دائما ايّهما كان.

• فإنّ ما لم يبلغ بعد إلى أن يكون من شأنه أن يبصر، فليس يقال فيه لا أنّه اعمى ولا أنّه بصير،

يريد فإنّ الموضوع ما لم يجز له أن يقبل الملكة لا يوصف بواحد منهما.

• فيكون هذان ليسا من المتضادات التى ليس بينهما متوسط اصلا.

يريد لأنّ هذه يجب أن يوجد أحدهما دائما فى الموضوع القابل لهما.

قال المفسّر

هذا هو الفرق بين المتضادات التى لا اوساط فيها وبين العدم والملكة.

قال ارسطوطالس

13 a 8 • ولا هما أيضًا من الاضداد التى بينها متوسط ما،

يريد ولا العدم والملكة من المتضادات التى بينها اوساط اى اوساط كانت.

• فإنّ احدهما موجود فى كلّ قابل ضرورة،

يريد فإنّ أحدهما يعنى العدم والملكة يجب وجوده فى القابل إذا حان له أن يقبل لا محالة.

• أعنى أنّه إذا صار فى حدّ ما من شأنه أن يكون له بصر فحينئذ يقال لـه اعمى أو بصير. وليس يقال فيه احدهما محصلا لكن ايّهما اتفق، فإنّه ليس يجب فيه لا العمى ولا البصر لكن ايّهما اتفق.

يريد أنّ الملكة لا توجد له إلا إذا حان زمانها فإن لم توجد وصف بالعدم أو وجدت وعدمت.

• فأمّا المتضادات التى بينها متوسط فلمْ يكن يلزم ضرورة فى وقت ما من الاوقات أن يكون أحدهما موجودا[8] فى الكلّ،

يريد ليس يلزم فيها كلّها أن يكون أحد الضدين موجودا دائما لكن يجوز وجود المتوسط.

• لكنّ فى البعض وفى هذه أيضًا احدهما محصلا؛

يريد لكنّ فى بعض الموضوعات يوجد أحد الضدين ولكنّ محصلا دائما كالحرارة للنار وهذا إذا كان بالطبع.

---

٨ موجودا: موجود

• فيكون قد تبيّن من ذلك أنّ التى تقال على طريق العدم والملكة (١٧٥ ا) يريد أنّ المتقابلة على طريق العدم والملكة.

• ليست تتقابل ولا بواحدة من جهتى تقابل بل المتضادات.
يريد لا المتضادات التى ليس بينها وسط ولا المتضادات التى بينها اوساط.

قال المفسّر

هـذا هـو الفرق بين المتضادات التى بينها اوسـاط وإن كان أحدهما بالطبع وبين العدم والملكة.

قال ارسطوطالس

13 a 17 • وأيضًا فإنّ المتضادات إذا كان القابل موجودا فقد يمكن أن يكون تغير من كلّ واحد من الأمرين إلى الآخر
يريد قد يتغير الموضوع من أحد الضدين إلى الآخر.

• ما لم يكن الواحد موجودا[٩] للشئ بالطبع مثل للنار الحرارة،
يريد أحد الضدين.

• فـإنّ الصحيـح قد يمكن أن يمرض والأبيض قد يمكن أن يصير اسـودا والصالـح قد يمكن أن يصير طالحا والطالح قـد يمكن أن يصير صالحا، إذا نقل إلى معاشـرة من هو على مذاهب واقاويل اجمل، فإنّه يأخذ فى طريق الفضيلة ولو يسيرا.
يريد بالتأدب الذى يتحصّل له ينتقل عن طرايقة الردية ولو انتقالا ما.

• وإن هو أخذ فى هذه الطريق مرّة واحدة،
يريد وإن هو سلك طريق الفضيلة بالكلّية.

• فمـن البـيّن أنّه إمّا أن ينتقل عما كان عليه على التمّام وإمّا أن يمعن فى ذلك امعانا كثيرا.
يريد من الرذيلة إلى الفضيلة.

---

٩ موجودا: موجود

• وذلك أنّه كلّما مرّ

يريد فى طريق الفضيلة.

• ازدادت سـهولة الحركة عليه إلـى الفضيلة لأنّها تكون قد قويت فيه وتاكـدت. وإذا أخـذ فى هذا الطريق، ولو أخذا يسـيرا منذ اوّل الأمر، حتى تكون وشيكا بأن يمعن فيه ثم تمادى فى ذلك ودام عليه، انتقل إلى التمّام إلى الملكة المضادة لها

يريد وهى الفضيلة على التمّام.

• ما لم يقصّر به الزمان.

يريد ما لم ينقطع عمره فيهلك.

(١٧٥ ب) • فأمّـا العـدم والملكة فليس يمكـن أن يكون فيهما التغير مـن البعض إلى البعض، فإنّ التغير من الملكة إلى العدم قد يقع؛ وأمّا مـن العـدم إلى الملكة فـلا يمكن أن يقع، فإنّه لا مَـن صار اعمى يعود فيبصر،

يريد لا يعود إلى الابصار.

• ولا مَن صار اصلع يعود ذا جمة،

يريد اىْ لا يعود شعره.

• ولا مَن كان ادرد تنبت له اسنان.

يريد بأن يكون قد عدم ملكة الاسنان.

قال المفسّر

لمّا فرق بين المتضادات والعدم والملكة على طريق التفصيل، أخذ الآن يفرق بينها على طريـق الاجمال. ويقول إنّ المتقابلة على طريق التضاد ينتقـل أحدهما إلى الآخر فـى الموضوع القابل لهما، فأمّا العدم والملكة فلا ينتقل أحدهما ايّهما كان إلى الآخر.

وقـد اختلف الناس فى الاخيار والاشـرار، فطائفة زعمت أنّ الناس بأسـرهم اخيار بالطبع اشـرار بالتعلّم. وطائفة أخـرى زعمت أنّ الناس اشـرار بالطبع اخيار بالتعلّم. وطائفة الثالثة رئيسها جالينوس تزعم أنّ بعض الناس اخيار بالطبع وبعضهم اشـرار بالطبع وبعضهم متوسـطون

بين هذين الطرفين.

ولا واحدة من هذه الفرق صادقة ولا قابلة بالحق، والحق هو أنّ الإنسان فيه تهيؤ نحو فعل الخير وفعل الشرّ، والذى له بالطبع هو التهيؤ. وأمّا الخير والشرّ فبالاكتساب، وذاك أنّ القوة النطقية ليست مقهورة على فعل ما لا تؤثره، لكنّ أمرها فيما تريد فعله إلى نفسها، تفعل ما شاءت فى اىّ وقت شاءت، فإن قسطت افعال نفسها واستولت على القوتين الاخرين الغضبية والشهواتية كما ينبغى، ولم تمكنهما من الانبساط كانت شرّه خيره، وإن اهملت تعديل نفسها وتعديل القوتين الاخرين كانت شريره فاجرة، فهذا يكفى فى هذا المكان.

والكلام فى هذه الأشياء الاطناب فيه ورد خطائه والموافقة على صوابه له رتبة أخرى من العلم، فلنُرجئه إلى وقته واوانه.

قال ارسطوطالس

13 a 37 • ومن البيّن أنّ التى تتقابل على طريق الموجبة والسالبة فليس تقابلها ولا على واحد من هذه الانحاء التى ذكرت؛

يريد لا كتقابل المضاف ولا كتقابل العدم والملكة ولا كتقابل الاضداد.

• فإنّ فى هذه وحْدها يجب ضرورة أن يكون ابدًا احدهما صادقا والآخر كاذبا.

يريد فى الايجاب والسلب يلزم أن يكون أحدهما ابدًا صادقا والآخر كاذبا.

(١٧٦ ا) • وذلك أنّه لا فى المتضادات يجب ضرورة أن يكون ابدًا احدهما صادقا والآخر كاذبا ولا فى المضاف ولا فى العدم ولا الملكة، مثال ذلك الصحة والمرض متضادان وليس واحد منهما لا صادقا ولا كاذبا، وكذلك الضعف والنصف متقابلان على طريق المضاف. وليس واحد منهما لا صدقا ولا كذبا ولا أيضًا التى على جهة العدم والملكة مثل البصر والعمى.

يريد أنّه لا يلزم فى المتضادات ولا فى المضافات ولا فى العدم والملكة الصدق والكذب، لأنّ هذه مفردات والصدق والكذب يكونان مع التركيب.

• وبالجملة فإنّ التى تقال بغير تاليف اصلا فليس شئ منها لا صدقا ولا كذبا،

يريد أنّ الالفاظ التى تقال بغير تاليف ليست بالصادقة ولا بالكاذبة.

• وهذه التى ذكرت كلّها تقال بغير تاليف.

يريد المضافات والعدم والملكة والاضداد.

قال المفسّر

يفرق بين الموجبة والسالبة وهى تتقابل مقابلة التناقض وبين باقى المتقابلات، فهو يقول إنّ الثلاث المقابلات أمور، وهذه اقاويل. وإن أخذت الالفاظ الدالة عليها، كان الفرق بينها أنّ تلك يلزمها الصدق والكذب لأنّها مركبة، وهذه لا يلزمها ذلك لأنّها غير مؤلفة.

قال ارسطوطالس

13 b 12 • إلا أنّه قد يُظن أنّ ذلك يلزم خاصة فى المتضادات التى تقال بتاليف، فإنّ سقراط صحيح مضاد لسقراط مريض،

يريد إلا أنّ الصدق والكذب يُظن أنّه يلزم فى الاضداد، إذا أخذت مؤلفة، وهذا بأن تؤخذ الالفاظ الدالة عليها مع الالفاظ الدالة على موضوعاتها.

• لكن ليس يجب ضرورة دائما ولا فى هذه أن يكون احدهما صادقا والآخر كاذبا، فإنّ سقراط إذا كان موجودا، كان احدهما كاذبا والآخر صادقا؛

يريد فى الاضداد المؤلفة.

• فإذا لم يكن موجودا فهما جميعا كاذبان، وذلك أنّه متى لم يكن سقراط موجودا البتة، لم يكن صدقا، لا أنّ سقراط مريض ولا أنّه صحيح.

يريد وذلك أنّ القول بأنّه صحيح وأنّه مريض يكذبان جميعا.

• فأمّا العدم والملكة فإنّ العين إذا لم تكن موجودة اصلا لم يكن ولا واحد من الأمرين صدقا.

(١٧٦ ب) يريد لا أنّها عمياء ولا أنّها باصرة.

• ومتى كانت أيضًا موجودة لم يكن ابدًا احدهما صدقا ، فإنّ سقراط بصير مقابل لسقراط اعمى تقابل العدم والملكة.

يريد إلا فى الوقت الذى يبلغ القابل أن يقبل.

• وإذا كان موجودا فليس واجبا ضرورة أن يكون احدهما صادقا أو كاذبا ، فإنّه ما لم يات الوقت الذى من شأنه أن يكون بصيرا أو اعمى، فهما جميعا كاذبان

يريد وهو الوقت الذى شأنه أن يقبل الملكة.

• ومتى لم يكن أيضًا سقراط اصلا، فعلى هذا الوجه أيضًا الأمران جميعا كاذبان، أعنى أنّه بصير وانّه اعمى.

يريد ومتى لم يكن سقراط موجودا ، فوصْفه أنّه اعمى وبصير كاذبان.

• فأمّا فى الموجبة والسالبة، فإذا كان موجودا أو لم يكن موجودا احدهما يكون كاذبا والآخر صادقا ، فإنّ القول بأنّ سقراط مريض وإن سقراط ليس بمريض، إن كان سقراط موجودا ، فظاهر أنّ احدهما صادق أو كاذب. وإن لم يكن موجودا فعلى هذا المثال، فإنّ القول بأنّ سقراط مريض إذا لم يكن سقراط موجودا كاذب، والقول بأنّه ليس مريض صادق،

يريد فإذا كان الأمر موجودا أو لم يكن، فأحد جزئى التناقض صادق والآخر كاذب لا محالة.

• فيكون فى هذه وحْدها[١٠] خاصة احد القولين ابدًا صادقا أو كاذبا ، أعنى التى تتقابل على طريق الموجبة والسالبة.

يريد فى الايجاب والسلب حيث يقع اقتسام الصدق والكذب دائما.

---

١٠ فى الهامش: وحدها

قال المفسّر

صورة هذا الكلام صورة شكّ وحلّه.

أمّا الشكّ فيجرى على هذه الصفة، الالفاظ الدالّة على الاضداد وعلى العدم والملكة وعلى المضاف لا تصدق ولا تكذب، ولكنّ لمّا كانت هذه موجودة فى موضوعات ومعلقة بها، وجب أن تكون الالفاظ الدالة عليها معلقة بالالفاظ الدالة على موضوعاتها، وإذا تعلقت اجتمعت، وإذا اجتمعت تركبت، وإذا تركبت (١٧٧ ا) صدقت وكذبت.

وحلّ الشكّ يجرى على هذه الصفة، كلامنا هو فى المتقابلات لا فى موضوعاتها، وهذه لا يلزمها الصدق والكذب، وإن أخذناها مع الموضوعات لم يلزم فيها أن تصدق أو تكذب دائما، لكنّ ما دام الموضوع موجودا، والا فإذا لم يكن موجودا كذبا جميعا، فأمّا الايجاب والسلب فإنّهما يقتسمان الصدق والكذب دائما كان الموضوع موجودا أو لم يكن.

قال ارسطوطالس

13 b 36 • والشرّ ضرورة مضاد للخير.

يريد إذ كان الموضوع لهما واحد، لا يجتمعان فيه ويجمعهما جنس واحد وينتقل الموضوع من أحدهما إلى الآخر.

• وذلك بيّن من الاستقراء فى الجزئيات.

يريد فى جزئيات الخير والشرّ.

• مثال ذلك المرض للصحة والجور للعدل والجبن للشجاعة، وكذلك أيضًا فى سائرها.

يريد فى سائر المتضادات التى تقال فيها إنّها خير وشرّ.

قال المفسّر

القانون الاوّل

هذا هو القانون الاوّل من قوانين المتضادات، وهو أنّ الضد الواحد إنّما له ضد واحد. ونحن فقد كنا بينّا ذلك عند كلامنا فى الكم. وبالجملة فإن كان الضد الواحد له أكثر من ضد واحد، تكون الطبيعة ظالمة متعدية، لأنّ الواحد لا يثبت لمحاربة الاثنين.

قال ارسطوطالس

• فأمّا المضاد للشرّ فربّما كان الخير وربّما كان الشرّ، 14 a 1

اســثنى بذلك من قبل أنّ تلك إنّما يتم فى الأشــياء التى الخير فيها متوسط كافعال النفس والطرفان شرّ.

• فإنّ النقص وهو شرّ،

يريد فإنّ كلال الشهوة وهو نقص مضاد للعفة وهى خير وهو المتوسط ومضاد للافراط وهو الزيادة وهى شرّ.

• مضاد للافراط، وهو شرّ،

يريــد إلا أنّه ليس يضاده بما هو شــرّ لكــنّ بما أحدهما ناقص والآخر زائد.

• وكذلك المتوسط مضاد لكلّ واحد منهما وهو خير.

يريــد العفة مثــلا تضاد الطرفــين إلا أنّهما يكونــان بالقياس إلى المتوسط كأنّهما شئ واحد.

(١٧٧ ب) • وإنّما يوجد ذلك فى اليسير من الأمور.

يريد فى افعال النفس.

• فأمّا فى أكثرها فإنّ الخير دائما مضاد للشرّ.

يريد فأمّا فى أكثر المضادات فالطرف يضاد الطرف حســب، ويكون أحدهما خيرا والآخر شرّا.

قال المفسّر

هــذا هو شــكّ على القول بأنّ الضد الواحد إنّمــا يوجد له ضد واحد، ونشــؤه من افعال النفس. وذلك أنّه لمّا كان للنفس افعال ثلاثة الافراط والتوســط والتقصير، كان كلّ واحد منها يضاد شــيئين، ســوى أنّه لا يضاده بمعنى واحد، لكنّ الوســط يضاد الطرفين بما هو خير وهما شــرّ، وكلّ واحــد مــن الطرفين يضاد المتوســط، والآخر لأحدهمــا بما هو خير وبالآخر بما هو شرّ، زائد أو ناقص. وإنّما قال، فأمّا فى أكثرها، لأنّ الخير دائما مضاد للشــرّ بمنزلة ســائر الصور، فإنّ أكثر الخير فيها فى الطرف الاقصى، وليس فضيلتها فى التوسط كافعال النفس واعتدال الجسم.

قال ارسطوطالس

• وايضا فإنّ المتضادين ليس واجب ضرورة متى كان احدهما موجودا، أن يكون الآخر موجودا. 14 a 6

يريد لأنّه قد يجوز تقدير وجود أحد الطرفين فى جميع الأشياء القابلة وهو يفرض فرضا، والا لزم فيه بطلان نوع من العالم وهو الطرف الآخر.

• وذلك أنّه إن كانت الأشياء كلّها صحيحة، فإنّ الصحة تكون موجودة، فأمّا المرض فلا.

يريد أنّ الأشياء التى شأنها أن تقبل الصحة والمرض.

• وإن كانت الأشياء كلّها بيضاء، فإنّ البياض يكون موجودا، فأمّا السواد فلا.

يريد أنّ الأشياء التى شأنها قبول البياض والسواد.

• وايضا إن كان سقراط صحيح مضاد، لأنّ سقراط مريض، وكان لا يمكن أن يكونا جميعا موجودين فيه،

يريد فى سقراط أنّه صحيح مريض.

• فليس يمكن متى كان احد هذين المتضادين موجودا، أن يكون الباقى أيضًا موجودا.

يريد أن يكون الآخر موجودا، وبالجملة هو وضده لا يجتمعان معا فى موضوع واحد.

• فإنّه متى كان موجودا ان سقراط صحيح، فليس يمكن أن يكون موجودا ان سقراط مريض.

يريد فى الحال التى هو فيها صحيح.

(١٧٨ ا) قال المفسّر

القانون الثانى هذا هو القانون الثانى فى الاضداد، وهو أنّهما لا يجتمعان جميعا فى موضوع واحد، لكنّ متى كان أحدهما موجودا فيه لم يكن الآخر.

قال ارسطوطالس

• ومن البيّن أنّ كلّ متضادين، فإنّما شأنهما أن يكون شئ واحد بعينه؛ 14 a 15

يريد أنّ الموضوع لهما واحد.

• فإنّ الصحة والمرض فى جسم الحىّ والسواد والبياض فى الجسم على الاطلاق،

يريد الموضوع لهما الجسم الطبيعى على الاطلاق.

• والعدل والجور فى نفس الإنسان.

يريد الموضوع لهما نفس الإنسان.

• وقد يجب فى كلّ متضادين إمّا أن يكونا فى جنس واحد بعينه، وإمّا أن يكونا فى جنسين متضادين.

يريد إمّا أن يعمهما جنس واحد أو يدخلا فى جنسين متضادين.

• وإمّا أن يكونا انفسهما جنسين،

يريد اسمين مشتركين يشملان اسماء كثيرة.

• فإنّ الأبيض والاسود فى جنس واحد بعينه، وذلك أنّ جنسهما اللون.

يريد يدخلان تحت جنس واحد.

• فأمّا العدل والجور، ففى جنسين متضادين؛

يريد جنسين قريبين متضادين، والا فجنسهما البعيد واحد وهو الكيفية.

• فإنّ الجنس لذلك فضيلة،

يريد للخير.

• ولهذا رذيلة.

يريد للشرّ.

• وأمّا الخير والشرّ، فليسا فى جنس، بل هما نفسهما جنسان لأشياء.

يريد لا يدخلان تحت جنس واحد ولا جنسين، لكنّهما جميعا اسمان مشتركان يعمان أشياء كثيرة ويمران فى أكثر المقولات.

قال المفسّر

القانون الثالث

هذا هو القانون الثالث، وهو أنّ المتضادين هما اللذان موضوعهما واحد ولا يجتمعان فيه، وينتقل من أحدهما إلى الآخر، وهما فى غاية البعد ويجمعهما جنس واحد. وقوله فى الخير والشرّ إنّهما جنسان، فيعنى به اسمين مشتركين، فإنّ الخير يقع على الجوهر(١٧٨ ب) والكم والكيف وغير ذلك، والشرّ أيضًا مثله، فالخير فى الجوهر كالعقل، وفى الكم المقدار المعتدل، وفى الأين المكان الموافق، وفى الوضع النصبة الموافقة، وفى الكيفية الفضائل. والشرّ يقع على اضداد هذه. وهاهنا ينقطع الكلام فى تفصيل هذا التعليم.

التعليم الخامس والعشرين

قال ارسطوطالس

• يقال إنّ الشئ متقدم لغيره على اربعة اوجه. 14 a 26

قال المفسّر

لمّا كان ارسطوطالس قد ذكر المتقدّم والمتأخر عند كلامه فى الجوهر بقوله منه اوّل ومنه ثان، وفى الكلام فى المضاف عند قوله، إنّ المعلوم أقدم من العلم، وكان عند الناس من علم المتقدّم والمتأخر طرفا يسيرا، أعنى المتقدّم والمتأخر فى الزمان، أخذ أن يستوفى الكلام فيهما، وهو يقول إنّ المتقدّم والمتأخر يقال على خمس معانٍ.

المعنى الاوّل

الاوّل منها والاحق المتقدم والمتأخر فى الزمانً، كالاب للابن من حيث هما ذاتان. ومن هذا يعلم أنّ المتقدم والمتأخر اسم مشترك، لأنّ الجنس لا يقال على أنواعه بالزيادة والنقصان، والأنواع لا يكون أحدها احق بطبيعة جنسه من الآخر. وهذا الصنف يكون احق من غيره بحسب الرأى المشهور فيه.

المعنى الثانى

والثانى هو المتقدم والمتأخر بالطبع، والمتقدم بالطبع هو الذى متى وُجد، لم يلزم وجود المتأخر، ومتى ارتفع ارتفع المتأخر، والمتأخر بالطبع هو الذى متى وجد وجد المتقدم، ومتى ارتفع لم يرتفع، كالواحد عند الاثنين، والحيوان عند الإنسان، والاساس عند البيت. وبالجملة كلّ واحد من المبادئ عند المركب، فإنّه متى وجد كلّ واحد من المبادئ التى بها يتم وجود الشئ، لم يلزم وجوده، ومتى وجد المركب، لزم وجود ذلك المبدأ.

المعنى الثالث

والثالث هو المتقدم والمتأخر فى المرتبة بمنزلة الشئ الذى يجعل اوّلا ويتلى به غيره، كتقدّم الصدر فى الاقاويل الخطابية على الاقتصاص، وتقدّم وضع المبادئ فى سائر العلوم على البراهين، كالنقطة فى الهندسة والوحدة فى العدد. والليبنوس يقسم المتقدم والمتأخر فى المرتبة على هذه الصفة: يقول المتقدم فى المرتبة، إمّا أن يكون متقدما فى المرتبة عند (١٧٩ ا) الطبيعة كالبسيط على المركب، فإنّ البسيط عند الطبيعة

رتبته قبل المركب، لأنّ منه تركب الطبيعة المركب، أو عند الحس كالمركب على[1] البسيط، فإنّ الحس يترتب عنده اوّلا المركب، أو فى التعليم كالكلّى على الجزئى، فإنّ الكلّى إذا رتب اوّلا وفهم فهم من بعده الجزئى، أو فى الطبع كالغاية لما يتقدمها، فإنّ الغاية ترتب اوّلا بالقياس إلى الهيولى و الصورة والفاعل، أو فى الفعل كالذى يتقدّم الغاية للغاية كالهيولى والصورة والفاعل، أو فى الوضع، والوضع إمّا أن يكون فى الأمور أو فى الاقاويل، وفى الأمور، إمّا الطبيعية كالنار والهواء، فإنّ هذين يتقدمان على الماء والأرض، أو فى الصناعة كالاساس للبيت، فإنّ اوّل ما يوضع فى البيت الاساس، أو فى الاقاويل كالصدر على الاقتصاص، وذاك أنّ صدر الكتاب يتقدم على اقتصاص الحاجة فيه.

المعنى الرابع

والرابع المتقدم والمتأخر فى الشرف، كالملك على الرعية وإن كان اصغر سنا منها، فإنّ الرعية تقدم الملك عليها تشريفا، فيكون تقدمه فى الشرف، وإن كان متأخرا عنها فى الزمان. وأمّا اللينوس فيقول إنّ المتقدم فى الشرف يكون إمّا بالطبع كالناطق على غير الناطق، فإنّ ذا العقل يتقدم فى طبيعة الوجود على ما لا عقل له فى الشرف، وذاك أنّ هذا ينزل فى الوجود اشرف من ذاك لأنّه يشبه الالهيين، أو بالاختيار كالصديق على العدوّ، فإنّ الإنسان يقدم فى الشرف صديقه على عدوه. وإمّا بالصناعة كالمعلّم على المتعلّم، فإنّ المعلّم له رتبة الشرف على المتعلّم، أو بالعرض كالسيد على العبد، فإنّ السيد يتقدم بالشرف على العبد، لأنّه اتفق إن استرقه.

المعنى الخامس

والخامس المتقدم والمتأخر على طريق العلة والمعلول، كالاب للابن، فإنّ هذين من حيث هما مضافين هما معا فى الوجود، ولا يتقدم أحدهما على الآخر، ومن حيث أحدهما علة والآخر معلول، فهو أقدم لا فى الزمان، لكنّ على طريق تقدم العلة على المعلول.

وقد يكون الشئ الواحد متقدما فى الزمان والطبع والرتبة والشرف والعلة، كالبارئ تعالى، فإنّه أقدم من سقراط زمانا وشرفا وطبعا وعلى طريق العلة. وقد يجوز أن يجتمع فى المتقدم ثلاثة من هذه واثنان. وإنّما ترجم ارسطوطالس الكلام فى المتقدم والمتأخر بالكلام فى المتقدم حسب ليُفهم المتأخر منه لأنّه مقابله. وقد قلنا ليس بمنكر أن يكون شئ (١٧٩ ب) واحد بعينه متقدما على عدة وجوه من الوجوه المعددة بحسب نسب كثيرة توجد له كالنقطة، فإنّها تتقدم على الخط بالطبع

---

١ على: عند

والمرتبة والزمان.

معا — وارسطوطالس يتكلم فى معا وأصنافه بعد المتقدم والمتأخر، لأنّ معا يجرى مجرى المتوسط بين المتقدم والمتأخر، أو يجعلان كالطرفين المتقابلين، فإنّ الأمور إمّا أن يكون وجودها معا أو بالتقدم والتاخر. ولأنّه ذكر معا عند الكلام فى المضاف بقوله، إنّ المضافين هما معا بالطبع، وارسطوطالس يعدد لمعا ثلاثة أقسام:

القسم الاوّل — الاوّل منها واحقّها بهذا المعنى الأشياء التى هى معا فى الزمان، لأنّه هو الذى يعرفه الناس، كمولودين يولدان فى زمان واحد، ومن هذا يعلّم أنّ معا اسم مشترك، إذ كان أحد أقسامه احق بمعناه من الآخر.

القسم الثانى — والثانى الأشياء التى هى معا بالطبع كسائر المضافات، والتى هى معا بالطبع، هى التى إذا وُجد أحدهما وُجد الآخر، وإذا ارتفع أحدهما ارتفع الآخر كالاب للابن. ولا تأخذهما من حيث هما علة ومعلول، فيكون أحدهما متقدم بما هو علة لكنّ من حيث هما مضافين.

والثالث الأشياء التى هى معا فى الجنس بمنزلة الأنواع المنقسمة من جنس واحد، فإنّ هذه هى معا فى طبيعة جنسها، وليس بعضها احق به من الآخر. والفرق بين هذا القسم وبين القسم الاوّل أنّ التى هى معا بالطبع، هى التى متى وُجد أحدهما وُجد الآخر، ومتى ارتفع، ارتفع الآخر. والأنواع المنقسمة من جنس واحد، إن قايست بين بعضها وبعض لم يلزم ذلك فيها، فإنّه إن ارتفع بعض أنواع جنس، لم يلزم أن يرتفع النوع الآخر، وإن قايست بينها وبين جنسها، لم يلزم ذلك فيها ايضا، فإنّه متى وجد الجنس لم يلزم وجود النوع، فأمّا متى وجد النوع[٢] لزم وجود الجنس، وافهم بما هى ذوات.

قسم آخر — وقد يوجد قسم آخر لمعا، لم يذكره ارسطوطالس لخساسته، إذ كان من الأشياء التى تجرى باصطلاح عند الفلاسفة، وهو التى هى معا فى الشرف، كملكين صورتهما فى الشرف واحدة والسياسة والملك.

الحركة — ومن بعد الكلام فى معا ينتقل إلى الكلام فى الحركة، لأنّه ذكرها فى الكم بقوله، إنّ الحركة كم بالعرض، ولأنّه ذكرها فى الجوهر يقبل الاضداد بتغيره فى نفسه، وذكرها فى الكيفية عند قوله، إنّ الحال تتغير الى الملكة ولا ينعكس الأمر.

وينبغى أن تعلم أنّ هاهنا يتكلم فيها (١٨٠ ا) كلاما منطقيا بحسب ما هى صورة فى النفس ومجردة فى النفس من الهيولى، لا بما

---

٢ فى الهامش: فاما ...النوع

يليق بالرجل الطبيعى أن يتكلم فيها ، فإنّ هذا يأخذها مع الهيولى، ولهذا تصير مختلفة عنده، فيسمى بعضها تغيرا وكونا مطلقا، وبعضها حركة وكونا ما ؛ فإنّ ارسطوطالس يعدد هاهنا فى أنواع الحركة الكون والفساد ، وليسا حركتين فى الحقيقة، لأنّ الحركة هى التى يثبت موضوعها فيما منه وإليه واحدا بالعدد ، كسقراط المنتقل من الصحة إلى السقم، والتغير لا يثبت الموضوع فيه واحدا بالعدد ، فإنّ المنى إذا صار إنسانا انقلب نفس جوهره، لكن يسميان تغيرين. وارسطوطالس ينظر فى أمر الحركة فى اربعة مطالب فى قسمتها وحدود أقسامها ، وفى الفرق بين بعضها وبعض، وفى تقابلها . وفلاطن يسمى الحركة غير موجودة، لأنّها ليست ثابتة، لكن سيلان وجريان.

أنواع الحركة

وأنواع الحركة ستة: حركة الكون وحركة الفساد وحركة النمو وحركة النقصان وحركة الاستحالة والحركة فى المكان.

والسبب فى كونها ستة هو أنّ الحركة إنّما تكون فى الصورة، والموضوع لها الهيولى. وصور الأمور إمّا أن تكون فيها أو مطيفة بها ، والمطيفة بها كالمكان. والتى فيها ، فإمّا أن تكون جوهرية، كالصور التى منها تقوّمت ذوات الأمور ، أو عرضية، كالكمية والكيفية، فالحركة فى الصور الجوهرية هى كون وفساد . وذلك أنّ الحركة فى الجوهر إمّا أن تكون من العدم إلى الصورة، فيكون كونا ، أو من الصورة إلى العدم، فيكون فسادا . ويلزم فيها أن تنقلب ذات الشئ وعينه، وهذه فى الحقيقة تُسمى كونا مطلقا وتغيرا مطلقا . والحركة فى العرضية تُسمى حركة فى الحقيقة، وهذه تنقسم إلى الحركة فى الكمية، والحركة فى الكم تسمى نموا ونقصا ، لأنّها إمّا أن تكون من مقدار انقص إلى مقدار ازيد، فيكون نموا ، أو بالضد ، فيكون نقصا . وهذه فى الحقيقة حركة، لأنّ الموضوع يبقى واحد بالعدد فيما منه وإليه، فإنّ زيدا النامى بعد نموه شخصه واحد بالعدد ؛ والى الحركة فى الكيفية، وهذه تُسمى استحالة؛ والى الحركة فى المكان، وتُسمى حركة مكانية كالانتقال من فوق إلى اسفل.

وحركة الكون هى انتقال من العدم إلى الصورة، كانتقال المنى من عدم الإنسان إلى صورة الإنسان. وهذه يلزم فيها أن ينقلب جوهر (١٨٠ ب) الأمر وذاته ولا يبقى الموضوع واحدا.

والفساد هو الانتقال من الصورة الى العدم، ويلزم فيها أن ينقلب جوهر الشئ وذاته ولا يبقى الموضوع واحدا.

والنمو هو الانتقال من مقدار اصغر إلى مقدار اعظم، ويبقى الموضوع واحدا بالعدد.

والنقصان هو الانتقال من مقدار اعظم إلى مقدار اصغر، ويبقى الموضوع واحدا.

والاستحالة هى الانتقال من كيفية عرضية إلى كيفية عرضية كالانتقال من السواد إلى البياض، ويبقى الموضوع واحدا.

والحركة فى المكان هى الانتقال من مكان إلى مكان بمنزلة مكانى الفوق والاسفل.

وارسطوطالس يستوفى الكلام فى الحركة فى مقالات السماع الطبيعى. وفى الثالثة منه يقرر أنّها اسم مشترك لا جنس، ويقرر فى الخامسة منه أنّ الكون والفساد هما تغيران لا حركتان، إذ كان موضوعهما لا يثبت كما ثبت الموضوع فى الحركة. ولأنّ ارسطوطالس يستعمل هذه الستة ويتكلم فيها كلاما منطقيا، أعنى من حيث هى صورة فى النفس، وهى انتقال من شئ إلى شئ، جاز له أن يسميها فى الصناعة المنطقية أنواعا، لأنّك إذا خليت الهيولى ونظرت فى الصور وجدت التغير والحركة كلّها هو انتقال من حال إلى حال، فلا يختلف، فلهذا يسميها أنواعا ويجعل الحركة جنسا لها.

وللحركة قسم آخر لا يليق بالمنطق ولا بالعلم الطبيعى لكنّ بالالهى. وهى حركة الشوق، وهذه هى تشوّق العاشق إلى المعشوق، والمعشوق لا يفعل شيئا لكنّ العاشق يتحرك بتذكراته للمعشوق وتشوّقه إليه. والنفوس إلى السنة، فإنّ السنة عرض ولا تحرك، ولكنّا إذا تذكرنا أو أمرها ونواهيها تحركنا إلى العمل بها. والعالم بأسره الى التقيل بمبدئه الذى هو اللّه تعالى و التشبه به، كلّ بحسب طاقة وقدرته.

وسوف يقرر ارسطوطالس أنّ الحركة لا تكون إلا فى مقولتى الكم والكيف حسب، فأمّا فى باقى المقولات، فلا تكون حركة، اللهمّ إلا أن تتحرك اطرافها فى المكان أو غيره، لا فى نفس معنى المضاف ولا فى غيره من النسب. والفروق بين هذه تتبين من حدودها.

ولمّا كانت الاستحالة يسبق إلى الظنّ أنّها واحدة واحدة من الحركات الخمس المذكورة، أعنى الكون والفساد والنمو والنقص والحركة (١٨١ ا) فى المكان لمواصلتها لها فى الأمور الطبيعية، فإنّ ما يتحرك واحدة من هذه الحركات فى الأمور الطبيعية، يلزمه أن يستحيل ويتغير فى كيفياته العرضية، يأخذ ارسطوطالس أن يفرق بينها وبين الخمسة

الأنواع المقدم ذكرها. ويقول إنّ الاستحالة تغير فى الكيفية العرضية، والنمو والنقص تغير فى الكمية، والكون والفساد تغير فى الجوهر اىْ فى صور الشئ الجوهرية. ولتوصله ما يبين ذلك أعنى أنّ الاستحالة غير الباقية باحسن ما يكون. وهذا أن يأخذ أمرا تعليميا أعنى شكلا فى النفس معرا من الهيولى، لا يلزمه إذا تغير فى شئ ما مما يجوز أن يتغير فيه، أن يستحيل، فيرى منه أنّ الاستحالة غير الحركات الباقية كلّها، والذى يأخذه هو المربع، وهذا هو شكل تعليمى مبرأ من الهيولى، يحيط به خطوط اربعة، فيضيف إليه العلم، وهو ثلاث مربعات تطيف به، أمّا فى الكمية فيزيد، وأمّا فى الكيفية فلا يتغير، إذ كان مربعا فى الحالتين جميعا، فلا يكون تغير النمو والنقص هو الاستحالة. ومن هذا يبين أيضًا أنّ النمو غير الكون، لأنّ الجوهر باق لم ينقلب، والكمية انقلبت. والنفس تتغير عند الغضب بأن تطلب الانتقام من غير أن تزيد، ومن هاهنا ربّما توجه لقول فلاطن، بأنّ النفس متحركة من ذاتها حجة، سوى أنّا نحن لا نقول إنّ النفس تغيرت فى وقت الحرد فى نفس طبيعتها، لكن كانت سبب للتغير العارض للجسم وازعاج للحار الغريزى إلى خارج، فالجسم هو المتغير وهى مغيرة، فلها هى حركة الفعل وله حركة الانفعال. وفلاطن يقول إنّها تتغير فى نفس جوهرها.

والحركة تقابل الحركة لا بما هى حركة، لكنّ من حيث اطرافها وتقابل السكون. أمّا مقابلة الحركة للحركة، فكالكون[٣] للفساد، فإنّ الكون يأخذ من العدم ويقف عند الصورة، والفساد يأخذ من الصورة ويقف عند العدم، فتقابلهما من جهتى العدم والصورة لا من أجل نفس طبيعة التغير، إذ كانت فيها واحدة. وكالنمو للنقص، فإنّ النمو يأخذ من العظم الاصغر ويقف عند العظم الاكبر، والنقص بضد ذلك، وليس اختلاف هذين من حيث هما حركة لكنّ من حيث المقدار الاعظم والاصغر اللذين هما طرفان. والاستحالة، أمّا المتسود فيأخذ من البياض ويقف عند السواد، والمتبيض يأخذ من السواد ويقف (١٨١ ب) عند البياض، وليس اختلاف هذين من قبل أنّهما تغيران لكنّ من قبل البياض والسواد اللذين هما اطراف لهما. والحركة فى المكان، أمّا التى إلى فوق فتضاد التى إلى اسفل، والكلام واحد فإنّ التغير جاء من قبل الاطراف؛ فأمّا الدورية فلا ضد لها على ما يتبين فى الكتب الطبيعية، وذاك لأنّها تأخذ من النقطة وتعود إليها بعينها.

---

٣ فى الهامش: فكالكون

ولـمّـا كان السـكون على ضربين، إمّـا فى الطرف الـذى تكون منه الحركـة، أو فى الذى إليه تنتهى. والسـكون الـذى فيما إليه هو كمال لهـا، لأنّها نحوه قصـدت. وبالجملة كلّما يقدمه بسـببه، ولا يجوز أن يضادها، لأنّ غاية الشئ لا تضاده، فضدها السكون فيما تكون الحركة، لأنّه عوق لها ومانع، كسكون الحجر فى وتد معلق به.

والسـكون أيضًا يقابل السـكون، لا بما هو سـكون إذ كانت طبيعة السـكون واحـدة، لكن بأنّه فى اشـيا ء متضادة، كالبياض والسـواد، فالسكون فى البياض يقابل السكون فى السواد، لا بما هو سكون لكنّ بما هو فى بياض وسواد.

ومن بعد الكلام فى الحركة يعدد ارسـطوطالس أصناف القنية، ولا تفهم من القنية هاهنا النسـبة لكنّ المقتنـى الذى هو طرف لها، ويختم بهـا الكتاب فى القاطيغوريـاس. ويقول إنّ ما يقتنى إمّا أن يكون فى الشـئ أو مطيفـا به. وهـذا إمّا أن يكون كمية فى الشـئ أو كيفية له أو مضـاف أو جوهـر، فالكميـة كالابعاد الثلاثة، فإنّها تيه للجسـم. والكيفيـة كالعلم والفضيلة، فإنّها قنية للنفس. والمضاف كالزوج والاخ والاب والصديـق، فإنّ احدها قنية للآخر. والجوهر المقتنى إمّا أن يحوى أو يُحوى. وهذان إمّا أن يكونان على طريق الجزء للشئ أو خارجا منه، فالحـاوى إمّـا على طريق الـكلّ كالقميص وعلى طريـق الجزء كالخاتم فى الاصبع، والمحوى على طريق الكلّ كالشـراب فى الدنّ والحنطة فى القفيز، وعلى طريق الجزء كاليد والرجل؛ أو مقتنى من خارج، والمقتنى مـن خارج كالبيت والضيعة والمراة، وارسـطوطالس يأخذ المكان والانا ء هاهنا كشـئ واحد، فإنّ المكان أيضًا يقتنى كقول الشـاعر، إنّهم انتهوا فى المسير إلى لاقاذامونيا الشريفة أمّ المدن وحصلوا بها، وهاهنا ينقطع الكلام فى جملة هذا التعليم. القنية

(١٨٢ ا) قال ارسطوطالس

• يقال إنّ شيئا متقدما لغيره على اربعة اوجه. 14 a 26

يريد أنّ أصناف المتقدم والمتأخر اربعة.

• أمّا الاوّل وعلى التحقيق فبالزمان،

يريد والذى هو احق الأصناف بهذا المعنى هو المتقدم فى الزمان.

• وهو الذى به يقال إنّ هذا اسنّ من غيره أو هذا اعتق من غيره،

يريد وهو الذى بحسبه يقال إنّ هذا الحيوان اسنّ من هذا الحيوان، وهذا الشراب اعتق من هذا الشراب.

• فإنّه إنّما يقال اسنّ أو اعتق من جهة أنّ زمانه أكثر.

يريد فإنّه إنّما يقال فى الشئ بأنّه اسنّ من غيره واعتق من غيره، إذا كان زمانه يتقدم على زمانه.

• وأمّا الثانى فما لا يرجع بالتكافؤ فى لزوم الوجود.

يريد والقسم الثانى من أقسام المتقدم والمتأخر هو الذى يكون بهذه الصفة بالطبع، وهو الذى لا يرجع على المتأخر حتى متى كان أحدهما موجودا كان الآخر موجودا.

• مثال ذلك أنّ الواحد متقدم للاثنين، لأنّ الاثنين متى كانا موجودين، لزم بوجودهما وجود الواحد. وإن كان الواحد موجودا، فليس واجبا ضرورة لزوم وجود الاثنين،

يريد بالطبع لأنّه متى وُجد، لم يلزم وجود الاثنين ومتى وُجد الاثنين، لزم وجوده.

• فيكون لا يرجع بالتكافؤ من وجود الواحد لزوم وجود الاثنين.

يريد أنّهما لا يتكافئان فى الوجود حتى متى كان أحدهما موجودا كان الآخر بهذه الصفة.

• ومظنون أنّ ما لم يرجع عنه بالتكافؤ فى لزوم الوجود، فهو متقدم بالطبع.

يريد والشئ الذى لا يلزم من وجوده وجود غيره ويلزم من وجود غيره وجوده، فهو متقدم بالطبع.

• وأمّا المتقدم الثالث، فيقال على مرتبة كما يقال فى العلوم وفى الاقاويل،

(١٨٢ ب) يريد والصنف الثالث من أصناف المتقدم هو المتقدم بالمرتبة، كما يجرى الأمر فى العلوم والكتب والاقاويل، فإنّ فى جميع هذه اشياء تقدم على غيرها فى المرتبة.

• فإنّ فى العلوم البرهانية قد يوجد المتقدم والمتأخر فى المرتبة.
يريد العلوم البرهانية كالهندسة.

• وذلك أنّ الاسطقسات متقدمة للرسوم فى المرتبة،
يريد أنّ المبادئ التى يفرضها العلماء فى صدور الصنائع تتقدم البراهين التى يبرهنون بها على المطالب.

• وفى الكتابة حروف المعجم متقدمة[٤] للهجاء.
يريد للالفاظ المؤلفة منها.

• وفى الاقاويل أيضًا على هذا المثال الصدر يتقدم للاقتصاص فى المرتبة.
يريد فإنّ صدر الكتاب يتقدم على اقتصاص ما يقتص فيه.

• وايضا فما هو خارج عما ذكر
يريد وصنف آخر من أصناف المتقدم بالشرف كالملك على الرعية وإن كان صبيا.

• الافضل والاشرف قد يُظن أنّه متقدم فى الطبع.
يريد فى طبائع الناس أن يقدموا الملك والحاكم وإن كانا حدثى السن.

• ومن عادة الجمهور
يريد أنّ هذا التقدم هو تقدم بحسب عادة الجمهور.

• أن يقولوا فى الاشرف عندهم والذين يخصونهم بالمحبة أنّهم متقدمون عندهم.
يريد أنّهم يقدمونهم على غيرهم.

• ويكاد أن يكون هذا الوجه أشد الوجوه مباينة.
يريد بقوله يكاد أنّ هذا التقدم ليس هو شئ يوجبه طباع الأمور، وإنّما هو شئ بحسب رأى الجمهور وجاء باصطلاح.

---

٤ فى الهامش: متقدمة

• وهذا يكاد أن يكون مبلغ الانحاء التى يقال عليها المتقدم.
يريد أنّ هذه الانحاء هى مبلغ انحاء المتقدم والمتأخر، وقال يكاد لأنّه ياتى بقسم آخر غريب.

• ومظنون أنّ هاهنا نحو آخر للمتقدم خارجا من الانحاء التى ذكرت،
يريد قسم خامس.

• فإنّ السبب من الشيئين االذين يرجعان بالتكافؤ فى لزوم الوجود
(١٨٣ ا) يريد فإنّ السبب الذى هو سبب مسبب، وإن كانا يرجعان الواحد على الآخر فى الوجود لأنّهما من المضاف، فإنّ السبب لأنّه سبب يستحق أن يقال إنّه متقدم لأنّه سبب لا لشئ غير هذا.

• على ايْ جهة كان سببا لوجود الشئ الآخر،
يريد إمّا على أنّه سبب هيولانىّ او صورىّ او غائى.

• فبالواجب يقال إنّه متقدم بالطبع.
يريد لأنّه سبب ومعنى السببية اوجب له التقدم لا لأنّ أحدهما أقدم فى الوجود ولا أنّه متى وُجد لم يلزم وجود المسبب.

• ومن البيّن أنّ هاهنا اشياء ما تجرى هذا المجرى؛
يريد اشياء هى اسباب ومسببات والسبب منها يتقدم على المسبب لأنّه سبب.

• إنّ الإنسان موجود يرجع بالتكافؤ فى لزوم الوجود
يريد أنّ القول بأنّ الإنسان موجود علة فى صدق القول فيه أنّه موجود، وهما معا إلا أنّه لمّا كان الإنسان العلة فى صدق القول، صار يتقدم به عليه.

• على القول الصادق فيه.
يريد بأنّه موجود.

• فإنّه إن كان الإنسان موجودا، فإنّ القول بأنّ الإنسان موجود صادق وذلك يرجع بالتكافؤ، فإنّه إن كان القول بأنّ الإنسان موجود صادق،

فـإنّ الإنسـان موجـود ، إلا أنّ القـول الصادق لا يمكن أن يكون سـببا لوجود الأمر بل الذى يظهر أنّ الأمر سـبب على جهة من الجهات لصدق القول.

يريد أمّا فاعل يصدق القول وغير ذلك من الاسباب.

• وذلـك أنّ بوجـود الأمر أو بأنّه غير موجود يقـال إنّ القول صادق أو كاذب،

يريد أنّ صدق القول وكذبه متعلقين بالأمور، فهى السبب فيهما.

• فيكون قد يقال إنّ شيئا متقدما لغيره على خمسة اوجه.

يريـد فيكـون مبلـغ أصنـاف المتقـدم والمتأخر هى هـذه الأصناف المذكورة.

(١٨٣ ب) قال المفسّر

يعدد أنواع المتقدم والمتأخر ويزعم أنّها خمسة اوجه.

الاوّل المتقـدم فـى الزمان، وهـذا كالاب للابن، والشـراب العتيق للطـرى، وما كان من المتقدم حيوانا أو غير حيوان، فيقال إنّه اعتق من غيره. فأمّا اسنّ، فإنّه لا يقال إلا فى الحيوان، وذلك أنّه لا يقال إنّ هذا الشراب اسنّ من غيره، بل يقال إنّ هذا الحيوان اسنّ من غيره.

والنوع الثانى المتقدم والمتأخر بالطبع كالواحد للاثنين، وقد حددناهما فى صدر التعليم.

والنوع الثالث المتقدم فى المرتبة بمنزلة مبادئ العلوم، كالنقطة والوحدة والحروف عند الكتابة والعدد والاشـكال والمقادير وكصدور الكتب عند الاقتصاص. والعلوم البرهانية يشير بها إلى الهندسة والعدد.

والنوع الرابع المتقدم فى الشرف، كالمحبوب والرئيس، وهذا الصنف يقال له بالطبع متقدم، اىْ متقدم عند الطبيعة الجزئية، وذاك أنّها تقدمه وتشرفه. وقوله إنّ هذا القسم أشد مباينة من قبل أن ليس له حقيقة فى نفس الأمور، لكنّه اصطلاح بين الناس، وقوله فى آخر هذا القسـم إنّها يكاد أن يكون هذا المبلغ مبلغها، من قبل أنّه ياتى بقسم آخر.

والنوع الخامس المتقدم على طريق السبب، كالاب للابن، وهذان بوجه همـا معا مـن حيث هما مضافين. وبوجه آخـر أحدهما متقدم من حيث هو سبب ولأجل معنى السببية. وقوله على اى وجه كان السبب، فيعنى بـه مادّيا كان أو الصـورى أو فاعل أو غاية. وقوله فى هذا الصنف إنّ

المتقدم فيه متقدم بالطبع، فيعنى به أنّه متقدم على أنّه سبب وأقسام المتقدم والمتأخر ليست أنواعا بل هى معانى يدل عليها اسم مشترك. وقد ذكرنا سبب هذا فى صدر التعليم.

قال ارسطوطالس

14 b 24 • يقال معا على الاطلاق والتحقيق فى الشيئين، إذا كان تكوّنهما فى زمان واحد بعينه.

يريد إنّ الصنف المحقق من أصناف معا بهذا المعنى، هو الذى يقال على الشيئين اللذين وجودهما فى زمان واحد.

• فإنّه ليس واحد منهما متقدما ولا متأخرا، وهذان يقال فيهما إنّهما معا فى الزمان.

يريد ولا يكون أحدهما يتقدم على الآخر ولا يتاخر عنه.

• ويقال معا بالطبع فى الشيئين، إذا كانا يرجعان بالتكافؤ فى (١٨٤ ا) لزوم الوجود، ولم يكن احدهما سببا اصلا لوجود الآخر.

يريد ويقال معا بالطبع للشيئين اللذين كلّ واحد منهما مضاف إلى الآخر وجوده لازم لوجوده، ولا يجوز وجود أحدهما إلا بوجود الآخر.

• مثال ذلك فى الضعف والنصف، فإنّ هذين يرجعان بالتكافؤ.

يريد ينعكس وجود كلّ واحد منهما على وجود الآخر.

• وذلك أنّ الضعف إذا كان موجودا فالنصف موجود، والنصف إذا كان موجودا فالضعف موجود، ولا واحد منهما سبب لوجود الآخر.

يريد بل كلّ واحد منهما طبيعته وذاته لا تُفهم إلا بالآخر.

• والتى هى من جنس واحد

يريد والأنواع المنقسمة من جنس واحد قسمة أولية يقال فيها، إنّها معا بمعنى أنّها هكذا فى طبيعتها، وذلك أنّه ليس الجنس لهذا اولى منه لهذا.

• قسيمة بعضها لبعض

يريد أنّ الواحد منها بازاء الآخر.

• يقال إنّها معا بالطبع.
يريد بمعنى أنّها معا فى طبيعة جنسها.

• والقسيمة بعضها لبعض يقال إنّها التى بتقسيم واحد.
يريد التى تنقسم عن الجنس قسمة اولية لا يكون الواحد منها عن جنس عالٍ والآخر عن جنس دونه.

• مثال ذلك الطائر قسيم المشاء والسابح، فإنّ هذه قسيمة بعضها لبعض من جنس واحد.
يريد وهو الحيوان.

• وذلك أنّ الحىّ ينقسم إلى هذه، أعنى الطائر والماشى و السابح، وليس واحد من هذه اصلا لا متقدما ولا متأخرا،
يريد فى طبيعة الحيوان.

• لكن امثال هذه مظنون بها أنّها معا بالطبع.
يريد أنّها معا فى طبيعة جنسها.

• وقد يمكن أن ينقسم كلّ واحد من هذه أيضًا إلى أنواع مثال ذلك الحيوان المشاء والطائر والسابح،
(١٨٤ ب) يريد أنّ كلّ واحد من هذه ينقسم إلى أنواع آخر.

• فتكون تلك أيضًا معا بالطبع،
يريد الأنواع المنقسمة عنها معا فى طبيعة جنسها.

• أعنى التى هى من جنس واحد بتقسيم واحد.
يريد لا يكون أحدها أعلى و الآخر ادون.

قال المفسّر

يعدد لمعا ثلاثة أقسام: الاوّل منها الأشياء التى هى معا فى الزمان، كاثنين يولدان فى آن واحد. وقوله فى هذا القسم إنّه على الاطلاق والتحقيق ينبئ أنّ معا اسم مشترك.
والقسم الثانى جميع الأشياء التى يلزم من وجود أحدهما وجود

الآخر، كسائر المضافات من حيث هى مضافات.

والقسم الثالث الأنواع المنقسمة من جنس واحد من غير أن يتقدم أحدها على الآخر، فإنّ هذه هى معا فى طبيعة جنسها، وليس جنسها لها بالزيادة والنقصان. وقوله فى هذا القسم التى بتقسيم واحد، يريد به الأنواع المنقسمة من جنس واحد، ولا يتقدم أحدها الآخر.

قال ارسطوطالس

• فأمّا الأجناس، فهى ابداً متقدمة، 15 a 4

يريد والأجناس متقدمة بالطبع على أنواعها، ولا يلزم من وجود أحدها وجود الآخر، فإنّه ليس يلزم من وجود الجنس وجود النوع، بل متى وُجد النوع لزم وجود الجنس.

• وذلك أنّها لا ترجع بالتكافؤ بلزوم الوجود.

يريد حتى متى وُجد أحدها لزم وجود الآخر.

• مثال ذلك أنّ السابح إذا كان موجودا فالحىّ موجود،

يريد أنّه يلزم من وجوده وجود الحىّ.

• وإن كان الحىّ موجودا فليس واجبا ضرورة أن يكون السابح موجودا.

يريد لأنّه يجوز أن يكون الطائر موجودا.

• والتى يقال إنّها معا بالطبع هى التى ترجع بالتكافؤ بلزوم الوجود،

يريد وذاك أنّه متى وُجد أحدهما لزم وجود الآخر.

• وليس واحد من الشيئين اصلا سببا لوجود الآخر.

يريد بل وكلّ واحد منهما يلزم من وجوده وجود الآخر وهو مضاف إليه.

(١٨٥ ا) • والتى هى من جنس واحد قسيمة بعضها لبعض.

يريد والأنواع المنقسمة عن جنس واحد قسمة واحدة يقال فيها إنّها بالطبع كما قلنا.

• فأمّـا التى تقال على الاطلاق إنّها معـا فهى التى تكوّنها فى زمان واحد بعينه.

يريـد فأمّا الصنف المحقق من أصناف معا فهو الذى يكون معا فى الزمان، وذاك أنّ هذا هو الذى يعرفه الناس.

قال المفسّر

يفرق بين التى تقال إنّها معا فى طبيعة جنسها وبين التى تقال إنّها معا على أنّها ترجع بالتكافؤ، ويعيّن بأنّ أخص أقسام معا الأشياء التى هى معا فى الزمان.

قال ارسطوطالس

• أنواع الحركة سـتة: الكون والفسـاد والنمو والنقص والاستحالة 15 a 13
والتغير بالمكان. فأمّا سائر هذه الحركات بعد الاستحالة،

يريد سوى الاستحالة.

• فظاهر أنّها مخالفة بعضها لبعض، وذلك أنّه ليس الكون فسـادا ولا النمو نقصا ولا التغير بالمكان وكذلك سائرها.

يريد وكذلك جميع هذه الأنواع سوى الاستحالة.

قال المفسّر

يعدد أنواع الحركة ويزعم أنّها سـتة ويفرق بينها سـوى الاسـتحالة لشُـبهة تدخل فيها يظن معها أنّها واحـدة من الحركات الخمس. ونحن فقد شرحنا ما يحتاج إليه فى هذا الفصل فى صدر هذا التعليم.

قال ارسطوطالس

• فأمّا الاستحالة فقد يسبق إلى الظن أنّه يجب ضرورة أن يكون ما 15 a 17
يستحيل إنّما يستحيل بحركة ما من سائر الحركات،

يريـد فقد يسـبق إلى الظن أنّ الاسـتحالة هى واحـدة من الحركات المذكورة.

• وليس ذلك بحق.

يريد وليس الاعتقاد بأنّ الاستحالة هى واحدة من الحركات المذكورة بحق.

• فإنّـه يـكاد أن يكون فى جميـع التاثيرات التى تحـدث فينا أو فى أكثرها ما ، يلزمنا الاستحالة

يريد فى جميع التغيرات التى تتغيرها فى سائر احوالنا التى تحدث بنا ونستحيل، وهو عند ما نسود ونسخن.

(١٨٥ ب) • وليس يشوبنا فى ذلك شئ من سائر الحركات.

يريد وليس نتغير بحركة أخرى لا نمو ولا نقص ولا غيرهما.

• فإنّ المتحرك بالتاثير ليس يجب لا أن ينمى ولا أن يلحقه نقص،

يريد فإنّ المتحرك استحالة لا يلزمه أن ينمى ولا أن ينقص.

• وكذلك فى سائرها؛

يريد وكذلك ولا شئ من باقى الحركات.

• فتكون الاستحالة غير سائر الحركات.

يريد التى عددت.

• فإنّها لو كانت هى وسائر الحركات شيئا واحدا،

يريد لو كانت نموا ونقصا وكونا وفسادا.

• لقد كان يجب أن يكون ما استحال فقد نمى لا محالة أو نقص

يريد لأنّ الاستحالة هى نمو ونقص.

• أو لزمه شئ من سائر الحركات.

يريد أو لزمه أن يكون شئ من الحركات الآخر.

• لكن ليس ذلك واجبا،

يريد أنّه ليس واجبا فى الاستحالة أن تكون واحدة من الحركات.

• وكذلـك أيضًـا مـا نمـى او تحـرك حركة مـا أخـرى، كان يجب أن يستحيل.

يريد لأنّ الاستحالة هى النمو.

• لكنّ كثير من الأشــياء تنمى ولا تســتحيل، مثال ذلك أنّ المربع إن اضيف إليه ما يضاف حتى يحدث العلم،

يريد إذا اضيف إليه ثلاثة مربعات من جوانبه وهى العلم لم يستحيل لأنّ كيفيته تبقى بحالها وينمو فلا يكون النمو هو الاستحالة.

• فقد تزايد إلا أنّه لم يحدث فيه حدث احاله عما كان عليه.

يريد بأن نقله من حال التربيع إلى غيره.

• وكذلك فى سائر ما يجرى هذا المجرى،

يريد وكذلك فى سائر ما ينمو بأن تبقى كيفيته.

• فيجب من ذلك أن تكون هذه الحركات مخالفة بعضها لبعض.

يريد أنّ طبيعة كلّ واحدة منها غير طبيعة الأخرى.

قال المفسّر

يفرق بين الاستحالة وبين الخمسة الأنواع، وبهذا تصير أقسام الحركة ســتة، فأمّا قوله إنّ المتحرك بالتاثير لا يجب أن ينمو أو ينقص، فافهم ذلك بالذات وبما هو مستحيل، فأمّا بالعرض، فقد ينمو وينقص.

قال ارسطوطالس

15 b 1 • والحركة على الاطلاق يضادها السكون.

(١٨٦ ا) يريد لأنّ الســكون هو عدم الحركة والســكون يؤخذ ضدا على وجه ما.

• فأمّا الحركات الجزئية فتضادها الجزئيات.

يريد فأمّا كلّ واحدة من الحركات فيضادها السكون الخاص بها.

• أمّا التكوّن فيضاده الفســاد، والنمو يضاده النقص، والتغير بالمكان يضاده السكون فى المكان، وقد يشبه أن يكون يقابل هذه الحركة خاصة التغير إلى الموضع المضاد، مثال ذلك التغير إلى فوق التغير الى اسفل، والتغير إلى اسفل التغير إلى فوق.

يريد أنّ الحركة المكانية هى انتقال الشــئ إلى المكان المضاد للمكان الذى هو فيه.

• وأمّا الحركة الباقية من الحركات التى وصفت، فليس بسهل أن يعطى لها ضد؛

يريد حركة الاستحالة، فإنّه ليس بسهل أن يُفهم ضدها لأنّ اسم الحركتين المتضادتين استحالة.

• وقد يشبه أن لا يكون لها ضد اللهمّ إلا أن يجعل جاعل فى هذه أيضًا المقابل وهو السكون فى الكيف

يريد لحركة التبيض السكون فى السواد لأنّ حركة التبيض تأخذ من السواد إلى البياض، فوقوف الشئ فى السواد هو ضد لهذه الحركة.

• أو التغير إلى ضد ذلك الكيف،

يريد مثل أن يكون الانتقال من السواد إلى البياض يضاد الحركة من البياض إلى السواد.

• كما جعل المقابل فى الحركة فى المكان السكون فى المكان أو التغير إلى الموضع المضاد، فإنّ الاستحالة تغير بالكيف، فيكون يقابل الحركة فى الكيف السكون فى الكيف أو التغير إلى ضد ذلك الكيف مثل مصير الشئ اسودا بعد أن كان أبيضا، فإنّه يستحيل إذا حدث له تغير إلى ضد ذلك الكيف.

يريد أنّ إذا حدث بالشئ سبب يوجب له تغير، انتقل إلى ضد الحال التى كان عليها.

قال المفسّر

لمّا كان كلامه فى الحركة وكانت الحركة من الأشياء التى لها ضد، فهو يشرح ذلك ويستوفى الكلام فيه أعنى فى اضداد الحركة. وضد الحركة، إمّا حركة وإمّا سكون، والحركة المضادة للحركة هى التى تأخذ من مبدأ هو ضد الذى أخذت منه الأولى، وتقف عند غاية هى ضد الغاية التى وقفت عندها الأولى، كحركتى التبيض والتسود، والسكون المضاد للحركة هو السكون (١٨٦ ب) فيما منه تأخذ الحركة لا فيما إليه.

وانت فينبغى أن لا تظنّ أنّ الحركة الدورية داخلة فى كلامنا، لأنّ تلك لا ضد لها. وقوله الحركة على الاطلاق، فيريد بها الحركة المستقيمة، وقوله الاستحالة يشبه الا يكون لها ضد، من قبل أنّ اسم الحركتين المتضادتين

اسم واحد وهو الاستحالة، وليس الحال فيها كالحال فى النمو والنقص.

قال ارسطوطالس

• إنّ له يقال على انحاء شتى: 15 b 17

يريد أنّ القنية اسم مشترك يقع على معانٍ كثيرة.

• وذلك أنّها تقال إمّا على طريق الملكة والحال أو كيفية ما أخرى، فإنّه يقال فينا أنّ لنا معرفة ولنا فضيلة.

يريد وذلك أنّها تقال على الملكة والحال.

• وإمّا عى طريق الكم،

يريد ويقال على الكمية الموجودة للإنسان.

• مثال ذلك المقدار الذى يتفق أن يكون للإنسان، فإنّه يقال إنّ له مقدار طوله ثلاث اذرع أو اربع اذرع. وأمّا على طريق ما يشتمل على البدن، مثل الثوب والطيلسان.

يريد ويقال على الشئ الذى يشتمل على البدن.

• وإمّا فى جزء منه مثل الخاتم فى الاصبع،

يريد ويقال على الشئ الذى هو فى جزء من الشئ.

• وإمّا على طريق الجزء مثال ذلك اليد أو الرجل.

يريد ويقال على الجزء من الشئ.

• وإمّا على طريق ما فى الاناء، مثال ذلك الحنطة فى المدّ أو الشراب فى الدنّ، فإنّ اليونانيين يقولون إنّ الدنّ له الشراب، يعنى فيه شراب، والمدّ له حنطة، يعنى فيه حنطة، فهذا أن يقال فيهما له على طريق ما فى الاناء.

يريد ويقال على الشئ فى الاناء كالشراب فى الدنّ.

• وأمّا على طريق الملك، فإنّه يقال إنّ لنا بيتا وإنّ لنا ضيعة.

يريد ويقال له على جميع القنايا والملكات.

• وقد يقال فى الرجُل أيضًا إنّ له زوجة ويقال فى المرأة إنّ لها زوجا ، يريد ويقال له على الزوجة للرجل والرجل للزوجة.

• إلا أنّ هذه الجهات التى ذكرت فى هذا الموضع
يريد وهى قنية الرجل للمرأة والمرأة للرجل.

(١٨٧ ا) • ابعد الجهات كلّها من له.
يريد أنّها بعيدة من أقسام له لأنّ القانى فيها يرجع فيصير مقتنى.

• فإنّ قولنا امرأة لسنا ندل به على شئ أكثر من المقارنة،
يريد وكما أنّ الرجل يقارن المرأة كذلك المرأة تقارن للرجل.

• ولعله قد يظهر لقولنا له انحاء ما اخر.
يريد أنّ له سوف تظهر له أقسام اخر ولكن فى غير هذا الكتاب.

• فأمّا الانحاء التى جرت العادة باستعمالها فى القول، فيكاد أن نكون قد اتينا على تعديدها.
يريد المصطلح عليها عند الناس وفى مفاوضاتهم.

قال المفسّر
لأنّه ذكر المقتنى يعدد أصنافه. والمقتنى إمّا كيفية وإمّا كمية وإمّا جوهر. والجوهر ينقسم بحسب الأقسام التى عددت، وقوله إنّ اقتناء المرأة هو ابعد أقسام القنية، لأنّ المقتنى يرجع فيصير مقتنى. وقوله ولعله قد يظهر لقولنا له انحاء اخر، يريد فيما بعد الطبيعة. وقوله إنّ هذه الانحاء التى جرت العادة باستعمالها فى القول، فيعنى به فى مفاوضات الناس. وهاهنا ينقطع الكلام فى التفصيل هذا التعليم، وبانقطاعه ينقطع الكلام فى تفسير كتاب القاطيغورياس لارسطوطالس.

تمّ تفسـير أبـي٥ الفرج عبد اللّـه بن الطيب لكتـاب قاطيغورياس لارسطوطالس المعروف بالمقولات.

ووقع الفراغ منه يوم الجمعة العشـرين من شـعبان من سـنة ثمانين واربعمائة عربية وهو التاسـع عشـر من تشـرين الثانى من سـنة تسع وتسـعين وثلاثمائة والـف يونانية. وكتب هبة الله بـن المفصل بن هبة المتطبب بخطه لنفسه نفعه اللّه به امين.

والحمد للّه كثيرا دائما.

---

٥ ابى: ابو